新選明文東洋古典大系

新 譯

歐陽修散文選

魯長時 譯註

明文堂

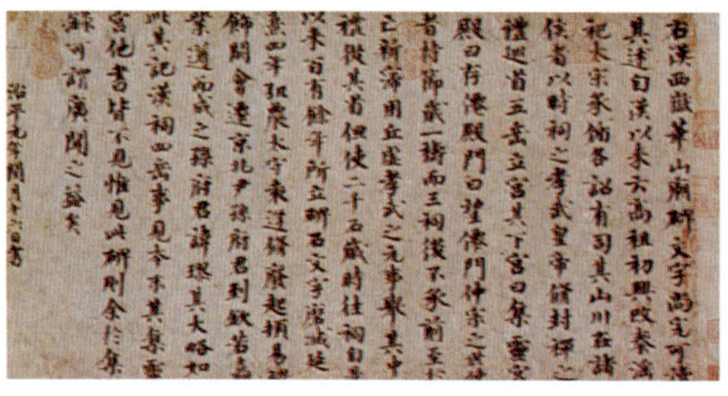

◀구양수(歐陽修)**의 친필**
지본(紙本). 27.2×17.1cm 《집고록발미(集古錄跋尾)》의 일부. 대북(臺北) 고궁박물원(故宮博物院) 소장.

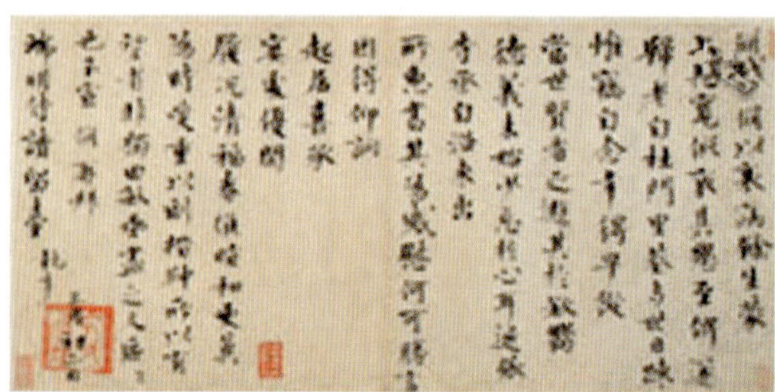

◀치서명대독유대집사척독 책
(致端明侍讀留臺執事尺牘 册)

◀송대(宋代)**의 사대부**(士大夫)
견본착색(絹本着色) 29.0×27.8cm. 자화상(自畵像)을 걸어놓는 등 당시 사대부의 생활상이 잘 나타나 있다.

▼추성부도 김홍도의 작품으로 중국 송대(宋代) 구양수(歐陽修)가 지은 '추성부'를 그림으로 나타낸 시의도(詩意圖)이다. 왼쪽 위에는 추성부 전문(全文)이 김홍도의 글씨로 쓰여있다.

▲ **구양수**(歐陽修) 인물1

▲ **구양수**(歐陽修) 인물2

▲ **구양수**(歐陽修) 인물3

▼ **초서조폭**
구양수 친필

▼ **행서조폭**
구양수 친필

▼ **구양수 글씨중의 한부분**

▼ **구양수 직인**

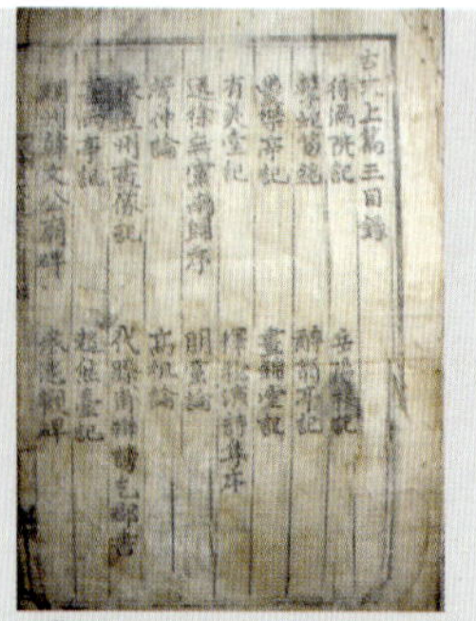
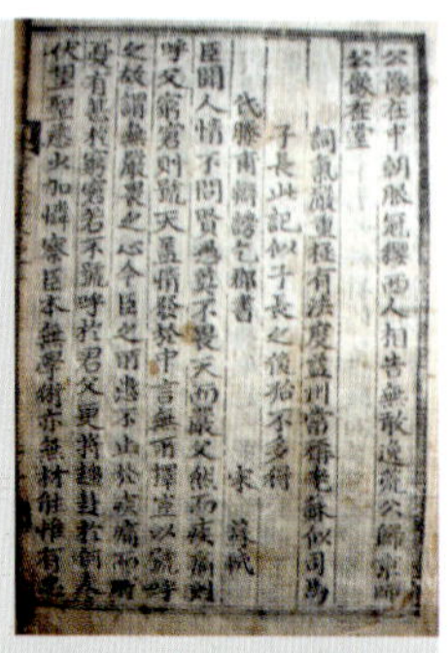
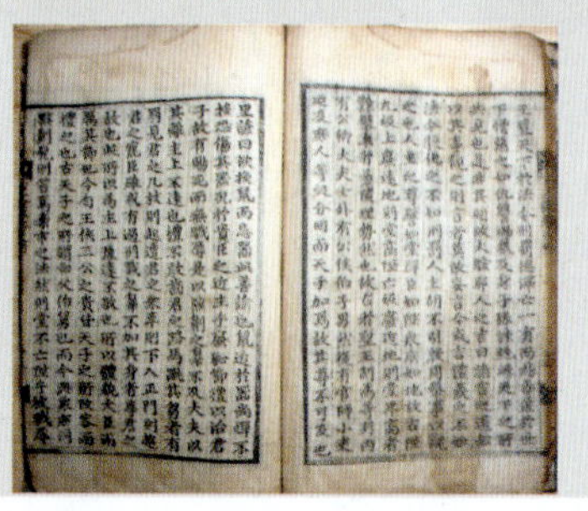

▲**고문**(古文). 목판본. 사주단변(四周單邊) 25.9×18.7cm 문언(文言)이라고 함. 중당(中唐)시대의 한유·유종원이 제창. 맹자·사기(史記) 등의 문장이 가진 간결함·힘참·명쾌함이 깃든 문장으로 회귀 주장. 이 운동을 고문운동이라 하고, 쓰여진 문장을 고문이라 함. 송나라 때 구양수 등이 이 문체를 씀으로써 고문은 변려문을 압도하였고, 문학혁명까지 문어체산문의 주류가 됨. 그후 고문은 완전히 사대부 계층의 표현양식이 되어 중국사회에 정착하게 됨.

▼**취옹정기(醉翁亭記) 1**

▼**취옹정기(醉翁亭記) 2**

구양수 산문선
(歐陽修 散文選)

魯 長 時 譯註

明文堂

서 문

　구양수(歐陽修: 1007-1072)는 주로 북송(北宋) 중기에 활동한 정치가이면서 사학가요, 경학가인 동시에 문학가이어서 북송의 정치·사상·문학 등의 여러 방면에서 뚜렷한 족적을 남겼다. 먼저 사학(史學) 방면에서 그는 송기(宋祁) 등과 함께 편찬한 《신당서(新唐書)》 외에도 자신이 저술한 《신오대사(新五代史)》가 있으니, 중국의 이십사사(二十四史) 가운데 그 한 사람이 양사(兩史)를 저술한 셈이다. 경학(經學) 방면에서 그는 《역경(易經)》·《모시(毛詩)》·《춘추(春秋)》·《예기(禮記)》 등의 유학경전을 깊이 연구하여 독창적인 견해를 내놓기도 하였고, 만년에는 《육일시화(六一詩話)》를 집필함으로써 '시화(詩話)'라는 문학평론 장르를 처음으로 개척하기도 하였다. 그 중에서도 구양수의 가장 큰 업적은 문학방면에서 찾을 수 있을 것이다. 물론 그는 시(詩)·사(詞)·부(賦)·산문(散文) 등 문학 장르의 다방면에 걸쳐 볼만한 업적을 이루었지만, 특히 산문 부분에서 더욱 큰 성취가 있었음은 두말할 나위가 없다.

　당송양대(唐宋兩代)는 중국산문사에서 질적·양적으로 가장 풍성한 수확을 하였던 시대이다. 특히 당송팔대가(唐宋八大家)들을 중심으로 한 산문창작은 역대로 좋은 평가를 받아왔고, 당송팔대가들 중에서도 당대(唐代)의 한유(韓愈)·유종원(柳宗元)과 송대(宋代)의 구양수(歐陽修)·소식(蘇軾)이 특히 주목을 받아왔다.

　이들 가운데에서도 구양수는 만당(晚唐)·오대(五代)에 유행하였던 유미주의 문풍(文風)인 시문(時文: 일종의 騈儷文)과 송대에 새로이 등장한 태학체(太學體)를 비판하면서 당대(唐代)의 한유가 지었던 그러한 산문체로 되돌아가야 한다고 하여 한유·유종원이 주장하고 실천해왔던 고문운동(古文運動)을 사실상 계승한 인물로 평가하고 있다. 그러나 무엇보다도 중요한 것은 송대의 고문운동을 주도하면서 나름대로의 명확한 산문이론을 정립하고 실제 창작을 통해 그 이론을 실천함으로써 중국산문사에 확고한 위치를 차지하고 있다는 점이다. 이것은 그에 대한 많은 사람들의 평가에서도 알 수 있지만, 보다 신빙성이 있는 역사서에서도 이 사실을 인정하고 있다. 그 일례를 들자면 《사조국사(四朝國史)》에서는 문장방면에서의 구양수의 업적을 "당대의 문장이 오대를 거치면서 피폐해졌는데 구양수에 이르러 다시 일어났다(唐之文涉五代而弊, 至修復起)"라고 하였고, 《신종구사(神宗舊史)》에서는 "구양수의 문장이 나오자마자 천하의 선비들은 다 메아리처럼 흠모하여 따라 지음에 오직 미치지 못할까 걱정하니 일시에 문장은 크게 변하여 고문을 좇았다(至修文一出, 天下士皆響慕, 爲之惟恐不及, 一時文章大變從古)"라 기술하고 있다.

이처럼 구양수의 문학방면의 업적을 높이 평가함에 따라 여기에 대한 후대 사람들의 연구도 다방면에 걸쳐 끊임없이 이루어져 왔다.

구양수 문학에 대한 다양한 연구경향 가운데, 이름난 개별 작품을 집중적으로 분석한 것이 가장 많다. 이 가운데 몇 가지만 예를 들어 보면 〈취옹정기(醉翁亭記)〉에 관한 논문이 가장 많고, 〈영관전서(伶官傳序)〉에 관한 논문, 〈매유옹(賣油翁)〉에 관한 논문이 그 다음을 차지한다. 개별 작품 가운데에서도 특히 〈취옹정기〉가 빈번하게 연구대상이 된 데에는 중국대륙이나 대만에서 중학교 교재에 이 작품이 채택되어 있는 점과 밀접한 관련이 있을 것이다. 이들 작품 이외에도 개별 작품에 한정해서 분석·해석한 것이 상당수 있으므로 구양수 산문에 관한 기왕의 연구는 주로 중요한 개별 작품별로 이루어져 온 경향이 있고, 또 개별 작품이 중시되고 있다.

이에 역자도 구양수 산문에 관한 논문을 쓰면서 그의 유명 작품들을 조금씩 번역해두었는데, 일부라도 번역서로 내는 것도 괜찮겠다 싶어 부끄러움을 무릅쓰고 출판을 결심하였다.

번역을 하면서 저본으로 삼은 것은 陳蒲淸注譯,《歐陽修文選讀》와 陳必祥注譯,《歐陽修散文選》두 책이며, 일부는 다른 책을 참고하기도 하였다. 문장의 선정 기준은 되도록이면 각 장르별 중에서 대표적인 작품을 선별하려고 노력하였으나 역자의 기호도 조금은 작용했을 것임을 미리 밝혀둔다.

번역순서는 작품에 대한 해설을 먼저 하였다. 해설 부분도 陳蒲淸注譯,《歐陽修文選讀》와 陳必祥注譯,《歐陽修散文選》의 해설부분을 주로 참고하였지만 되도록이면 다양한 해설을 소개하려고 애썼다. 해설 다음으로 원문에 대한 주석을 달았다. 주석부분도 陳蒲淸注譯,《歐陽修文選讀》와 陳必祥注譯,《歐陽修散文選》의 주석을 대부분 옮겼다. 물론 여기에도 일부는 다른 책을 보충하기도 하였다. 끝으로 본문에 대한 우리말 번역을 붙였다.

번역을 하면서 원래의 뜻에 어긋난 오역이 많지 않을까 걱정이 많지만, 구양수 산문에 관심 있는 분들의 많은 질정(叱正)을 기다릴 뿐이다. 끝으로 이 책의 출판을 기꺼이 허락해주신 명문당(名文堂) 김동구(金東求) 사장님께 깊은 감사를 드린다.

2004년 7월

노장시 씀

목 차

〈구양수(歐陽修)의 생애〉

1) 소년 시기

구양수(歐陽修: 1007-1072년)는 송(宋) 진종(眞宗) 경덕(景德) 4년(1007년) 6월 21일 면주(綿州: 지금의 사천성四川省 면양현綿陽縣)에서 태어났다. 그의 부친 구양관(歐陽觀)은 원적(原籍)이 길주(吉州) 여릉(盧陵: 지금의 강서성江西省 길수현吉水縣)이지만, 구양수가 태어날 당시에는 면주(綿州)에서 군사추관(軍事推官)으로 재직하고 있었다. 구양수의 나이 4세 되던 해에 그의 부친은 태주(泰州: 지금의 강소성江蘇省 진현泰縣) 군사추관(軍事判官)으로 옮겨갔다가 얼마 뒤 임지에서 죽었다. 향년 59세였고, 그때 그의 어머니 정(鄭)씨 부인(이름은 정덕의鄭德儀)은 29세의 나이었다. 정씨 부인은 남편을 안장한 후, 아들과 딸을 데리고 수주(隨州)에서 추관(推官)으로 재직 중이던 구양수의 세 번째 숙부인 구양엽(歐陽曄)에게 몸을 의지하게 되었다.

구양수는 이때부터 22세가 되기까지 줄곧 수주(隨州, 지금의 호북성湖北省 수현隨縣)에서 지냈다. 숙부 구양엽은 구양수의 가족을 보살피기는 했지만 타지로 떠돌면서 벼슬살이를 했기 때문에, 구양수 가족을 돌보는 데에는 상당한 한계가 있었다. 따라서 구양수 일가는 오랜 기간 동안 빈곤한 생활을 할 수밖에 없었고, 어린 구양수의 교육문제 또한 어머니가 직접 떠맡을 수밖에 없었다. 이러한 일련의 사정을 그의 아들 구양발(歐陽發)은 부친 구양수의 사적을 쓴 〈선공사적(先公事迹)〉에서 "선공께서는 4세에 아버지를 여의시고 집은 가난한데 남긴 재산마저 없으니 태부인(구양수의 어머니)께서 갈대를 꺾어 땅에 그리면서 글씨를 가르쳐주셨다"[1]라고 하였으니, 당시 구양수 일가가 경제적으로 얼마나 어려웠던가를 짐작하고도 남음이 있다. 바로 구양수 어머니가 '갈대를 꺾어 땅에 그리면서 글씨를 가르친(以荻畫地, 敎以書字)' 이 일은 중국에서 모성교육의 유명한 일화가 되어 전해오고 있다.

이처럼 어려운 환경에도 불구하고, 구양수는 어릴 적부터 자신의 이웃에 살고 있던 이요보(李堯輔)라는 사람과 사귀면서 공부하는데 많은 도움을 받았다. 당시 이요보의 집은 수주(隨州)에서 명문집안으로 많은 책을 소장하고 있었으므로 "소년시절 구양수는 늘 이씨 집에서 책을 빌려다가 읽었고, 때로는 그 기회를 통해 베끼기도 하였는데, 타고난 바탕이 명석하여 왕왕 책을 다 베끼기도 전에 암송할 정도였으며, 그는 침식을 잊어버릴 정도로 각고의 노력으로 독서에만 힘쓴[2]" 결과 "소년일 때 습작으로 지은 시와 문장의 문필이 어른처럼 노련하여 숙부이신 구양엽(歐陽曄)이 그것을 보시고서 구양수 어머니에게 '형수님은 집이 가난하고 자식이 어린것을 염려하지 마십시오. 이 아이는 뛰어난 아이입니다. 훗날 틀림없이 집안을 일으켜 가문을 흥성시킬 뿐만 아니라 세상에 이름을 크게 떨칠 것입니다.'"[3]라고 하였다.

구양수는 또 10세 되던 해, 바로 이 이요보의 집에서 한유(韓愈)의 고문(古文)을 접하게 되면서 훗날 그의 문학에 심대한 영향을 끼치게 되는 사건이 생긴다. 그는 한유의 고문을 접할 당시의 심

---

1) 《歐陽修全集·附錄》卷5 : 先公四歲而孤, 家貧無資, 太夫人以荻畫地, 敎以書字.

2) 注 1)과 同 : 及其稍長, 而家無書讀, 就閭里士人家借而讀之, 或因而抄錄, 抄錄未畢, 而已能誦其書. 以至盡夜忘寢食, 唯讀書是務

3) 注 1)과 同 : 自幼所作詩賦文字, 下筆已如成人. 兵部府君閱之, 謂韓國太夫人曰, '嫂無以家貧子幼爲念, 此奇兒也! 不唯起家以大吾門, 他日必名重當世.'

정을 〈기구본한문후(記舊本韓文后)〉[4]라는 글에서 이렇게 회고하
고 있다.

　　내가 어렸을 때에 우리 집이 한수(漢水) 동쪽 수주(隨州)에 있었는
데, 수주(隨州)는 구석지고 낙후된 곳이어서 학문을 한 사람이 없었
고, 우리 집 또한 가난하여 장서도 없었다. 이 수주 남쪽에 이 지방에
서 이름난 이씨 성을 가진 집이 있었는데, 그 집 아들 이요보(李堯輔)
는 공부하기를 매우 좋아하였다. 나는 어렸을 때, 늘 그의 집으로 놀
러가곤 하였다. 한 번은 그 집 벽 사이에 옛 책들이 들어 있는 해진
광주리를 발견하고 꺼내어 살펴보니 당나라 《창려선생문집(昌黎先生
文集)》 6권이 있었다. 이 책들 가운데 일부는 떨어져나가 빠져있고,
일부는 뒤섞여 순서가 없는 것도 있었다. 나는 곧 이씨 집에서 빌려
집으로 돌아와 읽어보니, 그 말이 심후하고 웅장하면서도 박식함을
알게 되었다. 그러나 나는 아직 어렸기 때문에, 그 뜻을 다 이해할 수
는 없었지만, 그의 더없이 높은 문장의 기세를 정말 좋아할 만 하다
는 것은 깨닫게 되었다.…… 열일곱이 되던 해, 수주지방의 과거시험
에 떨어지고 나서 소장하고 있던 한유문집(韓愈文集)을 꺼내어 다시
읽어보고 "배우는 사람은 마땅히 이 정도의 경지에 이르러서 멈추어
야 할 것이다"라며 감탄해마지 않았다.…… 7년 뒤……내가 가지고
있던 한유문집을 꺼내어 빠진 것을 보충하여 정리하고, 또 남의 집에
있던 옛 책들을 구하여 교정을 하였다. 그 뒤 세상의 학문하는 사람
들도 차츰 고문을 하게 되니, 한유(韓愈)의 글이 마침내 세상에 유행
하게 되었다. 지금까지 30년이 되었는데, 학문하는 사람은 한유의
것이 아니면 배우지 않으니, 참으로 흥성하다고 하겠다.(予少家漢東.
漢東僻陋, 無學者; 吾家又貧, 無藏書. 州南有大姓李氏者, 其子堯輔頗
好學, 予爲兒童時多游其家. 見有弊筐貯故書在壁間, 發而視之, 得唐
昌黎先生文集, 脫落顚倒無次序. 因乞李氏以歸, 讀之, 見其言深厚而

---

4) 《歐陽修全集 · 居士外集》 卷23

雄博. 然予猶少未能悉究其義, 徒見其浩然無涯若可愛.……年十有七,
試於州, 爲有司所黜. 因取所藏韓氏之文復閱之, 則喟然歎曰, 鶴者當至
於是而止爾!……後七年,……因出所藏昌黎集而補綴之, 求人家所有舊
本而校定之. 其後天下學者亦漸趨於古, 而韓文遂行於世. 至於今, 蓋三
十年矣, 學者非韓不學也, 可謂盛矣.)[5]

구양수가 처음 한유문집(韓愈文集)을 대했을 때에는 너무 어려
서 그의 고문을 완전히 이해할 수는 없었지만, 그 심후하고 웅장
한 내용과 흘러넘치는 문장의 기세에 이끌려 그의 문장을 깊이 애
호하게 되었다. 그리고 좀더 성장한 뒤에는 학문하는 사람들은 마
땅히 한유(韓愈)와 같은 경지의 문장에 이르기를 목표로 삼아야 한
다고 주창할 정도로 그의 문장을 높이 받들었다. 그 이후 다시 이
미 망실된 한유문집을 수집하여 교정하는 한편, 그의 고문을 배워
야 한다고 주장하며 실천하기에 이르렀다. 구양수가 북송(北宋)
시문혁신운동을 전개하게 된 계기도 따지고 보면 어린 시절 이요
보의 집에서 한유의 고문을 접하면서부터 시작되었다고 보아야 할
것이다.

송(宋) 인종(仁宗) 천성(天聖) 원년(1023) 구양수는 17세의 나이
로 처음 수주(隨州)에서 실시한 지방시험에 응시하였으나, 시험
답안지의 운자(韻字)가 맞지 않아 결국 떨어지고 말았다. 3년 뒤
그는 마침내 수주의 지방시험을 통과하여 천성(天聖) 5년(1027)
봄 예부(禮部)에서 주관하는 시험에 응시하였다. 그러나 결과는
낙방이었다.

천성 6년(1028년) 구양수는 〈상서학사언계(上胥學士偃啓)〉라는
글을 정성스럽게 써서, 이것을 예물로 삼아 한양(漢陽)으로 가서

---

5) 《歐陽修全集 · 居士外集》卷23

지군(知軍)이면서 한림학사(翰林學士)였던 저명한 서언(胥偃)을 배알하였다. 이로부터 서언의 인정을 받아 문하에 남게 되면서 그의 정성어린 지도를 받게 되었다.

그 해 겨울 서언은 구양수를 데리고 당시 수도였던 개봉(開封)으로 와서 그의 사우(師友)와 선배들에게 구양수를 적극 칭찬하며 추천하였다. 이듬해 구양수는 국자감(國子監) 고시에 참가하여 일등을 하여 광문관생(廣文館生)으로 보임되었고, 가을에는 국학해시(國學解試)에 참가하여 또 일등을 하였다.

천성 8년(1030년) 정월 구양수는 한림학사 안수(晏殊)가 주관하는 예부시험에 참가하여 일등을 하였고, 3월에는 숭정전(崇政殿) 어전(御前)의 복시(復試)에 참가하여 갑과 14등으로 진사에 합격하였다. 5월에는 서경(西京: 지금의 하남성河南省 낙양洛陽) 유수추관(留守推官)으로 임명되었는데, 이때부터 관리생활이 시작되었다.

구양수는 이해에 행운이 겹쳐 그의 스승이며 명문가 출신인 서언(胥偃)의 딸 서혜정(胥慧貞)과 결혼하여 신혼의 단꿈에 젖는다. 구양수 나이 25세였고 서언의 딸은 겨우 15세였다.

2) 초기 관리생활

천성(天聖) 9년(1031년) 3월, 구양수는 서경(西京)인 낙양(洛陽)으로 왔다. 당시 서경유수(西京留守)인 전유년(錢惟年)은 오대(五代) 오월국(吳越國)의 왕 전숙(錢俶)의 아들로 송조에 귀순한 후 장상(將相)을 지낸 명망이 높았던 사람이다. 그는 화려한 문사로 대표되는 '서곤파(西崑派)'의 지도자 가운데 한 사람으로 문학을 좋아하고 인재를 아껴 그의 막부에는 많은 문인 명사들이 모여들었다. 구양수도 여기에서 많은 친구들을 사귀었는데, 그 가운데서 가장 친밀했던 사람으로는 매요신(梅堯臣: 자字가 성유聖兪)과 윤수

(尹洙: 자가 사로師魯)였다. 매요신(1002-1060년)은 시가에 뛰어났고, 윤수(1001-1046년)는 고문을 잘 하였다. 이 외에도 서로 절차탁마하며 친밀하게 지냈던 사람들로는 사강(謝絳: 자가 희심希深)·소순흠(蘇舜欽: 자가 자미子美)·윤원(尹源: 자가 자점子漸)·부필(富弼: 자가 언국彦國)·왕복(王復: 자가 기도幾道)·양유(楊愈: 자가 자총子聰)·장선(張先: 자가 자야子野) 등이 있었다.

이 시기부터 구양수는 당시 출세수단으로 사용되었던 사육문(四六文)을 버리고 고문(古文)을 습작하기 시작하였다. 그는 "금세의 사람들이 말하는 사육문은 내가 좋아하는 바가 아니다. 젊어서 진사시험(進士試驗)을 보기 위해 그것을 짓지 않을 수 없었지만, 급제하고 나서는 마침내 그것을 버리고 더 이상 짓지 않았다. 서경유수(留守) 막부의 보좌관으로 있으면서 직책상 당연히 사육문을 지어야 함에도 불구하고 또한 짓지 않았다."[6]라고 하였고, 또 "진사시험에 급제하여 낙양에서 관리로 있을 때, 윤수(尹洙) 등과 함께 지내면서 마침내 서로 함께 고문을 지었다."[7]라고 하였다. 바로 이때가 구양수가 정치에 참여하기 시작한 때였고, 또 문학의 기초를 닦기 시작한 시기이다. 따라서 그는 이후 이때의 생활에 대해서 매우 그리워하곤 하였다. 당시 구양수가 맡고 있던 서경추관(西京推官)이란 직책은 문서나 서적을 관리하는 한가한 직책에 불과하여, 구양수는 음주연회가 아니면 시문을 짓거나, 숭산(嵩山)을 유람하거나 용문산(龍門山)을 오르고, 아니면 이수(伊水)에서

---

6) 《歐陽修全集·居士集》卷47, 〈答陝西安撫使范龍圖辭辟命書〉: (今世人所謂四六文者, 非修所好. 少爲進士時, 不免作之. 自及第, 遂棄不復作. 在西京佐三相幕府, 于職當作, 亦不爲作.)

7) 《歐陽修全集·居士外集》卷23, 〈記舊本韓文後〉 (擧進士及第, 官于洛陽, 而尹師魯之徒皆在, 遂相與作爲古文.)

뱃놀이를 하면서 많은 시간을 보냈다. 그래서 전유년(錢惟年) 같은 이는 직무를 제쳐 두고 놀러 다니는 것을 걱정하여 은근히 타이르기도 하였고, 전유년 뒤를 이어 서경유수로 부임해왔던 왕서(王曙) 같은 이는 외유가 많은 데 대하여 의아해하며 나무라기도 하였다.

그러나 구양수가 이 시기 정치에 관심이 없어 이러한 행동을 했다기보다는 시세의 변화에 관심이 있었다고 보아야 할 것이다.

명도(明道)2년(1033년) 2월에는 서(胥)부인이 한 달도 안 된 아이 하나를 두고 17세의 나이로 세상을 떴다. 물론 구양수의 슬픔도 말할 수 없이 컸다.

그리고 명도2년 4월에는 인종(仁宗)이 정치개혁을 준비하면서, 범중엄(范仲淹)을 수도로 불러들여 간언(諫言)의 직책인 사간(司諫)을 맡겼다. 그러나 이 직책에 임명된 범중엄은 달가워하지 않은 듯하자, 평소 사간의 직무를 중시한 구양수는 그에게 〈상범사간서(上范司諫書)〉라는 편지를 올려서 '재상과 사간의 직책은 천하의 일과 관련되어 있고 천하를 책임지는(宰相諫官系天下之事, 亦任天下之責)' 것이어서, '재능이 있고 현명한 사람이 아니면 맡을 수 없다(非材且賢者, 不能爲也)'[8]라고 하면서, 간관(諫官)은 재상과 대등한 역할이라고 간곡히 타일렀다. 이 일로부터 구양수는 범중엄과 깊이 사귀게 되고, 또 그를 따라 조정의 개혁정치에 투신하게 된다.

경우(景祐) 원년(1034) 3월, 구양수는 서경추관의 임기를 마치고 5월 수도로 돌아와 왕서(王曙)의 추천으로 학사원(學士院)의 심사를 거쳐 관각교감(館閣校勘)으로 승진되면서 《숭문총목(崇文總目)》편찬에 참여하게 된다. 북송(北宋) 때의 관각교감이란 '삼관

---

8) 《歐陽修全集・居士外集》卷16, 〈上范司諫書〉

(三館)' 비각(秘閣)에 소장되어 있는 도서를 정리하는 낮은 직책이지만, 구성원 대부분이 학자들이라 비교적 중시되었다.

이해 구양수는 당시 우간의대부(右諫議大夫)이며 집현원 학사(集賢院學士)인 양대아(楊大雅)의 딸과 두 번째 결혼을 하지만, 불행하게도 이해 9월 양씨 부인도 병을 얻어 끝내 일어나지 못하였다.

경우(景祐)3년(1036) 이부원외랑(吏部員外郎) 이면서 임시 개봉부지사(權知開封府)를 맡고 있던 범중엄과 임시 재상(權相)으로 있던 여이간(呂夷簡) 사이에 격렬한 충돌이 생겼다. 범중엄이 시폐를 지적하며 여이간이 송조의 법을 파괴하였다고 지적하자, 여이간은 곧 월권하여 일을 말하여 군신을 이간시키고 붕당(朋黨)을 지었다는 죄명을 씌워 범중엄을 요주(饒州: 지금의 江西省 波陽縣) 지주(知州)로 좌천시켜버렸고, 아울러 관리가 "월권하여 일을 말하는 것을 경계하는(戒越職言事)" 금령을 내렸다. 따라서 당시 여기에 대해서 공식적으로 말을 할 수 있는 직책으로는 간관뿐이었다. 그러나 당시 간관으로 있던 고약눌(高若訥)은 도리어 재상의 뜻에 아부하여 범중엄을 위해 변론은커녕 사사로이 그를 비방하게 되었다. 구양수는 이에 극도로 분노하여 〈여고사간서(與高司諫書)〉란 유명한 글을 써서 고약눌을 "인간 세상에 부끄러워할 일이 있음도 더 이상 모르는(不復知人間有羞恥事爾)" 몰염치한 인간이라고 질책하였다. 결국 이일로 인해서 구양수는 협주(峽州) 이릉현령(夷陵縣令: 지금의 호북성湖北省 의창현宜昌縣)으로 쫓겨났다.

이 사건을 두고 당시 채양(蔡襄)이 〈사현일불초(四賢一不肖)〉란 시를 짓자 일시에 수도로 퍼져나갔고, 심지어 나라밖까지 유행하게 되었다. 이 시에서 말한 사현(四賢)이란 이 사건으로 좌천된 범중엄(范仲淹)·여정(余靖)·윤수(尹洙)·구양수(歐陽修)를 말하고, 일불초(一不肖)란 고약눌을 말한다.

이릉현(夷陵縣)으로 좌천된 구양수는 노모와 홀로된 누이를 데

리고 쫓기듯 수도를 떠나야 했다. 계절도 한 더위인데다 타고 갈
말도 부족하여 뱃길을 택할 수밖에 없었다. 구양수는 이때의 노정
을 〈여설소경서(與薛少卿書)〉에서 "큰 강을 배를 타고 무려 5천리
길을 가노라니, 백여 일이 걸러서야 겨우 형주에 이르렀다(泛大
江, 凡五千里, 一百一十程, 才至荊州)"[9]라고 쓰고 있다. 형주(荊州)에
서 이릉(夷陵)까지도 아직 삼사 일의 노정이 남아 있었다. 이 때의
어려웠던 노정을 구양수는 《우역지(于役志)》에 상세히 기록하고
있다.

　이릉은 협주(峽州)의 주(州) 소재지가 있었던 곳이지만, 주 자체
가 작은데다가 이릉 또한 하급의 궁벽한 현(縣)이었다. 그러나 구
양수로서는 다행히도 주(州) 지사가 구양수의 옛 친구인 주경기(朱
慶基)였다. 그는 억울하게 좌천된 친구를 위해 현청(縣廳) 동쪽에
새로운 집 한 채를 짓고 지희당(至喜堂)이라 이름하고서 거기에 살
게 하였다. 지희당이라 이름 한 데에는 '이곳에 와서 편안하고 기
쁘다'는 의미가 담겨있다. 구양수는 〈이릉현지희당기(夷陵縣至喜
堂記)〉에서 "이릉은 풍속이 순박하고 도적이 적으며 다투는 일도
거의 없다. 뿐만 아니라 현령(縣令)이 먹는 음식은 쌀밥과 생선 그
리고 계절마다 귤과 유자, 차와 죽순 등도 있다. 강산도 수려한데
다 지금은 성시까지 완비되어 있어 어디를 가든 좋아하지 않을 수
가 없다. 이곳은 죄지은 사람이 근심을 잊을 수 있을 뿐만 아니라,
처음 여기로 관리가 발령을 받으면 좋아하지 않지만, 일단 도착한
뒤에는 좋아한다."[10]라고 하여, 그 자신도 이곳 이릉으로 좌천되어

---

9) 《歐陽修全集 · 書簡》卷9

10) 《歐陽修全集 · 居士集》卷39, 〈夷陵縣至喜堂記〉: (夷陵風俗朴野, 少盜爭. 而
　　令之日食, 有稻有魚, 又有橘柚茶筍四時之味, 江山美秀而邑居繕完, 無不可愛.
　　是非唯有罪者之可以忘其優, 而凡爲吏者, 莫不始來而不樂, 旣至而后喜也.)

오기는 했지만, 오히려 즐겁게 생활했던 것으로 보인다. 그는 여가를 이용해 《신오대사(新五代史)》를 쓰는데 몰두하였고, 때로는 이릉 주위의 산수와 사찰을 찾아다니며 근심걱정을 잊어버리고 유유자적하기도 하였다.

경우4년(1037년) 구양수는 세 번째 결혼을 한다. 부인은 설규(薛奎)의 딸이다.

경우4년 이해 12월에 구양수는 건덕현령(乾德縣令: 지금의 호북성 湖北省 광화현光化縣)으로 발령 받았고, 이듬해 3월에 임지에 도착하여 직무를 보았다. 보원(寶元)2년(1039년) 6월에 다시 옛 임지로 돌아와 임시로 무성군절도판관(武成軍節度判官)의 일을 보다가, 다음 해인 보원3년(1039년) 봄 활주(滑州: 지금의 하남성河南省 활현滑縣)로 갔다. 그리고 이 해 설(薛)부인이 구양수의 첫 아들 구양발(歐陽發)을 낳았다.

이 몇 년 사이에 서부 변경의 형세가 날로 악화되어 서하(西夏)의 원호(元昊)가 황제라고 칭하고 끊임없이 소란을 피웠다. 강정(康定) 원년(1040년) 정월 서하의 군대가 연주(延州)를 포위하여 공격하니, 삼천구(三川口)에서 격렬한 전투가 벌여졌지만, 송군(宋軍)이 여지없이 패하였다. 인종(仁宗)은 군대가 패한 위급한 상황에서 할 수 없이 개혁을 통한 생존의 길을 찾게 되었다. 그는 관리가 '월권하여 일을 말하는 것을 경계하는(戒越職言事)' 금령을 풀고 범중엄을 섬서경략안무부사(陝西經略安撫副使)로 승진시키고, 같은 해 6월에는 구양수를 수도로 소환하여 관각교감(館閣校勘)직을 회복시켜주고, 《숭문총목(崇文總目)》을 편찬하는데 참여케 하였다. 경력(慶曆) 원년(1041년) 《숭문총목》편찬 작업이 완성되자, 구양수는 집현교리(集賢校理)로 관직이 바뀌었다. 이듬해 9월 두 차례나 상소하여 대답을 받지 못하자, 외임을 자청하여 활주통판(滑州通判)으로 나갔다.

3) 경력신정(慶曆新政) 시기

경력(慶曆) 3년(1043년) 2월 구양수는 수도로 돌아와 태상승지간원(太常丞知諫院)이 되었다. 10월에는 또 황제의 조령(詔令)을 초안하는 직책인 우정언지제고(右正言知制誥)를 맡음으로써 문학시종의 행렬에 들어섰다. 경력신정(慶曆新政) 기간에 구양수는 바로 이러한 신분으로 조정개혁에 참여한 것이다. 그는 인종(仁宗) 옆에서 간언을 올리고 조령을 초안함으로써 신정(新政)에 참여한 개혁파의 대변인이면서 변호사의 역할을 하였다.

신정이 실시되기 바로 직전 경력2년(1042) 5월에 그는 〈준조언사상서(準詔言事上書)〉[11]에서 북송 왕조의 빈약한 정치·경제·군사방면의 형세를 '삼폐(三弊)', 즉 호령을 신중히 하지 않은 폐단(不愼號令)·상벌을 명확히 하지 않는 폐단(不明賞罰)·실제효용을 따지지 않는 폐단(不責功實) 세 가지 폐단과 '오사(五事)', 즉 병사(兵)·장수(將)·재정(財用)·오랑캐를 제어하는 계책(禦戎之策)·쓸만한 신하(可任之臣)의 다섯 가지 일로 개괄하고, 인종에게 실기하지 말고 "바야흐로 지금 위로는 천문이 변하고 아래로는 지리가 거스르며, 안으로는 사람들이 원망하고 밖으로는 사방 이적들이 침공해오는 등 일의 형세가 이와 같으니, 폐하께서는 머뭇거리다가 시기를 놓치지 말고, 사직과 백성을 위하여 유의하시기를 바라옵니다."[12]라며 정치쇄신을 요구하였다. 오래지 않아 그는 또 〈본론(本論)〉[13]을 써서 송나라 수립 이후의 백여 년 동안의 적폐를 지적하면서 국가를 다스리는 근본을 논하여 밝혔다. 그는 여기에

---

11) 《歐陽修全集·居士集》卷46

12) 注 11)과 同 : 方今天文變於上,地理逆於下,人心怨於內,四夷攻於外,事勢如此矣.非是陛下遲疑寬緩之時,唯願爲社稷生民留意

13) 《歐陽修全集·居士集》卷17

서 천하를 잘 다스리기 위해서는 반드시 "재물을 조절하며 군대를 절제하고, 법을 세워 통제하며, 어진 이를 임용하여 법을 유지하게 하고, 명성을 높여 어진 이를 격려하는 이 다섯 가지를 서로 조화 있게 적용토록 해야 한다"[14]고 지적하였다. 그 가운데에서도 특히 '어진 이를 임용할 것(任賢)'을 강조하여 법령은 사람에 의해서 집행됨으로 이치개혁(吏治改革)이 조정을 쇄신하는 관건이라고 여겼다. 그는 이 문장 말미에서 "이것은 바로 다스릴 수 있는 위치에 있고, 잘 다스릴 수 있는 때를 만났으며, 또 성공할 수 있는 밑바탕이 되어 있는데도, 오히려 꺼려하며 오랜 기간동안 실천하지 않으시는지요!"[15]라고 하여 조정개혁을 갈망하는 간절한 심정을 표현하였다.

구양수가 간원(諫院)을 맡은 후 여정(余靖)·왕소(王素)·채양(蔡襄)을 차례로 간관으로 추천하였다. 얼마 뒤 두연(杜衍)이 추밀사(樞密使)로 임명되고, 한기(韓琦)·부필(富弼)은 추밀부사(樞密副使)가 되었다. 추밀원(樞密院)과 간원(諫院)은 완전히 개혁파에 의해 장악되었고, 범중엄이 참지정사(參知政事)에 임명됨으로써 중서성(中書省)의 실권을 장악하였다. 개혁파들이 대권을 장악함으로써 신정(新政) 운동이 세차게 일기 시작하였다.

구양수는 송 인종이 내외적으로 곤경에 처하여 개혁 노선을 택하였으므로, 일단 우여곡절을 겪게 되면 동요하거나 회귀하게 될 것이라는 것을 잘 알고 있었다. 그러나 조정 개혁은 인종의 지지를 떠나서는 성공할 수가 없었다. 그는 자신의 특수한 신분을 이용해서 힘써 인종의 결심을 굳히게 하고, 개혁파에 대한 신임을 굳건히 하도록 했다. 신정이 처음 시작되었을 때 인종의 태도가

---

14) 注 13)과 同 : 均財而節兵, 立法以制之, 任賢以守法, 尊名以勵賢, 此五者相爲用.

15) 注 13)과 同 : 是所謂居得致之位, 當可致之時, 又有能致之資, 然雖憚而久不爲乎!

비교적 확고하였으므로 구양수는 "폐하의 성공과 실패는 이 한 번의 행동에 달렸으며, 백성들의 화복(禍福)도 이 한번의 시기에 달렸습니다. 따라서 범중엄 등의 신하들은 마음을 다해서 실효를 드러내지 않을 수 없고, 폐하께서도 마땅히 강력히 주장하여 행하시지 않으면 안 되옵니다."[16]라고 격려하였다. 인종의 회의와 불안을 씻어주기 위해서 구양수는 〈붕당론(朋黨論)〉을 지어서 붕당(朋黨)이란 자연스런 이치로, 임금은 마땅히 소인의 거짓된 붕당을 물리치고 군자의 참다운 붕당을 등용해야 한다는 것을 지적하여, 수구파의 붕당설을 반박하기도 하였다. 이렇듯 구양수가 여러 차례 시의 적절한 간언으로 인종을 안정시킴으로써 일정한 시간동안 개혁이 시행될 수 있었고 어느 정도 성과도 낼 수 있었다.

개혁을 순조롭게 진행시키기 위해 구양수는 수구파와 격렬한 투쟁을 전개하였다. 여이간(呂夷簡)은 당시 수구파의 수장으로, 그는 전후 이미 세 차례나 재상을 지내면서 가장 오랫동안 인종의 신임을 받았던 인물이다. 신정이 실시되었을 때, 그는 재상에서 파직되어 벼슬에서 물러나 있었지만, 계속해서 인종에게 영향을 끼쳤고 신정에 간섭하였다. 경력3년(1043년) 구양수는 〈논여이간차자(論呂夷簡箚子)〉에서 여이간이 재상으로 있었던 기간을 "사방이민족이 침입하고, 안으로는 백성들이 곤궁하며, 어진 사람과 어리석은 사람이 차례를 잃고 기강이 땅에 떨어져, 24년 간 천하를 파괴시켰다"[17]라고 질책하였다. 이 이외에도 여러 차례 여이간을

---

16) 《歐陽修全集 · 奏議集》 卷5, 〈論乞主張范仲淹富弼等行事箚子〉 : 陛下得失,在此一擧;生民休戚,在此一時.以此而言,則仲淹等不可不盡心展效,陛下不宜不力主而行.

17) 《歐陽修全集 · 奏議集》卷4, 〈論呂夷簡箚子〉 : 致四夷外侵,百姓內困,賢愚失序,紀綱大隳,二十四年間壞了天下.

질책하는 한편 개혁파의 투지를 힘써 고무시켰다.

경력신정 기간 구양수는 자신을 돌보지 않고 투쟁함으로써, 수구파들은 눈에 가시 같은 그를 인종의 면전에서 온갖 방법으로 비난하였다. 경력4년(1044년) 4월 구양수는 끝내 조정에서 쫓겨나 하동로(河東路)로 가게 되었다. 하동(河東)에서 근무한 3개월 동안 그는 신정의 정신에 따라 착실히 적폐를 개혁하였지만, 그러나 이 때 이미 신정은 실패의 길로 치닫기 시작하였다. 이해 6월 범중엄은 수구파의 온갖 공격과 인종의 갖은 의심을 받고서 수도를 떠나 섬서(陝西) · 하동로선무사(河東路宣撫使)로 나갔고, 뒤이어 부필(富弼)도 하북(河北)을 선무하기 위하여 수도를 떠나게 되었다. 구양수는 7월에 수도로 돌아왔지만, 8월에 다시 하북도전운안찰사(河北都轉運按察使)로 전출되었다. 이듬해 초, 범중엄 · 두연(杜衍) · 한기(韓琦) · 부필 등이 실권의 자리에서 파직되니 개혁조치들도 곧바로 취소되어 신정은 완전히 실패로 돌아가고 말았다.

신정을 이끌어 왔던 범중엄 · 두연 등이 연이어 떠날 때, 하북도전운안찰사(河北都轉運按察使)로 전출된 구양수는 즉시 상서(上書)하여 "두연 · 한기 · 범중엄 · 부필 등은 다 폐하께서 평소 믿고 맡겼던 신하이온데 하루아침에 연이어 파직하여 쫓아내시니, 온 천하의 선비들은 그들이 다 쓸만한 어진 사람임은 알지만 그들이 쫓겨난 죄는 모릅니다."[18]라고 간절하게 지적하면서, 구체적인 사실을 들어 수구파들이 모함한 '붕당'과 '전권(專權)'론에 대해 반박하였다. 그러면서 그는 또 "대저 올바른 선비가 조정에 있음은 사악한 무리들이 꺼려하는 법이며, 지모가 뛰어난 선비를 등용치

---

18)《歐陽修全集 · 奏議集》卷11,〈論杜衍范仲淹等罷政事狀〉:（杜衍韓琦范仲淹富弼等,皆是陛下素所委任之臣,一旦相繼罷黜,天下之士,皆素知其可用之賢,而不聞其可罷之罪）

않는 것은 적국의 복입니다. 지금 이 몇 사람들을 하루아침에 파
직시켜 떠나보내시니, 이는 사악한 무리들로 하여금 안으로 서로
축하하게 하는 것이고, 사방 오랑캐들에겐 밖에서 서로 축하하게
하는 것입니다. 이것이 제가 폐하를 위해 애석해하는 바입니다"[19]
라고 거리낌 없이 직언하였다. 이 직언의 상소문은 충성스런 사람
을 모함에 빠뜨리는 수구파의 간신배뿐만 아니라 언행이 모순 되
고 유언비어에 유혹된 인종까지 공격의 대상으로 삼은 것이다.

이러한 구양수의 상소는 수구파들을 더욱 자극함으로써 결국엔
자신을 모함하는 사건으로 비화된다. 바로 경력5년(1045년) 상반
기에 수구파들이 구양수를 공격하기 위해 '장생안(張甥案)'이라는
사건을 조작하여 만든 것이 그것이다.《신종실록(神宗實錄)》본전
(本傳)에 이 사건의 본말을 이렇게 개략적으로 서술하고 있다.

구양수의 여동생이 장귀정(張龜正)에게 시집을 갔는데 장귀정은
아들이 없이 죽었다. 이 때 장귀정에게는 전처에서 난 겨우 4살 된
딸이 있었는데, 갈 곳이 없자 구양수의 여동생이 함께 데리고 구양수
에게 와서 의탁하여 살고 있었다. 이 아이가 15살이 되었을 때, 구양
수는 집안 형님의 아들인 구양성(歐陽晟)에게 시집을 보냈다. 그런데
이 장씨(張氏) 여인은 구양성과 함께 살고 있던 하인과 간통을 한 사
건이 생겼다. 이 사건은 개봉부(開封府)로 보내졌고, 옥리(獄吏)가 치
조하면서 구양수에게까지 연루시켰다. 이에 호부판관(戶部判官) 소
안세(蘇安世)와 내시(內侍) 왕소명(王昭明)이 돌아가며 잡다하게 치
조를 해보았지만, 구양수와는 끝내 터럭만큼도 관련이 없었다. 이에
장씨 여인의 재산으로 전답을 사서는 구양씨(歐陽氏) 집안의 재산권
리로 삼았다고 하여 저주(滁州) 지사로 좌천시켜버렸다.(修妹適張龜

---

19) 注 18)과 同 : 夫正士在朝,群邪所忌;謀臣不用,敵國之福也. 今此數人一旦
罷去,而使群邪相賀於內,四夷相賀於外. 此臣所爲陛下惜之.

正,龜正無子而死.有龜正前妻之女纔四歲,無所歸,以俱來.及笄,修以嫁
族兄之子晟.張氏后在晟所與奴奸,事下開封府,獄吏附致其言以及修,乃
以戶部判官蘇安世內侍王昭明雜治之,卒無秋毫.乃坐用張氏匳中物買
田,立歐陽氏券,左遷知制誥知滁州)[20]

구양수는 〈저주사상표(滁州謝上表)〉에서 이 사건이 생기게 된
유래를 "임금님의 영예를 입어 일찍이 간관의 대열에 끼여, 의론
한 내용들이 대부분 권세 높은 집권자들에 관한 것이었으니, 원망
과 분노를 이기지 못하였습니다. 만약 신이 쫓겨나지 않고서는 그
들의 공격은 그치지 않을 것 같았습니다.[21]"라고 설명하고 있다.
당시 조정의 재상으로 있었던 가창조(賈昌朝)와 진집중(陳執中) 두
사람은 다 경력신정 기간에 수구파의 대표적인 인물로, 오랜 기간
동안 구양수의 공격과 질책의 대상이었다. 구양수는 가창조(賈昌
朝)를 "타고난 품성이 바르지 못하여 열심히 남에게 해를 입혔다.
경술(經術)을 많이 알아 간사한 말을 교묘히 잘 하였고, 음모를 잘
꾸며 선량한 선비를 함정에 빠뜨렸다"[22]라고 묘사했으며, 진집중
(陳執中)에 대해서는 불학무식하며 "윗사람에게는 아부하고 아랫
사람에게는 오만한 괴팍한 신하[23]"라고 질책하였다. 따라서 이 두
사람은 오랫동안 보복할 기회를 찾고 있었으니, 경력신정이 실패
로 돌아가자 구양수는 좌천되지 않을 수 없었고, 조정의 개혁 또
한 심대한 타격을 받지 않을 수 없었다.

---

20) 《歐陽修全集》附錄卷3

21) 《歐陽修全集·奏議集》卷14, 〈論賈昌朝除樞密使札子〉: 自蒙睿獎, 嘗列
　　諫垣, 議論多及於貴權, 指目不勝於怨怒. 若臣身不黜, 則攻者不休.

22) 《歐陽修全集·奏議集》卷12, 〈論臺諫官言事未蒙聽允書〉: 稟生回邪, 熱
　　心傾險. 頗知經術, 能文飾奸言; 好爲陰謀, 以陷害良士

23) 注 22)와 동: 諂上傲下愎戾之臣.

4) 10년 세월의 떠돌이 생활

저주(滁州: 지금의 안휘성安徽省 저현滁縣)로 폄적된 것은 구양수로 보아서는 두 번째 좌천에 해당된다. 수도를 떠난 후 2년 반 동안 저주(滁州)지사로 있었고, 양주(揚州)지사로 1년, 영주(潁州)지사로 1년 반, 지응천부(知應天府) 겸 남경유수사사(南京留守司事)로 약 2년을 보냈다. 황우(皇佑) 4년(1052년) 영주(潁州: 지금의 안휘성安徽省 부양현阜陽縣)에서 돌아와 모친상을 지키면서부터 지화(至和) 원년(1054년) 상복을 벗고 수도로 다시 돌아오기까지 약 10년의 세월을 사방으로 전전하였던 것이다. 이 험난한 세월을 구양수는 "십년을 풍파에 괴로워했고, 구사일생으로 함정에서 빠져나왔다[24]"라고 말할 정도이다.

경력(慶曆) 5년(1045년) 10월에 구양수는 임지인 저주(滁州)에 도착하였다. 저주는 장강(長江)과 회하(淮河) 사이에 위치하고 있는데, 지역은 벽촌이지만 풍속이 순박하고 산수가 아름다운 곳이었다. 구양수는 도착하자마자 이 후미진 저주를 좋아하였다. 그는 이곳에서 백성들의 일에 마음을 다하여 관대하고 간편한 정치를 실시하였다. 정사를 본 뒤 여가시간에는 산수를 유람하는 등 편안하면서 한적한 생활을 하였다.

저주성(滁州城) 남쪽 교외에 풍산(豊山)이라는 산이 있는데, 산세가 특별히 우뚝하니 높았다. 산 아래엔 깊은 계곡이 있고 그 가운데에 맑은 샘이 있었다. 구양수는 그 샘을 밖으로 소통시키고, 돌을 깨고 땅을 골라 풍락정(豊樂亭)을 짓고서, 저주 사람들과 이곳을 왕래하였다. 그는 이러한 유람에 대해 "새 지저귀고 꽃 춤추니 태수는 취하였다네, 다음날 술 깨니 봄은 이미 돌아갔

---

24) 《歐陽修全集 · 居士集》卷5, 〈述懷〉: 十年困風波, 九死出檻阱.

더라.[25]"라고 노래하였다. 저주성 서남쪽에는 또 풍광이 수려한 낭야산(瑯琊山)이 있는데, 구양수는 "노래 부르며 시골노인 불러서, 함께 푸른 숲 사이를 걷는다[26]"이라고 노래한 것처럼 늘 저주 사람들과 더불어 술을 가지고 낭야산으로 놀러 갔다가 돌아오기를 잊을 정도로 여민동락(與民同樂)하기도 하였다. 그는 〈취옹정기(醉翁亭記)〉에서 산수(山水)에 마음을 맡긴 즐거움을 서술하고 여민동락의 기쁨을 표현하면서 활달하면서도 고아한 정회를 마음껏 드러내고 있다.

이처럼 산수를 소요하면서도 그의 내심 깊은 곳은 평온치 못했다. 그의 나이 겨우 40세인데도 스스로 '취옹(醉翁)'이라 불렀던 것도 실제로는 그 자신을 조롱하는 의미를 지니고 있었다. 그는 말로는 "취하여 만사를 잊었는데, 어찌 다시 내 나이를 기억하리?[27]"라고 하여 현실을 망각하려고 하였으나, 그러나 가혹한 현실 또한 그를 잊고 살도록 놓아두지 않았다.

경력5년(1045년) 7월에 그의 좋은 친구이자 경력신정의 적극적인 옹호자였던 석개(石介)가 수구파 지도자의 한 사람이었던 하송(夏竦)의 박해를 받아 결국 집에서 죽고 말았다. 그러나 정적들은 죽은 것으로 가장하고 실제로는 거란(契丹)으로 달아났다고 헛소문을 퍼뜨리면서, 그의 무덤을 파서 관을 쪼개어 보아야 한다고까지 하였다. 구양수는 이 소식을 들은 후 분개하는 한편 놀라기도 해서 〈독저래집(讀徂徠集)〉을 짓고, 〈중독저래집(重讀徂徠集)〉을 다시 지어 수구파의 잔혹한 박해와 개혁파 인사들에 대한 무차별

---

25)《歐陽修全集 · 居士集》卷11,〈豊樂亭游春〉:鳥歌花舞太守醉,明日酒醒春已歸.

26)《歐陽修全集 · 居士集》卷3,〈游琅琊山〉: 行歌招野叟,共步靑林間

27)《歐陽修全集 · 居士集》卷3,〈題滁州醉翁亭〉: 醉中遺萬物,豈復記吾年?

보복에 대해 다음과 같이 심한 불만을 드러내었다.

　　이미 묻혔는데도 오히려 믿지 아니하다가, 겨우 그의 관 쪼개지는 것만 면했네. 이런 일은 옛날에도 없었던 일인데, 매번 생각할 때마다 문득 긴 탄식을 한다네. 내 뭇 사람들의 분노를 무릅쓰고, 그대 위해 이 원통함을 기록한다네. 아래로는 지하에 있는 그대의 울분을 풀어주고, 위로는 밝고 밝은 하늘에 알리리라. 푸른 돌에 새겨서 저 높고 가파른 언덕에 세우리라.(已埋猶不信, 僅免斲其棺. 此事古未有, 每思輒長嘆. 我欲犯衆怒, 爲子記此寃. 下紓冥冥忿, 仰叫昭昭天. 書於蒼翠石, 立彼崔嵬巓.)[28]

　　경력8년(1048년) 2월 구양수는 양주(揚州)지사로 옮겼다. 양주(揚州: 지금의 강소성江蘇省 강도현江都縣)는 송대 강회(江淮)의 중요한 지방이며, 또 강남의 상업과 무역의 중심지이다.

　　구양수는 관대하면서 간소한 정치를 견지하여, 일을 일으키지 않고 백성을 번거롭게 하지 않는 차분한 정치를 근본으로 하였다. 비록 혁혁한 명성은 없었지만 정치적 업적은 오히려 현저하여 고을 사람들로부터 깊은 환영을 받았다. 오충(吳充)은 〈구양공행장(歐陽公行狀)〉에서 이렇게 말하였다.

　　연달아 번잡한 고을을 맡아 평온한 것을 근본으로 삼아 다스려서, 혁혁한 이름을 구하지 않고 중요한 것만 거행하니, 백성들은 곧 편안하게 여겼다. 저주(滁州)와 양주(揚州) 두 주(州)에서는 그가 살아 있는데도 그를 위해 사당을 세웠다.(連典劇郡, 以鎭靜爲本, 不求赫赫之名, 擧大體而已, 民便安之. 滁揚二州, 生爲之立祠.)[29]

---

28) 《歐陽修全集 · 居士集》卷3
29) 《歐陽修全集》附錄 卷1

구양수는 수륙교통의 요충지인 양주(揚州)에 있다는 사실만으로
도 수구파의 공공연한 공격과 암암리의 중상모략에서 벗어나기 어
렵다는 것을 스스로 잘 알고 있었다. 뿐만 아니라 양주 자체가 큰
고을이어서 정무가 너무 번잡하여 그 번거로움을 견딜 수도 없었
다. 게다가 그의 어머니도 늙고 병들었으며, 본인도 심한 안질에
걸려있었다. 이에 그는 안질을 핑계로 영주(潁州)라는 작은 고을
의 지주(知州)로 나갈 것을 자청하였다.

황우(皇祐) 원년(1049년) 2월 구양수는 자신의 바람대로 영주에
도착하였다. 이로부터 그는 영주와 끊을 수 없는 인연을 맺게된
다. 영주는 예전엔 여음(汝陰)이라 불리던 곳으로, 영수(潁水)와
회하(淮河) 사이에 있다. 영주성(潁州城) 서쪽 교외엔 유리처럼 푸
르고 넓은 서호(西湖)가 있는데, 넓은 물엔 해오라기 날고 고운 연
꽃송이를 토해내는 아름다운 호수이다.

구양수는 도착하자마자 이 서호의 경치에 반했고, 게다가 '그곳
백성들은 순박하여 다툼이 적고, 좋은 토산물이 있는가 하면, 토
지도 비옥하고 물맛 또한 감미로운데다 기후까지 온화하였다[30].
이에 그는 퇴직한 후, 이 영주로 이사와 살면서 서호에서 만년을
보내야겠다는 생각을 갖게 된다. 이듬해 그는 영주 서호가에 전답
을 사고 집을 짓고서, 매요신(梅堯臣)에게도 '마땅히 영수 가에 전
답을 사서, 그대와 더불어 서로 짝이 되어 호미와 쟁기 잡았으면
하네'[31]라는 내용의 시를 보내, 그도 이곳에 땅을 구입해서 함께
만년을 보내기를 청하였다. 매요신도 이 요청에 응했으나 일찍 죽
었기 때문에 그 뜻을 이루지는 못했다. 그러나 구양수의 결심은

---

30) 《歐陽修全集·居士集》卷44, 〈思潁詩後序〉：愛其民淳訟簡而物産美, 土
　　厚水甘而風氣和.

31) 《歐陽修全集·居士集》卷5, 〈寄聖俞〉：行當買田淸潁水上, 與子相伴把鋤犁

이미 굳어져 나중에 응천부(應天府) 지사로 옮길 때에도 가족 일부를 영주에 그대로 머물러 살게 하였다.

구양수가 영주 지사로 근무한 1년 반 동안, 관대한 정치를 베풀어 영주 사람들을 행복하게 해주었다. 청나라 사람 장필대(張必大)는 〈구양문충공치영정적고(歐陽文忠公治潁政績考)〉에서 이렇게 말하고 있다.

> 영주 지사를 지낼 때의 그의 정치업적은 일일이 열거할 수가 없다. 그러나 학교교육을 위하여 서호서원을 세워 영주 선비들이 와서 공부할 수 있게 하였고, 백성들의 편리를 위해서 백룡구의 물을 막아 전답에다 끌어 쓰게 하였으니 그 대략적인 것만도 이러하다.……또 정치를 논하여 : '관대하게 대하면 (백성들이)급박하지 않고, 간소하면 (백성들이)번잡하지 않다.' 라고 하였으니, 이 말만 잘 관찰해보면 그의 정치이념을 고찰하여 알 수 있을 것이다. 희령4년(1071)에 은퇴하여 영수에서 만년을 보내었으니, 이 서호를 찾는 지금 사람도 오히려 머뭇거리며 차마 떠나질 못한다.(守潁, 其政不可枚舉, 而修學校則建西湖書院以造潁士, 興民利則塞白龍溝水以漑湖田, 畿大略也.……又論政曰 : '寬則不急迫, 簡則不煩索'. 觀此言則其政可考可知矣. 迨熙寧四年退老於潁, 至今過湖上者, 猶低徊不能去云.)[32]

황우(皇祐) 2년(1050년) 7월 구양수는 지응천부(知應天府) 겸 남경유수사사(南京留守司事)로 바뀌었다. 남경(南京 : 지금의 하남성河南省 상구현商丘縣)은 본래 이름이 송주(宋州)였는데 송 태조 조광윤(趙匡胤)의 발상지였기 때문에, 진종(眞宗) 때에 응천부(應天府)로 승격되었다가 얼마 뒤엔 남경으로 승격되어 북송의 제2의 수도가 되었다. 정치적인 지위가 높아짐에 따라 남경은 빠른 속도로

---

32) 《阜陽縣志》 卷24, 〈紀聞〉

인구가 불어났고 상업이 번창하여 대도시로 발전하였다.

　구양수는 남경에 거주하면서부터 고관귀인들과의 왕래가 빈번해졌다. 그는 원래 타고난 성품이 강직하여 손님을 대할 때는 한결 같았으며, 뜻을 굽혀 아첨하는 일이 조금도 없었으므로 뒤에서 늘어놓는 불평을 면하기 어려웠다. 구양발(歐陽發)의 〈선공사적(先公事迹)〉에서 이러한 일면을 찾아볼 수가 있다.

　　남경은 평소 요충지 도시로 불리어, 빈객의 왕래가 없는 날이 없었고, 한 번이라도 손님마중을 하지 않으면 의론이 벌떼처럼 일어났다. 선공께서 남경에 계실 때, 아무리 고관대작이라도 그들을 대함에 있어 한결같이 하시니, 이로 말미암아 말들이 만들어져 조정에까지 이르게 되었다. 당시 재상이신 진승지(陳升之)가 동경(京東)지방을 안무하면서 그 기회에 선공의 시비를 살피게 되셨다. 진공(陳公)께서 몰래 민가를 방문하여 그들의 말을 들어보니, 선공께서는 공명정대하고 청렴한 관리라고 말하니, 돌아가 임금께 그대로 아뢰었다.(南京素號要會, 賓客往來無虛日, 一失迎候, 則議論蜂起. 先公在南京, 雖貴臣權要過者, 待之如一, 由是造爲語言, 達於朝廷. 時陳丞相升之安撫京東, 因令審察是非, 陳公陰訪之民間, 得俚語, 謂公爲照天蠟燭, 還而奏之.)[33]

　이 시기의 구양수는 사상적으로 극도의 모순에 처해있었다. 그는 여전히 경력신정의 정당성을 굳게 믿고 있었고, 또 조정의 개혁에 대한 신념이 바뀌었거나 동요함이 없었다. 따라서 수구파들이 시대흐름에 역행하는 데 대해서, 또 개혁파들이 참담한 박해를 받고 있는 데 대해서, 마음속 깊이 울분을 지니고 있었다. 그렇지만 이 몇 년간의 잔혹한 현실은 그에게 개혁이 얼마나 어려운 일인가를 절실히 깨닫게 해주었다. 황우(皇祐) 2년(1050년) 그는 〈

───────────────

33)《歐陽修全集》附錄 卷5

여전원균론재계서(與田元均論財計書)〉에서 이렇게 말하였다.

  이해를 세우고 법제를 바꾸는 것은 매우 쉽지만, 만약 꼭 시행하려고 할 때 개혁을 저지하지 못하게 하기란 실로 어려운 것입니다. 장황한 것을 잘라내고 요행을 막는 것은 어려운 것이 아니나, 오랫동안 유지하면서 원망과 비방을 없게 하기란 쉽지 않습니다. 개혁을 하면서 느리고 오래가면 기다리지 못 할 것이고, 자질구레한 것을 취하게 되면 아무런 이익도 없이 헛수고만 하게 될 것입니다. (建利害更法制甚易, 若欲其必行而無沮改, 則實難. 裁冗長, 塞僥倖非難, 然欲其能久而無怨謗, 則不易. 爲大計旣遲久而莫待, 收細碎又無益而徒勞)[34]

  구양수는 개혁하고 법제를 고치는 것은 수구파의 저지와 비방을 면키 어렵다는 것을 잘 인식하고 있었다. 근본적인 면에서 개혁을 하였다가 효과가 너무 늦게 나타나면 사람들은 기다리지 못할 뿐만 아니라 그 번잡함을 견디지 못할 것이고, 그렇다고 지엽적으로 약간의 개혁만 한다면 또한 별 도움이 되지 못할 것이다. 결국 어떻게 개혁을 해야 될 것인가에 대해서 그는 망막한 느낌을 가지고 있었던 것이다.

  〈소씨문집서(蘇氏文集序)〉[35]와 〈제자정범문공문(祭資政范文公文)〉[36] 등과 같은 작품에서도 이 시기 구양수가 조정을 개혁해야 한다는 신념을 분명하게 드러내고 있다. 황우 3년(1051년) 구양수는 죽은 친구 소순흠(蘇舜欽)을 위하여 유고를 정리하고 편집한 뒤 〈소씨문집서(蘇氏文集序)〉를 썼다. 소순흠(蘇舜欽: 1008 - 1049)은 경우(景佑) 초년에 진사가 되었고, 경력신정의 적극적인 지지

---

34)《歐陽修全集 · 居士外集》卷18

35)《歐陽修全集 · 居士集》卷41

36)《歐陽修全集 · 居士集》卷50

자였으며, 신정을 이끌었던 두연(杜衍)의 사위이기도 하다. 이 때문에 그는 수구파들의 첫 번째 공격 목표물이 되기도 했다. 소순흠은 경력4년(1044년) 11월 '진주원(進奏院)의 신분으로 제사지낼 때 쓸 비용인 고지(故紙)를 팔아 그 공금으로 빈객과 연회를 베풀었다는 죄명' 즉, '공금횡령죄'라는 죄명을 덮어쓰고 삭탈관직되어 평민의 신분으로 수도에서 쫓겨났다가 4년 뒤 억울하게 죽었다. 죽고 난 뒤 4년이 지나, 구양수는 이 편의 서문을 써서 그의 불행한 조우에 대해 깊이 애석함을 표시하면서 '아! 내 친구 소순흠은 한번의 연회과실 때문에 관리의 신분이 박탈되고 평민이 되어 외지를 떠돌다가 죽었다.'[37]라고 깊이 애도하였던 것이다.

구양수는 여기에서 조그마한 과실로 인해 무고하게 참담한 피해를 입은 소순흠의 경우를 특별히 부각시켰는데, 구양수가 이렇게 쓴 실제 의도는 수구파들이 훌륭한 재능을 가진 사람들을 짓밟고 개혁파 인사들을 박해하는 과정을 고발한 것이라 할 수 있다. 황우4년(1052년) 그는 또 〈제자정범문공(祭資政范文公)〉을 써서 범중엄의 준수한 언행과 수구파의 간사하고 악독한 수법을 대조시켜 철저하게 표폄(褒貶)하였다.

공께서 저들이 나쁘다고 하면, (저들은) 공이 남의 약점을 들추어 내기 좋아한다 하고, 공께서 저들은 훌륭하다 하면, 공이 붕당을 짓는다고 한다. 공이 용감히 행하는 것이 있으면, (저들은) 공께서 조급히 승진을 서두른다 하고, 공께서 양보함이 있으면, 공이 이름을 가까이한다고 한다. 이처럼 남을 헐뜯는 말을 그 어찌 다 들을 수 있으랴! (公曰彼惡, 公爲好訐 ; 公曰彼善, 公爲樹朋 ; 公所勇爲, 公則躁進 ; 公有退讓, 公爲近名, 讒人之言, 其何可聽!)

---

37) 注 35)와 同 : 嗟!吾子美, 以一酒食之過, 至廢爲民, 而流落以死

　구양수는 온갖 방법으로 모함하고 공격하는 수구파들을 비판하는 동시에 툭하면 허물을 얻어 난처한 지경에 처하는 개혁파들에 대한 의분을 적나라하게 묘사하고 있다.
　황우4년(1052년) 3월 구양수의 모친 정씨(鄭氏) 부인이 죽었다. 구양수는 관례에 따라 관직을 떠나 영주로 돌아가 수상(守喪)하였다. 다음해 8월 그는 모친상을 호송하여 길주(吉州) 영풍현(永豊縣) 사계(沙溪)로 돌아가 장례를 지냈다. 그리고 그 해 겨울 다시 영주로 돌아와 상을 지켰다.

5) 다시 조정으로 돌아와

　지화(至和) 원년(1054년) 5월 구양수는 수상(守喪) 만기가 되어 탈상하고, 조칙을 받아 수도로 돌아왔다. 인종은 10년간이나 보지 못한 경력노신(慶曆老臣) 구양수를 보고 자신도 모르게 감정이 일었다. 《장편(長編)》권일(卷一) 76에, 이 때의 사정을 이렇게 기록하고 있다.

　　(구양수가) 탈상을 하고 조정에 돌아와 황제를 알현하니, 황제께서 측연히 여기시고 구양수의 머리가 하얗게 된 것을 보시고는 괴이하게 여기시어 외지에 몇 년간이나 있었으며, 올해 나이가 몇인지를 묻는 등 그 은의가 심히 지극하였다. 그리고 판이부유내전(判吏部流內銓)에 임명하셨다.(服除入見, 上惻然, 怪修髮白, 問在外幾年, 今年幾何, 恩意甚至, 命判吏部流內銓)

　위에서 말한 유내전(流內銓)이란 9품 이상의 관원을 선발하는 직책으로 상당한 권한이 있었다. 따라서 정적(政敵)들은 구양수의 재기용에 두려움을 느끼고 "내시들 가운데 황제의 명령을 끼고서

간악한 이익을 취하는 자들을 도태시킬 것을 요구하는"[38] 글을 구
양수의 상주문(上奏文)인 것처럼 꾸며 올림으로써 환관들의 분노
를 사게 하였다. 환관 중에 양영덕(楊永德)이란 자가 관청 소유의
선박을 개인에게 빌려준 호종요(胡宗堯)를 구양수가 비호해준 일
이 있다고 참언하니, 이에 구양수는 외지인 동주(同州) 지사로 가
라는 명령을 받게된다. 이 사건이 발생하자 구양수의 사돈인 판이
부남조(判吏部南曹)인 오충(吳充: 구양수 큰아들의 장인)이 상소하여
그를 변론하였으나 별 효과가 없었다. 다행히도 지간원(知諫院)인
범진(范鎭)의 간언과 참지정사(參知政事) 유항(劉沆)이 인종에게
구양수를 《당서(唐書)》편찬에 참여할 수 있게 해 달라는 간청이 있
고서야 구양수는 수도에 머물 수 있게 되었다. 8월에 유항이 재상
이 되면서 구양수는 《신당서(新唐書)》 편찬작업에 참여하게 되고,
9월에는 다시 한림시독학사(翰林侍讀學士) 겸 집현전수찬(集賢殿
修撰)으로 승진하였다.

　지화(至和) 2년(1055년) 6월에 구양수는 재상 진집중(陳執中)이
자기집 여자 하인을 타살한 일에 대해 상서하여 진집중의 죄상을
심각하게 논하고, 채주(蔡州: 지금의 하남성河南省 여양현汝陽縣) 지사
로 나가길 자청하였다. 인종은 당초 진집중의 퇴출을 반대하다가
시어사(侍御史) 조변(趙抃)이 진집중의 과오를 극언하자 비로소 그
를 파면하였다. 이에 구양수는 수도에 그대로 머물며 옛 직책을
간직하면서 8월에는 요(遼)나라의 국모 생신사로 봉해졌지만, 이
해 겨울 때마침 요나라의 흥종(興宗)인 야율종신(耶律宗眞)이 죽
고, 도종(道宗)인 야율홍기(耶律洪基)가 새로 즉위함에 따라, 그의
즉위를 축하하는 사절로 임무가 바뀌어 요나라로 떠났다. 이 때
요나라 도종(道宗)은 관례를 깨고 환영회 연회석상에 진류군왕(陳

---

38) 《歐陽修全集》 附錄 卷5 : 乞汰內侍,挾恩令爲姦利者

留郡王) 종원(宗愿)·척은대왕(惕隱大王) 종희(宗熙)·북재상(北宰相) 소지족(蕭知足) 및 상부중서령(尚父中書令) 진왕(晉王) 소효우(蕭孝友) 등 황숙(皇叔)과 중신들을 참석케 함으로써 송 왕조에 대한 예의와 구양수에 대한 존경의 표시를 하였다.

가우(嘉祐) 2년(1057년) 구양수는 지예부공거(知禮部貢擧)가 되었다. 당시의 문단은 '여풍이 아직 다하지 않았는데, 새로운 폐단이 다시 생겨났고(餘風未殄, 新弊復作)', 또 한편으로는 '서곤체(西崑體)'라는 사륙변문(四六騈文)이 여전히 유행하고 있었으며, 다른 한편으로는 '경력정학(慶曆正學)'에서 발전한 난삽하고 괴벽한 '태학체(太學體)'가 성행하였다. 이러한 상황에서 구양수는 사회의 압력을 돌아보지 않고 행정수단을 이용해서, 이러한 불량한 문풍을 통제하고 평이자연한 고문을 제창해서, 과거장의 적폐를 혁신함으로써 합리적이면서도 효과적으로 인재를 선발하고자 결심하였다. 이것은 성공적인 과거개혁이었지만, 당시에는 세상을 뒤흔들어 놓은 사건이었다. 수구파는 벌떼처럼 일어나 공격하였고, 심지어 길거리에서 소란을 피우기까지 하였다. 구양발은 이때의 사정을 〈선공사적〉에서 이렇게 서술하고 있다.

가우2년 선친께서 지공거(知貢擧)가 되시었는데, 당시 배우는 사람들이 글을 지을 때 새롭고 기이한 것을 서로 숭상하여 문체가 크게 훼손되었다. 선친께선 그 폐단을 깊이 개혁하고자, 한 때 괴벽한 문장으로 이름을 날려 높은 등위에 올랐던 사람들을 거의 다 탈락시켜셨다. (반면에) 소식(蘇軾)·소철(蘇轍) 형제는 서쪽 사천지방 출신으로 사람들 중에 그를 아는 사람이 없었으나, 하루아침에 우수한 성적으로 발탁되기도 하였다. 합격자 발표가 나자, 응시생들은 웅성거리며 놀라움에 가득 차 분노를 나타내고, 또 선친을 원망하며 비방하기도 하였지만, 그 뒤로는 점차 선친을 믿고 따르게 되었다. 5·6년 사이에 문장의 격조가 마침내 바뀌어 고문을 회복하게 된 것은 바로 선

친의 노력 때문이었다.(嘉祐二年, 先公知貢擧, 時學者爲文, 以新奇相
尙, 文體大壞, 公深革其弊, 一時以怪僻知名在高等者, 黜落幾盡. 二蘇出
於西川, 人無知者, 一旦拔在高等, 榜出, 士人紛紛驚怒怨謗. 其后稍稍信
服, 而五六年間, 文格遂變而復古, 公之力也)[39]

〈사조국사(四朝國史)·구양수전(歐陽修傳)〉에서도 이렇게 서술
하고 있다.

　구양수는 가우2년 지공거가 되었다. 그 당시의 학생들은 험괴기삽
한 글을 숭상하였으니 이름 하여 태학체라 하였다. 구양수는 그것을
통렬히 배척하고 억눌러서, 무릇 태학체로 글을 지은 자는 즉각 불합
격시켰다. 시험이 끝나면 그를 향해 욕하고 무시하던 자들이 구양수
가 나오길 기다렸다가 말머리에 모여 떠들어대니, 순찰하는 병사들
도 통제할 수 없었다. 그러나 과거시험의 풍습은 이로부터 변했
다.(知嘉祐二年貢擧, 時士子尙爲驗怪奇澁之文, 號太學體, 修痛排抑之.
凡如是者輒黜.　畢事, 向之囂薄者, 伺修出, 聚噪於馬首, 街邏不能制.　然
場屋之習, 從是遂變.)[40]

가우 5년(1060년) 7월 구양수 등이 지은《신당서(新唐書)》225권
을 인종에게 바쳤다. 이 책은 오대(五代)의 후진(後晉) 때, 유후(劉
昫)와 조영(趙瑩) 등이 지은《구당서(舊唐書)》의 미진한 점을 보완
하고자, 인종 때 단명전학사(端明殿學士) 송기(宋祁)와 한림학사
(翰林學士) 구양수가 중심이 되어 황제의 명령으로 편찬된 사서(史
書)이다. 송기는 열전(列傳, 150권)을 지었고, 구양수는 기(紀, 10
권), 지(志, 50권), 표(表, 15권)를 지었는데, 책이 완성되어 인종

---

39) 上同

40)《歐陽修全集》附錄 卷4

이 어람하게 되었을 때, 당시 관례에 따라 관직이 높은 구양수의 이름을 책에 서명토록 권하였으나, 구양수는 열전을 짓는데 수고한 송기의 공로를 가로챌 수 없다 하여 사양하였다. 따라서 구양수와 송기는 각각 자신이 지은 부분에만 서명하였는데, 본기는 구양수의 이름으로, 열전은 송기의 이름으로, 표는 이 책을 감수한 바 있는 증공량(曾公亮)의 이름으로 각각 서명하였다. 구양수는 《신당서》를 편수한 공로로 예부시랑(禮部侍郎)으로 승진하였다. 이 때부터 관운이 트이어 이해 9월에는 한림시독학사를 겸직하다 11월에는 다시 추밀부사(樞密副使)로 승진하였으며, 이듬해 가우 8년(1061년) 윤(閏) 8월에는 호부시랑(戶部侍郎)에서 참지정사(參知政事)가 되니, 이때가 그의 나이 55세일 때였다.

구양수가 집정한 이 기간과 경력년간(慶曆年間)을 비교해 볼 때, 송 왕조의 당면한 내외 모순들이 상당히 완화되었고, 위기 국면도 일시나마 진정되었다. 경력(慶曆) 4년(1044년) 4월에 시작되어 10년에 걸친 요(遼)나라와 서하(西夏)의 전쟁이 송 왕조로서는 숨 돌릴 수 있는 좋은 기회였던 것이다.

인종은 본래 개혁에 뜻이 있었던 왕은 아니었다. 내외적인 환경이 나아진다면 언제라도 개혁의 기치를 던져버리고 개인의 향락만을 추구할 그런 왕이었다.

지위가 나날이 상승하던 이 시기의 구양수는 여전히 폐단을 개혁하여 국가의 이익을 도모하고자 하는 애초의 마음엔 변함이 없었다. 그는 경력년간에 주장하였던 조정 개혁을 변함없이 견지하였으며, 특히 권세 있고 지위만 높은 사람을 억제하고, 가난하지만 뛰어난 재능을 가진 인재를 발탁하여 적소에 임명하고자 하는 굳은 의지를 가지고 있었다. 지화(至和) 원년(1054년) 6월 상기를 끝내고 막 조정으로 돌아왔던 구양수는 바로 〈논권귀자제충이선인차자(論權貴子弟衝移選人箚子)〉를 올려 '근년에 들어와 사람을 선발하는 것은 배로 늘었지만 인원이 빠지는 것은 늘 적은데, 빠진 자리를 기다리는 사람은 대부분이 가난한 사람들입니다[41]' 라고 지적하면서 급한 사정이 아니면 권세 있고 지위 높은 사람들이 그들 자제들을 임명해주도록 요청하는 것을 허락하지 말도록 건의하였다. 다음 해엔 또 〈논사신차견차자(論使臣差遣箚子)〉[42]를 올려 긴급히 '은해를 왜곡하여 상을 남발하는 것(曲恩濫賞)'을 제한하도록 요구하였으며, 가우3년(1058년)엔 〈걸정양제원수차자(乞定兩制員數箚子)〉에서 당시 양제(兩制) 가운데 한림학사(翰林學士)·중서사인지제고(中書舍人知制誥)만 정해진 인원수만 있고, 학사대제(學士待制)는 정원이 없는 현상에 대해 '관문전대학사(觀文殿大學士)에서 대제(待制)에 이르기까지 각각 인원수가 정해져 있으니, 만약 결원이 생기면 어진 인재를 정선해서 선발인원으로 충당하고, 만약 그만한 인재가 아니면 차라리 자리를 비워두고 기다리기[43]' 를 제의하였다.

민생방면에서도 그는 백성들의 마음을 보살펴주어야 한다는 주장을 견지하였다. 가우4년(1059년) 정월 그는 〈걸파상원방등차자(乞罷上元放燈箚子)〉[44]를 올려 입춘 이후 추위와 눈으로 인해 빈민들이 얼어 죽거나 굶어 죽는 자가 너무 많으므로, 상원절(上元節: 정월 보름) 등화(燈火)하는 것을 없애, 하늘을 두려워하고 백성을 걱정하는 마음을 표시하도록 청하였고, 이해에 또 〈논맹양하개굴

---

41) 《歐陽修全集 · 奏議集》 卷12 : 近年選人倍多, 員闕常少, 待闕者多是孤寒
　　 貧乏之人.
42) 《歐陽修全集 · 奏議集》 卷13
43) 《歐陽修全集 · 奏議集》 卷15 : 自觀文殿大學士至待制, 并各定員數, 遇有
　　 員缺, 則精擇賢材, 以充其選, 苟無其人, 尙可虛位以待
44) 《歐陽修全集 · 奏議集》 卷15

분묘차자(論孟陽河開掘墳墓箚子)〉[45]를 올려 맹양(孟陽)에 새로운 강을 내면서 백성의 무덤을 헐고 뽕나무와 대추나무를 베어버리는가 하면 심지어 백성들의 집마저 헐어버리는 등 시골 사람들이 억울하게 입은 피해를 조정에서 적절히 조치해줄 것을 호소하기도 하였다.

한편 가우3년(1058년) 재상 문언박(文彦博)이 은퇴하면서 한기(韓琦)가 그 뒤를 이어 재상이 되었고, 가우6년(1061년)에는 재상 부필(富弼)이 모상(母喪)으로 떠난 뒤, 증공량(曾公亮)이 그를 이어 재상이 되었으며, 구양수는 이 해에 참지정사가 되었다. 3인 가운데 한기가 수상으로서, 법령전고(法令典故)에 관한 일은 증공량에게 물었고, 문학과 관련된 일은 구양수에게 물었다. 당시 이 세 재상 이외에 포증(包拯)이 추밀원(樞密院)에 있었고, 사마광(司馬光)이 지간원(知諫院)을, 그리고 왕안석(王安石)이 지제고(知制誥)를 맡고 있었으니 태평의 시기라 할 만한 때였다.

그러나 구양수는 정책상 온건한 노선을 걸었음에도 불구하고 그의 강직한 개성 때문에 한기나 부필과는 종종 의견이 일치하지 않았으며, 사마광과는 고시제도의 문제로 논쟁하기도 하였다. 얼마 뒤 이들 간에 균열이 발생하여 부필은 한기와 결별하고, 구양수에 대해서도 반감을 갖게 되었다. 한기는 과단성이 있는 반면, 부필은 신중한 편이어서, 정치적 결정에 있어 한기가 개혁한 것을 부필은 받아들이지 않는 경우가 많았다. 또 영종(英宗)을 책립할 때도 한기와 구양수는 그 일을 주관하면서 부필은 참여치 못하도록 하였다. 가우8년(1063) 5월에는 부필이 모상을 벗고 추밀사(樞密使)에 임명되었지만, 한기는 여전히 부필과 정사를 상의하지 않았다. 이에 부필은 누차 외임을 자청하다가, 양주(揚州) 지사로 나

갔으며, 구양수와도 관계를 끊어버렸다. 다행히도 한기와 구양수 두 사람은 의견이 그런 대로 잘 맞아 영종(英宗) 치평(治平) 년간은 그럭저럭 안정을 유지할 수 있었다.

북송·남송 양송(兩宋)을 통틀어 휘종(徽宗)이 34인의 황녀(皇女)를 둔 것을 제외한다면, 그 다음으로 황녀가 많았던 황제는 인종이다. 인종은 42년의 재위기간 동안 13인의 황녀를 두었으나 9인의 황녀는 요절하였고, 또 3인의 황자(皇子)를 두었지만 이들도 다 요절하였기 때문에 그에게는 실제로 황자가 없었던 셈이다. 지화(至和) 3년 정월 원단에 인종이 대경전(大慶殿)에서 조회하던 중 갑작스레 중풍에 걸려 실어증에 빠져 수십 일간 청정(聽政)을 할 수 없게 되자, 범진(范鎭)·사마강(司馬光)·포증(包拯)·부필(富弼)·한기(韓琦)·여회(呂誨) 및 구양수 등이 앞 다투어 황자를 세울 것을 건의하여 가우7년(1062) 8월에서야 인종은 궁중에서 양자로 기르던 조카 조종실(趙宗實: 인종의 형인 강녕절도사江寧節度使 조윤량趙允讓의 13째 아들로 4세 때 궁중으로 들어와 조태후曹太后의 손에서 길러졌다)을 황자로 세우고, 서(曙)란 이름을 내렸으며, 9월에는 거록군공(鉅鹿郡公)에 봉하였으니, 이가 바로 후일 영종(英宗)이 된다. 그런데 가우8년(1063년) 2월 인종은 다시 병에 걸리고 3월 29일 붕어하자, 유조(遺詔)에 따라 4월 1일 영종이 즉위하였다. 영종이 친정하고 난 뒤, 그는 자신의 돌아가신 아버지 복안의왕(濮安懿王) 조윤량(趙允讓)을 추숭(追崇)하고자 치평(治平) 2년(1065년) 4월에 조칙을 내려 예관(禮官)과 대제(待制) 이상의 관리들이 복왕(濮王)을 추숭하는 전례문제(典禮問題)에 관해 의론케 하였다. 이에 조정신하들 간에 복안의왕 조윤양에 대한 호칭 문제를 두고 분분한 의견이 제시되면서 한 바탕 풍파를 일으키게 된다. 《신종실록(神宗實錄)》 본전(本傳)에 이 사건의 본말이 상세히 실려 있다.

　　바야흐로 영종이, 돌아가신 인종의 상(喪)을 지킬 때, 구양수는 치평 원년 5월(1064) 복안의왕(濮安懿王)이 덕망과 지위가 높으니, 마땅히 존경의 예가 있어야 한다고 건의하였다. 이 때 조칙을 내려 천자의 상이 끝난 뒤에 의논하라고 하였다. 치평2년 4월에 예관(禮官)과 대제(待制) 이상의 관리에게 상세히 의논하라고 조칙이 내려졌다. 유사(有司)가 마땅히 선대의 친속을 증봉(贈封)한 전례에 준하여 고관대국(高官大國)으로 높임이 마땅하다고 여겼다. 조정에서는 전례에 맞지 않다 하여, 상서성(尙書省)에서 삼성(三省) · 어사(御史) · 대관(待官)을 모아 의논하여 아뢰도록 명을 내렸다. 그러나 황태후(皇太后, 인종황후 조씨曹氏)는 직접 글을 써서 의논한 일을 가지고 집정관들을 힐책하고, 이에 의론을 그만두고 유사로 하여금 여기에 관한 전례를 두루 찾아 아뢰라고 직접 조칙을 내렸다. 어사(御史) 여회(呂誨) 등이 구양수가 먼저 사악한 의론을 개진하고 한기 · 증공량 · 조개(趙槪) 등이 맞장구를 친다고 탄핵하여 상주하고, 유사가 의논한 대로 하기를 청하였다. 그러나 구양수는 친아버지를 백부(伯父)로 고쳐 부르는데 대하여 전대의 예를 두루 고찰해 보아도 근거가 없고, 자식이 아버지를 대국(大國: 황족을 나라에 봉하는 데에는 대大 · 차次 · 소小 세 등급이 있었음)에 봉하여 작위를 더해주는 그런 예도 없다고 하였다. 얼마 뒤 황태후는 친히 조칙을 내어 복안의왕 및 초국태부인(譙國太夫人) 왕씨(王氏: 복왕의 정처) · 양국부인(襄國太夫人) 한씨(韓氏: 복왕의 후처) · 선유현군(仙游縣君) 임씨(任氏: 영종의 생모)를 황제의 친부모라고 칭하게 하였다. 이에 복안의왕을 높여 황(皇)이라 하고 세 부인을 후(后)라 하였다. 이 날 조칙을 내려 어머님(황태후)의 가르침에 따라 친부(親父)라 하고, 더 이상 추숭(追崇)의 전고를 따지지 말도록 하였다. 여회(呂誨) 및 범순인(范純仁) · 부요유(傅堯俞) · 조첨(趙瞻) · 조정(趙鼎)이 시비곡절의 논란이 그치지 않으니, 영종이 집정관에게 어떻게 하면 좋을지 물었다. 이에 구양수는 ‘어사 여회는 이치란 두 개가 병립하기 어렵다고 생각하니 만약 저희들에게 죄가 있다고 생각하시면 마땅히 어사를 붙잡아 두시고, 만약 저희들이 죄가 없

다고 생각하시면 황제의 결심을 취해 주시기 바랍니다.'라고 대답하
였다.(方英宗亮陰, 而修以治平元年五月建議濮安懿王德盛位隆, 宜有尊
禮. 詔須大祥後議之. 二年四月, 乃詔禮官與待制以上詳議. 而有司以爲宜
準先朝封贈期親尊屬故事, 尊以高官大國. 朝廷以典禮未稱, 下尙書省集
三省御史待官議奏. 而皇太后手書, 以議事詰責執政. 於是手詔罷議, 令有
司博求典故以聞, 御史呂誨等彈奏修首開邪議, 琦公亮槪附會不正, 請如
有司所議. 而修論本生之親改稱皇伯, 歷考前世, 并無典据;進封大國, 則
又禮無加爵之道. 已而皇太后出手書, 濮安懿王及譙國太夫人王氏襄國太
夫人韓氏仙游縣君任氏, 可令皇帝稱親. 仍尊濮安懿王爲皇, 三夫人并稱
后. 是日手詔, 欲遵慈訓稱親, 而不敢當追崇之典. 誨及范純仁傅堯俞趙瞻
趙鼎論列不已. 英宗問執政當如何. 修對曰御史以爲理難竝立. 臣等有罪,
卽留御史, 若以臣等爲無罪, 則取聖旨.)

치평2년에 비롯된 복의지쟁(濮議之爭)은 당초 영종의 생부에 대
한 윤상예의(倫常禮儀)에 관한 논쟁으로, 오늘날의 시각으로 본다
면 별 의미가 없는 논쟁이지만, 예교(禮敎)가 성행하던 당시에는
큰 사건임에 틀림없었으므로, 온갖 논리를 동원하여 한 치 양보도
없이 다투었다. 당시 구양수는 경전을 근거로 영종은 생부인 복안
의왕 조윤양을 '황고(皇考: 황제의 아버지)'로 불러야 한다고 주장한
반면, 어사(御史) 여회 등은 '황백(皇白: 황제의 큰아버지)'로 불러야
한다고 주장하며 구양수를 '사악한 논의를 처음 전개한 사람'이라
고 비난하였다. 사실 이러한 논쟁은 인종 조에 시작된 집권파(執
權派)와 대간파(臺諫派) 간의 대립의 연속이었다. 쌍방 간에 조태
후(曹太后)와 영종 간의 불화를 이용해 트집을 잡고 서로 다투고
헐뜯은 것에 불과하다. 그런데 이상하게도 진짜 복의의 논쟁을 처
음 시작하고 이끌어 왔던 한기는 대간(臺諫)의 관리들에 의해서 한
쪽에 방치되고, 구양수가 공격의 주요 대상이 되었다. 이것은 아
마 구양수가 경력년간에 간관의 신분으로 먼저 언로를 열어 소위

'간관지횡(諫官之橫)'을 형성하였는데, 만년에 입장이 바뀌어 재보대신(宰輔大臣)이 되니 그로 인해 자신이 공격의 주요 표적이 된 것이다. 이 '복의지쟁'은 끝내 집권파가 태후의 태도변화를 이끌어 내어 대관파가 패배함으로써 끝이 났다. 그러나 당시의 사대부들 가운데 공식적으로 구양수의 관점을 지지한 사람은 단지 증공(曾鞏)·유창(劉敞) 같은 소수에 불과하였고, 대부분은 대간파의 입장에 서 있었다.

6) 퇴임의 시기

'복의지쟁(濮議之爭)'이 막 수습되었을 때, 구양수는 또 다른 소용돌이에 말려든다. 치평4년(1067년) 2월 어사 장지기(蔣之奇)와 어사중승(御史中丞) 팽사영(彭思永)이 갑자기 일으킨 이른바 '큰 며느리 사건(長媳案)'이다. 이 사건의 전말은 대충 이러하다.

구양수는 '복의지쟁' 때, 자신의 의견을 지지했던 장지기를 어사로 추천한 적이 있다. 그러나 장지기는 후일 구양수가 날이 갈수록 고립되어 가고, 영종이 치평4년 정월에 붕어하고 신종(神宗)이 즉위하면서 구양수의 정치적 지위가 흔들리는 것을 보고, 차제에 자신을 구양수의 사당이라고 보는 뭇 사람들의 혐의로부터 벗어나려고 하였다. 이 때 구양수의 부인 설씨(薛氏)의 종제인 설종유(薛宗孺)라는 자가, 전에 자신이 어떤 사건과 연루되어 탄핵을 받을 때 구양수에게 구원을 청했지만 도와주지 않았던데에 대해 원한을 품고서, 구양수가 그의 큰며느리 오씨(吳氏)와 애매한 행위가 있었다고 소문을 냈는데, 평소 구양수와 원수처럼 지내던 집현교리(集賢校理) 유근(劉瑾)이 이 소문을 듣고서 같은 고향 사람인 어사중승 팽사영에게 전하고, 팽사영은 다시 장지기에게 알렸다. 이에 장지기는 구양수가 그의 며느리 오씨와 사사로운 관계가 있었다고 고발하기에 이르렀다. 이 사건은 경력(慶曆)5년에 있었던 생질녀 장씨(張氏)와의 사건보다도 더욱 심하여 구양수는 문을 걸어 잠근 채, 조정에도 나가지 않고 진상을 규명해달라고 수차에 걸쳐 상소하였다. 이 때는 그를 위해 변호하는 자가 아무도 없었는데, 오직 오씨의 친정아버지 오충(吳充)만이 상소하여 구양수를 변호하였다. 본래 구양수를 크게 꾸짖으려고 하였던 신종(神宗)은 노신 손사공(孫思恭)의 변론을 듣고서야 겨우 원고 장지기를 힐문하면서 그러한 비방의 원인을 조사하게 되니, 장지기는 '그 소문을 팽사영에게 들었다' 하고, 팽사영은 동향인인 유근을 보호하기 위해 '풍문으로 들었지만 나이 탓으로 그가 누구인지는 기억할 수 없다'고 대답함으로써, 이 사건이 순전히 날조된 소문에서 비롯된 것으로 결론이 나게 되었다. 이에 팽사영과 장지기는 폄출되고, 신종은 수차에 걸쳐 환관을 보내 구양수를 위로하게 하였다. 그러나 구양수는 이러한 치욕을 당하면서 더 이상 정치에 관심이 없었다. 하지만 그는 일시에 벼슬에서 물러나기란 쉽지 않을 거라는 것을 잘 알고 있었으므로, 먼저 외직으로 전출시켜 줄 것을 조정에 간절히 요구하였다. 그리하여 마침내 치평4년(1067년) 3월 참지정사에서 물러나 박주(亳州)지사로 나가게 되었다.

　구양수는 만약 영주(穎州)가 없었다면 '선향(仙鄉)'인 박주(亳州: 지금의 안휘성安徽省 박현亳縣)에 정착하고 싶다고 공공연히 말하곤 하였다.46) 한편 그는 박주에서 사관들이 기록하지 않은 조정의 일사와 사회현상 및 사대부들의 일화들을 기록하여 《귀전록(歸田錄)》이란 이름으로 수필집을 내기도 하였는데, 그는 서문에서 "마땅히 몸을 조정에서 구걸하여 물러나, 영광과 총애를 벗어나서,

---

46) 《歐陽修全集·居士集》卷14, 〈亳州乞致仕第一表〉 "若無穎水肥魚蟹, 終
　　老仙鄉作醉鄉"

전원에서 조용히 노닐다가 천명을 다하리라"[47]라고 하였다. 여기에서 우리는 구양수는 이미 마음속으로 은퇴하려는 생각을 굳힌 것으로 파악할 수 있다.

그는 박주로 부임하던 도중에 영주에 잠시 머물 수 있도록 청하여 집을 확장하고 은퇴를 준비하였다. 박주에 부임해서는 연달아 다섯 번에 걸쳐 늙고 병들었다 하여 벼슬에서 물러날 수 있게 해 달라고 간청하였지만, 신종은 그때마다 조칙을 내려 허락하지 않고, 도리어 희령(熙寧) 원년(1068) 8월에는 청주(青州) 지사로 바꾸면서 동경동로안무사(東京東路安撫使)도 아울러 맡겼다.

희령3년(1070) 왕안석(王安石)이 참지정사에 임명되면서 희령신법(熙寧新法)을 시행하였다. 이해 7월에는 '균수법(均輸法)', 9월에는 '청묘법(青苗法)', 11월에는 '농전수리법(農田水利法)'을 각각 반포하니, 그 형세가 신속하면서도 거세었다. 조정의 문무대신들은 놀라 한바탕 논란을 불러일으켰지만, 구양수는 수도와 멀리 떨어져 있었던 관계로 조정에서 일고 있는 논쟁의 소용돌이에서 벗어날 수 있었다. 청주(青州)는 풍년이 든 데다 일도 간편하여, 안락하면서도 방관자의 생활을 할 수 있었다. 그러나 변법(變法)의 소용돌이는 마침내 그가 관할하고 있던 동경동로(東京東路)에까지 파급되었다. 그는 시행중인 청묘법의 폐단들을 직접 목격하고 두 번에 걸쳐 차자(箚子)를 올렸다. 그 첫 번째 차자에서 그는 조정에서 청묘법의 이자를 받지 말 것과 연속해서 대여하지 말며, 특히 강제로 대출하지 말도록 요구하였다. 두 번째 차자에서는 그는 추료청묘법(秋料青苗田)의 대출을 금지해주도록 요청하면서, "추료전(秋料錢)을 5월에 대출하는 것은 바로 뽕과 보리가 익을 때여서 집집마다 부족함이 없을 때인데, 무슨 명목으로 구제한

---

47) 《歐陽修全集・歸田錄序》：宜乞身於朝, 退避榮寵, 而優遊田畝, 盡其千年.

다 하겠습니까? 다만 대출해주고 이자를 받기 위해서일 뿐입니다. 만약 보리와 밀이 익지 않으면, 하료(夏料)도 갚지 못할 터인데, 어찌 다시 추료전을 대출하여 백성들의 대출을 누적케 하여 갚지 못하도록 하겠습니까? 그렇다면 추료전을 파하여 대출하지 말아야 합니다[48]"라고 하였다. 그리고 그는 조정의 비준도 받지 않고 마음대로 동경동로의 여러 주군(州軍)에 추료청묘전(秋料青苗錢)을 대출하는 것을 일시적으로 금지시켰다. 그 결과 그는 조정의 질책을 받게 되고, 그 후 표면적으로는 잘못을 인정한 듯하지만 내심으로는 청묘법(青苗法)에 대한 견해가 바뀌지 않았다. 신종과 왕안석도 그의 명망을 고려하여 조정의 지시를 따르지 않은 것은 합당치 않지만, 그래도 특별히 관대하게 대하였다.

희령3년(1070) 4월 조정에서는 구양수를 검교태보선휘남원사(檢校太保宣徽南院使) · 판태원부(判太原府) · 하동로경략안무사(河東路經略安撫使)에 임명하고 병(幷) · 대(代) · 택(澤) · 노(潞) · 린(麟) · 부(府) · 남(嵐) · 석로병마도총관(石路兵馬都總管)을 겸직시켰다. 신종은 구양수를 깊이 신임하고 기대도 커서 재상에 임명하려고 하였다. 그러나 구양수의 정치이상과 왕안석의 변법주장은 서로 간에 상당한 거리가 있었다. 개혁이라는 큰 방향에 있어서는 기본적으로 일치한다 하더라도, 목적을 실현하는 수단이나 개혁의 방법 등에 있어서는 상당한 차이가 있었던 것이다. 따라서 구양수는 여섯 차례에 걸쳐서 간곡히 은퇴를 청하였다. 신종도 구양수가 실제로 벼슬에 뜻이 없다는 것을 알고 더 이상 강권하지 않고 채주(蔡州: 지금의 하남성河南省 여양현汝陽縣) 지사로 옮겨주었다.

---

48) 《歐陽修全集 · 奏議集》卷18, 〈言青苗第二箚子〉: 秋料錢於五月俵散, 正是蠶麥成熟, 人戶不乏之時, 何名濟闕? 直是放債取利爾. 若二麥不熟, 則夏料尚欠, 豈宜更俵秋料錢, 使人戶積壓拖欠? 以此而言, 秋料錢可以罷而不散.

희령3년 9월에 구양수는 채주에 도착하였다. 채주는 영주와 멀지 않은 곳이어서 은퇴하여 영주에 살겠다던 자신의 바람에 한발자국 더 가까이 다가간 셈이다. 그는 채주로 부임하러 가는 도중에 이미 늙어 몸도 쇠하고 병도 많아 관직에서 은퇴하여 영수 가에서 살겠노라고 마음먹으면서 〈육일거사전(六一居士傳)〉을 지어 호를 육일거사(六一居士)라 하였다.

> 손님이 묻기를 : '육일(六一)이란 무엇을 말합니까?' 거사(居士)가 대답하기를 : '우리 집에는 장서(藏書)가 일만권(一萬卷), 삼대(三代: 夏·殷·周) 이래의 금석유문(金石遺文)이 일천권(一千卷), 거문고가 일장(一張), 바둑 일국(一局)이 있고, 그리고 늘 술 일호(一壺)를 두고 있지요' 손님이 말하기를 : '그러면 오일(五一)밖에 안 되는데, 어째서 육일(六一)이라 합니까?' 거사가 말하기를 : '나 늙은이 하나가 이 다섯 가지 가운데에서 늙어가고 있으니, 이렇게 되면 육일이 되지 않습니까?' (客有問曰, 六一何爲也? 居士曰, 吾家藏書一萬卷, 集錄三代以來金石遺文一千卷, 有琴一張, 有棋一局, 而常置酒一壺. 客曰, 是爲五一爾, 奈何? 居士曰, 以吾一翁, 老於此五物之間, 是豈不爲六一乎?)

이 때의 구양수는 별다른 바람 없이, 즐겨 독서하거나 옛 비문을 모으고 학문을 연구하는 것만으로 정신적인 위안으로 삼았으며, 거문고를 타거나 바둑을 두거나 술을 마시면서 소일하였다. 그러면서 구양수는 임지인 채주에서 또 다시 글을 올려 은퇴를 청하면서 건강상의 원인도 함께 거론하였다.

> 신은 나날이 늙어감에 따라 온갖 병이 엄습해옵니다. 새해가 되어서는 지병의 고통이 더욱 극심해지고 소갈증마저 걸려 깨진 술잔에 물을 붓듯 하고, 연약한 정강이는 더욱 메말라 시든 나무 같습니다. 게다가 눈동자도 흐릿하여 거의 시력을 잃었고, 지각마저 희미하여

툭하면 잊어버립니다.(臣年日加老, 病益交攻. 新春以來, 舊苦增劇, 中痟
渴涸, 注若漏卮; 弱脛零丁, 兀如槁木. 加以睛瞳氣暈, 幾廢視瞻, 心識耗昏,
動多健忘.)[49]

이처럼 누차에 걸쳐 은퇴를 요청함으로써 희령4년 6월에 관문
전학사태자소사(觀文殿學士太子少師)의 직함으로 마침내 벼슬길
에서 물러나, 영주 서호로 돌아가게 되었다. 그는 영주 서호에 배
를 띄우고 낚싯대를 드리우고서 풍경을 즐겼다. 오랜만에 번잡한
정사에서 벗어나니 더없이 상쾌한 마음을 느꼈던 것이다. 그는 서
호의 풍광에 도취되어 시를 읊조리는 등 유유자적한 생활을 하였
는데, 이 때에 자신의 생활상을 읊은 〈채상자(採桑子)〉[50] 13수를
지어서 음악반주와 더불어 노래하며 주흥을 돋구기도 하였다.
　그는 또 사람들과 한담하면서 고금(古今)의 시가를 즐겨 품평하
였다. 그는 시를 읽고 느낀 감상과 시를 짓던 체험 및 시가의 명구
와 전고 등을 엮어 "시화(詩話)"라는 이름으로 1권(28칙)을 남겼
다. 이때 남긴 그의 시화를 그의 호를 따서 "육일시호(六一詩話)"
라고 하는데, 이것은 구양수가 만년에 지은 작품이기 때문에 그의
문학사상을 총결하는 성질을 가지고 있어, 구양수의 문학관을 연
구하는데 중요한 자료가 되고 있다.
　희령5년(1072년) 윤 7월 23일 구양수는 파란만장한 생을 서호
가의 자택에서 조용히 마감하니, 향년 66세였다. 희령8년(1075
년) 9월 26일 개봉부(開封府) 신정현(新鄭縣) 정현향(旌賢鄉)에 그
의 시신이 안장되었다.
　구양수는 일생동안 많은 저술을 남겼는데, 《구양문충공집(歐陽

49) 《歐陽修全集 · 表奏書啓四六集》卷5, 〈蔡州再乞致仕第一表〉
50) 《歐陽修全集 · 近體樂府》卷1

文忠公集)》153권이 지금까지 전해오고 있다. 이 속에는 구양수 본인이 직접 편정(編定)한 〈거사집(居士集)〉50권과 후대 사람이 수집 정리한 〈거사외집(居士外集)〉25권, 〈역동자문(易童子問)〉3권, 〈외제집(外制集)〉3권, 〈내제집(內制集)〉8권, 〈표주서계사육집(表奏書啓四六集)〉7권, 〈주의집(奏議集)〉18권, 〈하동봉사주초(河東奉使奏草)〉2권, 〈하북봉사주초(河北奉使奏草)〉2권, 〈주사록(奏事錄)〉1권, 〈복의(濮議)〉4권, 〈숭문총목서석(崇文總目敍釋)〉1권, 〈우역지(于役志)〉1권, 〈귀전록(歸田錄)〉2권, 〈시화(詩話)〉1권, 〈필설(筆說)〉1권, 〈시필(試筆)〉1권, 〈근체악부(近體樂府)〉3권, 〈집고록발미(集古錄跋尾)〉10권, 〈서간(書簡)〉10권 등이 포함되어 있다. 이 외에 그의 경학(經學) 저서로 《시본의(詩本義)》16권과 사학(史學) 저서로 《신오대사(新五代史)》74권, 《신당서(新唐書)》의 〈본기(本紀)〉10권, 〈지(志)〉50권, 〈표(表)〉15권 등이 있으며 사작(詞作)으로 〈취옹금취외편(醉翁琴趣外篇)〉6권이 있다. *

---

* 구양수의 생애부분은 1991년 北京師範大學出版社에서 출판된 劉德淸 敎授의 《歐陽修論稿》와 權鎬鐘 敎授의 박사학위 논문인 《歐陽修詩硏究》를 많이 참고하였음.

〈원폐(原弊)〉

이 글은 시국에 관해 쓴 정론문이다. '원폐(原弊)'란 송나라를 빈약한 국면으로 만든 갖가지 '폐정(弊政)에 대한 근원을 규명한다'는 뜻이다.

구양수는 이 문장에서 농업을 해치는 북송왕조의 여러 가지 폐정에 대해 맹렬히 비판하였다. 그 중에서도 특히 군대부패·토지겸병 등과 같은 현상에 대해 철저하면서도 깊이 있게 분석하였으며, 가난하고 고통 받는 농민의 비참한 생활에 대해서 최대한 동정하였다. 당연히 작자가 이 글을 쓴 근본 목적은 북송왕조를 위한 장구한 치안의 방안을 모색하는 데에 있다.

이 글은 구양수가 이보다 뒤에 쓴 〈준조언사상서(準詔言事上書)〉와 함께 작자의 초기 정치태도와 사상을 비교적 전면적으로 반영하고 있으며, 문장의 표현방법과 풍격도 상당히 비슷하여 두 편의 문장을 함께 대조하여 읽어도 좋다.

원간본(元刊本)에 근거하면, 이 글은 강정(康定) 원년(1040)에 지었으며, 본문 속의 "경덕(景德) 원년(1004)의 화의(和議)로부터 전쟁이 그친 지 33년이 된다(景德罷兵三十三年矣)"라는 말에 근거해도 마땅히 작자가 이릉(夷陵)으로 좌천되기 전에 지은 것이 된다.

原文 孟子曰: 養生送死, 王道之本[1]. 管子曰: 倉廩實而知禮節[2]. 故農者, 天下之本也, 而王政所由起也, 古之爲國者未嘗敢忽. 而今之爲吏者不然, 簿書聽斷[3]而已矣, 聞有道農之事, 則相與笑之曰"鄙". 夫知賦斂財用[4]之爲急, 不知務農爲先者, 是未原爲政之本末也; 知務農而不知節用以愛農, 是未盡務農之方也.

古之爲政者, 上下相移用以濟: 下之用力者甚勤, 上之用物者有節; 民無遺力, 國不過費, 上愛其下, 下給其上, 使不相困. 三代之法皆如此, 而最備于周. 周之法曰: 井牧其田, 十而一之[5].

---

1) 맹자~지본(孟子~之本): 《맹자·양혜왕(梁惠王) 상》에 "농민이 파종하고 수확하는 계절에 [징병을 하여] 농사를 방해하지 않는다면 …… 백성들이 산사람을 부양하고 죽은 사람을 장사지내는데 어떠한 유감도 없을 것입니다. 백성들이 산사람을 부양하고 죽은 사람을 장사지내는데 어떠한 유감도 없도록 하는 것이 바로 왕도의 시초입니다.(不違農時 …… 使民養生喪死無憾也; 養生喪死無憾, 王道之始也.)"라고 하였다. 「양생송사(養生送死)」: 살아있는 사람을 부양하고, 죽은 사람을 장사지내다.

2) 관자~예절(管子~禮節): 《관자(管子)·목민(牧民)》에 "창고에 양식이 가득하면 예절을 알게 되고, 입고 먹는 것이 풍족하면 영욕을 알게 된다(倉廩實, 則知禮節; 衣食足, 則知榮辱)"라고 하였다. 「관자(管子)」: 이름이 중(仲)이고, 춘추시대의 정치가로, 제(齊)나라의 재상을 지냈다. 《관자(管子)》는 후세 사람들이 그의 말을 모아서 편찬한 것이다.

3) 부서청단(簿書聽斷):「부서(簿書)」: 재물과 곡물을 등기하는 책자로, 여기서는 동사로 쓰였다.「청단(聽斷)」: 사건을 재판하다. 고대에는 지방관이 사법에 관한 일을 겸임하여 처리하였다.

4) 부렴재용(賦斂財用):「부렴(賦斂)」: 세금, 세금징수.「재용(財用)」: 재물 비용. 원간본(元刊本)에는 '재용(財用)'이 '이용(移用)'으로 되어 있다.

5) 정목기전, 십이일지(井牧其田, 十而一之):「정목기전(井牧其田)」: 《주례·지관(地官)·소사도(小司徒)》에 "국토 관리의 기획을 짜고, 정전법을

一夫之力, 督之必盡其所任; 一日之用, 節之必量其所入; 一歲之
耕, 供公與民食, 皆出其間, 而常有餘, 故三年而餘一年之備[6].
今乃不然, 耕者不復督其力, 用者不復計其出入, 一歲之耕供公
僅足, 而民食不過數月. 甚者, 場功甫畢[7], 簸糠麩而食秕稗, 或
采橡實·畜菜根以延冬春. 夫糠核橡實, 孟子所謂狗彘之食也, 而
卒歲之民不免食之[8]! 不幸一水旱, 則相枕爲餓殍, 此甚可嘆也夫!
　三代之爲國, 公卿士庶之祿廩, 兵甲車牛之材用, 山川宗廟鬼

적용해서 곡물을 경작하거나 짐승들을 방목하였다(乃經土地而井牧其
田.)"라고 하였다. 「십이일지(十而一之)」: 세금으로 10%를 과세하는 세
법이다. 《맹자·등문공(滕文公) 상》에 "옛날 하나라 때에는 한 가구에 전
답 오십 묘를 주고서 '공(貢)' 법을 시행하였고, 은나라 때에는 매 가구마
다 칠십 묘를 주고서 '조(助)' 법을 시행하였으며, 주나라 때에는 매 가구
마다 일백 묘를 주고서 [여덟 집이 공전 일백 묘를 공동으로 경작하여 그
소출을 세금으로 내는] '철(徹)' 법을 시행하였는데, [이 세 종류의 세제는
비록 다르긴 하지만] 사실 세율은 모두 다 십분의 일이었습니다(夏后氏五
十而貢, 殷人七十而助, 周人百畝而徹, 其實皆什一也.)"라고 하였다.

6) 삼년이여일년지비(三年而餘一年之備): 《예기·왕제(王制)》에 "삼 년을 연
속해서 경작하면 일 년 동안 먹을 여유 분의 식량을 비축할 수 있다.(三年
耕必有一年之食.)"고 하였다.

7) 장공보필(場功甫畢): 추수한 곡물의 타작을 막 끝마치다. 「보(甫)」: 비로
소, 막, 갓, 겨우.

8) 강핵~식지(糠核~食之): 「강핵(糠核)」: 고대에는 미곡의 껍질을 '강(즉,
조강粗糠)'이라 하였고, 미곡의 껍질이 잘게 부서진 것을 '강핵'이라 하
였다. 「구체지식(狗彘之食)」: 개나 돼지가 먹는 음식. 동중서(董仲舒)의
《說武帝限民名田》에 "옛날 가난한 백성들은 늘 소나 말이 덮었던 옷을 입
었고, 개나 돼지가 먹는 음식을 먹었습니다(古之貧民, 常衣牛馬之衣, 而
食犬彘之食.)"라고 하였다. 《맹자·양혜왕 상》에는 단지 "[부귀한 집안

神之供給, 未嘗缺也. 是皆出于農, 而民之所耕不過今九州[9]之地也. 歲之凶荒, 亦時時而有, 與今無以異. 今固盡有向時之地, 而制度無過于三代者. 昔者用常有餘, 而今常不足, 何也? 其爲術相反而然也. 昔者知務農又知節用; 今以不勤之農贍無節之用故也. 非徒不勤農, 又爲衆弊以耗之; 非徒不量民力以爲節, 又直不量天力之所任也.

何謂衆弊? 有誘民之弊, 有兼幷之弊, 有力役之弊. 請詳言之.

今坐華屋享美食而無事者, 日浮圖之民[10]; 仰衣食而養妻子者, 日兵戎之民. 此在三代時, 南畝之民也[11]. 今之議者以浮圖

의] 개와 돼지가 사람 먹을 곡식을 먹어도 오히려 단속하여 제지할 줄을 모릅니다(狗彘食人食而不知檢)"라는 말만 있다.「졸세(卒歲)」: 연말을 보낸다는 뜻이다. 《시경·빈풍(豳風)·칠월(七月)》에 "추위 넘길 옷들이 없으니, 어떻게 연말을 넘길까?(無衣無褐, 何以卒歲?)"라고 하였다.

9) 구주(九州): 전설에 우임금이 홍수를 다스리고 천하를 '아홉 개의 주'로 나누었다고 한다. 《상서·우공(禹貢)》, 《이아(爾雅)》, 《주례》에는 모두 '구주'의 이름이 기록되어 있는데, 일치하지는 않는다. 여기서는 전국의 토지를 가리키는 말이다.

10) 부도지민(浮圖之民): 승려를 가리킨다. 송대에는 불교가 유행하여 전국에는 유명한 사찰이 많았으며, 승려의 수가 많게는 수천 명에 달하는 사찰도 있었다. 당시에 백성들은 모든 사람들에게 똑같은 금액을 물리는 인두세를 내고 요역(徭役)의 책임도 져야 했지만, 승려에게는 세금과 요역(賦役)의 부담이 없었다. 구양수의 불교 배척에 관한 언론은 《본론(本論)》 중편에서 상세하게 볼 수 있다.

11) 차재삼대시, 남무지민야(此在三代時, 南畝之民也): 불교는 동한(東漢) 때에 인도에서 들어왔고, 고대에는 병농합일(兵農合一)이어서 전문 직업군인이 없었다. 그래서 지금의 승려와 사병 두 부류가 삼대 시기에는 모두 농민이었다고 말하는 것이다.

并周孔之事曰三敎, 不可以去; 兵戎曰國備, 不可以去. 浮圖不可并周孔, 不言而易知, 請試言兵戎之事. 國家自景德罷兵[12], 三十三歲矣. 兵嘗經用者, 老死今盡, 而後來者未嘗聞金鼓[13]·識戰陣也. 生于無事而飽于衣食也, 其勢不得不驕惰. 今衛兵入宿, 不自持被而使人持之; 禁兵給粮, 不自荷而雇人荷之[14]. 其驕如此, 況肯冒辛苦以戰鬪乎? 前日西邊之吏, 如高化軍·齊宗擧, 兩用兵而輒敗, 此其效也[15]. 夫就使兵耐辛苦而能鬪戰, 惟耗農

---

12) 경덕파병(景德罷兵): 송 진종(眞宗) 경덕(景德) 원년(1004) '전연의 전투(澶淵之役)' 후에, 송과 요(遼, 즉 거란)가 화의한 일을 가리킨다. '전연의 전투'에서 송나라는 주전파 구준(寇準)의 주도 하에 다행히 승리를 거두고, 요나라의 지휘관인 달람(撻覽)을 죽였다. 그러나 송 진종은 여전히 매년 은과 비단(銀絹) 20만을 보내주는 대가로 화의해 줄 것을 구걸하였다. 요나라는 전력에 손실을 입은 상태였기 때문에 전쟁을 중지하는 데에 동의하였으며, 이때부터 장기간에 걸친 대치국면을 형성하였다.

13) 금고(金鼓): 고대에는 전쟁을 할 때에 징(鑼)과 북(鼓)을 쳐서 호령하였는데, 북을 쳐서 군대를 전진시키고, 징을 울려서 병사를 거두어 들였다.

14) 위병~하지(衛兵~荷之):「위병입숙(衛兵入宿)」: 금군이 궁궐을 호위하기 위한 숙직을 하다. 송대의 병제에, 중앙의 부대를 '금군(禁軍)'이라 하고, 지방의 부대를 '상군(廂軍)'이라 하였는데, 금군은 매우 교만하고 방자하였다. 송 태조는 일찍이 군수품과 식량은 반드시 사병들이 스스로 운반할 것을 규정하였다.

15) 고화군~효야부(高化軍~效也):「고화군(高化軍)」: 장교의 이름인 듯한데, 그에 대해서는 자세히 알 수 없다.「제종거(齊宗擧」:《송사》에는 제종구(齊宗矩)로 되어 있다.《송사기사본말·하원호거명(夏元昊拒命)》에 따르면 경우(景祐) 원년 가을에 서하(西夏)의 임금 원호(元昊)가 "경주를 치자 연변도순검 양준이 그를 맞아 싸워 크게 패하였다. 환경도감 제종구가 그를 지원하러 가다 절의봉에 이르렀는데, 복병을 만나 사로잡

民, 爲之可也; 奈何有爲兵之虛名, 而其實驕惰無用之人也?

古之凡民長大壯健者皆在南畝, 農隙則敎之以戰. 今乃大異, 一遇凶歲, 則州郡吏以尺度量民之長大而試其壯健者, 招之去爲禁兵; 其次不及尺度而稍怯弱者, 籍之以爲廂兵. 吏招人多者有賞, 而民方窮時爭投之. 故一經凶荒, 則所留在南畝者惟老弱也. 而吏方曰: "不收爲兵, 則恐爲盜." 噫! 苟知一時之不爲盜, 而不知其終身驕惰而竊食也. 古之長大壯健者任耕, 而老弱者游惰; 今之長大壯健者游惰, 而老弱者留耕也. 何相反之甚邪! 然民盡力乎南畝者, 或不免乎狗彘之食, 而一去爲僧·兵, 則終身安佚而享豊腴, 則南畝之民不得不日減也. 故曰有誘民之弊者, 謂此也. 其耗之一端也.

古者計口而受田, 家給而人足. 井田旣壞[16], 而兼倂乃興. 今大率一戶之田及百頃者, 養客數十家[17]. 其間用主牛而己力者,

---

혔고, 오래지 않아 풀려나서 돌아왔다.(寇慶州, 緣邊都巡檢楊遵與戰, 敗積. 環慶都監齊宗矩援之, 次節義峰, 伏發被執, 旣而放還.)"고 한다. 여기서는 이 일을 가리킨다. 「효(效)」: 검증하다. 검증을 거쳐 실증하다.

16) 정전(井田): 《맹자》 등의 옛 책들에는 모두 주대(周代)에 정전제(井田制)를 실시하였다는 기록이 있다. 거기에 따르면, 방형의 땅 9백 묘(畝)를 1리(里)로 하고, 그것을 우물 정(井) 자 모양으로 9등분하면 각 부분이 백묘씩 된다. 그 중 가운데의 한 부분은 공전(公田)이고, 나머지 여덟 부분은 각각 여덟 가구에 나누어주어서 경작하게 한다. 이 여덟 가구는 공전을 공동으로 경작하여 거기서 나는 수확은 세금으로 국가에 귀속시키고, 그 밖의 다른 세금은 납부하지 않는다. 동주(東周) 이후 지주경제가 흥성하면서 정전제는 점차 파괴되었다.

17) 금대솔~십가(今大率~十家): 「양객수십가(養客數十家)」: 당송(唐宋) 시기에는 호적에 주호(主戶)와 객호(客戶)의 구별이 있었다. '주호'는 대

用己牛而事主田以分利者，不過十餘戶；其餘皆出産租而僑居
者曰浮客，而有畲田[18]．夫此數十家者，素非富而畜積之家也，
其春秋神社婚姻死葬之具，又不幸遇凶荒與公家之事，當其乏
時，嘗擧債于主人，而後償之，息不兩倍則三倍．及其成也，出

규모 장원의 주인(大莊園主)이고, '객호'는 대체로 겸병(兼並)이나 가혹
한 세금을 견디지 못하여 타향으로 도망간 소작인으로, 장객(莊客)이라
고도 한다. 「경(頃)」: 백 묘(畝)이다.

18) 기간~여전(其間~畲田): 객호(客戶)의 상황에 대해 설명한 것이다. 객호
들 중에서 일부는 그 지방 사람으로, 아직 생산의 수단으로 작은 밭뙈기
나 아니면 소를 가지고 있어서 주호(主戶)의 수탈을 당하는 정도가 비교
적 가볍다. 그러나 대다수의 객호들은 외지에서 도망쳐온 사람들로, 떠
돌이 객호(浮客)라 불린다. 그들은 가진 것이 전혀 없고, 단지 척박한 토
지를 소작하거나 황무지를 개간할 수밖에 없어서 수탈을 당하는 정도가
매우 심하다. 「교거(僑居)」: 외지인이 새로운 곳으로 옮겨와서 살다. 「여
전(畲田)」: 황무지를 새로 개간한 농지. 《정자통(正字通)》에 "개간한 지
1년 된 땅을 '치(菑)'라 하는데, 처음으로 풀을 제거한 밭이다. 2년 된
땅을 '여(畲)'라 하는데, 서서히 흙이 부드러워진다. 3년 된 땅을 '신
(新)'이라 하는데, 이미 밭이 되었지만 아직도 '새롭다'는 말이다. 4년
된 땅을 '전(田)'이라 한다.(一歲爲菑, 始反(翻)草也; 二歲爲畲, 漸和柔
也; 三歲爲新, 謂已成田而尙新也; 四歲則曰田.)"라고 하였고, 《송사·식
화지(食貨志)》에는 "진종 경덕 초에 모든 주에 조칙을 내리기를, 말을
기르지 못하는 휴한지는 '직전(職田, 직급에 따라 급여하는 밭)'의 예를 적
용시켜 주호와 객호에게 할당하고 갖은 방법으로 경작하도록 하여 토질
이 비옥한 정도에 따라 세 등급으로 나누어 세금을 납부토록 하였다.(眞
宗景德初詔諸州, 不堪牧馬閑田, 依職田例, 招主客戶, 多方種蒔, 以沃瘠
分三等輸課.)"라고 하였다.

種與稅而後分之[19], 償三倍之息, 盡其所得, 或不能足. 其場功朝畢而暮乏食, 則又擧之. 故冬春擧食則指麥于夏而償; 麥償盡矣, 夏秋則指禾于冬而償也. 似此數十家者, 常食三倍之物, 而一戶常盡取百頃之利也. 夫主百頃而出稅賦者一戶, 盡力而輸一戶者數十家也. 就使國家有寬徵薄賦之恩, 是徒益一家之幸, 而數十家者困苦常自如也. 故曰有兼倂之弊者, 謂此也. 此亦耗之一端也.

民有幸而不役于人, 能有田而自耕者, 下自二頃至一頃, 皆以等書于籍[20]. 而公役之多者爲大役, 少者爲小役, 至不勝, 則賤賣其田或逃而去[21]. 故曰有力役之弊者, 謂此也. 此亦耗之一端也.

---

19) 급기성야, 출종여세이후분지(及其成也, 出種與稅而後分之): 「성(成)」: 수확(하다). 「출종여세이후분지(出種與稅而後分之)」: 전체 수확량에서 종자와 과세를 제한 후에 주호와 객호가 나누어 가지다. 소순(蘇洵)의 《가우집(嘉祐集)·전제(田制)》에 "자신(莊主)이 반을 가지고, 경작한 자(莊客)가 나머지 반을 가진다(己得其半, 耕者得其半.)"라고 하였다.

20) 이등서우적(以等書于籍): 송대에는 민가를 다섯 등급으로 나누었는데, 관아에서는 각 민가의 토지·재산·인구 등의 상황에 근거해서 등기하고, 그 등급에 따라 세금과 노역을 부과하였다.

21) 공역~이거(公役~而去): 「공역(公役)」: 관아에 노역을 하는 데에는 대역(大役)과 소역(小役)의 구분이 있었다. 소역은 궁수(弓手)를 충당하는 것처럼 관아에서 수시로 차출(배정)하기 때문에 생업에 정상적으로 종사할 수가 없으며, 평생노역과 같았다. 대역이란 이를테면 아전역(衙前役: 관아에서 잡역에 종사하는 노역) 같은 것으로 2등급 이상의 호구에서 충당한다. 정해(鄭獬)의 《운계집(鄖溪集)·논안주차역장(論安州差役狀)》에 따르면 주현(州縣)에서 노역을 정할 때에는 그곳의 서리는 민가의 모든

夫此三弊, 是其大端. 又有奇邪之民[22], 去爲浮巧之工; 與夫兼併商賈之人, 爲僭侈之費; 又有貪吏之誅求, 賦斂之無名. 其弊不可以盡擧也. 旣不勸之使勤, 又爲衆弊以耗之. 大抵天下中民之士富且貴者, 化粗糲爲精善[23], 是一人常食五人之食也. 爲兵者養父母妻子, 而計其饋運之費, 是一兵常食五農之食也. 爲僧者養子弟而自豐食, 是一僧常食五農之食也. 貧民擧倍息而食者, 是一人常食二人三人之食也. 天下幾何其不乏也!

何謂不量民力以爲節? 方今量國用而取之民, 未嘗量民力而制國用也. 古者冢宰制國用[24], 量入以爲出, 一歲之物三分之, 一以給公上, 一以給民食, 一以備凶荒. 今不先制乎國用, 而一切臨民而取之. 故有支移之賦, 有和糴之粟, 有入中之粟, 有和

물품의 총 예상 수확을 파악한 장부를 가지고 있는데, 그 액수를 채우면 아전역으로 파견하였다. 복역하는 사람은 반드시 맡은 부역을 처리한 후에야 비로소 사직을 청원할 수 있었고, 이 때문에 뇌물을 써서 맡은 부역을 피하고자 하였다. 경성이나 다른 주 또는 부에 파견되면, 곳곳에 뇌물을 더 써야 했기 때문에 복역자들은 왕왕 "온 집이 파산하여 논밭을 팔거나 버리고 달아나 부자간에도 생이별하였다.(全家破産, 棄賣田業, 父子離散)"하였다. 최후엔 거지가 되어 달아나야 비로소 끝났다.

22) 기사지민(奇邪之民): 정교한 사치품을 만드는 수공업자를 가리킨다. 「사(邪)」: 정도(正道)를 걷지 않는 것을 가리킨다.

23) 화조려위정선(化粗糲爲精善): 보통의 양식을 먹지 않고, 섬세하게 가공된 고급스런 음식으로 바꾸어서 먹는다는 뜻이다.

24) 총재(冢宰): 주대의 관명으로, 백관의 장이다. 재상에 해당된다. 《주례·천관(天官)》에 "이에 천관총재를 세워서 그에게 관원들을 통솔하여 국정을 관장하도록 하였다(乃立天官冢宰, 使率其屬而掌邦治.)"라고 하였다.

買之絹, 有雜料之物, 茶鹽山澤之利, 有權有徵[25]. 制而不足,
則有司屢變其法, 以爭毫末之利. 用心益勞而益不足者, 何也?
制不先定而取之無量也.

　何謂不量天力之所任? 此不知水旱之謂也. 夫陰陽在天地間,
騰降而相推, 不能無愆伏[26]; 如人身之有血氣, 不能無疾病也.

---

25) 고유~유징(故有~有徵): 여러 가지 과중하고 잡다한 세금을 열거한 것
　　이다. 「지이지부(支移之賦)」: 납부해야 하는 식량을, 현지가 아니라 식
　　량이 부족한 다른 주나 현으로, 납부하도록 농민들에게 명하는 것이다.
　　「화적지속(和糴之粟)」: 정식으로 부과된 세금 분 이외에 조정에서 강제
　　로 예약 구입하는 식량. '적(糴)'은 식량을 사들인다는 뜻이다. 「입중지
　　속(入中之粟)」:《송사·식화지》에는 천성 원년에 섬서하북입중추량견전
　　법(陝西河北入中芻粮見錢法)을 실행하였다는 기록이 있다. 그 법은 "무
　　릇 수도에 현금(錢)으로 납입한 상인들에게는 남방의 차를 주고, 변방에
　　말먹이와 식량으로 납입한 자에게는 경사 및 여러 주의 현금(錢)을 준다
　　(凡商賈入錢于京師者, 給南方茶; 入芻粮于邊者, 給京師及諸州錢.)"는
　　것으로, 조정의 재정을 충실히 하고 변방지역의 군수품을 공급할 목적
　　으로 실행하였지만, 후에는 온갖 폐단이 발생하였다. 「화매지견(和買之
　　絹)」: 송 왕조는 매년 요와 서하에 대량의 비단을 보내야 했는데, 소위
　　'화매(和買)'라고 하는 것은 명의상으로는 관아에서 농민들에게 돈을
　　빌려주었다가 이듬해에 비단으로 회수하는 것이지만, 실제로는 싼 가격
　　에 비단을 사들이기 위해 농민들에게 억지로 떠맡기는 것이었다. 「잡료
　　지물雜料之物)」: 명목상의 세수입 이외에 다른 물품을 더 거둬들이는 것
　　으로,《송사·식화지》에는 "잡변(雜變)"이라고 하였다. 「각(權)」: 관청
　　이 전매하다. 송대에는 소금, 차, 구리, 철 등은 모두 관아에서 전매하
　　였다.
26) 건복(愆伏): 계절에 따른 추위와 더위가 조화를 잃은 것을 가리킨다.
　　《좌전·소공(昭公) 4년》의 "겨울철에 양기가 지나치게 성하여 더워지는

故善醫者不能使人無疾病, 療之而已; 善爲政者不能使歲無凶
荒, 備之而已. 堯湯大聖, 不能使無水旱, 而能備之者也[27]. 古
者豊年補救之術, 三年耕必留一年之蓄, 是凡三歲期一歲以必
災也. 此古之善知天者也. 今有司之調度, 用足一歲而已, 是期
天歲歲不水旱也. 故曰不量天力之所任. 是以前二三歲連遭旱
蝗, 而公私乏食, 是期天之無水旱, 卒而遇之, 無備故也.

夫井田什一之法, 不可復用于今. 爲計者莫若就民而爲之制[28],
要在下者盡力而無耗弊, 上者量民而用有節, 則民與國庶幾乎
俱富矣. 今士大夫方共修太平之基, 頗推務本以興農, 故輒原其
弊而列之, 以俟興利除害者采于有司也.

$\boxed{\text{直譯}}$ 맹자는 산 사람을 잘 봉양하고 죽은 사람을 잘 장사지내는
것이 왕도의 근본이라 하였고, 관중(管仲)은 창고가 가득 차있어
야 예절을 안다고 하였다. 그러므로 농업이란 천하의 근본이고 왕
도정치가 여기서 생겨나는 바이니, 옛날 나라를 다스리던 사람들

현상이 없고, 여름철에 음기가 세져서 추워지는 현상이 없습니다.(冬無
愆陽, 夏無伏陰.)"라는 말에 대해서 두예(杜預)의 주에는 "건(愆)은 지나
치다는 뜻으로, 겨울이 따뜻한 것을 말한다. 복음(伏陰)은 여름이 추운
것을 말한다.(愆, 過也, 謂冬溫. 伏陰, 謂夏寒.)"라고 하였다.

27) 요탕~자야(堯湯~者也): 조착(晁錯)의 《논귀속소(論貴粟疏)》에 "옛날 요
순 시대에는 9년 동안 홍수가 발생했고, 탕왕 때에는 7년 동안 가뭄이
들었습니다. 그러나 나라에 굶어죽는 사람이 없었던 것은 비축해 둔 것
이 많고 대비를 미리 갖추었기 때문입니다(故堯禹有九年之水, 湯有七年
之旱, 而國無捐瘠者, 以蓄積多而備先具也.)"라고 하였다.

28) 취민이위지제(就民而爲之制): 농민이 부담할 수 있는 실제 상황에 근거
해서 거기에 상응하는 세금 부과의 제도를 만든다는 뜻이다.

은 감히 농업을 소홀히 한 적이 없다. 그러나 지금의 관리들은 그렇지 않아 세금을 기재한 장부책이나 뒤적이고 송사사건이나 판정하면 그만일 뿐, 농사에 관한 이야기만 들어도 오히려 서로들 간에 비웃으며 저속한 이야기를 한다고 한다. 그들은 세금이나 비용을 거둬들이는 일을 급선무로 알고 농업에 힘쓰는 것이 우선적인 일임을 모르니, 이것은 정치의 본말을 아직 깊이 연구하지 못한 것이다. 혹 농업에 힘써야 된다는 것은 알고 있더라도 비용을 절약해서 농민을 아껴야 된다는 것은 모르니, 이것 또한 농업에 힘써야 하는 방도를 완전히 파악한 것은 아니다.

옛날에 정치를 한 사람은 상하가 서로 협조하여 일을 처리하였다. 즉 백성들은 생산하는 데 매우 부지런히 하였고, 조정에서는 물품을 사용하는 데 아주 절제하여, 백성들은 생산하는 데 힘을 남김없이 썼고, 국가 또한 과도하게 낭비하지 않아서, 위에서는 아랫사람을 아끼고 아래에서는 윗사람을 공양하여 서로 곤궁하지 않게 하였다. 하(夏)·상(商)·주(周) 삼대의 제도가 다 이와 같았지만, 주대에 와서 가장 완비되었다. 주나라의 제도는 (토지 사정에 따라) 그 땅을 정전제(井田制)를 시행하거나 방목에 사용하게 해서 10분의 1을 세금으로 거둬들였다. 한 사람의 노동력을 그가 맡은 일에 반드시 진력하도록 독려하고, 하루의 비용을 자신의 수입을 헤아려 반드시 절제하도록 하니, 일년간 경작한 양식은 국가 비용과 백성 식용으로 다 공급하고도 늘 여유가 있어, 삼 년이면 일 년의 여유분을 비축하였다. 지금은 오히려 그렇지가 않다. 경작하는 농민에게 경작에 힘을 다하라고 더 이상 독려하지 못하고, 사용자 또한 자신의 수입과 지출을 계산치 않고 사용하니, 일년간 경작한 양식은 겨우 국가비용에만 충당될 뿐, 백성들의 양식으로는 수개월을 넘기지 못한다. 심지어 백성들은 수확이 끝나자마자 키질하고 난 쌀겨나 밀기울 또는 쭉정이나 피를 먹고, 어떤 사람들은 도토리를 채집하고 풀뿌리를 저장해 놓았다가 겨울과 봄을 넘긴다. 쌀겨나 밀기울 도토리 같은 것은 맹자가 말한바 개나 돼지가 먹는 음식이지만, 백성들은 연말이 되면 그것을 먹지 않을 수 없다. 그러다 불행히 수재나 한발이라도 한번 만나면 굶어 죽은 시체가 서로를 깔고 베니, 이 얼마나 탄식할 일인가!

하·상·주 삼대 때에는 공경대신에서 일반 하급관료에 이르기까지 녹봉·병기·갑옷·전차·가축 같은 용도의 재료나 산천·종묘·귀신에게 제사지낼 비용도 부족함이 없었다. 이것은 다 농민에게서 나왔지만, 당시 농민이 경작한 경작지는 지금의 중국 땅을 벗어나지 않는다. 재해와 흉년 또한 수시로 발생하여 지금과 별 차이가 없다. 지금, 옛날의 땅을 고스란히 다 가지고 있고 지출은 삼대를 넘지 않는데도, 옛날에는 늘 여유가 있었지만 지금은 늘 부족하니 어찌된 것인가? 그것은 다스리는 방법이 서로 반대되기 때문에 그런 것이다. 옛날에는 농사에 힘쓸 줄도 알고 절약하여 사용할 줄도 알았지만, 지금은 부지런히 농사도 짓지 않으면서 무절제한 용도에 마구 쓰기 때문이다. 농민을 부지런히 경작하게 하지 않을 뿐만 아니라 각종 정치적 폐단을 시행하여 백성의 힘을 소모시키며, 백성의 힘을 헤아려서 절약하지 않을 뿐만 아니라 근본적으로 자연조건의 여건을 헤아리지 않기 때문이다.

그렇다면 각종 폐단이란 무엇인가? 바로 백성을 유혹하는 폐단과 겸병(兼倂)의 폐단 그리고 노역의 폐단이 있다. 좀 더 상세히 이야기해 보자.

지금 아름다운 집에 앉아 좋은 음식을 먹으면서 일도 하지 않는 사람을 승려라 하고, 국가에 의해 입고 먹으며 그 처자까지 부양받는 사람을 병사라 한다. 이들 부류는 삼대(三代) 때에는 농사짓는 농부였다. 요즘 논의하기 좋아하는 사람들은 불교를 주공(周

公)·공자를 중심으로 한 유가와 함께 삼교(三敎)라고 하면서 제거해서는 안 된다 하고, 군대는 국가를 방위하는 것이니 없앨 수 없다고 한다. 그러나 불교는 주공·공자와 함께 논할 수 없음은 말하지 않아도 쉽게 알 것이니, 청컨대 군대에 관한 일만 말해보겠다. 국가가 경덕(景德) 원년의 화의(和議)로부터 전쟁이 그친 지 33년이 된다. 일찍이 전쟁을 경험한 사람들은 이미 늙어 죽어서 지금은 아무도 없고, 나중에 군대에 들어온 사람들은 징이나 북소리 같은 신호도 들어보지 못하였고, 또 진(陣)도 칠 줄 모른다. 무사한 때에 태어나 배부르게 먹고 따뜻하게 입어, 그 형편상 자연히 교만하고 나태해지지 않을 수가 없다. 지금 궁중 수위 병들은 자신이 덮을 이불조차도 직접 가져오지 않고 남들이 가져다주어야 하며, 호위병에게 지급된 양식까지도 자신이 가져와 먹지 않고 사람을 고용해 짊어져 오게 하니, 그 교만함이 이와 같은데, 하물며 괴로움을 무릅쓰고 전투를 하겠는가! 얼마 전 서쪽 변경의 장교였던 고화군(高化軍)과 제종거(齊宗擧)가 두 번이나 전투를 했으나 그 때마다 패했던 것이 그 증거이다. 가령 병사들이 괴로움을 견디며 전투를 하여 농민의 피땀을 소모한다면 괜찮다 하겠다만, 병사라는 허명만 있고 실제로는 교만하고 나태하여 쓸모없는 사람이라면 어떻게 하겠는가?

옛날 신체가 건장한 백성들은 모두가 농사에 종사하였고, 농한기에는 전쟁에 관한 것을 가르쳤다. 지금은 크게 달라져, 흉년이라도 한 번 든다면 주부(州府)의 관리들은 척도를 가지고 백성들 가운데 키 큰 사람들을 재어보고 건장한 사람들을 시험해보고는 금군(禁軍)으로 데려가 버리고, 그 척도에 조금 못 미치는 나약한 사람들은 지방주둔군의 군적(軍籍)에 올려버린다. 병사를 많이 불러온 관리에게는 상을 주고, 백성들도 곤궁한 때를 만나면 다투어 군대에 투신한다. 그러므로 재난을 한번 겪고 나면, 농촌에 남아

있는 사람은 오직 노약자들뿐이다. 그런데 관리들은 오히려 군대
에 불러들이지 않으면 도적이 될까 두려워서라고 변명을 한다.
아! 진실로 그들을 일시 도적이 되지 못하도록 할 줄은 알아도, 그
들이 평생토록 교만하고 나태해져서 남의 음식을 도적질해 먹는
것은 모른다. 옛날에는 신체가 크고 건장한 사람은 경작을 맡았
고, 노약자들은 노닐며 게으름을 피웠지만, 지금은 오히려 신체
건장한 사람들이 놀면서 게으름을 피우고 노약자들은 논밭에 남아
경작을 한다. 어찌 상반됨이 이렇게 심한가! 이렇게 되니 백성들
은 논밭에서 힘을 다해도 때로는 개나 돼지가 먹는 음식조차 제대
로 면치 못하지만, 일단 농토를 떠나 중이나 병사가 되면 죽을 때
까지 편안하고 또 좋은 음식을 향유하니, 농사짓는 백성들이 날마
다 줄어들지 않을 수가 없다. 따라서 '백성을 유혹하는 폐단(誘民
之弊)'이라는 것은 이것을 두고 한 말로, 이것이 백성들의 힘을 소
모시키는 하나의 발단이다.

옛날에는 식구에 따라 토지를 주어 집집마다 넉넉하고 사람마다
풍족하였다. 정전제(井田制)가 무너지면서 토지를 겸병하는 일이
일어났다. 지금은 대개 전지(田地)가 백경(百頃)에 이르는 한 집의
주호(主戶)가 수십 집의 객호(客戶)를 소유하고 있다. 그 가운데에
는 주호의 소를 빌려 자신의 노동으로 농사짓거나, 자신의 소로써
주호의 토지를 경작하여 이익을 분배하는 사람은 십여 호에 불과
하고, 그 나머지는 다 소작료를 내며 타지방에서 옮겨와 거주하는
사람들로 떠돌이 객호라고 하는데, 이들은 척박한 땅을 경작할 뿐
이다. 대개 이 수십 가의 객호는 평소 부유하거나 저축이 있는 집
이 아니지만, 봄·가을 제사라든가 혼인·장례 같은 데에 비용이
들고, 또 불행히 흉년이라도 든다면 관청의 부역이나 노역까지 해
야 된다. 이런 궁핍한 때를 당하면 주호에게 늘 돈을 빌렸다가 나
중에 상환하는데, 그 때의 이자는 두 배 아니면 세 배이다. 수확

때가 되면 종자와 세금을 제한 뒤에 주호와 이익을 나누고 세 배의 이자까지 갚아야 하니, 수확한 것을 전부 다 합치더라도 더러는 부족하다. 아침에 탈곡이 끝났는데 저녁이면 식량이 궁핍하니, 또 다시 빌리게 된다. 그러므로 겨울과 봄에는 주호에게 빌려 넘기면서 여름에 보리를 수확하여 갚기를 바라니, 보리조차도 상환하는 데 다 없어진다. 여름과 가을에는 또 다시 쌀을 수확하여 겨울에 갚기를 바라게 된다. 이러한 수십 집의 객호는 늘 세 배의 식량을 먹는 셈이고, 한 집의 주호는 늘 백경(百頃)의 이익을 취하게 된다. 대개 주호는 백경의 수확을 취하지만 세금을 내는 것은 다만 일호(一戶)에 해당될 뿐이고, 온 힘을 다해 한 주호에게 수확을 바치는 것은 수십 가의 객호이다. 가령 국가가 노역을 관대하게 해주고 부세를 경감해주는 은혜를 내리더라도 결국 이것은 한 집만 더욱 부유하게 해 줄 뿐, 수십 집은 여전히 곤궁하게 된다. 겸병의 폐단이라고 하는 것은 이것을 두고 한 말이다. 이것도 백성의 힘을 소모시키는 일단이다.

백성들 가운데 다행히 주호에게 노역되지 않고 토지가 있어 스스로 경작하는 사람이 있는데, 1·2경(頃) 이하를 소유한 사람은 모두 다 등급이 정해져 관청의 장부에 기재되어 있다. 그러나 관청에 크고 작은 노역을 해야 하니, 그 노역을 견딜 수 없을 때에는 그 토지를 싼값에 팔아버리고 달아나는 사람도 더러 있다. 그러므로 노역의 폐단이 있다고 하는 것은 이것을 두고 한 말이다. 이것도 백성의 힘을 소모시키는 일단이다.

이 세 가지 폐단은 다만 큰 방면만 든 것이다. 이외에 또 정도를 걷지 않는 사특한 사람들이 있어 토지경작을 떠나 정교한 사치품을 만들기도 하고, 교묘히 토지를 겸병하고 장사하는 상인드도 있어 분에 넘친 사치로 낭비를 일삼기도 하며, 또 탐관오리의 가렴주구도 있어 명목도 없는 세금을 거둬들이기도 한다. 그 폐단을 일일이 다 열거할 수도 없다. 농민들에게 힘써 농사짓도록 격려하지도 못하는데, 또 온갖 폐단을 저질러 그들의 힘을 소모시킨다. 대개 전국의 중류층 사람이 부귀하게 되면, 일반인이 먹는 조악한 양식을 정미하면서도 좋은 음식으로 바꾸어 먹게 되는데, 이렇게 되면 한 사람이 다섯 사람의 식량을 늘 소비하는 것과 같다. 군인이 된 자는 부모처자를 부양하고 게다가 운송비용까지 계산하면, 병사 하나가 농민 다섯의 식량을 먹게 된다. 중이 된 자는 그의 제자들을 부양하고 자신도 풍성히 먹으니, 이렇게 되면 중 한 사람이 농민 다섯 사람의 식량을 먹게 된다. 가난한 농민들은 두 배의 이자를 주고 빌려서 먹으니, 이것도 한 사람이 두세 사람의 식량을 먹는 것이니, 천하가 어찌 궁핍하지 않겠는가!

무엇을 일러 백성의 힘을 헤아려서 절약하지 않는다고 하는가? 바야흐로 지금 국가의 비용을 계산하여 백성들에게 강제로 받아내고, 백성의 힘을 고려하여 국가의 비용을 정한 적이 없다. 옛날 주대(周代)의 재상은 국가의 용도를 정할 때 실제 수입을 헤아려서 지출을 결정하였는데, 한 해의 재물을 삼등분 하여 삼분의 일은 조정의 비용으로 바치고, 삼분의 일은 백성의 식용으로 공급하며, 나머지 삼분의 일은 흉년을 대비하였다. 지금은 국가의 비용을 먼저 정하지 않고 모든 비용을 수시로 백성에게서 거두어들인다. 그래서 지이세(支移稅)가 있게 되었고, 화적량(和糴糧)·입중속(入中粟)·화매견(和買絹)·잡료견(雜料捐) 같은 것이 있게 되었으며, 차나 소금과 산림과 호수에서 나오는 산물에 대해서도 어떤 것은 조정에서 전매를 하고, 어떤 것은 백성에게서 세금으로 거둬들인다. 이렇게 해서도 부족하면 당국에서 그 방법을 바꾸어 백성과 조그마한 이익까지 다투게 된다. 관청에서 마음을 이렇게 수고롭게 쓰는데도 더욱더 부족한 것은 왜인가? 제도를 먼저 정하지 않고, 한도 없이 백성에게서 거둬들이기 때문이다.

　무엇을 일러 근본적으로 자연조건의 여건을 헤아리지 않는다고 하는가? 이것은 수재나 한발 같은 자연재해를 모르는 것을 두고 한 말이다. 천지 사이에 음양의 두 기운이 있어, 부단히 오르내리며 서로 밀어내어 기후의 조화를 잃어버린다. 이것은 마치 사람 몸 안에 혈기가 운행되다가 질병이 생기지 않을 수 없는 것과 마찬가지다. 그러므로 병을 잘 다스리는 의사는 사람들에게 질병이 생기지 않도록 하는 것이 아니라 적절하게 잘 치료할 뿐이며, 나라를 잘 다스리는 사람은 해마다 재난을 없게 할 수 있는 것이 아니라 재난을 잘 대비하는 것일 뿐이다. 요임금과 탕임금 같은 대성인도 수재나 한발을 없게 할 수는 없었고, 오직 잘 대비하였을 뿐이다. 옛날에 풍년을 이용하여 재난이 든 해를 구휼하는 방법이 있었으니, 삼년간 경작하면 반드시 일년간의 양식을 저축하였는데, 이것은 대체로 삼 년에 일 년은 틀림없이 재난이 있을 것이라 계산하였던 것이다. 이것은 옛 사람들이 자연을 잘 이해하였음을 설명해준다. 오늘날 관청의 계획은 다만 일년간만의 계획을 운용한다. 이것은 해마다 수재나 한발이 일어나지 않기를 바라는 것이다. 그러므로 근본적으로 자연조건의 여건을 헤아리지 못한다고 하는 것이다. 이 때문에 지난 이삼 년 연달아 한발과 누리의 재앙을 만나, 국가와 백성들이 다 양식이 모자라게 되었다. 이것은 수재나 한발의 재난이 없기를 바랐지만, 오히려 갑자기 만나게 되고 또 아무런 대비가 없었기 때문이다.

　정전제와 십분의 일 세금 제도는 지금에는 더 이상 쓰이지 않는다. 정책을 제정하는 사람이 백성들이 실제 처해 있는 상황에 따라 각종 제도를 확정하는 것이 최선의 방법인데, 관건은 백성들에게는 힘을 다해 경작하게 하되 손해를 끼치는 폐단을 없게 하고, 조정에서는 백성의 힘을 헤아려서 비용을 절약하는 데에 있다. 그렇게 되면 백성과 국가는 부유해질 수가 있을 것이다. 지금 바야

흐로 사대부들은 다같이 태평의 기초를 닦으려고 하고 있으며, 자
못 농업을 근본으로 삼아 농업을 진흥시키려 하고 있다. 그러므로
나는 곧 그 폐단의 근원을 캐어 나열함으로써, 이로움을 일으키고
해를 제거하는 사람들이 관련부문에서 채택해주기를 기다린다.

〈종수론(縱囚論)[1]〉

이 글은 강정(康定) 원년(1040)에 지었다. 당 태종이 사형수 3
백 명을 가석방하여 가족을 만나보고 돌아오도록 하였는데, 약정
한 기일이 되자 사형수들이 모두 감옥으로 되돌아왔다. 사람들은
이 일을 줄곧 칭송하여 '인덕(仁德)'의 전형으로 간주하였다. 그러
나 구양수는 이러한 견해를 달리 하였다. 그는 이러한 일은 '상법
(常法)'이 될 수 없다고 하여, 법치를 옹호하는 자신의 정치사상을
드러내었다. 심지어 그는 당 태종이 인덕의 군주라는 명성을 얻고
자 이런 일을 한 것이라 비판하였는데, 당시 사회에서 이렇게 비
판하기란 상당한 담력과 식견을 갖추지 않고서는 불가능하다. 문
장은 사리가 분명하며, 반복적이면서 점진적인 논박으로 깊이를
더하고 서술이 아주 명쾌하다.

당 태종이 사형수를 풀어준 일은 《신·구당서》에 모두 기록이 있
지만, 일찍이 이 일을 의심하는 사람들도 있었다. 사마광(司馬光)은
《자치통감고이(資治通鑑考異)》에서 "4년의 실록에는 사형을 선고받
은 자가 단지 29명이라 하였는데, 금년 실록에는 299명이나 되니,
무엇 때문에 이렇게 갑자기 늘어났는가? 이 일은 매우 의심스럽다(四
年實錄云天下斷死罪止二十九人, 今年實錄乃有二百九十九人, 何頓
多如此? 事已可疑.)"라고 지적하였고, 또 이 이야기는 "사면이란 소
인배들이나 바라는 것이지, 군자는 바라지 않는다(赦者, 小人之幸,
君子之不幸)"라고 한 당 태종의 주장과도 모순 된다고 지적하였다.

---

1) 종수(縱囚): 수감자를 풀어주다. 당 태종 정관(貞觀) 6년(632) 12월, 사형
   선고를 받은 죄수 290명을 석방하여 집으로 돌려보내고는 다음해 가을에
   감옥으로 돌아와서 형 집행에 임하도록 하였다. "그 후 그들은 정해진 기
   일에 모두 돌아왔고, 임금은 조칙을 내려 그들을 다 사면하였다(其後應期
   畢至, 詔悉原之.《구당서·태종본기》)"

原文 信義行於君子, 而刑戮施於小人. 刑入於死者, 乃罪大惡極, 此又小人之尤甚者也. 寧以義死, 不苟幸生, 而視死如歸[2], 此又君子之尤難者也.

方唐太宗之六年, 錄大辟囚三百餘人[3], 縱使還家, 約其自歸以就死. 是以君子之難能, 期小人之尤者以必能也. 其囚及期, 而卒自歸無後者, 是君子之所難, 而小人之所易也. 此豈近於人情哉[4]? 或曰: "罪大惡極, 誠小人矣, 及施恩德以臨之, 可使變而爲君子, 蓋恩德入人之深, 而移人之速, 有如是者矣." 曰: "太宗之爲此, 所以求此名也. 然安知夫縱之去也, 不意其必來以冀免, 所以縱之乎? 又安知乎被縱而去也, 不意其自歸而必獲免, 所以復來乎? 夫意其必來而縱之, 是上賊下之情也[5]; 意其必免而復來, 是下賊上之心也. 吾見上下交相賊以成此名也, 烏有所謂施恩德與夫知信義者哉? 不然, 太宗施德於天下, 於茲六十矣, 不能使小人不爲極惡大罪, 而一日之恩, 能使視死如歸而存信義, 此又不通之論也."

然則何爲而可? 曰: "縱而來歸, 殺之無赦, 而又縱之, 而又

---

2) 시사여귀(視死如歸): 죽는 것을 마치 집으로 돌아가는 것처럼, 죽음을 두려워하지 않는 다는 말이다. 여기서는 신의를 위해 목숨을 아끼지 않는 것을 가리킨다.

3) 방당~여인(方唐~餘人): 「육년(六年)」: 정관(貞觀) 6년(632)을 가리킨다. 「록(錄)」: 취하다, 선택하다. 「대벽(大辟)」: 큰 죄를 지은 자에게 내리는 형벌이란 뜻으로, 사형을 말한다. 고대 오형(五刑) 가운데 하나이다.

4) 차기근어인정재(此豈近於人情哉): 원간본(元刊本)에는 '재(哉)' 자가 없다.

5) 적(賊): 엿보다, 몰래 추측한다는 뜻이다.

來, 則可知爲恩德之致爾." 然此必無之事也. 若夫縱而來歸而
赦之, 可偶一爲之爾; 若屢爲之, 則殺人者皆不死, 是可爲天下
之常法乎? 不可爲常者, 其聖人之法乎? 是以堯舜三王之治[6],
必本於人情, 不立異以爲高, 不逆情以干譽.

直譯 신의는 군자에게서 행해지고 형벌은 소인에게 시행된다. 형
벌이 사형에 해당되는 것은 죄가 크고 극악한 경우이며, 이는 또
한 소인 중에서도 가장 심한 자이다. 차라리 의(義)를 지키다 죽을
지언정 구차히 살기를 바라지 않고, 죽는 것을 집으로 돌아가는
것처럼 여기는 것은 군자로서도 하기가 특히 어려운 일이다.

당(唐)나라 태종 6년에 사형수를 점검하여 삼백여 명을 석방하
여 각자의 집으로 돌려보내고, 정해진 날에 스스로 감옥으로 돌아
와 사형을 받도록 약속을 했었다. 이것은 군자로서도 하기 어려운
일을 소인 중에서도 가장 나쁜 자에게 반드시 그렇게 하기를 희망
한 셈이었다. 그런데 죄수들은 약속한 기일이 되자 마침내 스스로
돌아와 한 사람도 뒤늦은 자가 없었다. 이것은 군자로서도 하기
어려운 일인데 소인으로서 이토록 쉽게 하였으니, 이것이 어찌 인
정에 가까운 일이겠는가? 어떤 사람은 "죄가 크고 극악한 자는 참
으로 소인이다. 그러나 은덕을 베풀어 대한다면, 그를 군자로 변
하게 할 수 있다. 이것은 은덕이 사람의 마음속에 스며드는 것이
깊고, 사람의 기질을 빠르게 바뀌게 하기 때문에 그렇게 될 수 있
는 것이다"라고 하였다. 이에 대하여 나는 "당나라 태종이 이렇게
한 것은 바로 은덕을 베풀었다는 명예를 얻기 위해서였다. 그가

____

6) 삼왕(三王): 하나라의 우(禹), 상나라의 탕(湯), 주나라의 문왕(文王)을 가
   리킨다. 일설에는 하나라의 우, 상나라의 탕, 주나라의 문왕과 무왕(武
   王)이라고도 한다.

죄수들을 석방하여 보내면 그들은 반드시 돌아와 사면을 희망할 것이라고 예상했기 때문에 그들을 석방하였고, 또 그들이 석방되어 갔다가 기약한 날짜에 스스로 감옥으로 돌아오면 반드시 사면되리라는 것을 예상했기 때문에 돌아온 것이 아니라고 어떻게 알리오?”라고 하였다. 대저 그들이 틀림없이 돌아올 것이라 예상하고 석방했다면, 이는 윗사람이 아랫사람의 마음을 엿본 것이고, 또 죄수들도 반드시 사면되리라는 예상을 하고 돌아 왔다면, 이는 아랫사람이 윗사람의 마음을 엿본 것이다. 나는 다만 윗사람과 아랫사람이 서로 마음을 엿보고서 이러한 명예를 이룬 것이라 볼 뿐, 어디 이른 바 은덕을 베풀었다든가 신의를 알고 있었다라고 하겠는가? 그렇지 않다면 태종이 천하에 덕을 베푼 지 이때 이미 6년이나 되었는데도, 아직 소인들에게 극악무도한 죄를 짓지 못하도록 할 수가 없었다. 그런데 오히려 하루의 은혜로 죽음을 집으로 돌아가는 것처럼 여기게 하고 신의를 갖게 했다 하니, 이것은 또한 통하지 않는 논리이다.

그렇다면 어떻게 하면 되겠는가? “석방하였다가 돌아온 자들을 사면하지 말고 사형시켜야 한다. 그런 뒤 또 석방하여주었는데 다시 돌아온다면 이는 은덕의 성취임을 알 수 있다.” 그러나 이는 반드시 있을 수 없는 일이다. 만약 석방해주었는데 스스로 돌아왔기 때문에 죄를 용서해 주는 이런 일은 우연히 한 번 할 수 있을 뿐이지, 만일 자주 이런 일을 한다면 살인자들이 모두 사형을 받지 않게 될 것이다. 이것이 천하의 떳떳한 법이 될 수 있겠는가? 떳떳한 법이 될 수 없는 것이 어찌 성인의 법이겠는가? 이 때문에 요임금과 순임금 그리고 삼왕(三王)의 치세에서는 반드시 인정에 근본을 두었지, 이상한 것을 만들어서 고상한 체 하지 않았고, 인정을 거슬러서 명예를 구하지 않았다.

〈준조언사상서(準詔言事上書[1])〉

이 글은 구양수가 경력 2년(1042)에 인종에게 올린 주소문(奏疏文)이다. 전체 문장의 길이가 약 3천8백 자나 되며, '삼폐(三弊 : 호령이 신중치 않는 것(不愼號令), 상벌이 분명치 않는 것(不明賞罰), 실효를 따지지 않는 것(不責功實)'와 '오사(五事 : 병사(兵), 장수(將), 재용(財用), 적을 막을 대책(禦戎之策), 일을 맡길 만한 신하(可任之臣)'로 나누어 북송왕조의 누적되어온 빈곤하고 허약한 정치·경제·군사형세를 철저하고 구체적으로 개괄하였다. 그 가운데 많은 주장은 범중엄(范仲淹)이 '경력신정(慶曆新政)'을 펴기 위하여 이듬해에 올린 개혁해야 할 '열 가지 일(十事)'(상벌을 분명히 할 것(明黜陟), 관료자제들에게 음보제도의 남발을 억제할 것(抑僥幸), 과거시험의 방법을 개혁할 것(精貢擧), 지방관리의 선발을 중시할 것(擇官長), 지방관의 직전職田 수입을 고르게 할 것(均公田), 농업생산을 중시할 것(厚農桑), 경기지방의 장정으로 수도방위를 강화할 것(修武備), 농민의 요역을 줄여줄 것(減徭役), 조정에서 선포한 적이 있는 부세나 사면이 신의가 있을 것(覃恩信), 명령을 신중히 할 것(重命令), 이 열 가지 조항 가운데 修武備 조항만 제외하고 경력신정기간에 조서의 형식으로 전국에 반포되었음')과 약속이나 한 듯이 일치한다. 이 때문에 이 글은 구양수의 정치주장을 비교적 체계적으로 반영하고 있을 뿐만 아니라 북송의 정치·경제·군사를 연구하는 데에도 중요한 자료가 된다.

문장은 입론이 적절하고, 논증할 때에는 현실상황과 역사사실을 대

---

1) 경력(慶曆) 2년(1042) 5월에 송 인종이 조서를 내려서 삼관(三館: 소문관昭文館, 사관史館, 집현관集賢館)의 관료들에게 정무에 대해 논하는 글을 지어 제출할 것을 명하였다. 구양수는 당시 집현교리를 맡고 있었으며, 명을 받들어 이 글을 지었다. 「준(準)」: 의거하다, 준하다.

량으로 사용하였고, 분석·대비·비평·건의 등의 다양한 표현방법을 적절히 사용하여 논리를 강화시켰다. 언어사용 또한 날카로울 뿐만 아니라 대구법(排比)·대우법(對偶)·점층법(漸層法)·반복법(反復法) 등의 다양한 수사방법을 운용하여 문장의 기세를 강화시켰다.

[原文] 月日, 臣修謹昧死[2]再拜上書於皇帝陛下. 臣近準詔書, 許臣上書言事. 臣學識愚淺, 不能廣引深遠, 以明治亂之原; 謹采當今急務, 條爲三弊五事, 以應詔書所求. 伏惟陛下裁擇.

臣聞自古王者之治天下, 雖有憂勤之心而不知致治之要, 則心愈勞而事愈乖; 雖有納諫之明而無力行之果斷, 則言愈多而聽愈惑. 故爲人君者, 以細務而責人, 專大事而獨斷, 此致治之要術也; 納一言而可用, 雖衆說不得以沮之, 此力行之果斷也. 知此二者, 天下無難治矣.

伏見國家自大兵一動, 中外騷然[3]. 陛下思社稷之安危, 念兵民之疲弊, 四五年來, 聖心憂勞, 可謂至矣. 然而兵日益老, 賊日益强, 并九州之力討一西戎小者, 尚無一人敢前[4]. 今又北戎

---

2) 매사(昧死): 죽기를 무릅쓰고 글을 바친다는 뜻이다. 이 말은 진대(秦代) 이후 관료들이 황제에게 글을 올릴 때 쓰는 상투어이다.

3) 대병일동, 중외소연(大兵一動, 中外騷然): 「대병일동(大兵一動)」: 보원(寶元) 원년(1038)에 서하(西夏)의 원호(元昊)가 스스로 황제라 칭하자, 송나라 조정이 병력을 이동시켜 서북쪽 변경의 수비를 강화한 일을 가리킨다. 「중외(中外)」: 조정의 안팎을 뜻한다. 「소연(騷然)」: 혼란스럽고 불안한 모양.

4) 연이~감전(然而~敢前): 「노(老)」: 전쟁을 하는데, 헛되이 시일만 오래 끌어 사기가 떨어진 것을 가리킨다. 「적(賊)」, 「서융(西戎)」: 모두 서하를 가리킨다. 「구주(九州)」: 전국을 뜻한다.

大者違盟而動[5], 其將何以禦之? 從來所患者夷狄, 今夷狄叛矣; 所惡者盜賊, 今盜賊起矣[6]; 所憂者水旱, 今水旱作矣; 所賴者民力, 今民力困矣; 所須者財用, 今財用乏矣. 陛下之心, 日憂於一日; 天下之勢, 歲危於一歲. 此臣所謂用心雖勞, 不知求致治之要者也. 近年朝廷開發言路, 獻計之士不下數千, 然而事緒轉多, 枝梧不暇[7]. 從前所采, 衆議紛紜; 至於臨事, 誰策可用? 此臣所謂聽言雖多, 不如力行之果斷者也.

　伏思聖心所甚憂而當今所尙闕者, 不過日無兵也, 無將也, 無財用也, 無禦戎之策也, 無可任之臣也. 此五者, 陛下憂其未有, 而臣謂今皆有之, 然陛下未得而用者, 未思其術也. 國家創業之初, 四方割據, 中國地狹, 兵民不多, 然尙能南取荊楚, 收

---

5) 금우북융대자위맹이동(今又北戎大者違盟而動): 경력 2년(1042) 3월에 요나라(거란)는 서하와의 전쟁을 틈타서 군대를 일으켜 남하할 거라고 공언하며, 송나라에게 와교관(瓦橋關) 남쪽의 땅을 할양하라고 협박하였다. 송 인종은 감히 저항하지를 못하고, 부필(富弼)을 사신으로 보내어 요나라와 강화하도록 하여, 매년 비단 14만 필과 은 10만 냥을 더 보내준다고 약속하였다. 「북융(北戎)」: 요나라를 가리킨다. 송나라와 요나라는 경덕 초(1004)에 강화조약을 맺었는데, 지금 요나라가 군대를 움직여 남하할 것이라고 하기 때문에 '위맹(違盟)'이라고 말한 것이다.

6) 도적(盜賊): 농민봉기를 멸시하여 부른 말이다. 경력 연간 이전에 이미 사천(四川)·섬서(陝西)·복건(福建)·하북(河北)·산동(山東)·하남(河南) 등지의 농민들이 잇달아 봉기하였는데, 왕소파(王小波)·이순(李順) 등의 봉기군이 비교적 대규모였다. 경력 연간에는 경동(京東)의 왕윤(王倫)·경서(京西)의 장해(張海)·패주(貝州)의 왕칙(王則) 등이 봉기하였다.

7) 지오(枝梧): 지탱하다. 여기서는 대처한다는 뜻으로 쓰였다.

僞唐, 定閩嶺, 西平兩蜀, 東下并潞, 北窺幽燕[8]. 當時所用兵財
將吏, 其數幾何? 惟善用之, 故不覺其少. 何況今日承百年祖宗

---

8) 국가~유연(國家~幽燕): 송나라는 후주(後周)의 뒤를 이어 들어섰는데, 그 당시에는 겨우 중원의 땅 뿐이어서 백성과 병력이 적었지만, 송 태조는 후주가 다져놓은 정치적 기초 위에서 전국을 통일하였다. 「남취형초(南取荆楚)」: 건덕(乾德) 원년(963)에 송나라는 형남(荆南)의 고계충(高繼沖)을 공격했으며, 호남(湖南)의 주보권(周保權)을 사로잡고 호남과 호북(湖北)을 평정하였다. 「수위당(收僞唐)」: 개보(開寶) 7년(974)에 송나라가 남당(南唐)을 공격하자, 남당의 후주(後主) 이욱(李煜)은 전투에 패하고 투항하였다. 「정민령(定閩嶺)」: 민나라 임금(閩主) 왕연의(王延禕)는 이미 943년에 남당의 포로가 되었기 때문에, 남당을 평정한 후에는 복건(福建) 지역 또한 평정되었다. 「서평양촉(西平兩蜀)」: 건덕(乾德) 2년(964)에 송나라는 촉(蜀)을 공격하니 3년에 후촉(後蜀)의 임금 맹창(孟昶)이 투항하여(전촉은 오래 전에 이미 멸망했음) 촉이 평정되었다. 「동하병로(東下并潞)」: 송나라는 건륭(建隆) 원년(960)에 노주(潞州: 지금의 산서성山西省 장치시長治市)를 수복하고, 이후에 여러 차례 북한(北漢)의 태원(太原: 즉 병주并州)을 공격하였지만, 북한이 요나라의 도움을 받고 있었기 때문에 무너뜨리지 못하였다. 태평흥국 4년(979)에 이르러서야 북한의 임금 유계원(劉繼元)이 항복함으로써 태원이 평정되었다. 「북규유연(北窺幽燕)」: 북쪽을 향하여 요나라에 점령당한 연운(燕雲) 16주의 수복을 기도하였다. 일찍이 후주(後周) 때에 왕박(王朴)이 주(周) 세종(世宗)을 위해 계획을 세우기를, 먼저 남방을 평정하고 다음으로 연(燕)을 수복하고 마지막으로 태원을 수복하고자 하였다. 그 이유는 유(幽)·연(燕)을 수복하게 되면 태원은 저절로 복종해 올 것이기 때문이었다. 그러나 송 태조는 태원을 먼저 수복함으로써 요나라와 북한이 협력하여 대항하도록 하였고, 오랫동안 전쟁을 하였지만 항복 받지 못하고 정예군 또한 손실을 입어 북쪽의 유(幽)·연(燕)마저도 취할 수 없었다. 이것은 실책이었다.

之業[9], 盡有天下之富强, 人衆物盛, 十倍國初. 故臣敢言有
兵·有將·有財用·有御戎之策·有可任之臣. 然陛下皆不得
而用者, 其故何哉? 由朝廷有三大弊故也.

何謂三大弊? 一曰不愼號令, 二曰不明賞罰, 三曰不責功實.
此三弊因循於上, 則萬事弛慢廢壞於下. 臣聞號令者, 天子之威
也[10], 賞罰者, 天子之權也[11]. 若號令不信, 賞罰不當, 則天下不
服; 故又須責臣下以功實, 然後號令不虛出而賞罰不濫行. 是以
愼號令明賞罰責功實, 此三者, 帝王之奇術也. 自古人君, 英雄
如漢武帝, 聰明如唐太宗, 皆知用此三術而自執威權之柄, 故所
求無不得, 所欲皆如意. 漢武好用兵, 則誅滅四夷, 立功萬里,

---

9) 백년(百年): 송나라 태조 조광윤(趙匡胤)이 건국한 때부터 경력 초까지는
  80여 년인데, 여기서 백년이라 한 것은 그 개략적인 정수로 말한 것이다

10) 호령자, 천자지위(號令者, 天子之威):《태평어람(太平御覽)》권638에
  《육도(六韜)》를 인용하여 "문왕이 태공에게 '원컨대 나라를 다스리는 데
  에 귀하게 여겨야 할 것을 알고 싶습니다' 하자 태공이 '귀한 것은 법령
  이 반드시 실행되는 것이오. 법령이 반드시 지켜진다면 치도가 통하게
  되오. …… 명령이 실행되지 않으면 임금의 위엄이 실추됩니다.(文王問
  太公曰: 願聞治國之所貴. 太公曰: 貴法令必行. 法令必行, 則治道通.
  …… 令不行, 則主威傷.)"라고 하였다.

11) 상벌자, 천자지권야(賞罰者, 天子之權也):《한비자(韓非子)·이병(二柄)》
  에 "현명한 임금이 신하를 제압하는 데에는 두 가지 수단이 있을 뿐입니
  다. 그 두 가지 수단이란 형벌과 덕입니다. 살육하는 것을 형벌이라 하
  고, 포상하는 것을 덕이라 합니다.(明王制其臣下者, 二柄而已矣. 二柄
  者, 刑德也, 殺戮謂之刑, 慶賞謂之德也)."라고 하였다. 「권(權)」: 권력,
  수단.

以快其心[12]; 欲求將, 則有衛·霍之材以供其指使[13]; 欲得賢士, 則有公孫·董·汲之徒以稱其意[14]. 唐太宗好用兵, 則誅突厥·服遼東, 威振夷狄以逞其志[15]; 欲求將, 則有李靖·李勣之徒入其駕馭[16]; 欲得賢士, 則有房·杜之徒在其左右[17]. 此二帝者, 可謂所求無不得, 所欲皆如意. 無他術也, 惟能自執威權之柄耳.

伏惟陛下以聖明之姿, 超出二帝, 又盡有漢·唐之天下. 然而欲禦邊則常患無兵, 欲破賊則常患無將, 欲贍軍則常患無財用, 欲威服四夷則常患無策, 欲任使賢材則常患無人. 是所求皆不得, 所欲皆不如意. 其故無他, 由不用威權之術也. 自古帝王,

---

12) 한무~기심(漢武~其心):「한무(漢武)」: 한(漢)나라 무제(武帝) 유철(劉徹)을 가리킨다. 그는 재위 동안 서역(西域)과 교류하고, 서남쪽 이민족(西南夷)을 평정하였으며, 동남쪽 이민족(東南越)을 안정시키고, 북쪽으로는 흉노를 쫓고, 누란(樓蘭)·거사(車師) 등의 나라를 쳐서 무공이 혁혁하였다.

13) 위·곽(衛·霍): 한 무제 때의 명장 위청(衛靑)과 곽거병(霍去病)을 가리킨다.

14) 공손·동·급(公孫·董·汲): 한 무제 때의 명신 공손홍(公孫弘), 동중서(董仲舒), 급암(汲黯)을 가리킨다.

15) 당태종~기지(唐太宗~其志):「당태종(唐太宗)」: 당 고조 이연(李淵)의 아들 이세민(李世民)으로, 재위 동안 돌궐(突厥)·토번(吐蕃)을 깨트리고, 요동(遼東)을 여러 차례 공격하였다.「돌궐」: 동돌궐(東突厥)을 가리킨다. 중국 북방의 소수민족으로, 당나라 초기에 매우 강대하여 중원을 위협하였다.

16) 이정·이적(李靖·李勣): 당 태종 때의 명장.

17) 방·두(房·杜): 당 태종 때의 명신 방현령(房玄齡)과 두여회(杜如晦)를 가리킨다.

或爲强臣所制, 或爲小人所惑, 則威權不得出於己. 今朝無强臣之患, 旁無小人偏任之溺, 內外臣庶[18], 尊陛下如天, 愛陛下如父, 傾耳延首, 願聽陛下之所爲, 然何所憚而不爲乎? 若一日赫然執威權以臨之, 則萬事皆辦, 何患五者之無? 奈何爲三弊之因循, 一事之不集?

臣請言三弊. 夫言多變則不信, 令頻改則難從. 今出令之初, 不加詳審, 行之未久, 尋又更張. 以不信之言, 行難從之令, 故每有處置之事, 州縣知朝廷未是一定之命, 則官吏或相謂曰: "且夫要行, 不久必修更改." 或曰: "備禮行下, 略與應破指揮[19]." 旦夕之間, 果然又變. 至於將吏更易, 道路疲於送迎[20]; 符牒縱橫, 上下莫能遵守. 中外臣庶或聞而歎息, 或聞而竊笑. 歎息者有憂天下之心, 竊笑者有輕朝廷之意. 號令如此, 欲威天下, 其可得乎? 此不愼號令之弊也.

---

18) 내외신서(內外臣庶): 조정 안팎의 관료와 백성을 가리킨다. 고대에는 백성을 서민(庶民)이라 일컬었다.

19) 비례행하, 약여응파지휘(備禮行下, 略與應破指揮): 「비례행하(備禮行下)」: 관례에 따라 공문을 전송하다. 「응파지휘(應破指揮)」: 상급의 지령에 형식적으로 대강 대처하다.

20) 지어장리경역, 도로피어송영(至於將吏更易, 道路疲於送迎): 송나라 초기에는 중앙집권을 위하여 군벌의 할거를 방지하고자, 군대를 통솔하는 장교들의 배치를 수시로 바꾸었다. 사병들에게도 '경수법(更戍法)'이라는 규정을 두어 사병들의 주둔지를 정기적으로 바꾸었다. 사병들이 주둔지를 바꿀 때에 오가는 거리가 수천 리나 되는 경우도 있어, 소재 지방관아에서는 반드시 전례에 따라 이들을 맞이하고 보내면서 보급품을 대주어야 했는데, "그들이 지나가는 주현(州縣)들은 근심과 탄식이 요란할(往來州縣, 愁歎嗷嗷)" 지경이었다.

用人之術, 不過賞罰. 然賞及無功, 則恩不足勸, 罰失有罪, 則威無所懼, 雖有人, 不可用矣. 太祖時, 王全斌破蜀而歸, 功不細矣, 犯法一貶, 十年不問[21]. 是時方討江南, 故黜全斌與諸將立法[22]. 太祖神武英斷, 所以能平定天下者, 其賞罰之法皆如此也. 昨關西用兵四五年矣, 大將以無功罷者依舊居官[23]. 軍中見無功者不妨得好官[24], 則諸將誰肯立功矣? 裨將畏懦逗留者, 皆當斬罪; 或暫貶而尋遷, 或不貶而依舊. 軍中見有罪者不誅, 則諸將誰肯用命矣? 所謂賞不足勸, 威無所懼. 賞罰如此, 而欲用人, 其可得乎? 此不明賞罰之弊也.

自兵動以來, 處置之事不少, 然多有名而無實. 臣請略言其一

---

21) 왕전빈~불문(王全斌~不問):「왕전빈(王全斌)」: 건덕(乾德) 2년(964)에 왕전빈은 명을 받들어 촉을 공격하여 함락시킨 뒤, 마음대로 약탈을 하고 또한 항복한 병사를 살해하여, 항복한 병사들의 반란을 야기하였다. 건덕 5년에 소환되어 돌아와서는 숭의군절도사관찰유후(崇義軍節度使觀察留后)로 강등되었다.

22) 시시~입법(是時~立法): 다른 판본에는 이 구절 뒤에 "강남이 평정된 후에야 그의 벼슬을 복직시켰습니다(及江南已下, 乃復其官.)"라는 말이 더 들어있다.「강남(江南)」: 남당(南唐)을 가리킨다.

23) 작관서용병사오년의, 대장이무공파자의구거관(昨關西用兵四五年矣, 大將以無功罷者依舊居官):「관서용병(關西用兵)」: 서하(西夏)와의 전쟁을 가리킨다.「대장이무공파자의구거관(大將以無功罷者依舊居官)」: 이를 테면 연주지주(延州知州) 범옹(范雍)은 우매하고 나약하여, 강정(康定) 원년의 대패를 초래하였지만, 그에 대한 처분은 단지 벼슬을 안주지주(安州知州)로 옮겼을 뿐이다.

24) 무공자불방득호관(無功者不妨得好官): 예를 들어 섬서경략안무사(陝西經略安撫使) 하수빈(夏守贇), 하송(夏竦) 등이 중용되었다.

二, 則其他可知. 數年以來, 點兵不絕, 諸路之民半爲兵矣[25], 其間老弱病患·短小怯懦者不可勝數. 是有點兵之虛名而無得兵之實效也[26]. 新集之兵, 所在敎習, 追呼上下, 民不安居[27]. 主敎者非將領之材, 所敎者無旗鼓之節. 往來州縣, 愁歎嗷嗷. 旣多是老病小怯之人, 又無訓齊精練之法, 此有敎兵之虛名而無訓兵之實藝也[28]. 諸路·州·軍[29], 分造器械, 工作之際已勞民力, 輦運搬送又苦道途. 然而鐵刃不剛, 筋膠不固, 長短大小多不中度; 造作之所但務充數而速了, 不計所用之不堪, 經歷官司又無檢責[30]. 此

---

25) 점병부절, 제로지민반위병의(點兵不絕, 諸路之民半爲兵矣):「점병((點兵)」: 징병.「로(路)」: 송나라 때의 행정구역 이름으로, 송나라 초에는 전국을 15로(路)로 나누었고, 인종 천성(天聖) 연간에 18로(路)로 바꾸었다.

26) 실효(實效): 어떤 판본에는 '실수(實數)'로 되어있다.

27) 소재~안거(所在~安居):「소재교습(所在敎習)」: 현지에서 훈련하다.「추호상하(追呼上下)」: 규율이 형편없다는 뜻이다.

28) 무훈병지실예(無訓兵之實藝): 병사 훈련의 목적을 이루지 못하다.「예(藝)」: 목적.

29) 주·군(州·軍): 송나라 행정구역의 이름으로, '부(府)'와 대등한데, '로(路)'보다는 낮고 '현(縣)'보다는 높은 단위이다.

30) 연이철인불강, 근교불고, 장단대소다부중도; 조작지소단무충수이속료, 불계소용지불감, 경력관사우무검책(然而鐵刃不剛, 筋膠不固, 長短大小多不中度; 造作之所但務充數而速了, 不計所用之不堪, 經歷官司又無檢責): 송나라 초기에는 병기를 각 지역에서 제조하고 또 제도가 혼란하여 품질이 매우 낮았다. 전하는 바에 의하면, 투구와 갑옷을 만드는 데 심지어 종이와 마(麻)를 사용해서 만들었기 때문에 화살이 모두 꿰뚫고 지나갔으며, 칼은 햇볕에 바래거나 비에 젖게되면 부서지거나 문드러져서 사용할 수가 없었다고 한다.「근교(筋膠)」: 활과 화살을 만드는 재료.「부중도(不中度)」: 규격에 맞지 않다.「료(了)」: 완결하다. 임무를 완성하다.「검책(檢責)」: 검사하여 요구하다.

有器械之虛名而無器械之實用也. 以草草之法, 敎老怯之兵, 執
鈍折不堪之器械, 百戰百敗, 理在不疑. 臨事而悟, 何可及乎!
故事無大小, 悉皆鹵莽, 則不責功實之弊也. 臣故曰三弊因循於
上, 則萬事弛慢廢壞於下. 萬事不可盡言, 臣請言大者五事.

其一曰兵. 臣聞攻人以謀不以力, 用兵鬪智不鬪多. 前代用兵
之人, 多者常敗, 少者常勝. 漢王尋等以百萬之兵遇光武九千人
而敗, 是多者敗而少者勝也[31]; 苻堅以百萬之兵遇東晉二三萬人
而敗, 是多者敗而少者勝也[32]. 曹操以三十萬靑州兵大敗於呂
布, 退而歸許; 復以二萬人破袁紹十四五萬, 是用兵多則敗 · 少
則勝之明驗也[33]. 況於夷狄, 尤難以力爭, 只可以計取. 李靖破

---

31) 한왕심~승야(漢王尋~勝也): 신(新)나라와 한(漢)나라 사이에 벌어진 곤
   양(昆陽)의 전투를 가리킨다. 왕망(王莽)은 한나라를 빼앗은 후에 신나
   라를 세웠는데, 경시제(更始帝)가 즉위했다는 소식을 듣고는 왕읍(王邑)
   과 왕심(王尋)에게 백만 대군으로 거느리고 가서 경시제를 공격하게 했
   다. 경시제가 패하여 곤양으로 달아나자 왕망의 군대는 곤양을 포위하
   였다. 유수(劉秀)가 군대를 일으켜 곤양을 구원하고, 왕심 · 왕읍과 싸워
   왕망의 군대를 크게 무찌르니 왕망은 이로 인해서 멸망하게 되었다. 「광
   무(光武)」: 동한(東漢)의 개국 황제 유수(劉秀)를 가리킨다.

32) 부견~승야(苻堅~勝也): 전진(前秦)과 동진(東晉) 사이에 벌어진 비수
   (淝水)에서의 전투를 가리킨다. 전진의 부견이 백만 대군을 이끌고 동진
   을 공격하자, 동진에서는 사석(謝石)과 사현(謝玄) 등을 파견하여 비수
   에서 전진의 군대를 크게 무찔렀다.

33) 조조~험야(曹操~驗也): 동한 흥평(興平) 원년(194)에 여포(呂布)가 견
   성(鄄城)을 공격하자, 조조가 병사를 이끌고 견성을 구원하러 가서, 복
   양(濮陽)에서 싸웠는데, 여포가 기병을 사용하여 조조의 청주병(靑州兵)
   을 공격하여 청주병이 크게 패하였고, 조조는 여포에게 거의 사로잡힐

突厥於定襄, 只用三千人; 其後破頡利於陰山, 亦不過一萬[34].
蓋兵不在多, 能以計取爾. 故善用兵者, 以少爲多; 不善用者,
雖多而愈少也. 爲今計者, 添兵則耗國, 減兵則破賊[35]. 今沿邊
之兵不下七八十萬, 可謂多矣. 然訓練不精, 又有老弱虛數, 則
十人不當一人, 是七八十萬之兵不當七八萬人之用. 加又軍無
統制, 分散支離; 分多爲寡, 兵法所忌. 此所謂不善用兵者雖多
而愈少, 故常戰而常敗也. 臣願陛下赫然奮威, 敕勵諸將精加訓
練, 去其老弱, 七八十萬中可得五十萬數. 古人用兵, 以一當
百; 今旣未能, 但得以一當十, 則五十萬精兵可當五百萬兵之
用. 此所謂善用兵者以少而爲多. 古人所以少而常勝者以此也.
今不思實效, 但務添多, 耗國耗民, 積以年歲, 賊雖不至, 天下
已困矣. 此一事也.

其二曰將. 臣又聞古語曰, 將相無種[36]. 故或出於奴僕, 或出

뻔하였다. 건안(建安) 5년(200)에는 조조가 관도(官渡)에서 원소(袁紹)
와 싸워서 원소의 군대를 크게 무찔렀는데, 이것을 '관도의 전투(官渡之
戰)'라고 한다. 이상은 모두 역사상 적은 수의 병력으로 많은 수의 병력
과 싸워서 이긴 유명한 전투 사례이다.

34) 이정~일만(李靖~一萬): 정관(貞觀) 4년(630)에 당 태종은 이정((李靖)
등을 파견하여 돌궐을 치게 했는데, 맨 먼저 정양을 격파하고(首破定襄)
돌궐 대장 강소밀(康蘇密)의 항복을 받아냈다. 「정양(定襄)」: 지금의 산
서성 삭현(山西省朔縣)으로, 당시에는 동돌궐이 점거하고 있던 군사상의
요충지였다. 「힐리(頡利)」: 돌궐의 임금 이름이다. 「음산(陰山」: 지금의
내몽고자치구 경내에 있으며, 동돌궐의 근거지였다.

35) 위금~파적(爲今~破賊): 송나라 때에는 병사들이 남아도는 문제가 심각
한 상태였고, 그로 인해 국가 재정이 어려워지고, 백성들의 부담이 가중
되었기 때문에 군대의 정예화와 간소화를 건의한 것이다.

於軍卒, 或出於盜賊, 惟能不次而用之, 乃爲名將耳. 國家求將
之意雖勞, 選將之路太狹. 今詔近臣擧將而限以資品[37], 則英豪
之士在下位者不可得矣; 試將材者限以弓馬一夫之勇, 則智略
萬人之敵皆遺之矣[38]; 山林奇傑之士召而至者, 以其貧賤而薄
之, 不過與一主簿·借職, 使其怏怏而去, 則古之屠釣飯牛之傑
皆激怒而失之矣[39] 至於無人可用, 則寧用龍鐘跛躄[40]; 庸懦暗

---

36) 장상무종(將相無種): 《사기·진섭세가(陳涉世家)》에 "왕후장상이 어찌
   혈통이 따로 있느냐?(王侯將相寧有種乎?)"라고 하였다. 「종(種)」: 혈통
   을 가리킨다.

37) 자품(資品): 자격과 품류. 즉 경력과 출신을 가리킨다.

38) 시장~지의(試將~之矣): 「궁마(弓馬)」: 활쏘기와 말타기. 송대에 무과
   시험의 주된 과목은 말을 타고 달리면서 활을 쏘는 것이었다. 「만인지적
   (萬人之敵)」: 병법에 정통한 것을 가리킨다. 《사기·항우본기(項羽本
   紀)》에 "[항적은 말하기를] '검은 한 사람만을 대적할 뿐이므로 배울 만
   한 것이 못되니, 만인을 대적하는 것을 배우겠습니다'[라고 하였다.] 이
   에 항량은 항적에게 병법을 가르쳤다(劍, 一人敵, 不足學, 學萬人敵. 于
   是項梁乃敎籍兵法.)"라고 하였다.

39) 불과~지의(不過~之矣): 「주부(主簿)」: 문관 중에서 문서와 장부를 맡아
   보는 벼슬이다. 「차직(借職)」: 삼반차직(三班借職)을 가리킨다. 지위가
   가장 낮은 무관 벼슬로, 정식으로 임용하기 전에 임시로 수여하는 명목
   상의 벼슬이다. 「도조반우(屠釣飯牛)」: 주나라를 일으킨 여상(呂尚)은
   일찍이 은거해 있을 때에 소를 도살하고 낚시를 하였다고 한다. 춘추시
   대 제(齊) 환공(桓公)의 명재상 영척(寧戚)은 은거해 있을 때 소를 먹여
   길렀다고 한다.

40) 용종파벽(龍鐘跛躄): 「용종(龍鐘)」: 연로하고 노쇠한 사람을 가리킨다.
   「파벽(跛躄)」: 다리에 병이 있는 사람으로, 여기서는 신체 장애자를 가
   리킨다.

劣之徒, 皆授之兵柄. 天下三尺童子皆爲朝廷危之. 前日澶淵之卒幾爲國家生事[41], 此可見也. 議者不知取將之無術, 但云當今之無將. 臣願陛下革去舊弊, 奮然精求. 有賢豪之士, 不須限於下位; 有智略之人, 不必試以弓馬; 有山林之傑, 不可薄其貧賤. 惟陛下能以非常之禮待人, 人臣亦將以非常之效報國. 此二事也.

其三曰財用. 臣又聞善治病者, 必醫其受病之處; 善救弊者, 必尋其起弊之源. 今天下財用困乏, 其弊安在? 起於用兵而費大故也. 漢武好窮兵, 用盡累世之財; 當時勒兵單于臺不過十八萬, 尚能困其國力[42], 況未若今日七八十萬連四五年而不罷! 所以罄天地之所生, 竭萬民之膏血, 而用不足也. 今雖有智者, 物不能增, 而計無所出矣. 惟有減冗卒之虛費, 練精兵而速戰, 功成兵罷, 自然足矣. 今兵有可減之理, 無人敢當其事; 賊有速擊之便, 無將敢奮其勇. 後時敗事[43], 徒耗國而耗民. 此三事也.

---

41) 전일전연지졸기위국가생사(前日澶淵之卒幾爲國家生事): 구체적인 내용은 자세히 알 수 없다.

42) 당시륵병선우대불과십팔만, 상능곤기국력(當時勒兵單于臺不過十八萬, 尙能困其國力): 「륵병선우대(勒兵單于臺)」: 원봉(元封) 원년(기원전 110)에 한 무제는 직접 군대를 이끌고 "만리장성 밖으로 나가서 북쪽으로 선우대에 오르고, 삭방에 이르고, 북하에 도달했는데, 18만 기병을 통솔하여 천여 리를 행군하면서, 군대의 절도를 보여서 흉노를 위협하였다(出長城, 北登單于臺, 至朔方, 臨北河, 勒兵十八萬騎, 旌旗徑千餘里, 以見武節, 威匈奴.)" 「선우대(單于臺)」: 옛터가 지금의 산서성 대동시(大同市) 경내에 있다. 당시에 흉노족은 그들의 임금을 '선우'라고 하였다.

43) 후시(後時): 때를 늦추다가 기회를 잃다.

其四曰禦戎之策. 臣又聞兵法曰:"上兵伐謀, 其次伐交[44]."
北虜與朝廷通好僅四十年[45], 不敢妄動, 今一旦發其狂謀者, 其
意何在? 蓋見中國頻爲元昊所敗[46], 故敢啓其貪心, 伺隙而動
爾. 今若敕勵諸將, 選兵秣馬, 疾入西界, 但能痛敗昊賊一陣,
則吾軍威大振, 而虜計沮矣. 此所謂上兵伐謀者也. 今訽事者皆
知北虜與西賊通謀, 欲幷二國之力窺我河北·陝西[47]. 今若我能
先擊敗其一國, 則虜勢減半, 不能獨擧. 此兵法所謂伐交者也.
元昊地狹, 賊兵不多, 向來攻我, 傳聞北虜常有助兵. 今若虜中
自有點集之謀[48], 而元昊驟然被擊必求助於北虜. 北虜分兵助
昊, 則可牽其南寇之力; 若不助昊, 則二國有隙, 自相疑貳. 此
亦伐交之策也. 假令二國克期分路來寇, 我能先期大擧, 則元昊
蒼皇自救不暇, 豈能與北虜相爲表裏? 是破其素定之約, 乖其

---

44) 상병벌모, 기차벌교(上兵伐謀, 其次伐交):《손자·모공(謀攻)》에 나오는
    말이다. 이 두 구절은 달리 해석되기도 하는데, 구양수는 다음과 같이
    해석하였다. 즉, '벌모(伐謀)'는 적의 야심을 저지하고, 적의 배치를 혼
    란시키는 것이고, '벌교(伐交)'는 적의 동맹세력을 붕괴시키는 것이다.
45) 근사십년(僅四十年): 경덕 원년(1004)에 송나라와 요나라가 화의한 때
    부터 경력 2년(1042)까지를 가리키는데, 실제로는 39년이다.
46) 중국빈위원호소패(中國頻爲元昊所敗):「원호(元昊)」: 서하(西夏)의 임금
    으로, 그의 부친 덕명(德明)이 재위하고 있을 때에도 그는 송나라와의
    우호를 반대하였고, 왕위를 계승한 후에는 송나라 변방지역을 부단히
    공격하고 점거하였으며, 보원(寶元) 원년(1038)에 황제라 칭하고 국호
    를 대하(大夏)라 하였다. 송나라는 그와 여러 번 싸워서 패하였다.
47) 형사자(訽事者): 정보를 정탐하는 사람.
48) 점집(點集): 군대를 동원하다.《요사(遼史)·홍종기(興宗紀)》중희(重熙)
    11년(1042. 송 인종의 연호로는 경력 2년) "여름 4월 초하루 갑술일에
    남정상벌령을 반포하였다(夏四月甲戌朔, 頒南征賞罰令.)" 라고 하였다.

克日之期. 此兵法所謂"親而離之"者[49], 亦伐交之策也. 元昊叛
逆以來, 幸而屢勝, 常有輕視諸將之心; 今又見朝廷北憂戎虜,
方經營於河朔[50], 必謂我師不能西出. 今乘其驕怠, 正是疾驅急
擊之時, 此兵法所謂"出其不意"者[51], 取勝之上策也. 前年西將
有請出攻者, 當時賊氣力方盛, 我兵未練, 朝廷尙許其出師[52].
況今元昊有可攻之勢, 此不可失之時. 彼方幸吾憂河北, 而不虞
我能西征, 出其不意, 此可攻之勢也. 自四路分帥[53], 今已半年,

---

49) 친이리지(親而離之):《손자 · 계편(計篇)》에 나오는 말이다. '리(離)'는
   이간한다는 뜻이다.

50) 방경영어하삭(方經營於河朔): 송나라는 당시 황하 이북에 국가방어의
   계책을 계획하고 있었다.

51) 출기불의(出其不意):《손자 · 계편(計篇)》에 나오는 말이다. 적이 예상치
   못하는 계책을 쓴다는 뜻이다.

52) 전년서장유청출공자, 당시적기력방성, 아병미련, 조정상허기출사(前年
   西將有請出攻者, 當時賊氣力方盛, 我兵未練, 朝廷尙許其出師): 원호가
   황제라 칭한 후에 송나라 조정의 관료들은 대다수가 화친을 주장하였
   고, 변방의 신하들은 대다수가 전쟁을 주장하였다. 전쟁을 가장 강하게
   주장한 사람은 섬서경략안무부사(陝西經略安撫副使) 한기(韓琦)였으며,
   인종은 일찍이 한기에게 "상황에 따라 형편이 좋은 때에 출병하여 적과
   싸워도 좋다(可以應機乘便, 卽仍出師.)"라고 승인하였다.

53) 사로분수(四路分帥): 섬서 군사는 원래 섬서도부서(陝西都部署) 소관이었
   다. 경력 원년 10월에 "조칙을 내려 도부서를 폐지하고, '4로'로 나누어서
   전운사(轉運使)를 두었다.(詔罷都部署, 分四路置使.)" 그러나 도부서(都部
   署)의 직은 결코 취소되지 않았으며, 구양수는 경력 2년에 〈논파정전사로
   도부서찰자(論罷鄭戩四路都部署札子)〉를 써서 도부서라는 직은 잘 하는 일
   은 적고 잘 못하는 일은 많기 때문에 반드시 폐지해야 한다고 지적하였다.
   「사로(四路)」: 진봉(秦鳳), 경원(涇原), 환경(環慶), 록연(鄜延)이다.

訓練恩信, 兵已可用, 故近日屢奏小捷. 是我師漸振, 賊氣漸
衄, 此可攻之勢也. 苟失此時, 而使二虜先來, 則吾無策矣. 臣
願陛下詔執事之臣, 熟議而行之. 此四事也.

其五曰可任之臣. 臣又聞仲尼曰: "十室之邑, 必有忠信.[54]"
況今文武列職遍於天下. 其間豈無材智之臣? 而陛下總治萬機
之大, 旣不暇盡識其人, 故不能躬自進賢而退不肖[55]; 執政大臣
動拘舊例, 又不敢進賢而退不肖; 審官 · 吏部 · 三班之職, 但掌
文簿差除而已, 又不敢越次進賢而退不肖[56]. 是上自天子, 下至
有司, 無一人得進賢而退不肖者. 所以賢愚混雜, 僥倖相容, 三
載一遷, 更無旌別[57]. 平居無事, 惟患太多, 而差遣不行[58]; 一

---

54) 십실지읍, 필유충신(十室之邑, 必有忠信): 《논어 · 공야장(公冶長)》에
   "공자께서 말씀하셨다. '조그만 마을에도 반드시 나와 같이 충성스럽고
   신의 있는 사람이 있겠지만, 나만큼 학문을 좋아하는 이는 없을 것이다'
   (子曰: '十室之邑, 必有忠信如丘者焉, 不如丘之好學也.')"라고 하였다.

55) 폐하~불초(陛下~不肖): 「만기(萬機)」: 황제가 모든 일을 통치하는 것을
   가리킨다. 《상서 · 고요모(皐陶謨)》에 "두려워하고 삼가야 하니, 하루 이
   틀에 만 가지 기틀이 생겨나는 것이기 때문입니다(兢兢業業, 一日二日
   萬機.)"라고 하였다.

56) 심관~불초(審官~不肖): 심관원(審官院) · 이부(吏部) · 삼반원(三班院)
   은 다 관리를 관리하는 책임을 진 관청으로, 그들은 모두 문서에만 근거
   하여 관리의 인사이동이나 승진 좌천 등의 일을 관장하였다. 「차제(差
   除)」: 파견하다, 임명하다.

57) 삼재일천, 경무정별(三載一遷, 更無旌別): 송대에 지방관의 임기는 일반
   적으로 3년이었다. 「정별(旌別)」: 구별하다.

58) 평거무사, 유환태다, 이차견불행(平居無事, 惟患太多, 而差遣不行): 남
   아도는 관원이 너무 많기 때문에, 실무를 맡지 못하는 인원이 많다는 뜻
   이다. 「평거(平居)」: 평일, 평소. 「차견(差遣)」: 실무를 맡기다. 실제의
   관직에 임명하다.

旦臨事要人, 常患乏人使用. 自古任官之法, 無如今日之繆也.
今議者或謂擧主轉官爲進賢, 犯罪黜責爲退不肖[59]. 此不知其弊
之深也. 大凡善惡之人, 各以類聚. 故守廉愼者各擧淸干之人,
有贓汚者各擧貪濁之人, 好徇私者各擧請求之人, 性庸暗者各
擧不材之人. 朝廷不問是非, 但見擧主數足便與改官, 則淸干者
進矣, 貪濁者亦進矣, 請求者亦進矣, 不材者亦進矣. 混淆如此,
便可爲進賢之法乎? 方今黜責官吏, 豈有澄淸糾擧之術哉? 惟
犯贓之人因民論訴者, 乃能黜之耳. 夫能舞弄文法而求財賂者,
亦强黠之吏, 政事必由己出, 故雖誅剝豪民, 尙或不及貧弱[60];
至於不材之人, 不能主事, 衆胥群吏, 共爲奸欺, 則民無貧富,
一時受弊[61]. 以此而言, 則贓吏與不材之人爲害等耳. 今贓吏因

---

59) 금의~불초(今議~不肖):「거주(擧主)」: 송대의 관리들에게는 인재를 추천
    할 책임이 있었는데, 추천자를 '거주'라고 한다.「전관(轉官)」: 벼슬이 높
    아지다, 관직이 오르다.「출책(黜責)」: 좌천 또는 해직되다.

60) 부능~빈약(夫能~貧弱):「무롱문법(舞弄文法)」: 법조문을 왜곡해서 그
    것을 이용하여 개인의 이익을 도모한다는 뜻이다.「주박(誅剝)」: 남의
    재물을 속여서 빼앗다.「호민(豪民)」: 돈이 많은 사람을 가리킨다.

61) 지어부재지인, 불능주사, 중서군리, 공위간기, 칙민무빈부, 일시수폐(至
    於不材之人, 不能主事, 衆胥群吏, 共爲奸欺, 則民無貧富, 一時受弊):「부
    재지인(不材之人)」: 송대에 주나 현의 지방관은 일반적으로 좌천된 조정
    의 관료나 아니면 신진 인사로 충당되었는데, 그들 중에 어떤 사람은 지방
    의 관직이라 경시하였고, 어떤 사람은 지방의 행정을 잘 알지 못하였다.
    이 때문에 정무는 대부분 아전이나 서리들의 조종에 의해 다 같이 나쁜 짓
    을 하였다. 작자는 이러한 '부재지인'이 탐관오리보다 더 나쁘다고 생각
    하였다.「서리(胥吏)」: 주나 현의 관청에서 일을 보는 하급 관리로, 이를
    테면 문서담당자(文書)나 관아에서 채용한 고용인(衙役) 등이 있다. 그들
    은 대부분이 그 지방 사람이어서 관아에 오랫동안 근무하였다.

自敗者, 乃加黜責, 十不去其一二; 至於不材之人, 上下共知而不問, 寬緩容奸. 其弊如此, 便可謂退不肖之法乎? 賢不肖旣無別, 則宜乎設官雖多, 而無人可用也.

臣願陛下明賞罰, 責功實, 則材皆列於陛下之前矣. 臣故曰五者皆有, 然陛下不得而用者, 爲有弊也. 三弊五事, 臣旣已詳言之矣, 惟陛下擇之. 天下之務不過此也.

方今天文變於上, 地理逆於下[62], 人心怨於內, 四夷攻於外, 事勢如此矣, 非是陛下遲疑寬緩之時, 惟願爲社稷生民留意. 臣修昧死再拜.

直譯 모월 모일 구양수는 죽을죄를 무릅쓰고 삼가 황제폐하께 글을 올리나이다. 신이 근래 조서를 보니 신에게 글을 올려 국가대사를 말하도록 윤허하셨나이다. 신은 학식이 미천하여 광범하고 심원한 이치를 끌어다 국가 치란(治亂)의 근원을 천명할 수는 없사옵고, 삼가 지금의 긴급한 일만 모아 '세 가지 폐단과 시급히 해결해야 할 다섯 가지 일(三弊五事)'로 나누어 조서의 요구에 응답할까 하옵니다. 엎드려 생각하건대 폐하께서 판단하여 선택하옵소서.

신이 듣기로, 예로부터 제왕이 천하를 다스림에 비록 국사로 인하여 노심초사하나 천하를 다스리는 요체를 모르면 마음이 수고로울수록 일은 어긋나며, 비록 신하의 간언을 받아들이는 것은 밝지

---

62) 방금천문변어상, 지리역어하(方今天文變於上, 地理逆於下): 「천문(天文)」: 일월성신(日月星辰) 등의 분포와 운행. 고대에는 풍상우설(風霜雨雪) 등의 기후현상도 포괄하였다. 「지리(地理)」: 지리환경을 가리킨다. 고대에는 하늘과 인간이 서로 감응한다(天人感應)는 학설을 맹신하여, 자연계의 비정상적인 현상은 모두 악정(惡政)에 대해 경계시키는 것으로 인식하였다.

만 힘써 실행하는 과단성이 없으면 듣는 말이 많을수록 듣는 것이 현혹된다고 하였습니다. 그러므로 제왕은 작은 일은 다른 사람에게 맡기고 오로지 큰 일만 홀로 결정하는 것이니, 이것이 천하를 다스리는 요체이옵니다. 한 마디의 말이라도 받아들여 쓸만하면, 비록 여러 사람들의 논의가 분분해도 그것을 저지할 수 없도록 해야 하는 것이니, 이것이 힘써 실행하는 과단성 있는 행동이옵니다. 이 두 가지 것을 알면 천하는 어렵지 않게 다스려질 것이옵니다.

신이 보건대, 나라의 군대가 한번 움직이니 조정의 안팎이 소란스럽습니다. 폐하께서는 사직의 안위를 생각하시고 병사와 백성의 노고를 걱정하시어 4·5년 동안 노심초사하심이 지극하셨나이다. 그러나 군대는 나날이 노쇠해지고 도적(西夏)은 나날이 강성해지니, 온 중국의 힘을 모아 서하라는 조그만 도적 하나를 토벌하고자 해도, 오히려 어느 한 사람 감히 앞에 나서지를 않습니다. 게다가 지금 북방의 대국인 요나라가 동맹을 어기고 남으로 이동하려 하니, 장차 무엇으로 그들을 막으시겠습니까? 옛날부터 나라에서 걱정해온 것이 이적(夷狄)이었는데 지금 이적이 모반을 하였고, 싫어한 바가 도적이었는데 지금 도적이 일어났으며, 늘 걱정하던 것이 수재(水災)나 한발이었는데 지금 수재와 한발이 발생하였고, 의지해야 할 것이 백성의 힘인데 지금 백성의 힘이 궁핍해졌으며, 필요한 것은 재용(財用)인데 지금 재용이 궁핍해졌습니다. 폐하의 마음은 하루하루 더 근심에 싸이고, 천하의 형세는 해마다 더 위험해지고 있습니다. 이것이 바로 신이 말씀드린 국사에 비록 노심초사 하시지만, 오히려 천하를 다스리는 요체를 모른다고 한 것입니다. 근년에 들어와 조정에서 언로를 개방하니 계책을 올리는 선비가 수천이 넘지만, 오히려 일의 실마리만 많아져 대처할 겨를이 없습니다. 앞에서 막 의견을 받아들여 일을 하려고 하면 온갖 사람들의 논의가 분분하니, 일을 추진함에 이르러서 누구의 계책을 써야하겠습니까? 이것이 신이, 듣는 말이 많을수록 듣는 것이 현혹되니 힘써 실행하는 과단성만 못하다고 한 것입니다.

엎드려 생각건대, 폐하의 마음속에 깊이 걱정하시면서 지금 당장 모자라게 여기시는 것은, 병사가 없는 것과 장수가 없는 것 그리고 재용이 없는 것과 적을 막을 대책이 없는 것과 일을 맡길 만한 신하가 없다는 것에 불과합니다. 이 다섯 가지가 폐하께서는 없다고 걱정하시지만, 신의 생각으로는 오히려 지금 (이 다섯 가지) 다 있는데 폐하께서 쓸 수가 없는 것은 바로 사용방법을 생각해내지 못해서이지요. 국가창업 초기에는 사방에 적들이 할거하고 중원의 땅은 너무 좁았으며 병사와 백성들도 많지 않았지만, 오히려 남으로는 형(荊)·초(楚) 땅을 얻었고 남당(南唐)을 거둬들였으며 민령(閩嶺) 땅도 평정하였습니다. 서쪽으로는 촉(蜀)나라를 평정하였고, 동쪽으로는 병주(幷州)와 노주(潞州) 땅을 수복하였으며, 북쪽으로는 유주(幽州)와 연주(燕州)를 엿보았습니다. 당시에 쓰인 병사와 재물, 장수, 관원들의 수가 얼마였겠습니까? 다만 쓰기를 잘 하였기 때문에 그 수의 적음을 느끼지 못하였습니다. 하물며 지금은 송 왕조의 기업을 이룬지 백년이나 되어 천하의 부강함을 다 가졌고 사람도 많고 물자도 풍성하여, 개국 초에 비해 열 배에 해당됩니다. 그래서 신은 감히 병사도 있고 장수도 있으며 쓸 재물도 있고 적을 막을 계책도 있으며 일을 맡길 만한 신하도 있다고 하는 것입니다. 그러나 폐하께서 다 쓸 수가 없으니 그 까닭이 무엇일까요? 그것은 조정에 세 가지 큰 폐단이 있기 때문입니다.

세 가지 큰 폐단이란 무엇을 두고 한 말일까요? 첫 번째는 호령이 신중치 않는 것이요, 두 번째는 상벌이 분명치 않는 것이며, 세 번째는 실효를 따지지 않는 것입니다. 조정에서 적극적으로 이 세 가지 폐단에 대해 대처하지 않으니, 모든 일들이 하급관리에게서 지연되거나 일그러집니다. 신이 듣건대 호령은 천자의 위엄이고 상벌은 천자의 대권입니다. 만약 호령이 신중치 못하고 상벌이 적당치 못하면 천하 사람들이 복종치 않을 것입니다. 또한 마땅히 신하들이 일을 함에 실효를 따져야만 합니다. 그런 뒤에야 호령이 헛되이 나가지 않고 상벌이 남발되지 않을 것입니다. 이 때문에 호령을 신중히 하고 상벌을 분명히 하며 실효를 따지는 것, 이 세 가지는 제왕이 사람을 부리는 기묘한 수단입니다. 옛날부터 영웅이었던 한 무제나 총명한 당 태종 같은 임금은 다 이 세 가지 수단을 운용할 줄 알아서 친히 위엄과 권력의 자루를 움켜쥐었기 때문에, 구하는 것을 다 얻을 수 있었으며 하고자 하였던 것을 다 뜻대로 할 수 있었습니다. 한 무제는 용병을 좋아하였으므로 사방 이민족들을 소멸시켜 만리나 되는 땅을 개척하여 그 마음을 즐겁게 하였고, 장수를 구하니 위청(衛靑)·곽거병(霍去病) 같은 재능이 출중한 장수들이 그의 휘하에 들어왔으며, 현명한 사람을 얻고자 하니 공손홍(公孫弘)·동중서(董仲舒)·급암(汲黯) 같은 명신들이 그의 뜻에 맞추어 보필하였습니다. 당 태종도 용병을 좋아하여 돌궐을 멸망시키고 요동을 정복하여 위엄을 사방 이민족에게 떨쳐서 자신의 뜻을 이루었고, 장수를 찾고자 하니 이정(李靖)·이적(李勣) 같은 명장들이 그의 휘하에 들어왔으며, 현명한 사람을 얻고자 하니 방현령(房玄齡)·두여회(杜如晦) 같은 명신들이 그의 좌우에서 보필하였습니다. 이 두 황제는 구하는 것을 얻지 않은 것이 없었으며, 하고 싶은 것을 다 뜻대로 하였습니다. 그들에게 다른 수단이 있었던 것이 아니라, 오직 자신이 친히 위엄과 권력의 자루를 움켜쥐고 있었을 뿐입니다.

신이 생각건대 폐하의 현명하신 자질은 한(漢) 무제(武帝)나 당(唐) 태종(太宗)을 능가하시고, 또 한(漢)나라 당(唐)나라 두 왕조의 천하를 다 가졌나이다. 그러나 변방을 막고자 하면 늘 병사가 없음을 걱정하시고, 반역자들을 치고자 하시면 늘 장수가 없음을 걱정하시며, 군대를 양성하고자 하시면 늘 재용이 없음을 걱정하시고, 사방 이민족을 위엄으로 굴복시키고자 하시면 늘 계책이 없음을 걱정하시며, 현명한 인재를 임용하고자 하시면 늘 사람 없음을 걱정하십니다. 이것이 구하는 것이 다 얻어지지 않고 하고자 하는 것이 다 뜻대로 되지 않는 것입니다. 그 까닭은 다름이 아니라 위엄과 권력을 쓰는 수단이 없어서 입니다. 옛날부터 어떤 제왕은 권력을 독단하는 강한 신하에게 제압되고, 어떤 제왕은 소인에게 현혹되어 위엄과 권력이 자신으로부터 나오지 않았습니다. 지금의 조정에는 권력을 전횡하는 강한 신하에 대한 걱정이 없고, 옆에는 또한 황제를 현혹하는 소인배도 없으며, 내외의 신하와 백성들이 폐하를 하늘처럼 존경하옵고 폐하를 부모처럼 사랑하오며, 귀 기울이고 머리 조아려 폐하께서 하시고자 하는 것을 듣고자 하옵는데, 그러나 (폐하께서) 무엇을 두려워하여 하시지를 않는지요? 만약 폐하께서 어느 날 엄숙히 위엄과 권력을 틀어쥐고 임하시면 모든 일이 다 처리될 것인데, 어찌 이 다섯 가지가 없음을 걱정하오리까? 어찌 이 세 가지 폐단에 대해 꾸물거리시며 한 가지 일이라도 해내시지 않으시는지요?

신이 청컨대 세 가지 폐단에 대해서 말씀드리나이다. 말을 자주 바꾸면 믿음을 얻기가 어렵고, 호령을 자주 바꾸면 따르기가 어렵습니다. 처음 호령을 낼 때에 깊이 생각하지 않고 하였다가 실행한 지 얼마 안 되어 다시 새롭게 바꾸어버립니다. 믿을 수 없는 말로써 실행에 옮겨 명령을 따르게 하기는 어렵습니다. 그러므로 매번 처리해야 할 일이 있을 때마다, 각 주와 각 현에서는 조정에서 확고하게 결정한 명령이 아니라는 것을 알고, 이에 관리들은 서로 간에 "잠시 후면 집행하지 않을 것이고, 머지않아 틀림없이 새로운 명령으로 바뀔 것이다"라고 합니다. 어떤 사람은 "일상관례대로 전달하고 좀 적당히 하자”라고 합니다. 그런데 조만 간에 과연 바뀝니다. 장군이나 군관들의 이동도 더욱 번잡하여 길에서 환송하고 영접하는 데에 지치게 되고, 공무 또한 많고도 잡다하니 위아래의 사람들이 다 준수할 수가 없습니다. 조정 내외의 신하와 백성들 중에는 어떤 이는 듣고서 탄식하고, 어떤 이는 듣고서 몰래 비웃기도 합니다. 탄식하는 사람은 천하를 걱정하는 마음을 가진 사람이고, 몰래 비웃는 사람은 조정을 경시하는 뜻이 있나이다. 호령이 이와 같아서야 천하를 위엄으로 복종시키고자 하나 어찌 그렇게 할 수 있겠습니까? 이것이 바로 호령이 신중치 못한 폐단이옵니다.

 사람을 쓰는 방법에는 상벌만한 것이 없습니다. 그러나 상이 공로가 없는 사람에게 이르게 되면, 은혜로 베푼 상이 족히 격려를 할 수가 없사옵고, 죄 있는 사람에게 벌이 벗어나게 되면 위엄으로 두렵게 하는 바가 없어서, 비록 인재가 있다하나 쓸 수가 없사옵니다. 태조 황제 때에 왕전빈(王全斌)이 후촉(後蜀)을 물리치고 경성으로 돌아왔으니 그 공로가 적지 않았으나, 그러나 법을 어기자 바로 강등시키고 십 년 간이나 그를 기용하지 않았나이다. 이때 태조께서는 남당(南唐)을 토벌하는 중이셨는데도 왕전빈을 파면시킴으로써 여러 장수들에게 법을 세우셨나이다. 태조께서는 용맹스럽고 영명하면서 과단성이 있으셨나이다. 태조께서 천하를 평정할 수 있었던 까닭이 바로 상벌의 법이 다 이와 같았기 때문입니다.

 지난날 서하(西夏)와 4·5년 간 싸울 때 공이 없어 파면되었던 대장이 여전히 고위관직에 있나이다. 군대 안에서 공이 없어도 좋은 관직을 차지하는데 아무런 지장이 없음을 보게 되면, 장수들 가운데 누가 공을 세우려하겠사옵니까? 부장들 가운데 겁이 많고 나약하거나 군령을 태만히 한 사람들은 다 참수의 죄에 해당되나,

어떤 이는 잠시 강등되었다가 얼마 뒤에 다시 승진되고, 또 어떤 이는 강등되지도 않고 원래의 관직을 그대로 유지합니다. 군대 안에서 죄지은 사람이 있는데도 벌을 받지 않는다면 장수들 가운데 누가 기꺼이 명령을 따르려고 하겠습니까? 이것이 바로 상으로 족히 격려할 수 없고 위엄으로 사람을 두렵게 할 수가 없는 것입니다. 상벌이 이와 같은데 사람을 쓰고자하면 어찌 가능하겠습니까? 이것이 바로 상벌을 분명히 하지 못한 폐단입니다.

군사를 부리면서부터 처리해야 할 일이 적지 않지만 그러나 대부분은 유명무실합니다. 신이 청컨대 대략 그 가운데 한두 가지만 말씀드리면 나머지도 알 수가 있나이다. 몇 년 동안 병사를 뽑는 것이 끊임없이 이어져 여러 로(路)의 백성들은 거의 절반이 군인이 되었는데, 여기에는 노약자·병든 사람·왜소한 사람·겁 많은 사람 등 헤아릴 수 없이 많습니다. 이것은 징병이라는 허명만 있고 징병의 실제효과는 없습니다. 새로 징집된 병사들은 그 현지에서 훈련을 받는데다가 기율도 형편없어 백성들을 편안히 거주하게 할 수가 없습니다. 훈련을 주관하는 사람도 장교의 자질이 없고 훈련을 받는 사람도 엄격한 군령에 의해 통제되지도 않습니다. 그들이 지나가는 주(州)·현(縣)들은 근심과 탄식이 요란할 뿐입니다. 불러온 사람 대다수가 늙고 병들고 왜소하고 겁 많은 사람일뿐만 아니라 엄격하면서도 숙련된 훈련 방법도 없으니, 이것이 바로 병사를 훈련한다는 허명은 있으나 병사를 제대로 훈련하는 실제효과가 없는 것입니다. 각 로(路)·주(州)·군(軍)에서 각각 병기를 만드니, 만들면서 이미 백성을 수고롭게 하고 수레로 운반하면서 또 길에서 수고롭게 합니다. 그러나 만든 병기의 칼날은 강하지 않고, 화살재료는 견고하지 않으며, 길이와 크기도 대부분 규격에 맞지도 않습니다. 병기를 제작하는 곳은 다만 숫자만 채우고 신속히 처리하는 데에만 힘쓰지 사용여부는 따지지도 않으며, 수집하

는 관청도 검사할 책무도 없습니다. 이것이 바로 병기를 제조한다
는 허명은 있으나 병기가 실제로 쓰이는 효과는 없는 것입니다.
얼렁뚱땅 대강의 방법으로 늙고 겁 많은 병사를 훈련시키고, 날카
롭지도 못하고 쓸모도 없는 병기를 가지고 싸우니, 백전백패는 이
치상 의심할 나위가 없나이다. 일에 부딪혀서야 깨달으니 어찌 따
라갈 수 있겠습니까? 그러므로 일의 크고 작은 것 없이 다 건성으
로 대충하니, 이것이 바로 실효를 요구할 수 없는 폐단입니다. 신
이 이 때문에 조정에서 이 세 가지 폐단에 대해 꾸물거리면서 구
습만 따르니, 모든 일들이 하급관리에게서 지연되거나 일그러진다
고 하였던 것이옵니다. 모든 일을 다 말할 수는 없으니, 신이 청컨
대 다섯 가지 큰 일만 말씀드리겠나이다.

  첫 번째는 병사에 관한 것이옵니다. 신은 적을 공격할 때에는
책략으로써 싸워야지 무턱대고 힘으로 싸우지 않으며, 병사를 쓸
때는 지혜로써 해야지 숫자의 많음으로써 해서는 안 된다고 들었
습니다. 전대에 병사를 거느렸던 사람 중에 병사가 많았던 자가
늘 패하고, 병사가 적었던 자가 늘 이겼습니다. 한대(漢代)에 왕심
(王尋)의 백만 대군이 광무제(光武帝)의 구천 명의 병사를 만나 패
하였는데, 이것은 병사가 많은 자가 패하고 병사가 적은 자가 승
리한 것입니다. 부견(苻堅)은 백만의 병사로써 동진(東晉)의 2·3
만의 병사를 만나 패하였는데, 이것도 병사가 많은 쪽이 패하고
병사가 적은 쪽이 이긴 것입니다. 삼국시대 때에는 조조가 삼십만
정예의 청주 병사를 거느리고서도 여포에게 대패하여 허창(許昌)
으로 달아났고, 나중에는 오히려 이만의 병사로 원소(袁紹)의 십
사오만의 군대를 깨트렸으니, 이것이 용병이 많으면 패하고 적으
면 이긴다는 분명한 증거입니다. 하물며 이적(夷狄)에 있어서는
힘으로 다투기는 더욱 어렵사옵고 오직 계책으로서 취해야 하옵니
다. 당나라 장군 이정(李靖)은 정양(定襄)에서 돌궐을 대파하였는

데 거기에 동원된 군사는 단지 삼천이었고, 그 뒤 돌궐의 근거지인 음산(陰山)에서 돌궐의 족장 힐리(頡利)를 대파하였는데, 또한 일만의 군사에 불과하였나이다. 대개 병사가 많은 데에 달려있는 것이 아니라 능히 계책으로 취하였던 것일 따름이옵니다. 그러므로 군사를 잘 쓰는 사람은 인원이 적은 부대를 인원이 많은 것처럼 쓰고, 용병에 밝지 못한 사람은 많은 숫자를 (충분히 활용하지 못하여) 더욱 적은 부대를 쓰는 듯합니다. 지금의 계책으로는 군대를 증가하면 국가의 재력만 소모할 뿐이고, 오히려 군대를 줄여서 정선하여야 적을 칠 수가 있사옵니다. 현재 변방에 주둔하고 있는 군대가 칠팔십만 이상이니, 많다고 할 수 있나이다. 그러나 훈련이 잘 되어있지 않고 또 연로하고 나약하여 허수만 있어, 열 사람이 한 사람을 당하지 못하니, 이것이 칠·팔십만의 병사가 칠·팔만의 역할도 못하는 것이옵니다. 게다가 또 군대에는 통일된 지휘가 없어 분산되고 무질서하며, 다수를 소수로 나누어 놓으니 이는 병법에서 기피하는 바입니다. 이것이 이른바 용병을 못하는 사람에겐 군사가 많더라도 오히려 적게 느껴지므로 항상 전쟁에서 패하게 되는 것입니다. 신이 바라옵건대 폐하께서 위풍을 떨치시어 각 장수들에게 엄격히 부대를 훈련시키도록 명령을 내리시고 연로하고 나약한 사람을 걸러내시면, 칠·팔십만의 병사 중에서 오십만의 정병을 얻을 수 있을 것이옵니다. 옛날의 명장들은 군사를 씀에 일당백으로써 하였지만, 지금은 그렇게 할 수가 없사옵고, 다만 일당십만 할 수 있으면 오십만 병사로도 오백만 병사의 역할을 할 수 있을 것이옵니다. 이것이 이른바 병사를 잘 쓰는 사람은 적은 수로써 많은 수의 역할을 한다고 하는 것입니다. 옛 사람이 적은 병사로써 늘 이겼던 것은 이 때문입니다. 지금 실효를 생각지 않으시고 다만 사람 수만 많게 하는 데에만 힘쓰시면, 국가와 백성의 힘만 소모시켜 세월이 누적되면 적이 이르지 않더라도 천하는 이미 곤궁하여 고통스러울 것이옵니다. 이것이 첫 번째 일이옵니다.

　두 번째는 장수에 관한 일이옵니다. 신은 옛 말에 장군과 재상은 별도의 씨가 없다고 한 말을 들었나이다. 장수 가운데 어떤 이는 노복 출신이고, 어떤 이는 군졸 출신이며, 심지어 어떤 이는 도적 출신도 있는데, 다만 지위를 따지지 않고 썼기 때문에 명장이 될 수 있었던 것입니다. 지금 국가가 장수를 뽑고자 하는 마음이 비록 절박하지만, 장수를 선발하는 길이 너무 좁습니다. 지금 가까운 신하들에게 장수를 천거하라고 조서를 내리시지만, 자격과 출신품계로 제한을 하시니, 지위가 낮은 걸출한 인재는 얻을 수가 없고, 또 장수의 자질을 시험하는 것도 활 쏘고 말 타는 것과 같은 병사의 한 사람의 용기에만 제한을 하니, 만인의 적을 대적할 만한 병법에 정통하고 지략 있는 인재는 다 빠져버립니다. 산림에 숨어 있는 걸출한 인재를 불러오지만, 출신이 빈천하다는 이유로 그들을 박대하여 문서나 관장하는 주부(主簿)나 겨우 이름만 있는 무관말직인 차직(借職) 같은 관직만 주니, 불만만 가득 차게 하여 떠나버리게 합니다. 그렇다면 저 옛날의 낚시하던 여상(呂尙)이나 소 먹이던 영척(寧戚) 같은 인걸들을 다 격노하여 떠나버리게 하니, 이에 인재들을 다 잃어버립니다. 쓸만한 인재가 없게 되니, 연로하여 제대로 움직이지도 못하는 사람이나 절름발이 같은 사람을 쓸 수밖에 없사옵고, 평범하고 나약하고 우둔하고 재간도 없는 무리들이 다 군권을 쥐는 것이오니, 천하의 삼척동자도 다 조정의 위태함을 걱정합니다. 얼마 전 전연(澶淵)에 주둔하고 있던 군대가 국가에 반란을 일으켰으니, 이것을 보아도 알 수 있나이다. 이 일을 논의하는 사람들은 장수를 뽑는 좋은 방법이 없음을 모르고, 다만 지금 장수가 없다고만 운운합니다. 신이 원하옵건대 폐하께서 오랜 폐단을 혁파하시어 분연히 떨쳐 일어나 정선하여 찾으시옵소서. 똑똑하고 능력이 특출한 사람이 있으면 그들을 낮은 지위에 제한해서는 아니 되며, 지략이 있는 사람이 있으면 반드시 활 쏘고 말 타는 방법으로 시험하지 마시고, 산림에 걸출한 인재가 있으면 그들을 신분이 빈천하다고 박대해서는 아니 되옵니다. 오직 폐하께서 특별한 예우로써 인재를 대할 것 같으면 재능이 특출한 사람들도 비상한 효과로써 나라에 보답할 것이옵니다. 이것이 두 번째 일이옵니다.

  세 번째 일은 재물의 용도입니다. 신이 또 듣기로, 병을 잘 다스리는 사람은 반드시 병이 생긴 곳을 다스리고, 폐단을 잘 제거하는 사람은 반드시 폐단이 생긴 근원을 찾는다 하옵니다. 지금 천하에 재물이 부족한데 그렇게 된 근원이 어디에 있겠사옵니까? 바로 폐단의 근원은 군대를 부리는 데에 비용이 너무 많기 때문입니다. 한 무제는 끊임없이 군대를 부리기를 좋아하여 몇 대 동안 저축해 온 재물을 다 소모해버렸습니다만, 그러나 그가 선우대(單于臺)로 거느리고 간 부대는 십팔 만에 불과했습니다. 이 십팔만의 군대도 국가의 재력을 궁핍하게 했거늘, 하물며 오늘날 칠·팔십만의 군대를 소유하여 사·오 년간 계속해서 용병이 그치지 않는 데에야! 그러므로 지금 이 땅에서 생산되는 것을 다 소모하고 백성들의 피땀을 다 짜내더라도 그 비용으로는 부족할 것입니다. 지금 비록 지혜로운 사람이 정치를 한다 할지라도, 재물을 늘릴 수 없으며 계책도 나올 만한 곳이 없사옵니다. 오직 쓸모없는 병졸들을 줄여 헛된 비용을 절감하고, 정병을 훈련하여 속전속결하여 전쟁을 끝내는데 성공하면 자연히 재물도 풍족할 것이옵니다. 지금 군대를 줄일 만한 충분한 이유는 있지만 그 일을 맡을 사람이 없사옵고, 신속히 적을 공격할 좋은 기회가 있지만 분발하여 용감히 나설 장수가 없사옵니다. 이 시기를 잃고 일을 그르치게 되면, 다만 국가와 백성의 재력만 소모하게 됩니다, 이것이 세 번째의 일입니다.

네 번째의 일은 외족을 방어하는 계책에 관한 것이옵니다. 신이 또 듣기에 병법에서는 '상책의 병법은 적의 계획을 망쳐버리는 것이고, 차선의 병법은 적의 동맹을 제압하는 것이다'라 하였습니다. 북쪽 요나라가 우리 조정과 화친한 지가 거의 사십 년이 되어가는데, 감히 망령되이 움직이지 않다가 지금 갑자기 망령스럽게 남하하려고 하니, 그 뜻이 어디에 있겠습니까? 아마도 중국이 자주 서하의 원호에게 패하는 것을 보았기 때문에, 감히 그들의 탐욕스런 마음을 불러일으켜 틈을 찾아 움직이고자 한 것입니다. 지금 만약 각 장수들에게 명령하여 사병을 정선하고 말을 잘 먹여 질풍 같이 서하를 공격하여 오직 통쾌하게 원호를 한 바탕 패배시킬 수만 있으면, 우리 군대의 위세는 크게 떨칠 것이고, 요나라의 탐욕스런 마음은 사라질 것이옵니다. 이것이 이른바 상책의 병법은 적의 계획을 망쳐버리는 것이라고 하는 것이옵니다. 지금 일을 염탐하는 사람들은 요나라와 서하가 공모하여 두 나라의 힘을 합쳐 우리의 하북 지방과 섬서 지방을 엿보고자 한다는 것을 다 알고 있습니다. 만약 지금 우리가 먼저 그 중의 한 나라를 쳐버리면, 적의 세력은 반감되어 단독으로는 거병할 수가 없을 것이옵니다. 이것이 이른바 적의 동맹을 제압하는 것이옵니다. 원호가 차지하고 있는 땅은 좁고 병력 또한 많지 않습니다. 지난날 우리를 공격할 때에는 북방의 요나라가 늘 군대를 내어 도와주었다고 전해 들었습니다. 지금 만약 요나라 자신이 군대를 모아 전쟁을 할 계획을 가지고 있는데, 원호가 갑자기 우리의 공격을 받는다면 틀림없이 요나라에 도움을 구할 것입니다. 요나라가 군대를 나누어 원호를 돕는다면 그들이 남하하여 침략하고자 하는 힘을 견제할 수 있을 것이고 만약 원호를 돕지 않는다면 두 나라 사이에는 틈이 생겨 서로 간에 의심을 하고 딴 마음을 품게 될 것이옵니다. 이것 또한 적의 동맹을 제압하는 것이옵니다. 가령 이 두 나라가 날짜를 정하여 길을 나누어 침범하면, 우리는 먼저 대거 서하를 공격해 들어가기만 하면 원호는 황망히 자신을 구하는 데에도 틈이 없을 터인데, 어찌 요나라와 서로 협력할 수 있겠습니까? 이렇게 하면 그들이 평소 맺고 있는 약정을 깨트리고, 그들이 공동으로 행동하기로 한 날을 깨트릴 수 있을 것입니다. 이것이 바로 병법에서 말하는 '서로 친한 적끼리 이간시킨다'는 것이옵니다. 이것 또한 적의 동맹을 제압하는 것이옵니다. 원호가 반역을 한 이후, 요행으로 그들이 몇 차례 승리를 하자 늘 우리 장수들의 생각을 우습게 보고, 또 지금 우리 조정이 북쪽 요나라를 걱정하여 황하 이북 땅을 방비하고 있는 것을 보고서, 틀림없이 우리 군대가 서쪽으로 진격할 수 없을 것이라 믿을 것이옵니다. 지금 그들이 교만하고 해이한 이 틈을 이용하면, 이것이 바로 신속히 출병하여 그들을 칠 수 있는 때이옵니다. 이것이 바로 병법에서 말하는 '남의 생각이 미치지 않는 틈을 이용한다.'는 것으로 승리를 취하는 상책의 계책이옵니다. 전년에 서부변방의 장수들 가운데 군대를 내어 공격을 청한 사람이 있었는데 당시 서하의 기세와 힘이 강성할 때이었고, 우리의 군대는 아직 제대로 훈련도 되어있지 않았지만 조정에서는 또한 그에게 출사하라고 허락한 적이 있습니다. 하물며 지금은 원호를 공격할 수 있는 형세이오니, 이것은 놓칠 수 없는 시기이옵니다. 우리가 하북을 걱정하고 있는 것을 그들이 다행으로 여기고 있을 이 때, 뜻밖에 우리가 서쪽으로 출병하여 그들이 생각지 못한 틈을 탈 수 있는 기회이니, 이것이 바로 진격할 수 있는 형세이옵니다. 우리가 '사로분수(四路分帥: 섬서의 군사를 네 로路로 나누어 통솔하는 것)'의 방법을 택한 이후, 이미 반년이 지나 훈련이 강화되고 신의도 서고 병사도 쓸 만하기 때문에, 근자에 들어와 자주 작지만 승리의 소식이 보고 됩니다. 이것은 우리 군대의 사기가 점차 떨쳐 일어나고, 적의 기세는 점차 꺾이고 있음을 말하는 것이니, 이 또한 적을 공격할 수 있는 형세이옵니다. 만약 이 시기를 놓치고 두 적국이 먼저 우리를 공격하게 되면, 우리는 대책이 없을 것입니다. 신이 원컨대 폐하께서 일을 집행하는 신하에게 자세히 토론한 뒤에 집행하도록 명령하소서. 이것이 네 번째의 일이옵니다.

다섯 번째 일은 임용할만한 대신에 관한 것이옵니다. 신은 공자가 "열 집만 사는 조그만 마을에도 반드시 충성스럽고 신의 있는 사람이 있다." 라고 한 말을 들었습니다. 하물며 지금 문무관직을 감당할 만한 사람이 천하에 널려있는데, 그 가운데 재능과 지혜를 갖춘 사람이 어찌 없겠습니까? 그러나 폐하께서는 나라의 각종 대사를 통치하셔야 하니, 그런 사람들을 모두 다 알아볼 틈이 없으므로 몸소 어진 사람을 나오게 하고 불초한 사람을 내칠 수 없으시며, 집정대신들도 툭하면 지난날의 관례에 얽매이니, 또한 어진 사람을 나오게 하고 불초한 사람을 내치지 못합니다. 심관(審官)·이부(吏(部)·삼반원(三班院)의 직책도 다만 문서에만 근거하여 관리를 임명할 뿐이므로 또한 파격적으로 어진 이를 나오게 한다거나 불초한 사람을 내치지 못합니다. 이러한 상황이니 위로는 천자에서부터 아래로 주무 부서에까지 한 사람도 어진 사람을 나오게 하고 불초한 사람을 내칠 수 없습니다. 그러므로 능력 있는 사람과 어리석은 사람이 뒤섞여 적당히 서로 용납하면서 3년이 되면 한 차례 승진하니, 능력 있는 사람과 어리석은 사람이 더 이상 구별이 없습니다. 평소에는 일이 없으니 사람들이 너무 많아 실제 업무를 할당해 줄 수 없음을 걱정하다가, 일단 일이 생겨 사람이 필요하면 오히려 쓸만한 사람이 없음을 늘 걱정합니다. 예로부터 관리를 임명하는 방법이 오늘날처럼 잘못된 적은 없었습니다. 지금 논의하는 사람 가운데 어떤 사람은 추천자가 승진을 하면 어진 이를 천거하였다 하고, 죄를 짓고 강등되거나 파직되면 적임자가

아니어서 물리쳤다고 하니, 이것은 그 폐단의 심각함을 모른 것입
니다. 대저 착한 사람이든 나쁜 사람이든 간에 각각 끼리끼리 모
입니다. 그러므로 지조 있고 청렴하며 신중한 사람은 청백하고 능
력 있는 사람을 천거하고, 탐관오리는 탐욕스럽고 부패한 사람을
천거하며, 사사로움을 따르기 좋아하는 사람은 사사로움을 구하는
사람을 천거하고, 용렬하고 무능한 사람은 재능 없는 사람을 각각
천거합니다. 그런데 조정에서는 옳고 그름을 따지지 않고 다만 천
거한 사람이 숫자만 많은 것을 보고 관직을 승진시켜주니, 청백하
고 능력 있는 사람, 탐욕스럽고 부패한 사람, 사사로움을 추구하
는 사람, 재능 없는 사람들이 뒤섞여 나오게 됩니다. 뒤섞임이 이
와 같으니 어진 이를 발탁할 수 있는 방법이 될 수 있겠습니까? 지
금 관리를 강등시키고 좌천시키는 것이 어찌 관리를 청정하게 하
고 폐단을 바로잡는 좋은 방법이라 하겠습니까? 실제로 오직 재물
만 탐한 탐관오리들은 백성들의 고발로 인하여 파면될 수 있을 따
름입니다. 법률조문을 왜곡시켜 재물을 탐한 탐관오리는 다 사납
고 교활한 사람들인데도, 행정의 대권이 반드시 그 자신들에게서
나옵니다. 그래서 그들이 돈 있는 사람의 재물을 속여서 빼앗을
지라도 오히려 빈곤한 백성에게까지는 미치지 않습니다. 그러나
능력 없는 관원에 이르면 더욱 심각하여 스스로 일을 처리할 수
없으니, 뭇 아전 및 서리들과 결탁하여 다같이 간사한 짓을 하여,
백성들 가운데 가난한 사람이든 부유한 사람이든 관계없이 일시에
폐해를 입게 됩니다. 이 점에서 말한다면 탐관과 무능한 관리들이
만들어내는 해악은 같다고 할 수 있습니다. 지금 부패한 관리들은
스스로의 악행 때문에 강등되거나 파면되어서 열에 한 두 사람만
아직 제거되지 않고 있습니다만, 재능 없는 사람에 대해서는 상하
가 모두 무능함을 알고 있으면서도 불문에 붙이고 관대하게 묵인
해주고 있습니다. 그 폐단이 이러한데도 무능한 사람을 내치는 방

법이 있다고 할 수 있겠습니까? 어질고 불초함이 이미 구별이 없으니, 관리는 많으나 쓸모 있는 사람은 없는 것입니다.

신이 바라건대 폐하께서 상벌을 분명히 하시고 관리에게 실제적인 효과를 강구하도록 요구하시면, 인재들은 모두 폐하 앞에 줄을 설 것입니다. 그러므로 신은 병사·장수·재물·이족을 막는 계책·큰일을 맡을 만한 신하 이 다섯 가지가 다 있다고 말씀드리지만, 그러나 폐하께서 사용할 수 없는 것이 폐단이 되옵니다. 삼폐오사에 대해서 신이 이미 상세히 말씀드렸사오니 바라옵건대 폐하께서 선택하옵소서. 천하의 일이란 이것을 벗어나지 않사옵니다.

지금 천문이 하늘에서 변하고 땅에서는 재난이 발생하고 있습니다. 사람들은 나라 안에서 원망하고 사방 이적들은 나라밖에서 침입하니, 일의 형세가 이와 같으니, 폐하께서 머뭇거리시거나 느슨하게 할 때가 아니오니, 바라옵건대 폐하께서는 사직과 백성을 위하여 유념하소서. 구양수 죽음을 무릅쓰고 올리나이다.

〈본론本論〉 상(上)

〈본론〉은 모두 상·중·하 세 편이 있는데, 경력 2년에 지었다. '본론'이란 국가를 다스리는 근본을 논술한다는 뜻이다. 〈본론〉상편에서는 정치상의 병폐를 고치고자 하는데 치중하였고, 중편과 하편에서는 불교배척에 치중하여 서술하였다. 이 세 편에서 일관되게 주장하고 있는 주요사상은 "예악을 닦고 인의를 일으키고자 하는(飾禮樂, 興仁義)" 유가의 사상이다.

구양수는 이 글에서 송 왕조의 오랫동안 쌓여온 폐단을 개혁하기 위하여 "균재(均財)·절병(節兵)·입법(立法)·임현(任賢)·존명(尊名)"의 이 다섯 가지 일을 급선무로 삼을 것을 제기하였다. 이 다섯 가지 가운데에서도 작자는 '인치(人治)'의 관념을 중시하여 '任賢(어진 인재의 임용)'을 특별히 강조하였다.

이 글의 주요 가치는 정치·경제·군사·교육 각 방면에서 발생한 송 왕조의 여러 가지 적폐에 대한 철저한 분석에 있다. 구양수는 이 문제들을 분석할 때에 두 가지 대비(對比)의 방법을 사용하였다. 하나는 삼대의 치(治)와 대비하였고, 하나는 오대의 난(亂)과 대비하였다. 이처럼 대비를 통하여 문제를 더욱 선명하게 부각시켰을 뿐만 아니라, 송 왕조가 나아갈 수도 있는 두 가지 방향을 제시하였다. 즉, 삼대를 학습하여 장구하게 치안하는 길과 오대의 뒤를 따를 수도 있는 두 가지 방향을 제시하였던 것이다. 물론 구양수가 바랐던 것은 '삼대의 치(三代之治)'를 따르는 것이지만, 그러나 '삼대의 치(三代之治)'는 옛날 것에 의탁하여 제도를 고치는 것으로, 옛사람의 의관을 빌려서 역사의 새로운 극을 연출하는 것에 불과하다. 그러나 '경력신정(慶曆新政)' 중에 시행된 여러 가지 조치에는 작자가 본문에서 제시한 주장과 서로 부합하는 조항이 많다.

《구양문충공문집(歐陽文忠公文集)》의 원편자(原編者)의 주(注
에) "이것은 바로 공이 만년에 일부 삭제한 바의 상편이다(此乃公
晚年所刪上篇)."라고 하였으니, 작자가 만년에도 여전히 원래의
정치주장을 견지하고 있었음을 알 수 있다.

原文 天下之事有本末, 其爲治者有先後[1]. 堯舜之書略矣[2]; 後
世之治天下, 未嘗不取法於三代者, 以其推本末而知所先後也.
三王之爲治也, 以理數均天下, 以爵地等邦國, 以井田域民, 以
職事任官[3]. 天下有定數, 邦國有定制, 民有定業, 官有定職. 使
下之共上, 勤而不困; 上之治下, 簡而不勞. 財足於用而可以備
天災也, 兵足以御患而不至於爲患也. 凡此具矣, 然後飾禮樂·
興仁義以敎道之. 是以其政易行, 其民易使, 風俗淳厚, 而王道
成矣. 雖有荒子屛孫繼之, 猶七八百歲而後已[4].

---

1) 천하~선후(天下~先後): 이 글에서는 '균재, 절병, 입법, 임현, 존명' 다섯
   가지를 급선무로 내세웠으며, 그 중에서도 '존명'을 근본으로 삼고 있다.
2) 요순지서(堯舜之書): 《고문상서(古文尙書)》에 〈요전(堯典)〉과 〈순전(舜
   典)〉있으며, 문장이 간략하다.
3) 이리수균천하(以理數均天下): 일정 수량의 부세를 제정하여 천하 사람들
   의 부담을 공평하게 하는 것을 말한다. 이작지등방국(以爵地等邦國) : 나
   라를 봉할 때에 등급에 따라 작위와 토지를 주었음을 말한다. 이정전역민
   (以井田域民): 정전제(井田制)를 시행하여 백성들에게 일정한 땅을 주어
   거주지를 안정시키다. 이직시임관(以職事任官): 맡을 일에 따라 관리를
   임명하다.
4) 수유~후이(雖有~後已): 「황자잔손(荒子屛孫)」: 방탕하고 무능한 자손.
   「칠팔백세(七八百歲」: 하(夏)왕조가 약 4백년, 상(商)왕조가 약 6백년, 주
   (周)왕조가 약 8백년 존속하였다.

夫三王之爲治, 豈有異於人哉? 財必取於民, 官必養於祿, 禁暴必以兵, 防民必以刑, 與後世之治者大抵同也. 然後世常多亂敗, 而三王獨能安全者, 何也? 三王善推本末, 知所先后, 而爲之有條理. 後之有天下者, 孰不欲安且治乎? 用心益勞而政益不就, 諰諰然常恐亂敗及之, 而輒以至焉者, 何也? 以其不推本末, 不知先後而已.

今之務衆矣, 所當先者五也. 其二者有司之所知, 其三者則未之思也[5]. 足天下之用, 莫先乎財; 系天下之安危, 莫先乎兵. 此有司之所知也. 然財豐矣, 取之無限而用之無度, 則下益屈而上益勞. 兵强矣, 而不知所以用之, 則兵驕而生禍. 所以節財·用兵者, 莫先乎立制. 制已具備, 兵已可使, 財已足用, 所以共守之者, 莫先乎任人. 是故均財而節兵, 立法以制之, 任賢以守法, 尊名以厲賢[6], 此五者相爲用, 有天下者之常務, 當今之世所先, 而執事者之所忽也.

今四海之內非有亂也, 上之政令非有暴也, 天時水旱非有大故也, 君臣上下非不和也. 以晏然至廣之天下, 無一間隙之端, 而南夷敢殺天子之命吏, 西夷敢有崛强之王[7], 北夷敢有抗禮之帝者[8], 何也? 生齒之數日益衆, 土地之産日益廣, 公家之用日

---

5) 미지사(未之思): 그것을 생각해 본 적이 없다는 뜻으로, 부정문에서는 목적대명사 '지(之)' 자가 동사 앞에 위치한다.

6) 존명이려현(尊名以厲賢):「존명(尊名)」: 명성과 지위를 존중하고, 좋은 명성을 장려하다.「려(厲)」: 육성하다, 양성하다.

7) 서이감유굴강지왕(西夷敢有崛强之王): 보원(寶元) 원년(1038)에 서하(西夏)의 임금 원호(元昊)가 황제라 칭한 일을 가리킨다.

8) 북이감유항례지제자(北夷敢有抗禮之帝者):「북이((北夷)」: 거란(契丹)을 가리킨다.「항례(抗禮)」: 평등한 예를 행한다는 뜻으로, 거란과 송의 임금이 같은 시기에 황제라 칭한 것을 가리킨다.

益急, 四夷不服, 中國不尊, 天下不實者, 何也? 以五者之不備故也.

請試言其一二. 方今農之趣耕, 可謂勞矣; 工商取利乎山澤, 可謂勤矣; 上之徵賦 · 権易 · 商利之臣[9], 可謂纖悉而無遺矣. 然一遇水旱如明道 · 景祐之間[10], 則天下公私乏絶. 是無事之世, 民無一歲之備, 而國無數年之儲也. 以此知財之不足也. 古之善用兵者, 可使之赴水火[11]; 今廂禁之軍, 有司不敢役, 必不得已而暫用之, 則謂之 "借倩"[12]. 彼兵相謂曰: "官倩我." 而官之文符亦曰 "倩"[13]. 夫賞者所以酬勞也, 今以大禮

---

9) 징부 · 각역 · 상리(徵賦 · 権易 · 商利): 호부(戶部) · 탁지(度支) · 염철(鹽鐵) 삼사(三司) 및 소속 기구를 주로 가리키며, 전국의 세금과 중요한 물자의 전매를 규제한다. 「각역(権易)」: 관청에서 소금이나 철 같이 중요한 물품에 대해 전매를 실시하여 수입을 증가시키는 것이다.

10) 연일~지간(然一~之間): 명도(明道) 연간에는 해마다 가뭄이 들고 누리의 피해가 발생하자, 인종(仁宗)은 조서를 내려 스스로를 책망하였다.

11) 가사지부수화(可使之赴水火): 《사기 · 손자오기열전(孫子吳起列傳)》에 따르면 손무(孫武)가 오왕(吳王) 합려(闔廬)에게 보고하기를 "부대가 이미 정비되었으니 임금님께서 신을 시험하여 그들을 살펴보셔도 좋사옵니다. 임금님께서 그들을 부리고 싶으시다면 끓는 물이나 타오르는 불길 속으로 뛰어들게 할 수도 있을 것이옵니다(兵旣整齊, 王可試下觀之, 唯王所欲用之, 雖赴水火猶可也.)" 라고 하였다.

12) 상금~"차천"(廂禁~"借倩"): 「상금지군(廂禁之軍)」: 송나라 때에는 경성에 주둔하며 방위하는 부대를 금군(禁軍)이라 하고, 지방에 주둔하며 방위하는 부대를 상군(廂軍)이라 하였다. 「차천(借倩)」: 잠시 빌려쓰다. 《방언(方言)》에는 남에게 도움을 청하여 일하는 것을 '천(倩)'이라 한다고 하였다.

13) 문부(文符): 군대를 파견하는 공문.

之故[14], 不勞之賞三年而一遍, 所費八九百萬, 有司不敢緩月日之期; 兵之得賞, 不以無功知愧, 乃稱多量少·比好嫌惡, 小不如意, 則群聚而呼, 持梃欲擊天子之大吏. 無事之時其猶若此, 以此知兵驕也.

夫財用悉出而猶不足者, 以無定數也. 兵之敢驕者, 以用之未得其術. 以此知制之不立也. 夫財匱兵驕, 法制未一, 而莫有奮然忘身許國者, 以此知不任人也. 不任人者, 非無人也. 彼或挾材蘊知, 特以時方惡人之好名, 名藏蓄收斂, 不敢奮露, 惟恐近於名以犯時人所惡. 是以人人變賢爲愚. 愚者無所責, 賢者被譏疾, 遂使天下之事將弛廢而莫敢出力以爲之. 此不尙名之弊者, 天下之最大患也. 故曰五者之皆廢也.

前日五代之亂可謂極矣, 五十三年之間易五姓十三君, 而亡國被弑者八, 長者不過十餘歲, 甚者三四歲而亡[15]. 夫五代之主豈皆愚者耶? 其心豈樂禍亂而不欲爲久安之計乎? 顧其力有不能爲者, 時也. 當是時也, 東有汾晉, 西有岐蜀, 北有强胡, 南有江淮·閩廣·吳越·荊潭, 天下分爲十三四, 四面環之[16]. 以

---

14) 대례(大禮): 교제(郊祭) 등 황제의 중대한 의식을 가리킨다.

15) 전일~이망(前日~而亡): 「오대(五代)」: 당과 송 사이 53년(907-960) 동안에 중원을 통치했던 후량(後梁), 후당(後唐), 후진(後晉), 후한(後漢), 후주(後周) 다섯 왕조를 가리킨다. 이 다섯 왕조의 성이 각각 주(朱), 이(李), 석(石), 류(劉), 곽(郭: 후주 제2대 세종世宗은 시(柴)씨이다)씨였기 때문에 다섯 번 나라의 성씨가 바뀌었다고 말하였다. 후량이 2대, 후당이 4대, 후진이 2대, 후한이 2대, 후주가 3대로, 모두 13대의 임금이 즉위하였기 때문에 13명의 군주가 바뀌었다고 말하는 것이다.

16) 당시~환지(當是~環之): 당시 오대의 통치자들이 근거하고 있던 중원의 사방이 외족이나 할거세력에 의해 포위되었음을 가리킨다. 「분진(汾

至狹之中國, 又有叛將强臣割而據之, 其君天下者, 類皆爲國日
淺, 威德未洽; 强君武主力而爲之, 僅以自守, 不幸孱子懦孫,
不過一再傳而復亂敗[17]. 是以養兵如兒子之啖虎狼, 猶恐不爲
用, 尙何敢制! 以殘弊之民人, 贍無貲之徵賦, 頭會箕斂[18], 猶

晉)」: 산서(山西)에 할거한 유민(劉旻: 본명이 유숭劉崇임)의 북한(北漢)을 가
리킨다. 「기촉(岐蜀)」: 사천(四川) 등지에 할거한 왕건(王建)의 전촉(前蜀)
과 맹지상(孟知祥)의 후촉(後蜀)을 가리킨다. 「강회(江淮)」: 회남(淮南)에
할거한 양행밀(楊行密)의 오(吳)와 강남(江南)에 할거한 이변(李昪: 가명이
서지고徐知誥임)의 남당(南唐)을 가리킨다. 「민광(閩廣)」: 복건(福建)에 할거
한 왕조(王潮)의 민(閩)과 남해(南海)에 할거한 유은(劉隱)의 남한(南漢)을
가리킨다. 「오월(吳越)」: 전당강(錢塘江) 이남의 절동(浙東)과 전당강 이북
의 절서(浙西)를 합쳐서 부르는 양절(兩浙)에 할거한 전류(錢鏐)의 오월(吳
越)을 가리킨다. 「형담(荊潭)」: 호남(湖南)에 할거한 마은(馬殷)의 초(楚)와
형남(荊南)에 할거한 고계흥(高季興)의 남평(南平)을 가리킨다. 이상을
'십국(十國)'이라 칭한다. 「강호(强胡)」: 거란(契丹)을 가리킨다.

17) 이지~란패(以至~亂敗): 오대 시기 왕조들의 정치적 상황을 분석한 것이
다. 오대 시기의 군주들은 모두 무력으로 정권을 탈취하였으므로 군주
와 장수 사이에는 서로 의심을 하였으며, 개국(開國) 군주가 죽게되면
왕왕 혼란이 발생하고 통치권력이 찬탈되었다.

18) 이잔~기렴(以殘~箕斂): 「잔폐지민인(殘弊之民人)」: 오대 시기에는 중원
의 민가들이 전란으로 많이 파괴되어 열 집에 아홉 집은 텅 비었다. 「섬
(贍)」: 공급하다. 「무자(無貲)」: 한도가 없다, 셀 수 없이 많다. 「두회기
렴(頭會箕斂)」: 번잡하고 과중한 세금을 가리킨다. 《한서 · 진여전(陳餘
傳)》의 "세금을 가혹하게 징수하여서 군비를 대니 재정은 바닥나고 힘은
다하다(頭會箕斂, 以供軍費, 財匱力盡.)"라는 문장에 복건(服虔)은 "관
리가 집에 이르면 사람 수대로 곡식을 내는데, 키질을 해서 알곡만을 거
두어 갔다(吏到其家, 以人頭數出谷, 以箕斂之.)"라고 주를 달았다.

恐不足, 尙何日節財以富民? 天下之勢方若弊廬, 補其奧則隅壞, 整其桷則棟傾, 枝撐扶持, 苟存而已. 尙何暇法象規圜矩方, 而爲制度乎? 是以兵無制, 用無節, 國家無法度, 一切苟且而已.

今宋之爲宋, 八十年矣[19]. 外平僭亂, 無抗敵之國; 內削方鎭, 無强叛之臣. 天下爲一, 海內晏然. 爲國不爲不久, 天下不爲不廣也. 語曰: "長袖善舞, 多錢善賈." 言有資者其爲易也[20]. 方今承三聖之基業, 據萬乘之尊名, 以有四海一家之天下; 盡大禹貢賦之地莫不內輸, 惟上之所取, 不可謂乏財[21], 六尺之卒, 荷戈勝甲, 力彀五石之弩·彎二石之弓者數百萬[22], 惟上制而令

---

19) 팔십년(八十年): 송나라는 태조 조광윤(趙匡胤)이 건국한 건륭(建隆) 연간부터 경력(慶歷) 2년까지(960-1042) 이미 82년이 흘렀다.

20) 어왈~역야(語曰~易也): 《한비자·오두(五蠹)》에 "속담에 '소매가 길면 춤을 잘 추고, 재물이 많으면 장사를 잘한다' 하는데, 이 말은 자본이 많은 사람이 일하기 쉽다는 뜻입니다(鄙諺曰: '長袖善舞, 多財善賈.' 此言多資之易爲工也." 라고 하였다. 「어(語)」: 속담, 속어를 뜻한다. 「고(賈)」: 장사하다.

21) 방금~핍재(方今~乏財): 「삼성(三聖)」: 송나라의 태조, 태종, 진종(眞宗)을 가리킨다. 「만승(萬乘)」: 주대(周代)에 천자가 병거(兵車) 만 대를 직예(直隸) 지방에서 출동시키던 제도에서 유래하여, 황제의 지위를 가리킨다. 「대우공부지지(大禹貢賦之地)」: 《상서·우공(禹貢)》에는 9주의 토지와 산물 및 천자에게 납입한 공물을 기록하고 있다. 여기서는 송 왕조가 9주(전국)의 토지를 차지하고 있다는 말이다.

22) 역구~백만(力彀~百萬): 「구(彀)」: 활을 잡아당기다. 「노(弩)」: 쇠뇌, 옛날에 기계의 힘을 이용하여 화살을 쏘아 보내던 활의 한 가지이다. 「석(石)」: 활의 힘을 나타내는 단위 이름으로, 30근(斤)이 1균(鈞)이고, 4균이 1석(石)이다.

之, 不可謂乏兵. 中外之官, 居職者數千員, 官三班吏部常積者
又數百[23] 三歲一詔布衣, 而應詔者萬餘人, 試禮部者七八千[24],
惟上之擇, 不可謂乏賢. 民不見兵革者幾四十年矣[25], 外振兵
武, 攘夷狄, 內修法度, 興德化, 惟上之所爲, 不可謂無暇. 以
天子之慈聖仁儉, 得一二明智之臣相與而謀之, 天下積聚, 可如
文・景之富[26]; 制禮作樂, 可如成周之盛[27]; 奮發威烈, 以耀名
譽, 可如漢武帝・唐太宗之顯赫; 論道德, 可興堯舜之治. 然而

---

23) 관삼반이부(官三班吏部): '관(官)'자는 쓸데없이 잘못 들어간 글자인
   듯하다. 「삼반(三班)」: 삼반원(三班院)을 가리킨다. 무관(武官)을 전형하
   고 임명하는 일을 관장한다. 「이부(吏部)」: 문관(文官)을 전형하고 임명
   하는 일을 관장한다.

24) 삼세~팔천(三歲~八千): 「삼세일조포의(三歲一詔布衣)」: 삼 년에 과거
   시험을 한 번 거행한다는 뜻이다. '포의(布衣)'는 평민을 뜻한다. 「시예
   부(試禮部)」: 송대에는 진사시험을 예부에서 주관하였다.

25) 민불견병혁자기사십년의(民不見兵革者幾四十年矣): 송나라가 경덕(景
   德) 원년에 거란과 전연(澶淵)에서 강화를 맺은 때부터 경력(慶歷) 2년
   까지는 이미 38년이 되었다. 그 동안 서북 지역에서 발생한 서하(西夏)
   와의 전쟁을 제외하면 중원은 기본적으로 안정되었다.

26) 문・경지부(文・景之富): 한나라의 문제(文帝)와 경제(景帝) 때에는 나
   라 안이 안정되고 풍족하여 태평성세로 불린다.

27) 성주(成周): 옛날 지명으로, 주나라 경왕(敬王) 때에 이곳으로 도읍을 옮
   겼고, 전국시대에는 낙양(洛陽)이라 불렀다. 지금의 하남성 낙양현 동북
   쪽이다. 여기서는 주(周) 왕조를 가리킨다. 전하는 바에 따르면 주나라
   의 주공(周公)이 예법을 제정하고 악률(樂律)을 만들었다고 한다. 《논
   어・팔일(八佾)》에 "주 왕조의 예의제도는 하(夏)와 상(商) 양대를 근거
   로 제정된 것이니, 얼마나 풍부하고 다채로운가! 나는 주 왕조를 좇아
   배우겠노라(周監於二代, 郁郁乎文哉! 吾從周.)"라고 하였다.

財不足用於上而下已弊, 兵不足威於外而敢驕於內, 制度不可爲萬世法而日益叢雜, 一切苟且, 不異五代之時, 此甚可歎也. 是所謂居得致之位, 當可致之時, 又有能致之資, 然誰憚而久不爲乎!

直譯 천하의 일에는 근본적인 것과 지엽적인 것이 있고, 나라를 다스리는 데에는 먼저 해야 할 것과 뒤에 해야 할 것이 있습니다. 요임금과 순임금을 기록한 책은 간략하여 사정이 분명하지가 않습니다. 그래서 후세에 천하를 다스리는 사람은 하(夏)·은(殷)·주(周) 삼대를 본받지 않음이 없었습니다. 그것은 일의 근본적인 것과 지엽적인 것을 추구하고 나라를 다스림에 먼저 해야 할 것과 뒤에 해야 할 것을 알았기 때문입니다. 하나라 우(禹)임금과 은나라 탕(湯)임금 주나라 문왕(文王)·무왕(武王)이 천하를 다스릴 때에는 일정한 수의 세금을 정하여 천하의 부담을 균등하게 하였고, 작위와 토지는 등급에 따라 나라를 봉하여 주었으며, 정전제(井田制)를 시행하여 백성들에게 일정한 땅을 주어 안정되게 하였고, 맡을 일에 근거하여 관리를 임명하였습니다. 따라서 천하에는 일정한 수량의 세금이 있게 되고, 나라에는 일정한 제도가 있게 되었으며, 백성에게는 일정한 직업이 있게 되고, 관리에게는 일정한 직책이 있게 되었습니다. 백성들에게 조정을 공양하도록 함에 부지런히 하되 곤궁하게 하지 않았고, 조정에서 백성을 다스림에 간단하면서도 수고롭게 하지 않았습니다. 재물은 쓰기에 충분하였을 뿐만 아니라 천재지변을 방비할 수 있었고, 군대는 국가의 환난을 막기에 충분하였지만 화근이 되는 데에는 이르지 않았습니다. 이 모든 것이 갖추어진 뒤에야 예악을 제정하고 인의를 일으켜 백성을 교도하였습니다. 이 때문에 정령(政令)은 쉽게 행하여졌고, 그

백성들도 쉽게 부릴 수 있었으며, 풍속이 순박하면서 돈독하여 왕도가 이루어졌습니다. 비록 방탕하고 무능한 자손들이 계승하기도 하였으나, 오히려 칠팔백 년까지 이어졌습니다.

대저 이 하·은·주 삼대의 왕이 다스릴 때에는 어찌 사람들이 달랐겠습니까? 재물은 반드시 백성들한테서 취득한 것이고, 관리들은 반드시 봉급에 의지해 생활하였으며, 난을 진압할 때에는 반드시 군대로써 하였고, 백성들을 방비할 때에는 반드시 형법으로써 하였으니, 이 모든 것은 후세에 나라를 다스리는 사람들과 대체로 같았습니다. 그러나 후세에는 늘 혼란과 실정이 많았지만, 하·은·주 삼대의 왕 때에는 유독 안전할 수 있었던 것은 무엇이겠습니까? 하·은·주 삼대의 왕은 일의 근본적인 것과 지엽적인 것을 잘 규명하고, 나라를 다스림에 먼저 해야 할 것과 뒤에 해야 할 것을 잘 알아, 일을 하는 데 조리가 있었기 때문입니다. 후대에 천하를 가졌던 사람들 가운데 누군들 천하가 편안하고 잘 다스려지기를 바라지 않았겠습니까? 그들의 마음 씀이 수고로우면 수고로울수록 정치는 이루어지지 않았으며, 두려움에 움츠리며 폭동이 일어나 실패하지 않을까 늘 걱정하였지만 그러나 결국 폭동으로 실패가 왔으니, 무엇 때문이겠습니까? 그들이 일의 근본적인 것과 지엽적인 것을 규명하지 않고, 나라를 다스림에 먼저 해야 할 것과 뒤에 해야 할 것을 몰랐기 때문입니다.

지금 힘써 해야 할 일은 많습니다만, 그러나 마땅히 먼저 해야 할 것이 다섯 가지가 있습니다. 그 가운데 두 가지는 일을 주관하는 관리가 알아야 할 것이고 세 가지는 아직 생각을 못하였습니다. 천하의 쓰임을 만족시킬 수 있는 것은 재물보다 앞서는 것은 없고, 천하의 안위와 관련된 것은 군대보다 더 중요한 것은 없습니다. 이것은 일을 주관하는 관리들이 알고 있는 일입니다. 그러나 재물이 풍부하다 할지라도, 세금으로 거둬들이는 것이 한도가 없고 씀씀이 또한 한도가 없으면, 백성들은 더욱더 빈곤해질 것이고, 조정도 더욱더 피곤해질 것입니다. 군대가 강하다 할지라도 쓸 방법을 모르면, 병사들은 교만해져 화근이 생길 것입니다. 재물을 절약하고 용병을 잘 하는 방법은 제도를 세우는 것보다 더 급한 것은 없습니다. 제도가 이미 갖추어지고, 군대도 이미 부릴 수 있게 되고, 재물도 이미 쓰기에 풍족해진 뒤에 지킬 수 있는 방법은, 현명한 사람을 임용하는 것보다 중요한 것은 없습니다. 그래서 재물을 고르게 조절하고, 군대를 절제하며, 법을 세워 통제하고, 현명한 사람을 임용하여 법을 시행하고, 명예를 존중하여 현명한 사람을 오도록 하여야 하는 것입니다. 이 다섯 가지가 서로 작용하도록 하는 것은 천하를 가진 사람이 늘 해야 할 일이며, 또한 지금 가장 긴요한 일인데도, 그러나 권력을 가진 사람이 이것을 무시하는 바입니다.

지금 온 나라 안에 폭동도 없고, 임금님의 정치법령이 잔혹한 곳도 없으며, 수재나 한발의 천재(天災)도 없고, 군신상하가 화합되지 않는 것도 아닙니다. 편안하고 지극히 넓은 천하로써 일이 생길 틈 하나 없는데도, 남쪽 오랑캐는 감히 천자의 명령을 받은 관리를 죽이고, 서쪽 오랑캐는 감히 굴복하지 않고 왕이라 칭하며, 북쪽 오랑캐는 감히 우리와 동등한 예로써 황제라 칭하니, 무엇 때문일까요? 인구의 숫자가 날로 더 많아지고, 토지의 생산물도 매일 매일 불어나는데도, 조정의 비용은 날로 곤궁해지고, 사방 오랑캐가 복종하지 않으며, 중국은 존중받지 못하고, 천하의 재원이 충실해지지 않는 것은 무엇 때문이겠습니까? 이 다섯 가지를 갖추지 않았기 때문입니다.

청컨대 시험 삼아 그 가운데 한두 가지만 말씀드릴까 합니다. 지금 농민이 농사를 짓는데 매우 수고롭다 할 수 있고, 공업이나 상업에 종사하는 사람들은 산림이나 호수에서 나오는 자원의 이익을 찾는 데 부지런하다 할 수 있으며, 조정에서는 세금을 징수하고 상품을 전매하며 이익을 도모하는 관리들이 제도를 완벽하고 정밀하게 하여 빠져나갈 곳이 없도록 하였다 할 수 있습니다. 그러나 명도년간(明道年間)이나 경우년간(景祐年間)처럼 한번이라도 수재나 한발을 만나면, 조정이나 백성들 할 것 없이 천하가 다 지극히 곤궁해집니다. 이것은 아무런 일이 없는 해에 백성들은 한 해의 비축도 없었고, 국가에서도 몇 년간 아무런 저축도 없었기 때문입니다. 이것으로 국가의 재물이 부족함을 알 수 있는 것입니다. 옛날 군대를 잘 부렸던 사람은 군대를 끓는 물과 불길 속에도 뛰어들게 할 수 있었는데, 지금의 상군(廂軍:지방주둔군)과 금군(禁軍:수도·궁궐방비군)은 관부(官府)에서 감히 부릴 수가 없어 부득이 하여 잠시 사용할 때는 '차천(借倩: 임시 차용)'이라 하였습니다. 이 때의 병사들도 서로 간에 '관부에서 우리를 차용했다' 하고, 관부의 문서에도 '잠시 차용함'이라고 하였습니다. 상을 내리는 것도 공로를 보상하기 위한 것이지만, 지금은 주요 전례(典禮)로 인해 공로가 없는 사람도 삼 년마다 한 번 상을 내리니, 거기에 소모되는 돈이 팔 구 백만이나 되고, 관부(官府)에서는 상을 줄 날짜를 감히 지연할 수도 없습니다. 병사들이 상을 받으면 공이 없는 것을 부끄럽게 여기지도 않을 뿐더러, 액수를 비교해보고 좋고 나쁜 것을 따져보고서 조금이라도 마음에 들지 않으면, 무리를 지어 소리를 지르며 몽둥이로 조정의 대신을 위협합니다. 아무런 사변이 없을 때에도 이러하니, 이 점으로 볼 때 군대가 얼마나 교만한가를 알 수 있습니다.

쓸 수 있는 재물들을 다 내어놓아도 쓰기에 풍족하지 못한 것은 쓰는 데에 한정된 숫자가 없기 때문이고, 병사들이 교만하고 횡포한 것은 그들을 부리는 데 통제 방법을 찾지 못했기 때문입니다. 이러한 것에서 법제가 확립되지 않음을 알 수 있습니다. 재물이 모자라고 병사들이 교만·횡포하며 법제가 아직도 통일되어 있지 않는데도, 어느 누구 하나 분연히 국가를 위하여 자기 몸을 돌보지 않는 사람이 없으니, 여기에서 훌륭한 인재가 임용되지 않았음을 알 수 있습니다. 어진 사람이 임용되지 않은 것은 훌륭한 인재가 없어서가 아닙니다. 그들 가운데 어떤 사람은 재능을 품고 지혜를 가지고 있지만, 다만 세상 사람들이 좋은 명성이 있는 사람을 질투하기 때문에 각자 재능과 지혜를 숨긴 채 감히 드러내지 않으면서, 혹시 좋은 명성을 얻었다가 세상 사람들에게 질투나 받지 않을까 두려워하는 것입니다. 이 때문에 사람들은 훌륭한 재능을 숨기고 오히려 우둔한 척합니다. 우둔한 사람은 책망을 받지 않고, 재능 있는 사람은 질책과 질투를 받게 되니, 마침내 천하의 모든 일이 이완되고 황폐해지지만, 감히 나와서 구원하려는 사람이 없게 되는 것입니다. 명성을 존중하지 않는 이러한 폐단이야말로 천하의 가장 큰 화근입니다. 그러므로 이 다섯 가지가 다 버려졌다고 하는 것입니다.

지난날 오대(五代) 때에 혼란이 극에 달했다 할 수 있는데, 오십삼 년 사이에 다섯 왕조 열세 명의 임금이 바뀌었고, 나라가 망하고 피살된 임금이 여덟 사람이요, 통치기간이 긴 왕조가 십 년을 넘기지 못했으며, 심지어 어떤 왕조는 삼사 년 만에 멸망하기도 하였습니다. 대저 오대(五代)의 임금들이 어찌 다 어리석은 사람들이었겠으며, 그들의 마음속에 어찌 환난을 좋아하여 장구한 치안의 계책을 얻으려 하지 않았겠습니까? 그러나 그들의 힘으로 할 수 없는 것이 있었으니, 바로 시대입니다. 당시 동쪽으로는 분진(汾晉)이 있었고, 서쪽으로는 기촉(岐蜀)이 이었으며, 북쪽으로는 강력한 오랑캐가 있었고, 남쪽으로는 강회(江淮)·민광(閩廣)·오월(吳越)·형담(荊潭)이 있었으니, 천하가 열 서너 개로 나누어져 사방에서 중원을 둘러싸고 있었습니다. 지극히 좁은 중국 땅에다 또 배반한 장수와 사나운 신하의 활거와 통제를 받으니, 천하를 다스린 임금 대부분이 다 나라를 통치한 날이 짧아, 위엄과 덕이 적셔들지 못하였습니다. 따라서 무력을 지닌 강력한 임금이 힘써 다스려도 겨우 자신만 지킬 수 있을 뿐이었으며, 불행히 자손이 연약하면 불과 한 두 대 이어지다 다시 혼란으로 패망하였습니다. 이 때문에 군대를 양성하는 것은 어린아이가 호랑이를 기르는 것과 같아서, 오히려 두려워 쓰지도 못하는데 또한 어찌 감히 통제를 하겠으며, 쇠잔하고 피폐한 백성들에 의지하여, 한도도 없는 세금을 채우고자 사람 머리수로 거두고 키로써 거두면서도 오히려 부족할까 걱정하는데, 또한 어찌 재물을 절약하여 백성을 부유하게 할 수 있다 하겠습니까? 천하의 형세가 마치 부서진 집처럼 내실을 보수하면 담 벽 구석이 무너지고, 서까래를 잘 정리해 놓으면 대들보가 기울어져 억지로 지탱하고 겨우 존속할 따름이니, 또한 어느 겨를에 정상적인 법도에 맞추어 제도를 만들겠습니까? 이 때문에 군대는 절제가 없고, 용도는 기준이 없으며, 국가에는 법도마저 없이 모두가 다 억지로 버티었을 따름입니다.

지금 송나라가 건립된 지 팔십 년이 됩니다. 밖으로는 왕이라 칭하면서 할거하던 혼란한 국면을 평정하니 더 이상 대항하는 나라도 없고, 안으로는 지방 번진들을 약화시키니 사납고 모반을 품은 신하도 없습니다. 천하가 통일되어 온 나라가 안정되었습니다. 나라를 세운 지 오래되지 않은 것도 아니고, 천하가 광대하지 않은 것도 아닙니다. 속담에 '소매가 길면 춤을 추기 좋고, 돈이 많으면 장사하기가 좋다'고 하였습니다. 밑천이 있는 사람이 일을 하기가 쉽다는 말이지요. 지금 하·은·주 삼대의 성인의 기업을 이어받고 천자의 존엄하신 이름에 의지하여 통일된 온 천하를 가지고 있으며, 예전 우(禹) 임금이 세금을 징수하던 모든 땅 가운데에서 우리 조정에 세금을 납부하지 않은 곳이 없으며, 오직 조정에서만 징수하니 재물이 모자란다고도 할 수 없을 것입니다. 육척의 사병이 창을 들고 갑옷을 입고서 힘으로 오백 근의 강한 쇠뇌와 이백 근이 넘는 활을 당길 수 있는 병사가 또 수백만이나 되며, 오직 조정의 통제와 명령만 따르니 병사가 적다고도 할 수가 없습니다. 조정 내외의 관리는 직책에 있는 사람이 수천 명이고, 삼반원과 이부에서 늘 대기하고 있는 자가 수백이요, 삼 년에 한 번씩 백성을 대상으로 과거시험을 시행하니 응시하는 사람이 만여 명이고, 예부의 시험에 응시하는 자가 칠 팔 천인데, 오직 조정에서만 선발하니 현명한 인재가 적다고 할 수가 없습니다. 백성이 전쟁을 보지 못한 지가 거의 사십 년이 되었으며, 밖으로는 군대의 무위를 떨쳐 이적을 몰아내고, 안으로는 법령제도를 완비하고 도덕교화를 일으킴에, 오직 조정에서 하기를 기다리니 그럴 겨를이 없어서라고 말할 수는 없습니다. 인자하시고 현명하시며 검소하신 천자께서 한 두 명의 지혜로운 신하를 얻어 함께 모의하시면, 국가의 쌓인 재물이 한(漢) 문제(文帝)와 경제(景帝) 때처럼 부유해질 것이고, 예악을 제작하시면 주(周)나라만큼 흥성하게 될 것이며, 국위를 떨쳐서 명성을 빛내고자 하시면 한(漢) 무제(武帝)나 당(唐) 태종(太宗)처럼 빛날 것이고, 도덕을 강구하시면 요임금과 순임금의 치세만큼 일으킬 수 있을 것입니다. 그러나 재물은 조정에서 쓰기에 부족한데 백성들은 이미 궁핍하고, 병사는 밖의 적에게 위엄을 떨치기에도 부족한데 감히 안으로 교만하며, 제도는 만대의 법도가 되지도 못하면서 나날이 난잡해집니다. 이 모두를 대강대강 해치우니 오대(五代) 때와 다름이 없습니다. 이것이 심히 한탄스럽습니다. 이것이 이른바 천하를 다스릴 수 있는 위치에 있고, 이룰 수 있는 때를 만났으며, 또 이룰 수 있는 자본이 있는데 무엇이 두려워서 오래도록 실행하지 않사옵니까!

〈본론(本論)〉 중(中)

이 글의 취지는 유가의 인의예악이 '불교를 극복하는(勝佛) 근본'임을 논술한 것이다. 송대(宋代)의 구양수와 당대(唐代)의 한유는 모두 강력하게 유가학설을 제창하고 불교를 반대하였다. 구양수의 이 글은 사실 한유의 〈원도(原道)〉를 계승 발전시킨 것이지만, 사상·신앙 문제를 다루는 데 있어서는 구양수가 한유 보다 고명(高明)한 부분이 있다. 한유는 불교 배척의 방법으로 "노자와 불교를 신봉하는 도사와 승려를 세간의 보통 사람으로 환속시키고, 도교와 불교에 관한 책들을 모두 불태워버리며, 도관이나 사원을 모두 보통 사람의 주택으로 만들어야 한다(人其人, 火其書, 廬其居)"고 주장하였다. 그러나 그 결과는 "적의 진영을 공격하여 잠시 깨트리면 나중에 더욱 견고해지고, 화재를 완전히 소멸하지 않으면 도리어 불길이 더 크게 번진다(攻之暫破而愈堅, 撲之未滅而愈熾)"는 구양수의 말처럼 될 뿐이었다. 반면에 구양수는 모든 제도를 완성시키고 또 교육을 통하여 불교와 싸워서 승리하자고 주장하였다. 당연히 종교문제를 해결하는 것이 구양수가 생각하는 것처럼 그렇게 간단한 것만은 결코 아니지만, 사상방면의 교육에서부터 착수하여 사상문제를 해결하고자 한 구양수의 주장은 상당히 정확한 의견이다.

이 글은 이론의 입론이 질박하고 평이하며, 논술이 치밀하고, 또한 대비·비유 등의 다양한 수사 방법을 채용하였다.

原文 佛法爲中國患千餘歲[1]. 世之卓然不惑而有力者, 莫不欲去之[2]. 已嘗去矣, 而復大集. 攻之暫破而愈堅, 撲之未滅而愈熾, 遂至於無可奈何[3]. 是果不可去邪? 蓋亦未知其方也.

夫醫者之於疾也, 必推其病之所自來, 而治其受病之處. 病之中人, 乘乎氣虛而入焉[4]; 則善醫者不攻其疾, 而務養其氣, 氣

---

1) 불법(佛法): 불교를 가리킨다. 불교가 정식으로 중국에 전래된 것은 동한(東漢) 명제(明帝) 영평(永平) 8년(65)으로, 이 글이 쓰여진 경력 2년(1042)까지는 천 년에 가깝다.

2) 세지~거지(世之~去之): 「탁연불혹(卓然不惑)」: 견해가 탁월하고 미혹되지 않는 사람으로, 한유 같은 사람을 가리킨다. 「유력자(有力者)」: 권력이 있는 자로, 북주(北周)의 무제(武帝) 우문옹(宇文邕) 같은 사람을 가리킨다.

3) 공지~내하(攻之~奈何): 전쟁과 불 끄는 일을 들어서 불교배척을 비유하였다. 북위(北魏) 때에는 태무제(太武帝)가 강제수단을 사용하여 불교를 제거하여 "모든 절과 불상과 불경은 모조리 파괴하고 태우며, 승려들은 노소의 구분 없이 모두 생매장하였다.(諸有佛圖形象及胡經, 盡皆擊破焚燒, 沙門無少長悉坑之.〈멸불조서(滅佛詔書)〉)" 그러나 선무제(宣武帝)가 즉위하자 다시 불교를 강력하게 제창하여, 낙양(洛陽)에 5백여 개, 지방에 1만3천여 개의 절을 지었다. 북주(北周)의 무제(武帝)는 비교적 완화된 방법으로 불교를 폐지하였는데, 승려와 비구니에게 영을 내려 환속시킨 사람이 3백여 만 명에 이른다. 그러나 그가 죽자 또다시 불교가 번창하게 된다. 이것이 바로 이른바 '더욱 견고해지고' '더욱 치열해지는' 역사사실이다.

4) 기허(氣虛): 중국 의학에서는 원기(元氣)가 생명의 근본이며, 원기가 왕성한 사람한테는 병마가 침입할 수 없고, 원기가 허약해야 병에 걸리게 된다고 한다. 당나라 유공탁(柳公倬)의 《태의잠(太醫箴)》에 "기가 흩어지면 질병이 생기고, 기가 튼튼하면 멀쩡해진다(氣離有患, 氣完則成.)"라고 하였다. 여기서는 병을 치료하는 것으로 불교배척을 비유하였다.

實則病去, 此自然之效也. 故救天下之患者, 亦必推其患之所自
來而治其受患之處. 佛爲夷狄, 去中國最遠, 而有佛固已久矣[5].
堯舜三代之際, 王政修明, 禮義之敎充於天下. 於此之時, 雖有
佛, 無由而入. 及三代衰, 王政闕, 禮義廢, 後二百餘年而佛至
乎中國[6]. 由是言之, 佛所以爲吾患者, 乘其闕廢之時而來, 此
其受患之本也. 補其闕, 修其廢, 使王政明而禮義充, 則雖有
佛, 無所施於吾民矣. 此亦自然之勢也.

　昔堯舜三代之爲政, 設爲井田之法[7], 籍天下之人, 計其口而
皆授之田. 凡人之力能勝耕者, 莫不有田而耕之, 斂以什一, 差
其徵賦, 以督其不勤[8]. 使天下之人力皆盡於南畝, 而不暇乎其

---

5) 불위~구의(佛爲~久矣): 불교의 창시자 석가모니(釋迦牟尼: 기원전565-기
　　원전486)가 공자(孔子: 기원전551-기원전479)와 거의 같은 시기에 활동하였
　　기 때문에 "불교가 생겨난 것은 참으로 이미 오래되었다"라고 하였고,
　　석가모니가 고대인도 카필라(迦毘羅衛; Kapilavastu: 지금의 네팔 남부에 위치
　　한 조그만 공화제 부족국가)의 정반왕(淨飯王)의 아들로 태어났기 때문에 "부
　　처는 외지인(佛爲夷狄)"이라 한 것이다.

6) 이백여년(二百餘年): 기원전 249년에 진(秦)이 주(周)를 멸망시킨 때부터
　　기원전 65년에 불교가 전입되기 시작한 때까지가 대략 2백 년이다.

7) 정전지법(井田之法): 〈原弊〉 주)16 참조.

8) 렴이~불근(斂以~不勤): 「렴이십일(斂以什一)」: 〈原弊〉 주5) 참조. 「차기
　　정부(差其征賦)」: 세금과 노역을 부과하는 데에 차별을 둔다는 뜻이다.
　　주나라의 제도에는 집 주위에 뽕나무와 삼(麻)을 심지 않은 사람에게는 1
　　리(里) 25가(家)에서 납부하는 분량의 천(布匹)을 벌로 부과하고, 빈둥거
　　리면서 생산에 종사하지 않는 사람에게는 1부(夫)가 1백 묘(畝)를 경작하
　　여 납부하는 분량의 세금과 1호(戶)의 노역을 벌로 부과하도록 규정하였
　　다고 한다.

他. 然又懼其勞且怠而入於邪僻也, 於是爲制牲牢酒醴以養其體, 弦匏俎豆以悅其耳目[9], 於其不耕休力之時而敎之以禮. 故因其田獵而爲蒐狩之禮[10], 因其嫁娶而爲婚姻之禮[11], 因其死葬而爲喪祭之禮, 因其飮食羣聚而爲鄕射之禮[12]. 非徒以防其亂, 又因而敎之, 使知尊卑長幼, 凡人之大倫也[13]. 故凡養生送死之

---

9) 어시~이목(於是~耳目):「생(牲)」: 제사지낼 때 바치는 짐승으로, 소가 들어가면 태뢰(太牢)라 하고, 양이 들어가면 소뢰(少牢)라 한다.「양(醸)」: 쌀과 누룩으로 빚은 향이 좋고 맛이 부드러운 술.「현(弦)」: 거문고와 비파(琴瑟) 같은 현악기.「포(匏)」: 생황과 피리(笙竽) 같은 취주악기.「조두(俎豆)」: 제사지낼 때 음식을 담는 그릇. 모두 나무로 만드는데, '조(俎)'는 장방형이고, '두(豆)'는 원형이다.

10) 수수(蒐狩): 봄에 하는 사냥을 '수(蒐)'라 하고, 가을에 하는 사냥을 '수(狩)'라 하였다.

11) 가취, 혼인(嫁娶, 婚姻): '가(嫁)'는 여자가 시집가는 일을, '취(娶)'는 남자가 아내를 맞이하는 일을 가리키며, '혼인(婚姻)'은 예의법칙(예절)을 가리킨다.

12) 향사(鄕射):「향((鄕)」: 향음주례(鄕飮酒禮)를 가리키며, 향학(鄕學)에서 3년의 학업을 마치고 거행하는 음주례(飮酒禮)이다.「사(射)」: 향사례(鄕射禮)를 가리킨다. 고대에 귀족들이 무를 중시하여 활쏘기를 익혔으며, 흔히 사례(射禮)를 거행하였다. '사례'에는 대사(大射), 빈사(賓射), 연사(燕射), 향사(鄕射) 네 가지가 있으며, '향사'는 향교에서 거행하는 것이다.

13) 대륜(大倫): 봉건사회의 기본적인 윤리도덕.《논어 · 미자(微子)》에 "원래 자기 몸을 깨끗이 지키고자 한 것이지만, 그렇게 은둔함으로 해서 군주와 신하 사이의 윤리도덕은 소홀히 한 것이다(欲潔其身, 而亂大倫.)" 하였고,《맹자 · 공손축(公孫丑) 하》에 "집안에는 부자간이 있고, 집밖에는 군신간이 있으니, 이는 사람들 사이의 가장 중요한 관계입니다(內則父子, 外則君臣, 人之大倫也.)"라고 하였다.「륜(倫)」: 사람과 사람 사이에 규정되어 있는 여러 가지 관계를 가리킨다.

道, 皆因其欲而爲之制, 飾之物采而文焉, 所以悅之, 使其易趣也[14]; 順其情性而節焉, 所以防之, 使其不過也. 然猶懼其未也, 又爲立學以講明之. 故上自天子之郊, 下至鄕黨, 莫不有學[15]. 擇民之聰明者而習焉, 使相告語而誘勸其愚惰. 嗚呼, 何其備也!

　蓋堯舜三代之爲政如此. 其慮民之意甚精, 治民之具甚備, 防民之術甚周, 誘民之道甚篤. 行之以勤, 而被於物者洽; 浸之以漸, 而入於人者深. 故民之生也, 不用力乎南畝, 則從事於禮樂之際; 不在其家, 則在乎庠序之間. 耳聞目見, 無非仁義; 樂而趣之, 不知其倦. 終身不見異物, 又奚暇夫外慕哉? 故曰雖有佛無由而入者, 謂有此具也.

　及周之衰, 秦幷天下, 盡去三代之法, 而王道中絶[16]. 後之有

---

14) 고범~취야(故凡~趣也):「인기욕이위지제(因其欲而爲之制)」: 사람들의 욕망에 근거해서 여러 가지 제도를 제정한다는 뜻이다. 「식지물채이문언(飾之物采而文焉)」: 여러 가지 기물과 화문, 채색을 써서 장식한다는 뜻이다. 《좌전·환공(桓公) 2년》에 "화(火)·룡(龍)·보(黼)·불(黻)의 무늬 모양은 신분의 높고 낮음을 분별하는 무늬를 밝히는 것이고, 오색으로 기물에 여러 가지 모양을 그리는 것은 각기 그것의 뜻을 밝히는 것입니다(火龍黼黻, 昭其文也; 五色比象, 昭其物也.)"라고 하였다. 「취(趣)」: '추(趨)'자와 통하며, '지향하다, 기꺼이 그렇게 하다'는 뜻이다.

15) 고상~유학(故上~有學):「천자지교(天子之郊)」: 수도의 교외. 하(夏나)라의 '서서(西序)', 상(商)나라의 '우학(右學)', 주(周)나라의 '우상(虞庠)' 등의 학교는 모두 수도의 교외에 위치하였다고 한다. 「향당(鄕黨)」 행정구획의 단위로, 5백 집을 '당((黨)'이라 하고, 1만2천5백 집을 '향(鄕)'이라 한다.

16) 진병~중절(秦幷~中絶): 진나라는 효공(孝公)이 상앙(商鞅)의 변법을 채용한 이후부터 정전제(井田制) 및 기타 오래된 정치문화 제도를 폐지하였다.

天下者, 不能勉强; 其爲治之具不備, 防民之漸不周, 佛於此時
乘間而出. 千有餘歲之間, 佛之來者日益衆, 吾之所爲者日益
壞. 井田最先廢, 而兼并游惰之姦起[17]; 其後所謂蒐狩 · 婚姻 ·
喪祭 · 鄕射之禮, 凡所以敎民之具, 相次而盡廢. 然後民之姦者
有暇而爲他, 其良者泯然不見禮義之及己. 夫姦民有餘力, 則思
爲邪僻; 良民不見禮義, 則莫知所趣. 佛於此時, 乘其隙, 方鼓
其雄誕之說而牽之, 則民不得不從而歸矣. 又況王公大人往往
倡而驅之, 曰: "佛是眞可歸依者." 然則吾民何疑而不歸焉? 幸
而有一不惑者, 方艴然而怒曰[18]: "佛何爲者? 吾將操戈而逐
之." 又曰: "吾將有說以排之." 夫千歲之患, 遍於天下, 豈一人
一日之可爲? 民之沈酣, 入於骨髓, 非口舌之可勝. 然則將奈
何? 曰: 莫若修其本以勝之.

　　昔戰國之時, 楊墨交亂, 孟子患之, 而專言仁義[19]. 故仁義之

---

17) 겸병(兼并): 정전제가 폐지된 후에 지주경제가 일어나면서, 이들이 토지
　　와 생산수단을 끊임없이 겸병한 일을 가리킨다.

18) 불연(艴然): 크게 화를 내는 모습을 형용하는 말로, 흔히 '발연(勃然)'을
　　많이 쓴다.

19) 석전~인의(昔戰~仁義): 「양(楊)」: 전국시대의 사상가 양주(楊朱)를 가
　　리킨다. '위아(爲我)'를 제창하여 "자기 몸에서 터럭 하나를 뽑아서 천
　　하를 이롭게 할 수 있다 해도 그렇게 하지 않는다(拔一毛而利天下不
　　爲)." 「묵(墨)」: 전국시대의 사상가 묵적(墨翟)을 가리킨다. 겸애(兼愛)
　　를 제창하였다. 「맹자」: 이름이 가(軻)이다. 공자의 뒤를 계승하였으며,
　　인의(仁義)를 제창하고, 양주와 묵적의 학설을 반대하였다.《맹자 · 등문
　　공(滕文公) 하》에 "천하의 학설이 양주에게 기울어지지 않으면 묵적에게
　　기울어지게 되었다. 양씨의 주장은 자기만을 위한다는 것이니, 이것은
　　[결국 임금에게 충성하는 것을 부정하여] 임금이 없게 되는 것이다. 묵

說勝, 則楊墨之學廢. 漢之時, 百家並興, 董生患之, 而退修孔
氏[20]. 故孔氏之道明而百家息. 此所謂"修其本以勝之"之效也.
　今八尺之夫, 被甲荷戟, 勇蓋三軍; 然而見佛則拜, 聞佛之說
則有畏慕之誠者, 何也? 彼誠壯佼, 其中心茫然無所守而然也.
一介之士, 眇然柔懦, 進趨畏怯; 然而聞有道佛者, 則義形於
色, 非徒不爲之屈, 又欲驅而絕之者, 何也? 彼無他焉, 學問明
而禮義熟, 中心有所守以勝之也. 然則禮義者, 勝佛之本也. 今
一介之士, 知禮義者尙不能爲之屈; 使天下皆知禮義, 則勝之
矣. 此自然之勢也.

直譯 불교가 중국의 우환거리가 된 지 천여 년이 되었습니다. 세
상에 견해가 탁월하고 미혹되지 않으면서 힘 있는 사람이라면, 그
것을 제거하려 하지 않음이 없습니다. 이미 일찍이 불교가 제거된
적도 있었지만, 그러나 곧이어 다시 크게 일어났습니다. 적의 진
영을 공격하여 잠시 깨트리면 나중에 더욱 견고해지고, 화재를 완
전히 소멸하지 않으면 도리어 불길이 더 크게 번져, 마침내 어떻
게 해 볼 수 없는 데에까지 이르는 것과 같습니다. 이것은 과연 없
앨 수 없는 것일까요? 대개는 단지 그것을 제거할 수 있는 방법을

　　씨의 주장은 겸애로, 친소의 구분이 없으니, 이것은 [결국 부모에게 효
　　도하는 것을 부정하여] 아버지가 없게 되는 것이다. …… 말로써 양주와
　　묵적의 학설을 막을 수 있는 사람은 바로 성인의 학도인 것이다(天下之
　　言不歸楊, 則歸墨. 楊氏爲我, 是無君也; 墨氏兼愛, 是無父也. …… 能言
　　距楊墨者, 聖人之徒也.)"라고 하였다.

20) 동생(董生): 서한(西漢)의 유가학파를 대표하는 동중서(董仲舒)를 가리
　　킨다. 그는 한(漢) 무제(武帝)에게 "제자백가의 학설을 내치고, 오직 유
　　가만 존중할 것을(罷黜百家, 獨尊儒術)" 건의하였다.

몰라서일 뿐입니다.

　의사는 질병에 대해서 반드시 그 병이 발생하게 된 원인을 연구하여, 병이 생긴 곳을 치료합니다. 병이 사람에게 들어올 때에는 인체의 기가 허한 곳을 틈타 침입합니다. 그러므로 병을 잘 다스리는 의사는 직접 그 병을 공격하지 않고 힘써 환자의 원기를 길러주는데, 원기가 충실해지면 병은 사라지게 됩니다. 이것은 자연스런 효과입니다. 그러므로 천하의 환난을 구원하고자 하면, 또한 반드시 그 환난이 발생된 원인을 연구하여 그 환난을 입은 곳을 다스려야 합니다. 부처는 외지인으로 중국과 멀리 떨어져 있었지만, 불교가 있은 지는 이미 오래되었습니다. 요임금과 순임금 그리고 하(夏)·상(商)·주(周) 삼대 때에는 정치가 완비되고 청명하였으며 예의를 중시하는 기풍이 천하에 충만하였습니다. 이러한 때에는 비록 불교가 있더라도 중국으로 들어 올 방법이 없었습니다. 삼대가 쇠약해짐에 이르러 정치가 잘못되고 예의가 손상되니, 이백 년이 지나 불교가 중국으로 전해졌습니다. 이것으로 본다면 불교가 중국의 우환거리가 된 연유는 정치가 잘못되고 예의가 손상된 그 때를 틈타서 중국으로 들어온 것이며, 이것이 바로 환난을 입게된 근본원인입니다. 오직 잘못된 정치를 보완하고 손상된 예의를 완전하게 해서 정치를 청명하게 하고 예의를 충만하게 하면, 비록 부처가 있더라도 우리 백성들에게 영향을 미칠 여지가 없을 것입니다. 이것 또한 자연스런 형세입니다.

　과거 요임금 순임금과 하·상·주 삼대의 정치는 정전(井田)의 법을 설치하고, 천하의 사람들을 대상으로 호적을 만들고 그 식구 수를 헤아려 모든 사람들에게 땅을 분배해주었습니다. 대체로 농사를 지을 수 있는 힘이 있는 사람에게는 다 토지를 주어 경작하게 하고, 생산의 십분의 일을 세금으로 내도록 하였으며, 세금도 차등을 두어서 부지런하지 못한 사람을 독려하였습니다. 천하 사람들에게 토지를 경작하는 데 전력을 기울이게 하여 다른 일을 할 틈이 없게 하였던 것입니다. 그러나 또한 백성들이 너무 수고롭고 너무 피곤하여 사악한 길로 접어들까 걱정하여, 이에 제사를 지낸 뒤 소고기와 양고기를 먹게 하고 술을 마시게 하여 그들의 몸을 보양하도록 하고, 현악기와 관악기를 연주하여 귀를 즐겁게 하거나, 제기에 제수를 올려 눈으로 보고 즐겁게 하도록 하는 등 온갖 방법들을 제정하였습니다. 백성들에게 농사를 짓지 않는 농한기에는 각종 예의범절을 가르쳤습니다. 그러므로 수렵에 근거하여 봄과 겨울 두 계절을 이용하여 수렵하는 의식이 만들어졌고, 시집가는 것과 장가드는 것에 근거하여 혼인의 의식이 제정되었으며, 죽은 사람의 장례로 인해서 상례(喪禮)와 제례(祭禮)가 만들어졌고, 주연과 모임으로 인하여 음주의 예의와 활 쏘는 의식이 제정되었습니다. 이것은 혼란을 방지하기 위해서일 뿐만 아니라, 그것으로 인해 교육을 받음으로써 높은 사람과 낮은 사람·나이 많은 사람과 어린 사람의 구별과 사람과 사람 사이의 각종 관계를 알게 해 줍니다. 그러므로 산 사람을 양육하고 죽은 사람을 장사지내는 모든 방법이 다 백성들의 욕망으로 인하여 제정되었고, 아울러 각종 기물과 색채로 장식하여 아름답게 꾸며서 그것을 좋아하게 하여 백성들을 쉬이 나아가도록 하였으며, 백성의 성정에 순응해서 절제하도록 하고 그것으로 방비하여 백성에게 분수를 넘지 않도록 하였습니다. 그러나 오히려 그것으로 부족할까 걱정하여, 또 그들을 위하여 학교를 세워 이러한 것들을 강의를 통하여 분명하게 하였습니다. 그래서 위로는 수도 교외지역에서부터 아래로는 향촌에 이르기까지 학교가 있지 않음이 없었습니다. 백성들 가운데 총명한 사람을 뽑아 가르쳐서, 그들로 하여금 서로 전달해서 저 우매하고 게으른 백성들을 이끌게 하였습니다. 아아! 이 얼마나 완벽합니까!

대략 요임금 순임금과 하·상·주 삼대의 정치가 이와 같았습니다. 그들은 백성을 생각하는 마음이 매우 깊었고, 백성을 다스리는 제도도 심히 완비되었으며, 백성이 나쁜 일을 하는 것을 방비하는 수단도 아주 주도면밀하였으며, 백성들이 좋은 일을 하도록 유도하는 방법 또한 심히 돈독하였습니다. 부지런히 행하여 모두가 녹아들고 천천히 젖어들어 사람들의 마음 속 깊이 들어갔습니다. 그러므로 백성들은 일생동안 토지에서 힘쓰지 않으면 예악 사이에 종사하고, 자기 집안에 있지 않으면 학교 안에 있었습니다. 귀로 듣고 눈으로 보는 것이 인(仁)과 의(義) 아님이 없으며, 즐겁게 나아가되 피곤함을 몰랐습니다. 죽을 때까지 다른 것을 보지 않으니, 또한 어느 겨를에 밖에서 온 것을 부러워하겠습니까? 그러므로 불교가 있더라도 중국에 들어올 방법이 없다고 한 것은 이러한 것들이 갖추어져 있었기 때문입니다.

주나라가 쇠퇴해져 진나라가 천하를 합병함에 이르러 하·상·주 삼대의 법이 다 사라지고 왕도의 정치는 끊어졌습니다. 후에 천하를 차지한 사람들이 힘써 회복하려고 노력하지도 않았고, 백성을 다스리는 제도도 완비되지 않았으며, 백성들이 나쁜 일에 물들지 않도록 방비하는 수단도 주도면밀하지 못하니, 불교는 바로 이러한 때에 틈을 타서 나왔습니다. 천여 년 사이에 불교를 전해오는 사람은 나날이 많아지고, 우리들이 하는 조치들은 나날이 손상됩니다. 정전제가 가장 먼저 없어지자 토지를 겸병하고 빈둥거리며 게으름만 부리는 나쁜 현상이 일어나고, 이후에 수렵·혼인·상제·향사(鄕射)의 예절 등 백성을 교도해주던 이 모든 도구들이 하나하나 차례대로 다 없어져버렸습니다. 그 뒤 백성들 가운데 간교한 사람은 틈만 있으면 다른 일을 하였고, 선량한 사람은 조금도 예의가 자기에게 이르는 것을 볼 수가 없었습니다. 간교한 백성들은 남은 힘이 있어 나쁜 일만 생각하고, 선량한 백성은 예의를 보지 못하니 나아가야 할 바를 몰랐습니다. 불교는 이 때에 그 틈을 타고서 그들의 과장되고 황당한 학설을 고취시키면서 백성을 끌어들이니, 백성들은 그들을 좇아 귀의하지 않을 수 없었습니다. 하물며 또 왕공대인(王公大人)들도 왕왕 불교를 제창하여 백성들을 몰아 '불교는 진정으로 귀의하여 믿을 만하다'고 합니다. 그러니 우리 백성들이 무엇을 의심하여 귀의하지 않겠습니까? 다행히 한 사람이 미혹되지 않은 자가 있어 바야흐로 불끈 성을 내면서 '불교가 무엇이란 말인가? 내가 창을 꼬나 잡고 그것을 몰아내리라'라 하고, 또 '내가 장차 그것을 쫓아낼 말이 있다'라고 합니다. 천년의 환난이 이미 천하에 두루 퍼졌는데, 어찌 한 사람이 하루 만에 그것을 어떻게 할 수 있겠습니까? 백성들이 이미 불교에 심취해서 골수에까지 파고들었는데, 몇 마디 말로 싸워서 이길 수 있는 것은 아닙니다. 그렇다면 어떻게 해야 할까요? 그 근본을 닦아서 이기는 것만 못하다고 하겠습니다.

지난날 전국시대 때에는 양주와 묵적의 학설이 동시에 천하를 어지럽히자, 맹자가 그것을 걱정하여 곧 오로지 인의(仁義)만을 언급하였습니다. 그래서 인의의 학설이 흥성하고, 양주와 묵적의 학설은 사라지게 되었습니다. 한(漢)나라 때에는 백가의 학설이 동시에 일어나자 동중서(董仲舒)가 그것을 걱정하여 공자의 학설을 널리 선전하였습니다. 그래서 공자의 도가 밝아지고 백가의 학설은 가라앉았습니다. 이것이 내가 말한 '근본을 닦아서 이기는 것'에 대한 효과인 것입니다.

지금 팔 척 거구의 무사가 갑옷을 입고 창을 들고 있으면 그 용맹스러움은 삼군의 으뜸이지만, 그러나 불상을 보면 절을 하고 불교의 학설만 들으면 두려워하고 사모하는 마음이 있으니, 무엇 때문일까요? 그는 겉으로는 참으로 힘 있고 훌륭해 보이지만 그 마음속은 텅 비어 굳게 지키는 주관이 없어서 그러한 것입니다. 일개 선비가 몸집은 작고 체질도 유약하며 행동거지도 위축되지만, 그러나 불교에 대해 말하는 것을 들으면 의분이 얼굴에 나타나 불교에 굽히지 않을 뿐만 아니라, 몰아내어 완전히 끊어버리려고 하는 것은 무엇 때문이겠습니까? 그것은 별 다른 것이 없고, 다만 학문에 밝고 예의에 익숙하여 마음속에 굳게 지키는 주관이 있어, 불교를 이길 수 있는 것입니다. 그렇다면 예의가 불교를 이길 수 있는 근본입니다. 지금 일개 선비가 예의를 아는 것으로 또한 능히 불교에 굴복되지 않으니, 가령 천하의 사람이 다 예의를 안다면, 불교를 완전히 이길 수 있을 것입니다. 이것은 바로 자연스런 형세입니다.

〈붕당론(朋黨論)[1]〉

송 인종 때, 범중엄(范仲淹)을 중심으로 한 혁신파와 여이간(呂夷簡)을 중심으로 한 보수파 간에 매우 격렬한 투쟁이 벌어졌다. 경력(慶曆) 3년(1043)에 범중엄이 참지정사(參知政事)가 되고, 부필(富弼)·한기(韓琦)가 추밀부사(樞密副使)가 되어 경력신정(慶曆新政)를 펼치게 되자 여이간·하송(夏竦) 등은 그들에게 붕당의 죄목을 덮어씌워 모함하였다. 당시 혁신파의 일원이면서 간관(諫官)을 맡고 있던 구양수는 경력 4년(1044)에 이 유명한 정론을 지어서 보수파들이 씌운 붕당의 죄명에 대해 강하게 논박하였다.

이 글은 첫머리에서 "군자와 군자는 도(道)를 같이 하여 붕당을 짓고, 소인과 소인은 이(利)를 같이하여 붕당을 짓습니다."라고 하여 이 글의 요지를 밝히고, 아울러 "소인에게는 붕당이 없고 군자에게만 붕당이 있다"라고 하여 진정한 붕당의 의미에 대해 강조하였다. 그리고 각 시대의 주요한 역사사실을 열거하면서 흥망성쇠와 붕당의 관계를 반복적으로 논술하여, 군자의 붕당을 금지하는 것은 나라를 혼란케 하여 결국 망국을 조성하는 어리석은 방법임을 역설하였다. 이것은 붕당에 대한 전통적인 정론을 완전히 뒤집어 붕당이란 말의 부정적인 의미를 제거함으로써 중국정치사에 있어 상당한 의의를 갖게 하였다.

문장은 논점이 분명하고, 논거가 충분하며, 논증이 적절하고, 아울러 역사 사실의 긍정과 부정적인 면의 선명한 대비와 배비, 구식의 반복적인 운용을 통하여 문장의 기세를 한층 강화시켰다.

---

1) 붕당론(朋黨論): '붕당의(朋黨議)'로 된 판본도 있다. 또 "在諫院進"이라는 소제목이 따로 붙어 있는 것도 있다.

原文 臣聞朋黨之說[2], 自古有之; 惟幸人君辨其君子小人而已. 大凡君子與君子, 以同道爲朋[3]; 小人與小人, 以同利爲朋. 此自然之理也.

然臣謂小人無朋, 惟君子則有之. 其故何哉? 小人所好者, 祿利也; 所貪者, 財貨也. 當其同利之時, 暫相黨引以爲朋者[4], 僞也; 及其見利而爭先, 或利盡而交疏, 則反相賊害[5], 雖其兄弟親戚[6], 不能相保. 故臣謂小人無朋, 其暫爲朋者, 僞也. 君子則不然: 所守者道義, 所行者忠信, 所惜者名節. 以之修身, 則同道而相益; 以之事國, 則同心而共濟, 終始如一. 此君子之朋也. 故爲人君者, 但當退小人之僞朋, 用君子之眞朋, 則天下治矣.

堯之時[7], 小人共工·驩兜等四人爲一朋[8], 君子八元·八愷

---

2) 붕당(朋黨): 최초의 의미는 같은 부류의 사람들이 사적인 목적을 위하여 서로 결탁하는 것을 뜻했지만, 여기서는 사람들이 어떤 공동의 목적 때문에 결성된 집단을 가리킨다.

3) 도(道): 지향(志向), 도덕(道德), 신앙(信仰) 등을 가리킨다.

4) 당인(黨引): 사사로이 당을 결성하여 서로 끌어주다.

5) 적해(賊害): 상해하다, 해치다.

6) 형제(兄弟): 어떤 판본에는 '제형(弟兄)'으로 되어 있다.

7) 요(堯): 순(舜), 주나라의 무왕(武王)과 함께 모두 유가(儒家)에서 숭상하는 고대의 성군(聖君)이다.

8) 소인공공·환두등사인위일붕(小人共工·驩兜等四人爲一朋): 전설에 의하면 공공(共工), 환두(驩兜), 삼묘(三苗), 곤(鯀) 등은 요(堯) 임금 때의 '사흉(四凶)'이다. 《상서·요전(堯典)》에는 요 임금이 "공공을 유주로 유배시키고, 환두를 숭산으로 내치고, 삼묘를 삼위로 내쫓고, 곤을 우산에서 죽였다(流共工于幽州, 放驩兜于崇山, 竄三苗于三危, 殛鯀于羽山.)"고 하였다.

十六人爲一朋⁹⁾. 舜佐堯, 退四凶小人之朋, 而進元·愷君子之朋, 堯之天下大治. 及舜自爲天子, 而皐夔稷契等二十二人¹⁰⁾, 并列于朝, 更相稱美, 更相推讓, 凡二十二人爲一朋, 而舜皆用之, 天下亦大治.《書》曰: "紂有臣億萬, 惟億萬心; 周有臣三千, 惟一心."¹¹⁾ 紂之時, 億萬人各異心, 可謂不爲朋矣, 然紂以

---

9) 군자팔원·팔개십륙인위일붕(君子八元·八愷十六人爲一朋): '원(元)'은 선량한 사람이고, '개(愷)'는 충성스러운 사람이라는 뜻이다. 전설에 따르면 재덕이 뛰어난 사람으로, 고신씨(高辛氏)의 후예 여덟 명을 '팔원'이라 하고, 고양씨(高陽氏)의 후예 여덟 명을 '팔개'라고 한다.《좌전·문공(文公) 18년》에 "옛날 고양씨에게는 훌륭한 아들 여덟이 있었으니, 그들은 창서, 퇴애, 도연, 대림, 방강, 정견, 중용, 숙달로, 근신하고 도리에 통하고, 도량이 넓고 생각이 깊으며, 밝고 진실하고 인정이 많고 성실하여, 천하의 사람들이 그들을 '팔개'라고 불렀사옵니다. 그리고 고신씨에게 훌륭한 아들 여덟이 있어, 그들은 백분, 중감, 숙헌, 계중, 백호, 중웅, 숙표, 계리로, 착실하고 공경스러우며, 몸을 닦고 일을 행함이 공손하고도 훌륭하고, 자애심을 널리 베풀고 온화해서, 천하의 사람들은 그들을 '팔원'이라 불렀사옵니다(昔高陽氏有才子八人: 蒼舒, 隤敳, 檮戭, 大臨, 尨降, 庭堅, 仲容, 叔達, 齊聖廣淵, 明允篤誠. 天下之民謂之八愷. 高辛氏有才子八人: 伯奮, 仲堪, 叔獻, 季仲, 伯虎, 仲熊, 叔豹, 季貍, 忠肅共懿, 宜慈惠和. 天下之民謂之八元.)"라고 하였다.

10) 고기직설등이십이인(皐夔稷契等二十二人): 모두 전설상 순임금 때의 뛰어난 신하들이다. '고(皐)'는 고요(皐陶)를 가리키며, 주로 형법을 관장하였고, '기(夔)'는 음악을 담당하였다. '직(稷)'은 주(周)나라의 조상인 후직(后稷)을 가리킨다. 후직은 벼슬이름이었으며, 본래 이름이 기(棄)이고, 농업을 관장했다. '설(契)'은 상(商)나라의 조상으로, 교육을 맡아보았다.

11) 주유~일심(紂有~一心):《상서·태서(泰誓) 상》에 나오는 말로, 주나라 무왕이 주(紂)를 치기 위해 맹진(孟津)에서 제후들과 회합할 때에 출정에 앞서 장병들에게 훈계하고 맹세를 한 내용이다.

亡國. 周武王之臣, 三千人爲一大朋, 而周用以興. 後漢獻帝
時, 盡取天下名士囚禁之, 目爲黨人[12]. 及黃巾賊起[13], 漢室大
亂, 後方悔悟, 盡解黨人而釋之, 然已無救矣. 唐之晚年, 漸起

---

12) 후한헌제시, 진취천하명사수금지, 목위당인(後漢獻帝時, 盡取天下名士
囚禁之, 目爲黨人): 후한(後漢) 말에 환관(宦官)의 위세를 배경으로 지
방에서 횡포를 부리던 호족들을 그 지방의 명사(名士)들이 처벌하였는
데, 환관이 이 사실을 천자께 아뢰어 지방의 명사들을 체포하였다. 그
러나 명사들의 태도를 지지하는 대신들의 간언으로, 그들을 사형시키지
는 않고 향리에 금고(禁錮)시킨 사건이다. 이 때 금고에 처해진 이들을
'당인(黨人)'이라 하였다. 《후한서·당고(黨錮) 열전》에는 다음과 같은
기록이 있다. 환제(桓帝: 유지劉志, 147-167 재위) 때에 환관들이 권력을
독점하여 이응(李膺), 두밀(杜密) 같은 명사들을 체포한 일이 있었으며,
영제(靈帝: 유굉劉宏, 168-189 재위) 때에는 환관 조절(曹節) 등의 무리가
이응, 범방(范滂) 등 백여 명을 죽였고, 각 주(州) 군(郡)에는 "죽거나
좌천되고, 자손들까지 벼슬 할 수 없는 폐족이 되거나 감옥에 갇힌 자
가 6·7백 명이나 되었다(死徒廢禁者六七百)"고 한다. 이것이 바로 후
한 때의 유명한 '당고지화(黨錮之禍)'이다. 본문에서는 이 사건을 헌제
(獻帝: 유협劉協, 후한의 마지막 임금, 189-220 재위) 때의 일로 잘못 기술하고
있다.
13) 황건적기(黃巾賊起): 후한 영제(靈帝) 중평(中平) 원년(184)에 장각(張
角)이 일으킨 농민봉기를 가리킨다. 황노(黃老)의 술(術)을 바탕으로 하
는 태평도(太平道)에 의해 뭉쳐진 무리들이 머리에 누른 두건을 둘러서
표지로 삼았기 때문에 황건적이라고 불리게 되었다. 황건적의 난으로
인해서 후한은 큰 혼란에 빠져 결국 망하게 되었다. 「적(賊)」: 농민봉기
군을 비방하여 한 말이다.

朋黨之論[14], 及昭宗時, 盡殺朝之名士, 或投之黃河[15], 曰：“此輩淸流, 可投濁流.[16]” 而唐遂亡矣.

---

14) 당지만년, 점기붕당지론(唐之晚年, 漸起朋黨之論): 당나라 목종(穆宗: 820-824 재위) 때부터 선종(宣宗: 847-859 재위) 연간에 이르기까지 조정의 신하들 중에 이덕유(李德裕)를 수령으로 한 집단과 우승유(牛僧儒)·이종민(李宗閔)을 수령으로 한 집단 사이에 당파싸움이 벌어졌다. 서로를 용납하지 못하는 두 파벌간의 끈질긴 싸움은 821년부터 859년까지 거의 40년 동안 계속되었다. 이 일을 ‘우리당쟁(牛李黨爭)’ 또는는 ‘붕당지쟁(朋黨之爭)’이라 한다.

15) 급소종시, 진살조지명사, 혹투지황하(及昭宗時, 盡殺朝之名士, 或投之黃河): 당나라 애제(哀帝) 천우(天祐) 2년(905)에 권신 주전충(朱全忠: 주온朱溫)은 백마역(白馬驛: 지금의 하남성 위현渭縣 북쪽)에서 재상 배추(裴樞), 이부상서(吏部尙書) 육의(陸扆), 공부상서(工部尙書) 왕부(王溥) 등 삼십여 명을 유인하여 죽이고, 붕당을 지었다고 무고하여 좌천시켰거나 죽인 자들이 수백 명이었다. 천우 4년에 주전충은 제위를 찬탈하고, 국호를 양(梁)으로 바꾸었다. ‘애제’를 소선제(昭宣帝)라고도 한다. 아마도 전해오는 과정 중에 ‘소선제’를 ‘소종(昭宗)’으로 잘못 적은 것 같다. ‘소종’은 ‘애제’의 아버지이다. 「혹투(或投)」: 어떤 판본에는 ‘함투(咸投)’로 되어 있다.

16) 차배청류, 가투탁류(此輩淸流, 可投濁流): 《구오대사(舊五代史)·양서(梁書)·이진전(李振傳)》에 의하면, 주온(朱溫)의 모사인 이진(李振)이 함통(咸通)·건부(乾符) 연간에 연달아 몇 번 진사시험에 응시하였으나 합격하지 못하자 조정 대신에 대한 불만이 아주 깊었다. 주온이 배추(裴樞) 등의 사람을 살해할 때, 그는 주온에게 이렇게 계책을 올렸다. ‘이들은 스스로 청류라고 하였으니, 마땅히 황하에 던져 영원히 탁류로 만들어야 합니다.(此輩自謂淸流, 宜投於黃河,永爲濁流).’ 주온은 웃으면서 그 계책을 받아들였다 한다.

夫前世之主, 能使人人異心不爲朋, 莫如紂; 能禁絕善人爲朋, 莫如漢獻帝; 能誅戮淸流之朋, 莫如唐昭宗之世. 然皆亂亡其國. 更相稱美·推讓而不自疑, 莫如舜之二十二臣, 舜亦不疑而皆用之; 然而後世不誚舜爲二十二人朋黨所欺, 而稱舜爲聰明之聖者, 以能辨君子與小人也. 周武之世, 擧其國之臣三千人共爲一朋, 自古爲朋之多且大莫如周; 然周用此以興者, 善人雖多而不厭也.

夫興亡治亂之迹, 爲人君者, 可以鑒矣!

[直譯] 신(臣)이 듣건대 붕당(朋黨)의 설은 옛날부터 있었사오니, 오직 임금님께서 군자의 붕당과 소인의 붕당을 잘 구별하시기를 바랄 뿐입니다. 대저 군자와 군자는 지향하는 도(道)를 같이하여 붕당을 짓고, 소인과 소인은 이(利)를 같이하여 붕당을 짓습니다. 이것은 자연의 이치입니다.

그러나 저는 소인에게는 붕당이 없고 군자에게만 붕당이 있다고 생각합니다. 왜 그럴까요? 소인이 좋아하는 것은 이익(利益)과 봉록(俸祿)이고 탐하는 것은 재물입니다. 이익이 같을 때에는 그들은 잠시 서로 무리를 끌어다 붕당을 짓습니다. 이러한 붕당은 거짓된 것으로 이익이 있다고 볼 때에는 앞을 다투지만, 이익이 다해버리면 교류도 소원해집니다. 심지어는 서로 간에 해치기도 하여 비록 그들이 형제친척일지라도 서로 보전되지 못하기도 합니다. 그러므로 저는 소인들에게는 붕당이란 것은 없으며, 그들이 잠시 붕당을 짓는 것은 가식적인 것이라 할 수 있습니다. 군자라면 그렇지 않습니다. 그들이 지키는 것은 도덕과 의리이며, 행하는 것은 충성과 신용이고, 귀중히 여기는 것은 명예와 절개입니다. 이러한 것으로 몸을 닦으면 도가 같아 서로 유익하고, 이러한 것으로 나라에 봉사하면, 협력하여 일을 함이 시종 한결같답니다. 이것이 군자의 붕당입니다. 그러므로 임금 된 사람은 다만 소인들의 거짓된 붕당을 물리치고, 군자의 참된 붕당을 등용하시면 천하는 잘 다스려질 것입니다.

요임금 때 소인인 공공(共工)과 환두(讙兜) 등 네 사람이 하나의 붕당을 만들고, 군자인 팔원(八元)·팔개(八凱) 16인이 하나의 붕당을 만들었습니다. 순임금이 요임금을 보좌하여 네 명의 흉악한 사람이 만든 소인의 붕당을 물리치고, 원(元)·개(凱) 등 군자의 붕당을 등용하니 요임금의 천하가 크게 다스려졌습니다. 순임금 자신이 천자가 되어서는 고(皐)·기(夔)·직(稷)·설(契) 등 22인이 함께 조정의 관리가 되어 서로 칭찬하고 또 추천하고 양보하여 무릇 22인이 하나의 붕당이 되었거늘, 순임금이 모두 등용하자 천하가 또한 크게 다스려졌습니다. 《서경》에 '주왕(紂王)에게는 억만의 신하가 있었지만, (각각 마음이 달라)억만 개의 마음이 있었고, 주왕(周王)에게는 삼천 명의 신하가 있었지만, 오직 하나의 마음뿐이었다'라 하였습니다. 주왕(紂王) 때에는 억만의 사람이 각각 마음이 달랐으니 붕당을 만들 수 없었다고 할 수 있습니다. 그러나 주왕은 그것 때문에 오히려 나라가 망했습니다. 주나라 무왕(武王)의 신하 3천 명은 하나의 큰 붕당을 만들었지만, 그러나 주나라는 이것 때문에 흥성하였습니다.

후한 헌제(後漢 獻帝)때에는, 천하의 명사들을 모두 잡아다 구금하고 당인(黨人)이라고 지목하였습니다. 황건적(黃巾賊)이 일어나 한실(漢室)이 크게 어지러워지니 나중에야 뉘우치고 당인(黨人)을 모두 풀어 주었습니다. 그러나 형세는 이미 되돌릴 수가 없었습니다.

당나라 말기에 점차 붕당의 논쟁이 일어나더니, 소종(昭宗) 때에 이르러서는 조정의 명사를 모두 죽이고서, 사람을 황하에 던지면서 '이 무리들은 스스로 청류(淸流)라고 하였으니, 황하에 던져 탁류(濁流)로 만들어야 한다.' 하였습니다. 당나라도 마침내 망하고 말았습니다.

대저 옛 임금들 가운데, 사람마다 마음을 다르게 해서 붕당을 짓지 못하도록 한 사람으로는 주왕(紂)만한 임금이 없었고, 착한 사람들에게 붕당을 짓지 못하도록 금할 수 있었던 사람으로는 한헌제(漢獻帝)만한 임금이 없었으며, 청류(淸流)의 붕당을 주륙(誅戮)한 것으로는 당소종(唐昭宗) 시대만한 때가 없었습니다. 그러나 그들은 다 자신의 나라를 어지럽히고 망하게 하였습니다. 서로 칭찬하면서 추천하고 양보하여, 조금도 스스로 의심하지 않은 것으로는 순임금의 22명의 신하만한 사람이 없었고, 순임금 또한 의심치 않고 모두 등용하였습니다. 그러나 후세 사람들은 순임금을 22명의 붕당에게 속임을 당했다고 책망하지 않고, 오히려 순임금을 총명한 성인이라고 칭찬하는 것은 군자와 소인을 분별할 수 있었기 때문입니다. 주무왕(周武王) 때에는 그 나라의 신하 3천 명 전부가 하나의 붕당이 되었으니, 옛날부터 이렇게 수가 많고 큰 붕당으로는 이 주나라만한 것이 없었습니다. 그러나 주나라는 이로써 흥성하였으니, 착한 사람이 많더라도 오히려 그 많음을 싫어하지 않았기 때문입니다.

대저 이러한 흥망치란(興亡治亂)의 역사적 자취를 임금 된 사람이라면 거울로 삼을 만한 것입니다.

〈논걸지절하북벌민상자차자(論乞止絶河北伐民桑柘札子)〉

이 글은 경력 3년에 지었다. 경력 2년 거란이 송나라가 서하와의 교전을 틈타서 군대를 일으켜 남하하여 송나라를 치겠다고 협박하였다. 이에 송나라 군대는 황급히 북방을 방어하기 위하여 멋대로 백성들의 생산시설을 파괴하여 필요한 물건을 조달하느라 백성들의 형편을 아예 돌아보지도 않았다. 따라서 작자는 이 글을 써서, 이러한 행위를 신속히 제지해줄 것을 조정에 호소한 것이다.

물론 본문에서 작자는 어떤 한 사건에 입각하여 그 사건의 득실만을 논하는 데 그치지 않고, 보다 큰 요구가 있었다. 바로 작자는 북방의 백성들이 당한 이 일을 통하여, 관리들의 공무집행을 개혁하고 백성의 역량을 중시해야만 외족의 침략에 맞설 수 있다는 의견을 제시한 것이다.

그래서 그는 송나라가 곤궁하게 된 원인을 "아마도 외적의 환란 때문이 아니라 완전히 관리들이 일을 그르쳤기 때문일 것입니다(殆非夷狄爲患, 全由官吏壞之)"라 하고, "거란의 침범을 꼭 막고자 하신다면 모름지기 하북의 백성을 우대하고 휴양케 하여야 합니다(必欲外御契丹之患, 常須優養河朔之民)"라고 하였던 것이다. 이러한 말은 당시 송나라가 처한 사정을 매우 깊이 있고 예리하게 지적한 것이라 하겠다.

原文 臣風聞河北·京東諸州軍[1], 見修防城器具, 民間配率甚多. 澶州·濮州地少林木[2], 卽今澶州之民, 爲無木植送納, 盡伐桑柘納官.

臣謂農桑是生民衣食之源, 租調繫國家用度之急[3]. 不惟絕其根本, 使民無以爲生; 至於供出賦租, 將來何以取足?

臣伏思兵興以來天下公私匱乏者, 殆非夷狄爲患, 全由官吏壞之. 其誅剝疲民, 爲國斂怨, 蓋由郡縣之吏不得其人. 故臣前後累乞澄汰天下官吏者, 蓋備見其弊如此也. 今澶州之民驟罹此苦, 豈非長吏非才, 處事乖繆所致?

兼聞澶州民桑, 已伐及三四十萬株. 竊慮他郡盡皆效此. 伏乞早賜旨揮禁絕. 其合用材木, 仍乞下轉運司, 令相度漸次那容準備[4]; 其澶州人戶經伐桑者, 乞差官檢覆量多少, 與權免將來絲

---

1) 하북·경동(河北·京東): 로(路)의 이름이다. 송나라 초기에는 전국을 15개 '로'로 나누었고, 송 인종 때 18개 '로'로 고쳤다. '로' 아래에는 주(州: 부(府), 군(軍), 감(監) 중의 하나를 두기도 함)를 두고, 주 아래에 현(縣)을 두었다.

2) 전주·복주(澶州·濮州): 「전주(澶州)」: 행정소재지가 돈구(頓丘: 지금의 하남성 청풍淸風 서쪽)이다. 「복주(濮州)」: 행정소재지가 복양(濮陽: 지금의 하남성 복양시 일대)이다.

3) 조조(租調): 전자는 국가에 납부하는 식량을 말하고, 후자는 국가에 납부하는 견직물을 말한다.

4) 기합~준비(其合~準備): 「전운사(轉運司)」: 로(路)의 수륙 교통과 재정 세수를 담당하는 관리로, 때로는 형법과 민사를 겸하여 관리하기도 하였다. 「령(令)」: 원간본에는 '금(今)' 자로 되어있는데, 건륭(乾隆) 병인(丙寅) 사당본(祠堂本)에 근거하여 교정하였다. 「나용(那容)」: '여유가 있다, 침착하다, 조용하다' 등의 뜻이 있다.

綿紬絹之稅.

　竊以軍國所須, 出自民力. 必欲外禦契丹之患, 常須優養河朔之民[5]. 若使道路怨嗟, 人心離叛, 則內外之患, 何以枝梧[6]? 伏望聖慈特賜留意. 取進止[7].

直譯 신이 풍문으로 하북로와 동경로에 소속된 각 주와 군(軍)에서 성을 방비할 기구를 수선하느라, 백성들에게 분담시킨 부담이 너무 무겁다고 들었습니다. 전주(澶州)와 복주(濮州) 일대는 나무가 거의 없으므로, 지금 전주 백성들은 바칠 목재가 없자 양잠할 뽕나무와 산뽕나무를 베어서 관청에 바치고 있다 합니다.

저는 농업과 양잠은 백성들이 먹고 입는 원천이고, 세금으로 거둬들이는 곡물과 사직품은 국가의 가장 중요한 용도라고 생각합니다. 뽕나무와 산뽕나무를 베어버리면 백성들의 생활근본을 끊어버려서 생존할 방법이 없게 될 뿐만 아니라, 조정에서도 장차 어디에서 곡물과 사직품의 세금을 충분히 거둬들이겠습니까?

제가 생각하기로는 서하와 전쟁을 한 이후 온 나라의 관청이나 개인 할 것 없이 다 곤궁하게 된 것은, 아마도 외적의 환란 때문이 아니라 완전히 관리들이 일을 그르쳤기 때문일 것입니다. 그들은 곤궁한 백성들을 가렴주구 하여 백성들이 다 조정을 원망하도록 하였습니다. 이것은 주·현을 맡고 있는 관리들이 그 직책에 맞는 사람들이 아니기 때문입니다. 그래서 제가 전후 누차에 걸쳐 온 나라의 관리를 정선하자고 하였던 것은 바로 그 폐단이 이처럼 분

---

5) 하삭(河朔): 황하 이북 지역을 뜻한다.

6) 지오(枝梧): '지오(支吾)' 와 통하며, '대응하다, 대처하다' 의 뜻이다.

7) 취진지(取進止): 상소문을 끝맺을 때 습관적으로 사용하는 말로, 조정에 바쳐서 취사선택을 맡긴다는 뜻이다.

명하였기 때문입니다. 지금 전주의 백성들이 갑자기 이러한 고통을 받게 된 것도 관리들이 그만한 직책에 맞는 재능도 없으면서 일을 처리하다 잘못되어 생긴 것이 아니겠습니까?

저는 또 전주 농민의 뽕나무가 이미 삼사십만 주가 베어졌다고 들었습니다. 그리고 저는 다른 군에서도 다 이것을 본받지나 않을까 하고 몰래 걱정하였습니다. 엎드려 바라옵건대 황상께서 급히 성지를 내려 금절하옵소서. 벌채한 쓸모 있는 목재들은 또한 전운사에게 주어서 관리하게 하고, 상황에 따라 사용에 대비하여 비축하도록 명령하십시오. 전주 백성들이 벌채한 뽕나무에 대해서는 조정에서 관리를 보내어 그 수량이 얼마나 되는 지를 조사하여, 그들이 바쳐야 할 사직품의 세금을 임시적으로 감면하여 주십시오.

저는 군대와 국가가 필요로 하는 모든 것은 백성의 힘에서 나온다고 생각합니다. 그러므로 반드시 거란의 침범을 막고자 하신다면, 모름지기 하북의 백성을 우대하고 휴양케 하여야 합니다. 만약 도처에 원성이 자자하여 인심이 떠나면, 내외의 환란을 무엇으로 대응하시겠습니까? 엎드려 바라옵건대, 성명하시고 인자하신 황상께서 특별히 이 점을 유념하시옵소서. 황상께 삼가 올리나니 취사하소서.

〈상범사간서(上范司諫書)〉

명도((明道) 2년(1033) 3월에 비교적 보수적이었던 장헌태후(章獻太后)가 병사하고, 송 인종이 친정(親政)하게 되면서, 재능이 뛰어난 인사들을 대거 기용하여 개혁 정치를 펴고자하였다. 4월에는 범중엄(范仲淹)을 조정으로 소환하여 우사간(右司諫)에 임명하였다. 구양수는 범중엄에게 은근히 기대를 걸고 있었으므로 이 편지를 써서 사관의 역할을 강조하였다.

이 편지에서 구양수는 정치방면에서 간관(諫官)의 중요성을 논술하면서, 범중엄이 용감하게 직책을 수행하여 송 왕조의 폐단을 개혁할 수 있기를 희망하였다. 이 편지는 〈여고사간서(與高司諫書)〉와 함께 대조하여 읽어 볼만하다. 두 편지 다 간관(諫官)의 역할을 강조하고, 덕과 재능이 있고 정직하고 과감하게 진언할 수 있는 사람이라야 간관의 직무를 맡을 수 있다고 강조하고 있다. 다만 이 두 편지의 차이점라면, 범중엄에 대해서는 절실하게 책망하는 속에 희망을 기탁하였으며, 말은 진중하고 뜻은 깊다. 반면에 고사간에 대해서는 분노로 인해 견책한 것이어서, 뜻이 곧고 말이 엄숙하다.

이 글에서 구양수는 간관의 역할에 대해 너무 현실과 맞지 않는 일종의 환상을 품고 있으며, 범중엄에 대한 요구도 너무 성급하다는 것을 알 수 있다. 옛 왕조사회에서 신하의 간언을 마음을 열어 진정으로 받아들인 황제는 소수였으므로, 사실 많은 간관들은 자리만 차지하고 국록만 축내었다. 바른 말로 극구 간언을 하다가 가볍게는 벼슬에서 쫓겨나고, 심하면 목숨까지 잃게 되었던 것이다. 범중엄도 우사간을 맡은 뒤에 많은 건의를 하였지만, 이 해 12월 재상 여이간(呂夷簡)과의 의견충돌로 결국 해직되었다.

原文 月日, 具官謹齋沐拜書司諫學士執事[1]. 前月中得進奏吏[2]報, 云: 自陳州召至闕, 拜司諫[3]. 卽欲爲一書以賀, 多事匆卒未能也.

司諫, 七品官爾, 於執事得之, 不爲喜; 而獨區區欲一賀者, 誠以諫官者, 天下之得失·一時之公議繫焉[4]. 今世之官, 自九

---

1) 구관~집사(具官~執事):「구관(具官)」: 옛날, 편지 등을 쓸 때에 겸손한 표현으로 개인의 관직을 생략할 때 쓰는 말이다.「집사(執事)」: 일을 처리하는 사람을 가리키는데, 여기서는 상대방에 대한 존칭으로 사용하였다. 편지를 감히 수신자 본인에게 직접 전할 수는 없고, 다만 그의 주위에서 일을 처리하는 사람에게 전한다는 뜻이다. 이상의 말들은 다 옛 편지글의 상투어이다.

2) 진주리(進奏吏): 서경유수(西京留守)의 공문을 조정에 전달하는 관리를 가리킨다.

3) 자진주~사간(自陳州~司諫): 명도(明道) 2년 4월에 범중엄은 진주통판(陳州通判)에서 개봉(開封)으로 소환되어 우사간(右司諫)에 임명되었다.「진주(陳州)」: 행정소재지는 지금의 하남성(河南省) 회영현(淮寧縣)에 있었다.「궐(闕)」: 조정을 가리킨다.

4) 사간~계언(司諫~繫焉): '사간(司諫)'이라는 관직은 비록 낮지만 그 역할은 매우 중대함을 논하고 있다. 《송사·직관지(職官志) 9》에 따르면 간관이 정6품인데, 여기서 7품이라고 한 것은 지위가 낮음을 극단적으로 표현한 것이다. 《송사·직관지(職官志) 1》에 사간의 직책을 지적하기를 "무릇 국정에 빠뜨린 것이 있거나, 대신에서부터 백관에 이르기까지 적절하지 못한 사람이 임명되거나, 중서·문하·상서 삼성에서부터 여러 실무자에 이르기까지 업무상 과실이 발생하면, 모두 간하여 바로잡을 수 있다(凡朝政闕失, 大臣至百官任非其人, 三省至百司事有違失, 皆得諫正.)"라고 하였다. 송대에는 좌·우 사간을 설치하였으며, 국정의 득실을 간하는 일을 맡았다.「구구(區區)」: 간절하다는 뜻이다.

卿・百執事, 外至一郡縣吏, 非無貴官大職可以行其道也[5]. 然
縣越其封, 郡逾其境, 雖賢守長不得行, 以其有守也[6]; 吏部之
官不得理兵部, 鴻臚之卿不得理光祿, 以其有司也[7]. 若天下之
失得, 生民之利害, 社稷之大計, 惟所見聞而不繫職司者, 獨宰

---

5) 금세~도야(今世~道也):「구경(九卿)」: 조정의 고급 관원을 가리키며, 그
   명칭은 일정치 않다. 한대에는 태상(太常)・광록훈(光祿勳)・위위(衛
   尉)・태복(太僕)・정위(廷尉)・대홍려(大鴻臚)・종정(宗正)・대사농(大司
   農)・소부(少府)를 '구경'이라 하였는데, 사실 중앙 각 행정기관의 총칭
   이다. 위진(魏晉) 이후로는 상서(尙書)를 설치하여 각 부의 행정을 나누어
   주관하였으며, '구경'은 오로지 사무의 일부분만을 담당하였다.「백집사
   (百執事)」: 백사(百司)를 뜻하며, 조정 각 부문의 관원들을 가리킨다.「군
   현리(郡縣吏)」: 주와 현의 장관을 말한다. '군(郡)'은 진한(秦漢)의 옛 명
   칭을 답습하여 그대로 사용한 것이다.
6) 연현~수야(然縣~守也):「봉(封), 경(境)」: 둘 다 국경, 경계를 뜻한다.
   「유수(有守)」: 각기 국토를 수호하고 백성을 다스리는 직책이 있다는 뜻
   이다.
7) 이부~사야(吏部~司也):「이부(吏部), 병부(兵部)」: 옛날에는 중앙행정을
   육부(六部)로 나누어 관할하였는데, '이부(吏部)'에서는 관리의 임명과
   면직, 고가평가, 승진과 강등 등을 관장하였고, '병부(兵部)'에서는 군사
   행정을 담당하였다.「홍려(鴻臚)」: 홍려시(鴻臚寺)를 가리킨다.《송사・
   직관지》에 "사방 이민족의 조공에 대한 위로연회와 답례 환송 등의 일을
   관장하고, 아울러 국가 흉사의 의례 및 사묘의 관리(제사) 그리고 도교 불
   교에 관한 장부 관리 등에 관련된 일을 관장한다(掌四夷朝貢宴勞給賜迓
   迎之事, 及國之凶儀, 中都祠廟, 道釋籍帳除附之禁令)."라고 하였다.「광
   록(光祿)」: 광록시(光祿寺)를 가리킨다.《송사・직관지》에 "제사・조회
   등의 연회에 필요한 술과 음식에 관계된 일을 관장한다(掌祭祀朝會宴饗
   酒醴膳羞之事)."라고 하였다.「사(司)」: 주관하다, 관장하다의 뜻이다.

相可行之, 諫官可言之爾. 故士學古懷道者仕於時, 不得爲宰相, 必爲諫官. 諫官雖卑, 與宰相等. 天子曰不可, 宰相曰可; 天子曰然, 宰相曰不然: 坐乎廟堂[8]之上與天子相可否者, 宰相也. 天子曰是, 諫官曰非; 天子曰必行, 諫官曰必不可行: 立殿階之前與天子爭是非者, 諫官也. 宰相尊, 行其道; 諫官卑, 行其言. 言行, 道亦行也. 九卿百司郡縣之吏守一職者, 任一職之責; 宰相諫官繫天下之事, 亦任天下之責. 然宰相九卿而下失職者, 受責於有司; 諫官之失職也, 取譏於君子[9]. 有司之法, 行乎一時; 君子之譏, 著之簡册而昭明, 垂之百世而不泯, 甚可懼也. 夫七品之官, 任天下之責, 懼百世之譏, 豈不重邪? 非材且賢者不能爲也.

近執事始被召於陳州, 洛之士大夫相與語[10], 曰: "我識范君, 知其材也. 其來, 不爲御史必爲諫官." 及命下, 果然. 則又相與語, 曰: "我識范君, 知其賢也. 他日聞有立天子陛下, 直辭正色·面爭庭論者, 非他人, 必范君也." 拜命以來, 翹首企足, 竚乎有聞而卒未也. 竊惑之, 豈洛之士大夫能料於前而不能料於後也, 將執事有待而爲也[11]?

---

8) 묘당(廟堂): 정무를 논의하는 조정의 전당을 가리킨다.

9) 연재상~군자(然宰相~君子):「유사(有司)」: 전문적인 직무를 맡고 있는 관청을 가리킨다.「군자(君子)」: 여기서는 도덕적 품격이 고상하고, 여론을 움직일 수 있는 사람을 가리킨다.

10) 낙지사대부상여어(洛之士大夫相與語): 당시 구양수는 낙양에서 서경유수추관(西京留守推官)을 맡고 있었다. 그래서 낙양의 사대부들이 왈가왈부하는 것을 들었다고 한 것이다.

11) 기낙~위야(豈洛~爲也):「전(前)」: 범중엄을 간관에 임명한 일을 가리킨다.「후(後)」: 범중엄이 대담하게 진언하는 것을 가리킨다.「유대이위(有

昔韓退之作〈爭臣論〉, 以譏陽城不能極諫, 卒以諫顯[12]. 人皆謂城之不諫蓋有待而然, 退之不識其意而妄譏; 修獨以謂不然[13]. 當退之作論時, 城爲諫議大夫已五年; 後又二年始庭論陸贄, 及沮裴延齡作相欲裂其麻, 纔兩事爾. 當德宗時, 可謂多事矣: 授受失宜, 叛將强臣羅列天下, 又多猜忌, 進任小人[14]. 於此之時,

---

待而爲)」: 좋은 기회를 기다려 어떤 큰 일을 하기 위해서 잠시 인내한다는 뜻이다.

12) 석한~간현(昔韓~諫顯): 양성(陽城)이 당(唐) 덕종(德宗) 때에 간의대부(諫議大夫)에 임명되어 오래도록 진언을 하지 않자, 한유가 〈쟁신론爭臣論〉(〈諍臣論〉으로도 쓴다)을 써서 그를 비난하였다. 후에 덕종이 간신 배연령(裴延齡)을 신임하고, 명신 육지(陸贄)를 쫓아 내었는데, 여기에 대해 조정에서 말하는 사람이 아무도 없었다. 양성이 마침내 상서하여 배연령의 간사함과 육지 등에게는 죄가 없음을 논하였다. 덕종이 배연령을 재상에 임명하려 하자, 양성이 공개적으로 만약 조정에서 배연령을 재상으로 기용한다면 내가 그 임명장을 찢어버리겠노라고 간언하였다. 아울러 조정에 나가서도 준엄하게 질책하며 반대를 표시하였다. 이 때문에 국자사업(國子司業)으로 옮겨졌다가 나중에 다시 도주자사(道州刺史)로 좌천되었다. 후세 사람들은 양성을 정직하고 대담하게 진언한 간관이라고 칭송하였다.

13) 인개~불연(人皆~不然): 이 세 구절은 한유의 〈쟁신론(爭臣論)〉에 대한 후인들의 평가를 비판한 것인데, 이것은 실제로 범중엄에게 편지를 보낸 의도를 밝힌 것으로, '유대이위(有待而爲)'의 견해를 부정하고 있다.

14) 다사(多事): 혼란이 많다, 소동이 많다는 뜻이다. 당 덕종은 의심이 많았고, 간신배 노기(盧杞)와 조찬(趙贊) 등을 임용하였다. 그가 재위할 때에는 번진들이 어지럽게 할거하였고, 한 때는 반란군들의 공격으로 경성까지 함락되어 봉천(奉天: 지금의 섬서성陝西省 건현乾縣)으로 도피하기까지 하였다.

豈無一事可言, 而須七年耶? 當時之事, 豈無急於沮延齡·論陸贄兩事也? 謂宜朝拜官而夕奏疏也. 幸而城爲諫官七年, 適遇延齡·陸贄事, 一諫而罷, 以塞其責; 向使止五年六年而遂遷司業[15], 是終無一言而去也, 何所取哉!

今之居官者率三歲而一遷, 或一二歲, 甚者半歲而遷也[16], 此又非可以待乎七年也. 今天子躬親庶政[17], 化理淸明, 雖爲無事, 然自千里詔執事而拜是官者, 豈不欲聞正議而樂讜言乎? 然今未聞有所言說, 使天下知朝廷有正士而彰吾君有納諫之明也.

夫布衣韋帶[18]之士, 窮居草茅, 坐誦書史, 常恨不見用. 及用也, 又曰"彼非我職, 不敢言"; 或曰"我位猶卑, 不得言矣"; 又曰"我有待". 是終無一人言也, 可不惜哉! 伏惟執事思天子所以見用之意, 懼君子百世之譏, 一陳昌言[19], 以塞重望, 且解洛之士大夫之惑, 則幸甚幸甚.

---

15) 사업(司業): 국자사업(國子司業)을 가리키며, 태학의 부학장(副職)이다.

16) 삼세이일천(三歲而一遷): 송대의 관원은 3년을 한 임기로 하였다. 즉, 정기적인 인사이동이 3년마다 행해졌다.

17) 궁친서정(躬親庶政): 몸소 친히 여러 정무를 처리하다. 인종 즉위 초에는 장헌태후(章獻太后)가 수렴청정하였다. 태후가 죽은 후에 인종이 친히 정무를 처리하였고, 범중엄 등을 기용하였다.

18) 포의위대(布衣韋帶): 무명옷과 가죽띠. 벼슬이 없는 평민의 옷차림으로, 평민을 가리키는 말이다.

19) 창언(昌言): 정직하고 유익한 말. 《서경·대우모(大禹謨)》에 "우가 이 훌륭한 말에 절하였다(禹拜昌言)"라고 하였다.

直譯 모월 모일 관리의 수만 채우고 있는 구양수가 삼가 모욕재계하고, 사간 학사님께 편지를 올립니다. 지난달에 조정에 공문을 전송하는 진주원(進奏院)의 관리가 보고하기를, 당신께서 진주(陳州)로부터 소환되어 대궐에 이르러 사간(司諫)이 되셨다 하였습니다. 즉시 한 통의 서신으로 축하하려 하였으나 일이 많고 바빠서 할 수가 없었습니다.

　사간(司諫)은 칠품(七品)의 벼슬에 불과하여 당신께서 이 직책을 받으시고는 기뻐하지 않으시는 것 같습니다만, 그러나 제가 오히려 간절히 축하를 드리고자 하는 것은 진실로 간관(諫官)이란 관직이 천하의 득실과 한 시대의 공공여론에 관련된 직책이기 때문입니다. 현재의 각종 관직은, 조정안의 구경(九卿)과 백관(百官)에서부터 지방의 각 주(州)와 현(縣)의 관리에 이르기까지, 다 벼슬이 높고 직책도 중요하여 자신들의 주장을 실행할 수 있습니다. 그러나 현(縣)의 경우 그 현의 구역을 넘고, 주(州)의 경우 그 주의 경계를 넘으면 아무리 현명한 수령이라도 자신의 주장을 실행할 수 없습니다. 그들 각자의 구역이 있기 때문입니다. 이부의 관리가 병부의 사무를 처리할 수는 없으며, 홍려시의 관원이 광록시의 사무를 처리할 수 없습니다. 각기 담당 범위가 있기 때문입니다. 천하의 득실·백성의 이해 그리고 국가의 대계(大計) 같은 어떤 것에도 관심을 가지고 보고들을 수 있으며, 어느 직책 담당자에게도 구속받지 않는 사람은 오직 재상과 간관(諫官) 뿐입니다. 재상은 그것을 실행할 수 있고, 간관은 그것을 논의할 수가 있습니다. 그러므로 옛 것을 배워 도덕을 지닌 선비가 그 시대에 벼슬을 하고자 할 때, 재상을 할 수 없으면 반드시 간관을 하려고 하였습니다. 간관의 지위는 비록 낮지만 그 작용은 재상과 같습니다. 천자가 안 된다 하면 재상은 됩니다 하고, 천자가 옳다 하면 재상은 옳지 않습니다 하여, 전당(殿堂)에 앉아 천자와 가부(可否)를 토론하는 사람이 재상입니다. 천자가 옳다 하면 간관은 잘못되었다 하고 천자가 반드시 해야겠다고 하면 간관은 반드시 해서는 안 된다고 하여, 궁전계단 앞에 서서 천자와 시비를 다투는 사람이 간관입니다. 재상은 지위가 높아 자신의 주장을 실행할 수 있는 반면에, 간관은 지위는 낮지만 자신의 말을 할 수가 있습니다. 자신의 말이 실행되면 도(道) 또한 실행되는 것입니다. 구경(九卿) · 각 부서의 관리 · 주(州) 현(縣)의 관리는 한 방면의 직무를 이행하고, 그 한 방면의 직무에만 책임집니다. 재상과 간관은 천하의 일 전반에 관계하므로 또한 천하를 책임집니다. 그러나 재상 · 구경에서 아래의 각 관리에 이르기까지 직무에 과실이 있으면 주관부문의 꾸지람을 듣지만, 간관이 직무에 과실이 있을 때에는 군자로부터 비난을 받습니다. 주관부문의 법은 일시적으로 집행될 뿐이지만, 군자의 비난은 책에 기록되어 명명백백하여 백대가 지나도 없어지지 않으니, 이렇게 심히 두려운 일입니다. 무릇 칠품의 관리로서 천하를 책임지고 백대 후까지의 비난을 두려워해야 하니, 어찌 중요한 직책이 아니겠습니까? 재능이 있고 현명한 사람이 아니면 할 수 없는 것입니다.

근자에 당신이 진주(陳州)로부터 막 부름을 받았을 때, 낙양(洛陽)의 사대부들은 서로 이렇게 이야기하였습니다. '나는 범선생을 알고 있는데 재능이 있는 인물이다. 그분이 오신다면 어사가 아니면 틀림없이 간관이실 것이다.' 사령이 내려옴에 과연 그러하였습니다. 그래서 또 서로들 이야기하였습니다. '나는 범선생을 아는데 현명한 인물이다. 후일 천자의 궁전 계단 아래에 서서, 곧은 말과 엄숙한 표정으로 천자의 앞에서 논쟁하는 사람이 있다는 말이 들리면, 그 사람은 다른 사람이 아니라 틀림없이 범선생일 것이다.' 그런데 당신이 임명을 받은 이후, 사람들은 목을 빼고 발꿈치를 세워 기다리면서 조정에 간하는 어떤 소식을 듣고자 하였으나,

끝내 들을 수가 없었습니다. 저는 가만히 이렇게 의혹을 가져봅니다. 어쩌면 낙양의 사대부들이 앞일은 예상할 수 있었으나 뒷일은 예상할 수 없었던 것일까? 아니면 당신이 장차 무엇인가를 기다리는 것이 있기 때문에 그렇게 하고 계시는 것일까? 라고 말입니다.

옛날 한퇴지(韓退之)가 〈쟁신론(爭臣論)〉을 지어, 간의대부(諫議大夫) 양성(陽城)이 극간하지 못하는 것을 비난하자, 양성은 마침내 천자에게 간한 일로 이름이 드러났습니다. 그래서 사람들은 모두 양성이 간하지 않은 것은 대개 좋은 시기를 기다려서 그렇게 한 것인데, 한퇴지가 그 마음도 모르고 함부로 비난을 했다고 생각하였습니다. 그러나 저만은 오히려 그렇게 생각하지 않습니다. 한퇴지가 이 〈쟁신론〉을 지었을 때에 양성은 간의대부가 된 지 이미 오년이나 되었습니다. 그 후 또 이년 있다가 비로소 육지(陸贄)에 대한 일을 조정에서 논쟁했고, 또 배연령(裴延齡)을 재상에 임명하려는 것을 저지하고자 흰 마지에 쓴 그의 사령장을 찢으려고 하였습니다. (그가 7년 동안 간한 것은) 겨우 이 두 가지 일뿐입니다. 덕종(德宗) 때에는 일이 많았다고 할 수 있습니다. 관리를 임용하는 데도 적절치 못하였고, 모반하는 장군이나 강력한 신하가 천하에 줄을 서 있었으며, 또 덕종이 시기심이 많아 소인을 추천하여 관리로 임명하였습니다. 이러한 때에 어찌 말할 일이 하나도 없어서 칠 년을 기다린다 말입니까? 당시의 일 가운데 배연령을 저지하고, 육지에 대해 논하는 이 두 가지의 일보다도 더 급한 일이 어찌 없었겠습니까? 나는 아침에 관직에 임명되면 저녁에는 황제께 상서를 해야 한다고 생각합니다. 다행히 양성은 간관이 된 지 칠년 만에 마침 배연령·육지의 일을 만나 한번 간하여 파면이 됨으로써 그 책임을 다했습니다. 만약 그가 단지 간관이 된 지 오년이나 육년 만에 국자사업으로 전임되었다면, 이는 끝내 한 마디도 발언하지 않고 그 중요 직책을 떠나게 되었을 것이니, 그랬다면 그에게 취할 바가 무엇이 있었겠습니까?

지금 관직에 있는 사람들은 대개 삼년에 한 번 바뀌지만, 어떤 때에는 일이년 만에 바뀌기도 하고 심한 때는 반년 만에 바뀌기도 합니다. 이것이 바로 칠 년 간이나 기다려서는 안 되는 이유입니다. 지금 천자께서는 몸소 모든 정사를 살피시고, 그 교화와 다스림이 맑고 밝아서 비록 아무런 일이 없기는 하지만, 그러나 천리 밖의 당신을 불러 이 관직에 임명하신 것은 바른 논의를 듣고 기꺼이 직언을 받아들이고자 하심이 어찌 아니겠습니까? 그러나 지금 당신이 무엇인가를 주장하여 천하 사람들에게 조정에 바른 사람이 있다는 것을 알리고, 또 우리 임금이 간언을 받아들이는 밝은 지혜가 있음을 만천하에 밝혀주고 있다는 그런 이야기는 아직 듣지 못했습니다.

무릇 베옷 입고 가죽 띠를 한 선비가 초가집에서 가난하게 살면서 각종 서적과 역사를 읽을 때에는 항상 관직에 임용되지 못함을 한탄합니다. 그런데 관직에 임용되면 이번에는 또 '그것은 나의 직책이 아니므로 감히 말하지 않는다' 라고 하고, 어떤 사람은 '나의 직위가 아직 낮으므로 말을 할 수 없다' 고 합니다. 그리고 또 어떤 사람은 '나는 때를 기다리고 있다' 라고 말합니다. 이렇게 되면 결국 한 사람도 말하는 사람이 없게 되니, 애석하지 않을 수 있겠습니까? 엎드려 생각건대, 당신께서는 천자께서 임용하신 뜻을 생각하시고 백대에 이르기까지 군자들의 비난을 두려워하시어 일단 곧은 말로 간언하시어 사람들의 큰 기대를 채워주시고 또 낙양 사대부들의 의혹을 풀어주신다면 참으로 다행스럽겠습니다.

〈여고사간서(與高司諫書[1])〉

이 글은 경우(景祐) 3년(1036)에 쓴 것으로, 당시 구양수는 관각교감(館閣校勘)을 맡고 있었다.

경우 연간, 여이간(呂夷簡)이 재상의 자리에 오른 지 오래되어 정무에 누적된 폐단이 많았다. 그는 보수적인 수구세력으로 정치를 진작시킬 방도를 찾지 않고, 사적인 사람들을 임용하는 등, 늘 개혁의 뜻을 품고 있는 사부들과 충돌하였다. 경우 3년, 범중엄(范仲淹)이 《백관도(百官圖)》를 올려 관리들을 평론하고, 재상이 마음대로 신하의 진퇴를 결정하는 것은 마땅치 않음을 지적하였다. 오래지 않아 범중엄은 다시 당시의 정치상황을 심각히 비판하면서 여이간을 비난하였다. 그러자 여이간이 마침내 "직분을 초월하여 일을 이야기하여 군신간을 이간시키고 서로 끌어 붕당을 지었다越職言事, 離間君臣, 引用朋黨)"라는 죄목으로 범중엄을 공격하였다. 이로 인해 범중엄은 요주지주(饒州知州)로 좌천되었다. 범중엄이 좌천될 때에 조정의 신하들은 분분하게 범중엄을 구명하기 위하여 논의하였지만, 조정의 규정상 간관이 아니면 직권을 넘어서 간할 수가 없었다. 그러나 좌사간(左司諫) 신분이었던 고약눌(高若訥)은 직무를 소홀히 하여 아무 말도 하지 않았고, 여정(余靖)의 집에서 오히려 범중엄을 비방하였다. 그러자 구양수는 의분에 차서 이 〈여고사간서〉를 썼다. 고약눌은 이 글을 읽어본 후 참을 수 없는 분노를 느꼈고, 이 글을 조정에 올렸다. 이로 인해 구

---

1) 고사간(高司諫): 고약눌(高若訥)을 가리킨다. 자가 민지(敏之)이고, 병주 유차(并州楡次: 지금의 산서성山西省 유차현楡次縣) 사람으로, 당시에 그의 벼슬이 좌사간(左司諫)이었다. 송대(宋代)에는 문하성(門下省)에 좌우 사간(司諫)을 설치하여 잘못을 권고하고 타이르는 일을 관장하였다.

양수 또한 이릉현(夷陵縣)으로 좌천되었다.

고약눌에 대한 엄한 질책은, 실제로는 실세에 아부하여 빌붙고 자리만 차지하고 앉아 국록을 축내는 자들에 대한 폭로이다. 따라서 이 글을 통해 아첨하지 않고 위험을 두려워하지 않는 작자의 강직한 인품을 볼 수 있다. 이 글은 '세번이나 의심을 품었다(三疑)'라고 하여 붓을 옮겨서 범중엄을 공격한 고사간(高司諫)의 비열함을 쓰고, 다시 범중엄의 현명한 지의 여부로 붓을 옮겨 간관이 간언을 하지 않는 허물을 정반(正反) 양 방면에서 추론하였다. 그런 후에 역사고사와 당대고사를 예증으로 들어, 고사간이 간관을 감당할 수 없음을 설명하였다. 끝으로 고약눌을 "인간 세상에 부끄러워해야 할 일이 있다는 것도 더 이상 모르는(不復知人間有羞恥事)" 파렴치한 사람이라고 신랄히 비판하였다. 작가의 곧은 뜻이 문장 전체에 흘러넘치고 언어 또한 엄중하며, 기세가 충만하고 이치 또한 분명하다. 마치 한 마디 한 마디가 상대의 급소를 찔러서 아첨이나 하면서 국록이나 축내는 무리들을 설 곳조차 없게 한다. 구양수 정론문장 중에 최고의 문장이라 할 만하다.

原文 修頓首再拜白司諫足下[2], 　某年十七時, 家隨州[3], 見天聖

---

2) 돈수재배백사간족하(頓首再拜白司諫足下): 「돈수(頓首)」·「재배(再拜)」: 옛날 사람들이 편지를 쓸 때의 인사말로, 첫머리나 끝에 사용한다. 「족하(足下)」: 고대에는 편지에서 동배(同輩)에 대한 경칭(敬稱)으로 사용되었다.

3) 가수주(家隨州): 구양수는 세 살 때 아버지를 여의었는데, 숙부 구양엽(歐陽曄)이 수주추관(隨州推官)으로 있었기 때문에 어머니를 따라 수주(隨州)에 있는 숙부 집으로 옮겨갔다. 「수주(隨州)」: 행정소재지는 지금의 호북성 수현(湖北省隨縣)이었다.

二年進士及第榜⁴⁾, 始識足下姓名. 是時予年少, 未與人接, 又
居遠方, 但聞今宋舍人兄弟與葉道卿鄭天休數人者, 以文學大
有名, 號稱得人⁵⁾. 而足下厠其間, 獨無卓卓可道說者, 予固疑
足下, 不知何如人也.

  其後更十一年, 予再至京師⁶⁾, 足下已爲御史裏行⁷⁾, 然猶未暇

---

4) 천성2년(天聖二年): 1024년으로, '천성(天聖)'은 송 인종(仁宗)의 연호
   (1023-1032)이다.

5) 단문~득인(但聞~得人): 「송사인형제(宋舍人兄弟)」: 송상(宋庠)과 송기(宋
   祁) 형제를 가리키며, 안륙(安陸: 지금의 호북성湖北省 안륙현安陸縣) 사람이다.
   두 사람 다 일찍이 한림학사(翰林學士), 지제고(知制誥)를 지냈는데, 직위
   는 과거의 중서사인(中書舍人)에 해당한다. 두 사람 모두 문장으로 유명하
   였다. 「엽도경(葉道卿)」: 엽청신(葉淸臣)으로, '도경(道卿)'은 그의 자이다.
   장주(長洲: 지금의 강소성江蘇省 오현吳縣) 사람으로, 정치를 함에 백성들에게
   관심을 기울였고, 권세가에게도 당당하였다. 당시 그의 벼슬은 태상승(太
   常丞)이었다. 「정천휴(鄭天休)」: 정전(鄭戩)으로, '천휴(天休)'는 그의 자이
   다. 오현(吳縣: 지금의 강소성江蘇省 오현시吳縣市) 사람으로, 벼슬이 추밀부사
   (樞密副使), 봉국군절도사(奉國軍節度使)에 이르렀다. 이상 네 사람은 모두
   고약눌과 같이 천성 2년의 진사시험에 합격하였다.

6) 기후경십일년, 여재지경사(其後更十一年, 予再至京師):「기후경십일년
   (其後更十一年)」: 경우(景祐) 원년(1034)을 가리킨다. '경(更)'은 경과한
   다는 뜻으로, 천성 2년부터 경우 원년까지가 11년이다.「재지(再至)」: 두
   번 개봉(開封)에 가다. 경우 원년(1034)에 구양수는 서경유수추관(西京留
   守推官)의 임기를 만료하고 추밀사(樞密使) 왕서(王曙)의 추천으로 관각
   교감(館閣校勘)이 되어 개봉에 거주하였다. 앞서 명도 2년(1033)에도 공
   무 차 개봉에 간 적이 있었다.

7) 어사리행(御史裏行): 시어사리행(侍御史裏行)을 가리킨다. 어사중승(御史
   中丞)의 부관으로, 규정된 인원 이외에 임시적으로 임명된 어사이며, 감
   찰과 탄핵(監察糾刻)을 담당하였다.

一識足下之面, 但時時於子友尹師魯問足下之賢否[8]. 而師魯說
足下正直有學問, 君子人也. 子猶疑之. 夫正直者, 不可屈曲;
有學問者, 必能辨是非. 以不可屈之節, 有能辨是非之明, 又爲
言事之官[9], 而俯仰默默, 無異衆人, 是果賢者耶? 此不得使子
之不疑也.

自足下爲諫官來, 始得相識, 侃然正色, 論前世事, 歷歷可聽,
褒貶是非, 無一謬說. 噫! 持此辯以示人, 孰不愛之? 雖子亦疑
足下眞君子也.

是子自聞足下之名及相識, 凡十有四年, 而三疑之. 今者推其
實迹而較之, 然後決知足下非君子也.

前日范希文貶官後[10], 與足下相見於安道家[11]. 足下詆誚希文
爲人, 子始聞之, 疑是戲言. 及見師魯, 亦說足下深非希文所爲,
然後其疑遂決. 希文平生剛正, 好學通古今, 其立朝有本末[12],

---

8) 윤사로(尹師魯): 윤수(尹洙). '사로(師魯)'는 그의 자. 하남(河南: 지금의
하남성河南省 낙양시洛陽市) 사람으로, 당시 태자중윤(太子中允) 벼슬에 있었
다. 〈윤사로묘지명(尹師魯墓誌銘)〉에 그의 생평이 자세하다.

9) 언사지관(言事之官): 국사에 대해 간언하는 관리. 어사는 국정을 논의하
고 관리의 과오를 규찰할 수 있기 때문에 '언사지관'이라 하였다.

10) 범희문(范希文): 범중엄(范仲淹)으로, '희문(希文)'은 그의 자이다. 당시
에 개봉지부(開封知府)를 맡았으나 재상 여이간(呂夷簡)과 정치적 견해
가 맞지 않아서 좌천되었다.

11) 안도(安道): 여정(余靖)으로, '안도(安道)'는 그의 자이다. 당시 집현교
리(集賢校理)를 맡았다. 범중엄이 좌천되었을 때 여정이 상소문을 올려
범중엄을 변호했다가 그도 좌천되었다.

12) 본말(本末): 나무의 뿌리와 가지 끝. 여기서는 주된 것과 지엽적인 것을
구분하여 원칙을 견지할 수 있다는 말이다.

天下所共知; 今又以言事觸宰相得罪[13]. 足下旣不能爲辨其非辜, 又畏有識者之責己, 遂隨而詆之, 以爲當黜, 是可怪也.

夫人之性, 剛果懦軟, 稟之於天, 不可勉强, 雖聖人亦不以不能責人之必能. 今足下家有老母, 身惜官位, 懼飢寒而顧利祿, 不敢一忤宰相以近刑禍, 此乃庸人之常情, 不過作一不才諫官爾; 雖朝廷君子, 亦將閔足下之不能, 而不責以必能也. 今乃不然, 反昂然自得, 了無愧畏, 便毁其賢以爲當黜, 庶乎飾己不言之過. 夫力所不敢爲, 乃愚者之不逮[14], 以智文其過, 此君子之賊也[15].

且希文果不賢邪? 自三四年來, 從大理寺丞至前行員外郎[16];

---

13) 금우이언사촉재상득죄(今又以言事觸宰相得罪): 경우(景祐) 3년(1036) 5월에 범중엄이 글을 올려 국정을 비판하고 아울러 재상 여이간이 가까운 사람만을 임용한다고 비난하였다가 재상의 노여움을 샀다. 결과 "직분을 초월하여 일을 이야기하고 서로 천거하여 끌어다 붕당을 지어 군신간을 이간시켰다(越職言事, 薦引朋黨, 離間君臣)"라는 죄명이 더 보태져서 요주지주(饒州知州)로 좌천되었다.

14) 불태(不逮): 군자의 기준에 미치지 못한다는 말이다. 「태(逮)」: 이르다, 도달하다.

15) 군자지적(君子之賊): 군자 가운데 부패하고 타락한 무리들을 가리킨다.

16) 종대리시승지전행원외랑(從大理寺丞至前行員外郎): 「대리시승(大理寺丞)」: '대리시(大理寺)'는 형옥(刑獄)을 관장하는 부서로, 송대에는 장관에 경(卿) 1인, 차관에 소경(小卿) 2인을 두었다. 대리시승은 장관인 대리경을 보좌하고 의논하는 직책이며, 소송형벌(訴訟刑罰)을 관장한다. 「전행원외랑(前行員外郎)」: 이부원외랑을 가리킨다. 송대에는 상서성(尙書省)의 6부를 3행으로 나누었는데, 이부(吏部)와 병부(兵部)가 전행(前行)이고, 호부(戶部)와 형부(刑部)가 중행(中行)이며, 예부(禮部)와 공부

作待制, 日日備顧問, 今班行中無與比者[17]. 是天子驟用不賢之
人? 夫使天子待不賢以爲賢, 是聰明有所未盡. 足下身爲司諫,
乃耳目之官[18], 當其驟用時, 何不一爲天子辨其不賢, 反默默無
一語, 待其自敗, 然後隨而非之? 若果賢耶, 則今日天子與宰相
以忤意逐賢人, 足下不得不言. 是則足下以希文爲賢, 亦不免
責; 以爲不賢, 亦不免責. 大抵罪在默默爾.

昔漢殺蕭望之與王章, 計其當時之議, 必不肯明言殺賢者也,
必以石顯王鳳爲忠臣, 望之與章爲不賢而被罪也[19]. 今足下視石

(工部)가 후행(後行)이다. 범중엄은 천성 2년(1024)부터 천성 6년
(1028)까지 대리시승을 지냈고, 경우 3년(1036)에는 이미 승진하여 이
부원외랑(吏部員外郎)·권지개봉부(權知開封府)를 맡았다. 대리시승에
서 이부원외랑까지는 15단계의 승진단계를 거쳐야 되는데, 범중엄이 출
중하여 승진의 속도가 아주 빨랐음을 알 수 있다.

17) 반항(班行): 서열에 따른 항렬로, 조정에서 동렬(同列)의 관원을 가리킨다.

18) 이목지관(耳目之官): 간관을 가리킨다. 관리들을 규찰하여 황제에게 보
고하는 역할을 담당하고 있어서, 황제의 눈과 귀의 역할을 하는 것과 같
았기 때문에 이렇게 말하는 것이다.

19) 석한~죄야(昔漢~罪也):「소망지(蕭望之)」: 자가 장청(長淸)으로, 동해
난릉(東海蘭陵: 지금의 산동성山東省 조장시棗莊市 남쪽) 사람이다. 한나라 선
제(宣帝) 때에 태자(훗날의 원제元帝)를 보좌하는 직책인 태자태부(太子太
傅)를 지냈다. 자주 원제를 비평하고, 환관의 농간을 반대하였으며, 특
히 환관 석현(石顯)을 중서령(中書令)에 임명하는 것을 반대하였다. 원
제가 즉위한 뒤에 환관 홍공(弘恭)과 석현(石顯)의 모함으로 하옥되었다
가 협박을 받아 독약을 먹고 자살하였다.「왕장(王章)」: 자가 중경(仲卿)
으로, 거평(鉅平: 지금의 산동성山東省 태안시泰安市) 사람이다. 원제(元帝) 때
에 좌조중랑장(左曹中郎將)을 맡았으며, 환관인 중서령(中書令) 석현에
반대했다가 파직되었다. 성제(成帝) 때에는 경조윤(京兆尹)을 지냈다.

顯王鳳果忠邪, 望之與章果不賢邪? 當時亦有諫臣, 必不肯自
言畏禍而不諫, 亦必曰當誅而不足諫也. 今足下視之, 果當誅
邪? 是直可欺當時之人, 而不可欺後世也. 今足下又欲欺今人,
而不懼後世之不可欺邪? 況今之人未可欺也!

伏以今皇帝卽位已來, 進用諫臣, 容納言論[20]. 如曹修古·劉
越, 雖歿猶被褒稱, 今希文與孔道輔皆自諫諍擢用[21]. 足下幸生
此時, 遇納諫之聖主如此, 猶不敢一言, 何也? 前日又聞御史臺

당시에는 그의 외척인 대장군(大將軍) 왕봉(王鳳)이 권력을 장악하고 있
었는데, 왕장이 임금에게 상주문을 올려 왕봉을 임용해서는 안 된다고
진언하였다가 모함을 받고 하옥되어 옥에서 죽었다. 「석현(石顯)」: 자가
군방(君房)으로, 제남(濟南) 사람이다. 죄를 지어 궁형을 받고 환관이 되
었다. 원제(元帝) 때에 홍공(弘恭)을 대신해서 중서령이 되어 권세를 누
렸으며, 성제 때에 면직되었다. 「왕봉(王鳳)」: 자가 효경(孝卿)으로, 성
제 유오(劉驁)의 외삼촌이다. 벼슬이 대사마(大司馬), 대장군(大將軍)에
이르렀고, 상서(尙書)의 일을 통솔하면서 한때 권세를 떨쳤다.

20) 복이~언론(伏以~言論): 「복이(伏以)」: 엎드려 생각하다, 삼가 생각하
다. '복유(伏惟)'라고도 하며, 문장의 맨 앞에서 공경을 표시하는 말이
다. 「금황제(今皇帝)」: 송 인종(仁宗) 조정(趙禎)을 가리키며, 1022년에
즉위하였다. 명도 원년(1032)에 간원(諫院)을 설치하여 간관의 권력을
강화하였다.

21) 여조~탁용(如曹~擢用): 「조수고(曹修古)」: 자가 술지(述之)이고, 건주
건안(建州建安: 지금의 복건성福建省 건구현建甌縣) 사람이다. 일찍이 감찰어
사(監察御史)에 임명되었다. 《송사》 본전(本傳)에 "조정에 서서는 기개
가 있고 위풍이 당당하였다. 태후가 국정을 맡아보던 때에(인종 즉위 초에
장헌태후가 수렴청정 하였다) 태후의 신임을 얻은 권세가가 권력을 장악하고
있어서, 사람들마다 서로 돌아보면서 두려워할 뿐이었지만, 조수고는
일이 있을 때마다 할말을 하였고 자기의 주장을 굽히는 일이 없었다

榜朝堂, 戒百官不得越職言事, 是可言者惟諫臣爾[22]. 若足下又
遂不言, 是天下無得言者也. 足下在其位而不言, 便當去之, 無
妨他人之堪其任者也. 昨日安道貶官ㆍ師魯待罪[23], 足下猶能以
面目見士大夫, 出入朝中稱諫官, 是足下不復知人間有羞恥事

(立朝慷慨有風節, 當太后臨朝, 權幸用事, 人人顧望畏忌, 而修古遇事輒
言, 無所回撓)”라고 하였다. 인종이 친정을 하게 되었을 때에는 이미 조
수고는 죽고 없었다. “임금은 조수고의 충정을 생각하여 특별히 그에게
우간의대부를 추증하였다(帝思修古忠, 特贈右諫議大夫).”「유월(劉越)」:
자가 자장(子長)이고, 대명(大名: 지금의 하북성河北省 대명현大名縣) 사람이
다. 일찍이 비서승(秘書丞)을 지냈다. 등종량(滕宗諒)과 함께 상소문을
올려서 태후에게 권력을 이양해줄 것을 청하였다. 인종이 친정한 때에
는 그는 이미 죽은 후였다. 그에게 우사간(右司諫)을 추증하였다.「공도
보(孔道輔)」: 자가 원로(原魯)이고, 곡부(曲阜: 지금의 산동성山東省 곡부시曲
阜市) 사람이다. 명도 2년(1033)에 인종이 황후 곽(郭) 씨를 폐하자 어사
중승(御史中丞) 공도보는 우사간(右司諫) 범중엄 등 간관들을 이끌고 입
궁하여 간언하고, 재상 여이간(呂夷簡)과 논쟁을 벌였다가 폄출(貶黜)되
었다. 3년 후에 다시 어사중승으로 소환되었다.

22) 전일~신이(前日~臣爾):《송사기사본말ㆍ경력당의(宋史記事本末ㆍ慶曆
    黨議)》의 기록에 의하면, 범중엄이 좌천된 후에 “어사 한진(韓縝)이 여
    이간의 비위를 맞추고자 범중엄 무리들의 명단을 조당에 게시하고, 백
    관들이 직분을 넘어서 일에 대해 논하는 것을 경계시켜야 한다고 청하
    자 받아들여졌다(御史韓縝希夷簡旨, 請以仲淹朋黨榜朝堂, 戒百官越職
    言事者, 從之.)”고 한다. 이는 곧 간관을 제외한 다른 관원들이 논의를
    해서는 안 된다는 말이다.

23) 작일~대죄(昨日~待罪):「안도폄관(安道貶官)」: 여정(余靖)의 자가 ‘안
    도(安道)’이다. 그는 범중엄의 좌천을 반대하는 말을 하였다가 집현교리
    (集賢校理)에서 감균주주세(監筠州酒稅)로 좌천되었다.「사로대죄(師魯

爾! 所可惜者, 聖朝有事, 諫官不言, 而使他人[24]言之. 書在史
冊, 他日爲朝廷羞者, 足下也.

　《春秋》之法, 責賢者備[25]. 今某區區猶望足下之能一言者, 不
忍便絕足下而不以賢者責也[26]. 若猶以謂希文不賢而當逐, 則子
今所言如此, 乃是朋邪之人爾[27]. 願足下直攜此書於朝, 使正子
罪而誅之, 使天下皆釋然知希文之當逐, 亦諫臣之一效也.

　前日足下在安道家, 召子往論希文之事, 時坐有他客, 不能盡
所懷, 故輒布區區, 伏惟幸察, 不宣. 修再拜[28].

　　待罪)」: 윤수(尹洙)의 자가 '사로(師魯)'이다. 그는 의분에 차서 스스로
　　범중엄의 도당이라 하고 그들과 같이 좌천되기를 원하였다. 당시 아직
　　처리되지 않았기 때문에 "죄를 기다린다(待罪)"고 한 것이다. 그는 후에
　　감영주주세(監郢州酒稅)로 좌천되었다.

24) 타인(他人): 여정이나 윤사로 같은 이들을 가리킨다.

25) 《춘추》지법, 책현자비(《春秋》之法, 責賢者備): 《春秋》의 필법은 현자(賢
　　者)에 대해 요구하는 것이 많고, 대부분 책망하는 내용이다.

26) 금모~책야(今某~責也): 「모(某)」: 자칭이다. 「구구(區區)」: 옛날 사람들
　　이 편지글에서 사용하던 겸양을 나타내는 상투어로, 자신의 희망과 견
　　해를 표시한다.

27) 약유~인이(若猶~人爾): 만약 고약눌이 아직도 범중엄을 나쁜 사람으로
　　생각하고 있다면, 작자 자신도 그 나쁜 사람의 '붕당'에 속한다는 말이
　　다. 여이간 등이 범중엄 등의 개혁인사를 '붕당'이라고 공격하였기 때
　　문에 이러한 말로 반박하여 비난한 것이다.

28) 불선(不宣): 옛날 사람들이 편지글을 맺을 때 쓰던 상투어이며, 마음의
　　뜻을 말로 다 나타내지 못하였다는 뜻으로, 나이나 지위가 비슷한 사람
　　들 사이에 많이 사용하였다.

[直譯] 저는 머리 조아려 재배하고 사간 족하께 말씀드립니다. 내 나이 17살 때에 우리 집은 수주(隨州)에 있었는데, 천성(天聖) 2년 진사급제의 방문(榜文)을 보고 비로소 당신의 이름을 알게 되었습니다. 이 때 나는 아직 어려서 사람들과 접촉이 없었고, 또 경성에서 멀리 떨어져 살고 있어서, 다만 지금의 송사인(宋舍人) 형제·엽도경(葉道卿)·정천휴(鄭天休) 같은 몇 사람이 문장으로 크게 이름이 있었기 때문에 사람들이 이번 과거시험에서는 정말 재능 있는 인재들을 선발했다고 하는 소리만 들었습니다. 그러나 당신께서도 합격자 사이에 끼여 있었으나, 오히려 유독 칭찬할 만큼 뛰어난 점이 없었습니다. 나는 당연히, 당신이 어떤 사람인지 몰라, 당신에 대해 의혹이 생겼습니다.

그 후 십일 년이 지나면서 나는 두 차례 경성에 갔습니다. 당신께서는 이때 이미 어사이행이 되셨지만, 그러나 한번도 당신을 뵐 틈이 없었습니다. 다만 때때로 내 친구 윤사로에게 당신이 어진 사람인지 아닌지를 물어보았습니다. 윤사로는 당신을 정직하고 학문이 있는 군자의 한 사람이라고 하였습니다. 그러나 저는 여전히 당신에 대해 의혹을 가지고 있었습니다. 정직한 사람이라면 무원칙하게 다른 사람의 의견에 굴종하지 않을 것이고, 학문이 있는 사람이라면 틀림없이 옳고 그름을 변별할 수 있을 것입니다. 함부로 굴종하지 않는 절개와 옳고 그름을 변별할 수 있는 총명함이 있으면서 거기에다 또 간언을 직분으로 하는 사간인데, 그러나 뇌화부동하며 묵묵히 아무 의견도 개진하지 않으니, 일반 사람과 조금도 다름이 없습니다. 이런 사람을 과연 어진 사람이라 하겠습니까? 이것이 내가 의심을 품지 않을 수 없게 된 것입니다.

당신께서 사간(司諫)이 되신 이후부터 저는 비로소 당신을 알게 되었습니다. 당신께서는 강직하고 공정하여 전대의 일을 평론하면 분명하고 명료하여 들음직하고, 옳은 것을 칭찬하고 잘못된 것을 비판하는(褒貶是非) 데에는 한 점의 잘못도 없을 것이라 생각하였습니다. 아! 이러한 언변을 사람들에게 보여주었더라면 누가 사랑하지 않겠습니까? 저라도 또한 아마 당신은 진정한 군자이시겠지라고 추측했을 것입니다.

나는 당신의 이름을 들으면서부터 알게 될 때까지 모두 14년이 되었는데, 세 번 당신에 대해 의혹을 품었습니다. 지금 당신의 실제행적을 고찰하고 그것을 평시의 말과 비교해본 뒤에 결정적으로 당신께서는 군자가 아니라는 것을 알게 되었습니다.

얼마 전 범희문이 폄직된 뒤, 나는 여안도(余安道)의 집에서 당신을 보았는데, 당신께서는 범희문의 사람됨에 대해서 비방하고 나무랐습니다. 저는 처음 들었을 때에는 농담 삼아 하는 말인 줄로 의심하였습니다. 윤사로를 만났더니, 윤사로 또한 당신께서 범희문이 한 일에 대해서 너무 심하게 비난한다는 말을 하였습니다. 이 말을 듣고 난 뒤에야 나의 의혹이 마침내 풀렸습니다. 범희문은 평소 강직하고 공정하였고, 배우기를 좋아하여 고금에 통달하였으며, 조정에 서서 일을 처리할 때에는 원칙이 있었으니, 이것은 천하 사람들이 다 알고 있는 것입니다. 지금 또 일을 논하다가 재상에게 거슬러 죄를 얻었습니다. 그런데 당신께서는 그를 위해 그의 죄 없음을 변론해주지도 않고 또 학식 있는 사람들이 자신을 책망할까 두려워, 마침내 남들 따라 그를 비방하며, 그가 쫓겨난 것이 마땅한 것처럼 생각합니다. 이것은 참으로 괴이하다 하겠습니다.

대저 사람의 성격으로는 강직함·과단성·나약함·부드러움 등이 있는데, 천성적이어서 억지로 할 수가 없습니다. 가령 성인이라 할지라도 할 수 없는 일을 가지고 남에게 반드시 해야 한다고 요구할 수는 없습니다. 지금 당신께서는 집안에 노모가 계신데다 관직에 애착을 가지고 있고, 추위와 굶주림을 두려워하고 오직 이

익과 봉록만을 생각하여, 감히 한번이라도 재상을 거슬러 형벌이
나 우환에 걸리려고 하지 않으니, 이것은 보통 사람들의 평범한
마음이요, 직무를 감당할 만한 능력이 없는 사람이 간관을 맡고
있는데 불과할 따름입니다. 조정의 군자들도 또한 당신을 가련히
여겨서, 당신이 할 수 없는 것을 반드시 하도록 요구해서는 안 됩
니다. 그런데 지금은 오히려 그렇지가 않습니다. 당신은 도리어
기세등등하고 득의양양하게 부끄러움이나 두려움도 모른 채, 이
기회에 곧 범중엄의 현명함을 헐뜯어 추방함이 마땅하다고 여기
니, 이것은 대체로 용감히 말하지 못한 자신의 허물을 감추려고
하는 것입니다. 대저 힘이 있으면서도 과감히 하지 않으면 어리석
은 사람조차 따라갈 수 없으며, 작은 지혜로써 자신의 허물을 감
추려 하는 것은 이것은 군자의 도적놈입니다.

더군다나 범희문이 과연 현명한 사람이 아니었습니까? 근래
삼·사년 동안에 대리시승에서 이부원외랑으로 빠르게 진급하였
고, 천장각대제로 있을 때에는 나날이 황제와 각종 일을 상의하였
으니, 지금 조정의 같은 반열 중에 비교할 만한 사람이 없었습니
다. 그렇다면 천자께서 갑자기 현명치 못한 사람을 등용하신 것일
까요? 천자께서 현명치 못한 사람을 현명한 사람으로 대하셨다면,
이는 천자의 총명함을 다하지 못하도록 한 당신들의 책임입니다.
당신은 사간의 신분이 되었으니 이것은 바로 황제의 귀와 눈이 되
는 관직입니다. 황제께서 일단 잘 못 등용하셨을 때에 어찌 한번
이라도 천자를 위하여 그 사람의 현명치 못함을 말하지 않았는지
요? 도리어 묵묵히 한마디 말도 없다가, 그 자신이 화를 만날 때를
기다린 뒤에야 남들 따라 그를 비난하시는지요? 만약 그가 과연
현명하다면, 오늘 천자와 재상께서 자신들의 뜻을 거슬렀다 하여
현명한 사람을 쫓아냈다고 당신께서 말하지 않을 수 없을 것입니
다. 이렇게 되면 당신께서는 범희문을 현명하다 여기신 것이고 아

울러 책임도 벗어날 수 있을 것이며, 그가 현명하지 않다 하더라도 또한 책임은 벗어날 수 있을 것입니다. 대저 죄는 묵묵히 아무 말도 하지 않는데 있습니다.

옛날 한(漢)나라에서 소망지(蕭望之)와 왕장(王章)을 죽였을 때, 이 사건에 대한 당시 사람들의 논의를 헤아려 보건대, 틀림없이 당시 사람들은 어진 사람을 죽게 했다고 직언하지는 않았을 것이고, 또 석현(石顯)과 왕봉(王鳳)을 충신으로 여기고 소망지(蕭望之)와 왕장(王章)을 현명치 못하여 죄를 받았다고 여겼을 것입니다. 지금 당신께서도 석현과 왕봉을 과연 충신으로 보십니까? 소망지와 왕장을 과연 현명하지 못한 사람으로 보시는지요? 당시에도 간관이 있었지만, 그들은 말하다가 화를 입지나 않을까 하여 감히 나서서 간언(諫言)하지 않았을 것이고, 또 죽여 마땅하다 하면서 그들을 변호할 가치조차 없다 하였을 것입니다. 지금 족하가 보시기에 과연 죽였어야 마땅하였는지요? 이것은 당시의 사람만 속일 수 있었을 뿐, 후세 사람은 속일 수 없는 것입니다. 지금 당신께서도 또한 지금의 사람들을 속이시려 하십니다만, 후세 사람들을 속일 수는 없을 것이니, 두렵지 않으십니까? 하물며 지금 사람도 속일 수 없는데 말입니다.

지금의 황제께서 즉위한 이래, 간관을 임용하여 충언을 받아들일 것을 허락하였습니다. 조수고(曹修古)와 유월(劉越) 같은 사람은 지금은 죽고 없지만 (직간하였기 때문에) 칭찬을 받고 있으며, 지금의 범희문(范希文)과 공도보(孔道輔) 같은 사람도 다 간쟁(諫諍)으로 발탁되기도 하였습니다. 당신께서는 다행히 이러한 때에 살면서 이처럼 간언을 잘 받아들이시는 성주(聖主)를 만났는데도, 오히려 한마디 간언조차 하지 않으시니 어찌된 일입니까? 전날에는 또 어사대(御史臺)에서 조당(朝堂)에 방을 붙여, 백관들이 직분을 초월하여 일을 이야기하지 말라고 경고하였다는 소리를 들었습니다. 이러한 상황이라면 말할 수 있는 사람은 간관뿐입니다. 그런데 당신께서는 지금 간관이면서도 오히려 한마디 말도 하지 않으시니, 그렇다면 이야기할 수 있는 사람은 천하에 한 사람도 없습니다. 당신께서 그 직책에 있으면서 입을 열고 싶지 않으시면, 즉시 그 자리를 떠나서, 다른 능력 있는 사람이 그 직책을 맡는데 방해가 되어서는 안 됩니다. 어제는 여안도(余安道)가 폄직되었고, 윤사로(尹師魯)는 이 사건 때문에 처벌을 기다리고 있는데도, 당신께서는 오히려 사대부인양 얼굴을 꾸미고 조정에 출입하면서 간관이네 하시니, 인간 세상에 부끄러워 할 일이 있음도 모르시는 것입니다. 참으로 애석한 일은 조정에 일이 생겨도, 간관은 말을 하지 않고 다른 사람들이 그것을 말하는 상황입니다. 이러한 사정이 역사에 기록되어 훗날 조정의 부끄러움이 된다면, 이것은 당신의 책임입니다.

《춘추》의 필법은 현명한 사람에게 요구하는 것이 매우 엄격하였습니다. 지금 나는 아직도 당신께서 한 마디 하실 수 있기를 간절히 바라기 때문에, 차마 당신과 관계를 끊지 않고 그리고 현자의 잣대로 당신께 요구하지 않습니다. 만약 여전히 범희문이 현명치 못하여 추방되어 마땅하다 여기신다면, 나도 오늘 말한 바가 이와 같으니 바로 범희문과 붕당을 지은 사악한 사람입니다. 원하건대, 당신께서 곧장 이 편지를 조정으로 가져가서 나의 죄를 다스려 징벌하시면, 천하 사람들에게 범희문이 추방되어 마땅하다는 것을 분명하게 알도록 할 것이니, 이 또한 간관에게는 하나의 공로가 될 것입니다.

지난날 여안도의 집에서 당신께서 나를 불러 범희문의 일을 토론하자 하셨습니다. 당시 그 자리에는 다른 손님도 있었고, 나도 내 생각을 다 드러내어 말할 수가 없었습니다. 그래서 특별히 이 편지로 내 개인의 생각을 말씀드렸습니다. 엎드려 생각건대 당신의 양해를 바라면서, 말로는 뜻을 다 표현하지 못하였습니다.

구양수 배상.

〈여악수재제일서(與樂秀才第一書)〉

이 글은 구양수가 이릉령(夷陵令)으로 좌천된 후 이릉의 한 지식인인 악(樂) 수재라는 사람에게 써준 편지인데, 이 편지의 주요 내용은 문과 도의 관계에 관한 것이다. 구양수는 이 글에서 "연구함이 깊고 믿음이 돈독하여, 가슴속에 도덕수양을 충실히 한 이후에 밖으로 문장을 써내었으므로 장대하고도 빛이 났다.(講之深而信之篤, 其充于中者足, 而後發乎外者大以光.)"라고 하고, "이와 같이 할 수 있으면 언사를 입으로 내뱉기만 하여도 다 문장이 될 것이다(.能如是矣, 言出其口而皆文)"라고 하여 문장을 쓰는 데에는 도덕과 학문을 기초로 삼아야 한다고 주장하였다. 그리고 문장을 억지로 짓는 것을 반대하여 "억지로 문장을 지으면 힘만 들고 어려우며, 힘만 들고 어려우면 한계가 있게 되고 한계가 있게 되면 실패하기 쉽다.(強爲則用力艱, 用力艱則有限, 有限則易竭)"라고 지적하였다. 동시에 문장은 마땅히 제각각의 풍격이 있어야 한다고 주장하여 "그들의 도가 같았다 할지라도 한 말이나 쓴 문장은 오히려 일찍이 서로 같지가 않았다.(其爲道雖同, 言語文章未嘗相似.)"라고 하였다. 구양수의 이러한 이론은 북송 고문운동을 전개하는 데에 주요한 지침이 되다시피 하였으며, 오늘날에도 여전히 거울로 삼을 만하다.

본문에 "겨울에서 봄까지(自冬涉春)"이라는 말이 있고, 구양수가 경우(景祐) 3년(1036) 겨울에 이릉에 도착한 것을 고려하면 이 글은 경우 4년(1037)에 지어진 것임을 알 수 있다.

原文 某白, 秀才樂君足下[1]: 昨者舟行往來, 皆辱見過[2]. 又蒙以所業一册, 先之啓事, 宛然如後進之見先達之儀[3]. 某年始三十矣, 其不從鄕進士之後者, 于今才七年[4]. 而官僅得一縣令, 又爲有罪之人, 其德爵齒三者皆不足以稱足下之所待[5], 此其所以爲慚. 自冬涉春, 陰泄不止, 夷陵水土之氣比頻作疾, 又苦多事, 是以闕.

然聞古人之于學也, 講之深而信之篤, 其充于中者足, 而後發

---

1) 수재(秀才): 송(宋) 때에는 과거응시자를 모두 수재라고 하였다. 명(明)·청(淸) 시기의 부(府)·주(州)·현(縣)학에 입학한 생원(生員)을 수재라 부른 것과는 다르다. '악수재'가 누구인지는 자세하지 않으며, 이 글 외에 〈여형남악수재서(與荊南樂秀才書)〉라는 글도 있다.

2) 견과(見過): 방문하다. 구양수가 배를 타고 형남(荊南)을 지나갈 때에 악(樂) 아무개라는 사람이 배에 올라 인사한 적이 있었다.

3) 소업(所業): 문장(文章)을 가리킨다. 당송 시기에 지식인들이 고위 관리의 면회를 청할 때에는 먼저 자기가 지은 시문을 예물로 보내는 것이 흔하였다.

4) 모년~칠년(某年~七年): 구양수는 당시 30세였고, 천성(天聖) 8년(1030) 24세의 나이로 진사시험에 합격한 때부터 이 때까지가 7년이다. 「종향진사지후(從鄕進士之後)」: 여러 사람들과 함께 과거시험에 응시하러 가는 것을 가리킨다. 송대에는 진사시험 응시자를 모두 '진사(進士)'라 칭하였고, 진사시험에 합격한 후에는 '전진사(前進士)'라고 칭하였다.

5) 이관~소대(而官~所待):「유죄지인(有罪之人)」: 좌천되어서 현령이 된 것을 가리킨다. 「덕작치(德爵齒)」품덕·작위(관직)·연령을 뜻한다. 《맹자·공손추(公孫丑) 하》에 "천하가 인정하는 존귀한 것으로는 세 가지가 있으니, 작위가 하나요, 나이가 하나요, 덕이 하나이다. 조정에서는 먼저 작위를 논하고, 향리에서는 먼저 나이를 논하며, 군주를 보조하고 백성을 다스리는데 있어서는 자연히 도덕을 최상으로 삼는다.(天下有達尊三: 爵一, 齒一, 德一. 朝廷莫如爵, 鄕黨莫如齒, 輔世長民莫如德.)"고 하였다.

乎外者大以光. 譬夫金玉之有英華, 非由磨飾染濯之所爲, 而由其質性堅實, 而光輝之發自然也. 《易》之〈大畜〉日: ",剛健篤實, 輝光日新." 謂夫畜于其內者實, 而後發爲光輝者日益新而不竭也. 故其文日: "君子多識前言往行, 以畜其德[6]." 此之謂也.

古人之學者非一家, 其爲道雖同, 言語文章未嘗相似. 孔子之繫《易》[7], 周公之作《書》[8], 奚斯之作《頌》[9], 其辭皆不同, 而各自以爲經. 子游·子夏·子張與顏回同一師, 其爲人皆不同, 各

-----

6) 《역》지~기덕(《易》之~其德): 〈대축(大畜)〉은 《역경(易經)》의 괘(卦) 이름이다. "[대축 괘는 하괘(下卦)가 건(乾)으로 강건(剛健), 상괘(上卦)가 간(艮)으로 독실(篤實)이므로] 강건독실의 상이다. [사람도 마음속에 강건독실의 덕을 쌓으면 그 덕이 빛나고, 또 덕 쌓기를 게을리 하지 않으면] 나날이 그 빛이 증가한다(剛健篤實, 輝光日新.)"는 말은 〈대축〉괘의 단전(彖傳)이고, "군자는 대축 괘의 상에서 법칙을 취해, 옛 성현의 말이나 행동을 많이 기억하여, 스스로 마음의 덕을 쌓아 기르는 일에 유의한다(君子多識前言往行, 以畜其德.)"는 말은 〈대축〉괘의 상전(象傳)이다.

7) 공자지계《역》(孔子之繫《易》): 전하는 바에 따르면, 공자가 《역경》의 괘사(卦辭)와 효사(爻辭)의 해설에 해당되는 십익(十翼)을 지었다고 한다. 상·하 단전(彖傳), 상·하 상전(象傳), 상·하 계사전(繫辭傳), 문언전(文言傳), 설괘전(說卦傳), 서괘전(序卦傳), 잡괘전(雜卦傳) 등 모두 10편이다.

8) 주공지작《서》(周公之作《書》): 전하는 바에 의하면, 《서경》의 〈금등(金縢)〉, 〈대고(大誥)〉, 〈다사(多士)〉, 〈무일(無逸)〉 등은 주공이 지은 것이라 한다. 「주공(周公)」: 주(周) 무왕(武王)의 동생 희단(姬旦)을 말한다.

9) 해사지작《송》(奚斯之作《頌》): 《시경·노송(魯頌)·비궁(閟宮)》에 "해사가 지은 것이다(奚斯所作)"고 하였다.

由其性而就于道耳. 今之學者或不然. 不務深講而篤信之徒, 巧
其詞以爲華, 張其言以爲大. 夫强爲則用力艱, 用力艱則有限,
有限則易竭. 又其爲辭不規模于前人, 則必屈曲變態以隨時俗
之所好, 鮮克自立. 此其充于中者不足, 而莫自知其所守也.

　竊讀足下之所爲, 高健, 志甚壯而力有餘. 譬夫良駿之馬, 有
其質矣, 使駕大輅而王良馭之, 節以和鑾而行大道, 不難也[10].
夫欲充其中, 由講之深, 至其深, 然後知自守. 能如是矣, 言出
其口而皆文.

　修見惡于時, 棄身此邑, 不敢自齒于人. 人所共棄, 而足下過
禮之, 以賢明巧正見待. 雖不敢當, 是以盡所懷爲報, 以塞其
慙. 某頓首.

　[直譯] 악 수재님께 삼가 아룁니다. 지난날 배를 타고 이릉을 왕래
하실 때마다 황송하게도 저를 찾아주셨습니다. 그리고 또 손수 지
으신 문장 한 책을 저에게 보내주시고 아울러 편지로 사정을 미리
알려주시니, 마치 후배가 선배를 뵙는 예의로 대하시는 듯 하였습
니다. 제 나이는 이제 30세이고, 급제한 지는 지금에 이르기까지
겨우 7년이 됩니다. 그리고 관직은 고작 한 고을의 현령 자리를 얻
었고, 또 죄를 지은 몸이라 덕행이나 관직·나이 이 세 가지 다 당
신께 그처럼 예를 갖춘 대우를 받기엔 부족합니다. 이것이 제가
부끄러워하는 까닭입니다. 겨울에서 봄까지 줄곧 음산한 추위에

---

10) 비부~난야(譬夫~難也):「대로(大輅」: 동지와 하지에 하늘과 땅에 제사
　　하는 교제(郊祭)를 지내러 갈 때에 황제가 타는 큰 수레.「왕량(王良」:
　　춘추시대 때의 유명한 마부.「화란(和鑾」:‘화란(和鸞)’이라고도 하는
　　데, 수레에 다는 방울이다. 수레 앞턱 가로나무(軾)에 다는 것을 ‘화’라
　　하고, 말의 고삐에 다는 것을 ‘란’이라 한다.

설사가 그치지 않고, 또 이 이릉 땅의 풍토와 기후에 적응치 못하여 자주 병이 걸렸으며, 여러 가지 사정 또한 많아서 제때에 답장을 드리지 못하였습니다.

그러나 듣자니 옛 사람들이 배우는데 있어 연구함이 깊고 믿음이 돈독하여, 가슴속에 도덕수양을 충실히 한 이후에 밖으로 문장을 써내었으므로 (그 문장이) 크고도 빛이 났다 합니다. 비유하자면 금이나 옥이 아름답게 광채가 나는 것은, 갈고 닦고 장식하고 물들이고 씻어내어 그렇게 된 것이 아니라, 그 본 바탕이 견실하여 자연적으로 광채가 나온 것입니다. 《주역(周易)》의 〈대축(大畜)〉 괘에서는 '강건하고 독실하여 광채가 날로 새롭다' 하였는데, 이것은 가슴속에 축적됨이 충실한 이후에, 광채를 발함이 날로 더욱 새로워져 영원히 다하지 않는다는 말입니다. 그러므로 그 괘에서는 '군자는 전대의 좋은 언행을 학습하여 그들의 덕을 축적해야 된다.'라고 하였으니, 이것을 두고 한 말입니다.

옛날 학자는 단지 일가(一家)만 있었던 것이 아니었으니, 그들의 도(주장)가 같았다 할지라도, 한 말이나 쓴 문장은 오히려 일찍이 서로 같지는 않았습니다. 공자는 《주역》의 계사(系辭)를 지었고, 주공(周公)은 《서경》을 지었으며, 해사(奚斯)는 《송(頌)》시를 지었는데, 그들의 문사는 다 달랐습니다. 그러나 각각 다 경전이 되었습니다. 자유(子游)·자하(子夏)·자장(子張)·안회(安回)는 공자라는 같은 한 스승의 제자였지만, 그 사람됨에 있어서는 다 달라서, 각자는 각자의 특성에 따라 공자의 도에 나아갔던 것입니다. 지금의 학자들은 오히려 그렇지가 않습니다. 힘써 연구하여 깊이 들어가지 않고 믿음이 돈독하지 않은 저들은, 그 문사만 교묘히 꾸미는 것을 훌륭한 것으로 여기고, 그 말을 과장하는 것을 위대하다고 여깁니다. (도덕학문이 미치지 못하는 사람이) 억지로 문장을 지으면 힘만 들고 어려우며, 힘만 들고 어려우면 한계가 있게 되고, 한계가 있게 되면 실패하기 싶습니다. 또 그들이 문장을 지을 때, 옛날의 성취가 있었던 사람을 모범으로 삼지 않으면 필연적으로 태도를 바꾸어 세속의 좋아함을 따를 것이니. (이런 문장은) 자신의 독립적인 견해와 풍격을 갖기가 어렵습니다. 이것이 바로 (도덕과 학문이) 가슴속에 쌓임이 충분하지 않아 스스로 지켜야 할 바를 모르게 되는 것입니다.

당신께서 지으신 문장을 가만히 읽어보니, 고명하고 건강하며 뜻도 심히 웅장하고 기력도 여유가 있습니다. 비유컨대 한 필의 좋은 말이 훌륭한 체질을 가지고 있어서, 만약 임금이 타는 큰 수레에 매어 이름난 마부인 왕량을 시켜 몰게 할 것 같으면, 방울의 리듬을 맞추면서 거리를 내달려도 어렵지 않을 것입니다. 요컨대 내심을 충실히 하고 그것을 통해 연구를 깊이 해야 합니다. 연구가 깊어져야 스스로 지켜야 할 것을 알게 됩니다. 이와 같이 할 수 있으면 언사를 입으로 내뱉기만 하여도 다 문장이 될 것입니다.

저는 이 시대 사람들에게 미움을 받아 이 고을에 버려졌으니, 감히 내 자신은 일반 사람만도 못합니다. 사람들이 다 저를 버렸는데도 당신께선 오히려 저를 과분한 예로 대해주시고 저를 현명하고 정직하며 능력 있는 사람으로 보아주셨습니다. 제가 비록 당신의 호의를 감당할 수 없으나 저의 가슴속에 품은 생각을 다하여 답장을 올리면서 저의 부끄러움을 메워볼까 합니다.

구양수가 머리 조아리고 올립니다.

〈답오충수재서(答吳充秀才書[1])〉

이 글은 강정(康定) 원년(1040)에 쓴 것이다. 이 해 6월에 구양수(歐陽修)는 무성군절도판관(武成軍節度判官)에서 수도인 개봉(開封)으로 전임되어 다시 관각교감(館閣校勘)이 되었다.

이 글은 구양수의 문학이론을 파악하는데 아주 중요한 글이다. 이글의 핵심 내용은 문(文)과 도(道)의 관계에 대한 것으로, 문장을 쓰는 사람은 반드시 도덕수양에 힘쓰고 현실생활에 관심을 가질 것을 적극 요구하고 있다. 특히 '세상 모든 일을 내버리고 관심조차 갖지 않는(棄百事不關於心)' 인생 태도와 '온 종일 집에 들어박혀 문장만 짓는(終日不出於軒序)' 창작 태도에 대해서 반대하였다.

구양수는 당시의 문인들이 처음에는 도에 마음을 두고 공부를 하다가도 '한 번이라도 문장의 정교한 곳이 있으면 나의 학문은 충분하다'고 말하면서 그만두기도 하고, '심한 자는 세상 모든 일(百事)을 내버리고 관심조차 갖지 않으면서 나는 문인이니 문장 짓는 일을 직분으로 할 뿐이다'고 하여 세상일에는 관심조차 갖지 않음으로서 더욱 도에서 멀어진다고 비판하였다. 동시에 문인들이 훌륭한 문장을 계속 쓰지 못하는 원인은 문사에 빠져 말만 정교하게 꾸미기만 하고 사람에게 가장 가까이 있는 도(道), 즉 현실의 모든 문제(百事)에 관심을 갖지 않기 때문임을 지적하였다. 따라서 현실의 모든 문제가 바로 도의 내용임을 천명한 것이다.

---

1) 오충(吳充:1021~1080): 자가 충경(沖卿)이고, 건주 포성(建州浦城: 지금의 복건성福建省 송계현松溪縣 북쪽)사람이다. 송 인종(仁宗) 강정(康定) 원년(1040)에 진사시험을 보기 위해 수도인 개봉(開封)으로 와서 구양수에게 가르침을 청하였고, 이듬해(1041) 진사시험에 합격하였다. 희녕(熙寧) 말년에는 왕안석(王安石)을 대신하여 재상이 되었다.

구양수는 이 글에서 또 공자·맹자·순자 등 유학의 성현들이 부지런히 도를 닦고 도를 펴다가 만년에야 저술에 종사하여 짧은 시간에 훌륭한 저술을 남긴 데에 반하여, 양웅(揚雄)·왕통(王通) 같은 이는 도는 닦지 않고 오직 전대 사람들의 문사(文辭)만을 모방하여 글을 지었지만 훌륭한 작품을 남기지 못하였음을 지적하여 '도가 뛰어나면 문은 어렵지 않게 저절로 이루어진다(道勝者文不難而自至)'는 결론을 도출하였다. 따라서 문장을 짓는데 도가 문의 지배적인 위치에 있으므로 도의 수양을 무시하고 '온 종일 집에 들어박혀 문장만 짓는(終日不出於軒序)' 태도에 대해서 반대하였던 것이다.

요컨대, 구양수는 문학에 있어 문과 도, 즉 내용과 형식의 관계에 있어서는 둘 다 중요하다는 문도병중(文道并重)의 태도를 취한 동시에, 문과 도 사이의 지배적 위치에 있어서는 도가 우선함을 강조하였다.

原文 修頓首白, 先輩吳君足下[2]: 前辱示書及文三篇, 發而讀之, 浩乎若千萬言之多, 及少定而視焉, 纔數百言爾[3]. 非夫辭

---

2) 선배(先輩): 당송(唐宋) 시기 과거시험 응시자들이 서로를 존중하여 사용하던 호칭이다. 이조(李肇)의 《당국사보(唐國史補)》에 "진사(進士)에 급제하면 전진사(前進士)라 불렀고, 진사시험 응시자들이 서로 존중해서 부를 때에는 선배라 하였으며, 같이 급제한 사람들에 대해서는 동년이라 불렀다(得第謂之前進士, 互相推敬謂之先輩, 俱捷謂之同年.)"고 하였다. 여기서는 일반적인 존칭으로 사용되었다.

3) 호호~언이(浩乎~言爾): 오충이 지은 문장의 기세를 칭송하는 말이다. 그의 문장 기세가 웅장하고 호방하여 글자 수가 아주 풍부한 듯한 인상을 주었는데, 마음을 가다듬고 자세히 읽어보고서야 수백 자에 불과하다는 것을 알게 되었다는 뜻이다.

豊意雄, 霈然有不可禦之勢, 何以至此! 然猶自患伥伥莫有開之使前者, 此好學之謙言也.

修材不足用於時, 仕不足榮於世[4], 其毀譽不足輕重, 氣力不足動人. 世之欲假譽以爲重, 借力而後進者, 奚取於修焉[5]? 先輩學精文雄, 其施於時, 又非待修譽而爲重, 借力而後進者也. 然而惠然見臨, 若有所責, 得非急於謀道, 不擇其人而問焉者歟?

夫學者, 未始不爲道, 而至者鮮焉. 非道之於人遠也, 學者有所溺焉爾. 蓋文之爲言, 難工而可喜, 易悅而自足. 世之學者, 往往溺之, 一有工焉, 則曰: "吾學足矣". 甚者至棄百事不關於心, 曰: "吾文士也, 職於文而已". 此其所以至之鮮也.

昔孔子老而歸魯, 六經之作, 數年之頃爾[6]. 然讀《易》者如無《春秋》, 讀《書》者如無《詩》, 何其用功少而至於至也?[7] 聖人之

---

4) 사부족영어세(仕不足榮於世): 당시 구양수의 벼슬이 관각교감(館閣校勘)으로 한림원(翰林院)의 낮은 직책이었기 때문에 이렇게 말한 것이다.

5) 세지~수언(世之~修焉): 당시 진사시험에 응시하는 선비들 가운데 많은 사람들이 자신이 지은 글을 가지고 명망가나 권세가들을 찾아가 뵙고 그들의 추천을 통하여 벼슬길에 올랐다.

6) 석공자~경이(昔孔子~頃爾): 《사기(史記)·공자세가(孔子世家)》에 따르면, 공자는 여러 나라를 돌아다니다가 늙어서야 노나라로 돌아와 저술을 하였는데, 저술에 전념한 기간은 겨우 5년 정도였다고 한다.

7) 연독~지야(然讀~至也): 이고(李翶)의 〈답주재언서(答朱載言書)〉에 "창작의도와 언어사용에 있어 모방하지 않았음을 말하고 있다. 그래서 《춘추》를 읽을 때에는 《시경》이 없는 것 같고, 《시경》을 읽을 때에는 《역경》이 없는 것 같으며, 《역경》을 읽을 때에는 《서경》이 없는 것 같다. 그리고 굴원의 글이나 《장자》를 읽을 때에는 마치 육경이 없는 것 같다.(創意造言, 皆不相師. 故其讀《春秋》也, 如未嘗有《詩》也; 其讀《詩》也, 如未嘗有《易》

文雖不可及, 然大抵道勝者, 文不難而自至也. 故孟子皇皇不暇著書[8], 荀卿蓋亦晚而有作[9]. 若子雲仲淹, 方勉焉以模言語[10], 此道未足而强言者也. 後之惑者, 徒見前世之文傳, 以爲學者文而已, 故愈力愈勤而愈不至. 此足下所謂終日不出於軒序[11], 不

也; 其讀《易》也, 如未嘗有《書》也; 其讀屈原莊周也, 如未嘗有六經也.)"라고 하였다. 그 뜻은 육경의 내용과 언어를 각기 서로 답습하지 않았다는 것이다. 「지어지야(至於至也)」는 어떤 판본에는 '자연어지야(自然於至也)'로 되어 있다. '지어지(至於至)'는 최고의 수준에 도달한다는 뜻으로, 뒤의 '지(至)' 자는 '극도, 절정, 정점'을 뜻한다.

8) 맹자황황불가저서(孟子皇皇不暇著書): 맹자가 장기간에 걸쳐 여러 나라를 다니며 유세하다 보니 글을 쓸 틈이 없었다는 뜻이다. 생각건대 《맹자》의 지은이에 대해서는 세 가지 설이 있다. 조기(趙岐) 등은 맹자가 직접 지었다 하고, 사마천(司馬遷) 등은 맹자가 제자들과 함께 지었다고 하며, 한유(韓愈) 등은 맹자의 문인들이 지었다고 한다. 여기서는 세 번째 설을 사용하고 있다. 「황황(皇皇)」: '황황(遑遑)'과 같으며, 분주한 모양이다.

9) 순경개역만이유작(荀卿蓋亦晚而有作): 순경은 이름이 황(況)이다. 먼저 제(齊)나라에서 벼슬을 하다가 나중에 초(楚)나라로 갔는데, 춘신군(春申君)이 그를 난릉령(蘭陵令)으로 삼았다. 춘신군이 죽고 나서야 비로소 벼슬을 그만두고 난릉에 거주하면서 《순자》를 지었다.

10) 자운~언어(子雲~言語): 「자운(子雲)」은 서한(西漢) 때의 양웅(揚雄)의 자이다. 양웅은 《주역》을 모방하여 《태현(太玄)》을 짓고, 《논어》를 모방하여 《법언(法言)》을 지었다. 「중엄(仲淹)」은 수(隋)나라 왕통(王通)의 자이다. 왕통은 《논어》를 모방하여 《중설(中說)》을 짓고, 《춘추》를 모방하여 《원경(元經)》을 지었다.

11) 헌서(軒序): 집을 가리킨다. '헌(軒)'은 창문을 가리키고, '서(序)'는 안채 가운데 방(堂屋)의 동서 양쪽 측면 담장(側墻)을 가리킨다. 동쪽 서쪽의 곁채(廂房)를 가리키기도 한다.

能縱橫高下皆如意者, 道未足也. 若道之充焉, 雖行乎天地, 入
於淵泉, 無不之也.

　先輩之文浩乎霈然, 可謂善矣. 而又志於爲道, 猶自以爲未
廣, 若不止焉, 孟荀可至而不難也. 修學道而不至者, 然幸不甘
於所悅, 而溺於所止. 因吾子之能不自止[12], 又以勵修之少進
焉. 幸甚幸甚. 修白.

[直譯] 구양수는 머리를 조아리고 선배 오충께 말씀드립니다. 며칠
전에 편지 한 통과 문장 세 편을 받았습니다. 뜯어 읽어보니 기세
가 넘쳐 수 만 마디의 대문장인 듯 했지만 잠시 정신을 차리고 침
착하게 읽어보니 겨우 수백 마디의 문장이었습니다. 언사가 풍부
하고 뜻이 웅대하여 문장의 기세가 흘러 넘쳐서 막을 수 없는 경
지가 아니었다면, 어떻게 이러한 느낌이 있을 수 있겠습니까? 그
런데도 그대는 오히려 앞으로 나아가도록 이끌어 주는 사람이 없
어 누구를 따라야 할지 모른다고 걱정하고 있습니다. 이것은 학문
을 좋아하는 겸손한 말씀입니다.

　저의 재능은 때에 쓰이기에도 부족하고, 벼슬도 족히 세상에서
영예라고 할 정도도 아니며, 저의 비판이나 칭찬은 보잘 것 없고
저의 힘도 남을 움직이기에는 부족합니다. 세상에서 남의 칭찬을
빌어서 영달을 바라거나 남의 힘을 빌어서 나아가려는 사람이라면
어찌 저에게서 얻을 게 있겠습니까? 선배께서는 학문에 정통하고
문장이 웅대하여 세상에 펼 수가 있으니, 저의 칭찬을 빌어서 성
가를 높이거나 저의 힘을 빌어서 나아갈 필요는 없습니다. 그러나
은혜롭게도 저를 찾아주시어 무엇인가 요구함이 있으신 듯한데,

---

12) 오자(吾子): 상대방에 대한 경칭으로, 오늘날의 '您(nin)'과 같다. 자
　　(子)는 남자에 대한 미칭이다.

아마도 길(道)을 찾는데 급한 나머지 사람을 가리지 않고 묻으신 것은 아닌지요?

대저 배우는 사람이 처음부터 도(道)를 배우지 않는 것은 아니지만, 도에 이르는 자는 드뭅니다. 도가 사람들에게서 멀리 있는 것이 아니라 배우는 자가 어떤 것에 빠지기 때문이지요. 대개 지은 문장이 깊고도 고명하여 사람들을 기쁘게 할 정도의 경지에 이르기는 어렵지만, 잠시 영합하여 스스로 만족하기는 쉽지요. 세상의 학차들은 왕왕 어떤 것에 빠져 어쩌다 한 번이라도 문장의 정교한 곳이 있으면 '나의 학문은 충분하다'고 말하고, 심한 자는 세상 모든 일(百事)을 내버리고 관심조차 갖지 않으면서 '나는 문인이니 문장 짓는 일을 직분으로 할 뿐이다'고 합니다. 이것이 바로 도(道)를 구하여도 거기에 이르는 사람이 드문 까닭입니다.

예전에 공자는 늙어서야 노(魯)나라로 돌아가 육경(六經)을 정리하였는데, 걸린 시간이 수 년 간이라는 짧은 시간에 불과했습니다. 그렇지만 사람들이 《주역(周易)》을 읽을 때는 마치 《춘추(春秋)》란 책이 없는 듯이 여겨지고, 《서경(書經)》을 읽을 때는 《시경(詩經)》이 없는 것처럼 여겨집니다. 어째서 그는 공을 적게 들이고서도 그토록 지극한 데에 이르렀을까요? 성인의 문장에는 비록 미칠 수 없다 하더라도, 그러나 대개 도(道)가 뛰어나면 문(文)은 어렵지 않게 저절로 이루어지는 것입니다. 맹자는 바쁘게 돌아다니다 보니 책을 저술할 틈이 없었고, 순자도 만년이 되어서야 저술 활동을 하였습니다. 양웅(揚雄)이나 왕통(王通) 같은 사람은 바야흐로 힘써 남의 언어를 모방하여 저술을 하였습니다. 이것은 도(道)가 부족하면서 억지로 말을 쓴 것이지요. 후세의 어리석은 사람들은 전세(前世)의 문장이 전해오는 것만 보고서 배울 것은 문장뿐이라고 생각합니다. 그러므로 노력하면 할수록 목적에 이르지 못하지요. 이것이 바로 그대가 말한 온 종일 집에 틀어박혀 문장을 지어도 뜻대로 문장을 다루지 못하는 것으로, 도가 아직 부족하기 때문입니다. 만약 도가 충분하다면 비록 하늘을 오르거나 땅에 들고 연못과 샘 어디를 들어간다 하더라도 이르지 않을 곳이 없을 것입니다.

그대의 문장은 넓은 바다처럼 기세가 충만하여 훌륭하다고 말할 수 있을 것입니다. 그리고 또 도를 구하는 데에 뜻을 두고서도 오히려 스스로 부족하다 여기시니, 만약 노력을 그치지 않고 계속하신다면 맹자·순자의 경지에 도달하는 것도 어렵지 않을 것입니다. 저는 도를 배우고 있지만 도달하지 못한 사람입니다. 그러나 다행히도 잠시의 기쁨에 영합하여 만족한다거나 조그만 성취에 빠지지 않습니다. 나는 이 글로 인해서 부단히 전진하는 당신의 그런 정신을 빌어서 저를 전진시키는데 독려가 되었으면 다행이겠습니다.

〈답조택지서(答祖擇之書[1])〉

이 글은 강정(康定) 원년(1040)에 지은 것으로, 스승을 존경하고 도(道)를 중시할 것을 강조하고 있다. 본문에서 구양수가 이야기하는 '도'란 유가의 도로, 그는 이 도에 대해 '돈독히 신봉하고(篤敬)', '스스로 굳게 지키며(自守)', '과감하게 응용하고(果于用)', '두려워하지 않고(不畏)' '믿음을 바꾸지 않도록(不遷)' 해야 한다고 하였다. 다시 말하면 도에 대한 믿음이 굳고, 몸소 힘써 실행하고, 외부환경의 영향을 받지 말아야 한다고 제기한 것이다. 이것은 절조 없이 오로지 관직과 금전만을 추구하는 당시 학계나 관리사회를 바로잡고자 한 것으로, 상당히 현실적 의의가 있다. 동시에 "배우는데 스승이 없으면 지키는 것이 한결같지 않고, 토론을 널리 하지 않으면 밝혀 낼 수 있는 것도 없고 깊은 이치를 탐구할 수도 없다(學不師則守不一, 議論不博則無所發明而究其深)" 라고 하였는데, 이 말 또한 학습과 연구에 깊이 종사한 작자의 경험에서 우러나온 말이다.

구양수는 또 이 글에서 작가의 도덕수양과 문장의 관계에 대한 문제도 제기하였다. 구양수는 "도가 순수해지면 마음속이 충실해지고, 마음속이 충실해지면 쓰는 문장이 빛나게 됩니다(道純則充于中者實, 中充實則發爲文者充輝)"라고 하여, 작가의 도덕수양이 문장보다 지배적인 위치에 있음을 지적하였다. 이 점은 〈답오충수재서(答吳充秀才書)〉에서 이미 살펴보았다.

그리고 이 글은 표현방법상 배비구(排比句)를 대량으로 사용하

---

1) 조택지(祖擇之): 이름이 무택(無擇)이고, 택지는 그의 자이다. 상채(上蔡: 지금의 하남성河南省 상채현上蔡縣) 사람이다. 소년시절에 목수(穆修)에게서 문장 짓는 법을 배웠고, 후에 진사시험에 합격하였다. 학관(學官)을 지어 학생들을 모아 교육시킨 것으로 이름이 났다.

여, 문장의 기세가 일관되고 리듬감이 있다.

[原文] 修啓. 秀才人至[2], 蒙示書一通, 并詩賦雜文兩策, 諭之曰: "一覽以爲如何?" 某旣陋, 不足以辱好學者之問; 又其少賤而長窮[3], 其素所爲未有足稱以取信於人. 亦嘗有人問者, 以不足問之愚, 而未嘗答人之問. 足下卒然及之[4], 是以愧懼不知所言. 雖然, 不遠數百里走使者以及門[5], 意厚禮勤, 何敢不報?
　　某聞古之學者必嚴其師, 師嚴然後道尊, 道尊然後篤敬, 篤敬然後能自守, 能自守然後果於用, 果於用然後不畏而不遷. 三代之衰, 學校廢[6]. 至兩漢, 師道尙存, 故其學者各守其經以

---

2) 수재인지(秀才人至): 조무택이 보낸 사람이 온 것을 가리킨다.

3) 소천이장궁(少賤而長窮): 젊어서는 빈천하였고, 나이가 들어서도 뜻을 얻지 못하고 곤궁하게 지내다. 당시 구양수는 좌천되었다가 막 개봉(開封)으로 소환되었다.

4) 졸연급지(卒然及之): 뜻밖에 편지를 보내어 안부를 묻다. '졸' 자는 졸(猝) 자의 의미로 쓰였다.

5) 수백리(數百里): 상채(上蔡)에서 개봉(開封)까지를 가리킨다.

6) 삼대지쇠, 학교폐(三代之衰, 學校廢):《맹자·등문공(滕文公) 상》에 "상(庠)·서(序)·학(學)·교(校) 등의 교육기관을 설립하여 백성들을 가르쳐야 합니다. '상(庠)'이란 가르쳐 기른다는 뜻이요, '교(校)'란 가르쳐 이끈다는 뜻이며, '서(序)'란 진열한다는 뜻[실물을 진열하여 실물교육을 실시한다는 뜻]입니다. [향교인 지방 학교를] 하(夏)나라 때에는 '교'라 하였고, 은(殷)나라 때에는 '서'라 하였으며, 주(周)나라 때에는 '상'이라 하였으나, 국립기관인 대학에 있어서는 하·은·주 삼대가 모두 '학'이라 하였습니다. 그것의 목적은 [백성들을 깨우치고 교도하여] 사람으로서 마땅히 걸어가야 할 인륜도덕을 밝히기 위한 것입니다.(設爲庠序學校以敎之. 庠者, 養也; 校者, 敎也; 序者, 射也. 夏曰校, 殷曰序, 周曰庠; 學則三代共之, 皆所以明人倫也.)"라고 하였다.

自用[7]. 是以漢之政理文章與其當時之事, 後世莫及者, 其所從來深矣. 後世師法漸壞, 而今世無師, 則學者不尊嚴, 故自輕其道. 輕之則不能至, 不至則不能篤信, 信不篤則不知所守, 守不固則有所畏而物可移. 是故學者惟俯仰徇時, 以希祿利爲急, 至於忘本趨末, 流而不返[8]. 夫以不信不固之心, 守不至之學, 雖欲果於自用, 而莫知其所以用之之道, 又況有祿利之誘·刑禍之懼[9]以遷之哉! 此足下所謂志古知道之士世所鮮, 而未有合者, 由此也.

足下所爲文, 用意甚高, 卓然有不顧世俗之心, 直欲自到於古人. 今世之人用心如足下者有幾? 是則鄕曲之中, 能爲足下之

---

7) 지양한~자용(至兩漢~自用): 서한(西漢) 때에는 육경은 모두 스승으로부터 전수되었다. 이를테면 전하(田何)가 《역경》을, 복생(伏生)이 《서경》을, 제노한모(齊魯韓毛: '제齊'는 제나라 지역에서 전해온 금문경今文經, '노魯'는 노나라 지역에서 전해온 금문경, '한韓'은 한漢나라 때 연燕의 한영韓嬰에게서 비롯된 금문경, '모毛'는 모형毛亨 또는 모장毛萇에게서 비롯된 고문경古文經)의 네 사람이 《시경》을 전수하였다. 동한(東漢) 때에 경전을 전수한 학자로는 마융(馬融)과 정현(鄭玄) 같은 사람이 있다.

8) 유이불반(流而不返): 사물에 마음이 끌려서 정도를 잊다. 《맹자·양혜왕(梁惠王) 하》에 "상류에서 하류로 물길을 따라 뱃놀이 갔다가 돌아오기를 잊어버리는 것을 '유(流)'라 하고, 하류에서 상류로 물길을 거슬러 올라가 놀다 돌아오기를 잊어버리는 것을 '연(連)'이라 이릅니다(從流下而忘反謂之流, 從流上而忘反, 謂之連.)"라고 하였다.

9) 녹리지유·형화지구(祿利之誘·刑禍之懼): 「녹리지유(祿利之誘)」: 당대(唐代) 이후로 과거제도는 문장으로 선비를 뽑았음을 가리킨다. 「형화지구(刑禍之懼)」 곧은 도리를 행하면 형벌이나 재난을 당하기 쉬운 것을 가리킨다.

師者謂誰? 交游之間, 能發足下之議論者謂誰? 學不師則守不
一, 議論不博則無所發明而究其深. 足下之言高趣遠, 甚善; 然
所守未一而議論未精, 此其病也. 竊惟足下之交游, 能爲足下稱
才譽美者不少, 今皆捨之, 遠而見及, 乃知足下是欲求其不至.
此古君子之用心也, 是以言之不敢隱.

夫世無師矣, 學者當師經. 師經必先求其意. 意得則心定, 心
定則道純, 道純則充於中者實, 中充實則發爲文者輝光, 施於世
者果致. 三代兩漢之學, 不過此也. 足下患世未有合者, 而不棄
其愚, 將某以爲合, 故敢道此. 未知足下之意合否.

[直譯] 구양수는 삼가 아룁니다. 당신께서 보낸 사람이 편지 한 통
과 시부와 잡문 두 권을 꺼내 저에게 보여주면서 "한 번 보시니 어
떻습니까?"라고 하였습니다. 나는 식견이 좁아 학문이 훌륭한 사
람의 질문을 받기에는 부족할 뿐만 아니라, 어려서는 빈천했고 나
이가 들어서도 아주 가난하여 평소 한 일 가운데 칭찬 받을 만하
고 신뢰받을 만한 것이 아직 없습니다. 그리고 또 일찍이 저에게
질문을 한 사람이 있어도, 제가 우둔하여 남에게 질문을 받을 만
한 자격이 없다고 여겼기 때문에, 사람들의 물음에 답을 한 적이
없었습니다. 그런데 당신께서 갑자기 저를 찾으시니 저는 부끄럽
고 두려워 어떻게 말씀드려야 할지를 모르겠습니다. 그러나 수 백
리를 멀다하지 않고 사람을 보내시니, 그 깊으신 마음과 정중한
예의에 제가 어찌 감히 대답을 하지 않을 수 있겠습니까?

제가 듣기로 옛날부터 배우는 자는 반드시 스승을 존경하였다
합니다. 스승이 존경받은 뒤에야 도(道)가 존귀해지며, 도가 존귀
해진 뒤에야 그것을 돈독히 신봉하게 되고, 돈독히 신봉된 뒤에야
스스로 굳게 지키게 되며, 굳게 지킨 뒤에야 과감하게 응용하게

되고, 과감하게 응용하게 되면 두려워하는 바가 없어 믿음을 바꾸지 않게 됩니다. 삼대(三代, 夏·殷·周)가 쇠망한 후, 학교가 폐지되었지만, 양한(兩漢)에 이르기까지만 해도 스승을 따라 도를 배우는 풍속이 여전히 남아 있었으므로, 배우는 사람들은 각자 그들의 경전을 굳게 지키며 스스로 응용하였습니다. 이 때문에 한대(漢代)의 정치와 문장 그리고 그 당시의 일들을 후대에 와서는 왕왕 따라가지를 못하는데, 그것은 그 근원이 깊기 때문입니다. 후대로 내려오면서 사법(師法)이 점차 파괴되어 지금의 세상에는 아예 스승이 없어졌으며, 배우는 사람도 스승을 존경하지 않으므로 그가 배운 도에 대해서도 스스로 경시합니다. 도를 경시하니 도의 지극한 이치를 알 수가 없고, 지극한 이치를 모르므로 돈독하게 신봉할 수가 없으며, 돈독히 신봉치 않으므로 굳게 지켜야 할 바를 모르고, 지키는 것이 견고하지 않으니 두려워하는 바가 있고 외부의 사물에 동요될 수가 있습니다. 이 때문에 배우는 사람은 세속의 좋아함을 따를 줄만 알아, 관직이나 이익 추구를 급선무로 여겨서 근본을 버리고 말단을 구하며, 작은 이익만을 탐하여 정도(正道)로 돌아가는 것을 망각해버립니다. 대저 믿지도 못하고 견고치도 않은 마음으로 지극하지 않은 학문을 지킨다면, 설령 과감히 스스로 응용하려 해도 응용할 방법을 알지 못할 것인데, 하물며 관직이나 돈의 유혹과 형벌의 두려움으로 그들의 뜻을 바꾸게 함에야! 이것이 바로 당신께서 말씀하신 것처럼 옛 사람의 언행을 배우는데 뜻을 두면서 도를 이해하려는 그런 선비들이 세상에 드문 것이며, 아울러 뜻이 맞고 도가 합치되는 그런 사람이 아직 없는 것은 이 때문입니다.

　당신께서 쓰신 문장은 마음 씀이 매우 고상하여 우뚝 세속적인 것을 벗어나려는 마음을 가지고 곧장 옛 사람의 경지에까지 이르려 하십니다. 지금 세상 사람들 가운데 당신과 같이 마음 쓰는 사람이 몇이나 되겠습니까? 그렇다면 같은 고을에 당신의 스승이 될 수 있을 만한 사람이 누가 있습니까? 친구들 가운데 당신과 토론을 나눌 수 있을 만한 사람이 또 누가 있는지요? 배우는데 스승이 없으면 지키는 것이 한결같지 않고, 토론을 널리 하지 않으면 밝혀 낼 수 있는 것도 없고 깊은 이치를 탐구할 수도 없습니다. 당신의 문장이 고명하고 포부가 원대한 것은 참으로 좋습니다. 그러나 고수하시는 바가 한결같지 않고 토론이 정밀하지 않으시니, 이것이 바로 결점입니다. 가만히 생각건대 당신의 친구들 가운데 당신의 재능을 칭찬하는 사람들이 적지 않을 텐데, 지금 당신께선 다 버리시고 오히려 멀리 저를 찾아오시니, 이는 바로 당신께서 스스로의 부족한 곳을 찾고자 하심을 알겠습니다. 이러한 것은 옛 군자들의 마음 씀 입니다. 이 때문에 저도 감히 숨김없이 당신께 말씀을 드립니다.

세상에 스승이 없는 이상, 배우는 사람은 마땅히 경전을 스승으로 삼아야 합니다. 경전을 스승으로 삼을 때에는 반드시 먼저 그 뜻을 추구해야 합니다. 뜻을 터득하게 되면 마음이 안정되고, 마음이 안정되면 배운 도가 순수해질 수가 있으며, 도가 순수해지면 마음속이 충실해지고, 마음속이 충실해지면 쓰는 문장이 빛이 나게 되며, 세상에서 일을 하게 되면 과감하여 목적을 이룰 수가 있습니다. 삼대 양한의 학문이라도 이것을 넘지 않을 것입니다. 당신께서 세상에 뜻이 같고 도가 합치되는 사람이 없음을 걱정하시면서, 오히려 저의 우둔함을 불쾌하게 여겨 버리지 않으시고, 저를 뜻이 맞고 도가 합치되는 사람으로 여기시니, 감히 이런 말씀을 드립니다. 당신의 뜻에 부합하실지 모르겠습니다.

〈송왕성기부부풍주부서(送王聖紀赴扶風主簿序[1])〉

이 문장은 경우3년(1036년) 부풍현(扶風縣) 주부(主簿)로 막 임용되어 가는 왕성기(王聖紀)를 위하여 쓴 한 편의 증서(贈序)이다. 이 문장은 경성 부근 백성들이 재난을 입었는데도 '백성들의 사정(下情)'을 '조정으로 전달할(上達)' 수 없는 사례를 들어, 당시 심각하면서도 보편적인 정치적 폐단을 지적하였다. 즉 각급 관리들이 자신들만 보호하기 위해 늘 언로를 막고 백성의 실정을 통제하고서, 백성의 생사에 대해서는 아랑곳하지 않고 좋은 일만 보고하고 나쁜 일은 보고하지 않는 폐단을 폭로한 것이다. 구양수는 이 한 가지 사례를 들어, 관리로 첫발을 내딛는 신임 주부에게 관리란 반드시 백성을 위해 일을 하고, 백성의 고통에 관심을 가져야 한다고 깨우쳐준 것이다. 이 글을 통하여 또한 작자의 진보적인 정치사상과 원대한 견해를 엿볼 수 있다.

이 글에서 선택한 제재는 매우 전형적이다. 백성들이 입는 수재나 한발 같은 것은 분명하게 알 수 있고 쉽게 볼 수 있는 것인데도, 오히려 조정으로 전달되지 않는다. 그렇다면 저 은폐되어 있는 폐단들은 무슨 말이 필요하겠는가? 게다가 경기 백성들은 황제의 면전에 있다. 그런데도 현(縣)이나 부(府)를 경유하여 재상에게까지 층층이 보고를 올려야 하고, 그래도 조정에까지 전달되기가 어려운데, 하물며 천리밖에 있는 백성들의 일이야?

이 글은 이처럼 전형적인 일을 사례를 들었기 때문에 더욱 사람을 감동시킨다.

---

1) 왕성기(王聖紀): 그의 생평은 자세히 알 수 없다. 당시 막 진사시험에 합격하여 부풍현 주부로 나가게 되자, 작자가 이 글을 써주면서 전송한 것이다. '부풍'은 현 이름으로, 지금의 섬서성에 있다.

[原文] 前年五月, 大霖雨殺麥, 河溢東畿浸下田[2]. 已而不雨, 至於八月, 菽粟死高田. 三司有言[3]: "前時溢博州, 民冒河爲言, 得免租者蓋萬計[4]. 今歲秋當租, 懼民幸水旱因緣得妄免, 以虧兵食, 愼勅有司謹之[5]." 朝廷因擧田令, 約束州縣吏. 吏無遠近, 皆望風惡民言水旱, 一以農田勅限, 甚者笞而絶之[6].

畿之民訴其縣, 不聽; 則訴於開封, 又不聽; 則相與聚立宣德門外訴於宰相[7]. 於是遣吏四出視諸縣. 視者還, 而或言災或言

---

2) 하일동기침하전(河溢東畿浸下田):「하일((河溢)」: 홍수로 황하가 범람하여 논밭이 침수되었다는 말이다.「기(畿)」: 고대에는 왕도(王都)에서 관할하는 도성 주위 천 리 이내의 지역을 가리켰으며, 후에는 대부분 경성(京城)에서 관할하는 지역을 가리킨다.「하전(下田)」: 저지대의 논밭.

3) 삼사(三司): 염철(鹽鐵), 탁지(度支), 호부(戶部)를 가리키며, 재화와 조세를 관리하는 송대 최고의 재정기구이다.

4) 전시~만계(前時~萬計):「박주(博州)」: 행정소재지는 지금의 산동성 료성현(聊城縣)이다.「모하위언(冒河爲言)」: 황하의 수재를 입은 것으로 가장하여 조세의 감면을 요구하는 것을 가리킨다.「만계(萬計)」: 만을 헤아린다는 뜻이다.

5) 칙(勅): 조정(朝廷)의 명령. 고대에는 윗사람이 아랫사람에게 명령하는 글을 뜻하였고, 한대(漢代)에는 집안의 어른이 자손에게, 또는 관의 장이 부하에게 훈계하는 글을 가리켰다. 남북조 이후로는 임금이 내리는 명령서의 한 가지로 조정에서만 사용되었다.

6) 이무~절지(吏無~絶之):「망풍오민언수한(望風惡民言水旱)」: 조정의 취지에 영합하며, 백성들의 피해상황에 대해 말하는 것을 싫어하다. '망풍(望風)'은 소문을 듣고, 동정을 살핀다는 뜻이다.「일이농전칙한(一以農田勅限)」: 피해상황에는 관계없이 일률적으로 농지면적에 따라서 조세 납부의 기한을 정하다.

7) 선덕문(宣德門): 개봉성(開封城) 안에 있는 궁성(宮城)의 정문 이름.

否, 然言否者十七八. 最後視者還, 言民實災, 而吏徒畏約束以苟自免爾. 天子聞之惻然, 盡蠲畿民之租[8].

　余嘗竊歎曰: 民生幸而爲畿民, 有緩急, 近而易知也. 雨降於天, 河溢於地, 與赤日之出, 是三者, 物之易見也. 前二三歲旱蝗相連[9], 朝廷歲歲隨其災之厚薄, 蠲其賦之多少; 至兵食不足, 則歲糴或入粟以爵而充之[10]. 是在上者之愛人, 而仁人之心易惻也. 以易知之近, 言易見之事, 告易惻之仁, 然吏一壅之, 幾不得達. 況四海之大, 幾萬里而遠, 事之難知不若霖潦赤日之易見者何數! 使上有惻之之心不得達於下, 下有思告之苦不得通於上者, 吏居其間而壅之爾. 可勝歎哉!

　扶風爲縣, 限關之西[11], 距京師在千里外. 民之不幸而事有隱

---

8) 견(蠲): 덜다, 면제하다.

9) 한황상연(旱蝗相連): 가뭄과 누리(메뚜기)의 피해가 잇달아 발생하였다는 뜻이다. 《속자치통감(續資治通鑑)》에 따르면, 경우 원년 3월에 "개봉부 판관 사강(謝絳)이 다음과 같이 말하였다. '들판에 누리 떼가 번져 외성 안에까지 모여들었으며, 관아에도 마구 뛰어들고, 우물이나 변소 할 것 없이 바글바글합니다. 조정에서 관리를 자주 내 보내어, 부와 현에 누리 떼를 잡고 쫓아내는 것을 감시하게 하니, 농가를 짓밟고 다녀서 백성들은 생활의 근거가 없습니다'(開封府判官謝絳言: 蝗亘田野, 坌入郛郭, 跳擲官寺, 井匽皆滿, 而使者數出, 府縣監捕驅逐, 蹂踐田舍, 民不聊生.)"

10) 지병~충지(至兵~充之): 「세적(歲糴)」: 관아에서 풍년이 든 지역으로부터 식량을 수매하는 것을 말한다. 「입속이작(入粟以爵)」: 관직과 작위를 파는 방법을 써서 부유한 사람들에게 관아로 식량을 납부하도록 하는 것이다.

11) 한관지서(限關之西): 동관(潼關)으로부터 서쪽이란 말이다.

微者何限. 其能生死曲直之者, 令與主簿・尉三人[12]. 而民之志
得不壅而聞於州, 州不壅而聞於上; 縣不壅而民志通者, 令與主
簿・尉達之而已.

王君聖紀主簿於其縣. 聖紀好學有文, 佐是縣也, 始試其爲政
焉[13], 故以夫素所歎者告之.

景祐三年二月二十四日, 廬陵歐陽修序.

直譯 지난해 5월 큰 장마로 보리가 죽고 황하의 강물이 경기 동부
지역에 범람하여 낮은 전답이 다 침수되었고, 얼마 뒤에는 또 가뭄
이 들어 8월까지 비가오지 않아서 콩과 조 같은 작물들이 고지대
밭에서는 다 말라죽었습니다. 삼사(三司, 송대의 최고 재정기구)에서
는 (이 재난에 대해서) 담당 관리들에게 먼저 이렇게 말하였습니다.
'이전에 박주(博州)에 황하가 범람하자, 백성들이 수재를 빌미로
면세를 요구하여 수만호가 세금을 감면 받았다. 금년 가을 세금을

____

12) 기능~삼인(其能~三人):「생사곡직(生死曲直)」: 모두 사역동사로 사용되
   었다. 백성들을 살리거나 죽이고, 상황을 왜곡하거나 공정하게 처리한
   다는 뜻이다. 「령(令)・주부(主簿)・위(尉)」: 현의 수뇌부로, 주부와 현
   위는 현령을 보좌하는 직책이다. 《송사・직관지(職官志)》에 "태조 개보
   3년(970)에 다음의 조령을 내렸다. 천 호 이상인 현에는 현령, 주부, 현
   위를 둔다. 사백 호 이상인 현에는 현령과 현위를 두며, 현령이 주부의
   업무를 맡는다. 사백 호 이하의 현에는 주부와 현위를 두고, 주부가 현
   령의 역할을 겸한다(開寶三年詔: 諸縣千戶以上置令簿尉; 四百戶以上置
   令尉, 令知主簿事; 四百戶以下置簿尉, 以主簿兼知縣事.)" 라고 하였다.
13) 시시기위정언(始試其爲政焉): 처음으로 관직을 맡아 나가게 된 것을 가
   리킨다. 송대에는 처음 진사가 되면, 소수 몇 명만이 수도에 남아 관직을
   맡았고, 나머지 대부분은 각 지방의 관직에 임명되어 분산 배치되었다.

매길 때에 백성들이 수재와 한발을 빌미로 멋대로 감면을 요구해서 군량미가 부족할까 두렵다. 담당 관리들은 반드시 신중하기를 정중히 명령한다.' 조정은 이로 인하여 세금을 거두라는 명령을 발표하고서 주현(州縣)의 관리에게 엄격히 집행할 것을 요구하였습니다. 이렇게 되자 멀고 가까운 관리들 할 것 없이 모두가 바람에 쓸리듯 조정의 의도에 영합하여, 재난을 당한 백성들의 실상을 보고하는 것을 귀찮게 여기며, 일률적으로 농지면적에 따라 기한 안으로 납부케 하고, 심지어 매질로써 백성들의 보고를 막았습니다.

경성 부근의 백성들은 관청에 호소하였지만 들어주지 않고, 개봉부(開封府)에 호소하였지만 또 들어주지 않았습니다. 이에 백성들은 서로 무리를 지어 선덕문(宣德門) 밖에 서서 재상에게 하소연하였습니다. 그때야 비로소 관리들을 각 고을로 파견하여 재난상황을 시찰하게 하였습니다. 그러나 시찰하러 갔던 사람들이 돌아와서는 재난을 입었다고 보고하는 사람도 있고, 아무런 재난도 입지 않았다고 보고하는 사람도 있었지만, 입지 않았다고 하는 사람들이 오히려 열에 일곱 여덟이었습니다. 최후에 시찰을 갔던 사람이 돌아와서야, 백성들은 분명히 재난을 입었는데, 주현의 관리들이 조정의 명령이 두려워 구차히 자신의 질책을 면하고자, 재난사실을 말하지 않았다고 하였습니다. 천자께서 들으시고 측은하게 여겨, 경성부근의 세금을 다 면제시켜주셨습니다.

나는 일찍이 몰래 탄식하여 말하였습니다. 이들 백성들은 다행히 경성부근에서 태어난 백성들이어서 재난을 입자 조정에서 가까워 쉽게 알려질 수 있었습니다. 하늘에서 내리는 비나 땅으로 흘러넘치는 황하의 강물 그리고 햇살이 내리쬐는 혹서 같은 이런 것들은 다 쉽게 보고 알 수 있는 현상입니다. 지난 이삼년간 한발과 누리의 재난이 연이어 생기자, 조정에서는 해마다 재난의 경중에 따라, 많게 혹은 적게 세금을 줄여주었습니다. 병사의 식량이 부족하면, 풍년든 지역에서 곡식을 구매하거나 관직으로 식량을 바꾸어서 충당하였습니다. 이것은 황제께서 백성을 사랑하시며, 마음이 인자하시어 쉽게 백성의 고통을 측은하게 여기신다는 것입니다. 가령 조정에 쉽게 알려질 수 있는 가까운 곳에 있고, 말하는 내용이 쉽게 보고 알 수 있는 현상이며, 또 쉽게 백성을 측은히 여기시어 보고드릴 수 있는 어진 임금님이 계신다 하더라도, 그러나 관리가 일단 중간에서 막아버리면, 거의가 위로 전달될 수가 없습니다. 하물며 이렇게 넓은 천하에, 거의 몇 만 리 밖에 떨어져 있는 곳에, 장마·수재·혹한 같은 쉽게 볼 수 있는 일이 아닌 알기 어려운 일이라면, 또한 어떻게 헤아려 알 수 있겠습니까? 황제께서 측은히 여기는 마음을 가지고 계시더라도 아래로 전달할 수 없고, 백성들이 알리고 싶은 고통이 있어도 위로 전달할 할 수 없는 것은 관리들이 그 사이를 차지하여 막고 있기 때문입니다. 이것이 탄식을 이기지 못하게 하는 것입니다.

부풍현(扶風縣)은 동관(潼關) 서쪽에 있는데 경성에서 천리 이상 떨어진 곳입니다. 따라서 백성들에게 불행히 일이 생겨도 은폐되는 것이 많을 것입니다. 그들의 생사곡직(生死曲直)을 결정할 수 있는 사람은 바로 현령(縣令)·주부(主簿)·현위(縣尉) 세 사람입니다. 백성들의 바라는 뜻이 현(縣)에서 저지되지 않아야 주(州)에 알려질 수 있고, 주(州)에서 저지되지 않아야 조정에 알려질 수 있습니다. 백성들의 뜻이 저지되지 않고 조정에 알려지려면 현령·주부·현위 세 사람이 위로 전달해 주어야 합니다.

왕성기 군이 부풍현 주부가 되었습니다. 왕성기 군은 배우기를 좋아하고 글재주가 있으며, 이 현의 보좌관인 주부로 정치를 시작하기 때문에, 내가 평소 안타깝게 여기던 일을 가지고 그에게 알려줍니다.

경우 3년(1036년) 2월 24일 여릉 구양수 서(序)를 짓다.

〈송증공수재서(送曾鞏秀才序[1])〉

이 글은 경력(慶曆) 2년(1042)에 지었다. 구양수는 증공(曾鞏)이 뛰어난 재능을 지녔고 학업에 정통하였으면서도 오히려 과거시험에 낙방한 일을 통하여, 예부 시험의 시험기준과 방법에 대해 날카롭게 비판을 하였다. "비록 우뚝 빼어난 재능을 가졌더라도 척도에 조금만 맞지 않으면 내버리고 취하지 않는다.(雖有魁壘撥出人材, 其一累黍不中尺度, 則棄不敢取)." 그래서 "늘 놓쳐버리는 인재는 많고 얻는 인재는 적다(往往失多而得少)". 이것은 분명 인재를 선발하는 방면에 대해 깊이 생각해볼 일이다. 경력 3년에 정치개혁을 위하여 범중엄(范仲淹)이 제출한 열 개의 개혁조항 중에서 세 번째 조항으로 '과거시험의 방법을 개혁할 것(精貢擧)'을 주장하였는데, 이것은 곧 과거제도에 대한 개혁으로, 전적으로 성병대우(聲病對偶)만을 가지고 시험의 우열을 결정하는 방법을 폐지하고, 책론(策論)과 경학(經學) 시험에 치중할 것을 주장하였다. 작자는 또 이 글에서 "함께 시험에 참가하여 합격한 사람을 비난하지도 않고, 또 시험관을 책망하지도 않으면서(不非同進, 不罪有司)" "자신의 학문을 더 확충하고 자신의 몸가짐을 더욱 견고히 하겠노라(思廣其學而堅其守)"고 한 증공의 도량과 포부에 대해서 높이 평가하고 있다. 가우(嘉祐) 2년(1057)에 구양수는 과거시험을 주관하면서 시험방법을 개혁하였고, 이 때 증공(曾鞏)·소식(蘇軾)·소철(蘇轍) 같은 사람들이 동시에 진사시험에 합격하였다.

---

1) 증공(曾鞏, 1029-1083) : 자가 자고(子固)이며, 남풍(南豊: 지금의 강서성 江西省 남풍현南豊縣) 사람이다. 그의 문장은 일찍부터 이미 구양수의 인정을 받았으며, 후에 당송팔대가(唐宋八大家)의 한 사람이 되었다. 왕안석(王安石)도 그가 구양수에게 소개하였다.

原文 廣文曾生, 來自南豐, 入太學, 與其諸生群進於有司[2]. 有司斂群材, 操尺度, 概以一法[3]. 考其不中者而棄之; 雖有魁壘撥出之材, 其一累黍不中尺度[4], 則棄不敢取. 幸而得良有司, 不過反同衆人歎嗟愛惜, 若取舍非己事者, 諉曰: "有司有法, 奈不中何!" 有司固不自任其責, 而天下之人亦不以責有司, 皆曰: "其不中, 法也." 不幸有司尺度一失手, 則往往失多而得少. 嗚呼, 有司所操果良法耶? 何其久而不思革也?

況若曾生之業, 其大者固已魁壘, 其於小者亦可以中尺度[5], 而有司棄之, 可怪也. 然曾生不非同進, 不罪有司, 告予以歸,

---

2) 광문~유사(廣文~有司):「광문((廣文)」: 광문관(廣文館)으로, 당대와 송대 모두 설치하였다. 국자감(國子監)에서 진사시험을 준비하고 있는 생도를 관장하였다.「태학(太學)」: 송대 국학의 하나로, 8품 이하 관리의 자제 및 평민들 중에서 남달리 뛰어난 자가 입학할 수 있었다.「진어유사(進於有司)」: 예부(禮部)에 가서 진사시험에 응하는 것을 가리킨다.「유사(有司)」: 이 글에서는 어떤 때에는 예부를 가리키고, 어떤 때는 시험관을 가리키기도 한다.

3) 개이일법(槪以一法): 한 가지 기준을 사용해서 평가하다.「개((槪)」: 본래는 말에 곡식을 담고 그 위를 밀어서 고르게 하는 기구인 평미레를 가리키는데, 파생되어서 평가한다는 뜻으로 사용되었다.

4) 누서(累黍): 아주 미세한 중량 또는 길이의 단위로, 차이가 아주 작은 것을 나타내는 말이다. 고대에는 기장의 낟알을 계량(計量)의 기준으로 삼았는데, '누서'는 원래 일정한 방식에 따라 기장의 낟알을 배열하여 길이, 용량, 중량 등 여러 가지 단위를 정하는 것을 가리킨다.

5) 황약~척도(況若~尺度):「업(業)」: 학업을 가리킨다.「대자(大者)」: 학문을 하는 식견, 사상의 깊이를 가리킨다.「소자(小者)」: 문장기교를 가리킨다.

思廣其學而堅其守⁶⁾. 予初駭其文, 又壯其志. 夫農不咎歲而菑
播是勤, 其水旱則已, 使一有獲, 則豈不多邪?

  曾生橐其文數十萬言來京師, 京師之人無求曾生者, 然曾生
亦不以干也. 予豈敢求生, 而生辱以顧予. 是京師之人旣不求
之, 而有司又失之, 而獨余得也. 於其行也, 遂見於文, 使知生
者可以弔有司失之, 而賀余之獨得也.

直譯 광문관의 태학생인 증공 수재는 남풍에서 와 태학에 입학하
여 공부하다가 그의 태학생 동료들과 함께 예부의 진사시험을 보
게 되었다. 시험관(有司)이 뭇 인재를 거둬들임에 척도를 잡고 하
나의 법을 일률적으로 적용하여, 고시에 참가한 사람들 가운데 거
기에 맞지 않은 사람은 물리쳐버린다. 비록 우뚝 빼어난 재능을
가졌더라도 척도에 조금만 맞지 않으면 내버리고 취하지 않는다.

---

6) 연증생~기수(然曾生~其守): 증공의 도량과 포부를 썼다. 옛날 과거시험
   에 낙방한 사람들은 왕왕 합격한 사람에 대해서는 운이 좋아서라고 생각
   하고, 시험관(試驗官)들에 대해서는 그들의 무지를 공격하였지만, 증공은
   그렇게 하지 않았다. 남송(南宋) 왕명청(王明淸)의 《휘주후록(揮塵後錄)》
   에 "증공은 동생 증엽(曾曄)과 함께 과거시험에 응시하였지만, 매번 예부
   의 과거시험에는 순조롭지가 못하였다. 마을 사람 중에 증공을 좋아하지
   않는 자가 있어 시를 지어 그를 조롱하였다. '삼 년에 한 번 여는 과거시
   험장, 증씨네 수재 둘을 떨어뜨려 죽인다. 흡사 처마 밑의 제비 꼴이로
   세, 한 쌍이 날아가고 한 쌍이 날아든다' 증공은 여기에 개의치 않고, 여
   러 동생들을 힘써 가르치는데 나태하지 않았다([曾鞏]與長弟曄應擧, 每不
   利於春官, 里人有不相悅者, 爲詩以嘲之曰: '三年一度擧場開, 落殺曾家兩
   秀才, 有似檐間雙燕子, 一雙飛去一雙來.' 南豊不以介意, 力敎諸弟不怠.)"
   라고 하였다.

다행히 좋은 시험관을 만난다 하더라도 일반 시험관과 다른 점이라고는 여러 사람들과 함께 몇 마디 말로 안타까워하며 애석하게 여기는 데에 불과하고, 선발을 하느냐 하지 않느냐의 여부는 마치 자신의 일이 아닌 것처럼 생각한다. 그리고서 그들은 책임을 미루어 "예부에 정해진 기준이 있으니, 거기에 맞지 않으면 무슨 방법이 있겠는가!"라 하며 스스로 책임지지 않으려 하고, 뿐만 아니라 세상 사람들도 시험관을 책망하기보다는 "그 사람이 합격하지 못한 것은 기준에 맞지 않아서이다"라고 한다. 불행히 시험관의 척도가 한번이라도 잘못되면 늘 놓쳐버리는 인재는 많고 얻는 인재는 적다. 아! 시험관이 쥐고 있는 척도가 과연 좋은 기준인가? 어째서 이처럼 오래도록 고치려 하지 않는가?

하물며 증공 같은 학생의 학업은 그 큰 부분은 이미 걸출하게 뛰어났고, 작은 부분도 예부(禮部)의 척도에 맞을 수 있는데, 시험관은 오히려 그를 버렸으니 정말 괴이하도다! 그러나 증공 학생은 함께 시험에 참가하여 합격한 사람을 비난하지도 아니하고, 또 시험관을 책망하지도 않으면서, 돌아가 자신의 학문을 더 확충하고 자신의 몸가짐을 더욱 견고히 하겠노라고 나에게 말하였다. 나는 처음엔 그의 문장에 경탄했고, 이번에는 또 그의 인품에 탄복하였다. 농부가 천시(天時)의 좋지 못함을 나무라지 않고 부지런히 씨를 뿌리고 경작하니, 수재나 한발을 만나면 어쩔 수 없지만, 일단 수확을 한다면 어찌 풍성하지 않겠는가?

증공 학생이 수십만 자(字)나 되는 문장을 가지고 경사(京師)로 왔을 때, 경성 사람들은 증공 학생을 보자는 사람도 없었고, 증공 학생 또한 글을 가지고 찾아가 자신을 추천해 달라고 청하지도 않았다. 내 어찌 감히 그를 알아주었다 하겠나마는, 그는 오히려 자신을 낮추어 나를 찾아 주었다. 이것은 결국 경성 사람들이 그를 알아주지도 않았고 예부(禮部)의 시험관도 그를 버렸으니, 나만이

이런 인재를 얻게 되었다. 그가 떠나가려고 할 때 이러한 생각을
글로 드러내어, 증공 학생을 알고 있는 사람들이 (이런 인재를 놓
쳐버린) 예부의 시험관을 위로케 하고 나만이 얻게 된 것을 축하
하도록 하기 위해서다.

〈송양치서(送楊寘序)[1]〉

이 글은 경력 7년(1047년)에 지었다. 친구 양치(楊寘)를 송별하는 내용인데, 그 가운데서 중점을 두고 묘사한 것은 송별의 내용보다는 오히려 성정을 도야하는 거문고 소리의 힘이다. 작자는 다방면의 비유와 연상 등의 수사법을 동원해 음악이 전달해내는 복잡하고 추상적인 감정을 매우 구체적으로 표현해내었다. 그리고 이 모든 것이 친구에 대한 관심과 긴밀히 혼합되어 있어, 문장의 구상방면에서도 아주 기묘하다.

구양수는 일찍이 한유의 시 〈청영사탄금(聽潁師彈琴)〉을 평하여 "단지 거문고 소리만을 이야기했을 뿐이다"라 하였다. 작가는 본문에서 거문고라는 악기의 특징을 잘 파악하여 묘사하였는데, 이것이 이 작품의 뛰어난 점이고, 훌륭한 작품이 될 수 있었던 것이다. 그래서 전인들은 "연주를 잘 할 줄 아는 자가 아니라면 이런 말을 할 수가 없다"라고 하였다.

原文 予嘗有幽憂之疾[2], 退而閑居, 不能治也. 旣而學琴於友人

1) 송양치서(送楊寘序): 어떤 판본에는 '송양이부검포서(送楊二赴劍浦序)'로 되어있다. 「양치(楊寘)」: 구양수의 친구로, 자가 심현(審賢)이다. 어려서부터 글재주가 있었고, 송 인종 경력(慶歷) 2년(1042)에 진사가 되었다. '치(寘)'는 치(置)의 이체자(異體字)이다.

2) 유우지질(幽憂之疾): 지나친 걱정으로 병이 생기는 것을 말한다. 《장자·양왕(讓王)》의 "제가 마침 지나친 걱정으로 병이 나서 치료를 해야 하기 때문에 천하를 다스릴 겨를이 없습니다(我適有幽憂之病, 方且治之, 未暇治天下也.)"라는 문장이 있는데, 이 문장에 대해 성현영(成玄英)의 소(疏)에 "'유(幽)'는 깊다(深也)는 뜻이고, '우(憂)'는 걱정한다(勞也)는 뜻이다"라고 하였다.

孫道滋, 受宮聲數引[3], 久而樂之, 不知疾之在其體也[4].

夫琴之爲技, 小矣. 及其至也, 大者爲宮, 細者爲羽; 操弦驟作, 忽然變之: 急者淒然以促, 緩者舒然以和. 如崩崖裂石, 高山出泉, 而風雨夜至也; 如怨夫寡婦之歎息[5], 雌雄雍雍之相鳴也[6]. 其憂深思遠, 則舜與文王·孔子之遺音也[7]; 悲愁感憤, 則伯奇孤子[8]·屈原忠臣之所歎也. 喜怒哀樂, 動人心深; 而純古

---

3) 수궁성수인(受宮聲數引): 오음(五音)의 소리와 음악 몇 곡을 익혔다는 말이다. 「궁(宮)」: 오음의 첫 음으로, 여기서는 오음을 통칭하여 가리킨다. 「인(引)」: 악곡 체제의 이름으로, 전주(前奏)의 의미가 있다.

4) 부지질지재기체야(不知疾之在其體也): 다른 판본에는 '부지기질지재체야(不知其疾之在體也)'로 되어있다. 어떤 판본에는 이 말 뒤에 다음 내용이 더 들어있다. "대저 질병은 근심에서 생긴다. 아주 독한 약으로 그 질병 부위를 치료하는 것 보다는 지극히 좋은 음악으로 그 마음의 불편한 곳을 평화롭게 해주는 것이 더 낫다. 마음이 평화롭고, 화애롭지 못한 것을 화애롭게 하면 질명을 잊어버리는 것은 당연하다.(夫疾生乎憂者也, 藥之毒者能攻其疾之聚, 不若聲之至者能和其心之所不平, 心而平, 不和者和, 則疾之忘也, 宜哉!)"

5) 원부(怨夫): 아내가 없어 슬퍼하는 남자, 즉 홀아비를 가리킨다.

6) 옹옹(雍雍): 화목하다, 정답다.

7) 순여문왕·공자지유음야(舜與文王·孔子之遺音也): 전해오는 말에 의하면, 순(舜)임금·주(周) 문왕, 공자는 모두 거문고 소리를 이용하여 자신들의 생각을 잘 표현하였다고 한다. 즉 순임금은 일찍이 오현금(五弦琴)을 타서 〈남풍가(南風歌)〉를 노래하였고, 문왕은 금곡(琴曲)인 〈문왕조(文王操)〉를 지었으며, 공자는 항상 악기를 연주하고 노래하며 음악의 교화 작용을 중시하였다고 한다.

8) 백기(伯奇): 주나라 선왕(宣王) 때 고관을 지낸 윤길보(尹吉甫)의 아들. 윤길보가 후처의 말을 믿고 백기를 내쫓아버렸다. 사실 백기는 계모에게 매우 효성스러웠는데도 쫓겨났기 때문에 더욱 슬퍼하였고, 결국 강물에 몸을 던져 죽었다.

淡泊, 與夫堯舜三代之言語·孔子之文章·《易》之憂患[9]·《詩》
之怨刺無以異[10]. 其能聽之以耳, 應之以手. 取其和者, 道其湮
鬱[11], 寫其幽思[12], 則感人之際, 亦有至者焉.

　予友楊君, 好學有文, 累以進士擧不得志. 反從蔭調[13], 爲尉

---

9) 《역》지우환(《易》之憂患):「《역(易)》」:《주역(周易)》을 말한다. 《역경(易
經)》이라고도 한다. 《주역》은 크게 '경(經)'과 '전(傳)' 두 부분으로 나뉜
다. '경'은 본문 부분이라 할 수 있는데, 64개의 상징적인 부호 괘(卦)와
그에 첨가된 괘사(卦辭) 및 384개의 각 효에 첨가된 효사(爻辭)로 구성된
다. 괘사와 효사를 통칭하여 계사(繫辭)라고 한다. 옛날부터 전해오기로
는 복희(伏羲)가 64괘를 만들었고, 문왕이 괘사(卦辭)를 지었다고 하는
데, 견해가 일정치 않다. '전'은 계사(繫辭)를 해설한 것이다. 모두 10편
으로, 작자는 공자로 되어 있다. 《사기·은본기(殷本紀)》에 "임금 주가
서백을 유리에 가두었다(紂囚西伯羑里.)"라고 하였다. 공자는 나이 50이
지나서 송(宋), 위(衛), 진(陳), 채(蔡), 제(齊), 초(楚) 등 여러 나라를 주
유하였는데, 자칭 "만약 나를 써 주는 데가 있다면 아마 동주일 것이
다.(如有用我者, 吾其爲東周乎?)"라고 하였지만 줄곧 중용되지는 못하였
다. '《역》지우환'이라는 말은 바로 문왕이 유리에 갇히고, 공자가 때를
얻지 못한 우환을 가리킨다.
10) 《시》(《詩》):《시경(詩經)》을 말한다. 중국 최초의 시가 모음집으로, 춘추
시대에 편집되었다. 〈풍(風)〉〈아(雅)〉〈송(頌)〉 세 부분으로 나뉘며, 모두
305수의 시를 싣고 있다.
11) 도기인울(道其湮鬱): 답답한 마음을 털어내다.「도(道)」:'도(導)'자와 같
이 쓰여, 이끌어 소통시킨다는 뜻이다.「인울(湮鬱)」: 막히다, 울적하다.
12) 사(寫):'사(瀉)'자와 통하며, 쏟아낸다는 뜻이다.
13) 반종음조(反從蔭調):「음조(蔭調)」: 선대의 관직이나 작위 또는 공로에
의하여 특별대우를 받아 기용되었다가 다시 다른 관직으로 이동된다는
뜻이다.「반(反)」: 어떤 판본에는 '급(及)'으로 되어있다.

於劍浦[14]. 區區在東南數千里外, 是其心固有不平者. 且少又多疾, 而南方少醫藥, 風俗飮食異宜. 以多疾之體, 有不平之心, 居異宜之俗, 其能鬱鬱以久乎? 然欲平其心以養其疾, 於琴亦將有得焉. 故予作〈琴說〉以贈其行, 且邀道滋酌酒·進琴以爲別.

[直譯] 나는 일찍이 깊은 근심으로 우울증에 걸려, 물러나 집에서 한가하게 거주해도 고칠 수가 없었다. 나중에 친구 손도자(孫道滋)에게 거문고 타는 것을 배우면서, 몇 곡조 궁조의 곡을 익혔다. (거문고 타는 것이) 오랜 시간이 흐르자 즐거움이 되어 병이 내 몸에 있는지도 모르게 되었다.

거문고의 기예는 보잘 것 없는 것이지만, 이 기예가 최고조에 이르면 호쾌한 궁성(宮聲)에서부터 나직한 우성(羽聲)까지 연주할 수가 있다. 거문고 현을 급속하게 타면 리듬도 곧 감정의 변화에 따라 변한다. 리듬이 촉급하면 아주 슬프게 느껴지고, 리듬이 온화하고 느슨하면 편안하고 즐겁게 느껴진다. 어떤 때는 산이 무너지고 돌이 깨어져 샘물이 높은 산 위로 분출하는 듯하고, 밤에 갑자기 폭풍우가 몰아치는 듯하며, 어떤 때는 홀아비나 과부의 탄식 같기도 하고, 한 쌍의 새가 화목하게 지저귀는 것 같기도 하다. 그 깊은 근심과 심원한 생각은 순임금·문왕·공자의 유음(遺音)이요, 슬픔·근심·감개·격분의 소리는 고아인 백기(伯奇)와 충신인 굴원(屈原)의 탄식이다. 희노애락의 정서는 사람의 마음을 깊

---

14) 위위어검포(爲尉於劍浦): 「위(尉)」: 관직 이름으로, 현위(縣尉)를 말한다. 현령을 보좌하며, 현의 치안을 담당하였다. 진나라 때에 처음 설치하였고, 한나라 이후 대대로 계속 설치하였다. 「검포(劍浦)」: 현 (縣)이름으로, 지금의 복건성 남평현(南平縣).

이 감동시킬 수 있으며, 그리고 순박하고 고아하며 담박한 음색은 요순 삼대의 언어·공자의 문장·《역경》에서 표현한 우환·《시경》에 내포된 원한이나 풍자와 조금도 다름이 없다. 그것은 충분히 귀로 들을 수 있고, 손으로 연주해낼 수도 있다. 거문고의 조화로운 음조를 골라 답답한 마음을 해소하고 깊은 근심을 털어버릴 수 있다면, 거문고 소리가 사람의 마음을 감동시키는 것 또한 지극함이 있는 것이다.

내 친구 양군은 학문연구를 좋아하고 문장을 잘 썼으며, 여러 차례 진사시험에 참가하였지만 뜻을 얻지 못하였다. 그러나 조상의 음덕으로 벼슬을 얻어 검포(劍浦) 현위(縣尉)로 가게 되었다. 조그마한 검포 땅은 동남쪽 수 천리 밖에 있으니, 그의 마음속엔 당연히 불만이 있었을 것이다. 뿐만 아니라 그는 어려서부터 질병이 많았고, 또 남방에는 의사나 약품도 거의 없을 뿐만 아니라 풍속과 음식도 중원과 달랐다. 다병한 몸과 불만스런 마음으로 풍속마저 다른 곳에서 생활해야 하니, 어찌 답답하고 근심스런 마음으로 오래 살 수 있겠는가? 그러나 그 마음을 평온히 하여서 그 병을 요양하는 데에는 거문고를 타는 것도 또한 장차 도움이 될 것이다. 그러므로 내가 이 '거문고에 관한 이야기(琴說)'를 지어 주고서 그를 전송하고, 아울러 손도자를 청하여 함께 술을 마시고 거문고를 연주하여 이별하고자 한다.

〈송서무당남귀서送徐無黨南歸序〉

이 글은 지화(至和) 원년(1054)에 쓴 증서(贈序)이다. 서무당(徐無黨)은 무주(婺州) 동양군(東陽郡) 영강현(永康縣: 지금의 절강성浙江省 영강현永康縣) 사람으로, 황우(皇祐) 연간에 진사시험에 합격하였다. 구양수를 좇아서 고문을 배웠으며, 후에 구양수가 편찬한 《신오대사(新五代史)》에 주를 달기도 하였다. 그가 수도(당시의 수도는 개봉開封)에서 남쪽에 있는 고향으로 돌아갔기 때문에 '남쪽으로 돌아간다(南歸)'고 한 것이다.

이 글은, 〈답오충수재서(答吳充秀才書)〉와 〈답조택지서(答祖擇之書)〉에서도 보았듯이, 창작에 있어 문(文)보다 도(道)를 우선시한 구양수의 주장을 반영하고 있으며, 당시의 형식주의적 문학풍조를 비평하고 있다. 그리고 여기에서 작자가 이야기하고 있는 '도'란 당연히 유가사상의 도이다. 구양수는 이 글을 쓴지 3년 후 과거시험을 주관하는 지공거(知貢擧)가 되었는데, 그는 이 기회를 이용하여 고문을 제창하였고, 한 걸음 더 나아가 기험(奇險)만을 추구하는 '태학체(太學體)'를 신랄히 비판하여 시문혁신운동을 성공적으로 이끌기도 하였다.

이 글은 '삼불후(三不朽)로부터 입론하여 사람이란 초목(草木)이나 조수(鳥獸)와 다름없이 궁극에는 다 죽어 없어지지만, 오직 '수신(修身: 자신의 몸을 수양함)'·'시사(施事: 수양한 것을 사업으로 시행함)'·'입언(立言: 언사로써 작품을 남김)'이 세 가지만은 "죽어도 썩지 않고 세월이 멀리 흘러가면 갈수록 더욱더 그 존재가 드러남(雖死而不朽, 逾遠而彌存也)"을 설명하여 '수신(修身)'·'시사(施事)'·'입언(立言)'의 중요성을 강조하고 있다. 초목·조수(鳥獸)·중인(衆人)을 적절히 이용하여 주제를 잘 부각시키고 있을 뿐만 아니라 반복된 감탄과 적절한 언사의 운용 그리고 앞뒤 문맥의 자연스런 호응으로 문장에 빈틈이 없다.

原文 草木鳥獸之爲物, 衆人之爲人, 其爲生雖異, 而爲死則同, 一歸於腐壞·澌盡·泯滅而已. 而衆人之中, 有聖賢者, 固亦生且死於其間, 而獨異於草木鳥獸衆人者, 雖死而不朽, 逾遠而彌存也. 其所以爲聖賢者, 修之於身, 施之於事, 見之於言, 是三者所以能不朽而存也[1].

修於身者, 無所不獲; 施於事者, 有得有不得焉; 其見於言者, 則又有能有不能也[2]. 施於事矣, 不見於言可也. 自《詩》《書》《史記》所傳, 其人豈必皆能言之士哉? 修於身矣, 而不施於事, 不見於言, 亦可也. 孔子弟子有能政事者矣, 有能言語者矣[3], 若顏回者, 在陋巷, 曲肱饑臥而已, 其羣居則默然終日如

---

1) 시삼자소이능부후이존야(是三者所以能不朽而存也):《좌전(左傳)·양공(襄公)》24년에 "최상은 큰 덕을 세우는 것이고, 그 다음은 큰 공을 세우는 것이며, 그 다음은 훌륭한 말을 남기는 것이라고 합니다. 그 덕·공·말이 오래 되어도 소멸되지 않으면 그것을 영원히 썩지 않는 것이라고 합니다(太上有立德, 其次有立功, 其次有立言, 雖久不廢, 此之謂不朽.)"라고 하였다.

2) 수어신자~ 불능야(修於身者~不能也): 이 말의 뜻은 다음과 같다. 몸을 수양하여 덕을 닦는 것은(立德) 개인의 일이어서 몸소 힘써 실행을 하면 반드시 얻는 바가 있고, 국가 사업에 투신하여 공을 세우는 것은(立功) 사회적인 일이어서 개인에 의해 결정될 수가 없으며, 훌륭한 말을 남기는 것은(立言) 사람들의 재능에 따라 남길 수도 있고 남길 수 없기도 한다는 것이다.

3) 공자~자의(孔子~者矣):《사기·중니제자열전(仲尼弟子列傳)》에 "공자는 '나에게 가르침을 받고 육예(六藝)에 통달한 제자가 77명이다'라고 하였는데, 그들은 모두 다 특별한 능력을 소유한 사람들이었다. 그 중에서 덕행에는 안연(顏淵)·민자건(閔子騫)·염백우(冉伯牛)·중궁(仲弓), 정사

愚人⁴⁾, 然自當時弟子皆推尊之, 以爲不敢望而及⁵⁾, 而後世更百
千歲亦未有能及之者. 其不朽而存者, 固不待施於事, 況於言
乎?

에는 염유(冉有) · 계로(季路) · 언어에는 재아(宰我) · 자공(子貢), 문학에
는 자유(子游) · 자하(子夏)가 특별히 뛰어났다(孔子曰: 受業身通者七十有
七人, 皆異能之士也. 德行: 顔淵, 閔子騫, 冉伯牛, 仲弓. 政事: 冉有, 季
路. 言語: 宰我, 子貢. 文學: 子游, 子夏.)"라고 하였다.

4) 약안회~우인(若顔回~愚人); '안회(顔回)'는 안연(顔淵)을 가리킨다. 《논
어 · 옹야(雍也)》에 "공자께서 말씀하셨다. '안회는 얼마나 훌륭한가! 한
그릇의 밥과 한 표주박의 물로 좁고 누추한 골목에서 사는 것을, 다른 사
람이라면 그러한 근심을 견디지 못할 것이나, 안회는 오히려 그것을 즐거
움으로 알고 고치지를 않는구나'(子曰: '賢哉, 回也! 一簞食, 一瓢飮, 在
陋巷, 人不堪其憂, 回也不改其樂.')"라 하였고, 《논어 · 술이(述而)》에
"공자께서 말씀하셨다. '거친 밥을 먹고 찬물을 마시며 팔꿈치를 굽혀 베
개삼아 누워도 즐거움이 그 가운데에 있다'(子曰: '飯蔬食, 飮水, 曲肱而
枕之, 樂亦在其中矣.')"라 하였고, 《논어 · 위정(爲政)》에 "공자께서 말씀
하셨다. '내가 온종일 안회와 학문을 이야기하였으나, 그는 결코 반대의
견이나 의문을 제기하지 않아 마치 우둔한 사람처럼 보였다'(子曰: '吾與
回言終日, 不違如愚.')"라고 하였다.

5) 연자~이급(然自當時~望而及): 《논어 · 공야장(公冶長)》에 "공자께서 자
공에게 이르셨다. '너와 안회 중에서 누가 더 나으냐?' 자공이 대답하였
다. '제가 어찌 안회와 견줄 수 있겠습니까? 안회는 한 가지 일을 들으면
열 가지 일을 미루어 알지만, 저는 한 가지 일을 들으면 겨우 두 가지 일
을 미루어 알뿐입니다'(子謂子貢曰: '汝與回也孰愈?' 對曰: '賜也何敢望
回? 回也聞一知十, 賜也聞一知二.')"('자공'은 성이 단목(端木)이고 이름
이 사(賜)이다) 라고 하였다. 「당시」란 공자와 안회가 살던 때를 가리킨
다.

予讀班固《藝文志》·唐四庫書目[6], 見其所列, 自三代·秦·漢以來, 著書之士, 多者至百餘篇, 少者猶三四十篇, 其人不可勝數, 而散亡磨滅, 百不一二存焉. 予竊悲其人, 文章麗矣, 言語工矣, 無異草木榮華之飄風, 鳥獸好音之過耳也. 方其用心與力之勞, 亦何異衆人之汲汲營營[7]? 而忽焉以死者, 雖有遲有速, 而卒與三者同歸於泯滅[8]. 夫言之不可恃也蓋如此. 今之學者, 莫不慕古聖賢之不朽, 而勤一世以盡心於文字間者, 皆可悲也.

東陽徐生, 少從予學爲文章, 稍稍見稱於人. 旣去, 而與羣士試於禮部, 得高第, 由是知名. 其文辭日進, 如水涌而山出. 予欲摧其盛氣而勉其思也[9], 故於其歸, 告以是言. 然予固亦喜爲文辭者, 亦因以自警焉.

---

6) 여독~서목(予讀~書目):「반고(班固)《예문지(藝文志)》」:《한서(漢書)·예문지(藝文志)》를 가리킨다.「당사고서목(唐四庫書目)」: 당 현종 때에 장안(長安)과 낙양(洛陽)에 각각 서고를 건립하였는데, 갑을병정(甲乙丙丁)으로 순서를 매기고, 경사자집(經史子集) 네 가지로 분류하였다.

7) 급급영영(汲汲營營): 끊임없이 개인의 이익을 채우기 위해 분주하다.

8) 수유~민멸(雖有~泯滅):「삼자(三者)」: 초목(草木), 조수(鳥獸), 중인(衆人)을 가리킨다.「수유지유속(雖有遲有速)」은 "기지속수이(其遲速雖異)"로 된 판본도 있다.

9) 여욕최기성기이면기사야(予欲摧其盛氣而勉其思也):「최기성기(摧其盛氣)」라고 한 것은 서무당이 어린 나이에 진사시험에 합격하여 의기가 매우 높았다. 그래서 구양수는 그의 기세를 꺾어서 그가 계속 발전할 수 있도록 해주기 위함이다.「면기사(勉其思)」: 그가 생각하도록 격려하다. '삼불후'의 경중과 의존관계를 생각하는 것으로, 단지 문장에만 의거해서 '불후'를 구할 수는 없다는 것을 강조하고 있다.

[直譯] 풀이나 나무, 새나 짐승 같은 사물과 뭇 인간들은 살아있을 때에는 차이가 있지만 죽은 뒤에는 다 같습니다. 하나같이 고기는 썩어서 문드러지고 정신은 다 소실되어서 모두가 녹아 소멸되지요. 그러나 보통 사람들 가운데 성현이라고 할 만한 사람이 있지요. 그들도 분명 만물들 사이에서 살다가 죽지만, 풀이나 나무·새나 짐승·일반 사람과 유독 다른 것은 죽어도 썩지 않고 세월이 멀리 흘러가도 더욱더 그 존재가 드러난다는 것이지요. 그들이 성현이 될 수 있었던 까닭은 자신의 몸을 수양하고, 그것을 사업으로 시행하며, 언사로써 이 모든 것을 표현해낼 수 있었기 때문이지요. 이 세 가지가 영원히 썩지 않고 존속하게 한 까닭이지요.

자신의 몸을 수양하는 자는 수확이 없을 수 없지만, 그것을 사업에 시행하는 사람 가운데 어떤 사람은 성공을 하지만 어떤 사람은 성공하지 못하며, 또한 언사(言辭)로 표현할 때에도 또한 어떤 사람은 표현해 낼 수 있지만, 어떤 사람은 표현해 내지 못할 수도 있습니다. 또 사업으로는 성공적으로 시행하더라도 언사로는 표현해 내지 못하는 경우도 있을 수가 있습니다. 《시경(詩經)》·《서경(書經)》·《사기(史記)》에 실려 전해지는 사람들이 어찌 반드시 언사에 능한 사람들이겠습니까? 자신의 품덕을 잘 수양했더라도 오히려 사업으로 시행하여 잘 드러내지 못하거나 언사로도 잘 드러내지 못할 수가 있습니다. 공자의 제자 가운데에는 정사에 밝은 사람이 있었는가 하면 언사에 능했던 사람도 있습니다. 안회(安回) 같은 사람은 누추한 골목집에 살면서 굶주리면서도 팔꿈치 구부려서 베개 삼아 누워 자고, 여러 사람과 함께 있으면 온종일 묵묵히 말이 없어 마치 우둔한 사람 같았지만, 그러나 당시 공자의 제자들은 모두 그를 추앙하여 자신들은 감히 바라볼 수도 없고 미칠 수도 없는 것처럼 여겼습니다. 뿐만 아니라 그가 죽은 뒤, 백년 천년이 지나도 그를 따라갈 만한 사람은 나오지 않았습니다. 따라서 썩지 않고 영원히 존재는 것이 그야말로 훌륭한 사업을 해야 하는 것도 아니라는 것을 알 수 있으니, 하물며 언사(言辭)로서 이겠습니까? 나는 반고(班固)의 《한서(漢書)·예문지(藝文志)》와 당(唐) 때의 《사고서목(四庫書目)》을 읽으면서, 거기에 나열된 하(夏)·은(殷)·주(周) 삼대와 진(秦)·한(漢) 이후에 책을 저술한 사람들의 명단을 보았습니다. 작품을 많이 쓴 사람은 백 여 편에 이르고 적게 쓴 사람도 삼사십 편이나 되었으며, 또 저술한 사람은 다 헤아릴 수 없을 정도로 많았지만, 그들의 작품들은 대부분 흩어져 없어지거나 마멸되어 백에 한 둘도 남아 있지 않았습니다. 나는 몰래 그 사람들을 위해 이렇게 슬퍼하였습니다. 문장은 화려했을 것이고 언어 또한 정교했을 터이지만, 초목에 핀 꽃들이 바람에 떨어져 흩어지거나 새나 짐승의 울음소리가 귓전을 지나간 것과 다름이 없구나 하고 말입니다. 그들이 노심초사했던 것이 일반 사람들이 끊임없이 개인적인 영리에 급급했던 것과 무엇이 달랐겠습니까? 그러나 홀연히 죽어버린 뒤엔, 그 소멸됨이 늦느냐 빠르냐만 있을 뿐, 끝내는 이 세 가지(초목·조수·중인)와 함께 다 사라져버렸습니다. 언사에 의지할 수 없음이 대개 이러합니다. 지금 배우는 사람들은 옛 성현들의 불후를 사모하지 않음이 없지만, 그러나 일생동안 마음과 힘을 문장 짓는 데에만 기울이니 모두가 슬퍼할 만 합니다!

동양군(東陽郡) 사람 서생(徐生)은 젊어서 나를 따라 문장 짓는 것을 배워서 차츰 사람들에게 칭찬을 받게 되었습니다. 나를 떠난 뒤엔 몇몇 선비들과 예부(禮部)에서 주관하는 진사시험에 참여하여 좋은 성적을 얻어서 이로부터 이름이 알려지게 되었지요. 그의 문장의 언사가 날로 발전하여 물이 솟구쳐 오르는 듯하고 산세가 돌출한 듯합니다. 나는 그의 이러한 왕성한 기세를 조금 억누르고 그가 좀더 깊이 생각하도록 격려하면서, 그가 귀향할 때를 틈타 이러한 말로써 그를 경계시키고, 나 또한 본래 문장 짓는 것을 좋아하니 이 기회에 나 자신에게도 경계로 삼고자 합니다.

〈독이고문(讀李翶文[1])〉

경우(景祐) 3년(1036)에 구양수는 〈여고사간서(與高司諫書)〉를 쓴 일로 이릉령(夷陵令)으로 좌천되었다. 이 글은 바로 좌천되어 가는 도중에 쓴 한 편의 독후감이다. 구양수는 이 글을 통해 개혁이 좌절된 데 따른 침통한 심정을 토로하고, 직분을 다하지 않고 자리만 차지하고서 국가의 녹만 축내고 있는 수구파들의 안일한 행위를 폭로하였다.

이 글은 감정이 강렬하고, 문장의 변화가 많으며 표현수법 또한 다양하다. 특히 점층법과 비교법 등의 수사법을 동원하여 이고(李翶) 문장의 가치를 높이 들고 있다. 즉, 한유(韓愈)의 부(賦)와 비교하여 이고(李翶)의 부(賦)가 개인의 불우함을 초월하여 국가를 위해 근심하는 내용임을 들어 크게 칭찬하고 있다. 다시 말하면, 구양수는 한유의 〈감이조부(感二鳥賦)〉처럼 개인의 실의를 내용으로 한 문학작품을 지어서는 안 되며, 이고처럼 천하의 안위를 걱정하는 그런 문장을 지어야 한다고 주장한 것이다.

따라서 구양수는 문장을 지을 때에는 개인의 '곤궁함'을 승화시켜 국가의 치란(治亂)을 다루는 작품을 써야 한다고 주장하여 현실생활·사회정치를 위한 문학의 사회 효용성을 강조하고 있다.

---

1) 이고(李翶, 772-841): 자가 습지(習之)이고, 한유(韓愈)의 제자이다. 《이문공집(李文公集)》이 전한다.

[原文] 子始讀翺〈復性書〉三篇, 曰: 此《中庸》之義疏爾[2]. 智者誠其性, 當讀《中庸》; 愚者雖讀此, 不曉也, 不作可焉. 又讀〈與韓侍郎薦賢書〉[3], 以謂翺特窮時憤世無薦己者, 故丁寧如此[4]; 使其得志, 亦未必. 然以韓爲"秦漢間好俠行義之一豪俊"[5], 亦善論人者也. 最後讀〈幽懷賦〉, 然後置書而歎, 歎已復讀, 不自休. 恨翺不生於今, 不得與之交; 又恨予不得生翺時, 與翺上下其論也.

凡昔翺一時人, 有道而能文者莫若韓愈. 愈嘗有賦矣, 不過羨二鳥之光榮, 歎一飽之無時爾[6]; 推是心使光榮而飽, 則不復云

---

2) 여시독~의소이(子始讀~義疏爾):「〈복성서(復性書)〉」: 인성(人性)을 논한 이고(李翺)의 주요 저작이다. 《중용》을 이론 근거로 삼아 인성을 성(性)과 정(情)으로 나누었으며, '성'은 선하고 '정'은 악하다고 여겨, 악한 '정'을 제거함으로써 '성'을 회복시켜야 한다는 것이 주된 논지이다. 이러한 관점은 송대 이학(理學)의 선도가 되었다.「《중용》」 사서(四書)의 하나로, 공자의 손자인 공급(孔伋: 즉 자사子思)이 지었다고 한다. 원래는 《예기(禮記)》 49편 가운데 제31편이다.「의소(義疏)」: 설명, 주해(註解), 주소(註釋). 구양수는 "자신의 몸을 수양하여 백성들을 다스린다(修身治人)"는 주장과 교육의 작용을 강조하였으며, 부질없이 인성을 논하는(空談人性) 것을 반대하였기 때문에 〈복성서〉를 낮게 평가하였다.

3) 〈여한시랑천현서(與韓侍郎薦賢書)〉: 이고가 한유에게 보낸 편지이다.

4) 정녕(丁寧): 재삼 부탁하다, 신신 당부하다.

5) 진한~호준(秦漢~豪俊): 이 말은 이고가 한유에게 쓴 편지에서 인용한 것이다.

6) 유상~시이(愈嘗~時爾): 여기에서 말한 '부(賦)'란 당 덕종(德宗) 정원(貞元) 11년 5월에 한유가 지은 〈감이조부(感二鳥賦)〉를 가리킨다. 여기에는 "탄식스럽구나, 저 두 새는 지식도 없으면서, 오히려 은혜 입어 궁중으로 들어가는 것이. 생각해보니 저 두 마리 새와 나는 서로의 진퇴가 너무나

矣. 若翺獨不然, 其賦[7]曰: "衆囂囂而雜處兮, 咸歎老而嗟卑; 視予心之不然兮, 慮行道之猶非." 又怪神堯以一旅取天下, 後世子孫不能以天下取河北, 以爲憂[8]. 嗚呼, 使當時君子皆易其歎老嗟卑之心, 爲翺所憂之心, 則唐之天下豈有亂與亡哉!

달라, 다시금 내 마음 근심을 더하네. 저 새들 가슴속에 무슨 아름다움 있을까, 다만 겉의 깃털만 아름다움을 뽐낼 뿐인데. 내 운명은 고달프고 곤궁하여, 그야말로 저 두 새만도 못하구나. 흘러가는 물처럼 동서남북 떠돌면서, 십년이 지나도 언제나 안주할 곳 없어라. 배부르게 먹은 날조차 몇 번에 불과한데, 하물며 과거시험에 급제하는 것이야? 세속 사람들에게 호감을 받아야만 좋게 여기는데, 어찌 나를 어리석은 사람 아니라고 말하는 사람 있으리? (感二鳥之無知, 方蒙恩而入幸. 惟進退之殊異, 增余懷之耿耿. 彼中心之何嘉, 徒外飾焉是逞. 余生命之湮阨, 曾二鳥之不如. 汨東西與南北, 恒十年而不居. 辱飽食其有數, 況策名于薦書. 時所好之爲賢, 庸有謂余之非愚?)"라는 말이 나온다. 작품의 주제는 어떤 사람이 황제에게 새 두 마리를 바친 일을 빌려서 뜻을 얻지 못한 자신의 불만을 토로한 것이다.

7) 기부(其賦): 이고(李翺)의 〈유회부(幽懷賦)〉를 가리킨다.

8) 우괴~위우(又怪~爲憂):「신요(神堯)」: 당 고조(高祖) 이연(李淵)으로, 그의 묘호(廟號)가 '신요대성대광효황제(神堯大聖大光孝皇帝)'이다. 혹자는 당 태종(太宗)을 가리킨다고 하는데, 당 장문종(張文琮)의 〈태종문황제송(太宗文皇帝頌)〉에 "配堯登唐"의 논조가 있다.「일려(一旅)」: 군대의 편제 단위로, 고대에는 병사 5백 명을 '1려'라고 하였다. 여기서는 당 왕조의 발상지인 태원(太原)의 부대를 가리킨다.「후세자손불능이천하취하북(後世子孫不能以天下取河北)」: 당대에 안록산(安祿山)과 사사명(史思明)의 난 이후부터는 하북(河北)과 하남(河南)의 여러 주요 도시에 지방 절도사들이 할거하면서 전란이 끊이지 않았으며, 당 왕조로서도 끝내 수복할 수가 없었다.

然翱幸不生今時, 見今之事[9]; 則其憂又甚矣! 奈何今之人不憂也? 余行天下, 見人多矣, 脫有一人能如翱憂者, 又皆賤遠, 與翱無異[10]; 其餘光榮而飽者, 一聞憂世之言, 不以爲狂人, 則以爲病癡子, 不怒則笑之矣. 嗚呼, 在位而不肯自憂, 又禁他人使皆不得憂, 可嘆也夫!

景祐三年十月十七日, 歐陽修書.

[直譯] 나는 처음 이고(李翱)의 〈복성서(復性書)〉 3편을 읽었을 때, 《중용(中庸)》의 주석에 불과할 뿐이라고 여겼다. 총명한 사람이 자신의 품성을 진실하게 알려고 하면 마땅히 《중용》의 원문을 읽어야 하고, 우둔한 사람이라면 비록 〈복성서〉를 읽어도그 뜻을 알지 못하기 때문에 〈복성서〉 같은 것은 지을 필요가 없었다고 생각하였다. 또 그의 〈여한시랑천현서(與韓侍郎薦賢書)〉를 읽고, 이고는 다만 때를 만나지 못해 곤궁하자 자신을 천거해주는 사람이 없음을 분개하여 이처럼 신신당부하는 것이며, 가령 그가 뜻을 얻었다면 틀림없이 이렇게 쓰지 않았을 것이라고 생각하였다. 그러나 그가 편지 속에서 한유를 진말 한초(秦末漢初)에 즐겨 의협심을 가지고 의를 행한 호걸에 비겨 칭찬한 것을 보고, 인물평론만은 잘 하는 사람이구나 하고 여겼다. 끝으로 그의 〈유회부(幽懷賦)〉를 읽고 난 뒤, 책을 내려놓고 한바탕 감탄을 하였다. 감탄하고 다시 읽

---

9) 금지사(今之事): 송 왕조의 여러 가지 악정(惡政)을 가리킨다.

10) 탈유~무이(脫有~無異):「탈(脫)」: 만약, 만일, 가령.「천원(賤遠)」: 지위가 낮고, 조정에 의해 먼 지방에 방치된 사람을 가리킨다.「여고무이(與翱無異)」: 이고는 성격이 강직하고, 자기의 주장을 굽히지 않았기 때문에 지위가 오르지 않았고, 또 주로 외직을 지내다 보니 조정에 머문 기간이 매우 짧았다.

고 하면서 스스로 멈출 수가 없었다. 나는 다만 이고가 이 시대에 살고 있지 않아 그와 교유하지 못함을 한탄하고, 또 내가 그가 살았던 시대에 태어나 그와 더불어 자주 토론할 수 없음을 한탄하였다.

이고와 같은 시대를 살았던 모든 사람들 중에 도(道)를 지니고 문장을 능숙하게 쓸 수 있었던 사람으로는 한유(韓愈)만한 사람이 없었다. 한유는 일찍이 〈이조부(二鳥賦)〉 한 편을 썼는데, 그 내용은 두 마리 새가 황제에게 바쳐져 영광을 입은 것을 부러워하고, 자신은 밥 한 그릇 배부르게 먹을 수 없는 그 시대를 탄식하는 데 불과하다. 이러한 마음을 미루어 본다면 가령 영광을 입고 희망을 이루기만 했다면, 다시는 그런 말을 하지 않았을 것이다. 그러나 유독 이고 같은 사람은 그렇지 않았다. 그의 부(賦)에서는 "뭇 사람들 시끌벅적 뒤섞여 모여서 다들 늙음을 탄식하고 관직 낮음을 탄식하네. 내 마음 돌아보니 그렇지 않아, 염려하는 것은 도를 행하여 오히려 잘못될까 함이네"라고 하였다. 그는 또 당(唐) 고조(高祖)는 한 무리의 군대로 천하를 취하였는데, 후세 자손들은 온 천하의 힘을 가지고도 하북(河北) 땅조차 수복하지 못하는 것을 책망하며 국가를 근심하였다. 오호라! 가령 당시의 여러 군자들이 늙음을 탄식하고 낮은 관직을 탄식하는 마음을, 이고가 국가를 위해 근심하는 마음으로 바꾸었다면, 당(唐) 천하가 어찌 어지러워졌으며 망하였겠는가!

그러나 이고는 이 시대에 살고 있지 않음이 다행이다. 만약 이고가 오늘날의 일을 보았다면 그 울분은 더욱 컸을 것이다. 그런데 왜 요즘 사람들은 걱정하지 않을까? 나는 천하를 두루 다니며 많은 사람들을 만났는데, 가령 이고처럼 국가를 위해 근심하는 이가 한 사람이라도 있으면, 사람들은 모두 그를 천시하거나 멀리하니 그 처지가 이고와 다름이 없었다. 그리고 나머지 영광스러운 높은 지위에서 배불리 먹는 고관대작들도 남들이 세상을 걱정하는 말을 한 번이라도 들으면, 그 사람을 미치광이가 아니면 멍청이로 여겨서 성내지 않으면 비웃는다. 아아! 높은 지위에 있는 사람들은 스스로도 나라를 걱정하지 않으려 하면서, 다른 사람들까지 걱정하지 못하도록 막아버리니, 정말로 한탄스럽다!

경우 삼년 시월 십칠일 구양수가 쓰다.

〈사씨시서(謝氏詩序)〉

이 글은 경우(景祐) 4년(1037년)에 구양수가 사경산(謝景山)과 사희맹(謝希孟) 남매의 시집에 쓴 서문이다.

이 시집서의 주인공의 한 사람인 사희맹이란 여자는 구양수의 친구이면서 시로써 당세에 이름이 있었던 사경산의 여동생이다.

구양수는 사희맹의 사람됨이나 시로 보았을 때, 남자라면 세상에 널리 이름이 알려졌을 텐데, 불행히 여자여서 세상에 드러날 수가 없음을 안타까워 하였다. 작가의 희망이라면 공자 같은 걸출한 사람이 나와서 그녀의 작품이 없어지지 않도록 힘을 한번 쏟아 주었으면 하는 것이지만, 사실 이러한 희망은 당시 사회여건상 불가능한 것이어서, 그야말로 희망사항일 뿐이라는 것을 작가도 잘 알고 있었다. 그래서 사희맹의 시가 매몰될 운명에 처해있는 안타까운 현실에 대해 불평을 토로하면서, 자신의 힘마저 부족하니 '어찌할까, 어찌할까?(復何爲哉, 復何爲哉?)'라고 반복해서 탄식하고 있다.

原文 天聖七年, 予始遊京師, 得吾友謝景山[1], 景山少以進士中甲科, 以善歌詩知名. 其後予於他所, 又得今舍人宋公所爲景山母夫人之墓銘[2]. 言夫人好學通經, 自敎其子, 乃知景山出於甌閩數千里之外[3], 負其藝於大衆之中, 一賈而售, 遂以名知於人者, 繫其母

---

1) 사경산(謝景山): 자가 백초(伯初), 천성(天聖)·경우(景祐)년간에 시로 이름이 있었다. 저서로 시집 한 권이 있다.

2) 사인송공(舍人宋公): 바로 송기(宋祁)이다. 북송 때의 문학가이며 사학가이다. 사인(舍人): 관직 이름. 황제나 태자의 측근 관리.

3) 구민(甌閩): 지금의 절강성(浙江省) 및 복건성(福健省) 일대.

之賢也⁴⁾.

今年予自夷陵至許昌, 景山出其女弟希孟所爲詩百餘篇, 然後又知景山之母, 不獨成其子之名, 而又以其餘遺其女也. 景山嘗學杜甫杜牧之文, 以雄健高逸自喜. 希孟之言尤隱約深厚, 守禮而不自放, 有古幽閑淑女之風; 非特婦人之能言者也. 然景山嘗從今世賢豪者遊, 故得聞於當時, 而希孟不幸爲女子, 莫自章顯於世⁵⁾. 昔衛莊姜許穆夫人錄於仲尼⁶⁾, 而列之國風, 今有傑然巨人, 能輕重時人, 而取信後世者, 一爲希孟重之, 其不泯沒矣. 予固力不足者, 復何爲哉, 復何爲哉? 希孟嫁進士陳安國, 卒時年二十四.

景祐四年八月一日, 守峽州夷陵縣令歐陽修序

[直譯] 천성(天聖) 7년에 나는 처음으로 경성을 유람하면서 내 친구 사경산(謝景山)을 만나게 되었는데, 사경산은 젊은 나이에 진사 갑과에 합격하였고 시를 잘 지어 이름이 나 있었다. 그 후 나는 다른 곳에서 또 지금 사인 벼슬에 있는 송기(宋祁) 공이 경산의 모친을 위해 지은 묘지명을 얻어 보게 되었다. 그 묘지명에는 부인께서 배우기를 좋아하고 경전에 능통하여 직접 그 자식을 가르쳤다

---

4) 계(繫): 관련되다. ……이다.

5) 장(章): 표창하다, 드러내다.

6) 장강(莊姜): 장강(莊姜)은 위(衛) 장공(莊公)의 처로서 그녀의 미덕을 노래한 시가 《시경(詩經)·국풍(國風)》의 〈석인(碩人)〉에 실려 있고, 허목부인(許穆夫人)은 춘추(春秋) 때의 위(衛) 선공(宣公)의 딸로 허(許)나라로 시집을 갔는데, 시서(詩序)에서는 그녀를 기린 노래로 〈재치(載馳)〉가 있었다 한다. 장강(莊姜)과 허목부인(許穆夫人)은 다 공자가 《시경(詩經)》을 편찬할 때에 기록되었으므로, 본문에서 중니(仲尼, 공자)에 의해서 기록되었다고 한 것이다.

고 하고, 또 이를 통해 사경산이 수 천리 밖의 구민(甌閩) 땅 사람임을 알게 되었다. 그의 뛰어난 재능에 힘입어 뭇 사람들에게 값을 올려 팔정도로 이름이 알려진 것은 바로 그 어머니의 현명한 가르침에 의한 것이었다.

올해(경우景祐4년 : 1037)에 나는 이릉(夷陵)에서 허창(許昌)에 왔는데, 사경산이 그의 여동생 사희맹(謝希孟)이 지은 시 백여 편을 꺼내 나에게 보여주었다. (이로 인해) 나는 또 경산의 모친께서 아들의 명성만 이루어준 것이 아니라, 그 학문을 자신의 딸에게까지 물려주었음을 알게 되었다. 경산은 일찍이 두보와 두목의 시문을 배워 웅건하고 빼어난 것으로 스스로 즐거움으로 삼았다. 여동생 희맹의 시는 특히 함축이 심후하고 예법을 지켜서 방임하지 않아, 옛날의 요조숙녀의 풍도가 있었으며, 여자가 아니면 이런 시를 지어내기 어려운 것이었다. 그러나 사경산은 일찍이 명망 있고 빼어난 선비들과 교유하였으므로 당세에 이름이 날 수 있었으나, 사희맹은 불행히 여자여서 스스로의 힘으로는 세상에 드러날 수가 없었다. 옛날 위(衛)나라의 장강(莊姜)과 허목부인(許穆夫人)은 공자에 의해 기록되어 《시경ㆍ국풍》에 편입되어 영원히 전해오듯이, 오늘날도 어떤 걸출한 큰 인물이, 세속 사람의 편견을 무시하고 후세 사람이 이 사실을 알도록, 사희맹을 한번 높이 평가해주어서 그녀가 묻혀버리지 않기를 바란다. 나는 진실로 힘이 부족하니 어찌할까, 어찌할까? 사희맹은 진사 진안국에게 시집갔다가 나이 겨우 24세에 죽었다.

경우 4년 8월 1일 협주(峽州) 이릉현령 구양수가 서문을 짓다.

〈석유엄문집서(釋惟儼文集序)〉

이 글은 경력 원년(1041)에 지었다. 〈석비연시집서〉와 자매편으로, 이 두 편은 다음과 같은 공통점이 있다. 첫째는 이 두 편 다 승려의 시문집을 위하여 지은 서문이라는 것이고, 둘째는 두 편 다 작자의 친구인 석만경을 끌어들여 주제를 부각시켰다는 점이다. 그러나 이 두 편은 각각 전혀 다른 특징도 있다. 심덕잠(沈德潛)은 "비연문집의 서문은 삶과 죽음·만남과 이별에 중점을 두고 썼고, 유엄 문집의 서는 세상에 쓰이고자 한 장대한 뜻에 중점을 두고 썼다. 그래서 문장 전체 구도의 변화는 좀 다르다.(序秘演文以死生聚散着筆, 序惟儼文以其有用世之志着筆, 機局變化, 略不相似)."라고 하였으니, 두 편이 서로 비슷한 가운데에서도 각 편마다 특색 있게 묘사한 것이 바로 작자의 뛰어난 점이다.

이 글은 유엄에 관한 짧은 전기문이나 다름없다. 불문(佛門)에 은둔하고 있지만, 악을 싫어하는 강직함과 천하대사를 가슴에 품고 있는 유엄의 인물형상을 잘 그려내었다.

原文 惟儼, 姓魏氏, 杭州人. 少遊京師, 三十餘年[1]. 雖學於佛, 而通儒術. 喜爲辭章. 與吾亡友曼卿交最善[2]. 曼卿遇人, 無所擇, 必皆盡其欣懽; 惟儼非賢士不交, 有不可其意[3], 無貴賤, 一切閉拒, 絕去不少顧. 曼卿之兼愛, 惟儼之介, 所趣雖異, 而交合無所間. 曼卿嘗日: "君子泛愛而親仁[4]." 惟儼日: "不然. 吾

---

1) 삼십여년(三十餘年): 어떤 판본에는 '이십여년(二十餘年)'으로 되어있다.

2) 만경(曼卿): 〈제석만경문(祭石曼卿文)〉 참조.

3) 가(可): 적합하다, 마음에 들다.

4) 군자범애이친인(君子泛愛而親仁): 이 말은 《논어·학이(學而)》에 나오는데, 원래는 "[나이가 어린 사람은] 여러 사람을 두루 사랑해야 하며, 인덕이 있는 사람을 가까이 해야 한다(泛愛衆而親仁)"로 되어 있다.

所以不交妄人, 故能得天下士. 若賢不肖混, 則賢者安肯顧我
哉?" 以此一時賢士, 多從其遊.

居相國浮圖[5], 不出其戶十五年. 士嘗遊其室者, 禮之惟恐不
至; 及去爲公卿貴人, 未始一往干之[6]. 然嘗竊怪平生所交, 皆當
世賢傑, 未見卓卓著功業如古人可記者. 因謂: "世所稱賢才, 若
不笞兵走萬里, 立功海外, 則當佐天子號令賞罰於明堂[7]. 苟皆
不用, 則絶寵辱, 遺世俗, 自高而不屈, 尙安能酣豢於富貴而無
爲哉[8]?" 醉則以此誚其坐人, 人亦復之[9]. 以謂: "遺世自守, 古人

---

5) 상국부도(相國浮圖): 수도 개봉(開封)에 있는 상국사(相國寺)를 말한다.
「부도(浮圖)」: '부도(浮屠)'라고도 하며, 범어(梵語) 'Buddha(佛陀)' 또
는 'Stupa(寺塔)'를 음역한 것이다.

6) 예지~간지(禮之~干之): 「예(禮)」: 예로써 대하다. 「거(去)」: '출(出)' 자
를 잘못 쓴 듯하다. 즉 출사하여 벼슬살이를 한다는 뜻이다. 「간(干)」: 방
문하다, 면회를 청하다. 지위가 높고 권력이 있는 사람을 찾아가서 도움
을 청하는 것을 말한다.

7) 약불~명당(若不~明堂): 「태병(笞兵)」: 말채찍으로 군대를 지휘하는 것을
가리킨다. 「명당(明堂)」: 옛날 임금이 정교(政敎)를 선포하던 장소. 조회
(朝會), 제사(祭祀), 시상(慶賞), 관리선발(選士), 양로례(養老禮), 교학(敎
學) 등 중요한 제전은 모두 명당에서 거행하였다. 역대 명당의 구체적인
구조는 차이가 있다.

8) 즉절~위재(則絶~爲哉): 「절총욕(絶寵辱)」: 관직에서 물러나 총애도 받지
않고 모욕도 당하지 않는 것을 가리킨다. 「유세속(遺世俗)」: 출가하여 은
둔하는 것을 가리킨다. 「감환어부귀(酣豢於富貴)」: 부귀한 생활을 탐하다.
'감(酣)' 술을 거나하게 마시다, 통음하다. '환(豢)' 양육하다, 사육하다.

9) 취즉~복지(醉則~復之): 「초(誚)」: 꾸짖다, 책망하다. 「복(復)」: 대답하
다, 대꾸하다.

之所易; 若奮身逢時, 欲必就功業, 此雖聖賢難之, 周·孔所以窮達異也[10]. 今子老於浮圖, 不見用於世, 而幸不踐窮亨之途, 乃以古事之已然, 而責今人之必然耶?" 雖然, 惟儼傲乎退偃於一室, 天下之務·當世之利病, 聽其言終日不厭. 惜其將老也已!

曼卿死, 惟儼亦買地京城之東, 以謀其終. 乃斂平生所爲文數百篇, 示予曰: "曼卿之死, 旣已表其墓[11]; 願爲我序其文, 然及我之見也." 嗟夫! 惟儼旣不用於世, 其材莫見於時; 若考其筆墨馳騁·文章贍逸之能[12], 可以見其志矣. 廬陵歐陽永叔序.

直譯 유엄은 성이 위(魏)씨요 항주 사람이다. 젊어서 경성으로 왔는데, 이미 30여 년이나 지났다. 그가 비록 불교를 믿고 배우지만, 유학에 대해서도 통달하였다. 그는 문장 짓기를 좋아하였고 죽은 내 친구 석만경과 가장 친하였다. 석만경은 사람을 대함에, 가리는 바 없이 반드시 자신이 할 수 있는 모든 것을 다하여 사이 좋게 대하였다. 유엄은 어진 선비가 아니면 사귀지 않았으며, 자

---

10) 주·공소이궁달이야(周·孔所以窮達異也):「주(周)·공(孔)」: 주공(周公))과 공자를 가리킨다. 주공은 서주 초기의 정치가로, 성왕(成王)을 보필하여 혁혁한 공을 세웠고, 공자는 여러 나라를 주유하였으나 뜻을 이루지 못하였다. '궁(窮)'은 뜻을 이루지 못해 곤궁하다는 뜻으로, 공자를 가리키고, '달(達)'은 높은 지위에 올라 권세를 누린다는 뜻으로, 주공을 가리킨다.

11) 표기묘(表其墓): 석만경은 경력(慶曆) 원년에 죽었고, 구양수가 그를 위해 〈석만경묘표(石曼卿墓表)〉를 지었다.

12) 필묵치빙·문장섬일(筆墨馳騁·文章贍逸);「필묵치빙(筆墨馳騁)」: 문장을 쓸 때 표현력이 민첩한 것을 가리킨다.「문장섬일(文章贍逸)」: 문장의 내용이 풍부하고 뛰어난 것을 가리킨다. '섬(贍)' 풍족하다, 풍부하다.

신의 뜻에 맞지 않으면 신분의 귀천을 가리지 않고 누구라도 거절하고 관계를 끊어버리고, 조금도 뒤돌아보지 않았다. 만경은 두루 사랑하고 유엄은 강직하여 지향하는 바가 비록 달랐지만, 두 사람 간의 교우관계는 조금도 틈이 없었다. 석만경이 일찍이 "군자는 널리 사랑하고 어진 이를 가까이 한다"고 하자, 유엄은 "그렇지 않다. 내가 망령된 사람과 사귀지 않는 까닭은 그렇게 함으로써 천하의 참된 선비를 얻을 수 있기 때문이다. 만약 어진 사람과 나쁜 사람을 마구 섞어 구별 없이 사귄다면, 어진 사람이 어찌 나를 쳐다보려 하겠는가?" 라고 하였다. 이 때문에 당시 어진 선비들은 대부분 다 유엄과 교왕하였다.

유엄은 상국사에 거주하면서 15년 동안 그 문을 나오지 않았다. 일찍이 그의 거처로 방문하는 사람에게 예로 대함에, 오직 부족하지나 않을까 하고 걱정하였다. 그러나 그 사람들이 일단 벼슬길로 나아가 공경 귀인이 되면, 한 번이라도 찾아가 도움을 청한 적이 없었다. 그런데 그는 일찍이 몰래 평소 사귄 사람들이 다 당세의 어질고 걸출한 인물인데, 옛 사람처럼 역사에 기록할 만한 탁월한 공적을 세운 사람이 없음을 괴이하게 여겼다. 그래서 "세상 사람들이 칭찬하는 현명한 인재가 만약 군대를 지휘하여 만 리를 진군하여 해외에서 공훈을 세울 수 없다면, 마땅히 제왕을 도와 명당에서 호령을 발표하고 상벌을 집행해야 할 것이다. 만약 이런 일을 다 할 수 없다면, 마땅히 관직을 떠나고 속세를 벗어나서 스스로 인품을 고결히 하여 세속에 굽히지 말아야 한다. 그런데 어찌 부귀를 탐하여 도모하면서 아무것도 하지 않는단 말인가?"라고 하였다. 그가 술이 취하면 늘 이런 말로써 앉아 있는 사람들을 나무라곤 하였다. 그러자 사람들은 "세상을 저버리고 자신의 몸을 고결하게 지키는 것은 옛 사람들이 쉽게 하였던 일이다. 그러나 그 시대의 일에 분발하여 노력하여서 반드시 공적을 이루어야 한다면, 이것은 성현도 하기 어려운 것이었다. 주공과 공자도 이 때문에 (공자의) 곤궁함과 (주공의) 현달함이 각각 달랐던 것이다. 지금 그대는 사찰에서 늙어가면서 세상에 쓰이지도 않고, 요행히 세상 사람들의 곤궁한 길이나 순조로운 길을 걸어보지도 않았으면서, 어찌 옛날에도 할 수 없었던 일을 가지고 지금 사람들에게 반드시 하기를 요구한단 말인가?"라고 하였다. 유엄이 비록 오만하게 사찰 안에 은거하고 있지만, 그러나 그가 천하의 대사와 당대의 흥폐에 대해 이야기할 때면, 그의 말을 온종일 듣고 있어도 질리지가 않는다. 그가 늙어감이 안타깝도다!

만경이 죽은 뒤 유엄은 경성 동쪽에 땅을 매입하여 그 만년을 계획하였다. 이에 그는 평소 지은 글 수백 편을 꺼내어 나에게 보여주며, "만경이 죽자, 당신은 이미 그에게 묘표를 써주었소이다. 바라건대 내 글에 서문이나 하나 지어주시오. 그런데 내가 볼 수 있었으면 하오"라고 하였다. "아아! 유엄은 세상에 등용되지도 못하고 재능도 당세에 드러낼 수 없었지만, 힘차게 휘두른 필묵과 풍부한 내용의 문장을 고찰해보면 그의 뜻을 알 수 있을 것이다.

여릉사람 구양영숙이 서문을 짓다.

〈석비연시집서(釋秘演詩集序)〉

이 글은 경력2년(1042)에 구양수가 친구이면서 스님이었던 비연(秘演)의 시집을 위하여 지은 한편의 서문(序文)이다. 일반적으로 시서(詩序)라고 하면, 그 사람의 시에 대한 평론을 주로 묘사하는데, 이 글은 이러한 상투적인 격식을 완전히 벗어나, 삶과 죽음·만남과 이별에서 시작하여 비연의 재능과 성격 등을 묘사하는데 중점을 두었다. 비연은 스님이었기 때문에 그가 능력을 가지고 있으면서도 발휘할 수 없어 '숨어버린 채 나오지 않는(伏而不出)' 기이한 남자임을 부각시켰다. 그리고 '이미 스님이 되어버려서 그의 모든 것을 펼 곳이 없었다(旣習于佛無所用)'라는 한 마디의 표현으로 비연에 대한 무한한 안타까움을 드러냄과 동시에 은근히 불교를 비판하였다.

구양수는 본문에서 비연의 불우함을 '석만경은 일생동안 술에 은거하였고, 비연은 불가에 은거하였다(曼卿隱于酒, 秘演隱于浮屠)'라고 하여, 석만경(石曼卿)의 불우함을 교묘히 운용하여 묘사하고, 늙음과 죽음 그리고 이별에 대한 작자 자신의 침통함마저 묘사함으로써 깊은 정감이 끝없이 흘러넘치게 하였다. 그래서 청대 고문가 유대괴(劉大櫆)는 "구양수의 문집서에서 〈석비연문집서(釋秘演詩集序)〉와 〈강인기문집서(江隣幾文集序)〉가 제일이고, 〈석유엄문집서(釋惟儼文集序)〉와 〈소씨문집서(蘇氏文集序)〉가 그 다음이다"라고 하였다.

[原文] 予少以進士遊京師[1], 因得盡交當世之賢豪. 然猶以謂國家臣一四海[2], 休兵革[3], 養息天下以無事者四十年, 而智謀雄偉非常之士, 無所用其能者, 往往伏而不出; 山林屠販[4], 必有老死而世莫見者, 欲從而求之不可得.

其後得吾亡友石曼卿. 曼卿爲人, 廓然有大志, 時人不能用其材, 曼卿亦不屈以求合; 無所放其意, 則往往從布衣野老, 酣嬉淋漓[5], 顚倒而不厭. 予疑所謂伏而不見者, 庶幾狎而得之[6] 故嘗喜從曼卿遊, 欲因以陰求天下奇士.

浮屠秘演者[7], 與曼卿交最久, 亦能遺外世俗, 以氣節自高[8].

---

1) 여소이진사유경사(予少以進士遊京師): 구양수는 천성(天聖) 8년(1030)에 진사시험에 급제하였고, 당시 그의 나이 24세였다.

2) 연유이위국가신일사해(然猶以謂國家臣一四海):「국가(國家)」: 당시의 조정을 가리킨다.「신일(臣一)」: 신하로 복종하여 통일되다.「사해(四海)」: 고대에는 중국이 사해의 가운데에 있다고 여겼기 때문에, '사해'는 온 나라를 가리키게 되었다.

3) 병혁(兵革): '병(兵)'은 무기를, '혁(革)'은 가죽으로 만든 갑옷, 투구, 방패를 말한다. 즉 '병혁'은 모든 군사설비나 장비를 뜻하며, 여기서는 전쟁을 가리킨다.

4) 산림도판(山林屠販): 재덕을 숨기고 산에서 살거나, 도축을 하고 장사를 하는 은둔자를 가리킨다.

5) 감희림리(酣嬉淋漓):「감희(酣嬉)」: 한껏 술을 마시고 마음내키는 대로 놀다.「림리(淋漓)」: 매우 흥겹고 유쾌한 모양.

6) 압(狎): 허물없이 가까이 지낸다는 뜻이다.

7) 부도(浮屠): '부도(浮圖)'라고도 한다. 범어(梵語: 산스크리트) 'Buddha'의 음역으로, 승려를 뜻한다.

8) 역능~자고(亦能~自高):「유외(遺外)」: 초탈하다. 세속의 부귀공명을 떨쳐버린다는 뜻이다.「자고(自高)」: 원간본(元刊本)에는 '상고(相高)'로 되어있다.

二人歡然無所間. 曼卿隱於酒, 秘演隱於浮屠, 皆奇男子也, 然喜爲歌詩以自娛, 當其極飮大醉, 歌吟笑呼, 以適天下之樂, 何其壯也! 一時賢士, 皆願從其遊, 予亦時至其室. 十年之間, 秘演北渡河, 東之濟·鄆⁹⁾, 無所合, 困而歸. 曼卿已死, 秘演亦老病. 嗟夫! 二人者, 予乃見其盛衰, 則予亦將老矣.

夫曼卿詩辭淸絶, 尤稱秘演之作, 以爲雅健有詩人之意. 秘演狀貌雄傑, 其胸中浩然, 旣習於佛無所用; 獨其詩可行於世, 而懶不自惜. 已老, 胠其橐, 尙得三四百篇, 皆可喜者. 曼卿死, 秘演漠然無所向. 聞東南多山水, 其巓崖崛㠍)¹⁰⁾, 江濤洶涌, 甚可壯也, 遂欲往遊焉, 足以知其老而志在也. 於其將行, 爲敍其詩, 因道其盛時以悲其衰.

慶歷二年十二月二十八日, 廬陵歐陽修序.

[直譯] 나는 젊었을 때, 진사(進士)의 신분으로 경성에서 노닐었기 때문에, 당대의 현인(賢人)·호걸(豪傑)들과 광범하게 사귈 수 있었다. 그러나 오히려 나는 이렇게 생각하였다. "국가가 통일되고 전쟁이 그쳐 백성들은 휴양하고 생식하며 태평무사한지 40년이 되니, 지략 있고 웅대한 뜻을 품은 비상한 선비들이 그 능력을 쓸 곳이 없어지자, 왕왕 숨어버린 채 나오려하지 않는다. 그래서 산림에 은거한 사람이나 도축꾼 혹은 장사꾼 중에도 틀림없이 늙어 죽을 때까지 세상에 드러나지 않는 인재들이 있을 것이다"라고, 그래서 그들을 찾아보려 하였으나 찾을 수가 없었다

---

9) 제·운(濟·鄆): 제남(濟南)과 운성(鄆城). 둘 다 산동성에 있다.

10) 전애굴률(巓崖崛㠍): 산꼭대기와 낭떠러지가 높고 험준하여 깎아지른 듯하다.

나중에야 지금은 죽어버린 나의 친구 석만경(石曼卿)을 찾아내었다. 석만경의 사람됨은 호탕하여 큰 뜻을 품고 있었지만, 당시 사람들은 그의 재능을 쓸 수가 없었고, 석만경도 자신의 뜻을 굽혀가며 영합하기를 원치 않았다. 자신의 뜻을 펼칠 곳이 없어 늘 백성들과 시골 늙은이를 따라 흠뻑 술에 취하여 놀다가 정신을 잃고 쓰러지더라도 싫어하지 않았다. 나는 이른바 숨어서 드러나지 않는 재능 있는 사람을 허물없이 친근하게 사귀다 보면 찾을 수 있을 것이라 기대했기 때문에, 일찍이 석만경을 따라 즐겨 노닐며 몰래 천하의 기이한 선비들을 찾으려고 하였다.

스님인 비연(秘演)은 석만경과 사귄 지 가장 오래되었는데, 그 또한 세속을 초탈하여 석만경과 마찬가지로 기절(氣節)을 중시하였다. 이 두 사람은 너무나 잘 어울려 한 치의 틈도 없었다. 석만경은 일생동안 술에 은거하였고 비연은 불가에 은거하였는데, 둘 다 기이한 재주를 가진 남자들이었으나, 시를 읊조리고 노래를 즐겨 부르는 것으로 스스로를 즐겼다. 그들이 술을 실컷 마셔 크게 취했을 때에는, 노래하고 읊조리고 웃고 소리치며 세상의 가장 큰 즐거움을 누렸으니, 그 얼마나 장대하였던가! 그 시대 어진 이들은 다 그들을 따라 노닐기를 바랐고, 나 또한 그들의 집으로 때때로 놀러가곤 하였다. 십년 사이에 비연은 북쪽 황하를 건너고, 동쪽으로 제남(濟南)·운주(鄆州)로 갔지만 자신과 뜻이 맞는 사람이 없어 곤궁하게 돌아왔다. 석만경은 이미 죽었고, 비연 또한 늙고 병들었다. 아아! 이 두 사람(비연과 석만경)에 대해서 나는 직접 그들이 흥성하고 노쇠한 것을 보았으니, 나도 장차 늙겠구나.

석만경의 시문(詩文)도 특히 청신(清新)하지만, 석만경은 비연의 작품을 더욱 칭찬하여 '그의 작품은 고아하고 웅건하여 시경의 시인들의 뜻이 있다'고 하였다. 비연은 신체가 건장하고 용모가 영준하였으며 그의 가슴속은 강직정대한 호연지기가 있었지만, 이미 불가(佛家)에 귀의하여 이 모든 것을 쓸 곳이 없었다. 오직 그의 시들은 세상에 전해질만한 것이었지만, 게을러 제대로 간수하지도 않고 또 스스로 아끼지도 않았다. 이미 늙음에, 그의 시 주머니를 열어보니, 아직도 삼사백 편이 남아 있었는데, 다 좋아할 만한 훌륭한 것이었다. 석만경이 죽자 비연은 적막함을 느끼며 갈 곳이 없었다. 동남(東南) 쪽에 아름다운 산수가 많은데 산세가 높고 험준하며 강물의 파도도 세차게 솟구쳐 장관을 이룬다는 소리를 듣고서는 가서 유람하려고 하였다. 이것으로 그가 몸은 이미 늙었으나 장대한 뜻은 아직 그대로 있음을 알 수 있다. 그가 장차 떠나려 할 적에 그의 시집 서문(序文)을 쓰고, 이 기회에 그의 한창일 때를 이야기하면서 그의 늙음을 슬퍼한다.

경력2년 12월 28일 여릉 구양수가 서(序)를 짓다.

〈소시문집서(蘇氏文集序)〉

황우(皇祐) 3년(1051년) 구양수는 죽은 친구 소순흠(蘇舜欽)을 위하여 유고를 정리하고 편집한 뒤 이 글을 썼다. 소순흠(1008-1049)은 경우(景佑) 초년에 진사가 되었고, 경력신정(慶曆新政)의 적극적인 지지자로 신정(新政)을 이끌었던 두연(杜衍)의 사위이기도 하다. 이 때문에 그는 수구파들의 공격대상에서 첫 번째 목표가 되기도 했다. 소순흠은 경력(慶曆) 4년(1044년) 11월 "진주원(進奏院)의 신분으로 제사지낼 때 쓸 비용인 고지(故紙)를 팔아 그 공금으로 빈객과 연회를 베풀었다는 죄" 즉, '공금횡령죄'라는 죄명을 덮어쓰고 관직이 삭탈되어 평민의 신분으로 수도에서 쫓겨났다가 4년 뒤 억울하게 죽었다. 죽고 난 뒤 4년이 지나 구양수는 이 편의 서문을 써서 그의 불행한 조우에 대해 깊이 애도하였던 것이다.

한편 이글에서 구양수는 문학 방면에서의 소순흠의 공적을 높이 평가하였다. 그는 일찍이 목수(穆修) 등과 함께 고문을 제창하였는데, 이것은 시기적으로 작자 자신이나 윤수(尹洙) 보다도 더 빨랐다. 따라서 구양수는 그를 북송시문혁신운동의 선구자 가운데 한 사람으로서, 그리고 문체개혁에 대한 그의 큰 공적을 높이 평가하고 있는 것이다.

이 글의 중간에 당송(唐宋) 시대의 고문운동의 역사에 대해서도 간략히 서술하고 있어 사료적 가치도 있다.

原文 予友蘇子美之亡後四年, 始得其平生文章遺稿於太子太傅杜公之家, 而集錄之以爲十卷[1].

子美, 杜氏婿也, 遂以其集歸之, 而告於公曰: "斯文, 金玉也, 棄擲埋沒糞土, 不能消蝕. 其見遺於一時, 必有收而寶之於後世者. 雖其埋沒而未出, 其精氣光怪已能常自發見, 而物亦不能掩也[2]. 故方其擯斥摧挫·流離窮厄之時, 文章已自行於天

---

1) 여우~십권(予友~十卷):「소자미(蘇子美: 1008-1048)」이름이 순흠(舜欽)이고, 자가 '자미(子美)'이다. 재주 동산(梓州銅山: 지금의 사천성 중강현中江縣) 사람이다. 20세 때 진사시험에 합격하였고, 현령(縣令), 대리평사(大理評事), 집현교리(集賢校理) 등의 낮은 관직을 역임하였다. 구양수는 〈호주장사소군묘지명(湖州長史蘇君墓誌銘)〉에서 "지위는 비록 낮았지만 누차 상소를 올려 국가대사를 논하고, 남들이 말하기 어려워하는 것을 과감히 말하였다(位雖卑, 數上疏論朝廷大事, 敢道人之所難言.)"라고 하였다. 저서로는《소학사문집(蘇學士文集)》이 있다.「망후사년(亡後四年)」: 소순흠은 경력 8년(1048)에 죽었고, 이 글은 4년 후에 지었다고 하므로, 마땅히 황우(皇祐) 3년(1051)이 된다.「두공(杜公)」: 두연(杜衍)을 말한다. 소순흠의 장인으로, 경력 4년에 재상을 맡았으나, 경력 5년에 소순흠의 일 때문에 해임되어 곤주(袞州: 행정소재지가 지금의 산동성 곤주시袞州市) 지주(知州)로 나갔다. 경력 6년 곤주지주 임지에서 태자소사(太子少師)의 직함으로 사직하였다. 황우 원년에 태자태부(太子太傅)로 직급이 올랐다.「십권(十卷)」: 지금 전하는《소학사집(蘇學士集)》은 모두 16권이다. 아마도 후세 사람들이 보태고 보완하였거나, 다시 편집하였을 것이다.

2) 수기~엄야(雖其~掩也): '풍성(豊城)의 검기(劍氣)'에 관련된 전고를 빌려서 소순흠의 문장을 비유하고 있다.《진서·장화전(張華傳)》에 다음과 같은 내용이 있다. 북두성과 견우성 사이에 자주색 기운이 계속 서려있는 것을 보고 장화가 그 이유를 뢰환(雷煥)에게 물어보니, 뢰환이 대답하기를 그것은 풍성의 보검에서 발하는 밝은 빛이 하늘을 뚫고 올라가는 것이

下, 雖其怨家仇人, 及嘗能出力而擠之死者, 至其文章, 則不能
少毀而掩蔽之也. 凡人之情, 忽近而貴遠, 子美屈於今世猶若
此, 其伸於後世宜如何也? 公其可無恨!"

子嘗考前世文章政理之盛衰, 而怪唐太宗致治, 幾乎三王之盛[3],
而文章不能革五代之餘習[4]. 後百有餘年, 韓·李之徒出, 然後
元和之文始復於古[5]. 唐衰兵亂, 又百餘年而聖宋興, 天下一定,
晏然無事. 又幾百年, 而古文始盛於今[6]. 自古治時少而亂時多;
幸時治矣, 文章或不能純粹, 或遲久而不相及. 何其難之若是
歟? 豈非難得其人歟? 苟一有其人, 又幸而及出於治世, 世其
可不爲之貴重而愛惜之歟? 嗟吾子美, 以一酒食之過, 至廢爲
民, 而流落以死[7]; 此其可以歎息流涕, 而爲當世仁人君子之職

라고 하였다. 그래서 장화가 뢰환을 풍성현령(豊城縣令)으로 파견하였고,
뢰환은 도착한 후에 감옥 아래를 파서 땅 속에서 용천검(龍泉劍)과 태아
검(太阿劍)을 얻었다.「현(見)」'현(現)' 자와 같다.

3) 삼왕(三王): 하나라의 우(禹), 상나라의 탕(湯), 주나라의 문왕(文王)과 무
왕(武王)을 가리킨다.

4) 오대(五代): 여기서는 당나라 이전 시기인 송(宋), 제(齊), 양(梁), 진(陳),
수(隋)를 가리킨다. 혹자는 양(梁), 진(陳), 북제(北齊), 북주(北周), 수
(隋)를 가리킨다고도 한다.

5) 한·이(韓·李): 한유(韓愈)와 이고(李翶)를 가리키며, 이들은 주로 당 헌
종(憲宗) 원화 연간(806-820)에 활동하였다.

6) 기백년(幾百年): 거의 백 년이라는 뜻으로, 송나라 건국부터 송 인종 때
까지를 가리킨다.

7) 이일~이사(以一~以死): 소순흠은 집현교리(集賢校理)를 맡고 있을 때인
경력(慶歷) 5년(1045)에, 전례대로 진주원(進奏院)의 고지(古紙)를 판매
한 공금을 사용하여, 연회를 열어 빈객을 대접하였다. 어사중승(御史中
丞) 왕공진(王拱辰) 및 그의 부하가 소순흠을 '공금횡령'의 죄목으로 탄

位宜與國家樂育賢材者惜也!

　子美之齒少於子[8], 而子學古文反在其後. 天聖之間, 子擧進
士於有司, 見時學者務以言語聲偶摘裂, 號爲時文, 以相誇尙[9].

핵하였으며, 이 때문에 소순흠은 면직과 제명(撤職除名)의 처분을 받았
고, 연회에 참석했던 10여 명도 같이 쫓겨났다. 이 사건은 '경력신정(慶
歷新政)'을 공격하고, 두연(杜衍)과 범중엄(范仲淹)을 제거하려는 음모였
다(소순흠을 천거한 사람이 범중엄이었음). 왕공진은 "내가 그들을 일망타진하
였지(吾一網打盡矣.)"라고 의기양양하게 말했다고 한다.

8) 치(齒): 나이, 연령.

9) 천성~과상(天聖~誇尙): 천성(天聖) 연간에도 겉만 화려한(浮靡) 문풍이 여
   전히 성행하고 있었다는 말이다. 구양수는 〈여형남악수재서(與荊南樂秀才
   書)〉에서도 당시의 성행하던 겉만 화려한(浮華) 문풍인 '시문'에 대해서 "이
   른 바 '시문'이라는 것은 모두가 경과 전을 좀먹듯 쏠아서 여기 것을 옮겨
   저기에 짝지어 경박(浮薄)하게 만들면서, 오로지 당시 사람들의 마음을 기쁘
   게 하지 못할까만 걱정하니, 옛 사람들처럼 우뚝하니 제 자신에게서 나온 말
   이 없었다.(所謂時文者, 皆穿蠹經傳, 移此儷彼, 以爲浮薄, 唯恐不悅於時
   人, 非有卓然自立之言如古人者)"라고 비판한 적이 있다. 「천성연간((天聖
   年間: 1023 - 1032)」: 이 시기는 구양수가 과거시험에 매진했던 때라고 해
   도 과언이 아니다. 그는 천성 원년(1023)에 그가 살던 수주(隨州)에서 관리
   임용의 예비시험 격인 향시(鄕試)를 처음 본 것을 시작으로, 천성 4년(1026)
   에는 수주(隨州)의 향시에 합격하여 중앙에서 시행하는 예부(禮部)의 과거
   시험에 추천되었고, 천성 8년(1030)에 비로소 예부의 진사시험에 합격하였
   다. 여기에서 말하는 것은 구양수가 천성 4년(1026)에 수주(隨州)에서 중앙
   예부에서 시행하는 과거시험에 추천되었을 때의 일이다. 《구양수연보(歐陽
   修年譜)》 참고. 「성우(聲偶)」: 평측(平仄)과 대우(對偶)를 따지는 것을 가리
   킨다. 「척렬(摘裂)」: 가르다, 절단하다. 이전 사람들의 문구를 표절하다는
   말이다.

而子美獨與其兄才翁及穆參軍伯長[10], 作爲古歌詩雜文, 時人頗共非笑之, 而子美不顧也. 其後天子患時文之弊, 下詔書諷勉學者以近古[11]. 由是其風漸息, 而學者稍趨於古焉. 獨子美爲於擧世不爲之時, 其始終自守, 不牽世俗趨舍, 可謂特立之士也.

　子美官至大理評事・集賢校理而廢, 後爲湖州長史以卒[12], 享年四十有一. 其狀貌奇偉, 望之昂然, 而卽之溫溫[13], 久而愈可愛慕. 其材雖高, 而人亦不甚嫉忌, 其擊而去之者, 意不在子美也[14]. 賴天子聰明仁聖, 凡當時所指名而排斥, 二三大臣而下, 欲以子美爲根而累之者, 皆蒙保全, 今并列於榮寵[15]. 雖與子美同時飮

---

10) 재옹급목참군백장(其兄才翁及穆參軍伯長): 이들은 송대 고문운동의 선구자이다. 「재옹(才翁)」: 소순흠의 형 소순원(蘇舜元)의 자(字). 《송사》에는 자옹(子翁)으로 되어있다. 「목참군백장(穆參軍伯長)」: 목수(穆修)를 말한다. 그의 자가 '백장(伯長)'이고, '참군(參軍)'은 그의 관직이다.

11) 기후~근고(其後~近古): 송 인종은 천성(天聖) 7년, 명도(明道) 2년, 경력(慶歷) 4년 등 여러 차례에 걸쳐 예부에 조서를 내려서 과거시험에서 내용 없이 화려하기만 한 글을 경계시켰다.

12) 후위호주장사이졸(後爲湖州長史以卒): 소순흠은 경력 5년 평민으로 강등된 뒤에 소주(蘇州)에서 살았으며, 지금의 창랑정(滄浪亭)은 그가 거처한 유적이다. 2년 후에 호주장사(湖州長史)에 임명되었지만, 얼마 안 되어 임지에서 죽었다.

13) 즉지온온(卽之溫溫): 「즉지(卽之)」: 그에게 가까이 다가간다는 뜻이다. 「온온(溫溫)」: 상냥하고 부드러운 모양. 온순한 모양.

14) 기격~미야(其擊~美也): 「격(擊)」 공격하다, 배척하다. 「의부재자미(意不在子美)」: 당시에 왕공진 등 보수파 관료들이 소순흠을 모함한 것은 범중엄과 두연 등 신정(新政) 지도자를 타격하는 데에 목적이 있었다.

15) 이삼대신(二三大臣): 두연(杜衍), 범중엄(范仲淹), 부필(富弼) 등의 대신을 가리킨다. 그들은 황우(皇祐) 초년에 기용되었다.

酒得罪之人, 多一時之豪俊, 亦被收採, 進顯於朝廷[16]. 而子美
獨不幸死矣, 豈非其命也? 悲夫!
　廬陵歐陽修序.

直譯 내 친구 소자미가 세상을 떠난 후 4년 만에야 비로소 태자
태부 두연 공의 집에서 그가 평생 지은 문장의 유고를 얻어 정
리·초록하여 10권으로 편집하였다.

　소자미는 두씨 집 사위여서, 이에 편집한 문집을 두공에게 돌려
드리고 아울러 두공에게 이렇게 말씀드렸다. "이 문장들은 귀하기
가 금옥 같아서, 썩은 흙 속에다 버려 묻어버린다 해도 부식되거
나 소실되지 않을 것이며, 일시적으로는 버림받는다 해도 틀림없
이 누군가가 그것을 수장하면 후세에 전해져 보물이 될 것입니다.
가령 그것이 매몰되어 드러나지 않게 되면, 그 정령의 기운이 늘
스스로 기이한 빛을 내어 드러낼 것이니, 어떤 것으로도 가릴 수
없을 것입니다. 자미가 세상에서 쫓겨나 좌절하여 떠돌며 곤궁하
였을 때에도, 그의 문장은 이미 천하에 두루 알려졌습니다. 저 원
수 같은 사람들이나 일찍이 힘써 그를 사지로 밀어 넣었던 사람들
조차도, 그의 문장에 대해서만은 조금이라도 비방하거나 엄폐할
수가 없었습니다. 사람의 마음이란 가까운 것은 경시하고 먼 것은
귀하게 여기니, 자미가 현재의 세상에서 살면서 억울한 죄를 입어
신분이 형편없었는데도 오히려 그의 문장은 이와 같은데, 그 후세
에 이르면 마땅히 어떻겠습니까! 그렇다면 공께서도 아마도 그렇
게 한스러운 바는 없을 것입니다."

---

16) 동시음주득죄지인(同時飲酒得罪之人): 왕수(王洙), 왕익유(王益柔), 여
　　진(呂溱), 조약(刁約), 송민구(宋敏求) 등을 가리킨다. 그들은 모두 이미
　　복직된 상태였다.

나는 일찍이 전대의 문장과 정치성쇠와의 관계를 고찰하여보니, 당 태종의 치세는 하·은·주 삼대의 우임금·탕임금·문왕·무왕의 성세와 거의 같은데, 문장은 오히려 오대의 부화한 변려문의 여풍에서 벗어나지 못하였다. 일백 여 년 뒤에 한유와 이고 같은 사람들이 나온 연후, 원화 연간에 이르러서야 고문이 비로소 부활하기 시작하였다. 당 중엽 이후 나라가 쇠락하면서, 병란이 사방에서 일어났다. 그리고 또 백 년이 지나, 우리 송나라가 일어나 천하가 태평하고 편안 무사하였다. 그리고 또 거의 백 년이 지난 지금에야, 고문이 흥성하기 시작하였다. 옛날부터 태평시대는 적었고 어지러운 시대는 많았다. 다행히 국가가 잘 다스려지는 태평시대였더라도 문장은 더러 순수하지 않을 수가 있었고, 어떤 때는 문장의 흥성이 더디어서 태평시대를 따라가지 못하기도 하였다. 어째서 이토록 문풍을 일으키기가 어려웠을까? 문풍을 일으킬 사람을 얻기 어려워서가 아닐까? 일단 그만한 사람이 있고 또 다행히 태평시대에 태어났는데도, 세상 사람들은 어찌하여 그를 귀중히 여기고 아끼지 않는가? 아! 내 친구 소자미는 술과 밥 한 그릇의 잘못 때문에 모함을 받아 관직은 박탈되고 평민이 되어 영락하여 죽었다. 이러하니 진실로 눈물을 흘리며 탄식할 만하고, 아울러 기꺼이 인재를 배양해야 될 요직에 있는 인인군자(仁人君子)를 위해 애석할 만하다.

소자미의 나이는 나보다 적지만 내가 고문을 배운 것은 반대로 그의 뒤이다. 천성(天聖) 연간에 나는 예부에서 주관하는 진사시험에 참가하였는데, 당시 글을 배우는 사람들은 힘써 성률과 대우(聲律對偶)를 추구하고, 전고를 쓰거나 옛 사람의 명구를 따와서 '시문(時文)'이라 부르며, 그것을 가지고 서로 자랑하고 숭상하는 것을 보았다. 그러나 소순흠만은 오로지 그의 형 소순원(蘇舜元) 및 목수(穆修)와 함께 옛 시가와 잡문(雜文)을 지으니, 당시 사람들이 모두 비난하고 비웃었지만, 소순흠은 뒤돌아보지도 않았다. 그 후 천자께서 시문(時文)의 폐단을 걱정하시고 조서를 내려 학자들에게 고문을 배우라고 타이르고 권장하셨다. 이로부터 시문을 숭상하던 풍기가 점점 사라지고 학자들이 차츰 고문으로 나아가게 되었다. 오직 자미만은 온 세상 사람들이 고문을 짓지 않을 당시에도 시종일관 스스로 견지하면서 세상 사람들의 취향에 끌려가지 않았으니, 탁월하고도 독특한 선비라 할 수 있을 것이다.

자미의 관직은 대리평사·집현교리에 이르렀다 파면되었고, 나중에 호주장사로 근무하면서 죽으니 향년 41세였다. 그의 외모와 체격은 준수하면서도 훤칠하여 쳐다보면 기세등등해 보이지만 가까이서 대하면 오히려 온화하고 오래 지나면 지날수록 친근하고 좋아할 만하다. 그의 재능이 컸지만 사람들 또한 거기에 대해 그렇게 질투하지는 않았다. 그를 공격하여 제거하고자 한 자들은 의도가 소자미에게 있었던 것이 아니었다. 천자의 영명하시고 관대함에 힘입어 당시 지명되어 배척되었던 두 세 명의 대신과 관리 그리고 자미의 연회손님으로 연루되었던 사람들은 모두 다 온전히 보존되어, 지금은 황제의 총애 받는 신하의 대열에 들었다. 자미와 함께 술을 마시어 죄를 얻었던 사람들은 대부분이 당시의 호걸·준걸이어서, 지금 또한 다 기용되어 조정의 요직을 맡고 있다. 그러나 소자미만이 유독 불행히 죽었으니, 어찌 운명이 아닌가? 슬프도다!

여릉 구양수가 서를 짓다.

〈매성유시집서(梅聖俞詩集序)〉

　매요신(梅堯臣: 1002-1060)은 자가 성유(聖俞)이고, 북송의 유명한 현실주의 시인으로 구양수의 친한 벗이었다. 매요신이 죽은 후에 구양수는 그의 시를 모아 《매성유시집(梅聖俞詩集)》을 편집하고 아울러 가우(嘉祐) 6년(1061)에 이 서문을 썼다.

　구양수는 이 서문에서 매요신의 시에 대한 재능과 업적을 극찬하고, 그의 시문에 대한 풍격을 정확하게 개괄하였으며, 아울러 그의 빈곤한 처지를 깊이 동정하였다.

　구양수는 이 글에서 "시가 사람을 곤궁하게 하는 것이 아니라, 대개 시인이 곤궁해진 연후에 시가 좋아진다.(非詩之能窮人, 殆窮者而後工也.)"라는 견해를 제시하여, 시란 '곤궁해진 이후 좋아진다(窮而後工)'는 문학이론을 주장하였다. 그는 '시를 짓는 것(作詩)'과 '운명이 곤궁해지는 것(命窮)' 간에는 결코 필연적인 관계가 없음을 명확히 게시하여, 세상 사람들이 말하는 "시인들 가운데 영달한 사람은 적고 곤궁한 사람은 많다(詩人少達而多窮)"라는 관점을 부정하였다.

　본문에서 구양수는 또 매요신에 대한 동정과 집정자들이 매요신 같은 인재를 매몰시킨 데에 대한 풍유와 불만의 표현으로, "가령 그를 다행히도 조정에 임명하여, 그로 하여금 아(雅)·송 (頌)같은 시를 지어 대송왕조(大宋王朝)의 공업과 성덕을 노래하여, 황제의 종묘에 바쳐서 상송(商頌)·주송(周頌)·노송(魯頌)의 작가들을 뒤따르게 했다면, 어찌 위대하지 아니했겠는가?(若使其幸得用於朝廷, 作爲雅頌, 以歌詠大宋之功德, 薦之淸廟, 而追商周魯頌之作者, 其不偉歟?)"라고 하였다. 그런데 이것은 구양수의 마음속에 문학에 대한 두 가지 다른 가치관을·가지고 있음을 엿볼 수 있다. 즉 하나는 사상내용 방면에서의 '현달하여 (국가의 공덕을 노래하여) 위대할 수 있는(達而能偉)' 것이고, 하나는 예술기교 방면에서의 '곤 궁해진 이후 좋아지는(窮而后工)' 것이다.

[原文] 予聞世謂詩人少達而多窮. 夫豈然哉? 蓋世所傳詩者, 多 出於古窮人之辭也. 凡士之蘊其所有, 而不得施於世者, 多喜自 放於山巓水涯之外, 見蟲魚草木・風雲鳥獸之狀類, 往往探其奇 怪; 內有憂思感憤之鬱積, 其興於怨刺[1], 以道羈臣寡婦之所歎[2], 而寫人情之難言; 蓋愈窮則愈工. 然則非詩之能窮人, 殆窮者而 後工也.

予友梅聖俞, 少以蔭補爲吏[3], 累擧進士[4], 輒抑於有司[5], 困

----

1) 흥어원자(興於怨刺): 원망하고 풍자하려는 생각이 일어난다. 《논어・양화 (陽貨)》: "시를 읽으면 연상력을 기를 수 있고, 관찰력을 키울 수 있고, 다 른 사람과 잘 어울리는 훈련을 할 수 있고, 풍자방법을 배울 수 있다(詩, 可以興, 可以觀, 可以群, 可以怨.)"고 하였다.

2) 기신(羈臣): 기려지신(羈旅之臣)의 준말로, 외지로 떠돌아다니며 벼슬하 는 관리를 말하는데, 일반적으로 좌천된 관리를 두루 가리킨다.

3) 음보위리(蔭補爲吏): 매요신은 숙부가 세운 공훈 덕분에 하남주부(河南主 簿)를 지냈다. 「음(蔭)」: 조상의 음덕으로 관직을 얻는 것을 가리킨다. 「보(補)」: 관직에 결원이 생겼을 때 보충하는 것을 가리킨다.《구양수전 집・거사집(居士集)》권33에서는 "매요신은 숙부 매순(梅詢)의 은덕으로 태묘재랑이 되었다.(聖俞初以從父蔭, 補太廟齋郎.)"라고 되어 있고,《송 사》권433, 열전(列傳) 제202, 문원(文苑)5에는 "매순의 은덕으로 하남주 부가 되었다.(用詢蔭爲河南主簿)"라고 되어 있어, 매요신이 처음 벼슬길 로 들어선 것은 숙부 매순에 의한 '음보(蔭補)'임에 틀림없지만, 처음 받 은 관직에 대해서는 일반적으로《송사》의 기록을 따르는 사람이 많으나, 매요신을 가장 잘 알고 있었던 사람 가운데 한 사람이 구양수라는 사실을 감안할 때, 물론 구양수가 잘못 기억하고 기록하였는지는 알 수 없지만,

於州縣, 凡十餘年. 年今五十[6], 猶從辟書, 爲人之佐[7], 鬱其所蓄, 不得奮見於事業. 其家宛陵[8], 幼習於詩. 自爲童子, 出語已驚其長老. 旣長, 學乎六經仁義之說. 其爲文章, 簡古純粹, 不求苟說於世, 世之人徒知其詩而已. 然時無賢愚, 語詩者必求之聖兪; 聖兪亦自以其不得志者, 樂於詩而發之; 故其平生所作, 於詩尤多. 世旣知之矣, 而未有薦於上者. 昔王文康公[9]嘗見而

그의 기록도 무시할 수가 없으니 이점에 대해서는 단정할 수가 없다. 매요신의 숙부 매순은 한림시독학사(翰林侍讀學士)를 거쳐 급사중(給事中)을 지냈음. 《구양수전집》에는 매요신의 아버지인 매양(梅讓)을 위해 쓴 묘지명 〈태자중사매군묘지명(太子中舍梅君墓誌銘)〉과 매순을 위해 쓴 〈한림시독학사급사중매공묘지명(翰林侍讀學士給事中梅公墓誌銘)〉이 각각 실려 있다.

4) 누거진사(累擧進士): 진사시험에 여러 번 참가하다.

5) 첩억어유사(輒抑於有司): 번번이 시험관리 위원장에게 억압을 당하다. 「유사(有司)」: 모든 책임을 맡고 있는 관리로, 여기서는 과거시험의 시험관리 위원장을 가리킨다.

6) 년금오십(年今五十): 그 당시 매요신의 실제 나이는 45세였지만, 큰 숫자만 대강 들어 말한 것 같다. 매요신이 죽었을 때의 나이를 〈매성유묘지명〉에서는 "향연 59세이다(享年五十有九)"라고 밝히고 있는데 반해서, 〈매성유시집서(梅聖兪詩集序)〉의 끝 부분에는 "(이 서문을 쓴) 이후 15년 뒤에 매성유는 경사에서 병으로 죽었다.(其後十五年, 聖兪以疾卒於京師)"라 하고 있는데, 이렇게 되면 그가 죽었을 때의 나이가 65세가 되기 때문이다. 「금(今)」: 근(近)과 통한다.

7) 위인지좌(爲人之佐): 남의 보좌관을 맡다. 「좌(佐)」: 보좌하다. 군(郡)이나 현(縣)의 부장관(副長官)을 가리킨다.

8) 완릉(宛陵): 지금의 안휘성 선성현(安徽省 宣城縣).

9) 왕문강공(王文康公): 왕서(王曙, 963-1034)를 말하는데, 자가 회숙(晦叔)이고, '문강(文康)'은 그의 시호(諡號)이다. 송 인종(仁宗, 즉 조정趙禎) 때에 군사(軍事) 방면의 최고책임자인 추밀사(樞密使)와 재상에 해당하는 동중서문하평장사(同中書門下平章事)를 지냈다.

歎曰: "二百年無此作矣[10]!" 雖知之深, 亦不果薦也. 若使其幸
得用於朝廷, 作爲雅頌[11], 以歌咏大宋之功德, 薦之淸廟, 而追
商·周·魯頌之作者[12], 豈不偉歟? 奈何使其老不得志而爲窮
者之詩, 乃徒發於蟲魚物類·羈愁感歎之言. 世徒喜其工, 不知
其窮之久而將老也, 可不惜哉!

聖俞詩旣多, 不自收拾. 其妻之兄子謝景初[13], 懼其多而易失
也, 取其自洛陽至於吳興已來所作[14], 次爲十卷. 予嘗嗜聖俞
詩, 而患不能盡得之, 遽喜謝氏之能類次也, 輒序而藏之.

其後十五年[15], 聖俞以疾卒於京師. 余旣哭而銘之, 因索於其
家, 得其遺稿千餘篇, 并舊所藏, 掇其尤者六百七十七篇, 爲一

---

10) 이백년무차작의(二百年無此作矣): 송대 증민행(曾敏行)의 《독성잡지(獨
   醒雜志)》권1에는 왕서가 매요신에게 "그대의 시에는 (육조六朝 시대) 진
   (晉)·송(宋)의 유풍이 있으니, 두보가 죽은 뒤 이백여 년 간 이러한 작
   품은 보지 못했다(子之詩有晋宋遺風, 自杜子美沒後二百餘年不見此作.)"
   라고 한 말을 싣고 있다.

11) 아송(雅頌): 여기서는 위정자의 공적과 은덕을 찬양하는 일반적인 시가
   를 가리킨다.

12) 상·주·노송(商·周·魯頌): 《시경》의 〈상송(商頌)〉, 〈주송(周頌)〉, 〈노
   송(魯頌)〉을 가리킨다.

13) 처지형자(妻之兄子): 처조카를 뜻한다.

14) 취기자낙양지어오흥이래소작(取其自洛陽至於吳興已來所作): 「낙양(洛
   陽)」: 지금의 하남성(河南省) 낙양시. 「오흥(吳興)」: 현(縣)의 이름으로,
   지금의 절강성 가흥현(嘉興縣) 경내에 있었다.

15) 기후십오년(其後十五年): 송 인종 가우(嘉祐) 5년(1060)을 가리킨다. 이
   상의 각 단락은 매요신이 생존해 있던 때에, 즉 15년 전에 쓴 것이다.

十五卷. 嗚呼! 吾於聖兪詩論之詳矣[16], 故不復云. 廬陵歐陽修
序.

[直譯] 나는 세상 사람들에게서 시인으로 뜻을 얻은 사람은 적고
곤궁한 사람은 많다고 하는 말을 들었다. 어찌 꼭 그렇기야 하겠
는가? 무릇 세상에 전해오는 시들 가운데에는 옛날 곤궁했던 사
람들의 말에서 나온 것이 많다. 대저 선비가 가슴속에 학문이나
포부를 간직하고 있으면서도 세상에 펼 길이 없을 때에는, 대부분
산이나 물가에서 방랑생활을 하며 충어(蟲魚)·초목(草木)·풍운
(風雲)·조수(鳥獸) 등과 같은 것들을 보고, 이따금 그것들의 각종
기괴한 면을 찾아 묘사하기를 좋아한다. 그들은 마음속에 근심이
나 울분이 쌓이면 원망하고 풍자하려는 생각이 일어나, 죄를 짓고
멀리 귀양 간 신하나 과부의 애탄을 말하여, 사람들이 말로 표현
하기 어려운 것을 묘사해 낸다. 대개 시인이 곤궁하면 곤궁할수록
더욱 시가 좋아지는 것이다. 그러므로 시가 사람을 곤궁하게 하는
것이 아니라 대개 시인이 곤궁해진 연후에 시가 좋아지는 것이다.
　나의 친구 매성유(梅聖兪)는 젊었을 때 음보(蔭補)로 관리가 되
었다. 여러 차례 진사시험에 응시하였으나, 그때마다 시험관에 의
해 낙방되었다. 주현(州縣)의 관리로 곤궁하게 지낸 지 모두 합쳐
십여 년이나 된다. 지금 나이 오십이지만 아직도 남의 초청서에
따라 지방의 보좌관이나 하며, 지금까지 가슴속에 축적해온 학문
이나 도덕을 억눌러 둔 채 정치적 사업으로 펴볼 기회를 얻지 못
하였다. 그의 집은 완릉(宛陵)에 있는데, 어려서부터 시를 배워 동

---

16) 오어성유시논지상의(吾於聖兪詩論之詳矣): 구양수는 이 글 외에 《서매
　　성유고후(書梅聖兪稿後)》 및 《육일시화(六一詩話)》에서도 매요신 시가
　　의 성과를 논하였다.

자 때부터 시를 지어놓으면 선배나 어른들을 깜짝 놀라게 하였다. 장성해서는 육경(六經)의 인의(仁義) 설을 힘써 배웠고, 그가 문장(散文)을 지을 때에는 간결하고 고아하면서 순수하게 하였지, 당시 유행하는 문체로 구차하게 영합하여 세상 사람들의 환심을 사려하지 않았다. 그래서 세상 사람들은 다만 그의 시만 알고 있을 뿐이다. 그러나 당시의 현명한 사람이든 어리석은 사람이든 가릴 것 없이, 시에 대해 말하는 한 반드시 매성유에게 가서 가르침을 구했다. 매성유도 자신이 뜻을 얻지 못한 것을 시를 통해 즐겨 표현해내었다. 그러므로 평소 지은 작품 가운데 시가 특별히 많다. 세상 사람들도 이미 이러한 매요신의 재능을 알고는 있었으나, 조정에 추천해주는 사람은 아직 없었다. 지난날 문강공(文康公) 왕서(王曙)는 일찍이 그의 시를 보고, "이백 년 이래로 이러한 작품은 없었다."라고 감탄해 하며 그를 깊이 알아주기는 하였지만, 그 또한 끝내 추천해주지는 않았다. 가령 그를 다행히도 조정에 임명하여, 그로 하여금 〈아(雅)〉〈송(頌)〉같은 시를 지어 우리 대송왕조(大宋王朝)의 공업과 성덕을 노래하여, 황제의 종묘에 바쳐서 〈상송(商頌)〉〈주송(周頌)〉〈노송(魯頌)〉의 작가들을 뒤따르게 했다면, 어찌 위대하지 아니했겠는가? 그런데 어찌하여 그를 늙도록 뜻을 얻지 못하고 곤궁한 사람의 시나 짓게 하여, 부질없이 벌레나 물고기 같은 종류를 빌려 나그네의 수심이나 감탄의 말을 내뱉게 한단 말인가! 세상 사람들은 다만 그의 시가 훌륭한 것만 좋아할 뿐, 오랫동안 곤궁한 채로 늙어 가는 것을 모르니 애석하지 않은가!

매성유는 시를 많이 썼지만 스스로 수습하지는 않았다. 그의 처조카(처 오라버니의 아들)인 사경초(謝景初)가 작품이 많아 쉽게 없어질까 걱정해서, 그의 낙양에서부터 오흥에 거주할 때까지 쓴 작품을 모아 순서대로 열권으로 편찬하였다. 나는 일찍이 매성유의 시를 특히 좋아하였으나, 전부 손에 넣을 수 없는 것을 걱정하였다. 이제 사경초가 잘 분류하여 편집한 것이 기뻐서, 문득 서문을 써서 간직해두었다.

그 후 15년이 지나 매성유는 병으로 경사에서 세상을 떠났다. 나는 울고서 묘지명을 써주고, 그 길에 그의 집안을 뒤져 그의 유고 천여 편을 입수하였다. 전에 간직해두었던 것과 합쳐 그 중의 뛰어난 시 육백칠십칠 편을 수집하여 열다섯 권으로 묶었다. 아아! 나는 성유의 시에 대해서 상세히 논했으므로 여기서는 더 이상 말하지 않는다.

여릉 구양수가 쓰다.

〈강인기문집서(江隣幾文集序[1])〉

이 글은 고인이 된 친구 강인기(江隣幾)의 문집(文集) 서문이다. 문집서(文集序)라면 마땅히 그 사람의 글에 대한 평가를 중심으로 서술하는 것이 일반적이나, 이 글은 친구의 시문을 평가한 것이 아니라 마음속 깊은 곳에 자리하고 있는 옛 친구에 대한 그리운 감정을 드러내어 쓴 것이다. 친구가 죽고 난 뒤 그의 묘지명을 쓰고, 또 그가 남긴 문집에 서문을 쓰자니 그 북받치는 슬픔이 너무도 컸다. 게다가 자신 또한 연로하여 교유마저 줄어드니, 인생의 생사성쇠(生死盛衰)에 대한 감개마저 가득하였다. 따라서 이 글은 감정이 매우 강렬하고 표현력도 아주 풍부하다.

그래서 유대괴(劉大櫆) 같은 사람은 "정감의 아름다움을 표현한 것으로는 유독 구양수가 천고에 우뚝한데, 그의 작품 중에서도 이 작품이 더욱 뛰어나다(情韻之美, 歐公獨擅千古, 而此篇尤勝)"라고 논평하였다.

[原文] 余竊不自揆, 少習爲銘章[2], 因得論次當世賢士大夫功行.

---

1) 강인기(江隣幾): 이름이 휴복(休復)이고, 개봉 진류(開封陳留) 사람이다. 집현교리(集賢校理), 형부낭중(刑部郎中) 등의 관직을 지냈다. 《당선감(唐宣鑒)》, 《춘추세론(春秋世論)》, 《문집(文集)》 등의 저서를 남겼다.

2) 명장(銘章): 묘지명(墓誌銘)을 가리킨다. 묘지명의 문체는 주로 죽은 사람의 사적과 덕행을 기록하는 것으로, 지(誌)와 명(銘) 두 부분으로 나뉜다. '명'의 부분은 운문이기 때문에, 이 글 끝 단락 앞부분에서 "기지이명지(既誌而銘之)"라고 한 것이다. 그리고 묘지명은 돌에 새겨서 무덤 속에 묻기 때문에, 아래의 글에서 "그들의 묘지명을 써서 묘 속에 묻어야 하니(銘其藏)"라고 하였고, 또 "그들의 묘지명을 써서 무덤 속에 묻고(銘其壙)"라고 표현한 것이다.

自明道景祐以來, 名卿巨公往往見於余文矣[3]. 至於朋友故舊, 平居握手言笑, 意氣偉然, 可謂一時之盛; 而方從其遊, 遽哭其死, 遂銘其藏者[4], 是可歎也.

蓋自尹師魯之亡[5], 逮今二十五年之間, 相繼而歿, 爲之銘者至二十人, 又有余不及銘, 與雖銘而非交且舊者, 皆不與焉. 嗚呼! 何其多也! 不獨善人君子難得易失, 而交游零落如此, 反顧身世死生盛衰之際, 又可悲夫!

而其間又有不幸罹憂患, 觸網羅, 至困阨流離以死, 與夫仕宦連蹇, 志不獲伸而歿, 獨其文章尚見於世者, 則又可哀也歟! 然則雖其殘篇斷稿, 猶爲可惜, 況其可以垂世而行遠也! 故余於聖俞·子美之歿, 旣已銘其壙[6], 又類集其文而序之, 其言尤感切而殷勤者, 以此也.

陳留江君鄰幾[7], 常與聖俞·子美遊, 而又與聖俞同時以卒,

---

3) 명도~여문의(明道~余文矣):「명도(明道)」: 송(宋) 인종(仁宗)의 두 번째 연호로 1032-1033년까지 사용하였고,「경우(景祐)」: 송 인종의 세 번째 연호로 1034-1038년까지 사용하였다.「명경거공(名卿巨公)」: 이름난 고관들을 가리킨다.

4) 명기장(銘其藏): '장(藏)'은 매장(埋葬)을 뜻한다. 《예기·단궁(檀弓)》에 "매장하는 것을 장(藏)이라 한다(葬者, 藏也)"라고 하였다.

5) 윤사로(尹師魯): 구양수의 친한 친구. 〈윤사로묘지명(尹師魯墓誌銘)〉의 주 참조. 윤사로는 경력(慶歷) 7년(1047)에 죽었다.

6) 성유~기광(聖俞~其壙):「성유(聖俞)」: 매요신(梅堯臣)을 가리킨다. 〈매성유시집서(梅聖俞詩集序)〉의 주 참조.「자미(子美)」: 소순흠(蘇舜欽)을 가리킨다. 〈소씨문집서(蘇氏文集序)〉의 주 참조.「광(壙)」: 무덤 구덩이(墓穴)를 가리킨다.

7) 진류(陳留): 현(縣) 이름으로, 송대에는 개봉부(開封府)에 속하였다.

余旣誌而銘之. 後十有五年, 來守淮西[8], 又於其家得文集而序
之. 鄰幾, 毅然仁厚君子也. 雖知名於時, 仕宦久而不進, 晚而
朝廷方將用之, 未及而卒. 其學問通博, 文辭雅正深粹, 而論議
多所發明, 詩尤淸淡閑肆可喜. 然其文已自行於世矣, 固不待余
言以爲輕重, 而余特區區於是者, 蓋發於有感而云然. 熙寧四年
三月 日, 六一居士序[9].

直譯 나는 나 자신의 능력을 헤아리지도 않고 젊어서 묘지명을
짓는 공부를 하였습니다. 이로 인해 당대의 몇몇 현명한 인사들의
공적과 덕행을 서술하고 평론하였습니다. 명도년간·경우년간 이
후로는 많은 저명한 공경 대신들이 제 문장에 나타나게 되었습니
다. 몇몇 친구들과 평소에 손을 잡고 웃고 이야기하면서 의기양양
해 하며 한 때의 성황을 이루었습니다. 그러나 금방까지 교유하며
놀았는데, 갑자기 그들의 죽음에 통곡하고 마침내는 그들의 묘지
명(墓誌銘)을 써서 묘 속에 묻어야 하니 참으로 한탄스럽습니다.

　윤사로(尹師魯)가 세상을 떠난 지 25년 사이에, 계속해서 세상
을 떠나 나에게 묘지명을 부탁하여, 지어준 사람만도 20명에 이릅
니다. 거기엔 나에게 묘지명을 미처 부탁하지 못한 친구와 지어주
기는 했으나 친구가 아닌 사람은 다 포함되지 않았으니, 아아! 얼
마나 많은 사람인지요! 그들은 다 선인군자(善人君子)들로 얻기는
어렵고 잃기는 쉬웠을 뿐만 아니라, 이처럼 허무하게 우리의 교유
가 영락해버렸으니, 인생의 삶과 죽음 그리고 흥망성쇠의 변화를

---

8) 내수회서(來守淮西): 희녕(熙寧) 3년(1070)에 구양수가 채주지주(蔡州知
　　州)를 맡은 것을 가리킨다. 채주의 위치가 회수(淮水) 서쪽이다.
9) 삼월 일(三月 日): 옛날 사람들은 문장을 지을 때에 특정한 날짜나 달을
　　쓰지 않는 것이 일반적이었다.

돌이켜보면 또한 더욱 슬픕니다!

죽은 사람들 가운데에는 우환을 당하고 형벌을 받아 곤궁하게 영락하여 죽은 사람도 있고, 어떤 사람은 관도(官途)가 순조롭지 못하여 뜻을 펴지 못한 사람도 있습니다. 그러나 오직 그 문장만은 아직도 세상 사람들에게 읽히고 있으니, 이 얼마나 슬픈 일입니까! 그렇다면 그들의 잔편단고(殘篇斷稿)라 할지라도 오히려 아낄만 한데, 하물며 세상에 길이 전해질 수 있는 것이야! 그러므로 나는 매요신(梅堯臣)과 소순흠(蘇舜欽)이 세상을 떠남에 이미 그들의 묘지명을 써서 무덤 속에 묻었고, 또 그들의 문장을 분류하고 편집하고 나서 서문을 썼는데, 서문의 말이 특별히 침통하고 자세했던 것은 이 때문입니다.

진류(陳留) 사람 강인기(江隣幾)는 늘 매요신·소순흠과 사귀었는데, 매요신과 같은 해에 죽어서 나는 이미 그의 묘지명을 썼습니다. 그 후 15년이 지나, 나는 회서(淮西)의 채주지주(蔡州知州)로 왔다가 또 그의 집에서 그의 문집을 얻어 이 서문을 씁니다. 강인기는 과단성 있고 인자하며 후덕한 군자였습니다. 비록 당시에 이름이 났지만, 관리가 된지 오래도록 승진을 못하다가 뒤늦게 조정에서 높이 쓰려고 할 때, 거기에 미치지 못하고 세상을 떠나버렸습니다. 그는 학문에 널리 통달하였고, 문장은 순정(純正)하고 깊었으며, 의론(議論)에는 뛰어난 견해가 많았습니다. 또 시가의 풍격은 청신하고 담박하면서도 구속받지 않아 참으로 좋아할 만합니다. 그러나 그의 문장은 이미 세상에 널리 유행되고 있어 나의 평가를 기다릴 필요가 없지만, 내가 이렇게 특별히 정성을 갖는 것은 대개 느낌이 있어서 입니다.

희령 4년 3월 일 육일거사가 씁니다.

〈기구본한문후(記舊本韓文後)〉

이 글은 작자가 만년에 지은 것으로, 고문을 학습하고 고문운동에 종사하던 자신의 젊은 시절을 추억하며 서술한 중요한 문장이다. 이 글에 나오는 연대로 미루어보건대 대체로 송 영종(英宗) 치평(治平) 연간(1064-1067)에 지었을 것으로 추정된다.

이 글은 북송의 고문운동과 구양수의 창작노선을 연구하는 데에 중요한 자료이다. 작자는 학문의 목표를 확정한 후 세속 사람들의 좋아함이나 싫어함을 돌아보지 않고, 명예에 안달하지 않으며, 권세와 재리를 추구하지 않고 꾸준히 앞으로 매진하였다. 작자의 이러한 정신은 참으로 배울만하다.

이 글은 묘사가 아주 질박하여 숨기거나 꾸민 곳이 전혀 없다. 감정도 아주 깊고 두터워서, 오래된 것(舊物)을 소중하게 여기는 마음이 문장 곳곳에서 드러난다.

[原文] 予少家漢東[1]. 漢東僻陋, 無學者, 吾家又貧, 無藏書. 州南有大姓李氏者, 其子堯輔頗好學[2], 予爲兒童時多遊其家. 見其弊筐貯故書在壁間, 發而視之, 得唐《昌黎先生文集》六卷, 脫落顚倒, 無次序[3]. 因乞李氏以歸. 讀之, 見其言深厚而雄博. 然

---

1) 한동(漢東): 구양수는 4세 때에 부친을 여의었는데, 숙부 구양엽(歐陽曄)이 수주추관(隨州推官)으로 있었기 때문에 구양수의 온 식구들이 수주로 옮겨갔다. 수주는 호북성 한수(漢水)의 동쪽에 위치하며, 수(隋)·당(唐) 시기에는 한동군(漢東郡)의 행정소재지였다.

2) 요보(堯輔): 어떤 판본에는 '언보(彦輔)'로 되어 있다.

3) 득당~차서(得唐~次序): 「《창려선생문집(昌黎先生文集)》」: 당대 고문운동의 주요 인물인 한유(韓愈)의 문집으로, 그의 제자 이한(李漢)이 편집하였다. 한유는 하남성 하양(河陽) 사람이다. 당시에는 창려(昌黎) 한(韓)

子猶少, 未能悉究其義, 徒見其浩然無涯若可愛[4].

是時天下學者楊·劉之作, 號爲時文[5], 能者取科第·擅名聲, 以誇榮當世, 未嘗有道韓文者. 子亦方擧進士, 以禮部詩賦爲事[6]. 年十有七, 試於州, 爲有司所黜[7]. 因取所藏韓氏之文

씨가 한(韓)씨 중에서는 명문 성씨였기 때문에 한유는 항상 스스로를 '하양 한유'가 아니라 '창려 한유'라고 칭하였다. 당시에는 오대(五代)의 형식주의 문풍이 성행하여 한유의 문장은 사람들에게 중시 받지 못하였다. 《송사·구양수전(歐陽修傳)》에 "구양수가 수주에서 지낼 때, 낡은 책을 담아놓은 상자 안에서 당대 한유의 유고를 얻었는데, 읽어보고는 한유의 문장을 진심으로 흠모하였다. 이에 그 문장의 정수를 탐구하는데 뜻을 두고서 침식을 잊을 정도에까지 이르렀다(修游隨, 得唐韓愈遺稿于廢書簏中, 讀而心慕焉. 若志探賾, 至忘寢食.)"라고 하였다. 「무차서(無次序)」: 어떤 판본에는 '무차제(無次第)'로 되어 있다.

4) 호연무애약가애(浩然無涯若可愛): 「호연무애(浩然無涯)」: 한없이 넓다. 문장의 경계가 시원스럽게 넓어 구속받지 않는 것을 형용하는 말이다. 「약(若)」: 접속사로 쓰였으며, '이(而)' 자와 같다.

5) 양·유지작, 호위시문(楊·劉之作, 號爲時文): 「양(楊)·유지작(劉之作)」: 양억(楊億)과 유균(劉筠) 같은 사람들의 작품을 말한다. 그들은 모두 고위 관료로, '문장을 아름답게 꾸미어 뭇 사람들의 입에 오르내릴 것(雕章麗句, 膾炙人口)'을 서로 표방하였다. 응수하고 화답하는(應酬唱和) 문장을 많이 지었으며, 지나치게 문장의 화려함을 추구하여, 사람들은 그들을 '서곤파(西崑派)'라고 불렀다. 「시문(時文)」: 당시 사람들은 '서곤체'를 시문이라고 하였다. 후에는 과거시험에 사용되는 일정한 격식을 갖춘 문장을 가리키게 된다.

6) 예부시부(禮部詩賦): 송대에는 진사시험을 예부에서 주관하였고, 송대 초기 과거시험의 주된 과목은 변체문(騈體文)과 시첩시(試帖詩)였다.

7) 연십~소출(年十~所黜): 천성(天聖) 원년(1023)에 작자는 수주(隨州)의 주시(州試: 여기에서 선발되면 주나 군에서 그 지방시험에 합격하였다는 것을 보증하여 주는 것과 같아서 예부에서 주관하는 진사시험에 바로 응시할 수 있다)에 응시하였지만, 시의 운을 잘못 써서 선발되지 못하였다.

復閱之, 則喟然歎曰: "學者當至於是而止爾!" 因怪時人之不道, 而顧己亦未暇學[8], 徒時時獨念於予心. 以謂方從進士干祿以養親[9], 苟得祿矣, 當盡力於斯文, 以償其素志.

後七年, 擧進士及第, 官於洛陽, 而尹師魯之徒皆在, 遂相與作爲古文[10]. 因出所藏《昌黎集》而補綴之, 求人家所有舊本而校定之. 其後天下學者亦漸趨於古, 而韓文遂行於世. 至於今, 蓋三十餘年矣, 學者非韓不學也, 可謂盛矣.

嗚呼! 道固有行於遠而止於近[11], 有忽於往而貴於今者. 非惟世俗好惡之使然, 亦其理有當然者. 昔孔孟惶惶於一時, 而師法於千萬世[12]. 韓氏之文, 沒而不見者二百年, 而後大施於今. 此

---

8) 이고기역미가학(而顧己亦未暇學) : 과거시험에 사용되는 '변체문'과 '시첩시'를 배워야했기 때문에 한유의 문장을 배울 시간이 없었다는 말이다. 「이고(而顧)」: 역접의 접속사로 쓰였다. 그러나, 다만.

9) 방종진사간록이양친(方從進士干祿以養親):「간록(干祿)」: 관직을 얻고 봉록을 받다. 「친(親)」: 부모를 뜻하지만, 당시 구양수의 부친이 일찍 죽고 없었으므로, 여기서는 모친을 가리킨다.

10) 후칠~고문(後七~古文) : 작자는 천성 8년의 진사시험에 합격하고 나서 서경유수추관(西京留守推官)을 맡게 되었고, 낙양에서 윤수(尹洙), 매요신(梅堯臣), 사강(謝絳) 등과 함께 지내면서 고문 짓기를 공동으로 제창하였다.

11) 도(道) : 중국의 고대 사상가들이 흔히 사용하였던 개념으로, 내포하고 있는 의미가 매우 광범위하다. 주관적인 방면에서 사용되면 학술상의 관점(觀點)이나 체계(體系)의 한 가지로 이해할 수 있고, 객관적인 방면에서 사용되면 사물의 기본규율을 가리킨다고 할 수 있다. 여기서는 한유가 계승하고 드러낸 공자·맹자의 유가의 도를 가리킨다.

12) 석공~만세(昔孔~萬世) : 공자와 맹자는 살아서는 자신들의 학설을 실행하기 위하여 열국을 분주히 주유하면서도 뜻을 얻지 못했지만, 후세에 이르러서는 오히려 성현으로 추앙받고 천세 만세토록 본받을 만한 모범이 되었다는 뜻이다.

又非特好惡之所上下. 蓋其久而愈明, 不可磨滅, 雖蔽於暫而終耀於無窮者, 其道當然也.

子之始得於韓也, 當其沈沒棄廢之時. 子固知其不足以追時好而取勢利, 於是就而學之, 則子之所爲者, 豈所以急名譽而干勢利之用哉? 亦志乎久而已矣. 故子之仕, 於進不爲喜 · 退不爲懼者, 蓋其志先定而所學者宜然也[13].

集本出於蜀[14], 文字刻畫, 頗精於今世俗本, 而脫謬尤多. 凡三十年間, 聞人有善本者[15], 必求而改正之. 其最後卷帙不足, 今不復補者, 重增其故也[16]. 子家藏書萬卷, 獨《昌黎先生集》爲舊物也. 嗚呼! 韓氏之文之道, 萬世所共尊, 天下所共傳而有也[17]. 子於此本, 特以其舊物而尤惜之.

---

13) 고여~연야(故子~然也): 구양수는 일생동안 여러 차례 배척을 당했지만, 그가 관직의 승진이나 강등에 따라 기뻐하거나 두려워하지 않을 수 있었던 것은 자신의 뜻이 '명예에 조급하거나' '권세나 재리를 추구하는' 데에 있지 않았기 때문이고, 또 한유의 문장을 포함하여 그가 배운 학문에서 힘을 얻었기 때문이라는 뜻이다.

14) 촉(蜀): 지금의 사천성 지역이다. 중원 지역이 혼란스러웠던 오대(五代) 시기에는 왕씨와 맹씨가 장악한 전촉(前蜀: 왕건王建이 건국)과 후촉(後蜀: 맹지상孟知祥이 건국)이 상대적으로 안정되어 많은 문인들이 모여들었고, 몇 몇 서적도 펴냈다.

15) 선본(善本): 좋은 책, 좋은 판본. 정밀하고 정확하게 교감한 판본.

16) 기최~고야(其最~故也): 판본이 오래된 것이기 때문에, 원래의 모습을 보존하기 위하여 자구(字句)를 교감하는 것 이외에 결여된 부분을 더 이상 보완하지 않고, 오래된 판본을 경솔하게 보충하지 않겠다는 말이다.

17) 한씨~유야(韓氏~有也): 한유의 문장과 사상을 추앙하는 말이다. 송대의 고문가들은 모두 한유의 도통(道統)과 문통(文統)을 계승한다고 자처하

[直譯] 내가 어렸을 때에 우리 집은 한수(漢水) 동쪽 수주(隨州)에 있었는데, 수주는 구석지고 낙후한 곳이어서 학문을 한 사람이 없었고, 우리 집 또한 가난하여 장서도 없었다. 이 수주 남쪽에 이 지방에서 이름난 이씨 성을 가진 집이 있었는데, 그 집 아들 이요보(李堯輔)는 공부하기를 매우 좋아하였다. 나는 어렸을 때, 늘 그의 집으로 놀러가곤 하였다. 한 번은 그 집 벽 사이에 옛 책들이 들어 있는 해진 광주리를 발견하고 꺼내어 살펴보니 당나라 《창려선생문집(昌黎先生文集)》 6권이 있었다. 이 책들 가운데 일부는 떨어져나가 빠져있고, 일부는 뒤섞여 순서가 없는 것도 있었다. 나는 곧 이씨 집에서 빌려 집으로 돌아와 읽어보니, 그 말이 심후하고 웅장하며 끝없이 넓음을 알게 되었다. 그러나 나는 아직 어렸기 때문에 그 뜻을 다 이해할 수는 없었지만, 그의 더없이 높은 문장의 기세만은 정말 좋아 할만하다는 것을 깨닫게 되었다.

당시 천하의 학자들은 다 양억·유균의 문장을 배웠는데, 그것

였다. 유개(柳開)는 《응책(應責)》에서 "나의 도는 공자·맹가·양웅·한유의 도이고, 나의 문장은 공자·맹가·양웅·한유의 문장이다.(吾之道, 孔子·孟軻·楊雄·韓愈之道; 吾之文, 孔子·孟軻·楊雄·韓愈之文.)"라 하였고, 석개(石介)는 《존한(尊韓)》에서 "공자의 《주역》《춘추》 같은 책은 공자 이래로 더 이상 없었던 것이고, 한유의 〈원도〉〈원인〉〈원훼〉〈행난〉〈우문〉〈불골표〉〈쟁신론〉 같은 문장은 제자백가 이래로 없었던 것이다. 참으로 지극한 경지로다!(孔子之《易》《春秋》, 自聖人以來未有也; 吏部〈原道〉〈原人〉〈原毀〉〈行難〉〈禹問〉〈佛骨表〉〈諍臣論〉, 自諸子以來未有也. 嗚呼至矣!)"라고 하였다. 후에 소식은 〈조주한문공묘비(潮州韓文公廟碑)〉에서 다음의 유명한 말로 개괄하였다. "문장은 8대의 쇠함에서 일으켜 세웠고, 도는 천하의 침체된 데에서 건져내었도다(文起八代之衰, 而道濟天下之溺.)"라고 하였다.

을 '시문(時文)'이라고 하였다. 시문을 잘 하는 사람은 과거에 합격하여 명성을 얻어 세상 사람들에게 칭찬을 받았으므로, 그 때까지 한유의 문장을 칭찬하는 사람이 없었다. 나 또한 진사시험을 보려고 하였으므로, 예부에서 주관하는 시험의 시부(詩賦) 공부를 일로 삼았다. 열일곱이 되던 해, 수주(隨州) 지방의 과거시험에 떨어지고 나서, 소장하고 있던 한유문집을 꺼내어 다시 읽어보고 감탄스러워 "배우는 사람은 마땅히 이 정도의 경지에 이르러서 멈추어야 할 것이다"라고 하였다. 따라서 당시 사람들이 한유의 문장을 칭찬하지 않은 것을 괴이하게 여겼지만, 그러나 나 자신도 공부할 틈이 없어 다만 수시로 혼자 마음속으로 이렇게 생각만 하고 있었다. 내가 진사시험에 진력하여 관직을 얻어 봉록을 받아서 모친을 봉양하되, 만약 봉록을 받게 되면 마땅히 한유의 문장에 온 힘을 다하여 내 평소의 뜻에 보답하리라고 생각하였다.

7년 뒤 나는 진사시험에 급제하고 낙양에서 관리생활을 하였는데, 윤사로 등도 다 함께 지내게 되어 마침내 서로 더불어 고문을 짓게 되었다. 그로 인해 나는 곧 가지고 있던 한유문집을 꺼내어 빠진 것을 보충하여 정리하고, 또 남의 집에 있던 옛 책들을 구하여 교정을 하였다. 그 뒤 세상의 학문하는 사람들도 차츰 고문을 하게 되니, 한유의 글이 마침내 세상에 유행하게 되었다. 지금까지 30년이 되었는데, 학문하는 사람은 한유의 것이 아니면 배우지 않으니, 참으로 흥성하다고 하겠다.

아! 도는 진실로 먼 데에서 유행하고 가까운 데에서는 멈추며, 지난날에 홀시 받던 것이 오히려 지금에서야 귀하게 된다. 이것은 세속의 좋아함과 싫어함이 그렇게 한 것일 뿐만 아니라, 그 이치 또한 당연한 것이다. 공자와 맹자는 한 때 황망하기만 하고 뜻을 얻지 못하였지만, 만세토록 스승의 법도가 되었다. 한유의 문장은 매몰되어 200년 간 드러나지 않았다가 그 후 지금에야 크게 성행하고 있다. 이것 또한 세속 사람들의 좋아하고 싫어함에서 결정되었을 뿐만 아니라 대개 시간이 오래되면 오래될수록 더욱 빛이 나서 마멸될 수 없었기 때문이다. 가령 잠시 가려진다 해도 마침내는 끝없이 빛나게 된다. 이것은 그 도가 그렇게 하는 것이다.

내가 처음 한유의 문장을 얻었던 것은, 그것이 매몰되어 버려져 있던 때였다. 나는 원래 한유의 문장은 시대의 좋아함을 쫓고 권세의 이익을 취하기에는 부족하다는 것을 알았다. 그런데도 오히려 거기에 나아가 배웠으니, 그렇다면 내가 한 바의 행동이 어찌 명예를 얻는데 급급하고 권세의 이익을 구하기 위해서였겠는가? 뜻을 원구한 데에 두었을 따름이다. 그러므로 내가 관리가 되고 진급을 하여도 기뻐하지 않았고 강등되어도 두려워하지 않았던 것은 뜻이 먼저 결정되고 배운 바가 마땅히 그렇게 만들었기 때문이다.

《창려선생문집(昌黎先生文集)》의 판본은 본래 촉 땅에서 얻어온 것인데, 문자의 새김은 지금 세상에 유전되는 판본에 비해서 아주 정밀하지만, 그러나 빠지고 잘못된 곳이 특히 많다. 30년 동안, 다른 사람이 선본을 가지고 있다는 소리를 들을 때마다 반드시 그것을 구하여 바로 고쳤다. 그 제일 끝 부분 잔결된 몇 권은 지금은 더 이상 보충할 수 없기 때문에 (원래 모양을 보존하기 위해서) 그 옛 것을 더하는 데에 신중하였다. 나의 집에는 장서가 만 권이 있는데, 유독 《창려선생문집(昌黎先生文集)》만이 낡은 서적의 물건이다. 아! 한유의 문장과 도는 만세토록 존중되고 온 천하가 함께 읽고 향유할 유산이다. 나는 이 문집이 특히 나의 낡은 물건이기 때문에 더욱더 아낀다.

〈신오대사·영관전서(新五代史·伶官傳序[1])〉

《영관전(伶官傳)》은 후당(後唐)의 장종(莊宗) 이존욱(李存勖)이 악관(樂官)을 총애하다가 결국 난을 일으킨 악관 곽종겸(郭從謙)의 손에 죽게 된 역사적 사실을 기록하고 있다. 이 서문(序文)은 바로 이 일에 대한 논평이다.

본문은 장종의 일생으로부터 "근심하고 노력하면 나라를 흥성하게 할 수 있고, 안일하고 향락하면 몸을 망하게 할 수 있으며(憂勞可以興國, 逸豫可以亡身)", "우환은 항상 아주 작은 것에서 쌓여 발전하고, 지혜롭고 용맹한 사람은 대부분 자신이 너무 탐닉하는 것에서 곤궁해지듯이(患常積於忽微, 而智勇多困於所溺)" '일의 성패는 다 사람으로부터 기인한다(成敗由人)'는 논점을 개괄해내었다. 작자가 정치생활 속에서 국가의 흥망존패의 원인을 찾고자 한 것은 당시로서는 쉽지 않은 시도로써, 사치가 극에 달하고 부패가 만연한 북송 통치자들에 대한 강력한 경고의 의도가 있었다.

이 글은 서사와 의론을 긴밀하게 결합시키고, 기승전결을 치밀히 강구하여, 문장구성이 빈틈이 없다. 동시에 성쇠(盛衰)의 대비(對比)라든가 반복감탄의 구식(句式) 그리고 비판을 하기 위하여 먼저 칭찬하는 욕억선양(欲抑先揚)의 수사방법 등을 다양하게 운

---

1) 「오대사(五代史)」: 후량(後梁), 후당(後唐), 후진(後晉), 후한(後漢), 후주(後周)의 역사로, 신·구(新舊) 두 종류가 있다. 송 태종(太宗) 때 설거정(薛居正)이 150권으로 지은 것이 《구오대사》이고, 인종 때 구양수가 수정하여 75권으로 지은 것이 《신오대사》이다. 「영관(伶官)」: 궁중의 악관(樂官)이나 예인(藝人)을 뜻한다. 황제(黃帝) 때에 영륜(伶倫)이라는 자가 악관이 되었으며, 그 후 영씨(伶氏)가 대대로 음악을 맡아 관리했기 때문에 후세에는 악관을 대부분 영관이라 하였다.

용하여 작자의 깊은 감개를 적절히 기탁하고 있다. 청대의 평론가 심덕잠(沈德潛)은 "문장의 변화가 풍부하여 《사기(史記)》의 정수를 터득한 것으로, 《오대사(五代史)》중에서 최고의 글이다(抑揚頓挫, 得《史記》神髓, 《五代史》中第一篇文字!)"라고 평가하였다.

[原文] 嗚呼! 盛衰之理, 雖曰天命, 豈非人事哉[2]! 原莊宗之所以得天下[3], 與其所以失之者, 可以知之矣.

世言晉王之將終也[4], 以三矢賜莊宗而告之曰: "梁, 吾仇也[5];

---

2) 성쇠~사재(盛衰~事哉): 봉건시대의 임금들은 항상 '하늘에서 명을 받은(受命於天)' 존재로서, 천명(天命)으로 자신을 높이고 백성들을 마비시켰다. 여기서는 '천명'을 철저히 부인하지는 않았지만, 그러나 결코 그것을 실제로 믿지도 않았다.

3) 원장종지소이득천하(原莊宗之所以得天下): 「원(原)」: 원인을 규명하다, 근본을 캐어보다. 「장종(莊宗)」: 오대(五代) 때 후당(後唐)을 건국한 이존욱(李存勖)의 묘호(廟號)로, 이극용(李克用)의 아들이다.

4) 진왕(晉王): 이극용(李克用)을 가리킨다. 사타족(沙陀族)으로, 당나라 조정을 도와 황소(黃巢)의 기의(起義)를 진압하는 데에 공을 세웠기 때문에 진왕에 봉해졌다. 그가 죽은 후에 그의 아들 이존욱이 왕위를 계승하여, 후량(後梁)을 멸하고 후당을 세워 황제라 칭하였다. 부친 이극용에게 무황제(武皇帝)라는 시호를 추증하였으며, 묘호는 태조(太祖)이다.

5) 양, 오구야(梁, 吾仇也): 후량(後梁)의 태조 주온(朱溫)은 원래 황소(黃巢) 기의군(起義軍)의 장수였으나, 배신하고 당나라에 항복하였다. 당 희종(僖宗)은 그에게 전충(全忠)이라는 이름을 하사하고, 그를 양왕(梁王)에 봉하였다. 희종 때에 그는 이극용을 죽이려고 계획하였고, 이극용 또한 누차 표를 올려 그를 토벌할 것을 청하였다. 그러다 후에 주온이 당나라의 정권을 빼앗아 후량을 세우자, 두 사람의 원한 관계는 더욱 깊어졌다.

燕王, 吾所立[6], 契丹, 與吾約爲兄弟[7], 而皆背晉以歸梁. 此三
者, 吾遺恨也. 與爾三矢, 爾其無忘乃父之志!" 莊宗受而藏之
於廟. 其後用兵, 則遣從事以一少牢告廟[8], 請其矢, 盛以錦囊,
負而前驅, 及凱旋而納之.

方其繫燕父子以組[9], 函梁君臣之首[10], 入於太廟, 還矢先王,
而告以成功, 其意氣之盛, 可謂壯哉! 及仇讐已滅, 天下已定,

---

6) 연왕, 오소립(燕王, 吾所立): '연왕(燕王)'은 유수광(劉守光)의 부친 유인
공(劉仁恭)을 가리킨다. 이극용이 일찍이 당나라 조정에 유인공을 노룡절
도사(盧龍節度使)로 추천해주었다. 그러나 후에 유인공은 이극용의 지휘
를 따르지 않자 무력충돌이 일어나, 결국 이극용을 패배시키고 후량(後
梁)에 투항하였다. 유인공의 아들 유수광의 병력이 점차 강해지자 주온은
유수광을 연왕(燕王)에 봉하였고, 그리고 유수광은 911년에는 스스로 대
연(大燕) 황제라고 칭하였다.

7) 거란, 여오약위형제(契丹, 與吾約爲兄弟): 905년에 이극용은 거란족의
임금인 야율아보기(耶律[姓]阿保機[名])와 형제 관계를 맺고, 군사동맹을
채결하여 공동전선을 구축해서 주온을 치고자 하였다. 그러나 뒤에 야율
아보기가 약속을 저버리고 사신을 보내어 주온과 우호관계를 맺었다.

8) 기후~고묘(其後~告廟): 「종사(從事)」: 원래는 주자사(州刺史: 지방관) 수
하로 있는 지위가 비교적 낮은 관리를 가리키는데, 여기서는 일반 관리를
두루 가리키는 말이다. 「소뢰(少牢)」: 돼지와 양 두 가지 희생을 사용하는
제사. '뢰(牢)'는 희생을 뜻한다. '일(一)'은 단위를 나타낸다.

9) 방기계연부자이조(方其繫燕父子以組): 「계(繫)」: 묶다. 「조(組)」: 밧줄.
유수광이 스스로 대연 황제라고 칭한 지 4년 되던 해에, 이존욱은 주덕위
(周德威)를 시켜 유수광을 공격하게 하여, 유수광과 그의 부친 유인공을
생포하여 밧줄로 묶어서 태묘(太廟)에 바쳤다.

一夫夜呼, 亂者四應[11], 倉皇東出, 未及見賊而士卒離散, 君臣相顧, 不知所歸, 至于誓天斷髮, 泣下沾襟[12], 何其衰也! 豈得

---

10) 함양군신지수(函梁君臣之首): 「함(函)」: 나무 상자. 여기서는 동사로 쓰여, 나무상자에 넣는다는 뜻이다. 923년에 이존욱은 병사를 이끌고 후량을 공격하였다. 주온의 아들이자 후량의 마지막 임금인 주우정(朱友貞)은 원수의 손에 죽을 수 없다하여 부장 황보린(皇甫麟)에게 자신의 목을 베라고 명하였다. 주우정을 죽인 후에 황보린 또한 스스로 목을 베어 자살하였다.

11) 일부야호, 난자사응(一夫夜呼, 亂者四應): 926년에 패주(貝州: 지금의 하북성 청하현淸河縣)에 주둔하고 있던 황보휘(皇甫暉)가 무리를 모아 난을 일으켜, 지휘사(指揮使) 조재례(趙在禮)를 대장으로 하여 업도(鄴都: 지금의 하남성 안양시安陽市)로 쳐들어갔다. 그러자 형주(邢州: 지금의 하북성 형대시邢臺市)와 창주(滄州: 지금의 하북성 창주시滄州市)의 주둔군도 잇달아 난을 일으켰다.

12) 창황~첨금(倉皇~沾襟): 황보휘가 난을 일으키자 이존욱은 반란군을 토벌하고자 이사원(李嗣源: 이극용의 양아들)을 파견하였다. 그런데 뜻밖에도 이사원의 부하들이 기회를 타서 이사원을 황제로 옹립하고는 업도의 반군과 연합해서 후당의 수도인 낙양을 향해 진군하였다. 이존욱은 급히 군대를 이끌고 진압에 나서 만승진(萬勝鎭: 지금의 하남성 중모현中牟縣 경계)이 이르자 이사원이 이미 대량(大梁: 지금의 하남성 개봉시開封市)을 점거하였다는 소식을 듣게 되었다. 이존욱은 크게 낙담하여서 군대를 돌릴 것을 명하였다. 출발할 때, 수행하는 병사가 2만5천 명이었지만, 도중에 배반하고 달아나서 만여 명이나 줄어들었다. 석교(石橋: 지금의 낙양성洛陽城 동쪽) 서쪽에 이르러서 술을 마시고 통곡을 하고는, 여러 장수들에게 말하기를 "그대들이 나를 따른 이래로 환난을 함께 하고 부귀를 같이 하였는데, 오늘 이 지경에 이르렀으니 어찌 해결할 방법이 없단 말인가?"라고 하였다. 그리하여 백여 명의 장수들은 머리카락을 잘라 하늘에 맹세하여, 후당에 대한 충성을 표시하고, 임금과 신하들이 서로 바라보며 크게 울었다.

之難而失之易歟? 抑本其成敗之迹, 而皆自於人歟?

《書》曰:"滿招損, 謙得益[13]." 憂勞可以興國, 逸豫可以亡身, 自然之理也. 故方其盛也, 擧天下之豪傑, 莫能與之爭; 及其衰也, 數十伶人困之, 而身死國滅[14], 爲天下笑. 夫禍患常積於忽微[15], 而智勇多困於所溺, 豈獨伶人也哉! 作〈伶官傳〉.

[直譯] 오호라! 성쇠(盛衰)의 이치는 천명에 달렸다고 하지만, 어찌 인사(人事)에서 비롯되는 것이 아니겠는가! 장종(莊宗)이 천하를 얻은 원인과 천하를 잃은 원인을 캐어보니 알 수 있도다.

세상 사람들이 말하길, 진왕(晉王, 이극용李克用)이 장차 죽음에 임하여 화살 세 개를 장종(莊宗)에게 주며, "양(梁)나라는 나의 원

---

13) 만초손, 겸득익(滿招損, 謙得益):《서경・대우모(大禹謨)》에 나오는 말로, 원문에는 '겸득익(謙得益)'이 '겸수익(謙受益)'으로 되어있다.

14) 수십영인곤지, 이신사국멸(數十伶人困之, 而身死國滅): 이존욱은 후량을 멸한 후에 자만하고 거만해져서 여색과 음악에 탐닉하였으며, 악공(樂工)과 환관을 총애하여 신임하였다. 이 때문에 이사원이 반란을 일으켰을 때에 문무대신의 지지조차도 얻지 못하였다. 원래 악관이던 곽종겸(郭從謙: 예명藝名이 곽문고郭門高)은 황제의 총애로 종마직(從馬直: 황제의 근위대)의 지휘사(指揮使)가 되었는데, 926년에 이사원이 개봉을 점령한 틈을 타서 병사를 일으켜 난을 일으켰고, 그 와중에 이존욱은 날아온 화살에 맞아서 죽었다. 이존욱이 죽은 후에 이사원이 정식으로 황제에 즉위하였다. 이사원은 이극용의 양아들로, 이존욱과는 같은 핏줄의 형제가 아니다. 따라서 왕조가 바뀐 것과 같기 때문에 '국멸(國滅)'이라고 한 것이다.

15) 홀미(忽微): 매우 작고 사소함을 형용하는 말이다. '홀(忽)'은 촌(寸)의 십만 분의 일, '미(微)'는 촌의 백만 분의 일이다.

수이다. 연(燕)왕은 내가 세웠고, 거란은 나와 형제가 되기를 약속했거늘, 그러나 그들은 이 진(晉) 나라를 배반하고 양(梁)으로 돌아가 붙었으니, 이 세 가지는 내게 남은 한이다. 너에게 세 개의 화살을 주노니, 너는 네 아버지의 뜻을 잊지 말아라.''라고 하니, 장종(莊宗)이 그것을 받아 종묘에 간직하였다. 그 후 싸움에 나아감에 종사관(從事官)을 보내어 양ㆍ돼지 한 마리씩을 제물로 종묘에 제사하고, 그 화살을 공손히 꺼내어 비단 주머니에 담아서 사람을 시켜 짊어져 앞으로 달려 길을 열게 하여, 이기고 돌아와 다시 그것을 종묘에 놓아두었다.

바야흐로 장종(莊宗)이 연왕(燕王) 부자(父子)를 생포하여 끈으로 묶고, 양나라 임금과 신하의 목을 상자에 담아, 종묘에 들어가 부왕의 영전에 올리며 성공했다는 보고를 했을 때, 그 의기의 성대함은 웅장했다고 할 수 있다. 그러나 원수가 이미 멸망되고 천하가 평정되었을 때에, 한 남자가 밤중에 소리치자 반란하는 자가 사방에서 호응하니, 황급히 동쪽으로 출전하였으나 미처 반란군도 만나기 전에 병사들은 뿔뿔이 흩어지고, 임금과 신하는 서로 돌아보며 갈 바를 몰라 하는데, (백여 명의 군사가) 머리털을 잘라 하늘을 향해 후당(後唐)에 충성을 맹세함에 (임금과 군사들이) 눈물로 옷깃을 적시기에 이르렀으니, 어찌 그리도 쇠하였는가! 그래 (천하를) 얻기는 어렵고 잃기는 쉬워서란 말인가? 아니면 그가 성공하고 실패한 사적에서 고찰해 볼 때, 다 사람이 한 일로 말미암아서인가?

《서경》에 이르길 "교만하면 손해를 초래하고, 겸양하면 이익을 얻는다" 하였으니, 근심하고 노력하면 나라를 흥성하게 할 수 있고, 안일하고 향락하면 몸을 망하게 할 수 있다. 이것은 자연의 이치이다. 이런 까닭으로 장종이 흥성할 때에는 천하의 많은 호걸들도 그와 다투지 못했는데, 그가 쇠함에 이르러서는 수십 명의 영인(伶人)들이 그를 곤궁하게 하여, 몸은 죽고 나라는 망하여 천하의 웃음거리가 되었다. 무릇 우환이란 항상 아주 작은 것에서 쌓여 발전하고, 지혜롭고 용맹한 사람은 대부분 자신이 너무 탐닉하는 것에서 곤궁해지니, 어찌 다만 영인의 일만 이러하겠는가. 나는 그래서 〈영관전〉을 짓는다.

〈신오대사·환자전론(新五代史宦者傳論(節選)〉

　이 글은 《신오대사·환자전(新五代史·宦者傳)》에 대한 평론의 일부분이다. 환관을 속칭 태감(太監)이라고도 하며, 옛날에는 시인(寺人)이라고 하였다. 환관 가운데 어떤 이는 하루아침에 황제를 끼고 대권을 쥐고서 왕왕 도리에 맞지 않는 일을 억지로 행하거나, 제멋대로 온갖 나쁜 일을 하다가 대란을 조성하기도 하였다. 그러므로 옛 사관들은 환관과 전제 권력을 쥔 후비를 "부시지화(婦寺之禍)"라 하여, 환관의 환란과 후비의 환란을 나란히 언급하였다. 본문에서는 환관의 환란이 후비의 환란보다 훨씬 크다고 생각하였다.

　이 글은 환관들이 작은 선과 신의를 통해 어떻게 정권을 장악해 가는 지에 대한 과정을 상세히 묘사하고 있고, 아울러 이를 통해 제왕은 점진적으로 환란을 양성해서는 안 된다고 경고하였다. 사실 환관들의 전횡은 봉건전제주의의 필연적인 산물이었다. 제왕 자신은 교만하고 사치하며 음란하면서도 대신들의 야심을 막으려면, 필연적으로 자신에게 영합하는 잔인한 소인배들에게 의지해야만 한다. 그래서 진(秦)에서 한(漢), 당(唐)에서 명(明)에 이르기까지 환관들의 환란이 가면 갈수록 더욱 심각해졌던 것이다. 봉건왕권제도가 제거되지 않는 한, 환관의 환란에서 벗어날 수 없었던 것이다.

原文 自古宦者亂人之國¹⁾, 其源深於女禍. 女, 色而已; 宦者之害, 非一端也.

蓋其用事也近而習, 其爲心也專而忍; 能以小善中人之意²⁾, 小信固人之心³⁾, 使人主必信而親之. 待其已信, 然後懼以禍福而把持之. 雖有忠臣碩士列於朝廷⁴⁾, 而人主以爲去己疏遠, 不若起居飮食·前後左右之親爲可恃也. 故前後左右者日益親, 則忠臣碩士日益疏, 而人主之勢日益孤. 勢孤, 則懼禍之心日益切, 而把持者日益牢. 安危出其喜怒, 禍患伏於帷闥⁵⁾, 則嚮之所謂可恃者, 乃所以爲患也. 患已深而覺之, 欲與疏遠之臣圖左右之親近, 緩之則養禍而益深, 急之則挾人主以爲質. 雖有聖智, 不能與謀. 謀之而不可爲, 爲之而不可成. 至其甚, 則俱傷而兩敗. 故其大者亡國, 其次亡身, 而使姦豪得借以爲資而起⁶⁾,

---

1) 환자(宦者): 환관(宦官)을 말한다. 거세되어 성 기능을 잃어버린 남자로, 궁중 안에서 황제와 그 가족의 시중을 들었다. 환관은 원래 궁궐 안의 벼슬(內庭官)이어서 국정에 관여할 수 없었지만, 그러나 환관 중에서도 지위가 높은 자들은 황제와 가장 가깝고 친근하였기 때문에 왕왕 대권을 훔칠 수도 있었다.

2) 이소선중인지의(以小善中人之意): 「소선(小善)」: 임금의 환심을 살 수 있는 작은 일을 가리킨다. 「중(中)」: 부합하다, 맞추다.

3) 소신고인지심(小信固人之心): 「소신(小信)」: 겉으로 보기에는 충심으로 가득 찬 듯한 작은 행위들을 가리킨다. 「고(固)」: 안정시키다, 진정시키다.

4) 석사(碩士): 학식이 깊고 넓은 사람.

5) 유달(帷闥): 궁궐, 궁중을 가리킨다. 「유(帷)」: 장막, 휘장. 「달(闥)」: 궁중의 작은 문.

6) 간호(姦豪): 간웅(姦雄). 간사하고 세상 사람들을 속이는 야심가를 가리킨다.

至抉其種類, 盡殺以快天下之心而後已[7]. 此前史所載宦者之
禍, 常如此者, 非一世也!

　夫爲人主者, 非欲養禍於內, 而疏忠臣碩士於外, 蓋其漸積而
勢使之然也. 夫女色之惑, 不幸而不悟, 則禍斯及矣. 使其一
悟, 捽而去之可也[8]. 宦者之爲禍, 雖欲悔悟, 而勢有不得而去
也. 唐昭宗之事是已[9]. 故曰: 深於女禍者, 謂此也. 可不戒哉!

[直譯] 옛날부터 환관이 남의 나라를 어지럽히니, 이러한 환란의
근원은 여인들이 만들어내는 환란보다 훨씬 깊다. 여인은 임금을

---

7) 지결~후이(至抉~後已): 환관을 몰살한 일은 동한(東漢) 말과 당대(唐代)
　　말기에 있었다. 동한 말에 '십상시(十常侍: 영제靈帝 때 장양張讓, 조충趙忠 등
　　중상시中常侍를 맡고 있던 환관 12명을 가리키는 말)'가 권력을 장악하자, 외척 하
　　진(何進)이 '상시'들을 모두 죽이고자 하였다. 그러나 일을 끌다가 도리
　　어 환관들에게 죽임을 당하였다. 원소(袁紹) 등이 출병하여 황궁으로 쳐
　　들어가서 "군대를 거느리고 환관들을 체포하여 노소를 가리지 않고 모두
　　죽였으니, 그 수가 모두 2천여 명이었다(勒兵捕諸宦者, 無少長皆殺之, 凡
　　二千餘人.)"「결(抉)」: 들추어내다, 찾아내다.
8) 졸(捽): 꽉 붙잡다, 붙들다.
9) 당소종지사시이(唐昭宗之事是已):당 소종의 일은 다음과 같다. 소종(昭
　　宗: 이엽李曄)은 환관이 권력을 휘두르며 환란을 조성하자, 천복(天復) 원
　　년(901)에 재상 최윤(崔胤)과 몰래 환관을 죽일 것을 모의하였다. 최윤은
　　주온(朱溫)에게 편지를 보내서 주온이 출병하여 소종 임금을 영접하라고
　　하였는데, 이러한 사정이 환관에게 발각되었다. 그래서 환관이 먼저 소종
　　을 협박하여 봉상(鳳翔)으로 갔으며, 이듬해에 주온의 군대가 봉상을 포
　　위하였다. 천복 3년 봄에 성안의 식량이 떨어지자 환관들이 투항하니 주
　　온은 그들을 모두 죽였다. 후에 최윤과 소종도 잇달아 주온에게 죽임을
　　당하였다.

여색에 빠지게 할 뿐이지만, 환관의 해악은 한 방면만이 아니다.

　대개 그들이 하는 일이 임금과 가까우면서 친근하고, 그들의 마음 씀이 제멋대로 이며 잔인하기 때문이다. 작은 선행으로도 임금의 마음에 영합할 수가 있고, 작은 신의로도 임금의 마음을 견고하게 잡을 수 있으므로, 임금으로 하여금 반드시 자신들을 신임하고 가까이 하게 할 것이다. 임금이 자신들을 신임하기를 기다린 연후에, 그들은 화와 복으로써 임금을 위협하여 모든 권력을 장악한다. 가령 조정에 충신과 현사들이 있더라도 임금은 자신과 소원하다고 여기고서, 함께 먹고 마시고 기거하면서 늘 자신 가까이에 있는 환관을 믿는 것이 더 낫다고 생각한다. 그래서 가까이 있는 환관들은 나날이 친근해지고, 충신과 현사들은 나날이 소원해진다. 이에 임금의 지위 또한 나날이 고립되어 간다. 임금이 고립되면 환란을 두려워하는 마음이 나날이 깊어지고, 이에 권력을 장악한 자들은 나날이 공고해진다. 국가의 안위는 그들의 즐거움과 성냄에서 결정되니, 임금의 환란은 바로 궁중 속에 숨어 있는 것이다. 그렇다면 앞서 이른 바 믿을 수 있다고 여긴 사람들이 지금은 오히려 화근을 낳는 원인인 것이다. 환란이 이미 깊어진 뒤에야 비로소 깨닫고 소원히 했던 신하와 모의하여, 가까이 있는 환관을 제거하고자 하되, 너무 더디게 하면 환란을 키워 더욱 심각할 수가 있고, 너무 서두르면 환관들이 임금을 잡아 인질로 삼기도 한다. 이렇게 되면 비록 지혜와 덕망이 뛰어난 사람이라 할지라도 계책을 낼 수가 없고, 계책을 낸다할지라도 실행할 수가 없으며, 실행한다하더라도 성공할 수가 없다. 심지어 사태가 심각하면 양쪽 다 손상을 입는다. 그러므로 환관의 환란은 크게는 나라를 망치고, 작게는 몸을 상하게 한다. 그리고 간웅에게 구실을 주어 일어나게 해서, 환관들을 체포하여 모조리 죽여서 천하 사람들의 마음을 통쾌하게 한 뒤에야 그친다. 이전의 역사책에 기재된 환관의 환란은 늘 이러하며, 한 시대만이 그런 게 아니다.

　대저 임금이 궁중 안에서 환란을 만들고 충신과 현사를 멀리하고자 바라서가 아니라, 조금씩 축적되어 형세가 그렇게 만든 것이다. 여색에 유혹되어서 불행히 깨닫지 못하게 되면 환난이 이를 수도 있을 것이다. 그러나 가령 임금이 일단 깨닫기만 하면 잡아 제거해버리면 된다. 그러나 환관의 환란은 잘못을 깨닫고 후회하여 뉘우쳐도, 그러나 형편상 제거할 수 없게 된다. 당(唐) 소종(昭宗)의 일이 바로 이러한 경우이다. 그러므로 환관의 환란이 여인들이 만들어내는 환란보다 훨씬 깊다고 한 것은 바로 이것을 두고 한 말이다. 어찌 경계하지 않겠는가!

〈벌수기(伐樹記)〉

이 글은 천성 9년(1031)에 지은 것으로, 이 때 구양수는 처음으로 낙양(洛陽: 즉 서경西京)의 서경유수추관(西京留守推官)에 임명되어 막 벼슬길로 접어들었던 시기이다.

이 글은 우언성(寓言性)의 철리(哲理)를 담고 있는 문장이다. 먼저 채마밭 잡목을 통하여 작가의 탄식을 끌어내고, 장자의 "가죽나무와 떡갈나무는 재목감이 못됨으로 해서 천수를 누릴 수 있었고, 계수나무와 옻나무는 쓰임이 있었기 때문에 손상되고 요절되었다"는 관점에 대해 정면으로 이의(異議)를 제기하였다. 실제생활에서는 일반적으로 재목감이 못되면 버려지고, 쓰임이 있으면 보존되기 때문이다. 구양수는 현실생활에서 재능이 있는 인재는 쓰이고 재능 없는 사람은 버려지는 것이 당연한 이치이지만, 그런데 이것은 처한 시대에 따라 다르지 않을까 하고 먼저 의문을 제기하였다. 여기에 대해 그는 또 '손님'이란 인물을 가설하여, "재능이 있음으로 해서 죽고 재능이 없음으로 해서 산다(才者死, 不才者生)"는 설법은 잘못된 것임을 지적하고, 모든 사물의 행(幸)과 불행(不幸)은 그 자체의 주관조건과 환경에 유익한지 유해한지에 따라 결정된다는 결론을 내림으로써 스스로 제기한 의문을 풀었다. 결국 이 말은 어떤 사람이 주관조건, 즉 내적인 자질 등을 잘 갖추고 자신이 사는 사회에 유익한 존재이기만 하면, 틀림없이 쓰여 질 수 있다는 낙관적인 견해이다. 관리로 첫발을 내딛는 구양수로서는, 자신처럼 재능을 지니고 사회에 유익한 인물이기만 하면, 얼마든지 자신의 포부를 펼 수 있으리라는 하나의 희망에서 이 글을 썼다고 보아야 할 것이다.

본문의 설리(說理) 방식은 《장자》의 영향을 많이 받았다. 그러나 《장자》사상의 속박에서 벗어나, '쓸모없음(無用)'으로써 자신을 보전한다는 허무하고 소극적인 장자의 인생태도를 논박하여 바로 잡았다. 그리고 또 몇 번의 문답을 통하여 작자의 사변과정을 반영함으로써, 문장의 형상성을 강화시켰다.

[原文] 署之東園, 久茀不治[1]. 修至始闢之, 糞瘠漑枯[2], 爲蔬圃十數畦, 又植花果桐竹凡百本. 春陽旣浮, 萌者將動. 園之守啓曰: "園有樗焉, 其根壯而葉大. 根壯則梗地脈, 耗陽氣, 而新植者不得滋; 葉大則陰翳蒙礙, 而新植者不得暢以茂. 又其材拳曲臃腫, 疏輕而不堅, 不足養, 是宜伐." 因盡薪之. 明日, 圃之守又曰: "圃之南有杏焉, 凡其根庇之廣, 可六七尺, 其下之地最壤腴. 以杏故, 特不得蔬, 是亦宜薪." 修曰: "噫, 今杏方春且華, 將待其實, 若獨不能損數畦之廣爲杏地耶?" 因勿伐.

　旣而悟且嘆曰: "吁! 莊周[3]之說曰: 樗櫟以不材終其天年, 桂漆以有用而見傷夭[4]. 今樗誠不材矣, 然一旦悉剪棄; 杏之體最

---

1) 서(署) : 관청을 말한다. 불(茀) : 잡초가 무성하여 길을 가렸음을 말한다.

2) 분척개고(糞瘠漑枯) : 척박하고 메마른 땅에 거름을 주고 물을 주다.

3) 장주(莊周): 장자를 말한다. 전국시대 도가학파를 대표하는 인물이다.

4) 저력~상요(樗櫟~傷夭):「저력(樗櫟)」: 가죽나무와 떡갈나무. 둘 다 재목으로는 쓸 수 없기 때문에, 아무 소용이 없는 사람을 비유하기도 한다. 《장자·소요유(逍遙遊)》에 "나 있는 곳에 큰 나무가 있는데, 사람들은 그 것을 가죽나무라 부른다오. 그 큰 나무는 혹투성이어서 먹줄을 칠 수가 없고, 그 작은 가지들은 뒤틀려 있어서 컴퍼스를 댈 수도 없소. 길가에 서 있으나 목수들도 거들떠보지 않소.(吾有大樹, 人謂之樗, 其大本臃腫而不中繩墨, 其小枝卷曲而不中規矩, 立之途, 匠者不顧)"라 하였고, 《장자·인간세(人間世)》에 "장석이 제나라로 가다가 곡원에 이르러 토신묘의 참나무를 보았다. 그 크기는 수천 마리의 소를 뒤덮을 만 하엿고, 그 둘레

堅密美澤可用, 反見存. 豈才不才各遭其時之可否耶[5]?”

　他日, 客有過修者. 僕夫曳薪過堂下, 因指而語客以所疑. 客曰: “是何怪耶? 夫以無用處無用, 莊周之貴也. 以無用而賊有用, 烏能免哉? 彼杏之有華實也, 以有生之具而庇其根[6], 幸矣! 若桂漆之不能逃乎斤斧者, 蓋有利之者在死, 勢不得以生也. 與乎杏實異矣. 今樗之臃腫不材, 而以壯大害物, 其見伐誠宜爾. 與夫才者死不才者生之說, 又異矣. 凡物幸之與不幸, 視其處之而已[7].” 客旣去, 修然其言而記之.

　⎡直譯⎤ 관청 동쪽의 채마밭은 오랫동안 잡초가 무성한 채로 사람의 손길이 닿지 않았다. 나는 부임하자마자 그 땅을 개간하여, 척박

는 백 아름이나 되었으며……이것은 재목감이 못된 나무여서 쓸만한 곳이 없었기 때문에 그처럼 오래 살고 있었다. 匠石之齊, 至於曲轅, 見櫟社樹, 其大蔽數千牛, 絜之百圍. …… 是不材之木也, 無所可用, 故能若是之壽.”라 하였고, 또 “산의 나무는 스스로 베이도록 자라고, 기름불은 스스로 타버린다. 육계(肉桂)는 먹을 수 있기 때문에 사람에게 잘려지고, 옻나무는 옻을 쓰기 때문에 껍질이 벗겨진다.(山木自寇也, 膏火自煎也. 桂可食, 故伐之; 漆可用, 故割之.)”라 하였다.

5) 기재부재각조기시지가부야(豈才不才各遭其時之可否耶): 재주 있는 것과 재주 없는 것은 그 만난 시대의 좋고 나쁨의 차이에 따라 행과 불행의 차이가 있다는 말이다.

6) 피행~기근(彼杏~其根): 살구나무는 꽃을 피우고 열매를 맺으니, 그 자신이 가지고 있는 유리한 조건 때문에 자신의 뿌리를 보호할 수 있었다는 뜻이다.

7) 범물~이이(凡物~而已): 모든 사물의 행과 불행은 그것들이 처한 환경에 따라 조성된다는 뜻이다.

하고 메마른 땅에 거름을 주고 물을 주어 십여 이랑의 채소밭을 만들고, 또 꽃나무·과일나무·오동나무·대나무 백여 그루도 심었다. 봄볕이 따뜻하게 발동하자 초목도 싹을 틔우려하였다. 그 때 채마밭 지기가 '밭에 뿌리가 굵고 잎이 큰 가죽나무가 있는데, 뿌리가 굵으면 지맥(地脈)을 틀어막아 양기를 소모시켜서 막 심어 놓은 꽃과 나무들을 자라게 할 수 없게 하고, 잎이 크다보면 햇볕을 가리고 비나 이슬을 막아버려 새로 심은 것들을 무성하게 자랄 수 없게 합니다. 게다가 그 재질은 비뚤고 혹이 많은데다가 견고하지도 못하니 기르지 말고 베어버려야 합니다.' 하였다. 그래서 모두 베어다 불태워버렸다. 다음날 채마밭 지기는 또 '밭 남쪽에 살구나무가 있는데, 뿌리와 잎이 차지하여 가리고 있는 면적이 예닐곱 척(尺)이나 되는데, 그 아래의 땅이 가장 비옥합니다. 살구나무 때문에 채소를 심을 수 없으니 마땅히 베어버려야 합니다' 하였다. 나는 '아! 지금 살구나무는 바야흐로 봄을 맞아 꽃이 피려고 하니 그 열매를 기다릴 수가 있는데, 너는 살구나무를 위하여 채소밭 몇 고랑만큼의 넓이도 줄일 수 없단 말인가?' 하니, 그로 인하여 살구나무는 베어지지 않았다. 이에 나는 "아! 장주(莊周)의 말에는 '가죽나무와 떡갈나무는 재목감이 못됨으로 해서 천수를 누릴 수 있었고, 계수나무와 옻나무는 쓰임이 있었기 때문에 손상되고 요절되었다'고 하였다. 그러나 지금 가죽나무는 진정 재목감이 되지 못함으로써 오히려 졸지에 베어져 버렸고, 살구나무는 재질이 견고하고 치밀하며 미관도 아름답고 윤택이나 쓸모가 있는데도 도리어 온전하게 보전되었다. 그렇다면 재주 있는 것과 재주 없는 것은 각각 그 만난 시대에 따라 살기도 하고 죽기도 한다는 말인가?"라고 하였다.

　어느 날 손님이 나를 찾아왔을 때, 하인이 땔나무를 끌고 당 아래로 지나가고 있었다. 그로 인하여 땔나무를 가리키며 마음속의 의혹을 손님에게 물어보았다. 손님은 "그것이 무엇이 괴이하오? 쓸모없는 것이 쓸모없는 곳에 처해 있는 것을 장주(莊周)가 귀하게 여긴 것이지요. 만약 쓸모없는 것이 도리어 쓸모 있는 것을 해친 다면 어찌 베어지는 것을 면할 수 있겠소. 저 살구나무는 꽃을 피우고 열매를 맺어, 살 수 있는 조건을 갖추었기 때문에 자신의 뿌리를 보존한 것이니, 참으로 다행스런 일이지요! 그러나 계수나무나 옻나무가 도끼를 피할 수 없었던 것은 그 나무가 베어짐으로 해서 사람에게 유익함을 가져다주니 형편상 살 수가 없지요. 살구나무와는 실로 다르지요. 지금 가죽나무처럼 혹이 많아 재목감도 되지 못하면서, 강한 뿌리와 큰 잎이 다른 작물의 성장을 방해하고 있으니, 베어지는 것은 실로 마땅하지요. 이것은 재능 있는 것이 도리어 죽고 재능 없는 것이 도리어 산다는 그런 설법과는 또한 다릅니다. 대개 사물의 행(幸)과 불행은 그가 처하고 있는 처지를 볼 따름이지요."라고 하였다. 손님이 떠난 뒤 나는 손님의 말이 참으로 훌륭하다 여겨서 그것을 기록한다.

〈비비당기(非非堂記)〉

이 글은 명도(明道) 원년(1032년) 구양수의 나이 26세로 낙양에서 서경유수추관으로 있을 때, 자신이 지은 당(堂)에 대하여 쓴 기문이다. 문장의 첫 단락은 마치 한편의 소논문과 같다. 구양수는 문장 첫머리에서 저울·물·사람의 귀와 눈 세 가지의 비유를 들고, 동(動)·정(靜)의 대비를 통하여 그것들이 다만 정지한 조건에서만이 비로소 작용을 발휘할 수 있음을 설명하였다. 그리고 그것을 사람의 처세술에까지 확장하여 "사람이 처세하면서 명리(名利)·지위(地位)·영예(榮譽) 따위의 외적인 것에 현혹되어 움직이지 않으면 그 마음이 고요해지고, 마음이 고요해지면 지혜와 안식이 분명해져, 어디에 시시비비를 가리더라도 적합하지 않음이 없다."라고 논하였다. 그런 뒤 또 진일보 분석하여 '옳은 것을 옳다 하고, 잘못 된 것을 잘못되었다 하여 불행히 판단상의 착오가 생겼을 때에는, 차라리 비방을 받을지언정 아첨함은 없어야 한다.'라고 하면서 '잘못된 것을 잘못되었다 하여 바로 잡는 것만 못하다'라는 결론을 도출해내었다.

두 번째 단락에서야 비로소 당(堂의) 건립과 당 밖의 환경·당 안의 물건 그리고 당 안에서의 작가의 활동 및 '비비(非非)'라는 당 이름을 붙이게 된 원인을 등을 간단히 기록하여, 첫 단락과 긴밀히 연관시켰다.

[原文] 權衡之平物[1], 動則輕重差, 其于靜也, 錙銖不失[2]. 水

---

1) 권형(權衡): 저울. 권(權): 저울추. 형(衡): 저울대.
2) 기(其): 대명사로, 저울을 나타낸다. 치수(錙銖): 치(錙)·수(銖) 둘 다 옛날의 작은 중량을 재는 단위이다.

之鑒物³⁾, 動則不能有睹, 其于靜也, 毫髮可辨. 在乎人, 耳司聽, 目司視. 動則亂於聰明, 其于靜也, 聞見必審⁴⁾. 處身者不爲外物眩晃而動⁵⁾, 則其心靜, 心靜則智識明, 是是非非⁶⁾, 無所施而不中⁷⁾. 夫是是近乎諂, 非非近乎訕⁸⁾, 不幸而過⁹⁾, 寧訕無諂. 是者, 君子之常, 是之何加¹⁰⁾. 一以觀之¹¹⁾, 未若非非之爲正也.

---

3) 수지감물(水之鑒物): '감(鑒)'은 비추다, 살피다. ≪장자·천도(天道)≫ : "만물이 그의 마음을 흔들어 어지럽힐 수 없기 때문에 고요한 것이다. 물이 고요하면 수염과 눈썹도 비춘다. 수평이 되면 수평기(水平器)에 딱 맞으므로 훌륭한 목수도 그것을 법도로 삼는다. 물이 고요하여도 오히려 이렇게 사람을 환하게 비출 수 있는데, 하물며 정신이나 성인의 마음이 고요할 때에야 어떠하겠는가! 그러므로 성인의 마음이 고요해지면, 하늘과 땅을 비출 수 있고, 만물을 비추는 거울이 될 수 있다.(萬物無足以鐃心者,故靜也.水靜則明燭鬚眉,平中準,大匠取法焉.水靜猶明,而況精神聖人之心靜乎!天地之鑒也,萬物之鏡也.)

4) 심(審): 분명하게 알다.

5) 외물(外物): 명리(名利)·지위(地位)·영예(榮譽) 따위의 몸 밖의 외적인 것.

6) 시시비비(是是非非): 옳은 것을 옳다하고 잘못된 것을 잘못되었다 하다. 앞의 시(是)와 비(非)는 각각 동사로 쓰였다.

7) 중(中): 적합하다. 적중하다.

8) 산(訕): 비방, 비웃음

9) 불행이과(不幸而過): 불행히 판단상의 착오가 생기다.

10) 시자, 군자지상, 시지하가(是者, 君子之常, 是之何加): 언행이 올바른 것은 군자에게 있어 보편적인 상황이니, 그것을 옳다고 해서 군자의 영예에 아무런 보탬이 되지 않는다는 뜻이다.

11) 일이관지(一以觀之): 종합해서 관찰하다.

子居洛之明年, 旣新廳事, 有文紀於壁末[12]. 營其西偏作堂[13], 戶北嚮[14], 植叢竹, 闢戶於其南[15], 納日月之光. 設一几一榻[16], 架書數百卷, 朝夕居其中. 以其靜也, 閉目澄心[17], 覽今照古, 思慮無所不至焉. 故其堂以非非爲名云.

[直譯] 저울로 물건을 달 때에 저울이 움직이면, 경중(輕重)의 차이가 생긴 것이고, 저울이 가만히 멈추어 있으면, 조금의 차이도 생기지 않은 것이다. 물이 만물을 비출 때 수면이 움직이면 비추는 사물을 볼 수가 없지만, 수면이 고요하면 터럭이나 머리카락 하나라도 구별할 수가 있다. 사람에게서 귀는 듣는 역할을 맡고 눈은 보는 역할을 맡는다. 물체가 움직이면 듣고 보는 것이 어렵게 되고, 물체가 가만히 있으면 듣고 보는 것이 반드시 분명해진다. 사람이 처세하면서 명리(名利)·지위(地位)·영예(榮譽) 따위의 외적인 것에 현혹되어 움직이지 않으면 그 마음이 고요해지고, 마음이 고요해지면 지혜와 안식이 분명해져 시시비비를 어디에 적용하더라도 적합하지 않음이 없다. 그러나 옳은 것을 옳다고 하는 것은 아첨에 가깝고, 잘못된 것을 잘못되었다고 하면 비방을 받기가 쉽다. 불행히 판단상의 착오가 생겼을 때에는, 차라리 비방을 받을

---

12) 유문(有文): 구양수는 명도 원년에 〈하남부중수기(河南府重修使院記)〉를 지었다.

13) 당(堂): 비비당(非非堂)을 말한다.

14) 호(戶): 여기서는 문을 가리킨다.

15) 호(戶): 여기서는 창문을 가리킨다.

16) 탑(榻): 덮개도 없고 테두리도 없는 침상

17) 징(澄): 원래는 물이 맑고 고요한 것을 가리키지만, 여기서는 마음이 고요한 것을 가리킨다.

지언정 아첨함은 없어야 한다. 옳은 것은 군자에게 있어 보편적인 상황이니, 옳은 것을 옳다고 해서 군자에게 무슨 보탬이 되겠는가? 종합해 볼 때 잘못된 것을 잘못되었다 하여 바로 잡는 것만 못하다.

내가 낙양으로 근무하러 오던 다음해 하남부(河南府)의 관서를 다시 짓고 〈하남부중수사원기(河南府重修使院記)〉 한 편을 지어 벽에다 붙였다. 그리고 또 관청 서쪽에 당을 지었는데, 문은 북쪽으로 내고 사방 주위에는 대나무를 심었으며, 남쪽으로 창을 내어 햇볕과 달빛이 들어오도록 하였다. 당 안에는 책상 하나와 침상 하나를 두고 서가에는 책 몇 백 권을 꼽아두었다. 나는 조석으로 당 안에서 거주하였는데, 그윽하고 조용하여서 눈을 감고 마음을 조용히 가라앉혀 고금의 득실을 고찰하면, 생각이 미치지 않은 곳이 없었기 때문에 이 당을 "비비"라고 이름을 붙였다.

〈양어기(養魚記)〉

이 글은 〈벌수기(伐樹記)〉와 유사한 체재의 우언소품(寓言小品)
이다. 아마도 명도(明道) 원년(1032)에 이 글을 지었을 것이다. 당
시 장헌태후(章憲太后)가 수렴청정하면서 몇몇 측근과 환관을 중
용해 쓰면서도 정직하고 훌륭한 많은 인재들을 버려두고 임용하지
않는 현실을 보고, 우언(寓言)의 형식을 빌려 내심의 불만을 토로
한 것이다.

본문에서 "큰 물고기(훌륭한 인재)는 못 가에 버려져 말라가면
서 몸 둘 곳도 얻지 못하였는데, 작은 물고기(소인배)들은 얕고 좁
은 연못 속에서 노닐며 유유자적하는(巨魚枯涸在旁,不得其所,而群
小魚游戲乎淺狹之間,有若自足焉)" 상황을 통하여, 당시의 현실을
암시하고 내심의 감개를 나타내었다. 본문은 아주 완곡하게 쓰였
다. 구양수가 전반부에서 사람의 마음을 즐겁게 하는 주위 경물과
마음의 활달함을 묘사한 것은, 바로 후반부에 나오는 "연못이 작
다보니 물이 너무 적고 그렇다고 해서 물을 더 부을 수 있는 상태
도 아니어서……큰 고기는 못 가에 버려져 메말라 간다(斗斛之水
不能廣其容, ……巨魚枯涸在旁)는 안타까운 현실을 부각시키기 위
한 것이다.

[原文] 折檐之前有隙地[1], 方四五丈, 直對非非堂[2]. 修竹環繞蔭

---

1) 절첨지전유극지(折檐之前有隙地):「절첨(折檐)」: 굽은 복도이다. '첨(檐)'
   자는 '여(櫚)' 자와 같은 뜻으로, '복도, 회랑'을 가리킨다.「극지(隙地)」:
   '공터, 빈터, 공지'를 말한다.
2) 비비당(非非堂): 명도(明道) 원년에 작자가 하남부(河南府) 관아 서쪽에
   지은 서실(書室). 작자가 지은 〈비비당기(非非堂記)〉도 있다.

映, 未嘗植物. 因洿以爲池, 不方不圓, 任其地形; 不甃不築, 全其自然. 縱錮以瀦之, 汲井以盈之. 湛乎汪洋, 晶乎淸明. 微風而波, 無波而平. 若星若月, 精彩下入. 予偃息其上, 潛形于毫芒, 循漪沿岸, 渺然有江湖千里之想[3]. 斯足以舒憂隘而娛窮獨也[4].

乃求漁者之罟, 市數十魚, 童子養之乎其中. 童子以爲斗斛之水不能廣其容, 蓋活其小者而棄其大者. 怪而問之, 且以是對. 嗟乎, 其童子無乃囂昏而無識矣乎? 予觀巨魚枯涸在旁[5], 不得其所, 而群小魚游戲乎淺狹之間, 有若自足焉. 感之而作〈養魚記〉.

---

3) 순의~지상(循漪~之想):「순의연안(循漪沿岸)」: 연못을 따라서 산보를 한다는 말이다. '의(漪)'는 잔물결을 뜻한다.「강호천리지상(江湖千里之想)」:《남사(南史)·제경릉왕소주전(齊竟陵王昭胄傳)》에 "소주는 아들이 동이고, 동의 동생은 분이다. 어려서부터 배우기를 좋아하고, 문재가 있었으며, 글씨와 그림에도 능하였다. 부채에다가 산수화를 그렸는데, 지척의 좁은 화폭 속이 곧 만 리나 되는 것처럼 아득하게 느껴졌다(昭胄子同, 同弟賁, 幼好學, 有文才, 能書善畵, 于扇上圖山水, 咫尺之內, 便覺萬里爲遙.)"라고 하였는데, 여기서는 그 뜻을 사용하였다.

4) 사족이서우애이오궁독야(斯足以舒憂隘而娛窮獨也):「서우애(舒憂隘)」: 마음속의 근심과 답답함을 해소하다.「궁독(窮獨)」: 처지가 곤란하고 시비를 초래할까 두려워 자신의 안위만을 돌아보며 다른 외부의 일에는 관심을 두지 않는다는 뜻으로, 작자 자신을 가리킨다.

5) 고학(枯涸): 말라서 물기가 없다는 뜻인데, 여기서는 동사로 쓰였다. 큰 물고기가 연못가에 버려져서 고난을 받고 있다는 뜻이다.《장자·외물(外物)》에 "돌아다보니 수레바퀴가 지나가면서 움푹 파인 수레바퀴 자국 속에 붕어가 있었습니다(顧視車轍中, 有鮒魚焉.)"라고 하였다.

[直譯] 회랑(回廊) 앞에 빈터가 있는데, 사방 네 다섯 길이의 정방형으로 비비당(非非堂)과 마주하고 있다. 이곳은 긴 대나무가 빙 둘러 꽉 차 있고, 다른 나무는 심어져 있지도 않다. 나는 원래 있던 웅덩이를 이용해 연못을 만들었는데, 네모나거나 둥글지도 않은 완전히 지형에 따라 만들었으며, 벽돌을 쌓거나 제방을 쌓지도 않은 완전히 자연형태 그대로이다. 삽으로 깊이 파고 우물물을 길어 물을 채우니, 깊고도 넓으며 수정처럼 맑기도 하였다. 미풍이 불어오면 파도가 일고, 바람이 그쳐 파도가 멈추면 거울처럼 평평하다. 달빛과 별빛이 물 속에 비치면, 그 빛이 연못 바닥에까지 이른다. 나는 연못가에 쉬면서 몸을 굽혀 내 모습을 연못 속에 비추어 보면 머리털까지도 선명하게 보였다. 여린 파도 이는 연못가를 거니노라면, 아득히 천 리나 떨어진 강호(江湖)에 와있는 듯한 생각이 들기도 한다. 그래서 이 연못은 족히 근심스럽고 답답한 마음을 풀어주고, 겨우 제 한 몸만 건사하고 있는 사람을 기쁘게 해준다.

이에 어부에게 그물로 물고기를 잡아오도록 부탁하여, 물고기 몇 십 마리를 사서 동자에게 주어 연못에 기르도록 하였다. 그런데 동자는 연못이 작다보니 물이 너무 적고, 그렇다고 물을 더 부을 수 있는 상태도 아니라 여겨서, 작은 고기는 연못에 넣어 기르고 큰 고기는 연못가에 내버렸다. 나는 이상하게 생각하여 물어보았더니, 그는 곧 자신의 그러한 생각을 다 이야기하였다. 아! 저 아이는 무지몽매하여 식견이 없어서가 아니겠는가? 내가 보니, 큰 고기는 못 가에 버려져 말라가면서 몸 둘 곳도 얻지 못하였는데, 작은 물고기들은 얕고 좁은 연못 속에서 노닐며 유유자적하였다. 이것을 보고 느낌이 있어 이 〈양어기(養魚記)〉를 짓는다.

〈장죽기(戕竹記)〉

이 글은 명도 원년(1032)에 지었다. 당시 작가는 낙양에서 서경 유수추관(西京留守推官)으로 근무하고 있었다.

《송사·인종기(仁宗紀)》에 의하면, 명도 원년 8월 황궁에 화재가 나서 여덟 채의 궁전이 불에 탔다. 당시 재상이었던 여이간(呂夷簡)이 궁궐보수를 총괄하는 수내사(修內使)가 되어 전국에 각종 건축자재를 올리라고 명령을 하니, 낙양의 대나무 밭도 끝내는 다 벌거숭이가 되어버렸다.

작자는 이 글을 통하여 조정의 정책에 대한 엄정한 견책과 비판을 하였다. 첫 단락은 낙양의 대나무 숲의 성황과 풍속의 아름다움을 묘사하였고, 둘째 단락은 땅이 황무지가 되고 대나무 밭이 벌거숭이가 된 재난을 대조하여 묘사하였다. 세 번째 단락에서는 마땅히 백성을 부릴 때에는 때에 맞추어서 하고, 백성에게 거둬들일 때에는 한도를 정하여 백성들이 어려움에 빠지지 않게 해야 한다는 것을 묘사하였다. 결말에서는 "대나무 벌채"보다 더욱 심각한 정치폐단을 은근히 제시하면서 비판의 강도를 더욱 심화시켰다.

原文 洛最多竹, 樊圃棋錯[1]. 包籜榯筍之贏[2], 歲尙十數萬緡[3], 坐安侯利, 寧肯爲渭川下[4]. 然其治水庸[5], 任土物[6], 簡歷芟養[7],

---

1) 번포(樊圃): 대나무 밭. 기착(棋錯): 바둑알처럼 널려 있다. 많다는 의미이다.

2) 탁(籜): 죽순. 시(榯): 곧게 서있는 나무의 모습인데, 여기서는 쭉쭉 뻗은 대나무를 말한다.

3) 상(尙); 초과하다, 넘다. 민(緡): 동전 꿰미인데, 일 민(緡)이 일천 문(文)이다.

4) 위천(渭川): 위수(渭水) 유역인데, ≪사기(史記)·(화식열전(貨殖列傳)≫: "위천의 일천 무(畝)의 대나무……이런 것은 그 사람이 모두 천호후(千戶侯)와 같다.(渭川一千畝竹……此其人皆與千戶侯等.)"

牽須謹嚴. 家必有小齋閒館在虧蔽間[8], 賓欲賞, 輒腰輿以入[9], 不問辟疆[10], 恬無怪讓也[11], 以是名其俗, 爲好事.

壬申之秋[12], 人吏牽持鎌斧, 亡公私誰何[13], 且戕且柎[14], 不竭不止. 守都出令[15]: 有敢隱一毫爲私, 不與公上急病[16], 服王官

---

5) 용(庸): 용수로.

6) 임(任): 보양하다.

7) 간역(簡歷): 선택하다. 삼(芟): 잘라내다. 간벌하다.

8) 휴폐간(虧蔽間): 대나무 숲 깊은 곳의 공터,

9) 요여(腰輿): 등산용 가마.

10) 벽강(辟疆):고벽강(顧辟疆)이라는 사람을 말하지만, 여기에서는 대나무
　　밭 소유자를 가리킨다. ≪진서(晋書)·왕헌지전(王獻之傳)≫: "(왕헌지)
　　일찍이 오군(吳郡)을 지나다가 고벽강에게 유명한 화원이 있다는 소리를
　　들었다. (그는) 고벽강과는 평소 알지 못하는 사이라 가마를 타고 곧장 화
　　원으로 들어갔다. 그 때 마침 고벽강은 화원에서 손님과 친구들을 불러놓
　　고 있었는데, 왕헌지는 감상을 다 하고서도 거만하기가 방약무인하였다.
　　고벽강이 불끈 성을 내어 '주인 앞에서 오만불손한 것은 예의가 아니요,
　　부귀하다고 선비 앞에서 교만을 부리는 것은 도가 아니다, 이 두 가지 잘
　　못이 있으면 언급할 가치조차 없는 저속한 사람이다.' 라고 책망하고서,
　　곧 정원에서 내 쫓았다.(嘗經吳郡,聞顧辟疆有名園,先不相識,乘平肩輿徑
　　入.時辟疆方集賓友,而獻之遊歷旣畢,傍若無人.辟疆勃然數之曰: '傲主人,
　　非禮也,而貴驕士,非道也.失是二者,不足齒之傖耳.' 便驅出門.)"

11) 염(恬): 대수롭지 않게 여기다. 태연하다. 양(讓): 따져 책망하다.

12) 임신(壬申) : 명도(明道) 원년, 즉 1032년.

13) 망(亡): 무(無)와 통한다. ……막론하고, ……든

14) 부(柎): 여기서는 베다는 동사로 쓰였다.

15) 수도(守都): 서경유수(西京留守)를 가리킨다.

16) 급병(急病): 급한 요구

爲慢[17], 齒王民爲悖[18]. 如是累日, 地榛園禿[19], 下亡有薔色少見
於顏間者, 由是知其民之急上.

　噫,古者伐山林, 納材葦, 惟是地物之美, 必登王府, 以經于
用. 不供謂之畔廢[20], 不時謂之暴殄[21]. 今土宇廣斥[22], 賦入委疊
[23]; 上益篤儉, 非有廣居盛囿之侈[24]. 縣官材用[25], 顧不衍溢朽蠹
[26], 而一有非常[27], 斂取無藝[28]. 意者營飾像廟過差乎[29]! ≪書≫

---

17) 복왕관(服王官): 관리

18) 치왕민(齒王民): 백성

19) 진(榛): 황폐해지다. 황무지가 되다.

20) 반(畔): 반역

21) 폭진(暴殄): 멋대로 낭비하다.

22) 토우(土宇): 토지와 집, 광척(廣斥): 광활한 염전. 여기에서 이 구절
　　의 뜻은 송나라의 영토가 광대하다는 것을 가리킨다.

23) 위첩(委疊): 쌓여 많음을 가리킨다.

24) 비유광거성유지치(非有廣居盛囿之侈): 황제는 결코 큰 궁궐을 짓거
　　나 정원을 성대하게 꾸미는 것과 같은 사치하는 마음이 없음을 가리
　　킨다.

25) 현관(縣官): 정부, 조정을 가리킨다. 옛날 천자가 거주하던 땅을 현
　　(縣), 즉 왕기(王畿)라고 하였다.

26) 고불(顧不): 무불(無不)과 같다. 하지 아니함이 없다.

27) 비상(非常): 궁중의 화재와 같은 의외의 일

28) 무예(無藝): 한도가 없다.

29) 의자(意者): 추측의 말이다. 영식(營飾): 건축물을 짓다, 여기서는 자
　　재를 징용한 목적이 궁전을 다시 짓는 것인데, 작자가 여기에서 상묘
　　(像廟)를 짓는다고 한 것은 완곡한 표현이다. 과차(過差) : 한도를 초
　　과하다.

不云: "不作無益害有益[30]"? 又曰: "君子節用而愛人[31]." 天子有司所當朝夕謀慮, 守官與道, 不可以忽也. 推類而廣之, 則竹事猶末.

[直譯] 낙양에서 가장 많은 것이 대나무인데, 대나무 밭이 바둑알처럼 널려 있다. 낙양의 대나무 밭의 죽순과 대나무의 수익이 액수로 따지면 매년 십여 만 관 보다 더 많아서, 편안히 앉아서 천호 정도를 가진 제후(諸侯) 만큼의 수입을 얻으니, 어찌 위천 유역의 대나무 보다 못하랴! 그러나 대나무 밭 안의 용수로를 만들어 물을 주고, 땅을 보양하고자 비료를 주거나 싹을 기르고 재목을 골라서 잘라내고 기르는 것은, 대저 모름지기 신중하고 엄밀하여야 한다. 집집마다 대숲 깊은 빈 터엔 조그만 하고 그윽한 정자가 있어, 손님이 대나무를 감상하고 싶으면 곧장 작은 가마 타고 들어가 주인에게 물어보지도 않을 뿐더러, 주인 또한 대수롭지 않게 여겨서 괴이하게 여긴다거나 따져 나무라는 일도 없다. 이 때문에 대나무를 심고 감상하는 낙양의 풍속 또한 유명해졌고, 다들 그것

---

30) 불작무익해유익(不作無益害有益): ≪서경(書經)·여오(旅獒)≫: "무익한 일을 함으로써 유익한 일을 해치지 아니하면, 공이 이루어질 것이고; 특이한 물건을 귀하게 여겨서 늘 쓰는 물건을 천하게 여기지 아니하면 백성들이 풍족하여질 것이다.(不作無益害有益,功乃成; 不貴異物賤用物, 民乃足)"에서 나온 말이다.

31) 군자절용이애인(君子節用而愛人): ≪논어·학이(學而)≫: "천대의 병거를 가지고 있는 국가를 다스리려면 엄숙하게 일을 대하고 신실하고 속이지 않게 하고, 비용을 절약하여 남을 아껴야 하며, 백성을 부릴 때에도 농사일이 한가할 때에 한다(道千乘之國,敬事而信,節用愛人,使民以時)"에서 나온 말이다.

을 좋은 일로 여겼다.

　임신년 가을에 관리들이 톱과 도끼를 들고, 나라 것이든 개인 것이든 누구 것이든 가라지 않고 자르고 베어서 없어질 때까지 멈추지 않았다. 서경 유수가 명령하기를 "감히 개인을 위해서 티끌만큼이라도 숨겨서 조정의 황급한 수요에 복종하여 따르지 않으면, 관리 된 자는 직무를 태만히 한 것으로 죄를 물을 것이요, 백성 된 자는 반역으로 죄를 물을 것이다"라고 하였다. 이렇게 하여 수일이 지나자, 땅은 황무지가 되고 대나무 밭은 벌거숭이가 되었다. 백성들의 얼굴에는 오히려 아깝다는 빛이 조금도 나타나지 않았으니, 이것으로 백성들은 조정의 일을 급선무로 여겼음을 알 수 있다.

　아! 옛날 산림을 벌채하여 재목과 갈대를 납부함에 오직 그 땅에서 나는 품질이 좋은 것만 관청에 보내어 정해진 용도에 쓰도록 대비하였다. 백성들이 공급하지 않으면 반역이라 하고, 조정에서 시기를 맞추지 않고 제멋대로 징수하는 것을 지나친 낭비라 한다. 지금 국가의 영토는 확장되었고 부세 수입도 쌓여있으며, 황제께서는 더욱 더 검소하시어, 거주하는 궁실을 확장하거나 황실 정원을 성대히 꾸미는 그런 사치도 없다. 정부에서 쌓아놓은 건축자재는 쌓여 넘쳐서 썩거나 좀먹지 않음이 없지만, 그러나 일단 비상시국을 만나면 오히려 또한 거둬들이는 것이 한도가 없다. 추측컨대 궁궐을 짓는 것이 법도를 벗어났기 때문일 것이다. 《서경》에서 "무익한 일을 함으로써 유익한 일을 해치지 않는다."고 하지 않았던가? 그리고 또 "군자는 비용을 절약하여 남을 아낀다."고도 하였다. 천자의 관리들은 마땅히 아침부터 저녁까지 심사숙고하고 계획하여 직책을 굳게 지키고 예법을 받드는 데 조금도 가볍게 해서는 안 될 것이다. 미루어 확대해보면 대나무를 벌채하는 이런 일은 하찮은 일일 것이다.

〈낙양모란기(洛陽牡丹記)〉

이 글은 경우(景祐) 원년(1034년)에 지었다. 송나라 때에, 모란은 낙양성에서 아주 보편적으로 심었던 꽃이다. 〈낙양모란기〉는 모란에 관한 전문저서로, 이 글의 전체 구성은 '화품서(花品序)' '화석명(花釋名)' '풍속기(風俗記)' 세부분으로 나뉜다. 여기에서 소개하는 것은 '풍속기'의 내용이다.

본문에서는 먼저 꽃을 감상하는 낙양의 풍속과 그 성황을 기술하고, 그리고 낙양에서 수도 개봉으로 모란을 진상하는 상황을 서술하고 있다. 이어서 모란을 심는 방법과 재배 기술을 기술하면서, 그 핵심내용을 상세히 설명하고 있다. 예를 들어, 꽃을 접붙이는 방법을 이야기 할 때에, 접붙이는 시기 · 부위 · 보호 등등을 상세히 설명하고 있다. 단어의 사용도 정확하면서 분별이 있다. 예를 들어 접붙인 이후 먼저 흙으로 '싸고(裹)', 다시 부드러운 흙으로 '배토하고(擁)', 그런 다음 다시 부드러운 부들로 '덮다(罩)'라는 서술부분을 보면, '싸다(裹)' '배토하다(擁)' '덮다(罩)'라는 이 몇 개의 다른 동사를 정확히 골라 사용함으로써 기술상으로 그 처리방법이 다름을 설명하였다. 이 글 전체는 기술도 있고 설명도 있는데, 조리가 분명하고 언어가 통속적이어서 이해하기가 쉽다. 뿐만 아니라 이 글은 문학성이 있으면서 과학적인 가치도 있다. 이것은 중국 고대 모란 재배 기술에 관련된 최초의 자료이면서 가장 구체적인 진귀한 자료이다.

原文 洛陽之俗, 大抵好花. 春時. 城中無貴賤, 皆揷花, 雖負擔者亦然. 花開時, 士庶競爲遊遨[1]. 往往於古寺廢宅有池臺處,

---

1) 사서(士庶): 사대부와 서민

爲市井[2], 張幄帘[3], 笙歌之聲相聞[4]. 最盛於月陂堤張家園棠棣
坊長壽寺東街與郭令宅, 至花落乃罷. 洛陽至東京, 六驛[5], 舊
不進花. 自今徐州李相迪爲留守時[6], 始進御[7]. 歲遣衙校一員,
乘驛馬, 一日一夕至京師. 所進不過姚黃魏花三數朶[8], 以菜葉

---

2) 시정(市井): 시장

3) 악역(幄帘): 작은 휘장

4) 생(笙); 생황이라는 악기

5) 륙역(六驛): 여섯 군데의 역참. 「역(驛)」: 역참(驛站)으로 옛날엔 육로의
   일정한 지역에 역참을 설치하여 왕래하는 관리나 문서를 전달하는 사람
   에게 휴식을 제공하고 말을 갈아 탈 수 있도록 하였다.

6) 이적(李迪): 전유년(錢惟年)·왕서(王曙)와 전후하여 서경유수를 지냈고,
   재상을 역임하였다. 인종 경우(景祐)년간에는 형부상서(刑部尙書)·서주
   (徐州) 지주(知州)를 역임하였다.

7) 시진어(始進御): 낙양에서 처음으로 모란을 진상하였다.

8) 요황위화(姚黃魏花): 요황(姚黃)과 위화(魏花)로 모란 중에서 가장 귀중한
   품종이어서 모란의 '왕'과 '왕후'라고 불려졌다. 구양수는 〈화품서(花品
   序)〉에서 요황을 첫 번째로, 위화를 두 번째로 나열하였고, 또 〈화석명
   (花釋名)〉에서는 이렇게 설명하였다. "요황은 천 개의 꽃잎이 달리고 노
   란색인데, 요(姚)씨 집에서 처음 나왔다. 이 꽃이 나온 지는 지금까지 아
   직 10년이 안된다. 요씨는 백사마(白司馬) 언덕에 살고 있는데, 그 땅은
   하양(河陽)에 속한다. 그러나 그 꽃은 하양으로 전해지지 않고 낙양으로
   전해졌다. 낙양에도 그렇게 많지는 않으며, 일년에 몇 송이에 불과하
   다.……위(魏)씨 집 꽃인 위화는 천 개의 꽃잎에 붉은 색인데, 위인부(魏
   仁溥)의 집에서 나왔다. 당초 나무꾼이 수안산(壽安山)에서 발견하여 그
   것을 쪼개어 위씨에게 팔았다. 위씨 집에는 아주 큰 연못과 객사가 있었
   는데, 전하는 사람의 말로는 이 꽃이 처음 필 때에, 구경하고 싶은 사람
   은 십여 전(錢)을 내고, 배를 타고 연못을 건너 꽃이 핀 곳으로 가서 구경
   하였다. 위씨는 매일 십여 민(緡: 일천 문文의 동전銅錢이 일 민緡임)씩 벌었다.
   그 이후 집이 망하여 그 정원을 팔았다."

實竹籠子, 藉覆之, 使馬上不動搖. 以蠟封花蔕, 乃數日不落.

大抵洛人家家有花, 而少大樹者, 蓋其不接則不佳[9]. 春初時, 洛人於壽安山中斫小栽子[10], 賣城中, 謂之山篦子. 人家治地爲畦塍[11], 種之, 至秋乃接. 接花工尤著者, 謂之門園子[12], 豪家無不邀之. 姚黃一接頭, 直錢五千[13]. 秋時立契買之, 至春見花, 乃歸其直. 洛人甚惜此花, 不欲傳. 有權貴求其接頭者, 或以湯中蘸殺與之[14]. 魏花初出時, 接頭亦直錢五千, 今尙直一千. 接時須用社後重陽前[15], 過此, 不堪矣. 花之木, 去地五七寸許, 截之, 乃接, 以泥封裹, 用軟土擁之, 以蒻葉作庵子罩之[16], 不令見風日, 惟南向留一小戶以達氣[17]. 至春, 乃去其覆. 此接花之法也. 種花必擇善地, 盡去舊土, 以細土用白斂末一斤和之[18].

---

9) 접(接): 접붙이기, 우량 품종의 모란꽃 가지를 일반 모란에 접붙이다.

10) 수안산(壽安山): 지금의 하남성(河南省) 의양현(宜陽縣)에 있다.

11) 휴(畦): 밭이랑, 승(塍): 밭두둑

12) 문원자(門園子): 성(姓)이 서문(西門) 혹은 동문(東門)인 정원사.《구양문충공집(歐陽文忠公集)》의 원주(原注)에는 "아마도 본래 성이 동문씨이거나 서문씨 일 것인데, 세속 사람들은 다만 '문원자' 라고 불렀다. 또한 요즘은 속칭 황보(皇甫)씨라고 부르기 때문에 대부분은 '황가(皇家)' 라고만 한다.(蓋本姓東門氏, 或西門, 俗但云: 門園子. 亦由今俗呼皇甫氏, 多只云皇家也)"라고 되어 있다.

13) 치(直): 여기서는 가치의 치(値)자의 의미로 쓰였다.

14) 탕(湯): 뜨거운 물

15) 사(社): 토지 신에게 제사지내는 날. 여기서는 '추사(秋社)'로 입추(立秋) 후의 다섯 번째 무(戊)에 해당되는 날.

16) 약엽(蒻葉): 부드러운 부들 잎. 암(庵): 작은 초가집

17) 달(達): 통하다.

18) 백렴(白斂): 일종의 약초로 해독과 살충할 수 있다.

蓋牡丹根甛, 多引蟲食, 白斂能殺蟲. (此盖本姓東門氏或是西門俗但云門園子亦由今俗呼皇甫氏多只云皇家也用瓦亦可) 此種花之法也. 澆花亦自有時, 或用日未出, 或日西時: 九月, 旬日一澆; 十月十一月, 三日二日一澆; 正月,隔日一澆; 二月, 一日一澆. 此澆花之法也. 一本發數朶者, 擇其小者去之, 只留一二朶. 謂之打剝, 懼分其脈也. 花纔落, 更剪其枝, 勿令結子, 懼其易老也. 春初旣去蒡庵, 便以棘數枝置花叢上[19]. 棘氣暖, 可以辟霜, 不損花芽, 他大樹亦然. 此養花之法也. 花開漸小於舊者, 盖有蠹蟲損之, 必尋其穴, 以硫黃簪之[20]. 其旁又有小穴如鍼孔, 乃蟲所藏處, 花工謂之氣窓. 以大鍼點硫黃末鍼之, 蟲乃死, 花復盛. 此醫花之法也. 烏賊魚骨以鍼花樹[21], 入其膚, 花輒死. 此花之忌也.

[直譯] 낙양의 풍속은 거의 모든 사람들이 모란을 좋아한다. 봄이 되면 신분이 귀하건 천하건 할 것 없이 온 성 사람들이 다 꽃을 꽂고 다니는데, 가령 짐을 지고 가는 사람들까지도 또한 그러하였다. 꽃이 필 때면, 사대부와 백성들은 다 앞 다투어 꽃을 감상하며 노닌다. (이 때가 되면) 늘 옛 사원·폐가·연못 혹은 누대 주위에 시장이 서서 작은 휘장이 쳐진 가게들이 설치되고, 노래와 음악 소리가 끊이지 않는다. 가장 번잡한 곳은 월파제·장가원·당채방·장수사·동가와 곽령택 등의 지역으로, 꽃이 질 시기에 이르러서야 끝이 난다. 서경인 낙양에서 동경인 개봉에 이르려면 여섯 개의 역참을 거쳐야 했으므로, 예전에는 꽃을 진상하지 않았다. 근

---

19) 극(棘): 멧대추나무 가지, 가시가 많다.

20) 잠(簪): 여기서는 동사로 쓰였다. 집어넣다.

21) 오적어(烏賊魚): 오징어

래에 서주(徐州) 지주(知州)인 이적(李迪)이 서경유수로 임명되면
서 비로소 진상하기 시작하였다. 매년 유수 관아의 하급관리 한 사
람을 파견하여 역참의 말을 타고 달리게 하면, 하루 낮 밤이면 경
성에 도착하였다. 진상품은 가장 진귀한 요황(姚黃)·위화(魏花)
몇 송이에 불과한데, 채소 잎으로 대바구니를 채우고 꽃을 덮어서,
말 위에서도 흔들려 서로 부딪히지 않도록 하였다. 그리고 다시 밀
랍으로 꽃자루를 봉하여, 며칠이 지나도 시들지 않게 하였다.

　대저 낙양에는 집집마다 거의가 꽃이 있지만, 큰 꽃나무가 있는
집은 거의 없다. 대개는 꽃나무의 접붙이기를 하지 않아서 성장이
좋지 않아서이다. 이른 봄(初春)이 되면, 낙양의 몇몇 사람들은 수
안산(壽安山)에서 작은 가지를 베어다가 시내 사람들에게 파는데,
이것을 산비자(山篦子)라고 한다. 인가에서 전지(田地)를 정리하여
밭두둑을 만들어 꽃가지를 심었다가, 가을이 되면 이에 접을 붙인
다. 꽃을 접붙이는 사람 가운데에서 가장 저명한 사람을 '문원자
(門園子)'라 부른다. 부귀한 집에서는 그를 초청하지 않음이 없다.
가장 진귀한 '요황'은 일단 접만 붙이면 5천 냥의 가치가 있다. 가
을에 계약을 하여 사두었다가 봄에 꽃이 피면, 계약에 따른 대금
을 지불한다. 낙양 사람들은 '요황'을 너무 소중히 여겨서 접붙이
는 기술을 전수하려 하지 않는다. 어떤 권세 있는 사람이 접붙이
는 방법을 얻고자 하자, 접을 잘 붙이는 어떤 사람이 늘 뜨거운 물
로 꽃가지를 데쳐 죽인 뒤에 그에게 주었다. '위화'가 처음 나왔을
때에는 한 가지만 접을 붙여도 그 가치가 5천 냥이나 되었는데, 지
금도 아직 천 냥이나 한다. 접붙이는 시기는 반드시 추사(秋社) 이
후 중양절 전으로 잡아야 하며, 이 시기를 넘기면 안 된다. 접붙일
때 꽃가지를 땅에서 5·7촌 떨어진 곳에다가 칼로 절개하여 곧바
로 붙인 뒤에 흙으로 빈틈없이 싸고, 부드러운 흙으로 배토하여
덮어주고, 다시 부드러운 부들 잎으로 작은 초가집 형태의 덮개를

만들어 덮어주어서, 바람이나 햇볕을 받지 못하게 하고, 오직 남쪽으로 작은 구멍 하나를 뚫어 통기만 시킨다. 봄이 되면, 덮어두었던 덮개를 제거한다. 이것이 바로 꽃에 접붙이는 방법이다. 꽃을 심을 때는 반드시 좋은 땅을 잘 선택하여 옛 흙은 다 없애고, 가는 흙을 백렴 한 근과 잘 조화시킨다. 대개 모란은 뿌리가 달아서 벌레들이 많이 먹는데, 백렴이 살충을 할 수 있기 때문이다. 이것이 바로 꽃을 심는 방법이다. 꽃에 물을 주는 것 또한 일정한 시간이 있다. 해가 뜨기 전이라던가 해가 서쪽으로 기운 때이다. 9월에는 열흘에 한번 물을 주고, 10월과 11월에는 삼일이나 이틀에 한번, 정월에는 격일에 한번, 2월에는 매일 한 번 물을 준다. 이것이 꽃에 물을 주는 방법이다. 줄기 하나에 몇 송이 꽃이 피면, 그 가운데 작은 것은 제거하고 단지 한 두 송이만 남기는데, 이것을 '타박(打剝)'이라 한다. 꽃떨기가 많으면 양분이 분산될까 두려워서다. 꽃이 떨어지기 시작하면 가지를 쳐서 매듭짓지 않게 해야 하는데, 가지가 쉽게 고사할까 두려워해서이다. 초봄에 부드러운 부들 잎을 제거하고 멧대추나무 가지로 꽃떨기 위에 놓아둔다. 멧대추나무 가지는 기운이 따뜻하여 서리를 피할 수 있어 꽃 싹을 훼손하지 않는다. 다른 큰 나무들도 또한 이와 같다. 이것이 꽃을 기르는 방법이다. 새로 핀 꽃이 먼저 핀 꽃보다 점점 작아지는 것은 대개 좀 벌레들이 있어 꽃을 훼손한 것이니, 반드시 좀 벌레의 구멍을 찾아 그 속에다 유황을 집어넣는다. 그 가에는 또 침 같은 작은 구멍이 있는데, 바로 좀 벌레들이 숨어 있는 곳이니, 화공(花工)들은 그것을 '공기 창(氣窓)'이라고 부른다. 큰 침으로 유황가루를 구멍 속으로 넣으면, 벌레가 죽고 꽃이 다시 만발한다. 이것이 꽃을 치료하는 방법이다. 만약 오징어 골침으로 꽃나무를 찔러 그 표피 속으로 들어가면 꽃은 바로 고사한다. 이것은 꽃의 금기 사항이다.

〈번후묘재기(樊侯廟災記)〉

이 글은 대략 경우(景祐) 원년(1034)에 지었다. 전체 문장이 겨우 3백여 글자에 불과하지만 아주 정벽하고 날카로운 평론의 글이다.

정주(鄭州)의 한 도적이 번후(樊侯: 번쾌樊噲)의 사당에 들어가 번후 신상(神像)의 배를 갈라 속에 든 물건을 가지고 도망을 가버렸다. 그리고 얼마 뒤 폭풍이 불고 우박이 떨어져 정주 부근의 보리 싹이 다 죽어버렸다. 사람들은 모두 벌벌 떨면서 번후가 노하여 이렇게 만들었다(鄭之盜有入樊侯廟刳神像之腹者. 既而大風雨雹, 近鄭之田, 麥苗皆死. 人咸駭曰, 侯怒而爲之)"라고 하여 의론을 펴기 위한 발단을 제기하고, 이후에는 주로 반문(反問)을 통해 강한 정감을 기탁하면서, 의론으로 정주의 재해는 자연현상에 의해서 생겨난 것이지 결코 번후가 진노하여 내린 것이 아니라는 주제를 논리 정연하게 이끌어내고 있다. 물론 작품 속에는 여전히 사람이 죽으면 영령(귀신)이 된다든지, 하늘이 벌을 내린다는 등의 미신적인 관점이 있다.

이 글의 서술방법을 간략히 살펴보면, 먼저 미신을 서술하고, 거기에 대해 반박 없이 바로 번쾌의 공로와 위엄을 서술하였다. 그런 후에 일변하여 일련의 의문과 반문으로 미신에 대해서 철저히 반박하였다. 최후에는 그 시대의 과학지식을 운용하여 우박으로 인한 재해의 원인을 해명하고, 끝으로 다시 번쾌에 관한 이야기로 돌아와 앞의 내용과 긴밀히 연계시켰다. 구성이 엄밀하면서도 해학적인 맛까지 있다.

[原文] 鄭之盜, 有入樊侯廟刳神象之腹者[1]. 旣而大風雨雹, 近鄭
之田, 麥苗皆死. 人咸駭曰: "侯怒而爲之也!"

　余謂樊侯本以屠狗立軍功[2], 佐沛公至成皇帝[3], 位爲列侯, 邑
食舞陽, 剖符傳封, 與漢長久[4], 《禮》所謂有功德於民則祀之者

---

1) 정지도유입번후묘고신상지복자(鄭之盜, 有入樊侯廟刳神象之腹者):「정
(鄭)」: 주(州)의 이름으로, 지금의 하남성 정주이다.「번후(樊侯)」: 한 고
조 유방의 개국공신 가운데 한 사람인 번쾌(樊噲)를 말한다. 무양후(舞陽
侯)에 봉해졌으므로 후세 사람들은 무양(舞陽)에 사당을 짓고 그를 기념
하였다. 그의 생평에 관해서는《사기 · 번역등관열전(樊酈滕灌列傳)》에 자
세하다.「고(刳)」: 가르다, 속을 파내다.

2) 도구(屠狗): 유방을 따라 군사를 일으키기 전에, 번쾌는 생업으로 개잡는
일을 하였다.

3) 패공(沛公): 한나라 고조 유방이 패현(沛縣: 지금의 강소성 패현 동쪽)에서 병
사를 일으켜 진나라에 맞섰을 때 유방을 부르던 호칭이다.

4) 위위~장구(位爲~長久):「열후(列侯)」: 후작(侯爵)을 가리킨다. 진나라가
천하를 통일한 후 공적에 따라 작위를 20등급으로 나누었는데, 그 중에
서 철후(徹侯)가 가장 높은 등급이다. 한나라도 진나라의 제도를 따랐지
만, 다만 한 무제 유철(劉徹)의 이름자를 피해서 철후를 열후(列侯) 또는
통후(通侯)로 고쳐 불렀다.「읍식(邑食)」: '읍(邑)'은 봉지(封地)를 뜻한
다. 읍에 봉해진 자는 거기서 거두는 조세를 향유하였기 때문에 식읍이라
고도 한다.「무양(舞陽)」: 번쾌의 봉지로, 지금의 하남성 무양현이다.「부
부(剖符)」: 신하를 작위에 봉할 때는 부절을 반으로 쪼개어서 한쪽은 신
하에게 주고 한쪽은 조정에서 보관하며 신표로 삼았다.「전봉(傳封)」: 봉
지와 작위를 자손에게 전해준다는 뜻이다.「여한장구(與漢長久)」: 자손이
한나라 왕조에서 작위와 봉지를 오래도록 향유한다는 뜻이다.《초한춘추
(楚漢春秋)》에 "고조는 처음에 제후에 봉해진 자들에게 모두 단서(丹書)
와 철권(鐵券)을 하사하고 말하기를 '황하의 강물이 말라서 띠 같이 가늘

歟[5]? 舞陽距鄭旣不遠; 又漢楚常苦戰滎陽京索間, 亦侯平生提
戈斬級所立功處[6], 故廟而食之, 宜矣.

方侯之參乘沛公[7], 事危鴻門, 振目一顧, 使羽失氣, 其勇力足
有過人者, 故後世言雄武稱樊將軍. 宜其聰明正直, 有遺靈矣.

然當盜之傳刃腹中[8], 獨不能保其心腹腎腸哉! 而反貽怒於無
罪之民, 以騁其恣睢, 何哉? 豈生能萬人敵, 而死不能庇一躬
邪? 豈其靈不神於禦盜, 而反神於平民以駭其耳目邪? 風霆雨
雹, 天之所以震耀威·罰有司者, 而侯又得以濫用之邪?

어지고, 태산이 닳아서 숫돌 같이 작아진다 해도, 한나라는 종묘사직을
유지하고, 그대들은 후손이 끊이지 말지어다.'라고 하였다(高祖初, 封侯
者皆賜丹書鐵券, 曰: 使黃河如帶, 泰山如礪, 漢有宗廟, 爾無絕世.)"라는
내용이 있다.

5) 《예》~자여(《禮》~者歟): 「《禮(예)》」: 《예기》를 가리킨다. 《예기·제법(祭
法)》과 《국어·노어(魯語)》에는 모두 "백성들에게 공덕이 있으면 그를 제
사지낸다(有功德于民則祀之)"라는 말이 있다. 「사(祀)」: 사당을 지어 제
사지낸다는 뜻이다.

6) 한초~공처(漢楚~功處): 「한초(漢楚)」: '한(漢)'은 유방의 군대를 가리키
고, '초(楚)'는 초 패왕(覇王) 항우(項羽)의 군대를 가리킨다. 진나라가
멸망한 후에 항우와 유방은 천하를 다투면서, 여러 해 힘겹게 싸웠다.
「형양(滎陽), 경(京), 색(索)」: 모두 지금의 하남성 형양 부근에 있던 지명
이다. 초와 한은 형양과 성고(成皐) 지역에서 백여 차례에 걸쳐 크고 작은
전투를 하였다. 「참급(斬級)」 '급(級)'은 사람의 머리를 뜻한다. 진한(秦
漢) 시기에는 적의 머리를 벤 수에 따라 전공을 계산하였다.

7) 참승(參乘): 수레의 오른 편에 타고 보위하는 사람을 말한다. 유방과 항
우기 홍문(鴻門)에서 회견했을 때 번쾌는 유방의 참승이었다.

8) 사(傳): 사(傳) 자와 통하며, 칼을 찔러 꽂는다는 뜻이다.

蓋聞陰陽之氣, 怒則薄而爲風霆; 其不和之甚者, 凝結而爲雹[9]. 方今歲且久旱, 伏陰不興, 壯陽剛燥, 疑有不和而凝結者, 豈其適會民之自災也邪? 不然, 則嗚嗚叱咤[10], 使風馳霆擊, 則侯之威靈暴矣哉!

直譯 정주(鄭州)의 한 도적이 번후(樊侯: 번쾌樊噲)의 사당에 들어가 번후 신상(神像)의 배 부위를 찢어 속에 든 물건을 가지고 도망을 가버렸다. 그리고 얼마 뒤 폭풍이 불고 우박이 떨어져 정주 부근의 보리 싹들이 다 죽어버렸다. 사람들은 모두 벌벌 떨면서 "번후가 노하여 이렇게 되었다"고 하였다.

번후는 본래 개 잡는 사람이었는데 나중에 전쟁터에서 군공(軍功)을 세워, 패공(沛公) 유방을 제위에 오르도록 보좌하여, 제후로 봉해지고 무양(舞陽)을 식읍으로 받았으며, 신표를 증거로 작위를 자손들에게 한(漢) 왕조(王朝)만큼 오랫동안 전하였다. 이 것이 바로 《예기》에서 말한 '백성에게 공덕이 있는 사람들은 후세 사람에게 제사를 받아야한다'는 것인가? 그의 식읍인 무양은

---

9) 개문~위박(蓋聞~爲雹):「음양지기(陰陽之氣)」: 고대의 소박한 유물주의 관점에서는 세상의 모든 물질은 기(氣)로 이루어져 있으며, 음과 양의 두 기가 대립하고 통일하면서 각종 자연현상이 일어나는 것이라고 여겼다. 「노(怒)」: 여기서는 갑자기 폭발한다는 뜻이다. 「박(薄)」: 가까이 접근하다. 「화(和)」: 조화하다, 잘 어울리다.

10) 음오질타(嗚嗚叱咤): 성을 내어 크게 꾸짖는 소리이다. 생각건대 '오(嗚)' 자는 오(噁) 자로 바꾸어야 맞을 것 같다. 《사기 · 회음후열전(淮陰侯列傳)》에 "항왕이 성내어 큰 소리로 꾸짖으면 천 명의 사람들이 다 엎어졌다(項王嗚噁叱咤, 千人皆廢.)"라고 하였다.

정주에서 멀지 않을 뿐만 아니라 또 한나라와 초나라는 형양(滎陽)·경(京)·색(索) 일대에서 힘겹게 싸웠으며, 정주 또한 번후가 평소 창을 들고 적의 수급을 베어 공을 세웠던 곳이므로 사당을 세워 그를 제사지내는 것은 마땅한 것이다.

번후가 패공의 수레를 함께 타고 홍문(鴻門)으로 갔을 때, 항우(項羽)가 유방(劉邦)을 죽이려는 위급한 상황이 벌어지자, 그는 두 눈을 부릅뜨고 항우를 노려보아 항우로 하여금 죽이고자 하는 마음을 없게 하였으니, 그의 용기와 담력이 남보다 뛰어났음을 알 수 있다. 그러므로 후세에 영웅적인 무인을 말할 때에는 모두 번장군을 이야기하며 칭찬한다. 그는 총명하고 정직하였으니, 죽은 뒤에까지 사람들이 그의 영령이 있다하는 것도 마땅하다.

그러나 도적이 칼로 배를 도려내었을 때, 그는 자신의 심장조차 보호하지 못하면서, 죄 없는 백성들에게 도리어 화를 옮겨 그토록 심하게 성을 낸 것은 무엇 때문인가? 어째서 살아 있을 때에는 만인을 대적하였으면서도, 죽어서는 자신 한 몸조차 보호하지 못한단 말인가? 어찌하여 위엄 있는 그의 영혼이 도적을 막는 데에는 신령하지 못하면서, 오히려 백성들에겐 신령하여 그들을 놀라게 한단 말인가? 광풍이 불고 우레가 치고 우박이 떨어진 것은 하늘이 관리들에게 위엄과 징벌을 드러내 보인 것이지, 번후가 무슨 힘이 있어 그렇게 위엄을 남용할 수 있단 말인가?

들자니 음양의 두 기운이 갑자기 폭발할 때에 서로 바짝 붙으면 큰 바람과 우레가 되고, 두 기운이 아주 심하게 조화를 잃으면 서로 응결되어 우박이 된다고 하였다. 올해는 가뭄이 길어 잠복하고 있던 음기가 발산되지 못하고, 강성한 양기는 바짝 메말라 있어 아마도 두 기운이 이처럼 심하게 서로 조화되지 못하고 있다가 서로 응결되어 우박이 되었을 것이다. 어찌 백성들 스스로 이러한 재해를 초래하였겠는가? 그렇지 않고, 번후가 성을 내어 큰 소리로 꾸짖어서 광풍을 일으키고 우레를 치게 했다면 번후의 위엄 있는 혼령은 난폭한 것이다.

〈이릉현지희당기(夷陵縣至喜堂記)〉

구양수는 경우 3년(1036년) 5월 20일 이릉현령((夷陵縣令)으로 좌천되어, 28일 수도 개봉(開封)을 떠나 10월 26일 이릉에 도착하였다. 이릉에 도착한 뒤, 지주(知州)로 있던 주경기(朱慶基)는 그를 따뜻하게 환대하고, 그에게 이릉현 관아 안에 비교적 넓고 높은 당(堂) 하나를 지어주었다. 구양수는 이 당을 지희당(至喜堂)이라 이름하고, 이 기문을 지었다.

본문에서는 지희당 건물이나 주위 경관에 대해서는 거의 언급하지 않고, 당시 이릉(夷陵)의 지리·산물·풍속 등에 관한 상황을 중점적으로 기록하여, 역사적인 자료가치로도 충분하다. 동시에 작가는 좌천이라는 역경 속에서도 백성들의 풍속과 민심에 관심을 기울이는 적극적인 정치태도를 표현하였다. 필력도 매우 소박하면서 친절하다.

[原文] 峽州治夷陵[1], 地濱大江, 雖有椒·漆·紙以通商賈, 而民俗儉陋, 常自足, 無所仰于四方. 販夫所售, 不過鱐魚腐鮑[2], 民所嗜而已; 富商大賈皆無爲而至. 地僻而貧, 故夷陵爲下縣而峽爲小州[3].

---

1) 협주치이릉(峽州治夷陵):「협주(峽州)」: 송대에 형호북로(荊湖北路)에 속해있던 주 이름으로, 행정소재지가 이릉(夷陵, 지금의 호북성 의창현宜昌縣)이다.

2) 숙어부포(鱐魚腐鮑):「숙어(鱐魚)」: 말린 생선, 건어물.「부포(腐鮑)」: 소금에 절인 생선.

3) 지벽~소주(地僻~小州): 송대에는 주를 상·중·하 세 등급으로 나누었고, 현은 긴(緊)·망(望)·상·중·하 다섯 등급으로 나누었다.《송사·지리지(地理志)》에 따르면, 협주(峽州)는 중주(中州)에, 이릉은 중현(中縣)에 속하였다.

州居無郭邽, 通衢不能容車馬[4], 市無百貨之列, 而鮑魚之肆
不可入. 雖邦君之過市[5], 必常下乘掩鼻以疾趨. 而民之列處,
竈廩匽井無異位[6], 一室之間, 上父子而下畜豕. 其覆皆用茅竹,
故歲常火災. 而俗信鬼神, 其相傳曰作瓦屋者不利. 夷陵者, 楚
之西境, 昔《春秋》書荊以狄之[7], 而詩人亦曰蠻荊[8]. 豈其陋俗自
古然歟.

　景祐二年, 尙書駕部員外郎朱公治是州, 始樹木, 增城柵, 甓
南北之街[9], 作市門市區; 又敎民爲瓦屋, 別竈廩, 異人畜, 以變
其俗. 旣, 又命夷陵令劉光裔治其縣, 起敕書樓, 飾廳事[10], 新
吏舍. 三年夏, 縣功畢. 某有罪來是邦, 朱公于某有舊, 且哀其

---

4) 주거~거마(州居~車馬):「곽부(郭邽)」: 성벽. 성 밖에 겹으로 쌓은 외성
　(外城).「통구(通衢)」: 중요한 도로, 길목, 사방으로 통하는 길.

5) 방군(邦君): 고대에는 제후국의 군주를 가리키던 말인데, 후에는 자사(刺
　史)나 지주(知州) 등 지방을 다스리는 관리를 가리켰다.

6) 언(匽): 변소. 오수를 내보내는 지하의 도랑.

7) 《춘추》서형이적지(《春秋》書荊以狄之):《춘추(春秋)》에서는 중화와 이민
　족의 구분을 철저히 하여, 소수민족을 이적(夷狄)이라 칭하였고, 초(楚)나
　라를 일컬어 '형(荊)'이라 하였다. 이러한 것들은 소수민족을 경시하는
　의미를 내포하고 있다.

8) 시인역왈만형(詩人亦曰蠻荊):《시경·소아·채기(采芑)》에 "밝고 진실된
　방숙(方叔)이 북쪽 오랑캐 험윤(玁狁)을 정벌하니, 남쪽 오랑캐 형(荊)이 이
　로 인해 두려워하였다(顯允方叔, 征伐玁狁, 蠻荊來威)"라는 구절이 있다.

9) 상서~지가(尙書~之街):「주공(朱公)」: 주경기(朱慶基)를 가리킨다. 당시
　에 상서가부원외랑(尙書駕部員外郎)의 직함으로 협주지주(峽州知州)를
　맡고 있었으며, 구양수의 상사(上司)이다.「벽(甓)」: 벽돌. 벽돌을 길에 평
　평하게 깐다는 말이다.

以罪而來[11], 爲至縣舍, 擇其廳事之東以作斯堂, 度爲疏潔高明[12], 而日居之以休其心. 堂成, 又與賓客偕至而落之[13].

夫罪戾之人[14], 宜棄惡地, 處窮險, 使其憔悴憂思而知自悔咎. 今乃賴朱公而得善地, 以偸宴安, 頑然使忘其有罪之憂, 是皆異其所以來之意.

然夷陵之僻, 陸走荊門·襄陽, 至京師, 二十有八驛[15]; 水道

---

10) 우명~청사(又命~廳事):「유광예(劉光裔)」: 전임 이릉현령으로, 구양수가 부임되기 바로 전에 이릉현령을 맡았다.「칙서루(敕書樓)」: 지방 관아에서 황제의 조서를 보관하는 장소.「청사(廳事)」: 청사(聽事)라고도 하며, 관청 안의 공무를 처리하는 곳을 말한다.

11) 모유~이래(某有~而來):「모유죄(某有罪)」: 고약눌(高若訥)에게 보낸 편지 때문에 좌천된 것을 가리킨다.「기(其)」: 자신을 가리킨다. 구양수 등이 이번에 좌천되었을 때, 그들을 동정하는 여론이 일어났으며, 이 때문에 도처에서 융숭한 대접을 받았다.

12) 탁위소결고명(度爲疏潔高明):「탁(度)」: 헤아리다. 여기서는 설계하여 건축한다는 뜻이다.

13) 낙지(落之): 건물의 준공을 축하하는 의식인 낙성식(落成式)을 행한다는 말이다.

14) 죄려지인(罪戾之人): 죄를 지은 사람이란 뜻으로, 관리는 직위가 강등되어 벽지로 좌천되면 이유야 어쨌든 스스로 유죄를 인정해야 하기 때문에 일컫는 말이다.

15) 육주~팔역(陸走~八驛):「역(驛)」: 역참(驛站). 옛날에는 육로의 일정한 지역에 역참을 설치하여 왕래하는 관리나 문서를 전달하는 사람에게 휴식을 제공하고 말을 갈아 탈 수 있도록 하였다. 이릉에서 수도 개봉(開封)까지 모두 스물 여덟 개의 역이 있다는 말은 이릉이 아주 외진 곳에 있다는 뜻이다.「형문((荊門)」: 형문군(荊門軍)으로, 행정소재지는 지금의 호북성 형문현(荊門縣)이다. 군(軍)은 송대에 설치한 행정구획 단위의 하나이다.

大江, 絕淮, 抵汴東水門, 五千五百有九十里. 故爲吏者多不欲遠來, 而居者往往不得代, 至歲滿或自罷去[16]. 然不知夷陵風俗朴野, 少盜爭; 而令之日食有稻與魚, 又有橘柚茶笋四時之味; 江山美秀[17], 而邑居繕完, 無不可愛. 是非惟有罪者之可以忘其憂, 而凡爲吏者莫不始來而不樂, 旣至而後喜也. 作至喜堂記藏其壁[18].

夫令雖卑, 而有土與民, 宜志其風俗變化之善惡, 使後來者有考焉爾.

直譯 협주(峽州)의 행정소재지는 이릉현(夷陵縣)인데, 장강에 붙어 있다. 산초·생칠·종이 등의 특산물이 있어, 상인들이 (이곳으로 와서) 구매하여 가기는 하지만, 이곳 백성들은 풍속이 검소하고 소박하여 늘 자급자족하며 사방 타지방의 산물에 의지하는 일이 없었다. 소상인들이 여기 와서 파는 것이라고는 값싼 건어물이나 절인 물고기 같은 백성들이 좋아하는 것뿐이고, 큰 장사꾼들은 장사할 것이 없으니 오지도 않는다. 지역이 외지고 빈곤하였기

---

16) 고위~파거(故爲~罷去): 「거자(居者)」: 이릉에서 관직생활을 하는 관리를 가리킨다. 「대(代)」: 교체하다. 「세만(歲滿)」: 만기가 되다. 즉 3년의 임기를 채운다는 뜻이다.

17) 강산미수(江山美秀): 이릉은 장강삼협과 가깝고, 풍경이 수려하다. 《구양문충공문집》에는 이릉의 산수를 읊은 시가 많이 있다. 예를들어 〈황계야박(黃溪夜泊)〉에 "길을 가다 강산을 구경하고 또 시를 읊기도 하니, 좌천되지 않았던들 내 어찌 올 수 있었으랴?(行見江山且吟咏, 不因遷謫豈能來?)"라고 하였다.

18) 장기벽(藏其壁): 옛날에 비기문(碑記文)은 왕왕 돌에 새긴 후에 벽에 쌓아두었다.

때문에, 이릉은 낮은 등급의 현으로 분류되었고, 협주는 작은 주로 분류되었다.

주(州)의 사방 거리에는 성벽도 없고 큰길도 좁아서 마차조차 다닐 수 없으며, 저자에는 여러 가지 물건이 진열되어 있지도 않고, 절인 물고기를 파는 점포에는 냄새가 진동하여 들어 갈 수조차 없다. 가령 지주(知州)가 저자 거리를 지날 때면, 늘 말에서 내려 코를 막고 재빨리 지나갔다. 백성들의 거주지는 부뚜막·창고·측간·우물이 별도로 배치되어 있지 않고 함께 뒤섞여 있으며, 방한 칸에, 위층에 사람이 살고 아래층에는 돼지를 기른다. 대개 지붕은 띠로 이었거나 대나무로 이어서 해마다 화재가 발생한다. 그리고 귀신을 믿는 풍속이 있는데, '기와집을 지으면 불길하다'는 이야기가 전해오고 있다. 이릉이란 이 지방은 춘추시대 때에는 초(楚)나라 서쪽지역으로, 옛날 《춘추》에서는 형(荊)이라 하여 오랑캐로 여겼으며, 《시경》의 시인도 오랑캐라 하였다. 아마도 그 풍속이 고루하여 옛날부터 그러하였을 것이다.

경우 2년 상서가부원외랑 주경기(朱慶基)가 이 주를 다스리게 되면서, 비로소 나무를 심고 성벽과 울타리를 증설하고, 남북으로 통하는 길에 벽돌을 깔고 시내로 들어가는 문과 시가지를 만들었다. 또 백성들에게 기와집 짓는 것을 가르치고, 부뚜막·창고·측간·우물을 따로 설치하게 하여, 사람과 가축이 따로 거주하도록 해서 그 풍속을 바꾸었다. 그런 뒤에, 또 이릉 현령 유광예에게 명을 내려 그 현의 관아를 정리하게 하였는데, 황제의 조칙을 받드는 칙서루를 짓고, 일을 보는 청사를 단장하고, 관리의 숙사도 새로 짓게 하였다. 경우 3년 여름 현의 관아 공사가 끝났다. 나는 죄가 있어 이곳으로 왔는데, 주공(朱公)은 나와 오랜 친분이 있었고, 또 내가 죄 때문에 귀양 온 것을 가슴 아파하여 나를 위하여 특별히 이릉현 관사로 찾아 와 이릉 청사 동쪽 땅을 골라 이 지희당(至

囍堂)을 짓도록 하였다. 넓고 정결하며 높고 밝도록 설계하여, 매일 그 곳에 거주하면서 나의 마음을 휴식하게 하였다. 지희당이 완성되자 그는 또 빈객들과 함께 와서 연회를 베풀어 낙성식을 하였다.

대저 죄 있는 사람은 마땅히 열악한 곳에 안치되고, 곤궁하고 험악한 곳에 처하여, 초췌하고 근심하게 해서, 자신의 죄과를 뉘우치게 하여야 한다. 나는 지금 주경기 공에 의지해서 이렇게 좋은 곳을 얻어 편안한 생활을 몰래 누리면서, 내가 지은 죄의 근심을 멍하니 잊어버리게 하니, 이것은 다 내가 귀양 온 뜻과는 다른 것이다.

그러나 이릉은 매우 궁벽하여, 육로로는 형문(荊門)·양양(襄陽)을 지나서 수도 개봉까지는 모두 스물여덟 개의 역참이 있고, 수로로는 장강을 경유하여 회수를 건너 변수 가의 개봉 동문까지 모두 오천 오백 구십 리이다. 그러므로 이곳으로 발령 받는 관리는 대다수가 이 먼 곳을 오려고 하지도 않고, 여기에 관리로 있는 사람은 종종 교체되지도 못하며, 임기가 차면 어떤 사람은 스스로 사직하고 떠나기도 한다. 그러나 그들은 이릉의 풍속이 질박하고 도적이나 다투는 일도 거의 없을 뿐만 아니라, 또 현령은 매일 쌀밥과 생선 그리고 귤·유자·차·죽순 등 사계절의 맛을 즐길 수 있으며, 강산도 수려하고 시내도 지금은 완전히 정리되어 있어 좋아하지 않을 수 없다는 것은 모른다. 이것은 죄 있는 사람에게는 그 근심을 잊게 해 줄 수 있을 뿐만 아니라, 관리들도 처음 이곳으로 올 때에는 즐거워하지 않지만, 이곳에 온 뒤에는 즐거워하지 않음이 없다. 나는 이에 〈지희당기(至囍堂記)〉를 지어 돌에 새겨 벽에다 세워놓는다.

대저 현령의 지위는 비록 낮지만 관할하는 땅과 백성이 있으니, 마땅히 그 곳 풍속의 변화의 좋고 나쁨을 기록하여, 뒤에 오는 사람에게 참고할 수 있도록 해야 한다.

〈화방재기(畵舫齋記)〉

　이 문장은 경력 2년(1042년) 말에 구양수가 활주통판으로 있으면서 지은 작품이다. 이 해 3월에 거란이 송을 침공하겠다고 말을 퍼뜨리자 재상 여이간(呂夷簡)은 거란과의 화의(和議)를 위하여 부필(富弼)을 사신으로 보내고자 하였다. 구양수는 부필이 조정의 중신이어서 사신으로 나가서는 안 된다고 여겨서 상서하여 저지하려 하였고, 또 5월에는 조칙에 응하여 〈준조언사상서(準詔言事上書)〉를 써서 '삼폐오사(三弊五事)'를 열거하며 힘써 폐정을 개혁하고자 하였다. 그러나 이 두 가지 다 받아들여지지 않자, 구양수는 마침내 외직으로 나갈 것을 청하였고, 결국엔 활주통판에 임명되어 10월에 임지에 도착하였던 것이다. 따라서 이 글은 활주 임지에서 쓴 것이다.

　이 글에서 구양수 자신의 실의의 불만을 넌지시 드러내고 있지만, 그가 표현하고자 한 주제 사상은 편안할 때에 위험을 미리 경계한다(居安思危)는 것이다.

　서술방식은 '배를 가지고 방의 이름을 지은(以舟名齋)' 데에 중점을 두고 반복적으로 묘사하고 있는데, 먼저 화방재의 외형과 경물을 간단하게 묘사하고, 다음으로 과거에 겪은 일들을 추억하고, 고대의 은사들을 연상하면서 차례차례로 전환하며 복잡한 내심의 세계를 간명하면서도 깊이 있고 세심하게 묘사하였다.

原文 予至滑之三月, 卽其署東偏之室, 治爲燕私之居, 而名曰
畫舫齋[1]. 齋廣一室, 其深七室, 以戶相通; 凡入予室者, 如入乎
舟中. 其溫室之奧[2], 則穴其上以爲明; 其虛室之疏以達[3], 則欄
檻其兩旁以爲坐立之倚. 凡偃休于吾齋者, 又如偃休乎舟中. 山
石嶕崒[4], 佳花美木之植列于兩檐之外, 又似泛乎中流, 而左山
右林之相映皆可愛者. 故因以舟名焉.

《周易》之象, 至于履險蹈難, 必曰涉川[5]. 蓋舟之爲物, 所以
濟險難而非安居之用也. 今予治齋于署, 以爲燕安, 而反以舟名
之, 豈不戾哉! 況予又嘗以罪謫, 走江湖間, 自汴絶淮, 浮于大
江, 至于巴峽; 轉而以入于漢沔[6]. 計其水行幾萬餘里. 其羈窮

---

1) 여지~방재(予至~舫齋):「활(滑)」: 활주(滑州). 행정소재지는 지금의 하남
   성 활현(滑縣)이다. 구양수는 경력(慶歷) 2년(1042) 10월에 이곳에 도착
   하여 직무를 보았다.「연사지거(燕私之居)」: 한가로이 휴식을 취하는 장
   소.「방(舫)」: 뱃머리가 네모진 커다란 배. 관아의 유람선은 대부분 아름
   답게 꾸민 '화방(畫舫)'이었다.
2) 온실(溫室): 벽이 튼튼하고 빈틈이 없어 따뜻한 방.
3) 허실(虛室): 양쪽의 벽이 없는 방을 가리킨다.
4) 추줄(嶕崒): 산이 높고 가파른 모양.
5) 《주역》~섭천(《周易》~涉川):「주역지상(周易之象)」: 《주역》의 괘사(卦辭)
   를 말하며, 비유를 많이 사용하고 있다.「리험도난(履險蹈難)」: 위험하고
   어려운 상황에 처하다.「섭천(涉川)」: 강을 건넌다는 뜻으로, 험난한 일을
   겪는 것을 비유하는 말이다.
6) 황여~한면(況子~漢沔): 구양수는 경우(景祐) 3년(1036)에 협주(峽州) 이
   릉령(夷陵令)으로 좌천되어 수로로 변하(汴河), 회하(淮河), 장강(長江)을
   거쳐서 임지에 도착하였다. 다음해 12월에는 광화군(光化軍: 행정소재지는
   지금의 호북성 양번시襄樊市) 건덕령(乾德令)으로 바뀌어서, 또 다시 수로로
   장강을 거쳐 한수(漢水)를 거슬러 올라가서 임지로 갔다.「한면(漢沔)」:
   한수와 면수(沔水). 면수는 한수의 상류이다.

不幸, 而卒遭風波之恐, 往往叫號神明以脫須臾之命者, 數矣.
當其恐時, 顧視前後, 凡舟之人非爲商賈, 則必仕宦. 因竊自
歎, 以謂非冒利與不得已者, 孰肯至是哉! 賴天之惠, 全活其
生. 今得除去宿負, 列官于朝, 以來是州, 飽廩食而安署居[7]. 追
思曩時山川所歷, 舟楫之危, 蛟鼉之出沒, 波濤之洶欻[8], 宜其
寢驚而夢愕; 而乃忘其險阻, 猶以舟名其齋. 豈眞樂于舟居者
邪!

　然予聞古之人有逃世遠去江湖之上, 終身而不肯返者, 其必
有所樂也. 苟非冒利于險, 有罪而不得已, 使順風恬波, 傲然枕
席之上, 一日而千里, 則舟之行豈不樂哉? 顧予誠有所未暇; 而
舫者宴嬉之舟也, 姑以名予齋, 奚曰不宜?

　子友蔡君謨善大書[9], 頗怪偉, 將乞其大字以題于楣. 懼其疑
予之所以名齋者, 故具以云; 又因以置于壁[10]. 壬午十二月十二
日書[11].

---

7) 금득~서거(今得~署居): 「숙부(宿負)」: 경우 3년에 좌천된 죄를 가리킨
　 다. '숙(宿)'은 '묵은, 오래된, 과거'의 뜻이다. 「열관우조(列官于朝)」:
　 작자는 당시에 관직 등급이 태자중윤(太子中允)으로, 경우 3년의 대리평
　 사(大理評事)와 비교하여 다섯 등급 오른 것이다. 「름식(廩食)」: 녹봉(祿
　 俸)을 가리킨다.

8) 추사~흥훌(追思~洶欻): 「산천소력(山川所歷)」: 강에서 겪은 일을 말한
　 다. '산천(山川)'은 여기에서는 '천(川)'의 뜻만을 나타내는 편의복사로
　 쓰였다. 「교타(蛟鼉)」: 악어류의 동물을 가리킨다. '타(鼉)'는 악어의 일
　 종이다. 「흥훌(洶欻)」: 물이 용솟음치는 모양.

9) 채군모(蔡君謨): 채양(蔡襄)으로, 자가 '군모(君謨)'이다. 구양수의 친구
　 이며, 당시 서예로 유명하였다.

10) 치우벽(置于壁): 이 글을 돌에 새겨서 벽 사이에 끼워둔다는 말이다.

11) 임오(壬午): 경력(慶歷) 2년(1042)을 가리킨다.

[直譯] 내가 활주(滑州)에 도착한 지 삼 개월 째에, 관아 동쪽 집 한 채를 휴게실로 수리하여 화방재(畫舫齋)라 이름 하였다. 화방재는 너비 한 칸, 길이 일곱 칸인데, 중간에는 문이 있어 서로 통한다. 이 방으로 들어가는 것이 마치 배 안으로 들어가는 것과 같다. 높은 담과 두꺼운 벽으로 된 온실 방 한 가운데 천장에 창문을 하나 내어서 조명을 하고, 가 쪽의 방은 탁 터서 막힘없이 통하게 하고 양쪽에 난간을 만들어 앉거나 기댈 수 있게 하였다. 그래서 대체로 이 방에서 휴식하는 사람들은 모두 배에서 휴식하는 것처럼 느껴진다. 높고 가파른 산석(山石), 그리고 아름다운 꽃과 나무들이 양쪽 처마 밖에 배치되어 있어 마치 배가 큰 강 가운데를 지나가는 것처럼 좌우의 산이나 나무들과 서로 어우러져 정말 다 좋아할 만하다. 그래서 배를 가지고 이름을 지었다.

《주역(周易)》의 괘사(卦辭)에서는, 위난에 처했음을 말할 때에는 반드시 강을 건너는 데에 비유하였다. 배라는 물건은 위난을 건너게 하는 것이지, 안전하게 거주하는 용도가 아니기 때문이다. 지금 나는 관아에 있는 방(齋)을 수리하여 휴게실을 만들어 놓고 오히려 배로써 이름을 붙였으니, 어찌 이치에 어긋나지 않은가! 하물며 나는 또 죄로 인해 좌천되어 오면서 강호 사이를 바쁘게 다녔는데, 변수(汴水)에서 출발하여 회하(淮河)를 건너 장강(長江)을 따라 거슬러 올라와 파협(巴峽)에 이르렀고, 이어서 임지가 바뀌어, 또 배를 타고 한수(漢水)와 면수(沔水)로 들어갔다. 그 물길을 계산해보니 거의 일 만여 리의 길이었다. 나는 여정 중에, 빈곤한 데에다 운도 따르지 않아, 갑자기 돌풍과 성난 파도와 같은 두려운 상황을 만나면, 왕왕 천지신명을 불러 이 순간적인 재난의 운명을 벗어나게 해달라고 빈 것이 몇 번이나 되었다. 그 두려운 때에 주위를 한번 살펴보면, 배 위에 있는 사람이라고는 상인 아니면 틀림없이 관리였다. 따라서 나는 마음속 몰래 탄식하며 이렇게 생각하였다. 재물의 이익을 추구하고 탐하는 상인이나 부득이한 사정이 있는 관리가 아니면 그 누가 여기에 오려고 하겠는가? 다행히 나는 하늘의 보살핌으로 생명을 온전히 보존하였다. 지금 지난날의 묵은 죄과를 벗고서 조정의 관리의 한 사람으로서 이곳으로 와서 넉넉한 녹봉을 받으면서 관아에 편안히 거주한다. 지난날 큰 강에서 겪었던 일, 즉 배에서 일어난 위험·교룡의 출몰·변화무쌍하게 용솟음치는 파도 등을 되돌아 생각해보면, 당연히 잠 속에서도 놀라고 꿈속에서도 놀란다. 그러나 지금 그 위험과 고난을 잊고 도리어 배(舫)로써 방(齋)의 이름을 지으니, 정말 선상의 생활을 즐거워하여서였겠는가?

그러나 나는 옛 사람들 가운데 세상을 피하여 멀리 강호로 가서 죽을 때까지 돌아오려 하지 않은 사람이 있다고 들었다. 그들에게는 틀림없이 즐거워할 만한 것이 있었을 것이다. 만약 재물을 탐하여 위험을 무릅쓰고 가는 것이 아니고, 또 죄가 있어 부득이하여 가는 것이 아닌, 순풍에 조용한 파도를 타고 마음 편안히 침상에 누워 하루에 천리를 가는 것이라면, 배를 타고 가는 것이 어찌 즐겁지 않겠는가? 그러나 나는 진실로 아직은 그렇게 할 여유가 없다. 그렇다면 화방(畵舫)이라는 배가 원래 놀며 즐기는 배이니, 잠시 이것으로 내 방을 이름 하더라도, 어찌 마땅치 않다고 하겠는가?

내 친구 채군모(蔡君謨)가 큰 글자를 잘 쓰는데, 글자체가 매우 독특하고 웅장하여 나는 그에게 기둥에다 방 이름을 큰 글자로 써 달라고 부탁하려 한다. 그런데 내가 화방재라고 방 이름을 붙인 이유에 대해 그가 의아해할까 두려워서, 이렇게 상세히 설명을 하고 아울러 이 기문을 돌에 새겨 벽 사이에 끼워둔다.

임오년 12월 12일 쓰다.

〈왕언장화상기(王彦章畵像記)[1]〉

이 글은 경력(慶曆) 3년(1043)에 작자가 오대 시기의 명장 완언장의 초상화에 대한 서문으로 쓴 기문이다. 내용상으로 본다면 오대의 명장 왕언장의 주요업적을 중심으로, 그의 영웅적인 모습과 충절을 찬양한 인물전기이다.

이 글은 한유의 〈장중승전후서(張中丞傳後敍)〉의 영향을 받아 창작방법이 한유의 글과 유사한 곳이 아주 많다. 예컨대 구양수의 〈왕언장화상기(王彦章畵像記)〉와 한유의 〈장중승전후서(張中丞傳後敍)〉는 둘 다 일사(軼事)를 가지고 정사(正史)를 보충하였다는 점이다. 이글에서 구양수가 기록한 일사들은 다 작자가 직접 찾아다니며 구한 것이었다. 예를 들면 왕언장의 후손에게서 왕언장의 자료가 있는 진귀한 가전(家傳)을 얻은 것이나 철창사에서 왕언장의 화상을 얻은 것, 그리고 민간전설에서부터 아이들이나 목동들에게까지 훌륭한 장수였던 왕철장에 대한 이야기를 직접 들어 수집했던 것이다. 이렇게 작자가 직접 찾아낸 자료들을 인용하여 씀으로써 내용을 더욱더 친근하게 하고 진실 되게 하였다. 또 하나의 유사한 점은 서술과 의론을 겸하였다는 것이다. 이 글에서는 역사사실을 가지고 현실을 논 하는 데에 의론의 중점을 두었다. 당시 송 왕조는 서하와의 싸움에서 여러 차례 패하였다. 그 원인 가

---

1) 왕언장(王彦章, 863-923): 오대 시기 후량(後梁)의 명장으로, 젊어서 후량 태조 주온(朱溫)의 군졸이 되었으며, 용맹스럽고 힘이 뛰어나서 전쟁에서 세운 공으로 여러 번 승진하였다. 후량 말제(末帝) 용덕(龍德) 3년(923)에 병력부족으로 후당(後唐) 장종(莊宗: 이존욱李存勖)에게 패하여 항복을 거부하다 피살되었다. 《구오대사》에 그의 전기가 있으며, 구양수는 《신오대사》에서 그를 〈사절전(死節傳)〉에 넣었다.

운데 하나가 적을 물리칠만한 명장과 책략이 없다는 것이었다. 작자는 왕언장의 덕승(德勝)의 전투를 기술할 때, 당시 상황과 연계하여 장편의 의론을 통하여 왕언장의 기이한 군사 책략으로 승리를 거둔 전투업적을 극도로 칭찬함으로써 송나라 조정의 수구적인 무능한 무리들을 은근히 풍자하였다. 그리고 작자 자신의 군사방면의 견해를 나타내어 국가운명에 대한 깊은 관심을 표명하였다.

이 글은 서술하는 가운데 감정색채가 짙은 어구들을 많이 사용하여 감정이 넘치고, 문장의 구성도 빈틈이 없을 뿐만 아니라 변화곡절도 심하다. 이를테면 "《구오대사》에는 빠지거나 간략하여 공의 사적이 다 갖추어져 있지 않음이 애석하였다(惜乎舊史殘略, 不能備公之事)"이라 하여, 자연스럽게 가전(家傳)을 끌어들여 인용하였고, "나는 매번 그의 가전을 읽을 때마다 늘 그 사람을 생각지 않음이 없었다(每讀其傳, 未嘗不想見其人)"라 하여, 또 다시 "화상(畫像)"으로 자연스럽게 옮겨가서, 사서(史書)·가전(家傳)·화상(畫像)의 세 가지 자료를 흠잡을 데 없이 자연스럽게 융합하였다.

[原文] 太師王公²⁾, 諱彦章, 字子明. 鄆州壽張人也³⁾. 事梁, 爲宣義軍節度使, 以身死國, 葬於鄭州之管城⁴⁾. 晉天福二年⁵⁾, 始贈太師.

---

2) 태사(太師): 사후에 추서한 벼슬이다. 고대에는 태사·태부(太傅)·태보(太保)를 삼공(三公)이라 하였다.

3) 운주수장(鄆州壽張): '운주(鄆州)'의 행정소재지는 지금의 산동성 운성현(鄆城縣)에 이었고, '수장(壽張)'은 현의 이름으로 지금의 산동성에 있다.

4) 사량~관성(事梁~管城): 「선의군(宣義軍)」: 행정소재지가 활주(滑州: 지금의 하남성 활현滑縣)이다. 《구오대사·양서(梁書)·말제기(末帝紀)》에 따르면 용덕 원년(921)에 왕언장이 선의군절도부대사지절도사(宣義軍節度副大使知節度事)가 되었다고 한다. 「정주(鄭州), 관성(管城)」: '관성(管城)'은 정주의 행정소재지로, 지금의 하남성 정주시(鄭州市)이다.

公在梁以智勇聞. 梁晉之爭數百戰, 其爲勇將多矣; 而晉人獨畏彦章[6]. 自乾化後, 常與晉戰, 屢困莊宗於河上[7]. 及梁末年, 小人趙巖等用事[8], 梁之大臣老將, 多以讒不見信, 皆怒而有怠心; 而梁亦盡失河北, 事勢已去, 諸將多懷顧望. 獨公奮然自必, 不少屈懈, 志雖不就, 卒死以忠. 公旣死而梁亦亡矣! 悲夫!

五代終始纔五十年, 而更十有三君, 五易國而八姓[9]. 士之不

---

5) 진천복이년(晉天福二年): 937년을 말한다. '천복(天福)'은 후진(後晉) 고조(高祖)의 연호로, 936년부터 942년까지 사용하였다.

6) 진인(晉人): 후당 장종 이존욱을 가리킨다. 이존욱은 그의 아버지 이극용(李克用)의 작위를 계승하여 진왕(晉王)이 되었고, 923년 후량을 멸한 후에 정식으로 황제라 칭하였다. 《신오대사 · 사절전(死節傳)》에 "왕언장이 용맹하였으므로 나는 그의 예봉을 피하였다(彦章驍勇, 吾嘗避其鋒.)"는 이존욱의 말을 인용하고 있다.

7) 자건화후, 상여진전, 누곤장종어하상(自乾化後, 常與晉戰, 屢困莊宗於河上):「건화(乾化)」: 후량의 태조와 말제의 연호로, 911년부터 915년까지 사용하였다. 왕언장은 황하 양안의 조주(曹州) · 복주(濮州) · 운주(鄆州) · 활주(滑州) 등을 다투는 백여 차례의 대전 중에 이존욱을 여러 차례 패배시켰다. 아울러 멸시하여 말하기를 "아자(이존욱의 아명兒名)는 싸움닭 같은 어린애일 뿐이야. 두려워할 게 뭐 있어!(亞子鬪鷄小兒耳, 何足懼哉!)"라고 하였다.

8) 조암(趙巖): 후량 말제의 총애를 받은 신하로, 벼슬은 호부상서(戶部尙書), 조용사(租庸使)에 이르렀다. 후량이 멸망한 후에 피살되었다.

9) 오대~팔성(五代~八姓):「오십년(五十年)」: 오대 시기는 후량 태조 개평(開平) 원년(907)부터 후주(後周) 공제(恭帝) 현덕(顯德) 6년(959)까지 모두 53년이다.「십유삼군(十有三君)」: 후량(後梁)의 태조 주온, 말제 주진(朱瑱), 후당(後唐)의 장종 이존욱, 명종(明宗) 이사원(李嗣源), 민제(閔帝) 이종후(李從厚), 폐제(廢帝) 이종가(李從珂), 후진(後晉)의 고조 석경당(石敬瑭), 출제(出帝) 석중귀(石重貴), 후한(後漢)의 고조 유지원(劉知遠), 은제(隱帝) 유승우(劉承祐), 후주(後周)의 태조 곽위(郭威), 세종 시

幸而出乎其時, 能不汚其身得全其節者, 鮮矣[10]! 公本武人, 不知書, 其語質, 平生嘗謂人曰: "豹死留皮, 人死留名." 蓋其義勇忠信出於天性而然. 予於五代書, 竊有善善惡惡之志[11]. 至於

 영(柴榮), 공제(恭帝) 시종훈(柴宗訓)의 13명의 임금을 가리킨다. 「오역국(五易國)」: 후량이 당(唐)을 찬탈하였고, 후당이 후량을 멸하였고, 후진이 후당을 멸하였고, 후진을 교체하여 후한이 들어섰고, 후한을 교체하여 후주가 들어선 것을 가리킨다. 「팔성(八姓)」: 후량 왕조는 주(朱)씨이다. 후당은 이(李)씨이지만, 명종은 성이 다른 이민족 출신이고, 폐제는 명종의 양자로 본래 왕(王)씨였으므로, 모두 세 개의 성씨이다. 후진은 석씨이고, 후한은 유씨이다. 후주는 곽씨이지만, 세종이 곽위의 양자로, 본래 시(柴)씨이므로, 모두 두 개의 성씨이다.

10) 사지~선의(士之~鮮矣): 오대 시기에 하나의 왕조를 위해 지조를 지킨 관리는 매우 드물다. 풍도(馮道)의 경우를 예로 들면, 그는 후당, 후진, 거란(契丹), 후한, 후주 등 다섯 왕조를 섬겼고, 재상 등의 관직을 지냈다.

11) 여어~지지(予於~之志): 「오대서(五代書)」: 작자가 편찬한 《오대사기(五代史記)》를 가리킨다. 후에는 설거정(薛居正) 등이 편찬한 《구오대사》와 구별하기 위하여 《신오대사》라고 칭한다. 「선선악악(善善惡惡)」: 같은 글자가 중첩된 데에서 각각 앞의 글자는 동사로 쓰였고, 뒤의 글자는 명사로 쓰였다. 즉 훌륭한 사람이나 좋은 일을 표창하고, 나쁜 사람이나 나쁜 일을 비난한다는 뜻이다. 《사기·태사공자서(太史公自序)》에 "대저 《춘추》는 위로는 삼왕의 도를 밝히고, 아래로는 인간사의 기강을 변별하며, 의심나는 것을 분별하고, 시비를 밝히며, 사람들이 유예하여 결정하지 못하는 일을 결정하며, 좋은 사람을 친애하고 악한 사람을 미워하며, 현능한 사람을 존중하고, 못난 사람을 천대하며, 이미 망해버린 나라의 이름을 보존하고, 이미 끊어져버린 세대를 계승시키며, 헐어진 것을 보충하고 폐기된 것을 다시 일으켜 세웠습니다. 이 모든 것은 다 왕도의 가장 중요한 일입니다(夫《春秋》上明三王之道, 下辨人事之紀, 別嫌疑, 明是非, 定猶豫, 善善惡惡, 賢賢賤不肖, 存亡國, 繼絶世, 補弊起廢, 王道之大者也.)라고 하였다.

公傳, 未嘗不感憤歎息. 惜乎舊史殘略[12], 不能備公之事.

　康定元年, 予以節度判官來此[13]. 求於滑人, 得公之孫睿所錄家傳, 頗多於舊史, 其記德勝之戰尤詳[14]. 又言: 敬翔怒末帝不肯用公, 欲自經於帝前[15].; 公因用笏畫山川, 爲御史彈而見廢[16]. 又言: 公五子, 其二同公死節. 此皆舊史無之. 又云: 公

---

12) 구사(舊史): 설거정 등이 편찬한 《구오대사》를 가리킨다.

13) 강정원년, 여이절도판관내차(康定元年, 予以節度判官來此): 강정 원년은 1040년이다. 구양수는 무성군절도판관청공사(武成軍節度判官廳公事)에 임명되어 활주(滑州)에 갔다.

14) 덕승지전(德勝之戰): '덕승(德勝)'은 황하의 중요한 나루터로, 남북으로두 개의 성이 있었고, 옛 터가 지금의 하남성 복양현(濮陽縣)에 있다. 당시에 이존욱은 이미 황하 이북의 지역을 탈취하였고, 쇠사슬을 사용하여덕승의 입구를 끊고, 황하의 남쪽과 북쪽에 두 개의 성을 쌓고는 협채(夾寨)라고 하였다. 왕언장은 몰래 병사 6백명을 보내어 각자 큰 도끼를 휴대하고 숯불 화로(爐炭)를 실고 가서, 양촌(楊村)에서 배를 타고 강물을따라 내려오도록 하였으며, 이들은 황하 양안에 있는 정예병의 엄호를 받으면서 쇠사슬을 녹여서 끊고 부교를 부숴버렸다. 왕언장은 기회를 틈타서 친히 병사를 이끌고 남쪽 성을 급습하여 일거에 함락시켰다.

15) 경상~제전(敬翔~帝前):「경상(敬翔)」: 자가 자진(子振)이며, 후량을 개국하는데 공헌한 모신(謀臣)으로, 버슬이 중서시랑(中書侍郞)·동중서문하평장사(同中書門下平章事: 재상에 해당한다)에 이르렀다. 《신오대사·사절전》에 의하면, 후량의 말제는 왕언장을 멀리하여 기용하지 않았는데, 후당의 군대가 국경을 압박하여 국가가 위기에 처하자, 경상이밧줄을 가지고 말제를 알현하러 가서는 그 앞에서 목을 매달아 죽으려고하니, 말제는 그제서야 왕언장을 불러들여 초토사(招討使)로 삼았다고한다.

在滑以讒自歸於京師, 而史云召之[17]. 是時, 梁兵盡屬段凝[18], 京師羸兵不滿數千; 公得保鑾五百人, 之鄆州, 以力寡, 敗於中都[19]. 而史云將五千以往者, 亦皆非也[20].

---

16) 공인~견폐(公因~見廢):《신오대사·사절전》에 의하면, 양류(楊劉)의 전투에서 패배한 후에, 단응(段凝) 등이 책임을 왕언장에게 전가시켜 왕언장이 "술주정이나 부리고 적을 가벼이 여겨서 패하게 되었다(使酒輕敵而至于敗)"고 모함하였다. 이에 말제는 왕언장을 파면하고, 단응을 초토사로 승진시켰다. 왕언장은 급히 경성으로 달려가 말제에게 해명을 하였고, 홀(笏)로 그림을 그려가며 승패의 상황을 설명하였다. 조암이 기회를 틈타 황제에 대한 왕언장의 불경죄를 탄핵하도록 어사에게 명하여 칙령으로 그를 퇴출시켰다.

17) 자귀어경사, 이사운소지(自歸於京師, 而史云召之): 「자귀어경사(自歸於京師)」: 스스로 경성에 돌아왔다는 내용은 앞의 주 참조. 「사운소지(史云召之)」《구오대사》에는 조정에서 왕언장을 경성으로 소환한 것으로 되어 있다.

18) 단응(段凝): 처음 이름은 명원(明遠)이다. 왕언장의 부장으로, 양류의 전투 후에 왕언장을 참소하여 밀어내고, 그의 뒤를 이어 초토사가 되었다. 정병 5만 명을 이끌고 후당에 투항하여 절도사를 역임하였으며, 후에 임금의 명을 받아 자살하였다.

19) 공득~중도(公得~中都): 「보란(保鑾)」: 황제를 보위하는 군대. 황제가 타는 마차를 난여(鑾輿)라고 하기 때문에 붙여진 명칭이다. 「중도(中都)」: 옛터가 지금의 산동성 문상현(汶上縣)에 있다. 왕언장은 이곳에서 패배하였으며, 부상을 입고 포로가 되었다.

20) 사운장오천이왕(史云將五千以往):《구오대사·왕언장전》에서는 왕언장이 운주(鄆州)로 후당의 군대를 막으려 갈 때에 5천 명의 병력을 거느렸다고 한다. 구양수는 《구오대사》의 잘못된 기록을 밝혀서 왕언장의 용맹과 불행을 부각시켰다. 그러나 구양수의 주장에 동의하지 않는

公之攻德勝也, 初受命於帝前, 期以三日破敵; 梁之將相聞者皆竊笑. 及破南城[21], 果三日. 是時, 莊宗在魏[22], 聞公復用, 料公必速攻, 自魏馳馬來救, 已不及矣. 莊宗之善料, 公之善出奇, 何其神哉! 今國家罷兵四十年, 一旦元昊反, 敗軍殺將, 連四五年, 而攻守之計, 至今未決[23]. 予嘗獨持用奇取勝之議, 而歎邊將屢失其機. 時人聞予說者, 或笑以爲狂, 或忽若不聞, 雖予亦惑不能自信. 及讀公家傳, 至於德勝之捷, 乃知古之名將, 必出於奇, 然後能勝; 然非審於爲計者不能出奇, 奇在速, 速在果, 此天下偉男子之所爲, 非拘牽常算之士可到也. 每讀其傳, 未嘗不想見其人.

사람이 많았다. 사마광(司馬光)은 《자치통감(資治通鑑)》에서 "후량의 임금이 왕언장에게 명하여 보란의 군사와 기타 병졸을 합하여 만 명을 거느리고 가서 곤주와 운주의 경계에 주둔하도록 하였다(梁主命王彦章將保鑾士及他兵合萬人, 屯袞鄆之境.)"라고 기록하였다. 대개 왕언장의 주력은 황제 근위병인 보란의 군사 5백 명뿐이었고, 기타 수천 명은 모두 임시변통한 병사일 것이다.

21) 남성(南城): 앞의 〈德勝之戰〉 주 참조.

22) 위(魏): 주(州)의 이름으로, 행정소재지는 지금의 하북성 대명현(大名縣)이다.

23) 금국~미결(今國~未決): 「파병사십년(罷兵四十年)」: 송나라 진종(眞宗) 경덕(景德) 원년(1004)에 거란(遼)과 전연(澶淵)에서 맹약을 맺고, 쌍방이 전쟁을 멈추었는데, 이 글을 쓰던 때는 그 때로부터 꼭 40년이다. 「원호(元昊)」: 서하(西夏)의 임금 조원호(趙元昊)를 가리킨다. 서하는 원래 신하의 예로써 송나라를 섬겼지만, 송 인종 보원(寶元) 원년(1038)에 조원호가 스스로를 대하(大夏)의 황제라 칭하고, 병사를 일으켜 송 왕조 변경의 여러 주를 공략하였다.

後二年, 予復來通判州事[24]. 歲之正月, 過俗所謂鐵槍寺者, 又得公畫象而拜焉. 歲久磨滅, 隱隱可見. 亟命工完理之, 而不敢有加焉, 懼失其眞也. 公尤善用槍, 當時號"王鐵槍[25]". 公死已百年, 至今俗猶以名其寺, 童兒牧豎皆知王鐵槍之爲良將也. 一槍之勇, 同時豈無? 而公獨不朽者, 豈其忠義之節使然歟? 畫已百餘年矣; 完之復可百年. 然公之不泯者, 不繫乎畫之存不存也. 而予尤區區如此者, 蓋其希慕之至焉耳. 讀其書, 尙想乎其人[26]; 況得拜其像, 識其面目, 不忍見其壞也. 畫旣完, 因書予所得者于後, 而歸其人, 使藏之[27].

［直譯］ 태사 왕공의 이름은 언장(彦章)이오, 자는 자명(子明)이니, 운주(鄆州) 수장(壽張) 사람이다. 후량(後梁)을 섬겨 선의군절도사 (宣義軍節道使)가 되어 나라를 지키다 죽으니, 정주의 관성에 장

---

24) 통판주사(通判州事): 경력 2년(1042)에 구양수는 외직을 자청하여 활주 통판(滑州通判)을 맡았다.

25) 왕철창(王鐵槍): 왕언장은 용맹하고 힘이 대단하여 싸울 때에는 늘 무게 가 백 근이나 되는 철창을 두 개 사용하였는데, 하나는 안장에 놓아두 고, 하나는 손에 들고, 가는 곳마다 당해낼 자가 없었다. 그래서 당시 사람들은 그를 '왕철창'이라고 불렀다.

26) 독기서, 상상호기인(讀其書, 尙想乎其人): 이 말의 의미는 《맹자 · 만장 (萬章) 하》의 "그들의 시를 외우며, 그들의 저작을 연구하면서도 그 사 람을 알지 못한다면 되겠는가? 이 때문에 그들의 그 시대를 논하는 것 이다. 이것이 바로 역사를 거슬러 올라가 고인과 벗하는 것이다(頌其詩, 讀其書, 不知其人, 可乎? 是以論其世也, 是尙友也.)"라는 말에 근거한 것이다.

27) 사장지(使藏之): 어떤 판본에는 '사장지언(使藏之焉)'이라 되어 있다.

사지냈다. 진(晉)나라 천복 2년에 비로소 태사에 추증되었다.

왕공은 후량에서 지혜와 용맹으로 널리 알려졌다. 후량과 후진 (後晉) 사이의 시기에 싸움이 수백 차례 벌어졌는데, 그 가운데 용 장들이 많았지만 진왕은 유독 왕언장만을 두려워하였다. 건화 연 간 이후부터 늘 진나라와 싸워 황하 가에서 누차 장종을 곤경에 빠뜨렸다. 후량 말년에 이르러 소인배 조암 등이 정사를 맡음에, 후량의 대신들과 노장(老將)은 대부분 모함을 받아 신임을 받지 못 하니, 모두 노여움으로 열심히 하고 싶은 마음이 없었다. 게다가 또 후량이 하북 땅을 모두 잃고 대세가 기울자, 여러 장수들 대부 분이 관망하는 태도를 품고 있었다. 오직 왕공만 홀로 분발하여 흔들림 없고, 조금도 굴복하거나 나태함이 없었다. 그의 뜻이 비 록 성취되지 않았으나 끝까지 충성을 다하고 죽었다. 공이 죽고 난 뒤 후량 또한 망하였다. 슬프도다!

오대(五代)는 시작에서부터 끝날 때까지 겨우 50여 년에 불과하 였지만, 13명의 임금이 바뀌고, 다섯 번이나 나라가 바뀌었으며, 여덟 번이나 성이 갈렸다. 선비 중에 불행히 그 시대에 태어나, 자 신의 몸을 더럽히지 않고 자신의 지조를 보존할 수 있었던 사람은 드물었다. 공은 본래 무인이라 글을 알지 못하였고, 그 말은 질박 하여 평소 사람들에게 '범은 죽어서 가죽을 남기고 사람은 죽어서 이름을 남긴다.'고 말하였다. 대개 그의 의기·용기·충성·신의 는 다 그의 본성에서부터 나와서 그러한 것이다. 나는 《오대사기》 를 쓸 때에 은근히 옳은 것을 칭찬하고 나쁜 것을 나무라고자 한 뜻을 가지고 썼는데, 공의 전기를 쓸 때에는 비분탄식하지 않은 적이 없었다. 《구오대사》에는 빠지거나 간략하여 공의 사적이 다 갖추어져 있지 않음을 애석해 하였다.

강정(康定)원년에 나는 절도판관(節道判官)의 직책으로 활주(滑 州)에 왔다. 활주 사람들을 방문하여 자료를 찾다가, 공의 손자 왕예(王睿)가 기록한 가전(家傳)을 얻게 되었다. 거기에 기록된 내용은 《구오대사》보다 훨씬 많았고, 덕승(德勝) 전투에 관한 기록은 특히 상세하였다. 그 가운데에는 재상 경상(敬翔)이 말제가 왕언장을 기용하려 하지 않자 화를 내며 황제 앞에서 스스로 목매려 하였던 일도 있고, 공이 전황을 홀(笏)을 가지고 그림을 그려 설명하다 어사(御史)에게 불충하다 탄핵되어 관직에서 파직된 일도 있었다. 거기에는 또 공의 다섯 아들 가운데 두 아들이 공과 함께 죽어서 충절을 지켰다는 내용도 있으니, 이는 모두 《구오대사》에는 없던 자료이다. 또 공이 활주(滑州)에서 참언으로 모함을 받자 스스로 서울로 돌아와 해명하였다고 되어 있는데, 《구오대사》에서는 소환되었다고 되어 있다. 후당의 군대가 국경을 침범할 때에 후량의 군대는 모두 단응(段凝)에게 귀속되어 있었고, 수도에는 나약한 병졸 수천에 불과하여 공이 황제의 근위병 오백 인을 데리고 운주로 가서 적을 막다가 중과부적으로 중도(中都)에서 패하였는데, 《구오대사》에는 오천 명을 이끌고 갔다 하였으니 다 틀린 것이다.

공이 덕승성(德勝城)을 공략하러 갈 때, 처음 황제 앞에서 군령의 명을 받으면서 삼일 안에 적을 격파하리라 하니, 후량의 장상(將相)들이 이 말을 듣고 모두 몰래 웃었지만, 남성을 공격하여 격파함이 과연 삼일 만이더라. 이때 후당(後唐)의 장종이 위주(魏州)에 있다가 왕공이 다시 기용되었다는 말을 듣고, 왕공이 틀림없이 덕승을 기습할 것이라 예상하여 위주로부터 말을 달려 구원하러 왔으나 이미 때가 늦었다. 장종의 뛰어난 예상과 공의 기이한 계책이 그 얼마나 신통한가! 지금 우리 송나라는 전쟁을 하지 않은 지가 40년이 되었는데, 하루아침에 원호(元昊)가 반란을 일으키자 군대는 패하고 장수가 죽는 일이 4·5년이나 계속 되는데도, 우리는 공수의 계책을 지금껏 결정치 못하였다. 나는 일찍부터 기습정책으로 승리를 취해야 한다는 견해를 홀로 견지하였지만, 변방 장수들이 기습의 기회를 자주 실기함을 탄식하였다. 당시 내 말을 들은 사람들 가운데, 어떤 사람은 웃으며 미쳤다고 하고, 어떤 사람은 못들은 척 무시하였으며, 나 자신마저도 또한 의혹스러워 자신하지 못하였는데, 공의 가전을 읽다가 덕승대첩에 이르러서 비로소 옛날의 명장도 반드시 기습 책을 내어서야 승리할 수 있었음을 알게 되었다. 그러나 계책을 세우는 사람이 주도면밀함이 없으면 기습 책을 낼 수 없다. 기습 책이란 신속함에 있고 신속함은 과단성에 있으니, 이는 천하의 위대한 자가 할 수 있는 바이지, 일상 규범에 얽매인 자가 할 수 있는 바가 아니다. 나는 매번 그의 가전을 읽을 때마다 늘 그 사람을 생각지 않음이 없었다.

2년 뒤에 나는 다시 활주로 와서 통판(通判)이 되었다. 금년 정월에 사람들이 말하는 철창사(鐵槍寺)라는 곳을 지나다가, 또 공의 초상을 얻어 참배하게 되었다. 세월이 오래되어 심하게 마멸되었으나 희미하게나마 볼 수는 있었다. 급히 화공을 불러 온전하게 수선하되 함부로 첨가하지는 말라고 명하였는데, 그 참 모습을 잃을까 두려워하였기 때문이다. 공은 특히 철창을 잘 써서 당시에는 '왕철창'이라 불렸다. 공이 죽은 지 이미 백년이나 되었는데, 지금도 민간에서는 오히려 '철창'이란 말로 절 이름을 짓기도 하고, 어린아이와 목동들도 다 왕철창이 훌륭한 장수였음을 알고 있다. 철창 하나로 명성을 얻은 용장이 또한 어찌 없었겠는가? 공만이 홀로 기억되는 것은 그 충의의 절개가 그렇게 한 것일 것이다. 그림이 그려진지 이미 백여 년이 되었는데, 지금 다시 수선한다면 또 백년은 갈 수 있을 것이다. 공의 이름이 영원히 마멸되지 않고 전해지는 것이 결코 그림의 보존 여부에 달린 것은 아니다. 그러나 내가 이처럼 특별히 이 그림에 연연하는 것은 그리워하고 추모하는 정이 지극하기 때문이다. 그 사람의 글을 읽고도 오히려 그 사람을 생각하는 법인데, 하물며 그 초상을 얻어 참배하고 그의 진면목을 알고서는 그 초상이 훼손되는 것을 차마 볼 수가 없다. 그림이 다 수선된 뒤, 내가 느낀 바를 글로 써서 그 주인에게 돌려주며 잘 보관하도록 하였다.

〈능계석기(菱溪石記[1])〉

이 글은 경력(慶曆) 6년에 지은 것으로, 당시 구양수는 저주지주(滁州知州)를 맡고 있었다. 이 글은 능계(菱溪)에 있는 괴이한 돌의 내력에 대한 묘사를 통하여, 기묘한 경물은 반드시 모든 사람들이 함께 감상하고 함께 아껴야 하지, 부귀한 사람이나 호기심 많은 사람이 개인적으로 소유해서는 안 된다는 것을 설명하고 있다. 구양수는 바로 이러한 사상을 중심으로 각종 자료를 동원하여 오대(五代) 시기의 권세가인 유금(劉金) 가문의 흥망성쇠를 중점적으로 묘사하였다.

原文 菱溪之石有六: 其四爲人取去; 其一差小而尤奇, 亦藏民家; 其最大者, 偃然僵臥于溪側, 以其難徙, 故得獨存. 每歲寒霜落, 水涸而石出[2]. 溪旁人見其可怪, 往往祀以爲神.
　菱溪, 按圖與經皆不載. 唐會昌中, 刺史李濆爲〈荇溪記〉, 云

---

1) 능계(菱溪): 저주(滁州) 동북쪽에 있는 시냇물. 구양수는 〈능계대석(菱溪大石)〉이라는 칠언고시도 지었는데, 《전집(全集)》권3에 보임. 거기에는 능계의 괴석에 대한 색깔과 형상을 구체적으로 묘사하고 있다. 또한 경력 7년에 쓴 〈치매요신서(致梅堯臣書)〉에서도 "주 동쪽 5리쯤 되는 능계에는 괴이한 바위 두 개가 있는데, 그것은 풍연노 집안의 유물이랍니다. 그래서 풍락정 앞에다 옮겨 놓았습니다(于州東五里許菱溪上, 有二怪石, 乃馮延魯家舊物, 因移在亭前.)"라고 하였다. '풍연노(馮延魯)'는 남당(南唐) 사인(詞人) 풍연사(馮延巳)의 동생이고, '정(亭)'은 풍락정(豊樂亭)을 가리킨다.

2) 수학이석출(水涸而石出): 가을과 겨울에 시냇물이 줄어들 때면 수면 위로 바위가 드러난다는 말이다.

水出永陽嶺, 西經皇道山下[3]. 以地求之, 今無所謂荇溪者. 詢
于滁州人, 曰: "此溪是也. 楊行密有淮南, 淮人爲諱其嫌名, 以
荇爲菱[4]." 理或然也.

溪旁若有遺址, 云故將劉金之宅, 石卽劉氏之物也; 金, 僞吳
時貴將, 與行密俱起合淝, 號三十六英雄, 金其一也[5]. 金本武
夫悍卒, 而乃能知愛賞奇異, 爲兒女之好; 豈非遭逢亂世, 功成
志得, 驕于富貴之佚欲而然耶? 想其陂池臺榭奇木異草與此石
稱, 亦一時之盛哉[6]! 今劉氏之後散爲編民[7], 尙有居溪旁者.

———————————

3) 당회창~산하(唐會昌~山下):「회창(會昌)」: 당(唐) 무종(武宗)의 연호로,
   841년부터 846년까지 사용하였다.「이분(李濆)」: 사람 이름.「영양령(永
   陽嶺)」: 지금의 안휘성(安徽省) 내안현(來安縣) 북쪽에 있다.「황도산(皇
   道山)」: 저주(滁州)의 동북쪽 18리 되는 곳에 있다.

4) 양행밀~위능(楊行密~爲菱):「양행밀(楊行密)」: 당(唐) 소종(昭宗) 때에 회남
   절도사(淮南節度使)가 되었다가 후에 오대십국의 하나인 오(吳)를 세워 회남
   일대를 차지하였다.「휘기혐명(諱其嫌名)」: 행계(荇溪)의 '행(荇)' 자가 양행
   밀((楊行密)의 '행(行)' 자와 음이 같기 때문에 행계((荇溪)를 능계(菱溪)로 고
   쳐 불러서 오나라 임금인 양행밀의 이름에 쓰인 글자를 피하였다는 말이다.

5) 운고~일야(云故~一也):「유금(劉金)」: 양행밀의 부장(部將)으로, 당 희종
   (僖宗) 때에 양행밀과 함께 합비(合淝)에서 군사를 일으켰다. 일찍이 호주
   (濠州)·저주(滁州)의 자사를 지냈고, 용맹으로 이름을 떨쳤다.「위오(僞
   吳)」: 구양수는 정통의 관점에서 출발하여 양행밀이 세운 오나라를 비합
   법적인 국가로 인식하였기 때문에 '위(僞)' 자를 붙인 것이다.

6) 상기~성재(想其~盛哉): 유금의 전성기를 추측해보면 능계정원에 있던
   건축물과 꽃과 나무들의 아름다움은 틀림없이 이 바위와 잘 어울렸을 것
   이라는 말이다.「피지(陂池)」: 저수지.「사(榭)」: 대(臺) 위에 정자가 있고
   수목이 무성한 곳을 말한다.「칭(稱)」: 적합하다.

7) 편민(編民): 호적에 편입된 백성이라는 뜻으로, 옛날에는 평민들은 호적
   에 기입되었기 때문에 이르는 말이다.

子感夫人物之廢興, 惜其可愛而棄也, 乃以三牛曳置幽谷[8]; 又
索其小者, 得于白塔民朱氏[9], 遂立于亭之南北. 亭負城而近[10],
以爲滁人歲時嬉游之好.

夫物之奇者, 棄沒于幽遠則可惜, 置之耳目則愛者不免取之
而去. 嗟夫! 劉金者雖不足道, 然亦可謂雄勇之士, 其平生志
意, 豈不偉哉! 及其後世, 荒堙零落[11], 至於子孫泯沒而無聞,
況欲長有此石乎? 用此可爲富貴者之戒. 而好奇之士聞此石者,
可以一賞而足, 何必取而去也哉!

[直譯] 능계(菱溪)의 기이한 바위가 모두 여섯 개가 있는데, 그 가
운데 네 개는 사람들이 가져가 버렸고, 남은 두 개 가운데 비교적
작은 것 하나는 아주 기이한데 그것 또한 민가에 수장되어 있고,
나머지 하나인 가장 큰 것은 꿈적 않고 시내 가에 편안히 누워있
다. 그것은 옮겨가기가 어려웠기 때문에 홀로 남아 있는 것이다.
매번 날이 추워지고 서리 내려 시냇물이 마르면, 그 바위가 우뚝
드러난다. 시냇가에 사는 사람들이 그 바위의 기이함을 보고 신령
스럽다 여겨 늘 제사를 지낸다.

능계(菱溪)라는 지명은 옛 도서에는 기재되어 있지 않았다. 당나
라 회창(會昌) 연간에 저주(滁州) 자사 이분(李瀆)이 〈행계기(荇溪

---

8) 유곡(幽谷): 자미곡(紫薇谷)이라고도 불리며, 저주의 남쪽에 있다. 풍락
   정은 바로 이 유곡 자미천(紫薇泉) 가에 있다.

9) 백탑(白塔): 저주에 백탑사(白塔寺)가 있으며, 여기서는 마땅히 그 지역을
   가리킨다.

10) 정부성이근(亭負城而近): 「부성(負城)」: 성벽을 등지고 있다는 뜻으로,
    풍락정은 성(城) 남쪽 가까이 있었다.

11) 황인영락(荒?零落): 가업이 쇠락하여 평민으로 전락된 것을 가리킨다.

記)〉를 지었는데, 거기에서는 행계(荇溪)의 물이 영양영(永陽嶺)에서 발원하여 서쪽 황도산(皇道山)으로 흘러내려 간다고 하였다. 지명을 찾아보니 지금 말하는 능계라는 곳은 없었다. 저주 사람들에게 물어보니 "이 능계가 바로 그곳인데, 양행밀(楊行密)이 회남(淮南) 지방을 차지하여 황제라 칭하자, 회남 사람들이 그의 이름자 가운데 '행(行)'자를 피휘하고자 '행(荇)'을 '능(菱)'으로 고쳤다고 대답하였다. 이치상으로 그럴 듯하였다.

시냇가에 마치 유적지가 있은 듯 하였는데, 사람들은 원래 이곳이 옛 장수였던 유금(劉金)의 집터였고, 능계석은 바로 유씨 집안의 물건이었다고 하였다. 유금은 오나라의 소중한 장수였는데, 양행밀과 함께 합비에서 봉기하여 서른여섯 영웅이라 부르던 사람 가운데 그 한 명이다. 유금은 본래 일개 무인으로서 용맹한 병사 출신이었으나, 오히려 기이한 물건을 아끼고 감상할 줄 아는 아녀자 같은 취미를 가지고 있었다. 난세를 만나 공을 세우고 뜻을 얻자, 부귀에 대한 안일과 욕망에 교만해져서 그렇게 된 것이 아니겠는가? 생각건대 그 당시의 연못과 정대(亭臺) 그리고 기이한 화초들이 이 바위와 어우러졌을 것이니, 또한 한때의 성황이었을 것이다. 지금 유씨의 후손들은 흩어져 평범한 백성이 되었으며, 아직 시내 가에서 살고 있는 사람도 있다.

나는 인간사와 경물의 흥성과 쇠퇴에 느낀 바가 있고, 이 돌 또한 아낄 만한 것인데도 버려져 있음이 애석하였다. 이에 소 세 마리로 이 돌을 끌고 와서 유곡에다 두고, 또 그 작은 돌을 수색하여 백탑사 터에 살고 있던 주(朱)씨 집에서 찾아내었다. 이에 그것들을 풍락정 남북 양쪽에 세워두었다. 풍락정은 성을 등지고 아주 가까이 있어서, 저주 사람들이 명절 때 유람하면서 이 돌을 감상하기에 아주 좋았다.

무릇 기이한 물건이 깊고 먼 외지에 버려져 매몰되어 있으면 참

으로 애석하고, 사람들의 눈에 잘 띄는 곳에 놓여져 있으면 기이
한 것을 좋아하는 자들이 가져 가버리게 됨을 면치 못한다. 아아!
유금(劉金)은 비록 칭찬 받을 만한 사람은 아니지만, 그러나 또한
용감한 사람이었으니 그의 평소의 뜻이 어찌 크지 않았겠는가? 그
후세에 이르러 가문은 황폐해지고 영락해져 그 자손들은 몰락되어
드러나지도 못하는데, 어찌하여 오랫동안 이 바위를 차지하려고
하였던가? 여기에서 부귀한 사람들은 경계로 삼을 수가 있을 것이
다. 기이한 것을 좋아하는 선비가 이 바위에 관한 이야기를 들으
면, 한 번 감상하는 것으로 만족해야 할 것이니, 어찌 가져갈 필요
가 있겠는가?

〈언홍제기(偃虹堤記)〉

이 글은 비문(碑文)이다. 구양수는 등자경(滕子京)이 언홍제(偃虹堤)를 건설한 목적이 '일백보(一百步)의 큰 제방으로 천하의 가장 험악하고 예측할 수 없는 재해를 막아 그곳 백성들을 이롭게 하고, 또 형주(荊州)·담주(潭州)·검주(黔州)·사천(四川) 등지의 동정호(洞庭湖)를 왕래하는 멀고 가까운 모든 사람들에게 혜택을 입게 하는 데'에 있음을 들어, '백성들을 위하여 재해를 막고 이로움을 일으켜주는 것(爲其民捍患興利)'이 관리의 본분임을 주제로 삼아 역설한 것이다. 이처럼 관리의 본분에 충실한 등자경을 칭찬하면서 또한 작자의 정치포부를 토로하였으며, 모든 지방관들이 백성들에게 좋은 일을 할 수 있기를 희망하였다.

등자경과 작자는 모두 범중엄을 중심으로 한 혁신파 인물들이다. 보수파의 공격으로 등자경이 악주(岳州)로 좌천되었으므로 작자가 이 글을 써서 등자경을 칭송한 것은 분명 보수파에 대한 회답이라 해야 할 것이다.

이 문장의 필법 또한 아주 독특하다. 편지와 그림을 가지고 기문(記文)을 받으러 온 심부름꾼과의 문답을 통해 언홍제(偃虹堤)에 관해 인식해 가는 과정을 이 기문 속에 생생하게 기록하였다. 바로 문답이란 방법으로 한 단계 한 단계씩 전환하면서 언홍제에 관해 인식한 후에, 기문을 써야 할 당위성을 서술하고 있는 것이다. 이처럼 단계적 전환을 거친 다음에 이 글의 주제, 즉 백성을 위해 이로운 사업을 일으켜 근심거리를 제거하는 것으로, 전환시키고 있어 강한 설득력을 갖추고 있다.

등자경이 언홍제를 쌓아 백성의 근심거리를 제거하고자 한 것은 선정(善政)임에 틀림없다. 그러나 그 제방은 건설되지 않았던 것 같다. 왕득신(王得臣)의 《주사塵史》 권중(卷中) 〈비갈碑碣〉 조에 다음과 같은 기록이 있다. "악양 서쪽 물가에 큰 강이 있는데, 여름과 가을 동정호 물이 고요해지면 아득히 하늘과 맞닿는다. 그러나 이 고을의 나루터에는 배를 정박시킬 장소가 없어서 사람들이 그것을 매우 근심하였다. 경력(慶曆) 연간에 등자경이 좌천되어 와서 이 고을을 다스렸는데, 큰 제방을 쌓아서 성난 파도를 막아 배가 왕래하기 편하도록 하고자 하였다. 그는 제방을 짓기도 전에 먼저 언홍제(偃虹堤)라는 제방이름을 지었다. 그리고 구양수에게 미리 문장을 청하였기 때문에 제방의 이로움을 서술한 것이 상세하고 풍부하며, 비석에 새겨져 세상에 전해지기에 이르렀다. 치평(治平) 말(1067) 나는 파릉(巴陵)을 다스리면서 이 제방을 방문하였는데, 그 마을 사람들이 '등자경이 그 제방을 짓지 못하고 떠나갔습니다'라고 하였다" 왕득신은 등자경 보다 겨우 20여 년 뒤, 악양에서 4년 동안 지방관을 지냈다. 그의 기록은 믿을 만하다.

原文 有自岳陽至者, 以滕侯之書·洞庭之圖來, 告曰: "願有所記."[1] 子發書按圖, 自岳陽門西, 距金雞之右, 其外隱然隆高以長者, 曰偃虹隄[2].問其作而名者, 曰: "吾滕侯之所爲也." 問其

____

1) 유자~소기(有自~所記):「악양(岳陽)」: 지금의 호남성(湖南省) 악양시(岳陽市).「등후지서(滕侯之書)」: 등자경(滕子京: 종량宗諒)의 편지를 말한다.「고왈(告曰)」: 편지 심부름하는 사람이 등자경이 청한 내용을 전해주는 말이다.

2) 여발~홍제(子發~虹隄):「금계(金雞)」: 금계석(金雞石)을 말한다. 《악주부지(岳州府志)》에 "부 서쪽 호숫가의 선착장에서 옛날 전해오는 말로는 금빛 닭이 날아올랐는데, 후에 벼락에 맞아서 파괴되었다(在府西湖濱船場埠, 舊傳金雞翔焉, 後爲雷敗.)"라고 하였다.「우(右)」: 서쪽을 가리킨다.「은연(隱然)」: 위엄이 있고 웅장한 모양.「언홍제(偃虹隄)」: 물 가운데에 있는 제방이 마치 긴 무지개가 누워있는 것 같아서 이름한 것이다.

所以作之利害, 曰: "洞庭, 天下之至險; 而岳陽, 荊潭黔蜀四會
之衝也[3] 昔舟之往來湖中者, 至無所寓, 則皆泊南津[4], 其有事
於州者遠且勞, 而又常有風波之恐, 覆溺之虞. 今舟之至者, 皆
泊隄下, 有事於州者近而且無患." 問其大小之制 · 用人之力,
曰: "長一千尺; 高三十尺; 厚加二尺而殺其上, 得厚三分之二[5].
用民力萬有五千五百工, 而不逾時以成." 問其始作之謀, 曰:
"州以事上轉運使, 轉運使擇其吏之能者行視可否, 凡三反覆,
而又上於朝廷, 決之三司, 然後曰可, 而皆不能易吾侯之議也[6]."
曰: "此君子之作也, 可以書矣."

　蓋慮於民也深, 則謀其始也精, 故能用力少而爲功多. 夫以百
步之堤, 禦天下至險不測之虞, 惠其民而及於荊潭黔蜀, 凡往來
湖中, 無遠邇之人皆蒙其利焉. 且岳陽四會之衝, 舟之來而止

---

3) 형담검촉사회지충야(荊潭黔蜀四會之衝也):「형(荊)」: 형주(荊州). 행정소
　재지는 지금의 호북성 양번시(襄樊市)이다.「담(潭)」: 담주(潭州). 행정소
　재지는 지금의 호남성 장사시(長沙市)이다.「검(黔)」: 검주(黔州). 행정소
　재지는 지금의 사천성 팽수현(彭水縣)이다.「촉(蜀)」: 지금의 사천성 일대
　를 가리킨다.「충(衝)」: 요충지, 교통 중심지.
4) 남진(南津): 남진항(南津港)으로, 악양현 남쪽 5리 되는 곳에 있다.
5) 후가~지이(厚加~之二): 제방의 밑 두께는 위 보다 2척 더 두텁게 하여,
　위쪽으로 올라가면서 조금씩 두께를 감하여, 제방의 위쪽 두께는 제방의
　아래쪽 두께의 3분의 2가 된다는 말이다.「쇄(殺)」: 점차적으로 삭감하
　다. 덜다.
6) 주이~의야(州以~議也):「전운사(轉運使)」: 처음 당대(唐代)에는 군수품
　이나 식량을 수륙으로 운송하는 일을 맡았지만, 차차 그 직능이 커져서
　송대에는 한 로(路)의 재무를 주관하였다.「행시가부(行視可否)」: 가서 공
　사가 가능한 지 여부를 살펴보다.「삼사(三司)」: 송대에 전국의 재정경제
　를 주관하는 최고기관.

者, 日凡有幾; 使堤土石幸久不朽, 則滕侯之惠利於人物, 可以
數計哉? 夫事不患於不成, 而患於易壞. 蓋作者未始不欲其久
存, 而繼者常至於殆廢. 自古賢智之士, 爲其民捍患興利, 其遺
迹往往而在. 使其繼者皆如始作之心, 則民到於今受其賜[7], 天
下豈有遺利乎? 此滕侯之所以慮而欲有紀於後也.

　滕侯志大材高, 名聞當世. 方朝廷用兵急人之時, 常顯用之,
而功未及就, 退守一州[8]. 無所用心, 略施其餘, 以利及物. 夫慮
熟謀審, 力不勞而功倍, 作事可以爲後法, 一宜書; 不苟一時之

---

7) 민도어금수기사(民到於今受其賜): 《논어·헌문(憲問)》에 "관중이 환공을
도와서 제후들의 패자가 되게 하여 천하의 모든 것을 바로잡았으니, 백성
들이 지금까지도 그의 도움을 받고있느니라(管仲相桓公, 覇諸侯, 一匡天
下, 民到於今受其賜.)"라고 하였다. 여기서는 언홍제를 건조한 등자경의
공로를 추앙하는 말로 사용되었다.

8) 방조~일주(方朝廷用兵急人之時, 常顯用之, 而功未及就, 退守一州): 《송
사》의 기록에 의하면, 경력(慶曆) 2년에 등자경이 경주지주(涇州知州)로
있을 때, 경원로부도부서((涇原路副都部署) 갈회민(葛懷敏)이 정천채(定
川寨)에서 서하(西夏)의 조원호(趙元昊)와 싸워서 패하였고, 서하의 군사
들이 먼 거리를 신속하게 이동하여 곧장 위주(渭州)로 진군하자, 경주가
위급하게 되었다. 등자경은 민심을 안정시키기 위해 공금을 풀어서, 농민
을 무장시키고, 병사들을 위로하여 포상하고, 전사자의 가족을 구휼하는
데에 사용하였다. 그러나 사후에 공금 유용으로 탄핵받았다. 경력 3년에
범중엄이 인종에게 이르기를 "경주에는 병사가 없었고 적이 이미 위주까
지 이르자 등종량이 민간에서 건장한 사람 수천 명을 뽑아 성으로 들어와
서 방어하였습니다. 게다가 당시에는 혹독한 추위를 만나 군대 상황이 처
참하였는데, 등종량의 사전 조치로 환경로(環慶路)에서 점차 책략을 통지
하고 군마를 서로 왕래시키면서 음식과 땔감이 다 넉넉해지자 사람들이

譽, 思爲利於無窮, 而告來者不以廢, 二宜書; 岳之民人與湖中之往來者皆欲爲滕侯紀, 三宜書. 以三宜書不可以不書, 乃爲之書.

慶歷六年　月　日記[9].

直譯 어떤 사람이 악양(岳陽)에서부터 수도 개봉(開封)으로 와서, 그곳 지주(知州)로 있는 등자경(滕子京)이 쓴 편지와 동정호(洞庭湖)의 그림을 내놓으며, '등공(滕公)께서 기문(記文) 한 편을 써주셨으면 하고 바랍니다' 하였다. 나는 편지를 뜯어보고 그림을 관찰해보니, 악양 성문(岳陽城門) 서쪽에서 금계석(金鷄石) 서쪽까지

크게 기뻐하였습니다. 비록 전투를 수행하여 올린 큰공은 없지만 분명 위급하고 어려운 때에 쓸만한 인재입니다. …… 만약 등종량이 공금을 빼돌려 사복을 채우고 국가를 배반한 대죄를 저지른 것이라면 신은 기꺼이 등종량과 함께 좌천되어 물러나겠사옵니다(涇州無兵, 賊已到渭州, 宗諒起遣人戶强壯數千人入城防守, 時值苦寒, 軍情愁慘, 得宗諒管設, 環慶路節次策應軍馬, 酒食薪柴幷足, 衆心大喜. 雖未有大功, 顯是急難可用之人, …… 如宗諒顯有欺隱入己及乖違大過, 臣甘與宗諒同行貶黜.)"라고 하였다. 그러나 조정에서는 여전히 태상박사(太常博士) 연도(燕度)를 파견하여 조사하였고, 보수파는 일을 크게 벌려 개혁파를 공격하고자 기도하였다. 구양수는 당시에 간관을 맡고 있었으며, 일찍이 두 차례에 걸쳐 상소문을 올려 연도(燕度)의 "많은 사람들을 조사하면서 끌어들인 것이(枝蔓勾追)" "지나치게 과장된 점(張皇太過)"을 지적하였다. 그러나 결국 등자경은 경력 4년에 악주(岳州)로 좌천되었다. 「상현용지(常顯用之)」: 일찍이 그를 중용하였다는 뜻으로, '상(常)'자는 '상(嘗)' 자와 통한다.

9) 월 일(月 日): 몇 월 몇 일. 구체적인 달과 날짜는 정식으로 사용할 때에 채워 넣는다.

바깥으로 웅장하고 큰 제방이 하나 있는데, 언홍제(偃虹堤)라고
이름이 붙어있었다. 그 제방을 짓고 이름을 붙인 사람이 누구인지
물어보니, '우리 등 지주(滕知州)께서 하셨습니다.'라고 하였다.
이 제방을 쌓아서 이로운 것이 무엇인지 물어보니, '동정호는 천
하에서 가장 험난한 곳이고, 악양(岳陽)은 또한 형주(荊州)·담주
(潭州)·검주(黔州)·사천(四川) 등 사방에서 모이는 교통의 요충
지입니다. 지난날 이 동정호를 왕래하던 배들이 악양으로 왔다가
정박할 곳이 없어 다 남진항(南津港)에 정박할 수밖에 없었습니
다. 만약 우리 악양성(岳陽城)에 볼일이 있으면, 길이 멀어 수고로
울 뿐만 아니라 늘 풍랑을 만나 배가 뒤집혀 익사할 위험도 있었
습니다. 지금 이 제방을 만들자 배들은 모두 제방 아래에 정박할
수 있어, 우리 고을로 일을 보러오는 사람에게는 가깝기도 하고
위험도 없습니다.'라고 대답하였다. 제방의 규모와 동원된 인력을
물어보니, '길이 1천척(千尺)이고, 높이 30척(尺), 바닥의 너비 32
척(尺)으로 제방 위쪽으로 조금씩 좁혀서 제방 위의 너비는 바닥의
삼분의 이입니다. 사용된 인력은 1만5천5백으로 기간을 넘지 않고
완성하였습니다.'라고 하였다. 제방을 시작할 때의 계획과 경과를
물어보니, '지주(知州)께서 이 일을 전운사(轉運使)에게 보고하자,
전운사께서는 이 일에 능숙한 관리를 뽑아 실행 가능 여부를 보게
하여, 모두 세 번이나 반복을 한 뒤에 조정에 보고하고, 삼사(三
司)에서 결정한 이후에 집행하였습니다.(이처럼 어려운 과정이 있
었으나) 다 우리 지주(知州)의 주장을 바꾸지는 않았습니다.'라고
하였다. 나는 감개하여 '이는 군자(君子)의 사업이니, 기문(記文)
을 씀이 마땅하다'라고 하였다.
 대개 백성들을 깊이 걱정하는 사람은 일을 시작할 때의 계획이
치밀하기 때문에 힘을 들이는 것은 적고 그 공은 많다. 일백 보(一
百步)의 큰 제방으로 천하의 가장 험악하고 예측할 수 없는 재해

를 막아 그곳 백성들을 이롭게 하고, 또 형주(荊州)·담주(潭州)·검주(黔州)·사천(四川) 등지의 동정호를 왕래하는 멀고 가까운 모든 사람들에게 혜택을 입게 하였다. 게다가 악양은 사방에서 모이는 교통의 요충지여서 여기에 정박하는 배들이 날로 많아지니, 만약 제방의 토석(土石)이 다행히 오랫동안 붕괴되지 않는다면, 등공(滕公)의 은택을 입는 백성들의 숫자를 계산할 수 있을까? 일이란 이루어지지 않을까 걱정하는 것이 아니라, 쉽게 파괴되는 것을 걱정한다. 처음 시작하는 사람 치고 오랫동안 보존되기를 바라지 않는 사람은 없지만, 계승하는 사람이 늘 황폐하게 한다. 옛날부터 현명하고 지혜로운 사람들은 백성들을 위해 재해를 막아 이롭게 해주었는데, 그들의 유적이 곳곳에 남아 있다. 만약 계승하는 사람들이 처음 시작한 사람의 마음과 같았다면, 지금에 이르도록 혜택을 받을 수 있을 것이니, 천하에 어찌 사람들에게 이익이 되는 일을 버려야겠는가? 이것이 등공이 걱정하는 바이고, 기문을 후세에 남기고자 한 이유이다.

등공(滕公)은 뜻이 원대하고 재능이 출중하여 당대에 이름이 있었다. 조정에서 변방에 군대를 써야 해서 급히 인재가 필요했을 때 일찍이 그를 중용했었다. 그러나 공적을 미처 이루지도 못하였는데, 좌천되어 한 고을의 지주(知州, 악주지주岳州知州)가 되었다. 그는 이곳에서 마음쓸 곳이 없자 여력을 간략하게나마 펴서 백성들을 이롭게 하고자 하였다. 생각이 주도면밀하고 계획이 세밀하여, 백성들의 힘을 수고롭게 하지 않고서도 공(功)을 배로 이루니, 일을 하는 데 후세의 모범이 될 수가 있다. 이것이 마땅히 (기문을) 써야 할 첫 번째 이유이다. 일시의 칭찬을 돌아보지 않고 끝없이 백성들의 이익만을 생각하고, 아울러 계승하는 사람도 중도에 폐하지 말기를 바랐으니, 이것이 마땅히 써야 할 두 번째 이유이다. 악양의 백성들과 동정호를 왕래하는 사람들이 등공의 이 일을 기록하기를 원하니, 이것이 마땅히 써야 할 세 번째 이유이다. 마땅히 써야 할 이유가 세 가지나 있으니, 내가 쓰지 않을 수 없다. 이에 그를 위해 이 기문을 쓴다.

경력(慶曆) 육년 월(月) 일(日)에 기록하다.

〈취옹정기(醉翁亭記)〉

경력(慶歷) 5년(1045) 범중엄의 개혁이 실패로 돌아가자 같은 붕당으로 간주된 구양수는 저주지주(滁州知州)로 좌천되었다. 그는 저주로 좌천되어 와서 정치를 깨끗하고 간소하게 하였으며, 관리의 업무에 충실하여 백성들의 생활을 풍족하게 하고 안정을 시켰다. 그리고 이듬해에 이 글을 지었다. 작자는 아름다운 자연환경과 화목하고 즐거운 사회풍습의 묘사를 통하여, 좌천된 후 순리로 역경에 대처하는(以順處逆) 심경을 함축적으로 표현하였고, 아울러 저주를 다스린 자신의 정치적 업적을 간접적으로 반영하였으며, '여민동락(與民同樂)' 하는 자신의 정치이상을 드러내었다.

이 글은 변문과 부를 짓는 방법을 산문에 응용하여 기교가 아주 뛰어나다. 묘사에 있어서는 서경(敍景)과 서정(抒情)을 긴밀히 결합시켰고, 이 양자 모두 흩어져 있는 데에서 한 곳으로 집중하는(由散到聚) 수법을 채용하고 있다. 서경(敍景)의 경우, 저주(滁州)를 온통 둘러싸고 있는 산(環滁皆山)에서부터 서남의 여러 봉우리(西南諸峯)로, 다시 낭야(琅琊)로, 거기에서 다시양천(釀泉)으로, 최후에 취옹정(醉翁亭)으로 집중된다. 서정의 경우는 왕래하는 유람객(往來遊人)으로부터 빈객(賓客)으로 최후에는 태수(太守)에게 집중된다. 구식(句式)에 있어서도, 변문과 산문을 긴밀히 결합하고, 또 21개 '야(也)' 자와 23개의 '이(而)' 자(而已와 然而의 而자는 포함되지 않음)를 사용하여 반복·영탄 등의 구식을 형성함으로써, 리듬이 아름답고 정감이 흘러넘치며 운치 또한 깊다.

그리고 구양수가 문장을 쓸 때에 자구의 사용에 세심하여, 문장수정에 심혈을 기울인 것은 전인들의 미담으로 전해져오고 있다. 이 〈취옹정기〉의 자구수정과 관련한 일화 하나가 주희(朱熹)의 《주자어류(朱子語類)》 권139에 다음과 같이 실려 있다. "구양수의 문장에는 또한 고쳐서 기묘하게 잘 된 곳이 많다. 근래 어떤 사람이 〈취옹정기(醉翁亭記)〉의 원고를 사왔는데, 처음에는 저주 사면에 있는 산에 대해서 수 십자로 표현되었는데, 마지막으로 수정한 데에는 '환저개산야(環滁皆山也)'라는 단지 다섯 자 뿐이었다(歐公文亦多是修改到妙處, 頃有人買得他醉翁亭記藁, 初說州四面有山, 凡數十字, 末後改定只日, '環滁皆山也' 五字而已)"라고.

[原文] 環滁皆山也[1]. 其西南諸峯, 林壑尤美. 望之蔚然而深秀者, 琅琊也[2]. 山行六七里, 漸聞水聲潺潺, 而瀉出于兩峯之間者, 釀泉也[3]. 峯回路轉, 有亭翼然臨于泉上者, 醉翁亭也. 作亭者誰? 山之僧智仙也. 名之者誰? 太守自謂也[4]. 太守與客來飲于此, 飲少輒醉, 而年又最高, 故自號曰醉翁也. 醉翁之意不在酒, 在乎山水之間也[5]. 山水之樂, 得之心而寓之酒也.

---

1) 저(滁): 저주(滁州: 지금의 안휘성 滁縣)을 가리킨다.

2) 낭야(琅琊): 산 이름으로, 저현(滁縣) 서남쪽 10리에 있다. 동진(東晉)의 원제(元帝)가 낭야왕(琅琊王)으로 있을 때, 이 산에서 살았기 때문에 붙여진 이름이라고 전해온다.

3) 양천(釀泉): 낭야산에 있는 샘의 이름이다. '양(釀)'은 술을 빚는다는 뜻으로, 즉 이 샘물로 술을 빚으면 맛이 좋다고 하여 '양천'이라 하였다. 원간본(元刊本)에는 '양천(讓泉)'으로 되어있다.

4) 태수(太守): 군태수(郡太守)로, 한대(漢代)에 군(郡)의 행정 장관을 일컫던 말이다. 송대에는 군은 없었고 주(州)가 있었는데, 주의 장관을 지주(知州)라고 하였다. 여기서는 작자가 전대의 칭호를 답습하여 사용한 것이다.

5) 취옹~간야(醉翁~間也): '취옹(醉翁)'이라는 말의 뜻은 술에 취한다는 것이 아니라 산수의 아름다움에 도취된다는 뜻이다. 구양수의 〈증심준(贈沈遵)〉이라는 시에 "나는 이 때에 나이 사십으로 아직 힘이 강성하였지만, 스스로 취옹이라고 한 것은 바로 손님에게 농을 한 것이라네.(我時四十猶强力, 自號醉翁聊戲客)"라고 하였다.

若夫日出而林霏開, 雲歸而巖穴暝[6], 晦明變化者, 山間之朝暮也. 野芳發而幽香, 佳木秀而繁陰, 風霜高潔, 水落而石出者, 山間之四時也. 朝而往, 暮而歸, 四時之景不同, 而樂亦無窮也.

至于負者歌于塗, 行者休于樹, 前者呼, 後者應, 傴僂提攜[7], 往來而不絕者, 滁人游也. 臨溪而漁, 溪深而魚肥; 釀泉爲酒, 泉香而酒洌[8]; 山肴野蔌[9], 雜然而前陳者, 太守宴也. 宴酣之樂, 非絲非竹; 射者中[10], 弈者勝, 觥籌交錯[11], 坐起而諠譁

---

6) 운귀이암혈명(雲歸而巖穴暝):「운귀(雲歸)」: 구름이 한 곳으로 모여든다는 뜻이다.「명(暝)」: 밤이 되어 어두운 것을 말한다.

7) 구루제휴(傴僂提攜):「구루(傴僂)」: 허리가 휘고 등이 굽은 모양으로, 여기서는 노인을 가리킨다.「제휴(提攜)」: 손을 잡고 이끌고 간다는 뜻으로, 여기서는 어린 아이를 가리킨다.

8) 천향이주열(泉香而酒洌): 다른 판본에는 '천열이주향(泉洌而酒香)'으로 되어 있다. '열(洌)'은 맑다는 뜻이다.

9) 산효야속(山肴野蔌):「산효(山肴)」: 산에서 잡아온 짐승을 가리킨다. '효(肴)'는 생선과 육류 등의 요리를 말한다.「속(蔌)」: 나물, 채소.

10) 사자중(射者中): 투호(投壺)에 참가한 사람이 화살을 던져서 항아리에 적중시켜 넣는다는 말이다. '사(射)'는 투호를 가리킨다. 고대에는 연회의 예제(禮制) 가운데 하나였고, 놀이이기도 하였다. 화살을 항아리에 던져서 넣는 놀이로, 얼마나 많이 넣는가에 따라 승부가 결정된다. 일설에는 '사'가 석복(射覆)을 가리킨다고 하는데, 이것은 연회를 하는 도중에 덮어 가린 물건을 알아맞히는 놀이이다. 또한 구양수가 한기(韓琦)에게 보낸 편지에 "그 (풍락정) 옆에 교장을 만들고, 때때로 주 병사 가운데 궁수들을 모아서 그들이 활쏘기를 익히는 것을 관람합니다(理其旁爲敎場, 時集州兵弓手, 閱其習射.)"라고 하였는데, 그렇다면 '사'는 바로 활쏘기를 뜻하는 것이 된다.

者[12], 衆賓懽也. 蒼顔白髮, 頹乎其中者[13], 太守醉也.

　已而夕陽在山, 人影散亂, 太守歸而賓客從也. 樹林陰翳, 鳴聲上下, 游人去而禽鳥樂也. 然而禽鳥知山林之樂, 而不知人之樂; 人知從太守游而樂, 而不知太守之樂其樂也. 醉能同其樂, 醒能述以文者, 太守也. 太守謂誰? 廬陵歐陽修也.

　　[直譯] 저주(滁州)는 온통 산으로 둘러 싸여있다. 저 서남쪽의 여러 봉우리들은 숲과 골짜기가 더욱 아름다운데, 멀리서 바라보면 초목이 무성하고 그윽하면서 깊이 빼어난 것이 낭야산(琅邪山)이다. 산길을 따라 6·7리를 가면 점점 졸졸졸 흐르는 물소리가 들리는데 두 봉우리 사이에서 흘러 내려오는 것으로 바로 양천(釀泉)이다. 봉우리를 빙 돌아 길을 따라 꼬불꼬불 돌아가면 새가 날개를 펼친 듯 네 모퉁이 지붕을 펼친 정자가 물가에 있는데, 이것이 취옹정(醉翁亭)이다. 정자를 세운 이는 누구인가? 이 산의 승려인 지선(智僊)이다. 정자의 이름을 붙인 이는 누구인가? 태수(太守)가 자신의 호를 가지고 이름 한 것이다. 태수가 여러 빈객들과 더불어 여기에 와서 술을 마시는데, 술을 조금만 마셔도 곧 취하고 나이 또한 가장 많으므로 스스로 호를 취옹(醉翁)이라 하였다. 취옹의 본 뜻은 술에 있지 않고 산수를 유람하는 즐거움 사이에 있으니, 산수의 즐거움을 마음에 얻어 술에 핑계대어 부친 것이다.

　해가 뜨면 숲 속의 안개 개이고, 저녁이 되어 구름이 모여들면

---

11) 굉주교착(觥籌交錯):「굉(觥)」: 코뿔소의 뿔로 만든 큰 술잔.「주(籌)」: 여기서는 술을 마실 때 술잔을 세는 데 쓰는 산가지를 가리킨다.

12) 좌기(坐起): '기좌(起坐)'로 된 판본도 있다.

13) 퇴호기중자(頹乎其中者): '퇴연호기간자(頹然乎其間者)'로 되어있는 판본도 있다.「퇴((頹)」: 쓰러지다.「호(乎)」: '어(於)' 자와 같은 뜻이다.

바위구멍 어두워지니, 밝음과 어두움이 변화하는 것은 산 속의 아침저녁의 풍경이며, 들판에 꽃피어 그윽한 향기 뿜고, 아름다운 나무 자라서 짙은 그늘 드리우며, 바람 높고 서리 맑으며. 물이 줄어 바닥의 돌이 드러나는 것은 산 속 네 계절의 풍경이다. 아침에 갔다가 저녁에 돌아오고, 사시의 경치도 같지 않으니 그 즐거움 또한 무궁무진하다.

물건을 등에 짊어진 사람들은 길에서 노래하고, 길 가던 사람은 나무 아래에서 쉬며, 앞서 가는 사람은 부르고, 뒤에 따라 가는 사람은 응답한다. 늙은이는 허리를 굽혀 걷고, 어른은 아이를 끌어주면서 왕래함이 끊임없이 이어지는 것이 저주(滁州) 사람들이 노니는 모습이다. 시냇가에서 물고기를 잡으니 물이 깊어 물고기는 살쪘고, 양천(釀泉)의 물로 술을 빚으니 샘물은 향기롭고 술은 맑기도 하다. 사냥한 짐승과 산나물 들나물이 잔치 상에 어지럽게 차려져 있는 것이 태수의 연회자리다. 무르익은 연회의 즐거움은 결코 음악에 있는 것이 아니다. 투호 놀이를 하는 사람들은 병 속에 화살을 적중시키고, 바둑을 두는 사람은 이기며, 술잔과 산가지가 어지럽게 뒤섞여 있고, 앉았다 일어났다 하면서 떠들썩하게 시끄러운 것은 뭇 사람들이 즐거워하는 모습이다. 창백한 얼굴에 백발의 늙은이가 그들 옆에 쓰러져 있는데 태수가 취한 모습이다.

얼마 뒤 석양이 산에 내리고 사람들의 그림자도 어지럽게 흩어지니, 태수가 집으로 돌아가고 손님들도 뒤를 따른다. 나무숲엔 그늘이 덮여 어두워지고, 새 울음소리 아래위에서 들리니 놀던 사람 떠나고 새들이 즐긴다. 그러나 새들은 다만 산림의 즐거움만 알지 사람의 즐거움은 모르며, 손님들은 태수를 따라 노닐며 즐거워 할 줄만 알지, 태수가 그들이 즐거워하는 것을 즐긴다는 것은 모른다. 취하여서는 그들과 함께 즐기고 깨어서는 문장으로 서술할 수 있는 사람이 태수이다. 태수란 누구인가. 여릉 사람 구양수이다.

〈풍락정기(豊樂亭記[1])〉

이 글은 〈취옹정기(醉翁亭記)〉와 같은 시기에 지어졌지만 그러나 그 독특한 점이 있다. 저주(滁州)는 오대 시대에는 전쟁이 빈발하였던 지역으로, 송나라가 통일한 후에야 비로소 안정을 되찾았다. 본문의 취지는 저주 지역의 변화를 빌려서, 오대 시기의 전란을 종결시키고 중국을 통일하여 백성들의 부담을 줄여주고 안정된 생활을 할 수 있도록 해준 송 태조의 공덕을 칭송한 것이다. 이 글 전체에서는 "백성들은 작물의 풍작으로 즐거워하는 것(民樂其歲物之豊成)", 즉 '풍락(豊樂)' 두 글자에 주안점을 두고, 지난날 저주의 역사를 회고하면서 지금과 옛날의 변화를 통하여 주제를 선명하게 부각시키고 있다. 그리고 "당시의 노인들이 모두 생존해 있지 않았다(故老皆無在者)" "천하가 태평한 지 이미 오래되었던 것이다(天下之平久)" "그 일을 겪었던 노인들은 이미 다 세상을 떠나버렸다(遺老盡矣)" "편안하게 이 풍년의 즐거움을 누리는 까닭이 다행히 태평무사한 때에 태어났기 때문이다(所以安此豊年之樂者, 幸生無事之時也)"라는 등의 말을 통하여, 또한 사람들이 편안히 거주하면서 다가올 위험을 생각하지 않는 것을 은근히 걱정하는 작가의 애국우민의 마음을 드러내고 있다. 아울러 또 하나의 중요한 주제, 즉 지방관에게는 "임금의 은덕을 널리 알려 백성들과 함께 즐기는(宣上恩德, 以與民共樂)" 직책이 있음을 지적하여, 구양수의 정치사상의 핵심 가운데 하나인 여민동락(與民同樂)의 사상을 잘 나타내고 있다.

---

1) 풍락정기(豊樂亭記): '풍락정(豊樂亭)'은 지금의 안휘성 저현성(滁縣城) 서쪽에 있는 풍산(豊山)의 북쪽 산기슭에 있다. 구양수가 저주에 좌천되어 온 뒤에 지었다. 일찍이 소식(蘇軾)은 이 〈풍락정기〉를 비석에 써서 새겼다. 풍락정의 동쪽에 자미천(紫薇泉)이 있다.

原文 修旣治滁之明年[2], 夏, 始飮滁水而甘. 問諸滁人, 得於州南百步之近. 其上則豊山, 聳然而特立; 下則幽谷, 窈然而深藏[3]; 中有淸泉, 滃然而仰出[4]. 俯仰左右, 顧而樂之. 於是疏泉鑿石, 闢地以爲亭[5], 而與滁人往遊其間.

滁於五代干戈之際[6], 用武之地也. 昔太祖皇帝[7], 嘗以周師破

---

2) 저(滁): 저주(滁州)를 말하며, 행정소재지는 지금의 안휘성 저현(滁縣)이다. 저수(滁水)의 북쪽에 위치하여, 장강(長江)과 회하(淮河) 사이에 있어 경치가 아름다운 곳으로 유명하다.

3) 하즉유곡, 요연이심장(下則幽谷, 窈然而深藏):「유곡(幽谷)」: 자미곡(紫薇谷)을 말한다.「요연(窈然)」: 아득히 깊고 고요한 모양.

4) 옹연(滃然): 물이 용솟음치는 모양. 물이 콸콸 흐르는 모양.

5) 벽지이위정(闢地以爲亭): 구양수는 〈여한충헌왕서(與韓忠獻王書)〉에서 "지난 여름에서 가을로 막 바뀔 즈음에 우연히 저주성 서남쪽 풍산계곡 속에서 샘을 하나 얻었는데, 물맛이 달고 차가웠습니다. 그 산세가 아름다운 것을 좋아하였기 때문에 샘 옆에다 조그만 정자를 지었습니다.(昨夏秋之初, 偶得一泉于州城之西南, 豊山之谷中, 水味甘冷. 因愛其山勢回抱, 構小亭于泉側.)"라고 하였다.

6) 오대(五代): 907년에 당나라가 멸망하고 나서 중원 지역에는 양(梁), 당(唐), 진(晉), 한(漢), 주(周) 다섯 왕조가 잇따라 들어섰다. 이들 중에서 960년에 주나라가 마지막으로 멸망한 때까지 53년의 기간을 '오대'라고 부른다. 같은 이름을 사용한 이전의 왕조와 구별하기 위해서 역사에서는 일반적으로 후량(後梁), 후당(後唐), 후진(後晉), 후한(後漢), 후주(後周)라고 한다.

7) 태조황제(太祖皇帝): 송 태조 조광윤(趙匡胤)을 가리킨다. 송나라를 건국한 임금으로, 탁주(涿州: 지금의 하북성 탁현涿縣) 사람이다. 후주(後周) 때에 전전도점검(殿前都點檢)을 맡았고, 송주귀덕군절도사(宋州歸德軍節度使)가 되면서 병권을 장악하였다. 960년에 진교병변(陳橋兵變)을 일으켜서 제위에 오르고 국호를 송(宋)이라 하였다.

李景兵十五萬於淸流山下, 生擒其將皇甫暉 · 姚鳳於滁東門之外[8], 遂以平滁. 修嘗考其山川, 按其圖記, 升高以望淸流之關, 欲求暉 · 鳳就擒之所, 而故老皆無在者; 蓋天下之平久矣. 自唐失其政, 海內分裂, 豪傑並起而爭, 所在爲敵國者, 何可勝數? 及宋受天命, 聖人出而四海一[9]. 嚮之憑恃險阻, 鏟削消磨[10], 百年之間, 漠然徒見山高而水淸; 欲問其事, 而遺老盡矣[11]. 今滁介於江淮之間, 舟車商賈, 四方賓客之所不至; 民生不見外事, 而安於畎畝衣食[12], 以樂生送死; 而孰知上之功德, 休養生息, 涵煦百年之深也[13]!

---

8) 상이~지외(嘗以~之外):「주사(周師)」: 후주(後周) 세종(世宗) 시영(柴榮)의 부대를 가리킨다. 「이경(李景)」: '경(景)'자는 '경(璟)'자로 고쳐야 한다. 오대 시기 남당(南唐)의 중주(中主)이다. 당시에 조광윤은 후주의 전전도우후(殿前都虞侯)로써 엄주자사(嚴州刺史)를 맡고 있었다. 후주 세종 현덕(顯德) 3년(956) 봄에 세종이 회남(淮南)을 쳤는데, 남당의 장군 황보휘(皇甫暉)와 요봉(姚鳳)이 청류관(淸流關: 저현 서북쪽 청류산에 있는 관문으로, 장강과 회수(江淮) 지역의 요충지이다)으로 물러나서 지켰다. 교전할 때에 조광윤은 적진을 돌파하고 들어가서 검으로 황보휘를 베고 요봉을 생포하였다.

9) 성인(聖人): 임금에 대한 존칭으로, 여기서는 송 태조 조광윤을 가리킨다.

10) 향지~소마(嚮之~消磨):「향지빙시험조(嚮之憑恃險阻)」: 과거 요충지를 차지하고서 할거한 사람을 가리킨다. 「산삭소마(鏟削消磨)」: 죽임을 당하거나 정복되다.

11) 유로(遺老): 세상의 변란을 겪은 노인을 가리킨다.

12) 견묘(畎畝): 전답을 가리킨다. '견(畎)'은 밭 사이의 물길, 즉 밭도랑을 뜻하고, '묘(畝)'는 밭이랑을 뜻한다.

13) 함후(涵煦): 은덕을 베풀어 기른다는 뜻으로, 여기서는 송 왕조의 공덕이 무한하고, 만물을 양육해주는 것을 찬양하는 말이다.

修之來此, 樂其地僻而事簡, 又愛其俗之安閑. 旣得斯泉於山谷之間, 乃日與滁人仰而望山, 俯而聽泉. 掇幽芳而蔭喬木, 風霜冰雪, 刻露淸秀, 四時之景, 無不可愛[14]. 又幸其民樂其歲物之豊成, 而喜與子遊也. 因爲本其山川, 道其風俗之美, 使民知所以安此豊年之樂者, 幸生無事之時也. 夫宣上恩德, 以與民共樂, 刺史之事也[15]. 遂書以名其亭焉.

慶歷丙戌六月日[16], 右正言知制誥知滁州軍州事歐陽修記.

[直譯] 내가 저주(滁州)를 다스린 지 이듬해 여름이 되어서야, 처음으로 저현(滁縣)의 샘물을 마셔보니 달았다. 저주(滁州) 사람에게 물으니 저주(滁州) 성의 남쪽 백 보 근처에서 얻었다고 하였다. 위로는 풍산(豊山)이 높이 솟아 홀로 우뚝 서 있고, 아래로는 그윽한 골짜기가 조용히 깊이 숨어 있으며, 그 가운데에는 맑은 샘이 있는데 위로 퐁퐁 솟아오르고 있다. 위아래 좌우의 경색을 돌아보면 마음이 즐거워진다. 이에 물길을 트고 돌을 깨고 땅을 정리하여 정자(亭子)를 지어서, 저주(滁州) 사람들과 더불어 여기로 와서 노닌다.

---

14) 철유~가애(掇幽~可愛): '철유방(掇幽芳 : 향기 그윽한 꽃을 따다)'은 봄을, '음교목(陰喬木 : 큰 나무 그늘 밑에서 쉬다)'은 여름을, '풍상(風霜 : 서늘한 바람이 일고 서리가 내리다)'은 가을을, '빙설(冰雪 : 얼음이 얼고 눈이 내리다)'은 겨울을 표현한 것이다. 표현방법이 〈취옹정기〉와 같다. 「철(掇)」: 줍다, 채취하다. 「각로(刻露)」: 가을과 겨울에 계곡에 물이 줄어들어 바위가 드러나고, 나뭇잎이 떨어져서 산의 모습이 드러나는 것을 나타내는 말이다.

15) 자사(刺史): 주(州)의 장관을 당대(唐代)에는 '자사'라 하였고, 송대에는 지주(知州)라 하였다.

16) 병술(丙戌): 경력(慶歷) 6년, 즉 1046년을 말한다.

저주(滁州)는 전쟁이 빈번하던 오대(五代) 때에는 전쟁터의 하나였다. 지난날 태조 황제께서는 후주(後周)의 군대를 이끌고 이경(李璟)의 군사 15만을 청류산(淸流山) 아래에서 깨뜨리고 이경의 장군인 황보휘(皇甫暉)와 요봉(姚鳳)을 저주성 동문 밖에서 생포하여 마침내 저주를 평정하였다. 나는 일찍이 저주의 산천을 살펴보고, 그 관련 지도와 기록을 찾아보고서 높은 곳에 올라 청류관(淸流關)을 바라보며 황보휘와 요봉이 잡힌 곳을 찾아보려 하였으나, 당시의 노인들이 모두 생존(生存)해 있지 않았다. 대개 천하가 태평한 지 이미 오래되었던 것이다. 당나라가 정권을 잃은 이후부터 천하가 분열되어 영웅호걸들이 동시에 일어나 천하를 다투니, 피차 적국이 된 것이 어찌 다 헤아릴 수 있으리오? 송(宋)에 이르러 천명(天命)을 받으시어 태조께서 나오시어 천하를 통일하였다. 지난날 험준함을 믿고 할거하던 인물들이 다 제거되고 소멸되었다. 100여 년 사이에 사람들은 무심히 다만 산 높고 물 맑은 것만을 보고, 그 때의 일을 묻고자 하여도 그 일을 겪었던 노인들은 이미 다 세상을 떠나버렸다. 지금 저주(滁州)는 장강(長江)과 회하(淮河) 사이에 있어, 배와 수레를 탄 상인이나 사방의 빈객들이 오지 않는 곳이고, 백성들은 일생동안 바깥 사정을 보지도 못하고, 농사와 의식에 안주하며 즐겁게 살다 죽으니, 누가 임금의 공덕(功德)이 백성을 휴양시키고 인구를 늘려서 100여 년이란 긴 세월 동안 윤택하게 해 준 것임을 알리오?

나는 이곳에 왔을 때, 이 지역이 산간벽지인데다 일이 간략한 것을 즐거워하였고, 또 그 풍속이 편안하고 한가함을 사랑하였다. 이미 산골짜기에서 이 샘을 찾아내니 이에 날마다 저주 사람과 함께 고개 들어 산의 풍경을 바라다보고, 머리를 숙여 샘물의 소리를 듣기도 하였다. 봄에는 향기 그윽한 꽃을 따고, 여름에는 큰 나무 그늘 밑에서 쉬며, 가을에는 바람일고 서리 내리고, 겨울에는

얼음 얼고 눈이 내려 산 모습이 우뚝 곧게 드러나 맑고 수려하니,
사계절의 경치를 좋아하지 않을 수 없다. 또 다행히도 이곳의 백
성들은 작물의 풍작으로 즐거워하면서, 나와 함께 노니는 것을 좋
아한다. 따라서 나는 이곳 산천의 특징을 근거로 해서 이곳 풍속
의 아름다움을 설명하여 백성들로 하여금 그들이 편안하게 이 풍
년의 즐거움을 누리는 까닭이 다행히 태평무사한 때에 태어났기
때문임을 깨닫게 하는 것이다. 무릇 천자의 은덕을 널리 알려 백
성들과 함께 즐기는 것은 자사(刺史)가 해야 할 일이다. 그러므로
마침내 이 일을 써서 그 정자에 풍악(豊樂)이라는 이름을 붙였다.
  경력6년 6월 모일 우정언지제고(右正言知制誥) 지저주군주사
(知滁州軍州事) 구양수 기록하다.

〈진주동원기(眞州東園記)〉

이 글은 황우(皇祐) 3년(1051)에 친구의 요청으로 지은 원림기(園林記) 이다. 구양수의 기문 가운데 명편이다. 내용에서 본다면 지방관리는 마땅히 '위에 있는 관리나 아래에 있는 백성들을 다 넉넉하게 하고(上下給足)' '백성들에게 고통과 근심의 원망소리가 없게 한' 뒤에 '한가한 여가에 쉬면서 또한 사방의 어진 사대부들과 함께 즐긴다는' 관점을 제기하였다. 따라서 〈취옹정기〉 중의 '낙민지락(樂民之樂), 여민동락(與民同樂)'의 사상과 일맥상통하는 곳이 있다.

이 글은 창작 구상과 구성 방면에서 아주 독창성이 있다. 구양수는 진주(眞州)를 가본적도 없고, 또 동원(東園)을 본적도 없었다. 이 글을 쓰게 된 유일한 근거는 기문을 부탁한 허원(許元)의 말과 구양수에게 준 한 장의 동원(東園)의 설명도(안내도)가 전부였다. 따라서 이 〈진주동원기〉는 바로 허원의 말과 그림 속의 표기에 따라 작가의 연상을 통하여 완성한 것이다.

동원의 모습을 묘사할 때에는 부체(賦體)에서 널리 쓰이는 포서(鋪叙)의 수법을 채용하여 경물을 생동감 있고 핍진하게 묘사하였다. 소리와 색깔이 있고, 변문체와 산문체의 구식을 결합한 유창한 언어와 높고 낮은 리듬이 있어 문장의 정취가 한결 더 흘러넘친다.

유대괴(劉大櫆)는 이 글에 대해 다음과 같이 논평하였다. "유종원의 산수유기는 실처(實處)에서 경물을 묘사하였고, 구양수의 원림기문은 허처(虛處)에서 정감을 펴내었다. 유종원의 산수는 깊고도 차가운 느낌과(幽冷) 엄준한 것으로써 뛰어나고, 구양수의 원정기는 유쾌하고 즐거운 기분과 아름답고 전아한 경치로써 뛰어나다. 이 글은 포서(鋪叙)의 수법으로, 오늘날의 정원의 아름다움을 지난날의 황폐함과 하나하나 거슬러 올라가 대비하여 크게 부각시킴으로써 더욱더 정취와 의취가 있다(柳州記山水從實處寫景, 歐公記園林從虛處生情; 柳州山水以幽冷奇峭勝, 歐公園亭以敷娛都雅勝. 此篇鋪叙今日爲園之美, 一一倒追未有之荒蕪, 更有情韻意態.)"라고 극찬하였다.

原文 眞爲州, 當東南之水會[1]. 故爲江淮·兩浙·荊湖發運使之治所[2]. 龍圖閣直學士施君正臣·侍御使許君子春之爲使也, 得監察御史裏行馬君仲塗爲其判官[3]. 三人者樂其相得之歡, 而

─────────────────

1) 진위주, 당동남지수회(眞爲州, 當東南之水會): 「진주(眞州)」: 행정소재지가 지금의 강소성 의정현(儀征縣)으로, 송대에는 회남동로(淮南東路)에 속했다. 진주는 장강 하류의 북쪽 기슭에 위치하고, 동쪽으로는 대운하에 임하고 있기 때문에 동남 수로교통의 요충지라 일컫는다. 「수회(水會)」: 수로교통의 요충지. 수로상의 중요도시.

2) 고위강회·양절·형호발운사지치소(故爲江淮·兩浙·荊湖發運使之治所): 「강회(江淮)」: 강남로(江南路)와 회남로(淮南路). 지금의 절강성·안휘성 일대에 해당한다. 「양절(兩浙)」: 송대에 양절로(兩浙路)를 설치하였는데, 지금의 강소성 장강 이남 및 절강성 전체에 해당한다. 원래 '양절'은 절동(浙東)과 절서(浙西)를 합쳐 부르는 말로, 전당강(錢塘江) 이남을 절동이라 하고 이북을 절서라고 하였다. 「형호(荊湖)」: 형호남로(荊湖南路)와 형호북로(荊湖北路)를 가리킨다. 지금의 호남성·호북성 일대에 해당하며, 고대에는 형주(荊州)라고 하였다. 「발운사(發運使)」: 송 태조 때에 강회수륙발운(江淮水陸發運)을 설치하여 식량 운반을 관리하였다. 후에는 '발운사'라 하고, 아울러 형호남로, 형호북로, 양절로 등 여러 로를 겸하여 다스렸으며, 어떤 때에는 차, 소금, 화폐와 지방관리도 겸하여 관할하였다. 「치소(治所)」: 지방의 장관이 주재하는 곳을 말한다.

因其暇日得州之監軍廢營以作東園⁴⁾, 而日往遊焉.

　歲秋八月, 子春以其職事走京師, 圖其所謂東園者來以示予曰: "園之廣百畝, 而流水橫其前, 淸池浸其右, 高臺起其北. 臺, 吾望以拂雲之亭; 池, 吾俯以澄虛之閣; 水, 吾泛以畫舫之舟. 欬其中以爲淸宴之堂, 闢其後以爲射賓之圃⁵⁾. 芙蕖芰荷之的歷, 幽蘭白芷之芬芳⁶⁾, 與夫佳花美木列植而交陰, 此前日之蒼煙白露而荊棘也; 高甍巨桷, 水光日景動搖而下上⁷⁾, 其寬閑

----

3) 용도~판관(龍圖~判官):「시정신(施正臣)」: 이름이 창언(昌言)이고, 자가 ‘정신(正臣)’이다. 통주 정해(通州靜海) 사람으로, 누차 승진하여 강회발운사(江淮發運使)를 맡았다. ‘용도각직학사’는 그의 직함이다.「허자춘(許子春)」: 이름이 원(元), 자가 ‘자춘(子春)’이다. 선성(宣城) 사람으로, 누차 승진하여 강회발운부사(江淮發運副使)가 되었다.「시어사(侍御史)」: 어사대(御史臺)의 부장관으로, 감찰과 탄핵을 담당한다.「마중도(馬仲塗)」: 이름이 준(遵)이고, 자가 ‘중도(仲塗)’이다.「감찰어사리행(監察御史裏行)」: 어사 중에서 임시직이다. ‘리행(裏行)’이 붙으면 정식 관직이 아니고 비정규 인원이며, ‘견습, 후보’의 뜻이 있다.「판관(判官)」: 장관을 도와서 공무를 처리하는 하급 관리이다.

4) 감군(監軍): 군대의 감찰관이다. 당대에는 환관에게 많이 맡겼으며, 송대에는 감군을 설치하지 않았다.

5) 사빈지포(射賓之圃): 손님을 초대하여 활쏘기 놀이를 행하는 장소. ‘포(圃)’는 ‘장소, 구역’의 뜻이다.

6) 부거기하지적력, 유난백지지분방(芙蕖芰荷之的歷, 幽蘭白芷之芬芳):「부거(芙蕖)」: 연(蓮), 부용(芙蓉).「기(芰)」: 일년생 수초인 마름을 뜻한다.「적력(的歷)」: 신선하고 아름다운 모양.「백지(白芷)」: 구리때. 미나릿과에 딸린 다년생 풀로, 여름에 흰 꽃이 피고, 뿌리는 약재로 쓴다.

7) 고맹~하상(高甍~下上):「맹(甍)」:용마루, 옥척(屋脊).「각(桷,)」: 네모진 서까래. 일설에는 지붕의 모서리(용마루 끝)에서 비스듬히 늘어뜨린 서까래라고도 한다.「영(景)」: 영(影) 자와 통한다.

深靚, 可以答遠響而生淸風, 此前日之頹垣斷塹而荒墟也; 嘉時令節, 州人士女嘯歌而管弦, 此前日之晦冥風雨鼪鼯鳥獸之嗥音也. 吾於是信有力焉. 凡圖之所載, 蓋其一二之略也. 若乃升於高以望江山之遠近, 嬉於水而逐魚鳥之浮沈, 其物象意趣·登臨之樂, 覽者各自得焉. 凡工之所不能畫者, 吾亦不能言也. 其爲我書其大槪焉."

又曰: "眞, 天下之衝也. 四方之賓客往來者, 吾與之共樂于此, 豈獨私吾三人者哉? 然而池臺日益以新, 草樹日益以茂, 四方之士無日而不來, 而吾三人者有時而皆去也, 豈不眷眷於是哉? 不爲之記, 則後孰知其自吾三人者始也?"

予以謂三君之材賢足以相濟, 而又協於其職, 知所後先, 使上下給足, 而東南六路之人無辛苦愁怨之聲[8]; 然後休其餘閒, 又與四方之賢士大夫共樂於此. 是皆可嘉也. 乃爲之書. 廬陵歐陽修記.

[直譯] 진주(眞州)는 동남 수로교통의 요충지에 자리잡고 있으므로 강남로, 회남로, 양절로, 형호남로, 형호북로의 발운사가 있는 행정소재지이다. 용도각직학사 시창언(施昌言)과 시어사 허원(許元)이 발운정사와 발운부사로 있을 때 감찰어사리행인 마준(馬遵)이 와서 업무를 보좌하는 판관이 되었다. 세 사람은 그들이 서로 함께 일할 수 있는 것을 기뻐하였고, 그리고 한가한 시간을 이용하

---

8) 로(路): 송대의 행정 구획의 명칭이다. 인종 때에 전국을 18로로 나누었고, 대부분 전운사(轉運司)를 임용하여 재화와 부세 등의 일을 관리하였다. '동남육로'는 회남로(淮南路), 강남동로(江南東路), 강남서로(江南西路), 양절로(兩浙路), 형호남로(荊湖南路), 형호북로(荊湖北路)를 가리킨다.

여 진주의 지난날 감군(監軍)이 있던 빈터를 얻어 동원(東園)을 짓고 매일 거기에 가서 유람하였다.

금년 가을 팔월에 허원(許元)이 공무 때문에 경성에 왔다가 동원(東園)을 그린 그림을 나에게 보여주면서 다음과 같이 말하였다. "동원의 넓이는 백묘(百畝)인데, 그 앞에는 강이 가로질러 흐르고 서쪽엔 맑은 연못이 맞닿아 있으며 북쪽에는 높은 대(臺)가 하나 솟아있지요. 높은 대에다 우리들은 배운정(拂雲亭)이란 정자를 하나 만들어 그곳에서 먼 곳을 바라보고, 연못 옆에다 징허각(澄虛閣)을 하나 세워서 연못을 내려다보며, 또 물위에는 화려하게 장식한 배를 띄워놓고 있지요. 정원 가운데에 넓게 터서 청아한 연회를 베풀 수 있는 당(堂)을 짓고, 그 후방에는 손님이 즐길 수 있는 활터를 하나 만들었답니다. 수면 위의 연꽃과 연잎은 더없이 아름답고, 못 가의 난초와 구리때(향초의 일종)는 그윽한 향기를 뿜어내는데, 줄지어 심은 아름다운 화초와 멋진 나무들이 서로 어우러져 녹음을 이룬답니다. 예전의 이곳은 안개 자욱하고 가시덤불만 무성했던 곳이었지요. 높디높은 용마루와 거대한 서까래는 햇살비친 물 속에서 아래위로 흔들거리고, 넓고도 한적하며 깊고도 조용하여 아득한 메아리와 맑은 바람을 일으킬 수 있답니다. 이곳은 예전에는 무너진 담장과 부서진 웅덩이만 널려 있던 황폐한 곳이었지요. 지금 좋은 계절이 오면 진주의 남녀들이 노래 부르고 악기 연주하지만, 예전에는 어둡고 비바람 치는 속에 족제비 · 날다람쥐와 날짐승 · 들짐승들이 울부짖던 곳이었지요. 우리는 이 정원에 참으로 힘을 다 들였답니다. 그림에는 한두 가지 대략적인 것만 그렸을 뿐입니다. 높은 곳에 올라 멀고 가까운 산천을 조망하고 물에서 배 저으며 숨는 고기와 나는 새들을 따르다보면, 그 무궁한 광경의 흥취와 등림(登臨)의 즐거움을 유람하는 사람은 각자 체득할 수 있지요. 화공이 그리지 못하는 것은 나도 말로 표현할 수 없답니다. 우리들을 위해서 그 대체적인 것을 글로 써주셨으면 합니다.”

그는 또 말하기를 “진주(眞州)는 천하의 요충지로, 사방의 빈객들이 이곳을 왕래하는데, 우리들은 이곳에서 그들과 함께 즐기니, 어찌 다만 우리 세 사람만을 위해서겠습니까? 그러나 연못의 정대(亭臺)는 나날이 더욱 새롭고, 풀과 나무는 나날이 더욱 무성하여, 사방의 선비들이 하루라도 오지 않는 날이 없습니다. 그러나 우리 세 사람이 때가 되면 모두 이곳을 떠나야 할 것이니, 이 정원에 미련이 남지 않을 수 있겠습니까? 여기에 기문(記文)을 써 놓지 않으면, 훗날 누가 이 정원이 우리 세 사람으로 시작되었다는 것을 알겠습니까?”

내 생각으로는, 이 세 군자의 재능과 현명함이 충분히 서로 유익하게 도울 수 있고, 또 직무에 있어서도 잘 협력하여 먼저 해야 할 일과 뒤에 해야 할 일을 알아, 위에 있는 관리나 아래에 있는 백성들을 넉넉하게 하고, 동남의 여섯 로(路)의 사람들이 고통과 근심으로 원망의 소리가 없게 했을 것이다. 그런 뒤에 한가한 여가에 쉬면서 또한 사방의 어진 사대부들과 여기에서 함께 즐길 것이니, 이것은 모두가 칭찬할 만한 것이다. 이에 그에게 모든 것을 써주었다.

여릉 구양수가 기록하다.

〈부사산수기(浮槎山水記)〉

이 글은 송 인종 가우(嘉祐) 3년(1058년) 2월에 지었다. 당시 구양수는 수도 개봉에서 지제고(知制誥) · 사관수찬(史館修撰) · 판비각비서성(判秘閣秘書省)에 임직하고 있었다. 본문 속에 나오는 이후(李侯)란 사람은 이단원(李端愿)으로 노주(潞州) 상당(上黨: 지금의 산서성山西省 장치長治) 사람이다. 그의 아버지 이준욱(李遵勗)이 진종(眞宗) 황제의 여동생 만수장 공주(萬壽長公主)를 아내로 맞았기 때문에, 본문에서 그를 "부귀하게 태어나 자랐다(生長富貴)"라고 하였다. 일찍이 진동군 유후(鎭東郡 留后)로 임명되어 여주(廬州: 행정 소재지는 지금의 안휘성安徽省) 합비시(合肥市)로 나갔다. 이단원은 부사산(浮槎山)의 샘물을 수도에 있던 구양수에게 보내면서 기문을 지어달라고 요청하였다. 구양수는 이 글 이외에 〈부사사팔기시발(浮槎寺八紀詩跋)〉과 〈여이유후(與李留后)〉에서도 여러 차례 이 일을 언급하며, 이 부사산(浮槎山)의 물은 무석(無錫)의 혜산(惠山)의 물에 비교할 수 있다고 극찬하였다.

전반부에는 부사산 물의 내력과 등급을 고증하여, 좋은 물을 발견하기가 얼마나 어려운가를 암시하였고, 후반부에서는 의론을 통하여, 샘을 발견한 이단원은 부귀하면서도 산림의 즐거움을 아는 사람으로, 이렇게 하는 것이 참으로 어려운 일임을 서술하였다. 끝으로 구양수는 사물의 품성을 반드시 뜻이 있는 사람이 발굴하여 드러내어야만 한다는 것을 지적하여, 위정자는 인재를 발굴하고 중시해야 한다는 것을 함축적으로 나타내고 있다.

[原文] 浮槎山¹⁾, 在愼縣南三十五里²⁾. 或曰: 浮闍山, 或曰: 浮巢二山. 其事出於浮屠, 老子之徒, 荒怪誕幻之說. 其上有泉, 自前世論水者皆弗道. 余嘗讀≪茶經≫³⁾, 愛陸羽善言水. 後得張又新≪水記≫⁴⁾, 載劉伯芻, 李季卿所列水次第⁵⁾, 以爲得之於羽⁶⁾. 然以≪茶經≫考之, 皆不合. 又新妄狂險譎之士⁷⁾, 其言難信, 頗疑非羽之說. 及得浮槎山水, 然後益以羽爲知水者⁸⁾. 浮槎與龍池山⁹⁾, 皆在廬州界中. 較其水味, 不及浮槎遠甚. 而又

———————

1) 부사산(浮槎山): 지금 안휘성(安徽省) 합비시(合肥市) 동쪽에 있다.

2) 신현(愼縣): 지금 안휘성(安徽省) 합비시(合肥市) 동북쪽에 있는데, 송대에는 여주(廬州)에 속하였다.

3) ≪다경茶經≫: 차에 관한 중국 최초의 저서. 작자는 육우(陸羽)이고, 당(唐) 복주(復州) 경릉(竟陵: 지금의 호북성 천문天門) 사람이다. 자가 홍점(鴻漸)이고, 차를 좋아한 것으로 이름이 났다. 후세에 민간에서는 그를 다신(茶神)으로 받들어 제사하고 있다.

4) 장우신(張又新)≪수기(水記)≫: 장우신(張又新)은 심주(深州: 지금의 하북성 심현深縣) 사람으로, 자가 공소(孔昭)이다. 관직이 좌사낭중(左司郎中)에 이르렀고, 저서로 ≪전차수기(煎茶水記)≫가 있다.

5) 류백추(劉伯芻): 송 하남(河南) 사람으로, 자가 소지(素芝)이다. 이계경(李季卿): 경조만년(京兆萬年: 지금의 섬서성陝西省 서안시西安市) 사람이다. 소렬수차제(所列水次第): 수질의 우열 순서를 나열한 것.

6) 이위득지어우(以爲得之於羽): 장우신은 유백추·이계경 두 사람의 견해가 육우에게서 나온 것이라 생각하였다는 뜻.

7) 험휼(險譎): 괴탄하다. 기이하다.

8) 익(益): 더욱, 지수(知水): 수질을 알다.

9) 용지산(龍池山): 지금 안휘성(安徽省) 합비시(合肥市) 서쪽에 있다. 일명 용혈산(龍穴山)이라고 하며, 산등성마루에 용지(龍池)가 있다.

新所記以龍池爲第十, 浮槎之水, 棄而不錄, 以此知其所失多矣. 羽則不然, 其論曰: "山水上, 江水次之, 井爲下. 山水, 乳泉石池漫流者上[10]", 其言雖簡, 而於論水盡矣.

浮槎之水, 發自李侯[11]嘉祐二年, 李侯以鎭東軍留後出守廬州[12], 因游金陵, 登蔣山[13], 飮其水. 旣又登浮槎, 至其山上, 有石池, 涓涓可愛[14], 盖羽所謂乳泉漫流者也. 飮之而甘. 乃考圖記[15], 問於故老, 得其事迹, 因以其水遺余於京師[16].

予報之曰: "李侯可謂賢矣. 夫窮天下之物, 無不得其欲者, 富貴者之樂也. 至於蔭長松, 藉豊草, 聽山溜之潺湲[17], 飮石泉之滴瀝, 此山林者之樂也. 而山林之士, 視天下之樂, 不一動其心. 或有欲於心, 顧力不可得而止者[18], 乃能退而獲樂於斯[19].

---

10) 유천(乳泉): 젖이 나오는 것처럼 샘물이 솟아나는 것. 석지(石池): 연못 바닥이 돌로 된 것.

11) 발자리후(發自李侯): 이단원(李端愿)이 발견하였다.

12) 유후(留後): 당대(唐代)와 오대(五代) 때에 번진이 진(鎭)을 떠날 때, 늘 믿을 만한 사람을 유후(留后)로 임명하여 인솔부대를 통할하게 하였다. 송대에도 유후란 관명을 그대로 보존하고 있었으나 실제 직무는 없고, 다만 무신의 봉록을 나타내는 품계로만 사용하였다.

13) 장산(蔣山): 종산(鍾山)으로 남경시(南京市) 근교에 있다.

14) 연연(涓涓): 물이 천천히 흘러내리는 모양

15) 도기(圖記): 지리도서

16) 유(遺): 보내다.

17) 산류(山溜): 물이 세차게 흘러내리는 산 계곡. 잔원(潺湲): 물이 흐르는 모양

18) 고(顧): 다만

19) 사(斯): 산림을 가리킨다.

彼富貴者能致物矣, 而其不可兼者, 惟山林之樂爾. 惟富貴者而
不得兼, 然後貧賤之士, 有以自足而高世. 其不能兩得, 亦其理
與勢之然歟! 今李侯生長富貴, 厭於耳目[20], 又知山林之爲樂.
至於攀緣上下, 幽隱窮絕[21], 人所不及者, 皆能得之, 其兼取於
物者, 可謂多矣. 李侯折節好學[22], 喜交賢士, 敏於爲政, 所至
有能名. 凡物不能自見, 而待人以彰者有矣; 其物未必可貴, 而
因人以重者亦有矣. 故予爲志其事, 俾世知斯泉發自李侯始也.
三年二月二十有四日, 盧陵歐陽修記.

直譯 부사산(浮槎山)은 여주(盧州) 신현(愼縣) 남쪽 삼십오 리에
있다. 어떤 사람은 부도산(浮闍山)이라 하고, 어떤 사람은 부소이
산이라고 하는데, 이 이름과 관련된 것은 불교나 도가들의 괴이하
고 황당한 학설에서 나왔다. 그 산 위에는 샘이 있는데, 전대에서
부터 수질을 논하던 사람들 가운데 누구도 이곳의 수질에 대해서
는 말하지 않았다. 나는 일찍이 《다경(茶經)》을 읽고서 육우(陸羽)
가 수질에 대한 평가를 아주 잘 하였음을 좋아하였다. 나중에 장
우신(張又新)이 쓴 《수기(水記)》를 얻었는데, 거기에는 유백추(劉
伯芻)·이계경(李季卿)이 수질의 우열의 순서를 나열한 것을 실어
놓았는데, 장우신은 유백추·이계경 두 사람의 견해가 육우에게서
나온 것이라 생각하였다. 그러나 《다경》을 가지고 살펴보니, 다 맞
지가 않았다. 장우신은 망령스럽고 황당한 선비여서 그의 말도 믿
기 어려우며, 육우의 설도 아닐 것이라 심히 의심하여 본다. 부사

---

20) 염어이목(厭於耳目): 눈과 귀의 즐거움을 만끽하다.

21) 유은궁절(幽隱窮絕): 가려지고 외진 곳

22) 절절(折節): 자신을 굽히다. 겸손하다는 의미를 나타냄.

산의 물을 얻은 다음에야 육우가 수질을 잘 아는 사람임을 더욱 확신하였다. 부사산과 용지산은 다 여주(盧州) 경내에 있는데, 물맛을 비교해보면 용지산의 물이 부사산 물에 훨씬 못 미친다. 그러나 장우신은 용지산 물을 10위에 기록하면서 부사산의 물은 내버려두고 기록도 하지 않았는데, 이것으로도 그 잘못된 곳이 많다는 것을 알 수 있을 것이다. 육우는 그렇지 않다. 그는 "산의 물이 최상이요, 강물이 다음이며, 우물이 제일 아래다. 산의 물 가운데에서 돌로 된 바닥의 샘에서 솟아나는 유천석지(乳泉石池)의 물이 최상이다"라고 하였는데, 그의 말은 간단하지만, 물의 참 맛을 다 논하였다. 부사산의 물은 이후(李侯: 이단원李端愿)가 발견하였다. 가우 2년 이후가 진동군(鎭東軍) 유후(留后) 신분으로 여주(盧州)에 나갔는데, 그로 인해 금릉을 유람하면서 장산(蔣山)에 올라 그 물을 마시고, 또 부사산을 등산하여 그 산 위로 올라가니 석지가 있어, 졸졸 흘러내리는 물이 사랑스러웠다. 대개 육우가 말한 샘에서 솟아나는 유천(乳泉)이라는 샘물이 천천히 흘러내리는 것이다. 그 물을 마시면 참으로 달다. 이에 지도를 살펴보고 노인들에게 물어서 그 자취를 찾아, 마침내 그 물을 수도에 있는 나에게 보내왔다.

　나는 다음과 같이 알린다. 이후는 참으로 현명하다 할 것이다. 대저 천하의 물건을 다 구하여, 바라는 것을 얻지 아니함이 없는 것은 부귀한 사람의 즐거움이고, 긴 소나무 그늘에서 무성한 풀 밟고서, 산 계곡에서 졸졸 흐르는 물소리 들으며, 바위틈에서 떨어지는 물을 마시는 것은 산림에 은거한 사람의 즐거움이다. 산림에 은거한 선비는 천하의 즐거움을 보아도 그 마음 흔들리지 않는다. 혹 마음에서 하고 싶어도 다만 힘으로 할 수 없으면, 그만두고 바로 물러나, 이곳에서 즐거움을 얻는다. 저들 부귀한 사람들은 어떤 물건이든지 다 가질 수 있지만, 겸할 수 없는 것은 오직 산림의 즐거움일 뿐이다. 오직 부귀한 사람이라도 겸할 수 없어야, 빈천한 선비가 그것으로 스스로 만족하며 세속을 초월할 수가 있다. 그들이 겸할 수 없는 것은 이치와 형세가 그렇게 하는 것이다. 지금 이후는 부귀하게 태어나고 성장하면서, 눈과 귀의 즐거움을 만끽하고, 또한 산림의 즐거움도 안다. 기어서 오르내리고, 가려지고 외져서, 사람들이 이르지도 않는 곳을 다 찾아가 얻으니, 사물에서 아울러 취하는 것이 많다 할 수 있을 것이다. 이후는 남에게 자신을 굽힐 줄 알고, 배우기를 좋아하며, 어진 선비와 사귀기를 좋아하고, 정사를 돌보는 데에는 아주 민첩하여 가는 곳마다 이름이 났다. 대개 사물은 스스로 드러나지 못하고 사람을 기다려서 환하게 드러나는 것도 있고, 그 사물이 꼭 귀한 것이 아닌데도 사람을 통해서 귀중해지는 것도 있다. 그러므로 나는 이 일을 기록하여 세상 사람들에게 이 샘이 이후로부터 처음 발견되었음을 알리고자 한다.

여릉 구양수 기록하다.

〈유미당기(有美堂記)〉

이 글은 가우(嘉祐) 4년(1059), 매지(梅摯)의 청에 응하여 '유미당(有美堂)'에 대해 쓴 기문이다. 당시에 구양수는 경성에서 급사중(給事中)을 맡고 있을 때였다.

이 글은 사상적으로는 크게 취할 만한 점은 없지만, 창작방면에는 독특한 점이 있다. 문장 전체로 보아서, 임금이 시를 하사한 일이나 매지(梅摯)의 인품에 관해서는 간략히 소개하고, 도시의 번화함과 산수의 맑고 아름다움에 중점을 두고 글을 썼다. 그래서 항주(杭州)의 특색이 특히 두드러진다. 그리고 자연미와 인공미 "두 가지를 겸할 수 있는 것은 많지 않다(不得兼者多)"는 전제 하에, 온천하의 빼어난 곳(勝地) 중에서 먼저 금릉(金陵)과 항주(杭州)를 부각시키고, 다시 금릉과 항주의 비교를 통하여 항주를 부각시키고, 거기에서 다시 항주의 아름다움을 오로지 유미당으로 귀속시켜서 산 밖에 또 산이 있듯(山外有山) 차원 높은 예술경지를 이루었다.

原文 嘉祐二年, 龍圖閣直學士·尙書吏部郎中梅公出守於杭[1].
於其行也, 天子寵之以詩[2]". 於是始作有美之堂[3], 蓋取賜詩之首
章而名之[4], 以爲杭人之榮. 然公之甚愛斯堂也, 雖去而不忘[5].

---

1) 가우~어항(嘉祐~於杭): 「가우(嘉祐)」: 송(宋) 인종(仁宗) 36년(1056년)
   부터 인종 42년(1063년)까지 사용한 연호. 「용도각직학사(龍圖閣直學
   士)」: '용도각(龍圖閣)'은 송나라 진종(眞宗) 대중(大中)·상부(祥符) 연간
   (1008-1016)에 건립되었다. 용도각에는 태종(太宗)의 글씨와 문집(御書
   文集)과 보록과 보물류(譜錄寶物類)를 비치하였고, 학사(學士)·직학사
   (直學士)·대제(待制)·직각학사(直閣學士) 등의 관직을 두었다. 「상서이
   부낭중(尙書吏部郎中)」: 한(漢)의 성제(成帝) 초기에 상서(尙書)에 둔 관
   직으로, 동한(東漢) 때에 이조(吏曹)로 개칭되었다. 그 후 선부(選部)로 고
   쳤다가 위진(魏晉) 이후부터는 모두 이부(吏部)라 하였다. 이부낭중(吏部
   郎中)은 이부의 속관(屬官)으로 선거(選擧)를 관장하였다. 「매공(梅公)」:
   매지(梅摯)를 가리킨다. 자가 공의(公儀)이고, 성도 신번(成都新繁) 사람
   이다. '용도각직학사'와 '상서이부낭중'은 모두 관직 이름이다. 매지는
   가우 2년에 항주지주(杭州知州)를 맡았다. 「항(杭)」: 항주(杭州)의 약칭이
   다. 지금의 절강성 항주시(浙江省杭州市).
2) 천자총지이시(天子寵之以詩): 송 인종은 〈사매지지항주(賜梅摯知杭州)〉라
   는 시를 지었는데, 수련(首聯)은 다음과 같다. "그곳은 오산의 아름다움
   간직하고 있으니, 동남 지방에선 최고이라네.(地有吳山美, 東南第一州.)
3) 유미지당(有美之堂) ; 유미당을 가리키며, 오산(吳山)에 지었다.
4) 개취사시지수장이명지(蓋取賜詩之首章而名之): '유미당'이라는 명칭은
   인종이 하사한 시의 수련 "지유오산미(地有吳山美)"에서 '유미(有美)' 두
   자를 뽑아서 사용하였다는 말이다.
5) 수거이불망(雖去而不忘): 가우 4년(1059)에 매지가 다시 지강녕부(知江
   寧府)로 전임된 것을 가리킨다. 강녕부의 행정소재지는 금릉(金陵: 지금의
   남경시南京市)이다.

今年, 自金陵遣人走京師, 命子誌之, 其請至六七而不倦. 子乃爲之言曰:

夫擧天下之至美與其樂, 有不得而兼焉者多矣. 故窮山水登臨之美者, 必之乎寬閑之野·寂寞之鄕而後得焉; 覽人物之盛麗, 夸都邑之雄富者, 必據乎四達之衝·舟車之會而後足焉. 蓋彼放心於物外, 而此娛意於繁華, 二者各有適焉. 然其爲樂, 不得而兼也.

今夫所謂羅浮天台衡嶽廬阜, 洞庭之廣, 三峽之險[6], 號爲東南奇偉秀絶者, 乃皆在乎下州小邑·僻陋之邦. 此幽潛之士·窮愁放逐之臣之所樂也. 若乃四方之所聚, 百貨之所交, 物盛人衆, 爲一都會, 而又能兼有山水之美以資富貴之娛者, 惟金陵錢塘[7]. 然二邦皆僭竊於亂世, 及聖宋受命, 海內爲一, 金陵以後服見誅[8], 今其江山雖在, 而頹垣廢址, 荒煙野草, 過而覽者, 莫

---

6) 금부~지험(今夫~之險):「나부(羅浮)」: 지금의 광동성 증성현(增城縣) 동쪽에 있는 산이다.「천태(天台)」: 지금의 절강성 동부에 있는 산으로, 주봉인 화정봉(華頂峯)은 천태현성(天台縣城)의 동북쪽에 있다.「형악(衡嶽)」: 형산(衡山)을 가리키며, 남악(南嶽)이라고도 한다. 지금의 호남성 형산현(衡山縣)에 있다.「여부(廬阜)」: 여산(廬山)을 말하며, 지금의 강서성 구강시(九江市)에 있다.「동정(洞庭)」: 동정호(洞庭湖)를 말하며, 지금의 호남성 경내에 있다.「삼협(三峽)」: 장강삼협(長江三峽)을 가리킨다. 사천성과 호북성 경내에 있으며, 장강 상류의 구당협(瞿塘峽), 무협(巫峽), 서릉협(西陵峽)을 합쳐서 일컫는 말이다.

7) 금릉전당(金陵錢塘):「금릉(金陵)」: 지금의 남경(南京)으로, 오대십국(五代十國) 시기에 남당(南唐)이 금릉에 도읍을 정하였다.「전당(錢塘)」: 항주(杭州)로, 오대십국 시기에 오월(吳越)이 전당에 도읍을 정하였다.

不爲之躊躇而悽愴. 獨錢塘自五代時知尊中國, 效臣順[9]; 及其亡也, 頓首請命, 不煩干戈[10], 今其民幸富完安樂. 又其俗習工巧, 邑屋華麗, 蓋十餘萬家. 環以湖山, 左右映帶. 而閩商海賈, 風帆浪舶, 出入於江濤浩渺·煙雲杳靄之間, 可謂盛矣[11]!

　而臨是邦者, 必皆朝廷公卿大臣若天子之侍從[12], 又有四方游士爲之賓客, 故喜占形勝治亭榭, 相與極游覽之娛. 然其於所

---

8) 연이방~견주(然二邦~見誅): 「참절(僭竊)」: 분수넘게 황제의 칭호를 사용하며 한 지역에서 할거하는 것을 가리킨다. 「금릉이후복견주(金陵以後服見誅)」: 송 태조 개보(開寶) 7년(974)에 남당의 후주(後主) 이욱(李煜)에게 항복을 명하였지만, 이욱은 군대를 일으켜서 저항하였다. 이듬해에 송나라의 장군 조빈(曹彬)이 금릉을 공격하여 남당을 멸망시키고 이욱을 사로잡았다.

9) 존중국, 효신순(尊中國, 效臣順): 당나라 말기에 전류(錢鏐)가 건국한 오월(吳越: 895-978)은 5대에 걸쳐 80여 년 간 존속하였고, 줄곧 중원지역의 정권(후량後梁, 후당後唐, 후주後周, 송宋)에게 신하의 예로 복종하였다.

10) 불번간과(不煩干戈): 송 태종 태평흥국(太平興國) 3년(978)에 오월의 임금 전숙(錢俶)이 자발적으로 송나라에 신하의 예로 복종함으로써 전쟁을 겪지 않았다.

11) 이민~성의(而閩~盛矣): 당시 '민(閩)' 지역(지금의 복건성福建省)에는 해상무역을 경영하는 사람들이 많았는데, 항주가 해상무역의 중요한 항구였다. 채양(蔡襄)의 《북문기(北門記)》에 "항주가 양절 지역에서는 규모가 큰 주여서, 겸하여 관할하는 군이 수십 개이며, 사방 해외의 여러 나라와도 왕래하였다(杭于兩浙爲大州, 支郡數十, 而通四方海外諸國.)"라고 하였다.

12) 이임~시종(而臨~侍從): 「임시방자(臨是邦者)」: 항주 지방을 맡은 지방관을 가리킨다. 「약(若)」: '및, 또는'의 뜻이다. 「천자지시종(天子之侍從)」: 임금이 좌우에서 가까이 부리는 신하.

取, 有得於此者必有遺於彼. 獨所謂有美堂者, 山水登臨之美,
人物邑居之繁, 一寓目而盡得之. 蓋錢塘兼有天下之美, 而斯堂
者又盡得錢塘之美焉. 宜乎公之甚愛而難忘也.
　　梅公淸愼, 好學君子也[13]. 視其所好, 可以知其人焉.
　　四年八月丁亥, 廬陵歐陽修記.

[直譯] 가우(嘉祐) 2년에 용도각직학사(龍圖閣直學士)·상서이부낭
중(尙書吏部郎中)인 매공(梅公)이 항주(杭州) 태수로 나가게 되었
다. 그가 떠날 때 천자께서 그에게 시를 지어 하사하시는 은총을
내리셨다. 이에 비로소 유미당(有美堂)을 짓고 황제께서 하사하신
시의 첫 연을 취하여 '유미(有美)'라는 이름을 지어서 항주(杭州)
사람들의 영예(榮譽)로 삼으려하였다. 그런데 공이 이 당을 너무
좋아하여 항주를 떠났어도 잊질 못하였다. 올해에, 금릉(金陵)에
서 경사로 사람을 보내 나에게 기문(記文)을 써주도록 요청하였는
데, 예닐곱 번이나 지칠 줄 모르게 요청하여, 나는 이에 그를 위하
여 이렇게 말하였다.

　온 천하의 가장 아름다운 것과 즐거운 것을 동시에 겸할 수 있
는 것은 많지 않다. 그러므로 산에 오르고 물에 임하여 아름다운
경치를 실컷 보려면, 반드시 넓고 한가한 들판이나 적막한 고을로
간 뒤에야 (그런 곳을) 찾을 수가 있다. 그리고 사람과 물산의 풍
성함을 보고 도회지의 웅장함과 화려함을 감상하려면, 반드시 사

---

13) 매공청신, 호학군자야(梅公淸愼, 好學君子也):《송사·매지전(梅摯傳)》
　　에 "매지는 성격이 순박하고 조용하며, 도리를 위반하면서 고상한 행동
　　은 하지 않았다. 그의 정치 형적은 그의 인품이나 다름이 없었다(摯性淳
　　靜, 不爲矯厲之行, 政迹如其爲人.)"라고 하였다. 또한 그는 시를 즐겨 지
　　었고, 시문으로 구양수와 왕래가 있었다.

통팔달의 요충지와 수레와 배가 서로 만나는 곳에 거주한 뒤에야 만족할 수가 있다. 전자는 대자연 속에 마음을 풀어놓은 것이고, 후자는 번화함에서 즐거움을 추구하는 것이다. 양자는 각각의 서로 다른 목표가 있으니, 두 가지 즐거움을 다 겸할 수는 없다.

지금 이른바 나부산(羅浮山) · 천태산(天台山) · 형산(衡山) · 여산(廬山) · 광활한 동정(洞庭)호와 험난한 삼협(三峽)은 동남쪽에서 가장 기이하고도 웅장하며 수려하다고 부를 만한 곳인데, 이곳들은 다 하찮은 주(州)의 작은 고을 외지에 위치하고 있다. 이는 깊이 숨어 지내는 은둔자나 곤궁하면서 근심에 찬 귀양 간 신하들이 즐기는 곳이다. 사방에서 모여들어 온갖 재화들이 교류되고, 산물도 풍성하고 사람들도 많이 모여 하나의 도회(都會)를 이룰 뿐만 아니라, 또한 산수의 아름다움을 겸하면서 부귀함의 즐거움을 더해주는 곳으로는 오직 금릉(金陵)과 전당(錢塘) 뿐이다. 그러나 이 두 곳 다 오대(五代)와 같은 난세에는 쪼개어져 다른 사람이 차지하여 다스리던 곳인데, 성스러운 송(宋)이 천명을 받아서 온 나라가 통일이 되었다. 금릉에 있던 남당이 마지막으로 항복하여 정벌되니, 지금 그 강산은 여전하지만, 무너진 담장과 황폐한 집터 안개 자욱하고 들풀 무성한 황량한 그 땅을 지나는 사람이 있다면, 그로 인해 주저하며 슬퍼하지 않을 수 없을 것이다. 전당의 오월(吳越)만은, 오대(五代) 때에 중국을 높이고 신하로서 순종할 줄 알았기 때문에, 그 망함에 이르러서도 머리를 조아리고 자발적으로 투항을 하여 번거롭게 전쟁을 하지 않았다. 그래서 지금 그 백성들은 다행히도 부유하면서 편안하다. 또 그곳 사람들의 풍속이 정교하고 기묘한 물건을 만들기를 좋아하니, 화려한 집들이 줄잡아 십만여 호나 된다. 도시 주위는 호수와 산들이 둘러져 좌우 양쪽의 산수가 서로 비쳐 밝은 빛을 띠고 있다. 게다가 복건성과 해외에서 온 상인들이 범선을 타고, 바람과 파도를 헤치고 끝없이

광활하고 안개 자욱한 물 사이를 왕래하니 참으로 번화하다 할 것
이다.

　여기에 태수로 오는 사람은 반드시 모두 조정의 공경대신(公卿
大臣)이나 천자의 시종(侍從)과 같은 사람들일 것이고, 게다가 사
방에서 찾아와 유람하는 선비들이 그들의 빈객이 된다. 그러므로
경치가 빼어난 곳을 택해 정자를 지어 서로 더불어 마음껏 유람의
즐거움을 누린다. 그러나 그들이 취하는 것에는 여기에서 얻는 것
이 있으면 반드시 저기에서 빠지는 것이 있지만, 오직 이른바 유
미당(有美堂)이라는 이 곳만은 산수의 아름다운 경치와 사람·물
산·도시의 번화함을 한 눈에 다 볼 수가 있다. 대개 전당이 천하
의 아름다움을 겸하고 있다면, 이 유미당은 또한 전당의 아름다움
을 다 갖추고 있으니, 공이 좋아하며 잊기 어려워하는 것도 당연
하다. 매공은 청렴하고 신중하며 배우기를 좋아하는 군자이다. 그
가 좋아하는 바를 보면 그 사람을 알 수가 있다.

　가우 사년 팔월 정해 여릉 사람 구양수가 짓다.

〈상주주금당기(相州晝錦堂記)〉

한기(韓琦: 1008-1075)는 상주(相州) 사람으로 자를 치규(稚圭)라 한다. 송(宋)나라 인종(仁宗)때의 명재상(名宰相)으로 인종 · 영종 · 신종 삼대에 걸쳐 벼슬하였다. 작자 구양수는 일찍이 그의 인품에 탄복하여, "나 같은 사람 백 명을 합한들 어찌 감히 한공(韓公)만 하랴!"라고 말할 정도로 존경하던 사람이다. 한기는 위국공(衛國公) 및 위국공(魏國公)으로 봉해졌으며, 시호를 충헌(忠獻)이라 하고 죽은 뒤에는 천자가 비문을 썼다고 전한다. 그는 일찍이 범중엄 등과 같이 혁신을 주도하였고, 서하(西夏)와 거란(契丹)의 침략을 방어하는데 큰 공헌을 하였다. 지화(至和: 1054-1056) 연간에 고향인 상주(相州: 지금의 하남성河南省 안양현安陽縣) 지주(知州)로 와서 '주금당(晝錦堂)'을 지었다. 이 글은 치평(治平) 2년(1065)에 한기가 지은 주금당에 대해 구양수가 쓴 기문이다.

이 글은 주금당이라는 당(堂) 이름에서부터 시작한다. "주금(晝錦)"이란 이 두 글자는《한서(漢書) · 항우전(項羽傳)》: "부귀하고서 고향으로 돌아가지 못한다면, 비단옷 입고 밤길을 걸어가는 것과 같다(富貴不歸故鄕, 如錦衣夜行)"라고 한 데에서 나왔다. 사실 "주금(晝錦)"이란 말은, 자신의 부귀를 자랑하고 또 조상을 빛내고자 하는 중국 전통 사대부들의 통속적인 사상이 잘 내포된 말이다. 그러나 한기는 그 통속적인 뜻과는 반대로 조정과 군주에 충성을 바치고자 하는 일종의 채찍으로 여겼다. 구양수는 이러한 한기의 의도에 대해서 잘 알고 있었다. 그래서 그는 이 글에서 먼저 옛날과 지금 사람들의 영화부귀에 대한 전통적인 관념을 제시하고, 소진(蘇秦)과 주매신(朱買臣)의 금의환향한 사례를 가지고 그 증명으로 삼았다. 그런 뒤 그는 한기가 "은덕을 백성에게 베풀고 국가사직을 위하여 공을 세우는 데"에 목적을 두고, "후세에까지 그 영광을 무궁하게 전하기를” 추구한 사람으로 여겨, “한 때만의 자랑거리며 한 고을만의 영광으로 삼는” 통속적인 사람들과는 확연히 구별하여 부각시켰다.

본문 첫 구절의 “사환이지장상, 부귀이귀고향(仕宦而至將相, 富貴而歸故鄉,)”에 대해서 《송인일사휘편(宋人軼事彙編)》 권8에 다음과 같은 이야기가 있다. “한위공(韓魏公: 한기韓琦)이 재상으로 있으면서 주금당을 짓자 구공(歐公: 구양수)은 거기에 대해서 ‘사환지장상(仕宦至將相), 부귀귀고향(富貴歸故鄉)’이란 말로 시작하는 기문을 지어 주었다. 한공이 기문을 받고 애상(愛賞)하였다. 며칠 뒤, 구양수는 다시 심부름꾼을 보내 다른 원고를 주면서 ‘전에 원고는 좋지 못하여 이 원고를 바꾸어 드립니다.’라고 하였다. 한공이 새 원고를 두 번 세 번 읽어가며 감상해보았지만 앞의 것과 다른 곳이 없었다.(한참 뒤에야 알게 된 사실은) 다만 ‘사환(仕宦)’과 ‘부귀(富貴)’ 뒤에 각각 ‘이(而)’자 한 자가 덧붙여 있었다. (그 한 글자로 인해) 문장의 뜻이 더욱 시원스러웠다.(韓魏公在相爲晝錦堂,歐公記之, ‘仕宦至將相,富貴歸故鄉’,韓公得之愛賞.後數日,歐復遣介,別以本至曰, ‘前有未是,可換此本,’韓再三玩之,無異前者,但于仕宦富貴下各添一 ‘而’字,文義尤暢.)”

原文 　仕宦而至將相, 富貴而歸故鄕, 此人情之所榮, 而今昔之
所同也. 蓋士方窮時, 困厄閭里, 庸人孺子皆得易而侮之. 若季
子不禮於其嫂[1], 買臣見棄於其妻[2]. 一旦高車駟馬[3], 旗旄導前[4],
而騎卒擁後, 夾道之人, 相與騈肩累迹[5], 瞻望咨嗟; 而所謂庸夫

---

1) 계자불례어기수(季子不禮於其嫂):「계자(季子)」: 전국시대 종횡가 소진(蘇秦)의
　자.《전국책》에 다음과 같은 내용이 있다. 소진이 진(秦) 혜왕(惠王)에게 유세를
　하였다가 실패하고 돌아왔을 때에 "그의 아내는 옷도 마련해 주지 않았고, 그의
　형수는 밥도 지어주지 않았으며, 그의 부모는 같이 이야기도 하지 않았다.(妻不
　下紝, 嫂不爲炊, 父母不與言.)" 후에 그가 여섯 나라의 재상이 되어 그의 고향을
　지나게 되었을 때에는 그의 부모는 교외에까지 나와서 그를 마중하였고, 그의
　아내는 곁눈질하며 똑바로 그를 쳐다보지도 못하였으며, 그의 형수는 기어와서
　그에게 용서를 빌었다.
2) 매신견기어기처(買臣見棄於其妻):「매신(買臣)」: 주매신(朱買臣: ? - 기원전115)
　을 가리키며, 서한(西漢) 오현(吳縣: 지금의 강소성江蘇省에 속함) 사람으로, 자가 옹
　자(翁子)이다.《한서(漢書)》에 따르면, 그가 출세하기 전에는 집안이 가난하여
　땔감을 팔아서 생계를 이었으며, 결국 그의 아내는 가난을 이기지 못하여 주매
　신을 내버리고 떠나버렸다. 후에 주매신이 큰 벼슬을 하여 아내가 사는 고을을
　지나자 그의 아내는 후회하면서 재결합을 바랐다. 그러자 주매신은 사람을 시켜
　물 한 동이를 가져와서 말 앞에 엎지르게 하고, 엎질러진 물을 다시 담으면 아내
　와 재결합하겠노라 하였다.「견(見)」: 피동을 나타낸다.
3) 고거사마(高車駟馬): 고대에 지위가 높은 사람들이 타던 수레를 가리킨다.「고
　거(高車)」: 지붕이 높아서 서서 탈 수 있는 수레.「사마(駟馬)」: 말 네 필이 끄는
　수레.
4) 모(旄): 깃대 위에 소꼬리로 만든 장식. 이러한 장식이 있는 기를 가리키기도 한다.
5) 변견누적(騈肩累迹):「변견(騈肩)」: 어깨를 나란히 하다, 어깨와 어깨가
　맞부딪친다는 뜻으로, 사람이 많음을 형용한다.「누적(累迹)」: 지나간 발
　자국에 계속하여 다른 사람의 발자국이 중첩된다는 뜻으로, 사람들이 많
　이 붐비는 것을 형용한다.

愚婦者, 奔走駭汗, 羞愧俯伏, 以自悔罪於車塵馬足之間[6]. 此一介之士, 得志於當時, 而意氣之盛, 昔人比之衣錦之榮者也.

惟大丞相魏國公則不然[7]. 公, 相人也[8], 世有令德, 爲時名卿[9]. 自公少時, 已擢高科[10], 登顯仕; 海內之士, 聞下風而望餘光者[11], 蓋亦有年矣[12]. 所謂將相而富貴, 皆公所宜素有. 非如窮厄之人, 僥倖得志於一時, 出於庸夫愚婦之不意, 以驚駭而夸耀之也. 然則高牙大纛[13], 不足爲公榮; 桓圭袞冕[14], 不足爲公貴; 惟

---

6) 자회죄어거진마족지간(自悔罪於車塵馬足之間): 다른 판본에는 이 구 뒤에 "이막감앙시(而莫敢仰視: 감히 쳐다보지도 못한다)"라는 다섯 자가 더 있다. 「회죄(悔罪)」: 소진의 형수와 주매신의 아내에 관한 이야기를 사용한 것이다.

7) 대승상위국공(大丞相魏國公): 한기를 가리킨다. '대(大)'는 존칭으로 사용되었다. '승상'은 재상(宰相)과 같은 말이다. '위국공(魏國公)'은 한기에게 봉해진 작위의 이름이다.

8) 상(相): 지명으로, 지금의 하남성 안양현(安陽縣).

9) 명경(名卿): 한기의 아버지 한국화(韓國華)는 송 진종(眞宗: 997-1022 재위) 때에 간의대부(諫議大夫)를 지냈다.

10) 이탁고과(已擢高科): 과거시험에서 높은 등급으로 합격하다. 한기는 스무 살도 되지 않아 진사시험에 합격하였다.

11) 여광(餘光): 본래는 저녁노을을 가리키지만, 여기에서는 사람들이 멀리서 한기의 풍채를 보고 싶어 함을 가리킨다.

12) 유년(有年): 여러 해를 뜻한다.

13) 고아대독(高牙大纛): 고관의 의장대를 가리킨다. 「아(牙)」: 깃대에 상아 장식이 있는 아기(牙旗)를 말한다. 주로 대장군의 기로 사용하였고, 의장용으로도 사용하였다. 「독(纛)」: 깃대에 소꼬리나 꿩의 꼬리 장식이 있는 기. 군대나 의장대의 기로 사용하였다.

德被生民而功施社稷, 勒之金石, 播之聲詩, 以耀後世而垂無窮: 此公之志, 而士亦以此望於公也. 豈止夸一時而榮一鄕哉? 公在至和中[15], 嘗以武康之節, 來治於相[16], 乃作晝錦之堂於後圃[17].

---

14) 환규곤면(桓圭袞冕):「환규(桓圭)」: 황제가 삼공(三公)에게 하사하던 명규(命圭), 즉 옥으로 만든 홀이다. '규(圭)'는 고대에 제왕과 제후가 조회(朝會)나 회동(會同) 때에 손에 쥐는 기물로, 위가 둥글고 아래가 네모진 길쭉한 옥이다. '규'는 모두 여섯 종류가 있었으며, 신분과 작위를 나타내었다. 《주례 · 고공기 · 옥인(考工記 · 玉人)》에 "환규라는 9촌 명규는 공작이 지참하고, 신규라는 7촌 명규는 후작이 지참하며, 궁규라는 7촌 명규는 백작이 지참한다(命圭九寸, 謂之桓圭, 公守之; 命圭七寸, 謂之信圭, 侯守之; 命圭七寸, 謂之躬圭, 伯守之.)"고 하였다.「곤면(袞冕)」: 삼공이 입는 예복(禮服)과 머리에 쓰는 예모(禮帽).

15) 지화(至和): 송나라 인종(仁宗: 조정趙禎)의 연호로, 1054년부터 1056년까지 사용하였다.

16) 무강지절, 래치어상(武康之節, 來治於相):「무강지절(武康之節)」: 무강군절도사(武康軍節度使)를 가리킨다. '무강(武康)'은 지금의 절강성 북부이다.「래치어상(來治於相)」: 지화 2년(1055) 2월에 한기는 무강절도사의 신분으로 상주지주(相州知州)를 맡았다.

17) 주금지당(晝錦之堂): 《한서 · 항적전(項籍傳)》에 "부귀하고서도 고향으로 돌아가지 않는 것은 마치 비단옷을 입고 밤중에 나다니는 것과 같다(富貴不歸故鄕, 如衣錦夜行.)" 하였고, 《삼국지 · 위지 · 장기전(張旣傳)》에 "옹주자사로 나가게 되자 태조(曹操)께서 장기에게 말하기를 '그대가 태어난 주(州)로 돌아가는 것이니, 수놓은 비단옷을 입고 대낮에 다니는 것이라 하겠구려.' 라고 하였다(出爲雍州刺史, 太祖謂旣曰: '還君本州, 可謂衣繡晝行矣.')"는 내용이 있다. 한기가 상주지주가 된 것도 자신 고향으로 돌아가 다스리는 것이기 때문에 '주금당' 이라 이름 지은 것이다.

旣又刻詩於石, 以遺相人. 其言以快恩讎·矜名譽爲可薄, 蓋不以
昔人所夸者爲榮, 而以爲戒. 於此見公之視富貴爲如何, 而其志豈
易量哉? 故能出入將相, 勤勞王家, 而夷險一節[18]. 至於臨大事, 決
大議, 垂紳正笏[19], 不動聲氣, 而措天下於泰山之安, 可謂社稷之臣
矣! 其豊功盛烈, 所以銘彝鼎而被弦歌者[20], 乃邦家之光[21], 非閭里
之榮也.

余雖不獲登公之堂, 幸嘗竊誦公之詩; 樂公之志有成, 而喜爲
天下道也, 於是乎書.

尙書吏部侍郎·參知政事歐陽修記.

直譯 벼슬하여 장군이나 재상이 되어, 부귀하여 고향으로 돌아간
다. 이것은 인간의 마음이라면 다 영광스럽게 여기는 바이요, 옛
날이나 지금이나 다 같은 바이다. 대개 선비가 곤궁할 때에는 자
신이 살고 있는 마을에서조차 고통을 받아 범속한 사람이나 아이
들까지 그를 가볍게 보고 모욕을 준다. 마치 소진(蘇秦)이 형수에
게 무례한 대우를 받은 것이나, 주매신(朱買臣)이 아내에게 이혼

---

18) 이험일절(夷險一節): 태평스런 때나 험난한 때나 절조가 한결같다는 말
   이다.

19) 수신정홀(垂紳正笏):「신(紳)」: 옛날 사대부들이 옷의 허리춤에 둘러 묶
   는 큰 띠.「홀(笏)」: 옛날 대신들이 조회할 때 손에 쥐는 좁고 길쭉한 물
   건으로, 옥이나 상아, 또는 대나무로 만들었으며, 간단한 일을 기록하는
   데에 사용하였다.

20) 이정(彝鼎): 고대에 종묘의 제사에 사용하는 술그릇, 솥 등을 널리 가리
   키는 말이다.

21) 방가(邦家): 국가를 뜻한다. '방'은 원래 제후에게 나라를 봉해주는 것
   을 뜻하였으나, 후에는 널리 국가를 가리키게 되었다.

을 당한 것과 마찬가지다. 그러나 뒤에 이 두 사람은 각기 하루아침에 출세하여 네 필의 말이 끄는 높은 수레를 타고 가니, 앞에는 쇠꼬리 기(旗)를 든 부하들이 길을 인도하고 뒤에는 기마병들이 호위하는데, 이 광경을 구경하러 나온 사람들이 길 양편에 서로 어깨를 부딪치고 밀고 밀리면서 그를 우러러보고 감탄을 금치 못하였다. 그리고 범속한 남자와 우둔한 부인네들이 동분서주하면서 놀라 땀을 흘리고, 부끄러워하며 땅에 엎드려서 수레 먼지와 말발굽사이에서 후회하고 죄를 빈다. 이것이 평범한 한 선비가 당시에 득의했을 때의 의기양양한 상황이다. 옛날 사람은 이것을 비단 옷을 입고 고향으로 돌아가는 금의환향(錦衣還鄕)에 비유했던 것이다.

그러나 오직 대승상(大丞相) 위국공(魏國公) 한기(韓琦)만은 그렇지 않다. 공(公)은 상주(相州) 사람으로, 집안대대로 아름다운 덕이 있었고 그 당시 이름 있는 공경(公卿)을 지냈다. 공은 젊은 나이에 이미 좋은 성적으로 과거에 급제하여 높은 벼슬자리에 올랐다. 온 천하의 선비들이 풍문으로 듣고서 멀리서 그의 풍채를 보기를 바란 지 오래되었다. 이른 바 장군이나 재상이 되어 부귀를 한 몸에 안는 것은 다 공에게 있어서는 진작부터 갖추고 있었던 것이다. 곤궁한 사람이 한 때 요행히 뜻을 얻어, 범속한 남자와 우둔한 아낙네가 생각지도 못한 데에서 나와, 그들을 두려워 놀라게 하고 자신을 자랑하는 것과는 다르다. 그리고 보면, 장군의 높은 깃발과 의장대의 큰 깃발로도 공의 영예를 드러내기 부족하고, 삼공(三公)에게 내리는 명규(命圭)와 예복(禮服)도 공의 고귀함을 나타내기에 부족하다 하겠다. 그는 오직 은덕을 백성에게 베풀고 국가사직을 위하여 공을 세워서 그것을 금석(金石)에 새기고 노래와 시로 전하여 그 영광을 후세에까지 드러내어 무궁하게 전하고자 하였다. 이것이 공의 뜻이며 선비들도 그렇게 하기를 공에게 바랐던 것이다. 어찌 다만 한 때만의 자랑거리며 한 고을만의 영광이겠는가?

공은 인종(仁宗) 지화(至和) 연간에 무강절도사((武康節度使)의 신분으로 고향인 상주(相州)로 와 다스리게 되면서, 관저(官邸) 후원에 주금당(晝錦堂)을 지었다. 나중에 또 돌에다 주금당의 시를 새겨 상주 사람들에게 남겼다. 그는 은혜를 갚고 원한을 씻는 것이나 명예를 자랑하는 것을 가볍게 보았고, 옛 사람들이 자랑하던 것을 영광스럽게 여기지 않았을 뿐만 아니라, 오히려 그것을 경계하였다. 여기에서 우리는 공이 부귀를 어떻게 보았는지를 알 수가 있다. 그러니 그의 높은 뜻을 어찌 쉽게 헤아릴 수 있겠는가? 그러므로 밖으로 나가서는 장군으로, 조정에 들어서는 훌륭한 재상으로 국가를 위하여 힘썼으며, 태평한 세상이거나 어지러운 세상이거나 오직 한결같이 절조(節操)를 지켜 왔던 것이다. 국가의 큰일을 맞아 중대한 논의를 결단할 때에는 넓은 띠를 두르고 홀(笏)을 바로 잡고서, 목소리와 얼굴빛조차 변하지 않고 천하를 태산(泰山)처럼 안정되게 조치하니, 진정 공이야말로 국가와 안위(安危)를 함께 할 사직(社稷)의 대신(大臣)이라 할 것이다. 그의 많은 공적과 성대한 업적이 종과 솥에 새겨지고 노래로 불러지는 것은 국가의 영광이지, 하나의 작은 고을만의 영광은 아니다.

내 아직 공의 주금당에 올라가 보지는 못하였지만 다행히 공이 지은 〈주금당〉 시만은 남몰래 외우고 있다. 나는 공의 뜻이 성취되었음을 즐거워하고, 천하 사람들에게 알리고 싶어 이에 이 기(記)를 쓴다.

상서이부시랑 · 참지정사 구양수가 쓰다.

〈현산정기(峴山亭記)[1]〉

이 글은 양양지부(襄陽知府)로 있던 친구 사중휘(史中輝)의 요청으로 희녕 3년(1070)에 지은 것이다. 주변의 자연풍광과 현산정(峴山亭)의 흥폐(興廢)의 과정에 대해서는 비교적 가볍게 다루고, 감개를 중심으로 표현하였다. 즉, 양호(羊祜)와 두예(杜預)의 사적에 대한 추모를 통하여, 사중휘에게 "후세에 이름을 남기는 데 급급하지(汲汲於後世之名)" 말고, 공적(功烈)을 세우는데 주의를 기울여야 한다고 은근히 타이르고 있다. 그러나 이러한 내용을 결코 겉으로 분명하게 표현하지 않고, 함축적이고 완곡하여 나타냄으로써 사람을 깊이 생각하게 한다.

동성파(桐城派)의 고문대가(古文大家) 요내(姚鼐)는 이 글에 대해 "구양수의 이 글은 운치가 오묘하여, 이른바 바람을 들이키고 이슬을 마신 매미가 이 세상 밖으로 허물을 벗고 나온 것처럼 절세의 문장이다(歐公此文神韻縹緲, 如所謂吸風飮露蟬蛻塵埃者, 絕世之文也)."라고 극찬하였다.

---

1) 현산정기(峴山亭記): '현산(峴山)'은 일명 '현수산(峴首山)'이라고도 한다. 지금의 호북성 양양시(襄陽市) 남쪽 한수(漢水) 가에 있다.

[原文] 峴山臨漢上, 望之隱然, 蓋諸山之小者. 而其名特著於荊州者, 豈非以其人哉? 其人謂誰? 羊祜叔子·杜預元凱是已[2].

方晉與吳以兵爭, 常倚荊州以爲重, 而二子相繼於此, 遂以平吳而成晉業, 其功烈已蓋於當世矣[3]. 至於風流餘韻, 藹然被於江漢之間者, 至今人猶思之[4], 而於思叔子也尤深. 蓋元凱以其

---

2) 이기~시이(而其~是已):「형주(荊州)」: 행정소재지가 양양(襄陽)이다. 「양호(羊祜)」: 자가 숙자(叔子)이다. 진(晉) 무제(武帝) 때에 도독형주제군사(都督荊州諸軍事)를 맡아 양양(襄陽)에 주둔하면서, 장강(長江) 동쪽 오(吳)나라의 육항(陸抗)과 대치하였다. 힘써 덕을 닦아 오나라 사람들을 너그럽게 대해 주었고, 상대를 침범하는 일이 없었다. 후에 입조하여 오나라를 정벌할 계략을 진술하였다. 「두예(杜預)」: 경조 두릉(京兆 杜陵: 지금의 섬서성陝西省 장안현長安縣 동남쪽) 사람으로, 자가 원개(元凱)이다. 학문에도 조예가 깊고 용병술이 뛰어나서 사람들은 그를 '두무고(杜武庫)'라 일컬었다. 양호의 뒤를 이어서 진남대장군(鎭南大將軍)이 되어 오나라를 평정한 후에 당양현후(當陽縣侯)에 봉해졌다. 죽은 뒤에 정남대장군(征南大將軍)에 추증되었고, 그의 13대 후손인 두보(杜甫)가 두예를 추모하여 지은 〈제원조당양군문(祭遠祖當陽君文)〉이 전한다. 《삼국지》권16, 《진서(晉書)》권34에 그의 전기가 있다.

3) 방진~세의(方晉~世矣): 진(晉)나라 무제(武帝) 사마염(司馬炎)은 위(魏)나라를 찬탈한 후에, 오나라를 멸할 뜻을 품고 있었다. 형주(荊州)는 오나라와 인접한 군사 요충지였기 때문에 용병에 능한 양호를 도독형주제군사(都督荊州諸軍事)에 임명하여 오나라를 칠 준비를 하였다. 양호가 죽을 때에 자신을 대신할 사람으로 두예를 천거하였다. 진 무제 태강(太康) 원년(280)에 왕준(王濬), 두예 등에게 명하여 군사를 일으켜 오나라를 치게 하였고, 겨우 몇 달만에 오나라를 멸하고, 중국을 통일하였다.

4) 지어~사지(至於~思之): 양호와 두예가 이룬 공적과 도덕의 심원한 영향을 칭송한 것이다. 「풍류여운(風流餘韻)」: 후세에 전해 내려오는 찬양할 만한 사적을 가리킨다. 「애연(藹然)」: 온화하고 친근한 모양.

功, 而叔子以其仁[5]”, 二子所爲雖不同, 然皆足以垂於不朽. 余頗疑其反自汲汲於後世之名者, 何哉? 傳言叔子嘗登茲山, 慨然語其屬, 以謂此山常在, 而前世之士皆已湮滅於無聞, 因自顧而悲傷[6]”. 然獨不知茲山待己而名著也. 元凱銘功於二石, 一置

---

5) 숙자이기인(叔子以其仁):《진서·양호전(羊祜傳)》에 다음과 같은 기록이 있다. “양호는 병영의 병사들을 이끌고 나가서 남하를 진정시켰다. 학교를 개설하고, 멀고 가까운 지역의 백성들을 편안하게 하여 따르도록 하여, 장강과 한수 지역의 민심을 크게 얻었다. 오나라 사람들에게 크게 믿음을 심어주었고, 항복한 자들이 떠나가고자 하면 그들의 뜻대로 모두 들어주었다(祜率營兵出鎭南夏, 開設庠序, 綏懷遠近, 甚得江漢之心. 與吳人開布大信, 降者欲去皆聽之.)” “양호는 군사를 내어 오나라 경내로 행군하다가 (병사들이) 식량으로 쓸 곡식을 베어오면, 뺏어온 양을 모두 계산해서 비단으로 배상해주었다. 그리고 매번 강변에 모여 사냥을 할 때는 진나라 지역에서 멈추었고, 만약 짐승이 먼저 오나라 사람에 의해 상처를 입었다가 진나라 병사에게 잡히면, 모두 오나라 사람들에게로 돌려보냈다. 그래서 오나라 사람들은 기꺼이 심복하면서, 그를 양공이라 일컫고, 그의 이름을 부르지 않았다(祜出軍行吳境, 刈谷爲粮, 皆計所侵送絹償之. 每會衆江沔游獵, 常止晉地, 若禽獸先爲吳人所傷而爲晉兵所得者, 皆封還之. 于是吳人翕然悅服, 稱爲羊公, 不之名也.)” “양양의 백성들은 양호가 생전에 현산에서 노닐며 쉰 곳에 비석과 사당을 건립하고, 명절 때에는 거기에서 제사를 지냈는데, 그 비석을 보고 눈물을 흘리지 않는 자가 없었다. 그래서 두예는 그 비석을 타루비(墮淚碑)라 이름하였다(襄陽百姓于峴山祜平生游憩之所, 建碑立廟, 歲時饗祭焉. 望其碑者, 莫不流涕, 杜預因名爲墮淚碑.)

6) 개연~비상(慨然~悲傷):「속(屬)」: 부하, 수행원.《태평어람(太平御覽)》권 43에 다음과 같은 기록이 있다. “양호는 항상 수행원 추윤보와 같이 현산에 오르면 눈물을 흘리며 말하기를 ‘우주가 생기면서부터 이 산은 존재하였고, 옛날부터 훌륭하고 뛰어난 선비들 가운데 이곳에 올라와서 지금

茲山之上, 一投漢水之淵[7]”. 是知陵谷有變而不知石有時而磨滅也. 豈皆自喜其名之甚而過爲無窮之慮歟? 將自待者厚而所思者遠歟?

山故有亭, 世傳以爲叔子之所游止也. 故其屢廢而復興者, 由後世慕其名而思其人者多也. 熙寧元年, 余友人史君中輝以光

─────────────

의 나와 그대처럼 멀리 바라보며 노닐었던 사람이 많았을 것이다. 지금은 다들 인멸되어 들리지도 않아 알 수조차 없으니, 이것을 생각하면 참으로 슬프고 가슴이 아프도다. 나도 백 년 후에는 혼백만이 이 산을 떠돌겠지’라고 말하였다. 이에 추윤보가 대답하기를 ‘공의 덕은 천하에서 으뜸이시고, 선현의 도를 계승하셨으니, 훌륭한 명성은 마땅히 이 산과 함께 영원히 전해질 것입니다. 저와 같은 사람이야 마땅히 공께서 말씀하신 것처럼 되겠지요’라고 하였다. 후에 이 고장 사람들이 사모하여 마침내 이 산에 양공묘라는 사당과 비석을 세웠다(羊祜常與從事鄒潤甫共登峴山, 垂泣曰: ‘自有宇宙便有此山, 由來賢達勝士登此遠望如我與卿者多矣, 皆湮沒無聞, 不可得知, 念此使人悲傷. 我百年後, 魂魄猶當此山也.’ 潤甫對曰: ‘公德冠四海, 道嗣前哲, 令聞令望當與此山俱傳. 若湛輩乃當如公語耳.’ 後以州人思慕, 遂立羊公廟幷碑于此山).

7) 원개~지연(元凱~之淵):《진서(晉書)·두예전(杜預傳)》에는 다음과 같은 기록이 있다. “두예는 후세에 이름 남기기를 좋아하여, 항상 말하기를 ‘높은 언덕이 계곡으로 변할 수가 있고, 깊은 계곡이 언덕으로 변할 수도 있다’라고 하였다. 돌을 깎아 비석 두 개를 만들고 거기에 그의 공적을 기록하여, 하나는 만산(일명 한고산漢皐山) 아래의 물 속에 가라앉히고, 하나는 현산 위에 세워놓고서 말하기를 ‘비석이 있는 이 곳들이 먼 훗날 언덕이나 계곡으로 변하지 않을 것이라고 그 어찌 알겠는가!’라고 하였다(預好爲後世名, 常言‘高岸爲谷, 深谷爲陵’, 刻石爲二碑, 紀其勛績, 一沈萬山之下, 一立峴山之上, 曰: ‘焉知此後不爲陵谷乎!’)

祿卿來守襄陽[8]. 明年, 因亭之舊, 廣而新之, 旣周以回廊之壯, 又大其後軒[9], 使與亭相稱. 君知名當世, 所至有聲, 襄人安其政而樂從其游也. 因以君之官, 名其後軒爲光祿堂; 又欲紀其事於石, 以與叔子・元凱之名並傳於久遠. 君皆不能止也, 乃來以記屬於予.

余謂君知慕叔子之風, 而襲其遺迹, 則其爲人與其志之所存者, 可知矣. 襄人愛君而安樂之如此, 則君之爲政於襄者, 又可知矣. 此襄人之所欲書也. 若其左右山川之勝勢, 與夫草木雲煙之杳靄, 出沒於空曠有無之間, 而可以備詩人之登高, 寫〈離騷〉之極目者, 宜其覽者自得之[10]. 至於亭屢廢興, 或自有記, 或不

---

8) 희녕~양양(熙寧~襄陽):「희녕원년(熙寧元年)」: '희녕(熙寧)'은 송 신종(神宗)의 연호로, 1068년부터 1077년까지 사용하였다.「광록경(光祿卿)」: 광록시(光祿寺)의 업무를 주관하는 벼슬로, 조정의 제사와 조회 등을 담당하였다. 사마휘는 광록경의 직함으로 양양(襄陽)을 다스렸다.

9) 헌(軒): 창문틱이 있는 집(室을) 말한다.

10) 약기~득지(若其~得之): 일반적으로 비문(碑記)은 자연형세 및 그 연혁에 중점을 두고 묘사하는 데, 작자는 "유람하는 사람이 직접 가서 음미하도록 해야 할 것이다(覽者自得之)"라고 하거나 "나도 이러한 것을 다 쓰지 않는다(皆不復道)"라는 말로 생략해버리고, 의론과 서정에 중점을 두고 있다.「기(其)」: 앞의 '기'자는 현산정을 가리킨다.「승세(勝勢)」: 수려한 풍경을 말한다.「비(備)」: 제공한다는 말이다.「사〈이소〉지극목(寫〈離騷〉之極目)」: 수식어를 뒤로 도치시킨 구조이다. 시력이 미치는 한 멀리 바라보고 우수와 그리움의 시를 써낸다는 말이다. '〈이소(離騷)〉'는 초사(楚辭)의 대표적인 작품 이름으로, 굴원(屈原)이 지었다. 이 말의 의미에 대해서는 지금까지 여러 가지 해석이 있다.《사기・굴원가생열전(屈原賈生列傳)》에는 회남왕(淮南王) 유안(劉安)의 말을 인용하여

必究其詳者, 皆不復道[11].
　熙寧三年十月二十有二日, 六一居士歐陽修記.

直譯 현산(峴山)은 한수(漢水) 가까이 있는데, 멀리 바라다보면 어렴풋하여 여러 산 가운데 가장 작은 산이다. 그러나 그 명성이 형주(荊州)에서 특히 드러나게 된 것은 그 사람들 때문이 아니겠는가? 그 사람들이란 누구인가? 양호(羊祜, 자는 숙자叔子)와 두예(杜預, 자는 원개元凱)가 바로 그들이다.

　진(晉)나라와 오(吳)나라가 천하를 다툴 때에, 늘 요충지인 형주를 중시하였다. 이 두 사람은 서로 이어 형주를 지키면서 마침내 오나라를 평정하고 진나라의 통일사업을 완성하니, 그들의 공적은 당시 사람들을 압도하였다. 후세에까지 전해질만한 그들의 훌륭한 사적은 양자강과 한수(江漢) 일대에 줄곧 전해내려 왔으며, 지금 사람들도 늘 두 사람 다 사모하지만, 양호를 생각함이 더 깊다. 그 것은 대개 두예는 무공(武功)에 의지한 데에 반하여, 양호는 인덕 (仁德)에 의지하였기 때문이다. 두 사람이 행한 것이 다르기는 하 지만 둘 다 후세에 이름을 남기기에는 충분하다. 그런데 나는 그 들 스스로가 후세에 이름을 남기는 데 급급하였던 것은 아닐까 하 고 상당히 의심스러워진다. 무엇 때문인가? 전해오는 말로는, 양 호는 일찍이 이 산에 올라 그 부하에게 감개에 젖어 말하기를, 이

―――――――――

　　"이소라는 말은 근심을 만난다는 뜻의 '이우'와 같다(離騷者, 猶離憂 也.)"고 하였는데, 여기서는 근심스러운 정서가 있는 시를 두루 가리키 는 말이다.

11) 지어~부도(至於~復道): 현산정은 일찍이 여러 차례 허물어지고 다시 지 었다. 그래서 어떤 때는 비문을 짓기도 하고, 어떤 때는 짓지 않았으므 로, 여기에 대해서 상세히 이야기할 필요가 없다.

산은 늘 그대로인데 전대의 선비들은 다 인멸되어 들리지도 않는다고 자신을 돌아보고 슬퍼하였다고 한다. 그러나 그는 오히려 이 산이 자신으로 인해서 이름이 날 줄은 몰랐다. 두예는 두 개의 비석에 자신의 공을 새겨서 하나는 이 산 위에 두고 하나는 한수(漢水)의 깊은 곳에 던졌다 한다. 그는 지형이 변하여 높은 산이 깊은 계곡이 되고 깊은 계곡이 높은 산으로 바뀔 수 있음은 알았으나, 비석도 때가 되면 마멸된다는 사실은 몰랐다. 어찌 이들 모두가 자신의 이름 내기를 너무 좋아하여 지나치게 끝없는 근심을 한 것은 아닐까? 아니면 아마도 기대하는 것이 너무 크다보니 생각하는 바가 너무 깊어서였을까?

산 위에는 예전부터 정자가 있었는데, 전해오는 말로는 양호가 노닐며 휴식하던 곳이라 한다. 정자는 여러 차례 훼손되었지만, 다시 지어졌던 것은 후세 그의 명성을 사모하고 그 사람을 그리워한 사람들이 많았기 때문이다. 희령(熙寧) 원년 내 친구 사중휘(史中輝)가 광록경(光祿卿)의 직함으로 양양지부(襄陽知府)로 왔는데, 이듬해 정자의 옛 규모대로 확충하여 새로 짓고, 회랑을 웅장하게 만들고, 또 후헌을 확장하여 정자와 어울리도록 하였다. 사중휘는 당대에 이름난 사람으로 가는 곳마다 명성이 있었으며, 양양 사람들은 그의 정치를 편안히 여겼고 그를 따라 노니는 것을 즐거워하였다. 이에 그의 직함을 따서 그 후헌을 광록당이라 이름 짓고, 또 이 일을 돌에 새겨 양호와 두예의 명성과 함께 영원히 전하고자 하였다. 사중휘가 양양 사람들의 이러한 생각들을 저지할 수가 없어서, 이에 와서 나에게 기문(記文) 한 편을 써달라고 부탁하였다.

내 생각으로 사중휘가 양호의 풍도를 알고 사모하여 그의 유적을 따르고자 한다면, 사중휘의 사람됨과 그 뜻한 바를 알 수가 있을 것이다. 양양 사람들도 사중휘을 사모하면서 이처럼 편안히 거주하며 자신들의 일을 즐긴다면, 사중휘의 양양에서의 정치적 업적도 알 수 있을 것이다. 이것이 바로 양양 사람들이 써주기를 바라는 내용이다. 좌우 산천의 아름다운 형세가 저 은은한 풀·나무·구름·안개와 더불어 끝없이 넓은 공간에서 숨었다 드러났다 하는데, 이러한 경관과 같은 것은 시인들이 높은 곳에 올라, 눈 닿는 데까지 멀리 바라보며 〈이소(離騷)〉같은 걸출한 시편을 쓰는데 도움을 줄 수 있을 것이다. 그러니 마땅히 유람하는 사람이 직접 가서 음미하도록 해야 할 것이다. 그리고 정자가 누차에 걸쳐 허물어지고 다시 세워졌는데, 본래 기록해야 할 것도 있고, 상세히 신경 쓸 필요가 없는 것도 있다. 나도 이러한 것을 다 쓰지 않는다.

희녕 삼년 시월 이십이일 육일거사 구양수 기록하다.

〈장자야묘지명(張子野墓誌銘[1])〉

이 글은 강정(康定) 원년(1040)에 지었다. 구양수는 젊은 시절 함께 즐기며 놀던 친구들이 하나 둘 세상을 떠나자 슬픔을 가누지 못해 지난날을 되새기며 이들의 죽음을 애도한 것이 곳곳에 보인다. 처음 관리로 발령받아 근무하였던 서경유수추관(西京留守推官) 시절에 함께 놀고 즐겼던 친구들 가운데 장요부(張堯夫)와 사희심(謝希深)이 각각 죽고 장자야(張子野)도 1039년에 죽어 이듬해 1040년에 그의 묘지명을 쓰게 되자 그 슬픔은 유달리 컸다. 그래서 그는 지난 일들을 돌이켜보며, 지난날 교유했던 친구들의 영락함에 대한 그의 비통한 마음을 반복적으로 서술하면서, 장자야 같은 좋은 친구는 얻기는 어려워도 잃기는 쉬웠음을 뼈저리게 애탄하고 있다.

이 글의 특징은 다양한 접속사를 절묘하게 연결하고 있다는 점이다. 즉, 자신이 남들을 위해 묘지명을 짓게 된 원인이 '자신이 묘지명에 능하지 못하지만 좋은 일을 후세에 전하기를 즐거워해서

---

1) 장자야묘지명(張子野墓誌銘): 「장자야(張子野: 991-1039)」: 이름이 선(先), 자가 자야(子野)이고, 개봉(開封) 사람이다. 북송의 이름난 사인(詞人) 장선(張先: 990-1078)과 같은 시기에 살았고, 이름과 자도 같지만 동명이인(同名異人)이다. 《송사》에 그의 전기가 있다. 「묘지명」: 망자의 생평을 적은 글로, 돌에 새기어 무덤에 묻는다. 묘지명은 두 부분으로 나뉘는데, 산문(散文)으로 적는 앞부분을 '지(誌)'라고 하며, 망자의 사업, 덕행 등을 적는다. 운문으로 적는 뒷부분은 '명(銘)'이라 하며, 망자에 대해 개괄적인 평가를 한다. 옛날 사람들은 '명'이 주가 된다고 생각하였기 때문에 산문으로 적는 부분을 '서(序)'라고도 하였다. 원간본 《구양문충공집》에는 묘지명이 모두 81편 수록되었는데, 어떤 것은 표제에 '병서(竝序)' 두 자가 있고, 어떤 것은 없어서 체례가 일정치 않다.

임’을 밝히기 위해 ‘수(雖) … 연(然)’이란 접속사를 써서 먼저 나
타내고, 이어서 장자야의 아름다운 자취·자신과의 관계·그의 불
우한 점 등을 생각해서라도 반드시 묘지명을 써야 한다는 당위성
을 강조하기 위해 ‘황(況)’·‘비독(非獨) … 우(又) … ’·‘ … 與
… ’의 다양한 접속사를 써서, 느슨하기 쉬운 여러 개의 구절을 긴
밀히 연결시켜 문장을 생동감 있게 하였다.

原文 吾友張子野旣亡之二年, 其弟充以書來請曰:“吾兄之喪
將以今年三月某日葬於開封, 不可以不銘; 銘之莫如子宜.”嗚
呼! 予雖不能銘, 然樂道天下之善以傳焉. 況若吾子野者, 非獨
其善可銘, 又有平生之舊, 朋友之恩, 與其可哀者, 皆宜見於子
文. 宜其來請於予也.
　初, 天聖九年子爲西京留守推官[2]. 是時, 陳郡謝希深·南陽
張堯夫與吾子野, 尙皆無恙[3]. 於時一府之士皆魁傑賢豪, 日相

---

2) 천성~추관(天聖~推官):「천성구년(天聖九年)」: 1031년을 말한다.「서경
　　(西京)」: 낙양(洛陽)을 가리킨다.

3) 진군~무양(陳郡~無恙):「진군(陳郡)」: 진주(陳州)를 말하며, 행정소재지
　　가 지금의 하남성 회양현(淮陽縣)이다.「사희심(謝希深)」: 이름이 강(絳)
　　이다. 문장과 학문으로 유명하였고, 여러 차례 승진하여 병부원외랑(兵部
　　員外郞)의 관직에 이르렀으며, 양하남(陽夏男)에 봉해졌다. 보원(寶元) 2
　　년(1039)에 죽었다. 구양수가 지은 〈상서병부원외랑지제고사공묘지명(尙
　　書兵部員外郞知制誥謝公墓誌銘)〉이 전한다.「남양(南陽)」: 지금의 하남성
　　남양이다.「장요부(張堯夫)」: 이름이 여사(汝士)이고, 대리시승(大理寺丞)
　　과 하남부사록(河南府司錄)을 지낸 적이 있다. 명도(明道) 2년(1033)에
　　죽었다. 구양수가 지은 〈하남부사록장군묘지명(河南府司錄張君墓誌銘)〉
　　과 〈하남부사록장군묘표(河南府司錄張君墓表)〉가 전한다.「양(恙)」: 탈,
　　질병.

往來, 飮酒歌呼, 上下角逐, 爭相先後, 以爲笑樂; 而堯夫·子野退然其間, 不動聲氣, 衆皆指爲長者. 子時尙少, 心壯志得, 以爲洛陽東西之衝, 賢豪所聚者多, 爲適然耳[4]. 其後去洛來京師, 南走夷陵, 竝江漢, 其行萬三四千里, 山砠水厓[5], 窮居獨遊, 思從曩人, 邈不可得. 然雖洛人, 至今皆以謂無如嚮時之盛. 然後知世之賢豪不常聚而交遊之難得, 爲可惜也. 初在洛陽時, 已哭堯夫而銘之; 其後六年, 又哭希深而銘之; 今又哭吾子野而銘之. 於是又知非徒相得之難, 而善人君子欲使幸而久在於世亦不可得也. 嗚呼! 可哀也已!

子野之世曰: 贈太子太師[6], 諱某, 曾祖也; 宣徽北院使·樞密副使·累贈尙書令, 諱遜, 皇祖也[7]; 尙書比部郎中, 諱敏中, 皇考也[8]; 曾祖妣李氏, 隴西郡夫人; 祖妣宋氏, 昭化郡夫人, 孝

---

4) 적연(適然): 당연히 그러하다, 항상 그러하다.

5) 산저수애(山砠水厓): 돌로 덮인 산과 강가를 말하며, 널리 황량하고 외진 장소를 나타낸다.

6) 태자태사(太子太師): 옛날 태자를 가르치던 관직으로, 송대에는 상설된 관직이 아니라 주로 봉증(封贈)하는데 많이 쓰였다.

7) 선휘~조야(宣徽~祖也): 「선휘북원사(宣徽北院使)」: 관직 이름으로, 당대에는 환관이 맡아서 궁중의 사무(內務) 및 조회연향(朝會宴享) 등의 일을 총괄하였다. 후에 이 직위가 중요해지면서 조정의 대신이 맡았다. 「추밀부사(樞密副使)」: 추밀원(樞密院)에 추밀사(樞密使)와 추밀부사를 두어 전국의 군사(軍事)를 주관하였다.

8) 상서~고야(尙書~考也): 「상서비부낭중(尙書比部郎中)」: 중앙과 지방(中外)의 호적과 장부(帳籍)를 검열하는(稽考核査) 등의 일을 주관한다. 「고(考)」: 돌아가신 아버지를 뜻한다. 앞의 '황(皇)' 자는 밝고 위대하다는 뜻으로, 존경의 의미를 나타낸다.

章皇后之妹也; 妣李氏, 永安縣太君[9].

子野家聯后姻, 世久貴仕, 而被服操履甚於寒儒[10]. 好學自力, 善筆札[11]. 天聖二年擧進士, 歷漢陽軍司理參軍, 開封府咸平主簿, 河南法曹參軍[12]. 王文康公·錢思公·謝希深, 與今參知政事宋公[13], 咸薦其能. 改著作郞, 監鄭州酒稅, 知閬州閬中縣,

---

9) 증조비~현태군(曾祖妣~縣太君):「비(妣)」:《예기·곡례(曲禮)》에 "살아 계실 때에는 부모라 하고, 돌아가신 후에는 고비라 한다(生曰父母, 死曰考妣.)"고 하였다.《송사·직관지(職官志)》에 의거하면 당시 관리의 모친에게 내리는 칭호로는 등급에 따라 국태부인(國太夫人), 군태부인(郡太夫人), 군태군(郡太君), 현태군(縣太君) 등이 있었는데, 모두 명예 직함이다.「효장황후(孝章皇后)」: 좌위상장군(左衛上將軍) 송악(宋偓)의 딸로, 송 태조 개보(開寶) 원년(968)에 황후가 되었다.

10) 피복조리심어한유(被服操履甚於寒儒):「피복(被服)」: 옷차림.「조리(操履)」: 행동거지.「한유(寒儒)」: 빈곤한 선비.

11) 필찰(筆札): 붓과 종이, 여기서는 문장을 가리킨다. '찰(札)'은 원래 종이가 발명되기 전에 글씨를 쓰던 목간(木簡)을 가리킨다.

12) 한양~참군(漢陽~參軍):「한양군(漢陽軍)」: 행정소재지는 지금의 호북성 한양이다.「참군(參軍)」: 원래는 군사 참모였는데, 후에 지방관의 부하로 바뀌었다.「사리(司理)·법조(法曹)」: 법을 논의하고 형벌을 판단하는 등의 사무에 참여하는 관직 이름.「함평(咸平)」: 개봉 남쪽에 있는 현의 이름으로, 행정소재지는 지금의 하남성 통허현(通許縣)이다.「하남(河南)」: 하남부(河南府)를 말한다. 행정소재지는 지금의 낙양시이다.

13) 왕문~송공(王文~宋公):「왕문강공(王文康公)」: 왕서(王曙)를 말한다. 인종 때에 추밀사, 동평장사(同平章事)의 관직을 지냈다.「전사공(錢思公)」: 전유연(錢惟演)을 말하며, '사(思)'는 그의 시호(諡號)이다.「송공(宋公)」: 송상(宋庠)을 말한다. 당시에 부재상에 해당하는 참지정사(參知政事)를 맡고 있었다.

就拜祕書丞[14]. 秩滿, 知亳州鹿邑縣[15]. 寶元二年[16]二月丁未以疾卒於官, 享年四十有八. 子伸, 郊社掌坐[17]; 次從; 次幼, 未名. 女五人, 一適人矣. 妻劉氏, 長安縣君.

　子野爲人, 外雖愉怡, 中自刻苦; 遇人渾渾, 不見圭角[18], 而志守端直, 臨事敢決. 平居酒半脫帽垂頭, 童然禿且白矣[19]. 予固已悲其早衰, 而遂止於此, 豈其中亦有不自得者耶?

---

14) 개저~서승(改著~書丞):「저작랑(著作郎)」: 비서성 소속의 관직 이름이다. 삼국시대 이래로 국사의 편수를 주관하는 관직이었지만, 송대에는 국사원(國史院)이 따로 있었기 때문에 저작랑은 단지 매일 매일의 정무(政務)를 기록하는 등의 일을 담당하였다.「정주(鄭州)」: 행정소재지는 지금의 하남성 정현(鄭縣)이다.「감(監)」: 송대에 설치한 관직인 '감당(監當)'을 가리킨다. 차(茶), 소금, 주세(酒稅), 제련과 주조(冶鑄) 등의 사무를 주관하는 지방관이다.「낭중현(閬中縣)」: 지금의 사천성 낭중시.「비서승(祕書丞)」: 비서성 소속의 관직 이름이다.

15) 질만, 지박주녹읍현(秩滿, 知亳州鹿邑縣):「질(秩)」: '직(職)'과 같으며, 관직, 임기를 뜻한다.「박주(亳州)」: 행정소재지는 지금의 안휘성 박주시이다.「녹읍현(鹿邑縣)」: 송대에는 박주에 속하였고, 지금은 하남성에 속해있다.

16) 보원이년(寶元二年): 1039년이다. '보원(寶元)'은 1038년부터 1039년까지 사용한 송 인종(재위기간 1022-1063)의 연호이다.

17) 교사장좌(郊社掌坐): 관직 이름이다. 송대에는 교사령(郊社令)을 두어, 임금이 교외에 나가는 일 및 사직단(社稷壇)의 청소 등을 담당하였는데, '장좌(掌坐)'는 교사령의 속관이다.

18) 규각(圭角): 홀의 모서리. 사물의 날카로운 부분을 뜻하며, 언어나 행동이 모나서 남과 맞지 않는 것을 가리킨다.

19) 동연(童然): 대머리 모양, 머리가 벗겨진 모양, 민둥민둥한 모양.

子野諱先, 其上世博州高堂人[20]; 自曾祖已來, 家京師而葬開封, 今爲開封人也.

銘曰:

嗟夫, 子野! 質厚材良. 孰屯其亨? 孰短其長? 豈其中有不自得, 而外物有以戕[21]? 開封之原, 新里之鄕, 三世於此, 其歸其藏[22].

[直譯] 내 친구 장자야(張子野)가 세상을 떠난 뒤, 이듬해 그 동생 장충(張充)이 편지를 보내 청하기를 "제 형님의 영구를 올 3월 모일 개봉에 안장하려니, 묘지명을 쓰지 않을 수 없는데, 당신만큼 적당한 사람이 없습니다."라 하였다. 아아! 내 비록 묘지명을 잘 짓지는 못하지만, 그러나 천하의 좋은 일을 말하여 후세에 전하기를 즐거워한다. 하물며 내 친구 장자야 같은 이는 묘지명에 쓸만한 아름다운 사적이 있을 뿐만 아니라, 또한 나와는 평생의 친구로 친구간의 은정(恩情)과 또 그에게 애통해 할만한 곳도 있으니, 이 모든 것을 내가 문장으로 드러내어야 마땅한 일이었다. 그런데 그 동생이 찾아와서 나에게 묘지명을 청하니 참으로 당연한 일이다.

이보다 앞서 천성(天聖) 9년(1031) 나는 서경유수추관(西京留守推官)으로 있었는데, 이때 진주(陳州) 사람 사희심(謝希深)과 남양

---

20) 박주고당(博州高堂):「박주(博州)」: 행정소재지는 지금의 산동성 료성시(聊城市)이다.「고당(高堂)」: '고당(高唐)'의 오기(誤記)인 듯하다. 료성시의 북쪽에 있다.

21) 장(戕): 상해, 손상.

22) 기귀기장(其歸其藏):「귀(歸)」: 혼백이 여기로 돌아오는 것을 가리킨다.「장(藏)」육체를 묻는 것을 가리킨다.

(南陽) 사람 장요부(張堯夫) 그리고 내 친구 장자야(張子野)는 여전히 탈 없이 무사하였다. 이때 서경유수부(西京留守府)의 인사들은 모두 걸출한 사람들로, 매일같이 서로 왕래하며 술을 마시고 노래를 부르면서 각종 내기를 하고 서로 선후(先後)를 다투며 웃고 즐겼다. 그러나 장요부와 장자야는 우리들이 내기시합을 할 때에 뒷전으로 물러나 거기에 마음을 두지 않아서, 우리 모두는 그들을 풍후(忠厚)한 사람들이라 하였다. 나는 이때 아직 젊고 원대한 포부를 지니고 있었던 터라, 낙양은 동서교통의 요충지이니 인재가 많이 모이는 것은 당연할 따름이라고 생각하였다. 그 후 낙양을 떠나 수도 개봉으로 와서 근무하다가, 폄적되어 남방 이릉현령으로 갔고, 또 장강(長江) 한수(漢水) 일대를 돌아다녔으니, 그 여정이 일만 삼사천 리나 되었다. 어떤 때는 황량한 산에서, 어떤 때는 물가에서 홀로 곤궁하게 거주하거나 유람하면서 옛 사람들을 찾아보려 하였으나, 아득하여 더 이상 찾을 수 없었다. 그러나 설령 낙양 사람일지라도 지금은 지난날의 성황만큼은 될 수 없을 것이라 생각이 든다. 그런 뒤에야 나는 비로소 세상의 걸출한 인재가 늘 함께 모일 수 있는 것이 아니며, 그런 사람과 친구로 교유하기도 어렵다는 것을 알게 되니 참으로 안타깝다. 이보다 앞서 내가 아직 낙양에 있었을 때, 이미 장요부의 죽음에 통곡하고 그의 묘지명을 썼으며, 6년 후 또다시 사희심의 죽음에 통곡하고 묘지명을 썼다. 지금 또 친구 장자야의 죽음을 애통해 하면서 묘지명을 쓴다. 지금에서야 이런 친구들은 얻기 어렵다는 사실을 알았을 뿐만 아니라, 선인군자(善人君子)라도 운 좋게 오래 사는 것이 쉽지 않다는 것을 알겠다. 아! 슬프도다.

자야의 집안은 이러하다. 태자태사로 추증되신 장 모(張某)는 증조부이시고, 선휘북원사·추밀부사를 지내시고 누차 추증되어 상서령이 되신 장손(張遜)은 조부이시며, 상서성 비부낭중을 지내신

장민중(張敏中)이 아버지이시다. 증조모 이씨는 농서군(隴西郡)부인으로 추증되고, 조모 송씨는 소화군부인으로 추증되었는데, 이분이 바로 효장(孝章)황후의 여동생이다. 모친 이씨는 영안현태군(永安縣太君)으로 추증되시었다.

자야의 집안은 황후와 인척관계여서 몇 대에 걸쳐 고관을 지낼 만하였지만, 그러나 그 몸가짐과 행동거지는 가난한 선비보다 더 신중하였다. 자야는 공부하기를 좋아하여 스스로 노력하였고 문장을 잘 썼다. 천성 2년에 진사가 되어 한양군사리참군·개봉부함평현주부·하남부법조참군을 역임하였다. 왕문강공·전사공·사희심·지금 참지정사로 계신 송공 모두 다 그를 능력 있는 사람이라고 추천하였다. 저작랑으로 전근되었다가 정주주세 감독관을 지내고 낭주랑중현(閬州閬中縣) 지현(知縣)을 지냈다가, 다시 수도로 돌아와 비서승이 되었다. 임기를 마친 뒤에 박주(亳州) 녹읍현(鹿邑縣) 현령이 되었다. 보원 2년 2월 정미일에 병으로 임지에서 세상을 뜨니 향년 48세였다. 큰아들 장신(張伸)은 교사장좌로 임명되었고, 둘째는 장종(張從)이고, 아들 하나가 또 있으나 나이가 어려 정식 이름이 없다. 딸이 다섯이 있는데, 하나는 이미 시집을 갔다. 처 유(劉)씨는 장안현군(長安縣君)으로 추증되었다.

자야의 사람됨은 겉모습은 비록 쾌활해 보이나, 내심은 매우 애를 쓰며 노력하였다. 사람을 대함에 너그럽고 날카로움을 드러내지 않았다. 그러나 뜻을 지킴이 곧았으며, 일을 처리하는 데는 과단성이 있었다. 평소에 술이 반쯤 달아올라 모자를 벗고 머리를 숙일 때면, 머리는 민둥산처럼 벗어지고 살쩍은 백발이었다. 나는 본래 그의 쇠약함을 안타깝게 여겼는데, 그는 끝내 이렇게 떠나버렸으니, 그 마음속에 뜻을 얻지 못한 비통함이 있을 것이다!

자야의 이름은 선(先)이고, 그의 조상은 박주(博州) 고당(高堂) 사람인데, 증조부 때부터 줄곧 경성인 개봉에 살다가 개봉에 묻혔으니 지금은 개봉사람이라 해야 할 것이다.

명문은 다음과 같다.

아, 자야여! 인품과 바탕이 충후하고 재능이 뛰어났도다.

누가 그대의 순조로운 길을 곤란하게 하였는가?

누가 그대의 긴 수명을 단축시켰나?

그래 그 마음속에 뜻을 얻지 못함이 있어 외물이 상하게 하였단
말인가?

개봉의 교외 신리라는 곳에

장씨 집안 삼대가 다 여기에 묻혔으니

자야 그대도 여기에 편안히 잠들게나.

〈황몽승묘지명(黃夢升墓誌銘)〉

이 글은 경력 3년(1043)에 지었다. 구양수는 황몽승(黃夢升)과의 세 차례 만남을 통하여 자신이 직접 본 황몽승의 모습을 중심으로 그의 불우한 일생을 되돌아 본 것이다. 구양수는 황몽승이란 인물을 통하여 재능은 걸출하지만 낮은 지위로 인하여 모든 의욕을 잃고 곤궁하게 지내는 지식인의 형상을 생생히 묘사하였다. 특히 두 차례에 걸쳐, 술에 취하여 춤추며 노래 부르는 황몽승의 모습에 대한 묘사는 마치 인물이 살아 움직이는 것처럼 생동감 있을 뿐만 아니라, 또한 인물의 내심세계를 절묘하게 묘사해냄으로써 영혼 깊이 감추어진 말 못할 고통을 선명하게 드러내었다. 그러므로 유해봉(劉海峰)은 "힘이 있고 호방하며 빼어나서, 마땅히 묘지명의 최고라고 해야 할 것이다(遒宕古逸, 當爲墓誌第一.)"라고 하였다.

原文 予友黃君夢升, 其先婺州金華人, 後徙洪州之分寧[1]. 其曾祖諱元吉, 祖諱某, 父諱中雅, 皆不仕. 黃氏世爲江南大族. 自其祖父以來, 樂以家貲賑鄕里, 多聚書以招四方之士. 夢升兄弟皆好學, 尤以文章意氣自豪. 予少家隨州[2], 夢升從其兄茂宗官於隨; 予爲童子, 立諸兄側, 見夢升年十七八, 眉目明秀, 善飲

---

1) 기선~분녕(其先~分寧):「금화(金華)」: 현 이름으로, 무주(婺州)의 행정소재지. 지금의 절강성 금화시(金華市)이다.「홍주지분녕(洪州之分寧)」: '홍주(洪州)'의 행정소재지는 지금의 강서성(江西省) 남창시(南昌市)이고, '분녕(分寧)'은 현 이름으로, 지금의 강서성 수수현(修水縣)이다.
2) 수주(隨州): 행정소재지가 호북성(湖北省) 수현(隨縣)으로, 지금의 수주시(隨州市)이다.

酒談笑. 子雖幼, 心已獨奇夢升.

後七年, 子與夢升皆擧進士於京師. 夢升得丙科[3], 初任興國軍永興主簿[4], 怏怏不得志, 以疾去. 久之, 復調江陵府公安主簿[5]. 時子謫夷陵令, 遇之於江陵. 夢升顔色憔悴, 初不可識. 久而握手噓嘅, 相飮以酒; 夜醉起舞, 歌呼大噱. 子益悲夢升志雖衰而少時意氣尙在也.

後二年, 子徙乾德令[6]. 夢升復調南陽主簿[7]. 又遇之于鄧間[8]. 常問其平生所爲文章幾何, 夢升慨然歎曰: "吾已諱之矣! 窮達有命, 非世之人不知我, 我羞道於世人也." 求之, 不肯出. 遂飮之酒. 復大醉起舞歌呼, 因笑曰: "子知我者." 乃肯出其文. 讀之, 博辯雄偉, 其意氣奔放若不可禦[9]. 子又益悲夢升志雖困而獨其文章未衰也.

---

3) 병과(丙科): 송대에는 진사시험의 합격자를 성적에 따라 갑과(甲科), 을과(乙科), 병과(丙科) 세 등급으로 나누었다.

4) 흥국군영흥주부(興國軍永興主簿): '영흥(永興)'은 현 이름이며, 흥국군(興國軍)의 행정소재지로, 지금의 양신현(陽新縣)이다. '주부(主簿)'는 현령 바로 밑에 있는 관리이다.

5) 강릉부공안(江陵府公安): 강릉부(江陵府)의 행정소재지는 지금의 강릉시(江陵市)이고, '공안(公安)'은 현 이름으로, 행정소재지는 지금의 호북성 공안현(公安縣)이다.

6) 건덕(乾德): 현 이름으로, 행정소재지는 지금의 호북성 광화현(光化縣)이다.

7) 남양(南陽): 등주(鄧州)에 속해있는 현 이름으로, 지금의 하남성 남양시(南陽市)이다.

8) 등(鄧): 등주(鄧州)를 가리키며, 행정소재지가 지금의 하남성 등주시((鄧州市)이다.

9) 약불가어(若不可禦): '유불가어(猶不可禦)'로 된 판본도 있다.

是時, 謝希深出守鄧州[10], 尤喜稱道天下士. 予因手書夢升文一通, 欲以示希深. 未及, 而希深卒, 予亦去鄧. 後之守鄧者皆俗吏, 不復知夢升. 夢升素剛, 不苟合; 負其所有, 常怏怏無所施. 卒以不得志死於南陽.

夢升諱注, 以寶元二年四月二十五日卒, 享年四十有二. 其平生所爲文曰《破碎集》·《公安集》·《南陽集》, 凡三十卷. 娶潘氏, 生四男二女. 將以慶歷四年某月某日葬於董坊之先塋. 其弟渭泣而來告曰: "吾兄患世之莫吾知, 孰可爲其銘?" 予素悲夢升者, 因爲之銘曰:

予嘗讀夢升之文, 至於哭其兄子庠之詞曰: "子之文章, 電激雷震; 雨雹忽止, 闃然滅泯[11]." 未嘗不諷誦歎息而不已. 嗟夫, 夢升! 曾不及庠! 不震不驚, 鬱塞埋葬. 孰與其有, 不使其施? 吾不知所歸咎[12], 徒爲夢升而悲.

---

10) 사희심(謝希深): 이름이 강(絳)이고, 문장과 학문으로 이름이 났다. 누차 승진하여 병부원외랑(兵部員外郞)을 지냈고, 양하남(陽夏男)에 봉해졌다. 보원(寶元) 2년(1039)에 죽었으며, 구양수가 그의 묘지명 〈상서병부원외랑지제고사공묘지명(尙書兵部員外郞知制誥謝公墓誌銘)〉을 썼다.

11) 자지~멸민(子之~滅泯): 이 말은 황몽승이 그의 조카 황상의 문장을 천둥, 번개, 폭풍우에 비유한 것인데, 구양수는 이것으로 황몽승 자신의 문장에 비유한 것이다.

12) 귀구(歸咎): 허물을 남에게 돌림. 남의 탓으로 돌리다. 《좌전·환공(桓公) 18년》에 "방문의 예를 수행하고는 (죽었기 때문에) 본국으로 돌아가지 못하게 되었으니, 이렇게 된 그 허물을 돌릴 곳이 없습니다(禮成而不反, 無所歸咎)"라고 하였다.

[直譯] 내 친구 황몽승(黃夢升)은, 그 선조는 무주(婺州) 금화(金華)
사람이었으나, 나중에 홍주(洪州) 분령(分寧)으로 옮겨갔다. 증조
부는 황원길(黃元吉)이고, 조부는 황모(黃某)이며, 부친은 황중아
(黃中雅)인데, 모두 벼슬은 하지 않았다. 황씨 집안은 대대로 강남
의 명문대족이었다. 조부 이래로 이웃 마을 사람들이 어려움에 처
하면 즐겨 그 집안 재산으로 구휼해주고, 많은 책들을 구하여 각
지의 선비들을 불러들였다. 몽승의 형제들은 다 공부하기를 좋아
하였는데, 특히 자신의 문장과 기백에 자부심을 가졌다. 나는 어
려서 수주(隨州)에 살았는데, 황몽승도 당시 관리였던 그의 형 황
무종(黃茂宗)을 따라와 수주에 살고 있었다. 나는 당시 나이 어린
동자여서 여러 형님들 옆에 서서, 황몽승을 처음 보니 나이는 열
예닐곱쯤 되어 보이고, 얼굴은 수려했으며, 술을 마시며 담소를
잘했다. 내 비록 나이는 어렸지만 마음속으로 황몽승이 빼어난 인
물임을 그 때 이미 알았다.

칠 년 뒤에, 나는 황몽승과 함께 서울에서 진사시험을 보았다.
황몽승은 병과(丙科)에 합격하여 처음으로 흥국군(興國軍) 영흥(永
興) 주부(主簿)로 임명되었으나, 뜻에 맞지 않아 우울히 보내다가
병으로 인하여 사직하고 떠났다. 얼마 후 다시 강릉부(江陵府) 공
안(公安) 주부로 옮겨갔다. 당시 나는 이릉령(夷陵令)으로 폄적되
었다가 강릉(江陵)에서 그를 만나게 되었다. 황몽승은 안색이 너
무나 초췌하여, 처음에는 그를 알아볼 수가 없었다. 한참 뒤에야
서로 악수를 하고 탄식하며 술을 마셨다. 밤이 되도록 마시고 취
하자, 그는 일어나 춤을 추기도 하고 노래하며 크게 웃기도 하였
다. 나는 황몽승이 지난날의 뜻은 비록 쇠하였으나, 젊었을 때의
그 의기는 아직도 여전함을 보고 더욱 마음이 아팠다.

2년 뒤, 나는 건덕령(乾德令)으로 옮겨갔다. 몽승도 남양(南陽)
주부로 옮겨와서, 우리는 또 등주(鄧州)에서 서로 만나게 되었다.

나는 그가 지금까지 문장을 몇 편이나 지었는지 물어보았다. 몽승은 탄식조로 이렇게 말했다. '나는 이미 문장 짓는 그런 일은 피하여 하지 않는다네. 곤궁(困窮)과 현달(顯達)은 운명이 결정하는 것이니, 세상 사람들이 나를 알아주지 않아서가 아니라, 내가 세상 사람들에게 모든 것을 말하기가 부끄러워서라네.' 나는 그에게 한 번 보자고 요구하였으나 그는 내놓으려고 하지 않았다. 이에 술을 마시고 다시 크게 취하여 일어나 춤을 추고 노래하다가 웃으며 '그대만이 나를 알아주는 사람이다.' 라고 하면서, 이에 그가 지은 글들을 내놓았다. 읽어보니 광범한 내용에 웅변이 뛰어나고, 그 의기는 분방하여 억제할 수 없는 기세였다. 나는 또 몽승이 뜻은 곤궁해졌지만, 문장만은 쇠하지 않음을 보고 더욱더 슬펐다.

당시 사희심(謝希深)이 등주 지주로 있었는데, 특히 천하의 인재를 드러내기를 좋아하였다. 나는 이에 손수 몽승이 쓴 문장 한 편을 베껴 써서 희심에게 보여주려 하였다. 미처 이루지도 못하고 희심은 죽고, 나 또한 등주를 떠나게 되었다. 뒤에 온 등주 지주들은 다 범속한 관리들이어서 더 이상 몽승을 알아보지 못하였다. 몽승은 평소 강직한 성품이어서 구차히 영합하려 하지 않았으며, 그가 가지고 있는 재능을 가슴에 품고서, 늘 우울해하면서 펼칠 곳이 없었다. 끝내는 뜻을 얻지 못하고 남양에서 죽었다.

몽승의 이름은 주(注)이고, 보원 2년 4월 25일 세상을 떠나니 향년 42세였다. 그가 평생 지은 문장을 〈파쇄집(破碎集)〉·〈공안집(公安集)〉·〈남양집(南陽集)〉이라 하여 세 권으로 묶었다. 부인은 반(潘)씨이고, 4남 2녀를 낳았다. 그 가족들은 경력 4년 모월 모일 동방(董坊)의 선영으로 그를 안장할 준비를 하면서, 그의 동생 황위(黃渭)가 울면서 나에게 와서 "제 형님은 세상 사람들이 자신을 알아주지 않을까 걱정하셨는데, (당신이 아니라면)누가 그에게 묘지명을 써줄 수 있겠습니까?" 라고 하였다. 나는 본래 몽승을 동정한 사람이었으므로, 따라서 다음과 같이 명문(銘文)을 썼다.

　나는 일찍이 몽승의 문장을 읽은 적이 있는데, 그가 조카 황상(黃庠)을 위하여 통곡하며 쓴 애도사에서 "너의 문장은 번개가 치고 우레가 진노하듯 하고, 또 폭우가 쏟아지고 우박이 떨어지듯 하다가, 갑자기 멈추어서 적막히 아무 소리도 없구나"라고 한 것을 보았다. 나는 이 몇 구절을 늘 반복하여 읊조리다, 탄식을 그치지 못하였다. 아, 몽승이여! 그대는 아직 조카 황상에게도 미치지 못하는구려. 그대의 문장은 아직 세상 사람들을 놀라게 하지 않았는데, 우울하게 지내다 죽어서 묻히는구려. 누가 그대에게 그런 재능을 주고서 오히려 펼쳐보지도 못하게 하였는가? 나는 그 죄를 누구에게 돌려야 할지를 모르겠고, 다만 그대를 위하여 슬퍼할 뿐이구려!

〈남양현군사씨묘지명南陽縣君謝氏墓誌銘〉

이 글은 경력 5년(1045)에, 구양수가 친구 매요신(梅堯臣)의 죽은 부인 사(謝)씨를 위해 지은 묘지명이다. 집안을 돌보는 것(治家), 사람을 알아보는 것(知人), 세상을 걱정하는 것(憂世) 이 세 가지 방면의 전형적인 사례에서 붓을 들어 집중적으로 묘사하면서, 안빈낙도하고 선견지명이 뛰어난 여성의 형상을 진솔하게 그려내었다. 그리고 남편의 관직이나 명성을 과시하고 무원칙하게 추켜세우기만 하는 범속한 묘지명의 창작방법에서 완전히 벗어났다. 특히 이 글에서는 매요신의 말을 중심으로 서술하여 감정이 더욱 진실한 느낌을 준다. 사실 남의 부인에 관한 일은 그 남편이 가장 잘 알고 있으므로, 작가 자신이 남의 아내에 관한 일을 이러쿵저러쿵 직접 서술하는 것보다는, 그 남편의 말을 통해 간접적으로 묘사하는 것이 오히려 훨씬 더 진실감을 줄 수 있다. 구양수가 이 묘지명을 쓰면서 남의 말을 인용하여 간접적 표현방법을 택한 것은 바로 이러한 점을 노린 나름대로 치밀히 계산된 기교임에 틀림없다고 보아야 할 것이다. 이처럼 한 편의 문장 거의 대부분이 남의 말로 인용된 것은 구양수 산문 속에 흔히 나타나는 것은 아니지만, 나름대로의 독특한 개성을 지닌 작품으로 평가받기도 한다. 아울러 이 글로 인하여 규방 안의 여성을 위해 묘지명을 짓는 새로운 길을 후세에 열어 주었다는 점 또한 간과해서는 안 된다.

[原文] 慶歷四年秋, 予友宛陵梅聖俞來自吳興, 出其哭內之詩而悲曰[1]: "吾妻謝氏亡矣. 丐我以銘而葬焉." 予未暇作. 居一歲中, 書七八至, 未嘗不以謝氏銘爲言. 且曰[2]:

吾妻, 故太子賓客諱謝濤之女, 希深之妹也[3]. 希深父子爲時聞人而世顯榮. 謝氏生於盛族, 年二十以歸吾, 凡十七年而卒. 卒之夕, 斂以嫁時之衣[4]. 甚矣, 吾貧可知也. 然謝氏怡然處之. 治其家, 有常法: 其飮食器皿雖不及豐侈, 而必精以旨; 其衣無故新, 而澣濯縫紉必潔以完; 所至官舍, 雖庳陋, 而庭宇灑掃必肅以嚴; 其平居語言容止, 必恰以和[5]. 吾窮於世久矣, 其出而幸與賢士大夫遊而樂, 入則見吾妻之怡怡而忘其憂. 使吾不以富貴貧賤累其心者, 抑吾妻之助也. 吾嘗與士大夫語, 謝氏多從

---

1) 여우~비왈(予友~悲日):「매성유(梅聖俞)」: 북송의 저명한 시인.〈매성유시집서(梅聖俞詩集序)〉의 주 참조.「오흥(吳興)」: 현 이름으로, 행정소재지가 지금의 절강성 호주시(湖州市)이다. 당시 매요신은 호주염세감관(湖州鹽稅監官)을 맡고 있었다.「내(內)」: 자신의 처를 일컫는 말이다.

2) 차왈(且日): 이하 길게 이어지는 단락들은 모두 매요신의 말을 옮겨 서술하고 있다.

3) 태자~매야(太子~妹也):「태자빈객(太子賓客)」: 태자를 가르치는 벼슬로, 시종(侍從), 규간(規諫) 및 의식을 거행할 때 절차를 낭독하고 진행을 맡아보는 일(贊相禮儀)을 담당하였다.「휘(諱)」: 죽은 사람이나 지위가 높은 사람의 이름을 가리킨다.「사도(謝濤)」: 자가 제지(濟之)이고, 부양(富陽) 사람이다. 벼슬이 병부유수어사대(兵部留守御史臺)·태자빈객에 이르렀다.「사희심(謝希深)」: 사도의 아들로, 문장과 학문으로 이름이 났다. 벼슬이 병부원외랑(兵部員外郎)에 이르렀고, 양하남(陽夏男)에 봉해졌다.

4) 렴(斂): '렴(殮)'자와 통한다. 시신을 염하여 입관하는 일을 가리킨다.

5) 필흡이화(必恰以和): '필종용이화(必從容以和)'로 되어 있는 판본도 있다.

戶屛竊聽之[6], 閒則盡能商榷其人才能賢否及時事之得失, 皆有條理. 吾官吳興, 或自外醉而歸, 必問曰: "今日孰與飮而樂乎?" 聞其賢者也, 則悅; 否, 則歎曰: "君所交皆一時賢儁, 豈其屈己下之耶? 惟以道得焉[7], 故合者尤寡. 今與是人飮而歡耶?" 是歲, 南方旱[8], 仰見飛蝗而歎曰: "今西兵未解[9], 天下重困, 盜賊暴起於江淮[10], 而天旱且蝗如此. 我爲婦人, 死而得君葬我, 幸矣." 其所以能安居貧而不困者, 其性識明而知道理[11], 多類此. 嗚呼, 其生也迫吾之貧, 而沒也又無以厚焉! 謂惟文字可以著其不朽, 且其平生尤知文章爲可貴, 歿而得此, 庶幾以慰其魂, 且塞予悲. 此吾所以請銘於子之勤也.

若此, 予忍不銘?

夫人享年三十七, 用夫恩封南陽縣君. 二男一女. 以其年七月七日卒於高郵[12]. 梅氏世葬宛陵[13], 以貧不能歸也, 某年某月某

---

6) 호병(戶屛): 안이 보이지 않게 문의 안쪽에 세워두는 병풍으로, 안과 밖을 구분하는 작용을 한다.

7) 이도득언(以道得焉): 도의에 의거하여 친구를 사귀다. 어떤 판본에는 '이도덕언(以道德焉)'으로 되어있다.

8) 시세(是歲): 경력 4년(1044)을 가리킨다. 그 해에 양절(兩浙), 회남(淮南), 강남(江南) 지역이 모두 크게 가물었다.

9) 서병미해(西兵未解): 송과 서하(西夏)의 전쟁을 가리킨다.

10) 도적폭기(盜賊暴起): 농민들의 기의(起義)도 일부 포함된다.

11) 성식(性識): 의식(意識), 타고난 재능. 여기서는 주로 견식(見識)을 가리킨다.

12) 고우(高郵): 고우군(高郵軍)으로, 행정소재지는 지금의 강소성(江蘇省) 고우현(高郵縣)이다.

13) 완릉(宛陵): 현 이름으로, 행정소재지는 지금의 안휘성(安徽省) 선성현(宣城縣)이다.

日葬於潤州[14]之某縣某原. 銘曰:
　高崖斷谷兮, 京口之原[15]!
　山蒼水深兮, 土厚而堅!
　居之可樂兮, 卜者曰然.
　骨肉雖土兮, 魂氣則天[16]!
　何必故鄕兮, 然後爲安?

[直譯] 경력 4년(1044) 가을에, 내 친구인 완릉(宛陵) 사람 매요신이 오흥(吳興)에서 개봉으로 와서는, 아내의 죽음을 애도한 시(悼亡詩)를 내놓으며, 비통하게 '내 처 사씨(謝氏)가 죽었다네! 청컨대 나에게 묘지명을 하나 써주게, 그녀를 안장할 수 있게' 라고 하였다. 나는 (허락은 했지만) 지을 틈이 없었다. 그리고 일년 사이에 일곱 여덟 통의 편지가 왔는데, 사씨의 묘지명에 관한 말이 빠진 적이 없었다. 그는 이렇게 말하였다.

　내 처는 돌아가신 태자빈객(太子賓客) 사도(謝濤)의 딸이며, 사희심(謝希深)의 누이라네. 사희심 부자는 당대에 이름난 인사일 뿐만 아니라, 대대로 이름난 집안이라네. 사씨는 번창한 집안에서 성장하여, 스무 살 때 시집와서 십칠 년을 함께 살다 죽었네. 그녀가 죽던 날 저녁에, 시집올 때 입고 온 옷으로 염을 할 수밖에 없었으니, 내가 얼마나 가난했는지 알 수 있을 것이네. 그러나 사씨는 그 빈궁함을 즐겁게 대처했다네. 그녀가 가정을 이끌어 가는 데에는 일정한 방법이 있었지. 음식과 그릇은 풍성하고 사치스럽

---

14) 윤주(潤州): 행정소재지는 지금의 강소성 진강시(鎭江市)이다.

15) 경구(京口): 지금의 강소성 진강시(鎭江市).

16) 수토(雖土): 비록 흙으로 변한다 할지라도. 어떤 판본에는 '귀토(歸土)'로 되어있다. '천(天)' 은 하늘로 오른다는 뜻이다.

지는 않았지만, 반드시 정갈하고 맛나게 하였네. 옷은 새 것이나 낡은 것 할 것 없이 세탁하고 기워서 반드시 깨끗하면서도 온전하게 하였네. 가는 곳의 관사(官舍)가 작고 누추할지라도, 정성껏 물을 뿌리고 깨끗이 소제를 하였지. 평소의 말·표정·거동은 반드시 밝고 온화하였다네. 내가 세상에 곤궁한지가 오래되었지만, 그러나 밖으로 나가서는 다행히 현명한 인사들과 교유하며 즐길 수가 있었고, 집에 돌아오면 아내가 즐겁게 맞아주어서 그 근심을 잊을 수가 있었네. 내가 부귀와 빈천에 마음이 얽매이지 않을 수 있었던 것은 무엇보다도 내 아내의 내조 덕분이었다네. 내가 인사들과 이야기를 나누면, 사씨는 왕왕 방문이나 병풍 뒤에서 몰래 듣고 있다가, 나중에 그 사람의 재능과 덕행 그리고 세상일(時事)의 득실에 대해서까지 평론을 할 뿐만 아니라, 조리도 있었다네. 내가 오흥(吳興)에서 관리생활을 할 때, 가끔 밖에서 술에 취하여 집으로 돌아오면, 아내는 반드시 '오늘은 누구와 이렇게 즐겁게 마셨소?' 하고 물었지. 내 말을 듣고 어진 사람이면 기뻐하고, 그렇지 않으면 탄식을 하면서 '당신이 사귄 친구들은 다 한 때의 준재들이었는데, 어째서 자신을 낮추어 그런 사람들과 사귄단 말이오? 오직 도덕에만 의존해서 친구를 사귀었기 때문에 사귄 친구가 적으시겠지만, 그렇다고 해서 지금 이런 사람들과 술을 마셔 즐겁습니까?' 라고 하였다네. 이 해에 남방은 한발이 들자, 아내는 고개를 들어 날아다니는 메뚜기 떼를 쳐다보고 탄식하며 '지금 서쪽의 전쟁이 아직 끝나지 않아 온 천하가 곤궁하니 도적들이 강회(江淮) 일대에 급격히 일어나고, 게다가 이처럼 한발과 메뚜기까지 설칩니다. 나는 여자로서 죽은 뒤 당신의 손에 의해 묻혀질 수만 있다면 그래도 다행이라 하겠습니다.' 라고 하였다네. 그녀가 빈곤을 편안히 여기고 괴로워하지 않았던 것은 견식이 높고 도리를 잘 알고 있었기 때문이니, 대체로 위에서 말한 것과 같다네.

아! 그녀는 살아서는 나의 빈곤함 때문에 고생을 겪었는데, 죽어서는 장례조차 성대하게 치러주지 못하였다네. 그래서 나는 오직 문장으로써만이 그녀를 영원히 드러낼 수 있으리라 생각하였네. 그리고 또 그녀도 평소에 문장이 귀중하다는 것을 알고 있었으니, 죽은 뒤에라도 그녀의 이런 훌륭한 인품과 덕망을 쓴 문장을 얻는다면, 그녀의 영혼을 위로할 수 있을 것이고, 나의 슬픔도 어느 정도 메울 수가 있을 것이네. 이것이 바로 내가 누차에 걸쳐 그대에게 묘지명을 요청한 까닭이라네.

이와 같은 상황이니 내 어찌 묘지명을 쓰지 않을 수 있겠는가?

부인은 향년 37세로, 남편의 은덕으로 남양현군으로 추서되었고, 아들 둘과 딸 하나를 남겼다. 그녀는 경력 4년 7월 7일 고우(高郵)에서 죽었다. 매(梅)씨 집안의 역대 조상들은 다 완릉에 안장되어 있지만, 집이 어려워 사씨 부인을 완릉에 안장하지 못하고, 모년 모월 모일 윤주(潤州) 모현(某縣)의 들에다 안장한다. 명문은 이러하다.

높은 언덕 깊은 계곡, 경구의 들이구나!
산 푸르고 물 깊고, 토질은 두텁고도 견고하다!
여기에 안장하면 안락하겠는가 하니, 지관이 그렇다 하네!
뼈와 살은 흙으로 돌아가더라도, 영혼은 하늘로 올라가니,
어찌 꼭 고향으로 돌아간 뒤라야 편안하리요?

〈윤사로묘지명(尹師魯墓誌銘)〉

경력(慶曆) 8년 윤사로(尹師魯)가 죽은 다음 해에 이 글을 지었는데, 당시 구양수는 저주지주(滁州知州)에서 양주지주(揚州知州)로 옮겨왔다. 윤사로는 정치와 문학혁신운동 방면에서 구양수의 친밀한 전우였으므로 구양수는 윤사로의 죽음을 더욱 애통해하였다. 그래서 구양수는 본문 중에서 '사로(師魯)'를 무려 17차례나 부르고 있고, 또 윤사로 사후의 쓸쓸한 상황까지 묘사하고 있으니 참으로 비통함을 느끼게 한다.

이 글은 윤사로를 위해 지은 묘지명이다. 구양수는 이 묘지명을 쓰면서 윤사로 문장의 특징인 간결한 풍격과 적절한 제재선택을 통한 핵심내용의 부각 그리고 간결한 언어의 함축미 등과 같은 필법을 의도적으로 모방하였다. 그래서 사람들마다 다 알고 있는 윤사로의 장점인 문장·의론·재능에 대해서는 간결하게 언급하고, 고인의 충의와 절조에 중점을 두고 묘사하였다.

그러나 이 글이 지어진 후 윤사로의 가족은 이 글이 지나치게 간결하다 하여 불만을 가지고 별도로 한기(韓琦)에게 부탁하여 묘표(墓表)를 짓기도 하였다. 그래서 구양수는 다시 〈논윤사로묘지(論尹師魯墓誌銘)〉을 써서 이 글을 쓴 자신의 의도를 해명하기도 하였다.

[原文] 師魯, 河南人, 姓尹氏, 諱洙[1]. 然天下之士識與不識皆稱之日師魯, 蓋其名重當世. 而世之知師魯者, 或推其文學, 或高其議論, 或多其材能. 至其忠義之節, 處窮達, 臨禍福, 無愧於古君子, 則天下之稱師魯者未必盡知之.

師魯爲文章, 簡而有法. 博學强記, 通知今古, 長於《春秋》. 其與人言, 是是非非, 務窮盡道理乃已, 不爲苟止而妄隨, 而人亦罕能過也. 遇事無難易, 而勇於敢爲. 其所以見稱於世者, 亦所以取嫉於人, 故其卒窮以死.

師魯少擧進士及第, 爲絳州正平縣主簿 · 河南府戶曹參軍 · 邵武軍判官, 擧書判拔萃, 遷山南東道掌書記, 知伊陽縣[2]. 王

---

1) 사로~휘수(師魯~諱洙): 「사로(師魯)」: 윤수(尹洙, 1001-1047)의 자이다. 정치와 문학 방면에서 구양수의 지기였지만, 일생동안 자신의 뜻을 펼 기회를 만나지 못하였다. 「하남(河南)」: 당시 하남부(河南府)였으며, 지금의 하남성 낙양시(河南省 洛陽市)이다. 「휘(諱)」: 바로 이름을 말한다. 고대에는 존경하는 사람의 이름을 직접 부르는 것을 피하였는데, 불가피할 때에는 '휘'라고 하였다. 즉, 원래는 고인이 된 손윗사람의 이름을 가리켰는데, 후에는 살아있는 사람의 이름을 높여서 부를 때도 사용하게 되었다.

2) 강주정평~지이양현(絳州正平~知伊陽縣): 「강주정평현(絳州正平縣)」: 지금의 산서성 신강현(山西省 新絳縣) 서남쪽. 「호조참군(戶曹參軍)」: 관직이름으로, 호적(戶籍), 부세(賦稅), 창고수납 등의 일을 주관하였다. 「소무군(邵武軍)」: 행정소재지는 지금의 복건성 소무현(福建省邵武縣)에 있었다. 「판관(判官)」: 장관을 보좌하여 공무를 처리하는 관리. 「서판발췌(書判拔萃)」: 서법과 조리가 우수하다는 뜻으로, 이것은 당시에 주현(州縣)의 지방관이 휘하의 보좌관을 천거할 때 근무성적을 평가한 평어(評語)이다. 「산남동도(山南東道)」: 당송시대 행정구역의 하나로, 10여 개의 주(州)를 관할하였는데, 오늘날의 하남성(河南省) 서남부 · 호북성(湖北省) 북부와 사천성(四川省) 동부에 해당한다. 「이양현(伊陽縣)」: 지금의 하남성 숭현(河南省 嵩縣)이다.

文康公薦其才, 召試, 充館閣校勘, 遷太子中允[3]. 天章閣待制
范公貶饒州, 諫官御史不肯言, 師魯上書, 言仲淹臣之師友, 願
得俱貶, 貶監郢州酒稅; 又徙唐州[4]. 遭父喪; 服除, 復得太子中
允, 知河南縣[5]. 趙元昊反, 陜西用兵, 大將葛懷敏奏起爲經略
判官[6]. 師魯雖用懷敏辟, 而尤爲經略使韓公所深知[7]. 其後諸將

---

3) 왕문강공~태자중윤(王文康公~太子中允):「왕문강공(王文康公)」: 왕서
   (王曙)가 죽은 후에 하사 받은 시호(諡號)이다. 당시 서경유수(西京留
   守)·하남부지부(河南府知府)를 맡고 있었다.「관각교감(館閣校勘)」: 한림
   원(翰林院) 3관(三館)의 관원.
4) 당주(唐州): 행정소재지는 지금의 하남성 필양(河南省泌陽)에 있었다.
5) 조부상~하남현(遭父喪~河南縣):「조부상(遭父喪)」: 윤수(尹洙)의 부친은
   이름이 중선(仲宣)으로, 우부원외랑(虞部員外郎)을 지냈다. 경우(景祐) 4
   년(1037)에 죽었으며, 구양수가 그의 묘지명을 지었다.「복제(服除)」: 상
   복 입는 기간이 끝나다.「하남현(河南縣)」: 지금의 하남성 낙양현(河南省
   洛陽縣).
6) 조원호~경략판관(趙元昊~經略判官):「조원호반(趙元昊反)」: 보원(寶元)
   원년(1038)에 서하(西夏)의 원호(元昊)가 황제라 일컬었다. 원호는 본래
   이(李)씨로, 당항족(党項族)이다. 그의 조부가 일찍이 송 조정으로부터 조
   (趙)씨 성을 하사 받았기 때문에 조원호라 칭하였다.「갈회민(葛懷敏)」:
   당시 그의 벼슬이 경원로마보군부총관 겸 경원진봉양로경략안무부사(涇
   原路馬步軍副總管兼涇原秦鳳兩路經略安撫副使)였다. 조원호의 군대를
   방어하다 패하여 죽었다.
7) 사로~심지(師魯~深知):「벽(辟)」: 초청하다, 부르다.「한공(韓公)」: 한기
   (韓琦)를 가리킨다. 당시에 그의 벼슬은 섬서경략안무부사(陜西經略安撫
   副使)였다.

敗於好水, 韓公降知秦州, 師魯亦徙通判濠州[8]. 久之, 韓公奏, 得通判秦州[9]. 遷知涇州, 又知渭州, 兼涇原路經略部署[10]. 坐城水洛與邊臣異議, 徙知晉州[11]. 又知潞州[12], 爲政有惠愛, 潞州人

---

8) 기후~호주(其後~濠州): 경력 원년(1041)에 인종은 섬서(陝西) 지역마저 새로 패하게 되자 조령을 내려 공격과 방어의 방책을 물었다. 당시 한기와 범중엄 두 사람 모두 섬서경략안무부사를 맡고 있었는데, 범중엄은 변방지역이 아직 봄추위가 여전하고, 또 송나라 군대가 패한 지 얼마 되지 않기 때문에 마땅히 진군을 잠시 늦추어야 한다고 여겼지만, 그러나 한기와 윤수는 범중엄을 겁쟁이로 여겼다. 2월에 한기는 변강으로 가서 고평에 이르렀는데, 마침 조원호가 위주(渭州)를 침입하자 마침내 환경부총관(環慶副總管) 임복(任福)에게 명하여 군사를 이끌고 싸우게 하되, 험준한 곳에 근거해서 군사를 매복시키고, 적의 퇴로를 차단하고, 가벼이 추격하지 말 것을 명하였다. 그러나 임복은 명령을 어기고 끝내 호수천(好水川)에서 복병을 만나 크게 패하였다. 이 때문에 윤수는 호주(濠州: 지금의 안휘성安徽省 봉양현鳳陽縣 동북쪽) 통판(通判)으로 좌천되고, 한기 역시 진주(秦州: 지금의 감숙성甘肅省 천수현天水縣) 지주(知州)로 좌천되었다. 「호수(好水)」: 지금의 첨수하(甜水河)로, 감숙성 융덕현(隆德縣) 동쪽에 있다.

9) 구지~진주(久之~秦州): 한기는 진주에 도착한 후에 윤수를 진주통판에 임명할 것을 조정에 주청(奏請)하였다.

10) 천지~부서(遷知~部署): 「경주(涇州)」: 행정소재지는 지금의 감숙성 경현(涇縣)에 있었다. 「위주(渭州)」: 지금의 감숙성 량현(凉縣) 서부. 「경원로(涇原路)」: 경주와 원주(原州: 지금의 감숙성 固原 등지)가 포함된다.

11) 좌성~진주(坐城~晉州): 「수락(水洛)」: 지명으로, 옛 성터가 지금의 감숙성 중부에 있다. 《송사(宋史)·윤수전(尹洙傳)》에 의하면, 윤수가 위주지주(渭州知州)를 맡았을 때, 정전(鄭戩)이 섬서사로도총관(陝西四路都總管)으로 있으면서 유호(劉滬)와 동사렴(董士廉)을 파견하여 수락에 성을 축조하여 진위(秦渭)의 구원병과 연결시키고자 하였다. 윤수는 성채를

至今思之. 累遷官至起居舍人·直龍圖閣[13].

師魯當天下無事時, 獨喜論兵, 爲《敍燕》《息戍》二篇行於世[14]. 自西兵起凡五六歲[15], 未嘗不在其間. 故其論議益精密, 而於西事尤習其詳. 其爲兵制之說, 述戰守勝敗之要, 盡當今之利害, 又欲訓土兵代戍卒以減邊用[16], 爲禦戎長久之策. 皆未及施爲, 而元昊臣[17], 西兵解嚴, 師魯亦去而得罪矣. 然則天下之稱師魯者, 於其材能亦未必盡知之也.

쌓는 것이 병사들의 힘을 너무 많이 분산시킨다고 생각하여, 그 일을 그만둘 것을 요구하였고, 조정에서도 여기에 동의하였다. 그러나 유호 등은 그 일을 계속 강행하였다. 그래서 윤수는 유호와 동사렴을 체포하여 하옥시켰다. 정전(鄭戩)이 끊임없이 조정에 해명하자 마침내 윤수를 경주(慶州)로 전임시켰다가, 다시 진주(晉州)로 옮겨갔다. 수락에 성을 축조하는 일에 관하여, 구양수는 경력 4년에 두 차례에 걸쳐 상서를 올려 유호의 처사를 지지하고 윤수의 처사에 반대하였다. 「진주(晉州)」: 행정소재지는 지금의 산서성 임분현(臨汾縣)이다.

12) 로주(潞州): 행정소재지는 지금의 산서성 장치현(長治縣)이었다.

13) 「기거사인(起居舍人)」: 사관(史官). 「용도각(龍圖閣)」: 황실의 문서 및 황실 도서를 관리하는 곳이다.

14) 《서연(敍燕)》《식수(息戍)》: 이 글은 윤수의 《하남집(河南集)》에 있으며, 《송사·윤수전》에도 이 글이 모두 실려 있다. 주요 내용은 서북 지역의 국경수비를 강화하기 위한 방책을 토론한 것이다.

15) 서병기(西兵起): 송(宋)과 서하(西夏) 간의 전쟁이 발발한 것을 가리킨다.

16) 토병(土兵): 지방 각처의 향토 사람으로 조직된 병력. 현지의 장정들을 훈련시켜서 그 지방을 지키면 변방방어의 비용을 줄일 수 있다. 《식수》에서는 이 일을 논하고 있다.

17) 원호신(元昊臣) : 조원호는 경력 4년 5월에 항복하고 신(臣)이라 하였다.

初[18], 師魯在渭州, 將吏有違其節度者, 欲按軍法斬之而不果. 其後吏至京師, 上書訟師魯以公使錢貸部將, 貶崇信軍節度副使, 徙監均州酒稅[19]. 得疾, 無醫藥, 舁至南陽求醫[20]. 疾革, 隱几而坐[21], 顧稚子在前, 無甚憐之色; 與賓客言, 終不及其私. 享年四十有六以卒.

---

18) 초(初): 수락(水洛)에 성을 축조하던 일로 거슬러 올라가서 서술한 것이다.

19) 기후~주세(其後~酒稅): 《송사 · 윤수전》에 "때마침 동사렴(董士廉)이 입궐하여 윤수를 고발하는 상서를 올리자, 어사 유식(劉湜)에게 조칙을 내려 심문하도록 하였으나 그의 죄를 밝혀내지 못했다. 그러나 윤수는 부장 손용(孫用)이 군교(軍校)로 변방으로 보충되어 오면서 수도에서 사채를 빌려 썼다가 임지까지 와서 그 돈을 갚지 못하자, 그의 재능은 쓸 만한데 법에 걸려 파직될까 걱정하였다. 그래서 윤수는 공금을 빌려 그의 빚을 갚아주고, 자기가 대출 받은 것처럼 하였다. 그러나 그는 결국 이일에 연좌되어 숭신군절도부사로 좌천되고 말았다. 이 일은 유식의 글 때문에 윤수가 그렇게 되었다고 생각지 않는 이가 없었다(會士廉詣闕上書訟誅, 詔遣御史劉湜就鞫, 不得他罪. 而洙以部將孫用由軍校補邊, 自京師貸息錢到官, 無以償. 洙惜其才可用, 恐以犯法罷去, 嘗假公使錢爲償之; 又以爲嘗自貸, 坐貶崇信軍節度副使, 天下莫不以爲湜文致之也.))"라고 하였다. 「공사전(公使錢)」: 공비. 공금. 공공의 비용. 「숭신군(崇信軍)」: 행정소재지는 지금의 감숙성 숭신현(崇信縣)에 있었다. 「균주(均州)」: 행정소재지는 지금의 호북성 균현(均縣)에 있었다.

20) 여지남양구의(舁至南陽求醫): 「여(舁)」: 마주 들다. 여럿이 맞들다. 메다. 「남양(南陽)」: 등주(鄧州)를 가리키며, 행정소재지는 지금의 하남성 남양현(南陽縣)에 있었다. 당시 범중엄이 등주지주(鄧州知州)로 있었기 때문에 윤수는 그에게 가서 의지하였다.

21) 질극, 은궤이좌(疾革, 隱几而坐): 「질극(疾革)」: 병세가 위독해지다. 「은궤이좌(隱几而坐)」 안석에 기대어 앉다.

師魯娶張氏, 某縣君[22]. 有兄源, 字子漸, 亦以文學知名, 前一歲卒. 師魯凡十年間三貶官, 喪其父, 又喪其兄. 有子四人, 連喪其三. 女一適人[23], 亦卒. 而其身終以貶死. 一子三歲, 四女未嫁, 家無餘資, 客其喪於南陽不能歸. 平生故人無遠邇皆往賻之, 然後妻子得以其柩歸河南, 以某年某月某日葬於先塋之次.

余與師魯兄弟交, 嘗銘其父之墓矣, 故不復次其世家焉.

銘曰:

藏之深, 固之密. 石可朽, 銘不滅.

[直譯] 사로(師魯)는 하남(河南) 사람으로, 성은 윤(尹)씨요 이름은 수(洙)이다. 그런데 천하 선비들은 그를 알든 모르든 간에 윤사로(尹師魯)를 칭찬하였으니, 이것은 당세에 그의 명성이 높았기 때문이다. 그러나 윤사로를 알고 있는 세상 사람들 가운데, 어떤 사람은 그의 문장과 학문을 떠받들고, 어떤 사람은 그의 의론을 찬미하며, 또 어떤 사람은 그의 재능을 칭송하기도 한다. 그의 충의의 절개는 그가 곤궁함이나 현달함에 처했건 재난이나 행운에 임했건 간에 옛날의 도를 지닌 사람에게조차도 부끄러울 것이 없었지만, 윤사로를 칭찬하는 천하 사람들도 이 점에 대해서는 상세히 알지 못하였다.

윤사로는 문장을 지을 때 간결하면서도 법도가 있었다. 학문이 넓고 기억력이 좋았으며 고금을 관통하여 알고 있었고, 특히 《춘추(春秋)》에 뛰어났다. 그는 남들과 이야기할 때에는 옳은 것을 옳

---

22) 현군(縣君): 송대에는 중급 관원의 부인과 모친은 '현군'으로 봉할 수 있었다.

23) 적인(適人): 출가하다, 시집가다.

다 하고 그른 것을 그르다고 하여 이치를 철저히 따진 뒤에 그만
두었지, 말을 하다 구차히 그만둔다거나 남의 말에 망령되이 부화
뇌동하지 않았는데, 이 점은 그를 능가할 사람이 거의 없었다. 일
을 만났을 때는 어렵건 쉽건 용감하게 하였다. 그가 세상 사람들
에게 칭찬 받는 것이, 또한 다른 사람들에게 미움받는 원인이 되
었으므로 끝내는 곤궁하게 죽었다.

　윤사로(尹師魯)는 젊어서 진사에 급제하여 강주정평현주부(絳州
正平縣主簿), 하남부호조참군(河南府戶曹參軍), 소무군판관(邵武
軍判官)을 지내면서, 근무성적이 뛰어나 산남동도장서기(山南東道
掌書記)로 진급되었다가, 이어 이양지현(伊陽知縣)에 임명되었다.
문강공(文康公) 왕서(王曙)가 그의 재능을 알아보고 천거하자 조정
에서 불러 시험해보고는 관각교감(館閣校勘)에 충당하였다가 태자
중윤(太子中允)으로 승진시켰다. 천장각대제(天章閣待制)로 있던
범중엄(范仲淹)이 요주(饒州)로 폄적되자 관간(諫官)과 어사(御史)
들이 그를 위해 간언(諫言)을 하지 않자, 윤사로는 조정에 글을 올
려 범중엄이 자신의 사우(師友)임을 말하고 그와 함께 폄적되기를
원하여, 이에 감영주주세(監郢州酒稅)로 폄적되었다가, 다시 또
당주(唐州)로 옮겨갔다. 이때 부친상을 당하여 삼년상을 마치고
다시 태자중윤(太子中允)에 임명되었다가 하남지현(河南知縣)이
되었다. 조원호(趙元昊)가 반란을 일으켜 섬서(陝西)에서 싸우게
되자, 대장 갈회민(葛懷敏)이 경략안무부사(經略安撫副使)의 판관
(判官)으로 윤사로를 기용해줄 것을 조정에 상주하였다. 윤사로가
비록 갈회민(葛懷敏)의 초빙을 받았지만, 오히려 경략안무사(經略
安撫使) 한기(韓琦)에게 더욱 깊은 우대를 받았다. 그후 여러 장수
들이 호수천(好水川)에서 패하여, 한기는 진주지주(秦州知州)로 강
직되었고 윤사로 또한 호주통판(濠州通判)으로 옮겨갔다. 한참 뒤
에 한기가 조정에 상주하여 윤사로를 진주통판(秦州通判)으로 옮

겨오게 하였다. 경주지주(涇州知州)로 승진되었다가, 다시 위주지주(渭州知州)로 경원로경략부서(涇原路經略部署)를 겸하였다. 뒤에 수락(水洛)에 성을 쌓는 일 때문에 변방의 대신들과 의견이 맞지 않아 진주지주(晉州知州)로 옮겨갔다. 또 로주지주(潞州知州)로 있으면서 정치를 함에 은혜와 사랑을 베풀어 로주(潞州) 사람들이 지금까지 그를 사모하고 있다. 공로를 쌓아 기거사인(起居舍人)·용도각직학사(龍圖閣直學士)가 되었다.

윤사로는 천하가 태평무사 할 때에도 홀로 군사에 관해 의논하기를 좋아하여 〈서연(叙燕)〉〈식술(息戍)〉 두 편을 지었는데, 세상에 유행하고 있다. 서하(西夏)가 전쟁을 일으켰을 때부터 5·6년 동안 그는 줄곧 그 전선에 있었다. 그러므로 그의 군사에 관한 의론은 더욱 정밀하고 서쪽 변방의 일에 대해서 더욱 상세하게 알고 있었다. 병제(兵制)에 관한 주장을 제기하고 전쟁의 승패에 관한 요체를 논술하고, 현재의 각종 이해득실의 관계를 상세히 분석하였으며, 또 현지 청년을 향토 사병으로 훈련하여 외지에서 수자리 살러온 병사들을 대체함으로써, 변방의 비용을 절감하여 변방을 지키는 장구한 계책을 내어야 한다고 여겼다. 이러한 것들이 모두 미처 시행되지도 않아서 조원호(趙元昊)가 신하라 칭하며 항복하여 서쪽 변방의 계엄 상태가 해제되자 윤사로 또한 그곳을 떠나게 되었으며, 또 어떤 일로 인하여 죄를 얻게 되었다. 그러나 윤사로를 칭찬하는 천하 사람들도 이러한 그의 재능에 대해서만은 상세히 알지 못한다.

앞서 윤사로가 위주(渭州)에 있을 때, 부하 장교 중에 그의 지휘를 어긴 자가 있어 군법에 따라 그를 참수하려다가 이루지를 못하였다. 그후 이 장교가 서울로 와서 글을 올려 사로가 공금으로 그의 부장의 빚을 갚아주었다고 고발하여, 숭신군절도부사(崇信軍節度副使)로 폄직되었다가 균주주세(均州酒稅)로 이동되었다. 병을 얻었으나 의사와 약이 없어 들것에 실려 남양으로 와 의사를 찾았다. 병이 위독하여 안석에 기대어 앉아서 앞에 있는 어린 아이들을 돌아보고도 아무런 가련한 기색도 띄지 않았고, 손님과 이야기를 하면서는 시종 자신 개인의 일에 관해서 한마디도 하지 않았다. 그는 향년 46세로 세상을 떠났다.

사로의 처 장(張)씨는 모현군(某縣君)으로 봉해졌다. 그의 형님 윤원(尹源)은 자(字)가 자점(子漸)으로, 문장과 학문으로 이름이 알려졌지만 일년 전에 죽었다. 사로는 10년 간 모두 세 번이나 폄직되었으며, 그의 부친도 잃고 형님도 잃었다. 그에게 네 명의 아들이 있었으나 잇따라 셋을 잃었고, 딸 하나는 시집을 갔으나 또한 죽었다. 그리고 그 자신도 끝내 폄적되어 죽었다. 하나 남은 아들은 세 살이고, 네 딸은 아직 시집도 가지 않았는데, 집이 가난한데다 남아 있는 돈마저 없어, 타향인 남양(南陽)에 상여를 멈춘 채 고향으로 옮길 수가 없었다. 평소의 멀고 가까운 친구 할 것 없이 부조를 보내어준 뒤에야 처자가 그 영구를 하남(河南)으로 운반하여, 모년 모월 모일(某年某月某日)에 조상의 무덤가에 안장할 수 있었다.

나와 사로는 형제 같은 친구였다. 나는 일찍이 그의 부친의 묘지명을 쓴 적이 있으므로, 여기에서 더 이상 그의 집안에 대해서는 나열하지 않는다.

명문(銘文)은 이러하다 :

깊이깊이 매장하고, 견고하게 봉하였네. 돌은 썩을 수 있으나, 명문은 마멸되지 않으리.

〈논윤사로묘지명(論尹師魯墓誌銘)〉

이 글은 〈윤사로묘지명(尹師魯墓誌銘)〉에 대한 답변 형식으로 쓴 것이다. 〈윤사로묘지명(尹師魯墓誌銘)〉이 "뜻은 깊으나 말이 간단하여(意深語簡)"서 작자의 의도를 이해하지 못하는 사람들이 윤사로의 문학·학문·덕망 등을 너무 간소하게 다루었다고 마음대로 비난하였고, 또 윤사로의 가족들도 문장이 너무 간략하다고 불만을 표시하였다. 그래서 구양수는 다시 이 글을 써서 해명을 한 것이다.

구양수는 이 글을 통해 〈윤사로묘지명(尹師魯墓誌銘)〉의 저술 의도를 직접 서술하면서 한 단락 혹은 한 문장 속에 표현하고자 한 자신의 의도를 구체적으로 분석하여 놓았다. 따라서 이 글은 구양수의 문학창작이론을 이해할 수 있는 귀중한 자료일 뿐만 아니라 중국고대문학사에서도 아주 보기 드문 진귀한 자료이다. 구양수는 이 글에서 문장의 풍격·제재의 집중과 선택·언어사용 방법 등과 같은 창작방법에 관한 내용들을 상세히 분석하여 언급하였고, 또 묘지명을 지을 때 지나치게 미화하거나 아부하는 등의 좋지 못한 기풍을 반대하고 사실대로 묘사하기를 주장하여, 묘지명을 짓는 작가의 엄숙한 태도를 보여주고 있다. 당연히 구양수가 이 글에서 윤사로의 필법을 본받아 지나치게 간고(簡古)함을 추구하고 춘추필법(春秋筆法)을 강구하였던 점에 대해서는, 그 장단점을 다시 한번 검토해볼 만하다.

아울러 이 글을 읽을 때 〈윤사로묘지명(尹師魯墓誌銘)〉과 대조해가면서 읽으면 보다 쉽게 이해할 수가 있다.

原文 誌言: 天下之人識與不識皆知師魯文學·議論·材能. 則文學之長·議論之高·材能之美, 不言可知. 又恐太略, 故條析其事, 再述于後.

述其文, 則曰: "簡而有法." 此一句, 在孔子六經惟《春秋》可以當之; 其他經, 非孔子自作文章, 故雖有法而不簡也[1]. 修于師魯之文不薄矣. 而世之無識者, 不考文之輕重, 但責言之多少, 云"師魯文章不合只著一句道了".

旣述其文, 則又述其學曰: "通知古今." 此語若必求其可當者, 惟孔孟也.

旣述其學, 則又述其論議云: "是是非非, 務盡其道理, 不苟止而妄隨." 亦非孟子不可當此語.

旣述其論議, 則又述其材能. 備言師魯歷貶, 自兵興便在陝西, 尤深知西事, 未及施爲而元昊臣, 師魯得罪. 使天下之人盡知師魯才能.

此三者皆君子之極美, 然在師魯猶爲末事. 其大節乃篤于仁義, 窮達禍福不愧古人. 其事不可遍擧, 故擧其要者一兩事以取信, 如: 上書論范公而自請同貶, 臨死而語不及私; 則平生忠義可知也, 其臨窮達禍福不愧古人又可知也.

旣已具言其文・其學・其論議・其材能・其忠義, 遂又言其爲仇人挾情論告以貶死, 又言其死後妻子困窮之狀, 欲使後世知有如此人, 以如此事廢死, 至于妻子如此困窮, 所以深痛死者而切責當世君子致斯人之及此也.

---

1) 육경(六經) 중에서 《춘추(春秋)》는 공자가 직접 저술한 것으로, 한 글자 한 구절마다 좋고 나쁨을 평가하기(褒貶)를 중시했기 때문에 세상 사람들은 이것을 '춘추필법(春秋筆法)'이라 하였다. 《춘추》 외의 오경(五經: 시경詩經, 서경書經, 역경易經, 예기禮記, 악경樂經)에 대해서, 공자는 단지 정리하여 서술만 하였지 창작하지는 않았다.

《春秋》之義, 痛之益至則其辭益深, "子般卒"是也[2]. 詩人之意, 責之愈切則其言愈緩, "君子偕老"是也[3]. 不必號天叫屈, 然後爲師魯稱寃也. 故于其銘文但云: ",藏之深, 固之密, 石可朽, 銘不滅." 意謂擧世無可告語, 但深藏牢埋此銘, 使其不朽, 則後世必有知師魯者. 其語愈緩, 其意愈切, 詩人之義也. 而世之無識者乃云: "銘文不合不講德, 不辯師魯以非罪." 蓋爲前言其窮達禍福無愧古人, 則必不犯法; 況是仇人所告, 故不必區區曲辯也. 今止直言所坐, 自然知非罪矣. 添之無害, 故勉徇議者添之[4]".

---

2) 《춘추(春秋)》~시야(是也): 「춘추지의(春秋之義)」: 《춘추》의 저술 체제. 「자반(子般)」: 노(魯) 장공(莊公)의 태자. 장공이 죽고 자반이 즉위하였으나 얼마 되지 않아 경보(慶父)가 보낸 사람에게 살해되었다. 《春秋》 장공 31년 "겨울, 시월 기미 일에 자반이 졸하였다(冬, 十月己未, 子般卒.)"라고 하였는데, 이 문장에 대한 주(注)에 "선군(先君)의 장례를 아직 치르지 않았기 때문에 작위를 칭하지 않았고, '살해되었다(殺)'고 쓰지 않은 것은 그의 이름자인 '반(般)'과 글자 모양이 비슷하여 피한 것이다(先君未葬, 故不稱爵; 不書殺, 諱之也.)"고 하였다.

3) 시인~시야(詩人~是也): 전하는 바에 따르면 《시경(詩經) · 용풍(鄘風) · 군자해로(君子偕老)》는 위(衛) 선공(宣公)의 부인 선강(宣姜)을 풍자한 것이라 한다. 선강은 행실이 음란하여 선공이 죽자마자 선공의 서자(庶子)와 동거하였다. 이 시 첫머리에서 바로 '군자해로' 즉 부부는 서로 마음을 다하고 지조가 있어야 한다고 하였던 것이다. 그래서 "책망함이 절실하면 절실할수록 그 말은 더욱 완곡하게 하였다(責之愈切則其言愈緩)"라고 한 것이다.

4) 첨지(添之): 내용을 보태었다는 뜻으로, 〈윤사로묘지명〉의 다음 내용을 가리킨다. "앞서 윤사로가 위주에 있을 때, 부하 장교 중에 그의 지휘를 어긴 자가 있어 군법에 따라 그를 참수하려다가 이루지를 못하였다(初, 師魯在渭州, 將吏有違其節度者, 欲按軍法斬之而不果.)

若"作古文自師魯始", 則前有穆修·鄭條輩, 及有大宋先達甚
多, 不敢斷自師魯始也[5]. 儷偶之文, 苟合于理, 未必爲非, 故不
是此而非彼也[6]. 若謂近年古文自師魯始, 則范公祭文已言之矣,
可以互見, 不必重出也[7]. 皇甫湜·韓文公墓志, 李翶行狀 [8], 不

---

5) 약작~시야(若作~始也): 북송 때에 맨 먼저 고문을 제창한 사람으로는 유
개(柳開, 947-1000), 목수(穆修, 979-1032), 손복(孫復, 992-1052),
정조(鄭條) 등이 있었다. 고문을 제창한 것은 이들이 윤사로 보다 시기적
으로 이르다. 그래서 구양수는 비록 윤사로를 추앙하였지만 "고문을 짓는
것이 윤사로에게서 시작되었다(作古文自師魯始)"는 의견을 받아들이지
않았던 것이다. 그가 묘지명을 짓는 태도가 얼마나 엄숙하고 진지하였음
을 알 수 있을 뿐만 아니라, 묘지명을 지을 때 아부하는 말을 많이 쓰던
당시의 기풍을 완강히 반대하였음도 알 수 있다. 「선달(先達)」: 선배.

6) 려우~피야(儷偶~彼也): 「려우지문(儷偶之文)」: 변문(騈文)을 가리킨다.
「시차이비피(是此而非彼)」: 고문을 긍정하고 변문을 부정하다. 구양수는
고문을 창도하였지만 태도는 비교적 객관적이어서, 어느 하나를 완전히
긍정하거나 부정하는 방법은 취하지 않았다.

7) 범공~출야(范公~出也): 「범공제문(范公祭文)」: 범중엄이 쓴 윤사로의 제
문. 「호견(互見)」: 각 편의 문장은 서로 서로 보충한다. 이것은 사마천(司
馬遷)의 《사기(史記)》에서 시작된 것으로, 인물의 전기를 쓸 때 소재를 취
사선택하는 방식의 일종인데, 내용의 중복을 피하고 인물의 특징을 부각
시키기 위해서 한 번 서술한 일은 다른 편에서는 생략하는 것이다.

8) 황보식~행장(皇甫湜~行狀): 황보식(약770-830)과 이고(李翶, 772-
841)는 모두 한유(韓愈)가 추진한 고문운동의 추종자들이다. 「한문공(韓
文公)」: 한유를 가리킨다. 「행장(行狀)」: 사람이 죽고 나서 쓰는 전기의
일종이다. 《문장변체서설(文章辨體序說)》에 "행장이란 문생이나 오랜 친
구가 고인의 행적을 기록한 것으로, 사관에게 바치거나 작가에게 비문(碑
文)을 부탁할 때 제시하는 글이다(行狀者, 門生故舊狀死者行業, 上于史官
或求銘誌于作者之辭也.)"라고 하였다.

必同, 亦互見之也.

　誌云: "師魯喜論兵." 論兵, 儒者末事, 言喜無害. 喜, 非嬉戲之戲; 喜者, 好也. 君子固有所好矣. 孔子言"回也好學"[9], 豈是薄顏回乎? 後生小子, 未經師友, 苟恣所見, 豈足聽哉!

　修見韓退之與孟郊聯句, 便似孟郊詩[10]; 與樊宗師作志, 便似樊文[11]. 慕其如此, 故師魯之誌用意特深而語簡; 蓋爲師魯文簡而意深. 又思平生作文, 惟師魯一見, 展卷疾讀, 五行俱下, 便曉人深處, 因謂死者有知必受此文. 所以慰吾亡友爾, 豈恤小子輩哉[12]!

[直譯]　〈윤사로묘지명(尹師魯墓誌銘)〉에서 "천하 사람들은 그를 알든 모르든 간에 모두다 사로(師魯)의 문장·학문·의론·재능을

---

9) 회야호학(回也好學):「회(回)」: 공자가 가장 아끼던 제자 안회(顔回)를 가리킨다. 공자는 안회를 특별히 칭찬하여 "안회가 있는데 배움기를 좋아합니다(有顔回者好學:《논어(論語)·옹야(雍也)》)"고 하였다.

10) 한퇴지여맹교련구, 편사맹교시(韓退之與孟郊聯句, 便似孟郊詩):「맹교(孟郊,751-814)」: 중당 시기의 저명한 시인으로 '한맹시파(韓孟詩派)'를 대표하는 인물이다. 한유와 맹교가 번갈아가며 지은 연구시(聯句詩)인 〈성남(城南)〉은 두 사람의 풍격이 같아서 황정견(黃庭堅)은 "퇴지와 맹교는 의기가 투합하였으므로 뒤섞여 바꾸어가면서도 작품을 이룰 수가 있었다(退之與孟郊意氣相入, 故能雜然成篇.)"고 하였다.

11) 번종사(樊宗師): 자(字)가 소술(紹述)이고, 당대(唐代)의 고문가로, 문장을 짓는 데 있어 표절(剽竊)은 반대하였지만 난삽하고 괴벽함을 추구하였다. 그가 죽은 후에 한유가 〈남양번소술묘지명(南陽樊紹述墓誌銘)〉을 지었는데, 글을 쓰면서 의도적으로 고인의 풍격을 모방하였다.

12) 소자(小子): 후배. 사람을 경멸하여 사용하는 호칭이다.

안다”고 하였다. 그렇다면 그의 문장과 학문의 뛰어남이나 의론의
고명함 그리고 재능의 훌륭함은 말을 하지 않아도 알 수가 있다.
나는 또 너무 간략할까 걱정하여 그 세 가지 일을 조목조목 나누
어 바로 뒷부분에 다시 서술하였다.

그의 문장에 대해서는 ‘간략하면서도 법도가 있었다(簡而有法)’
라고 서술하였는데, 이 한 마디는 공자가 산정(刪定)한 육경(六經)
가운데에서도 오직《춘추(春秋)》만이 거기에 해당될 수 있다. 기타
오경은 공자가 직접 지은 문장도 아니어서 법도는 있을지라도 간
결하지는 않다. 내가 윤사로(尹師魯)의 문장에 대해서 결코 가볍
게 여긴 것이 아니다. 그러나 세상의 식견 없는 사람들은 문장 의
미의 경중(輕重)을 곰곰이 따져보지도 않고 다만 말이 너무 적은
것만을 책망하여 “사로의 문장을 단지 한마디로 드러내 말한 것은
적합하지 않다”고 한다.

그의 문장을 서술하고 나서 또 그의 학문에 대해 서술하기를
‘고금을 관통하여 알고 있었다(通知古今)’고 하였는데, 이 말도 꼭
거기에 해당될 수 있는 사람을 찾는다면, 오직 공자와 맹자뿐이
다.

그의 학문을 서술하고 그의 의론을 서술하면서 ‘옳은 것을 옳다
하고 그른 것을 그르다고 하여 이치를 철저히 따진 뒤에 그만두었
지, 말을 하다 구차하게 그만둔다거나 남의 말에 망령되이 부화뇌
동하지 않았다(是是非非, 務盡其道理, 不苟止而妄隨)’라 하였는데,
이것 또한 맹자가 아니면 이 말에 해당될 수가 없다.

그의 의론을 기술하고 나서 또 그의 재능에 대해 기술하였다.
사로가 몇 차례 폄적되고 서하(西夏)와의 전쟁이 시작되면서 섬서
(陝西)의 전선에 있다 보니 특히 서쪽 변방의 사정을 잘 알았으며,
그의 주장이 미처 시행되기도 전에 조원호(趙元昊)가 신하라 칭하
고, 사로도 일에 연루되어 죄를 얻게 되었음을 상세히 설명하였

다. 이렇게 한 것은 천하 사람들에게 사로의 재능을 다 알도록 하기 위해서였다.

이 세 방면은 다 군자들이 극히 아름답게 여기는 것이지만, 그러나 사로에게 있어서는 오히려 지엽적인 것이었다. 그의 대절(大節)은 바로 인의(仁義)를 굳게 지키는 것이어서, 곤궁하든 현달하든 재난을 만나든 행운을 만나든 간에, (그가 행한 행동은) 옛날의 도를 지닌 사람에게조차도 부끄러움이 없었다. 그의 사적을 모두 다 열거할 수 없었기 때문에, 그 중요한 것 가운데 한두 가지 일만 들어 진실의 증거로 삼았다. 예를 들면 글을 올려 범중엄(范仲淹)을 변호하고 아울러 자신도 함께 폄적되기를 청한 것이나, 죽음에 임해서도 개인의 사사로운 일을 한 마디도 말하지 않은 것이 이것이다. 이러하다면 곧 평소 그의 충의(忠義)를 알 수 있고 곤궁·현달·재난·행운에 임하여서, (행한 행동이) 옛 사람에 비해 조금도 부끄러울 것이 없다는 것을 알 수 있다.

그의 문장·학문·의론·재능·충의를 이미 상세히 다 말하고 나서, 또 그가 원수진 사람이 사사로운 감정을 품고 고발하여 마침내 폄적되어 죽게 된 일을 이야기하였다. 그리고 또 그가 죽은 뒤 처자의 곤궁한 상태를 이야기하여, 사로처럼 재덕(才德)을 갖춘 사람이 이처럼 사소한 일 때문에 죽어서 그의 처자가 이와 같은 곤경에 처하게 되었음을 후세 사람들에게 알리고자 하였다. 이렇게 하여 죽은 자에게는 깊은 애도를 표하고, 정치를 맡은 사람들에게는 이 사람을 이러한 지경에 이르도록 한 것을 책망하였다.

《춘추》의 필법은 침통함이 극에 달하면 달할수록 그 말은 더욱 깊은데, 예를 들면 "자반이 죽었다(子般卒)"고 한 것이 이것이고, 《시경》의 작가가 의도한 것도 책망함이 절실하면 절실할수록 그 말은 더욱 완곡하게 하였는데 "군자는 해로한다(君子偕老)"는 것이 이것이다. 반드시 하늘을 보고 고함을 치고, 땅을 치며 통곡한 뒤에라야, 사로에게 원한을 풀어주는 것은 아니다. 그러므로 그의 명문(銘文)에 다만 '깊이깊이 매장하고, 견고하게 봉하였네. 돌은 썩을 수 있으나, 명문은 마멸되지 않으리.' 라고만 하였다. 이렇게 쓴 의미는 온 세상 사람들에게 다 말로는 알릴 수 없더라도 다만 땅 밑에 깊고 견고하게 이 묘지명(墓誌銘)을 묻어서 썩지만 않는다면, 후세에 틀림없이 사로를 알아주는 사람이 있을 것이라는 것이다. 그 말은 더욱 완곡하고 그 뜻은 더욱 절실하니, 《시경》을 쓴 사람의 의도와 같다. 그런데 세상의 식견 없는 사람들은 바로 "명문(銘文)에서 윤사로의 덕(德)을 이야기하지도 않고, 사로가 죄 없음을 변론하지 않아서 합당하지 않다"고 이야기한다. 대개 앞에서 그가 궁달화복(窮達禍福)에 임해서 행한 행동이 옛사람에 비해 조금도 부끄러울 것이 없다고 했으니, 틀림없이 그가 법을 범할 리 없었을 것인데, 하물며 원수들이 고발한 것에 대해 더 말할 것이 있는가! 그러므로 구구하게 해명할 필요가 없었다. 지금 다만 무슨 원인으로 죄를 만났는지 직설적으로 말했으니, 자연히 그가 죄 없음을 분명히 알게 될 것이다. 그러나 몇 구절 더 보탠다고 해서 해로울 게 없으므로 나중에 비난하는 논자들의 의견을 애써 받아들여 몇 구절의 말을 더 보태었다.

그러나 만약 "고문을 짓는 것이 사로에서 시작되었다"고 한다면, 앞서 목수(穆修)와 정조(鄭條) 같은 사람도 있었고, 또 송(宋)나라 개국 이래 선배들도 많이 있었으니, 감히 윤사로부터 시작되었다고 단정할 수가 없다. 대우(對偶)를 강구하는 변려문도 이치에 부합하기만 하면 반드시 나쁜 것이 아니므로, 고문을 긍정하고 변려문을 부정하지 않았다. 근년에 들어와 고문(古文)이 사로부터 시작되었다는 것은 범공(范公, 범중엄)이 쓴 제문에 이미 언급되어 있으니, 서로 보충될 수 있어 중복해서 쓸 필요가 없었다. 황보식(皇甫湜)은 한유(韓愈)의 묘지명을 썼고, 이고(李翶)는 한유의 행장(行狀)을 썼지만 반드시 같지는 않았으니, 또한 서로 보충하였던 것이다. 묘지명에서 '사로는 군사에 관해 의론하기를 좋아하였다'고 하였는데, 군대 일에 관해서 의론하는 것은 학자들에게는 중요한 일이 아니지만, 좋아한다고 해서 해될 것은 없다. 좋아한다(嗜)는 말은 유희한다는 그런 유희의 뜻이 아니라 애호한다는 말이다. 군자는 본래 모두가 좋아하는 것이 있다. 공자는 "안회는 배우기를 좋아한다."고 했는데, 어찌 안회를 경시한 말이겠는가? 이들 무지한 후생들이 사우(師友)의 이러한 의도를 따져보지도 않고, 마음대로 방자하게 내어놓은 의견을 내 어찌 족히 들어야겠는가? 내가 보기에는, 한유가 맹교(孟郊)와 함께 연구시(聯句詩)를 지을 때는 바로 맹교의 시처럼 지었고, 번종사(樊宗師)에게 묘지명을 지어줄 때는 바로 번종사의 글처럼 지었다. 나는 한유의 그러한 작문법을 흠모하였으므로, 〈윤사로묘지명〉을 쓸 때 뜻을 씀이 특별히 깊고 말은 간결하게 하였다. 이것은 대개 윤사로의 문장이 간결하면서도 뜻이 깊었기 때문이다. 또 평소 문장을 지어 사로에게 보여주면 두루마리를 펴자마자 순식간에 읽는데, 한번에 몇 줄씩 읽어도 문장 속에 담긴 나의 깊은 의도를 이해하였던 것을 생각해볼 때, 죽은 사람이 지각이 있다면 틀림없이 이 묘지명을 받아들일 것이다. 내 이 글은 죽은 친구를 위로할 뿐, 어찌 저 소인배들의 의론을 고려하겠는가?

〈고패주문안현주부소군묘지명(故霸州文安縣主簿蘇君 墓誌銘)〉

이 글은 저명한 문장가 소순(蘇洵)의 묘지명으로, 소순의 생평에 관한 가장 중요한 자료 가운데 하나이다. 소순이 과거시험에 합격하지 못했기 때문에, 이 글의 제목에 나오는 패주문안현주부(霸州文安縣州簿)는 허함(虛銜)에 불과할 뿐이고 정식관직은 없었던 셈이다. 따라서 구양수는 이글을 쓸 때에 그의 관직생활 보다는 업적 중에서 가장 두드러진 분야인 학문의 성취에 중점을 두고 서술을 하였다. 물론 학문의 성취를 서술할 때, 그의 재능·학식·인품 등을 부각시켰음은 말할 나위 없다. 특히 소순이 분발해서 학문을 수양하고 대기만성 하는 내용의 묘사는 생동적이고 구체적이어서 독자들이 마치 그 사람을 보고 있기라도 하는 것 같은 착각을 불러일으키게 하고, 아울러 깊은 교훈을 준다. 이것이 이 글의 구상과 편집에서의 주요한 특징이다.

[原文] 有蜀君子曰蘇君, 諱洵, 字明允, 眉州眉山人也[1]. 君之行義, 修於家, 信於鄉里, 聞於蜀之人, 久矣. 當至和·嘉祐之間,

---

1) 유촉~인야(有蜀~人也):「유촉(有蜀)」: 사천성 지역을 뜻하는 '촉(蜀)'을 말하며, '유(有)'는 뜻 없이 문장 첫머리에 사용되는 조사이다.「소순(蘇洵: 1009-1066)」: 자가 명윤(明允)이고, 호가 노천(老泉)이다. 27세 때에 비로소 학업에 분발하고, 고문을 짓기 시작하였다. 나이 50이 다 되어서 자신이 쓴 저작물을 가지고 수도로 와서, 구양수의 인정을 받아 수도 개봉에서 명성을 떨쳤다. 그의 아들 소식(蘇軾), 소철(蘇轍)과 함께 '삼소(三蘇)', '소씨 삼부자'로 일컬어진다.「미주미산(眉州眉山)」: 미산(眉山)의 옛 성이 지금의 사천성 팽산현(彭山縣) 남쪽에 있다.

與其二子軾·轍, 偕至京師, 翰林學士歐陽修得其所著書二十二篇獻諸朝[2]. 書旣出, 而公卿士大夫爭傳之. 其二子擧進士, 皆在高等, 亦以文學稱於時[3].

眉山在西南數千里外, 一日父子隱然名動京師[4], 而蘇氏文章遂擅天下. 君之文, 博辯宏偉, 讀者悚然想見其人[5]. 旣見, 而溫溫似不能言; 及卽之, 與居愈久而愈可愛; 間而出其所有, 愈叩而愈無窮[6]. 嗚呼, 可謂純明篤實之君子也!

---

2) 당지~저조(當至~諸朝):「지화(至和)·가우(嘉祐)」: 송 인종(재위기간 1022-1063)의 연호로, 각각 1054년부터 1056년 8월까지, 1056년 9월부터 1063년까지 사용되었다. 소순이 수도인 개봉으로 간 것은 가우 원년(10056)의 일이다.

3) 기이~어시(其二~於時): 소식과 소철은 가우 2년 진사시험에 합격하였으며, 당시 그 시험을 주관한 관리가 구양수이다. 《성재시화(誠齋詩話)》에 "지공거(知貢擧) 구양공이 소동파의 문장을 읽어보고는 놀랍고 기뻐서 장원으로 급제시키고 싶었으나, 또한 제자인 증자고(즉, 증공曾鞏)의 문장이 아닐까 의심이 들어 (이것으로 인해) 물의를 일으킬까 걱정되어 소동파를 이등으로 내렸다(歐公知擧, 得東坡之文, 驚喜, 欲取爲第一人, 又疑爲門人曾子固之文, 恐招物議, 抑爲第二.)"라고 하였다.

4) 은(隱): 위엄이 있는 모양. 웅대하다, 성대하다.

5) 상견기인(想見其人): 그 사람의 풍모를 느낄 수 있다는 말이다. 《사기·공자세가(孔子世家)》에 태사공이 말하기를 "나는 공자의 저술을 읽어보고, 그 사람이 얼마나 위대한가를 상상할 수 있었다(余讀孔氏書, 想見其爲人.)"라고 하였다.

6) 간이~무궁(間而~無窮): 이따금 그의 견해를 발표하였고, 논박하면 할수록 그의 언론이 끊임없이 나온다는 말이다. 「고(叩)」: 문제를 제기하다, 질문하다, 변론하다.

曾祖諱祐; 祖諱杲; 父諱序, 贈尙書職方員外郎, 三世皆不顯[7]. 職方君[8]三子, 曰澹, 曰渙, 皆以文學擧進士; 而君少, 獨不喜學, 年已壯, 猶不知書. 職方君縱而不問, 鄕閭親族皆怪之. 或問其故, 職方君笑而不答, 君亦自如也. 年二十七, 始大發憤, 謝其素所往來少年, 閉戶讀書爲文辭. 歲餘, 擧進士, 再不中, 又擧茂材異等不中[9]. 退而歎曰: "此不足爲吾學也." 悉取所爲文數百篇焚之, 益閉戶讀書, 絕筆不爲文辭者五六年. 乃大究六經·百家之說, 以考質古今治亂成敗·聖賢窮達出處之際. 得其粹精, 涵畜充溢, 抑而不發. 久之, 慨然曰: "可矣." 由是下筆, 頃刻數千言, 其縱橫上下, 出入馳驟, 必造於深微而後止. 蓋其稟也厚, 故發之遲; 志也慤, 故得之精. 自來京師, 一時後生學者皆尊其賢, 學其文以爲師法. 以其父子俱知名, 故號'老蘇'以別之.

---

7) 불현(不顯): 아무런 직위도 얻지 못했다는 말이다. 소서(蘇序)의 직방원외랑은 자손들이 관직에 올랐기 때문에 그가 죽은 후에 추증(追贈)된 것이다.

8) 직방군(職方君): 소서(蘇序)를 가리킨다.

9) 세여~부중(歲餘~不中): 「재부중(再不中)」: 두 번 낙방하였다는 뜻이다. 「무재이등(茂材異等)」: 진사과와는 별도로 특별한 재능이 있는 인재를 선발하던 송대의 과거제도. 〈기매요신서(寄梅堯臣書)〉에 "젊은 소년이었을 때 일찍이 무재이등(茂材異等) 시험에 응시하고자 하여, 한 밤중에 일어나 밥과 전병을 싸서 들고, 동화문 밖에서 날이 밝기를 기다렸다. (날이 밝아)차례로 들어가 무릎을 굽혀 자리에 앉고 머리를 숙여 시험을 보았다. 그 후 매번 이 일을 생각할 때마다 곧 한심스럽게 여겨졌다.(自思少年嘗擧茂才, 夜起裹飯携餠, 待曉東華門外, 逐隊而入, 屈膝就席, 俯首就案. 其後每思至此, 卽爲寒心.)"라고 하였다.

初, 修爲上其書, 召試紫微閣, 辭不至, 遂除試祕書省校書郎[10].
會太常修纂建隆以來禮書, 乃以爲霸州文安縣主簿, 使食其祿,
與陳州項城縣令姚闢同修禮書[11]. 爲《太常因革禮》一百卷. 書成,
方奏未報, 而君以疾卒. 實治平三年四月戊申也[12]. 享年五十有
八. 天子聞而哀之, 特贈光祿寺丞, 敕有司具舟載其喪歸於蜀.

君娶程氏, 大理寺丞文應之女. 生三子: 日景先, 早卒; 軾,
今爲殿中丞直史館; 轍, 權大名府推官[13]. 三女皆早卒. 孫日邁,
日遲. 有《文集》二十卷, 《諡法》三卷.

君善與人交, 急人患難, 死則恤養其孤, 鄕人多德之. 蓋晚而
好《易》, 曰: "《易》之道深矣, 汩而不明者[14], 諸儒以附會之說亂
之也; 去之, 則聖人之旨見矣." 作《易傳》, 未成而卒. 治平四年
十月壬申[15], 葬於彭山之安鎭鄕可龍里.

---

10) 수위~서랑(修爲~書郎):「자미각(紫微閣)」: 중서성의 사무를 처리하는 곳
이다.「제(除)」: 임명하다.「비서성(祕書省)」: 지도, 호적, 문서 등을 관리
하는 중앙부서.「시(試)」정식 임명 없이 시험 삼아 맡긴다는 뜻이다.

11) 회태~예서(會太~禮書):「태상(太常)」: 태상시(太常寺)를 말하며, 예악과
제사를 주관한다.「건륭(建隆: 960-963)」: 송나라의 첫 번째 연호이다.
「요벽(姚闢)」: 자가 자장(子張)이고, 경우(景祐) 연간에 진사가 되었다.

12) 방주~신야(方奏~申也):「방주미보(方奏未報)」: 이미 조정에는 올렸는
데, 아직 회답이 없다는 뜻이다.「치평삼년(治平三年)」: 1066년이다.
'치평(治平)'은 송 영종(英宗)이 1064년부터 1067년까지 사용한 연호이
다.「사월무신(四月戊申)」: 그 해 4월 25일이다.

13) 권(權): 당대(唐代) 이후, 시관(試官)이나 혹은 관직을 잠시 대리하는 것
을 일컫는 말이다.

14) 골(汨): 혼란하다, 어지럽히다.

15) 시월임신(十月壬申): 그 해 10월 27일이다.

君生於遠方, 而學又晚成, 常歎曰: "知我者惟吾父與歐陽公也." 然則非余誰宜銘? 銘曰:

蘇顯當世, 實欒城人[16]. 以宦留眉, 蕃蕃子孫. 自其高曾[17], 鄉里稱仁.

偉歟明允, 大發於文! 亦旣有文, 而又有子[18]. 其存不朽, 其嗣彌昌.

嗚呼明允, 可謂不亡.

直譯 촉 땅의 군자 소(蘇)선생은 이름은 순(洵)이요, 자가 명윤(明允)으로, 미주미산(眉州眉山) 사람이다. 그의 품행과 도덕은 가정에서 수양했지만 동향 사람들에게 신의를 받았고, 촉 땅 사람들에게 칭송받은 지가 이미 오래되었다. 지화(至和)·가우(嘉祐) 연간에, 그는 두 아들 소식(蘇軾)·소철(蘇轍)과 함께 경성으로 왔다. 한림학사인 나 구양수는 그가 지은 글 22편을 얻어 조정에 올렸는데, 그의 글이 세상에 나오자마자 공경·사대부들이 서로 다투어 돌려보았고, 또 그의 두 아들이 진사에 응시하여 높은 성적으로

---

16) 소현당세, 실난성인(蘇顯當世, 實欒城人): '난성(欒城)'은 지금의 하북성 난성현으로, 소순의 먼 조상들이 이곳에 거주하였다. 소미도(蘇味道)는 당나라 초기에 봉각시랑(鳳閣侍郎)을 지냈는데, 일에 연루되어 미주자사(眉州刺史)로 좌천되었다. 《소씨족보(蘇氏族譜)》에 "당 고조 초에 장사(長史) 소미도는 미주를 다스리다가 공직에 있으면서 죽었다. 아들 한 명을 미주에 남겼으니, 미주에 소씨가 거주한 것은 여기에서 비롯되었다(唐神堯初, 長史蘇味道刺眉州, 卒於官. 一子留於眉, 眉之有蘇氏自此始.)"라고 한다

17) 고증(高曾): 소순의 고조와 증조를 가리킨다.

18) 유자(有子): 재능이 걸출한 아들이 있다는 말이다.

합격하였으며, 또 문학으로도 세상에 이름이 알려졌다.

미산은 서남쪽 수천 리 밖에 있는데, 하루아침에 그들 부자의 명성이 서울에 떨치니, 이에 소씨 집 문장이 천하를 압도하였다. 그(蘇洵)의 문장은 논변에 뛰어나고, 문장의 기세가 웅장하여 읽어보면 저절로 경탄하고, 그 사람의 사람됨을 상상해볼 수 있을 것 같았다. 이미 그 사람을 만나보면 오히려 너무나 온화하여 말도 할 줄 모르는 것 같았고, 가까이 하여 그와 함께 오래 지내면 지낼수록 친근함을 느낄 수 있으며, 간간이 자신의 의견을 내놓고서 의론이 깊어지면 깊어질수록 끝없이 이어짐을 느끼게 된다. 아아! 순명독실(純明篤實)한 군자라고 할 수 있다.

그의 증조부는 이름이 우(祐)이고, 조부의 이름은 고(杲)이며, 아버지의 이름은 서(序)인데, 돌아가신 뒤 상서직방원외랑에 추증되었으나, 삼대가 다 존귀하게 드러나지는 않았다. 직방원외랑(職方員外郎) 소서(蘇序)에게는 세 아들이 있었는데, 소담(蘇澹)·소환(蘇渙) 두 사람은 다 문학으로 진사에 합격하였지만, 소순(蘇洵)은 나이가 가장 어렸고, 유독 공부하기를 좋아하지 않아, 나이가 이미 장성하여서도 (형제들 가운데) 그 혼자 글을 알지 못했다. 부친 소서께서는 그대로 놓아두고 나무라지 않으시니, 고을 친척과 친구들은 다 이상하게 여겼다. 어떤 사람이 그 까닭을 물으니 소서께서는 웃기만 하시고 대답하지 않으셨으며, 소선생 또한 개의치 않았다. 나이 스물일곱이 되어 비로소 크게 분발하여 평소 왕래하던 젊은 친구들과 관계를 끊고 문을 걸어 잠그고 독서하여 문장을 지었다. 일 년여 후에 진사시험을 두 번이나 보아 두 번 다 떨어지자, 다시 무림이등(茂材異等)에 응시하였지만 거기에마저 떨어졌다. 그는 돌아와 탄식하며 '여기(科擧試驗)에 내가 학업으로 하기에는 족하지 못하다'라고 하며 지금까지 지은 백여 편의 문장을 모아 전부 불살라버리고, 더욱 문을 굳게 잠그고 독서만

하면서, 붓을 들어 글을 짓지 않은 지가 오륙 년이 되었다. 이에 육경(六經)과 백가(百家)의 학설을 크게 연구하고, 그것으로써 고금의 치란성패(治亂成敗)의 원인과 성현들의 곤궁·현달·출사·은퇴의 변화를 고찰하였다. 그는 그 속의 정화만을 흡수하고, 수양·축적하여 자신에게 채우면서 (문장을 짓고 싶은 마음을) 억제하여 문장을 짓지 않았다. 오랜 세월이 지난 뒤 감개하여 말하기를 ‘(이제는) 되었다’ 하면서 이로부터 붓을 잡으면, 순식간에 수천 마디의 말을 써내러 가고, 고금종횡으로 치달아 반드시 깊고 미묘한 데에 이른 뒤에야 멈추었다. 이것은 그의 타고난 자질이 순수하였기 때문에 그 재능이 더디게 나타났으며, 뜻이 견고하였기 때문에 그 정화를 얻을 수 있었다. 그가 수도 개봉으로 오니 당시의 젊은 학자들이 그의 재능을 존경하고, 그의 문장 배우기를 법으로 삼았다. 그의 부자가 다 이름이 났기 때문에, 아버지 소순을 ‘노소(老蘇)’라고 불러 아들과 구별하였다.

처음 나는 그의 글을 조정에 올리고, 조정에서 시험하고자 자미각으로 그를 불렀으나 그는 사양하고 오지 않았다. 그러다 마침내 임시직으로 비서성 교서랑에 임명되었다. 그런데 마침 태상시에서 건륭(建隆) 이후의 예서(禮書)를 편수하게 되어, 이에 또 그를 패주문안현주부로 임명하여 주부의 봉록을 주고, 진주(陳州) 항성(項城) 현령 요벽(姚闢)과 함께 예서를 편수하게 하였다. 오래지 않아 곧 《태상인혁례(太常因革禮)》 100권을 만들었다. 책이 완성된 뒤, 조정에 아뢰고 아직 회답도 받지 못하였는데, 그는 병으로 세상을 떠났다. 그때가 치평3년 4월 25일로, 향년 58세였다. 천자께서 들으시고 매우 애통해하시며 특별히 그를 광록시승의 관함을 추증하시고, 주무관리에게 그의 영구를 배에 실어 촉 땅으로 돌려보내도록 명령하시었다.

그의 처 정(程)씨는 대리시승 정문응(程文應)의 따님이시다. 세

아들을 낳았는데, 경선(景先)이라는 큰아들은 일찍 죽었고, 둘째 소식은 지금 전중승직사관이고, 셋째 소철은 임시로 대명부추관을 대리하고 있다. 세 딸이 있었으나 일찍 죽었다. 손자로 소매(蘇邁) 와 소지(蘇遲)가 있다. 저서로는 《문집》 20권과 《시법(諡法)》3권 이 있다.

그는 생전에 사람들과 사귀기를 좋아하여 다른 사람의 어려움을 우선하여 도와주고, 죽으면 그 남겨진 자식들을 돌보아주어, 고을 사람들이 그의 덕망을 크게 칭찬하였다. 그는 만년에 《역경(易經)》 을 좋아하여 "《역경(易經)》의 도리가 심오한데, 지금 혼란하여 분 명하게 드러나지 않는 것은 유생들의 견강부회한 설법이 그것을 혼란스럽게 하기 때문이다. 그 혼란한 설법을 제거하면 성인의 뜻 이 드러날 것이다."라 하였다. 그는《역전(易傳)》을 짓다가 미처 완 성하지 못하고 죽었다. 치평 4년 10월 27일(임신일) 팽산현(彭山 縣) 안진향(安鎮鄕) 가용리(可龍里)에 안장하였다.

그는 외진 먼 곳에서 태어나고 학업도 또한 늦게 이루었다. 그 래서 그는 늘 "나를 알아주는 사람은 오직 내 부친과 구양공 뿐이 다"라고 탄식하곤 하였다. 이러하니 내가 아닌 그 누가 묘지명을 짓겠는가? 명문(銘文)은 이러하다.

소씨 가문은 당대(唐代에)서부터 드러나기 시작하였는데,
실제로는 난성(欒城) 사람이다.
관직 때문에 미주(眉州)에 머물면서
많은 자손들을 길렀다.
그의 고조부와 증조부부터
그 고을 사람들은 어진이라 칭찬하였다.
비범한 소명윤(蘇明允)은
문학에서 크게 드러났도다!
그만한 문장이 있을 뿐만 아니라

또한 그만한 자식도 있다.
틀림없이 영원히 불후하여
그 후대는 더욱더 창성하리라.
아, 명윤이여,
비록 죽었지만 죽었다고 할 수 없도다.

〈상강천표瀧岡阡表)[1]〉

구양수는 황우(皇祐) 연간(1049-1054)에 〈선군묘표(先君墓表)〉를 썼다. 그리고 20년쯤 지난 뒤인 희녕(熙寧) 3년(1070), 그는 청주지주(靑州知州)로 재임하면서 〈선군묘표〉를 정성껏 수정을 한 후 〈상강천표(瀧岡阡表)〉라고 제목을 바꾸고, 비석에 새겨 부친의 묘 앞에 세웠다.

이 글에서 작자는 청렴결백하고 효성스러우며 인자하고 후덕한 부친의 모습을 모친의 말을 통하여 묘사하고, 아울러 검소하면서도 빈천함을 편안히 여긴 모친을 그리움 가득 회고하였다. 이러한 것들은 모두 사소한 일화 몇 가지를 집중시켜 표현한 것으로, 즉 부친의 청렴결백함은 죽은 뒤의 가난함을 통하여, 부친의 효성에 대해서는 늘 부모를 그리워하는 마음을 통해서, 부친의 인자하고 후덕한 점에 대해서는 옥사를 처리하면서 죄인들을 안타깝게 여긴 일을 통하여 각각 묘사하였다. 진솔한 마음을 문장의 아무런 수식 없이 그려내었지만, 한 마디 마디에 부친에 대한 그리운 정이 흘러넘친다. 이러 창작방법은 명대 귀유광(歸有光)의 〈항척헌지(項脊軒志)〉·〈선비사략(先妣事略)〉 등과 같은 가정기사소(家庭紀事小品)에 깊은 영향을 끼쳤다.

작자가 벼슬길로 들어선 후, 개혁에 뜻을 두고 구차하게 시류에 영합하려 하지 않고 백성들을 위하고자 한 것은, 바로 부친의 유훈(遺訓)이나 모친의 가르침(敎誨)에 깊이 영향 받았다는 것을, 이 〈상강천표〉를 통해서 알 수 있다. 아울러 선친을 상강(瀧岡)에 장

---

1) 상강천표(瀧岡阡表):「상강(瀧岡, shuānggāng)」: 강서성 영풍현(永豊縣) 남쪽 봉황산(鳳凰山)에 있는 지명으로, 현지인들은 '용강(龍岡, lónggāng)'이라고도 한다. 「천표(阡表)」: 묘비(墓碑). '천(阡)'은 묘 앞으로 난 길을 말한다.

레한지 60년이 지난 뒤에 묘지로 들어가는 길에 비를 세웠던 것은 구양수 자신이 입신양명하여 조상을 빛내고자 한 전통 유가사상에서, 또 착한 일을 하면 보답이 없을 수 없다는 인과응보의 관점에서 이 작품을 썼다고 볼 수 있다.

[原文] 嗚呼! 惟我皇考崇公[2], 卜吉於瀧岡之六十年[3], 其子修始克表於其阡. 非敢緩也, 蓋有待也[4].

修不幸, 生四歲而孤[5]. 太夫人守節自誓[6], 居窮[7], 自力於衣

---

2) 황고숭공(皇考崇公):「황고(皇考)」: 돌아가신 아버지에 대한 존칭이다. '황(皇)'은 아름답다(美)는 뜻이고, '고(考)'는 돌아가신 아버지를 가리킨다.「숭공(崇公)」: 구양수의 부친으로, 이름이 관(觀)이고, 자가 중빈(仲賓)이다. 사후에 숭국공(崇國公)으로 추서되었다.

3) 복길(卜吉): 점복으로 좋은 묏자리를 골라서 안장한다는 뜻이다. 구양관(歐陽觀)은 대중상부(大中祥符) 3년(1010)에 죽었고, 이듬해에 상강에 안장되었다.

4) 유대(有待): 황제의 봉증(封贈)을 기다린다는 뜻이다. 옛날에 임금이 신하에게 은혜를 베풀어 관직이나 작위를 신하의 증조부모, 조부모, 부모, 처에게 수여하는 것을 봉(封)이라 하고, 그들이 고인일 경우에는 증(贈)이라고 하였다.

5) 고(孤): 어려서 부친을 여읜 사람을 일컫는 말이다. 《맹자 · 양혜왕(梁惠王) 하》에 "늙어서 아내가 없는 것을 홀아비라 하고, 늙어서 남편이 없는 것을 과부라 하며, 자식이 없는 늙은이를 무의탁자라 하고, 아비 없는 어린 아이를 고아라 합니다. 이 네 가지는 천하의 곤궁한 백성으로, 의지할 곳이 없는 자들입니다(老而無妻曰鰥, 老而無夫曰寡, 老而無子曰獨, 幼而無父曰孤. 此四者, 天下之窮民而無告者.)"라고 하였다.

6) 태부인(太夫人): 구양수의 모친 정(鄭)씨를 가리킨다. 옛날에는 제후의 처를 '부인'이라 칭하였고, 제후가 죽으면 그의 아들은 어머니를 '태부인'이라 칭하였다.

食, 以長以敎, 俾至於成人. 太夫人告之曰: "汝父爲吏, 廉而好施與, 喜賓客. 其俸祿雖薄, 常不使有餘, 曰: '毋以是爲我累.' 故其亡也, 無一瓦之覆·一壟之植, 以庇而爲生. 吾何恃而能自守耶? 吾於汝父, 知其一二, 以有待於汝也. 自吾爲汝家婦, 不及事吾姑[8], 然知汝父之能養也. 汝孤而幼, 吾不能知汝之必有立, 然知汝父之必將有後也. 吾之始歸也[9], 汝父免於母喪[10]方逾年. 歲時祭祀, 則必涕泣曰: '祭而豐, 不如養之薄也.' 間御酒食[11], 則又涕泣曰: '昔常不足, 而今有餘, 其何及也!' 吾始一二見之, 以爲新免於喪適然耳[12]. 旣而其後常然, 至其終身未嘗不然. 吾雖不及事姑, 而以此知汝父之能養也. 汝父爲吏, 嘗夜燭治官書[13], 屢廢而歎. 吾問之, 則曰: '此死獄也, 我求其生不得爾!' 吾曰: '生可求乎?' 曰: '求其生而不得, 則死者與我

---

7) 거궁(居窮): 어떤 판본에는 '거빈(居貧)'으로 되어 있다.

8) 고(姑): 시어머니. 여기서는 구양수의 조모를 가리킨다.

9) 시귀(始歸): 갓 시집왔을 때. '귀'는 여자가 출가하는 것을 뜻한다.

10) 면어모상(免於母喪): 모친이 돌아가신 후에 거상(居喪) 기간을 채운다는 뜻이다. 옛날에는 부모나 조부모가 돌아가시면 27개월 동안 애도를 표하며 근신하였는데, 장남과 장손은 반드시 교제를 끊고, 관리는 그 직책을 사임하였다. 이것을 개략적으로 쳐서 3년상이라 한다. 이것을 또 수제(守制), 수효(守孝)라고도 한다. '면(免)'은 '기한이 차다, 만기가 되다'의 뜻이다.

11) 간어(間御): '간(間)'은 '간혹, 어떤 때'의 뜻이고, '어(御)'는 '드리다, 바치다, 윗사람에게 올리다'의 뜻이다.

12) 적연(適然): 우연히 그러하다는 뜻이다.

13) 관서(官書): 관아의 문서. 여기서는 소송이나 위법에 관계되는 안건을 가리킨다.

皆無恨也, 矧求而有得邪[14]! 以其有得, 則知不求而死者有恨也! 夫常求其生, 猶失之死; 而世常求其死也.' 回顧乳者抱汝而立於旁, 因指而歎曰: '術者謂我歲行在戌將死[15]. 使其言然, 吾不及見兒之立也, 後當以我語告之.' 其平居敎他子弟, 常用此語. 吾耳熟焉, 故能詳也. 其施於外事, 吾不能知; 其居於家, 無所矜飾, 而所爲如此. 是眞發於中者耶! 嗚呼! 其心厚於仁者耶! 此吾知汝父之必將有後也. 汝其勉之! 夫養不必豐, 要於孝; 利雖不得博於物, 要其心之厚於仁. 吾不能敎汝, 此汝父之志也." 修泣而志之, 不敢忘.

先公少孤力學[16]. 咸平三年進士及第[17]. 爲道州判官, 泗·綿

---

14) 신(矧): 중국어 발음이 'shěn'이고, '하물며'의 뜻이다.

15) 술자위아세행재술(術者謂我歲行在戌將死):「술자(術者)」: 점복(占卜), 점성(占星), 관상(觀相) 등으로 인간사의 길흉을 예측하는 일을 직업으로 하는 사람, 즉 점성술사, 점쟁이.「세행재술(歲行在戌)」: '세성(歲星)'이 술년(戌年)에 해당하는 지점에 운행된다는 뜻이다. 고대에는 목성(木星)이 약 12년만에 하늘의 둘레를 한 바퀴 운행하는데, 그 궤적이 태양이 운행하는 궤도(黃道)와 비슷하다고 여겼다. 이 때문에 하늘의 둘레를 12등분하고, 그것을 12차(次)라 하였다. 목성은 매년 1차씩 운행하며, 그 위치(次數)에 의거하여 햇수를 세기 때문에 목성을 '세성'이라고도 일컫는다. 고대에는 햇수를 셀 때 간지(干支)를 사용하였으며, '술'은 12지지(地支) 가운데 하나이다. 구양수의 부친은 송 진종(眞宗) 대중상부 3년인 경술년(庚戌年: 1010)에 죽으니 '술자(術者)'의 예측과 묘하게 일치하였다.

16) 선공(先公): 작자의 부친을 가리킨다. '선(先)'은 세상을 떠난 연장자에 대한 존칭으로, 예를 들면 선열(先烈), 선현(先賢), 선조(先祖), 선부(先父), 선모(先母), 선형(先兄) 등이 있다.

17) 함평삼년(咸平三年): 1000년이다. '함평'은 송 진종(997-1022 재위)이 998년부터 1003년까지 사용한 연호이다.

二州推官, 又爲泰州判官[18], 享年五十有九, 葬沙溪之瀧岡[19].
太夫人姓鄭氏, 考諱德儀, 世爲江南名族. 太夫人恭儉仁愛而有
禮, 初封福昌縣太君[20], 進封樂安·安康·彭城三郡太君[21]. 自
其家少微時, 治其家以儉約, 其後常不使過之, 曰: "吾兒不能苟
合於世, 儉薄所以居患難也." 其後修貶夷陵[22], 太夫人言笑自若,
曰: "汝家故貧賤也, 吾處之有素矣. 汝能安之, 吾亦安矣."

---

18) 도주~판관(道州~判官):「도주(道州)」: 행정소재지가 지금의 호남성 도
   현(道縣)이다.「사주(泗州)」: 행정소재지가 지금의 안휘성 사현(泗縣)이
   다.「면주(綿州)」: 행정소재지가 지금의 사천성 면양현(綿陽縣)이다.「태
   주(泰州)」: 행정소재지가 지금의 강소성 태주시(泰州市)이다.「판관(判
   官), 추관(推官)」둘 다 주(州)·부(府) 장관의 수하에 있는 관리로, '판
   관'은 문서사무를, '추관'은 형사사건을 관할한다.

19) 사계(沙溪): 지명으로, 강서성 영풍현(永豊縣) 남쪽에 있는 봉황산(鳳凰
   山)의 북쪽에 있다.

20) 복창현태군(福昌縣太君):「태군(太君)」: 관리의 모친에게 봉해주는 호칭
   (封號)으로, 태부인(太夫人) 다음의 서열이다. 태군에는 또한 군태군(郡
   太君)과 현태군(縣太君)이 있다.「복창(福昌)」: 하남부(河南府)에 있는
   현의 이름이다. 지금의 하남성 낙양시의 서남쪽 방향으로, 의양(宜陽)과
   낙영(洛寧)의 중간쯤이다.

21) 낙안·안강·팽성(樂安·安康·彭城): 옛 군(郡)의 이름. 이러한 현이나
   군은 송대에는 이미 존재하지 않은 것도 있었지만, 오직 일종의 봉증(封
   贈)의 칭호로는 계속 사용되었다. 그러나 결코 이들 지역에 당사자를 실
   질적으로 봉하지는 않았다.

22) 수폄이릉(修貶夷陵): 구양수가 범중엄을 변호하다가 수구파의 미움을
   사서 이릉현령(夷陵縣令)으로 좌천된 일을 가리킨다. 〈여고사간서(與高
   司諫書)〉의 주 참조.

自先公之亡二十年, 修始得祿而養[23]. 又十有二年, 列官於
朝, 始得贈封其親[24]. 又十年, 修爲龍圖閣直學士[25] · 尙書吏部
郎中[26], 留守南京[27]. 太夫人以疾終於官舍[28], 享年七十有二.

---

23) 자선~이양(自先~而養): 구양수는 송 인종 천성 8년(1030) 진사시험에 합격
　　한 후에 명예직인 종9품의 장사랑(將仕郎)을 제수 받고, 비서성교서랑(秘書
　　省校書郎)에 시용(試用)되었다가, 서경유수추관(西京留守推官)을 맡았다.

24) 우십~기친(又十~其親): 구양수는 송 인종 강정(康定) 원년(1040)에 수도
　　로 소환되어 원래 맡았던 관각교감(館閣校勘) 관직에 복직하였고, 후에
　　태자중윤(太子中允)으로 승진하였다. 경력 원년(1041) 남쪽 교외에서 제
　　사를 지내고, 기도위(騎都尉)에 더해졌으며, 집현교리(集賢校理)로 바뀌
　　었다. 아마도 이 해에 '돌아가신 분들이 영전(榮典)을 받았을 것이다'

25) 우십년, 수위용도각직학사(又十年, 修爲龍圖閣直學士): 「우십년(又十年)」:
　　송 인종 황우 2년(1050)을 가리킨다. 「용도각직학사(龍圖閣直學士)」: '용
　　도각(龍圖閣)'은 송대에 전적(典籍)과 문헌(文獻)을 관리하던 부서로, 학
　　사(學士), 직학사(直學士), 대제(待制), 직각(直閣) 등의 관직을 두었다. 이
　　러한 칭호들은 흔히 시종관(侍從官)에게 주어지던 명예 직함이었다.

26) 상서이부낭중(尙書吏部郎中): 「상서(尙書)」: 상서성(尙書省)을 말한다.
　　휘하에 이(吏) · 호(戶) · 예(禮) · 병(兵) · 형(刑) · 공(工) 육부를 관할한
　　다. 「이부(吏部)」: 전국 관리의 임명과 파면(任免), 공적 조사(考課), 승
　　진과 강등(昇降), 인사이동(調動) 등의 사무를 관장한다. 장관은 이부상
　　서(吏部尙書)로, 아래에 낭중(郎中) 4명을 두어 업무를 분담하였다.

27) 유수남경(留守南京): 송 진종 때에, 송주(宋州)가 응천부(應天府)로 승격되
　　고, 행정소재지로서의 송주(宋州: 지금의 하남성 상구시商丘市)는 남경(南京)으
　　로 명칭이 바뀌었다. 구양수는 황우 2년(1050)에 용도각직학사의 직함으로
　　지응천부 겸 남경유수사사를 맡았고(以龍圖閣直學士知應天府兼南京留守司
　　事), 이부낭중(吏部郎中)으로 옮겼다가, 경기도위(輕騎都尉)에 임명되었다.

28) 태부인이질종어관사(太夫人以疾終於官舍): 구양수의 모친은 황우 4년
　　(1052)에 죽었다.

又八年[29], 修以非才, 入副樞密[30], 遂參政事[31]. 又七年而罷[32]. 自登二府[33], 天子推恩, 褒其三世[34]. 蓋自嘉祐以來[35], 逢國大慶, 必加寵錫. 皇曾祖府君[36], 累贈金紫光祿大夫[37]·太

---

29) 우팔년(又八年): 송 인종 가우(嘉祐) 5년(1060)을 말한다.

30) 입부추밀(入副樞密): 추밀원(樞密院)의 부장관인 추밀부사(樞密副使)를 맡았다는 말이다.

31) 참정사(參政事): 부재상(副宰相)에 해당하는 참지정사(參知政事)를 가리킨다. 구양수는 가우 6년(1061)에 호부시랑(戶部侍郞)으로 승진하고, 참지정사에 임명되었다.

32) 우칠년이파(又七年而罷): 구양수는 송 영종(英宗) 치평(治平) 4년(1067)에 참지정사 관직에서 해임되었다.

33) 이부(二府): 송대에는 추밀원이 군사(軍事)를, 중서성이 정사(政事)를 주관하여, 국가 최고의 국무기관이었으며, 이 두 기관을 나란히 '이부(二府)'라고 칭하였다.

34) 삼세(三世): 증조부모, 조부모, 부모 삼대를 가리킨다.

35) 개자가우이래(蓋自嘉祐以來):「개(蓋)」: 어떤 판본에는 '고(故)'로 되어 있다.「가우(嘉祐)」: 송 인종(1022-1063 재위)이 1056년부터 1063년까지 사용한 연호이다.

36) 부군(府君): 고인이 된 조상에 대한 높임말로, 비문(碑文) 류의 문장에 많이 사용한다.

37) 금자광록대부(金紫光祿大夫): 관직 이름으로, 전국시대 때에는 중대부(中大夫)를 두었고, 한 무제 때에 비로소 광록대부로 개칭하였으며, 고문(顧問)과 응대(應對)를 담당하였다. 송대에는 이름만 있고 직무가 없는 명예직이었다. 황금 인장과 자주색 인끈(金章紫綬)을 받으면 금자광록대부라 칭하고, 은 인장과 청색 인끈(銀章靑綬)을 받으면 은청광록대부라 칭한다. 광록대부는 종2품, 금자광록대부는 정3품, 은청광록대부는 종3품이다.

師[38] · 中書令[39]; 曾祖妣, 累封楚國太夫人; 皇祖府君, 累贈金紫光祿大夫 · 太師 · 中書令兼尚書令[40]; 祖妣, 累封吳國太夫人; 皇考崇公, 累贈金紫光祿大夫 · 太師 · 中書令兼尚書令; 皇妣, 累封越國太夫人. 今上初郊[41], 皇考賜爵爲崇國公, 太夫人進號魏國[42].

於是小子修泣而言曰: "嗚呼! 爲善無不報, 而遲速有時, 此理之常也. 惟我祖考, 積善成德, 宜享其隆. 雖不克有於其躬, 而賜爵受封, 顯榮褒大, 實有三朝之錫命[43]. 是足以表見於後

---

38) 태사(太師): 관직 이름이다. 주나라 때에 설치한 임금을 보좌하는 관직이다. 이후 대대로 이것을 따랐으며, 태사(太師) · 태부(太傅) · 태보(太保)를 삼공(三公)이라 한다. 송대에는 당대의 제도를 이어받아 봉증(封贈)의 관직 명칭으로 사용하여 임금의 은총을 표시하였으며, 실질적인 직무는 없다.

39) 중서령(中書令): 중서성(中書省)의 장관. 송대에는 사후에 내리는 벼슬인 증관(贈官)이었다.

40) 상서령(尙書令): 상서성(尙書省)의 장관. 위진(魏晉) 이후로는 사실상 재상이었다. 송대에는 명예를 나타내기 위하여 더해주는 관직인 가관(加官)이나 사후에 내려주는 관직인 증관(贈官)으로 바뀌었으며, 등급은 태사(太師) 보다 위이다.

41) 금상초교(今上初郊): 「금상(今上)」: 송 신종(神宗: 1048-1085)으로, 재위기간은 1067년부터 1085년까지이다. 「초교(初郊)」: 신종이 즉위 후에 처음으로 거행하는 교사제(郊祀祭)라는 말이다. '교(郊)'는 고대에 임금이 하늘과 땅에 지내는 제사를 말한다. 동지(冬至)에는 남교(南郊)에서 하늘에 제사지내고, 하지(夏至)에는 북교(北郊)에서 땅에 제사지내는 것이다. 여기서는 임금이 교외에서 하늘에 제사지낸 것이다.

42) 위국(魏國): 어떤 판본에는 '한국(韓國)'으로 되어있다.

43) 삼조(三朝): 송나라의 인종(仁宗), 영종(英宗), 신종(神宗))을 가리킨다.

世, 而庇賴其子孫矣." 乃列其世譜, 具刻於碑. 旣又載我皇考崇公之遺訓, 太夫人之所以敎而有待於修者, 並揭於阡. 俾知夫小子修之德薄能鮮, 遭時竊位, 而幸全大節, 不辱其先者, 其來有自.

　熙寧三年, 歲次庚戌, 四月辛酉朔, 十有五日乙亥[44], 男推誠保德崇仁翊戴功臣 · 觀文殿學士 · 特進 · 行兵部尙書 · 知靑州軍州事 · 兼管內勸農使 · 充京東東路安撫使 · 上柱國 · 樂安郡開國公[45], 食邑四千三百戶, 食實封一千二百戶[46], 修表.

---

44) 희녕~을해(熙寧~乙亥):「희녕삼년(熙寧三年)」: 1070년이다. '희녕(熙寧)'은 송 신종이 1068년부터 1077년까지 사용한 연호이다.「신유삭(辛酉朔)」: 옛날에는 간지를 사용하여 연월일시(年月日時)를 셈하였는데, 여기서 '신유(辛酉)'는 날짜를 적은 것이다. '삭(朔)'은 초하루를 뜻한다. 따라서 '신유삭'이란 초하루가 신유일인 그 달을 가리키는 것이다. 옛날 사람들은 날짜를 말할 때에 흔히 그 달의 초하루에 해당하는 간지를 먼저 밝혔다.

45) 남추성~개국공(男推誠~開國公):「남(男)」: 부모에게 아들 자신을 일컫는 말이다. 이하는 구양수가 당시에 가지고 있던 직함(官銜)과 작위(封爵)를 모두 적은 것이다.《여릉구양문충공연보(廬陵歐陽文忠公年譜)》의 기록에 따르면 다음과 같다. 구양수는 가우 원년(1056)에 낙안군개국후(樂安郡開國侯)에 봉해졌고, 가우 6년에 개국공(開國公)으로 올랐다. 치평 2년(1065)에 상주국(上柱國)이 보태졌고, 4년에는 품계(官階)가 올라서 특진(特進)에 임명되고, 관문전학사(觀文殿學士)를 제수 받았으며, 다시 추성보덕숭인익대공신(推誠保德崇仁翊戴功臣)을 하사 받았다. 희녕 원년(1068)에 병부상서(兵部尙書)로 옮겼다가, 지청주군주사(知靑州軍州事)로 바뀌어 내권농사(內勸農使)를 겸하였고, 경동동로안무사(京東東路安撫使)를 맡았다.

　「관문전학사(觀文殿學士)」: 송대에 대신(大臣)이나 문학이 뛰어난 사람

[直譯] 아이고! 선친 숭국공(崇國公)을 길일을 택하여 상강(瀧岡)에 장례한 지 60년이 지난 뒤, 그 아들 수(修)가 비로소 묘 앞에 비를 세울 수 있었으니, 이것은 일부러 늦게 세운 것이 아니라 기다리는 것이 있었기 때문이다.

나는 불행하게도 태어난 지 네 살 되던 해에 아버지를 여의었다. 어머니는 수절하기를 결심하셨지만, 집이 가난하여 자신의 힘

을 예우하기 위하여 주던 명예 직함. 「특진(特進)」: 한대에 설치하였던 관직으로, 열후(列侯) 중에서 특수한 위치에 있는 자를 특진에 임명하였다. 송대에는 문관 명예직(文散官)의 두번째 등급으로, 정2품에 해당한다. 「행병부상서(行兵部尚書)」 '행(行)'은 품계가 높은 관리가 직급이 낮은 관직을 겸하여 맡을 경우 벼슬 이름 앞에 붙이는 말이다. 구양수는 특진의 신분으로 병부상서를 겸하였기 때문에 행병부상서라고 한 것이다. 「청주(靑州)」: 지금의 산동성 경내에 있다. 송나라 제도에, 주의 장관인 '지주(知州)'를 조정의 신하가 나가서 맡게되면 '권지군주사(權知軍州事)'라고 불렀고, 군사 행정(兵政)과 대민 행정(民政)을 겸하여 맡았다. 「내권농사(內勸農使)」: 농업과 양잠업(農桑)의 장려를 담당하는 관직으로, 당시에는 '지주'가 겸임하였다. 「경동(京東)」: 송나라 때의 로(路) 이름. 행정소재지는 송주(宋州)이고, 희녕 7년(1074)에는 경동동로와 경동서로로 나누어졌다. 「안무사(安撫使)」: 로(路)의 군사 행정(兵政)을 담당하며, 대부분 지주가 겸임하였다. 「상주국(上柱國)」: 전국시대 때에 초나라에서 설치한 관직 이름으로, 당(唐) 이후 훈관(勳官)의 칭호로 계속 사용되었다. 「개국공(開國公)」: 송대 봉작(封爵)의 제6등급.

46) 식읍~백호(食邑~百戶): 「식읍(食邑)」: 채읍('采邑') 또는 '봉지(封地)'라고도 한다. 봉지의 조세를 징수하여 식록(食祿)으로 삼는 것을 가리킨다. 「식실봉(食實封)」: 실제 봉지로 받은 식읍(食邑)을 가리킨다. 송의 제도에 식읍은 이백호(二百戶)부터 일만호(一萬戶)까지 이고, 식실봉은 일백호(一百戶)부터 일천호(一千戶)까지인데, 어떤 때에는 특별히 더해줄 수 있었다.

으로 의식(衣食) 문제를 해결하시면서 나를 키우고 가르쳐 장성시
키셨다. 돌아가신 어머니께서는 나에게 "네 아버지가 관리였을
때, 청렴하시고 베풀기를 좋아하셨으며, 손님과 사귀기를 즐거워
하셨다. 그 녹봉은 비록 박봉이었지만, 늘 남기지 못하게 하시면
서 '이 재물로 인해서 나에게 누가 되지 말게 하시오'라고 하셨다.
그러므로 그분이 돌아가셨을 때, 기왓장 한 장 덮인 집 한 칸 없
고, 땅 한 고랑조차 없이 생활해야 하였는데도, 내가 무엇을 믿고
수절하려고 하였겠는가? 그것은 내가 네 아버지에 대해 조금은 알
고 있었기 때문이다. 바로 네 아버지가 너에게 기대한 것이 있었
기 때문이지. 내가 너의 집 주부가 되었을 때에, 모셔야 할 시어머
니는 이미 안 계셨다. 그러나 네 아버지가 그분을 평소 잘 봉양하
셨다는 것을 알 수 있었다. 너는 아버지도 안 계시고 나이 또한 어
려서, 나는 네가 성장한 후 반드시 뜻을 이룰 지는 확신할 수 없었
지만, 네 아버지는 틀림없이 좋은 후손이 있을 것임을 아셨단다.
내가 처음 시집왔을 때, 네 아버지는 시어머니 상(喪)을 벗은 지
막 일년이 지났는데, 명절이나 제사 때가 되면 꼭 눈물을 흘리시
면서 '제물이 이렇게 풍성해도 살아계실 때의 변변찮은 봉양만도
못한데'라고 하셨단다. 간혹 술과 음식이 나오기라도 하면, 또 눈
물을 흘리시며 '옛날에는 늘 부족하였는데, 지금은 오히려 이렇게
여유가 있어도 모실 수가 없구나.'라고 하셨다. 나는 처음 한두 번
보았을 때는 막 탈상하였으니 당연히 그러시겠지 하였는데, 세월
이 지난 후에도 늘 그리하시며 돌아가실 때까지 변함이 없었단다.
내 비록 시어머니를 미처 모시지는 못했지만, 이러한 것을 통하여
네 아버지가 어머니를 잘 봉양하셨음을 알았단다. 네 아버지가 관
리로 계실 때, 저녁이면 촛불을 켜놓고 공문서를 처리하다가는 번
번이 서류 처리를 멈추고서 탄식하곤 하셨단다. 내가 왜 그러시는
지 물어보면 '이것은 사형을 판결한 서류인데, 내가 이 사람을 살

릴 길을 찾아보아도 찾을 수가 없구려!' 라고 하셨다. 내가 '살릴
수도 있나요?' 라고 하자 '살릴 길을 찾아보아도 찾을 수 없다면,
죽는 사람이나 나 모두가 여한이 없지만, 하물며 찾으면 살릴 수
있는 길이 있는 데에야! 그가 살길을 얻을 수 있는데도 내가 살길
을 찾아보지 않아서, 죽게 된 것을 알게 되면, 죽는 자는 한을 품게
되겠지요! 늘 살리려고 해도 오히려 죽음으로 빠뜨리는데, 세상 사
람들은 늘 죽이는 길만 찾으니!.' 라고 하시면서, 너를 안고 옆에
서있던 유모를 돌아보고, 그리고 너를 가리키며 이렇게 탄식하셨
단다. '점쟁이가 술년(戌年)이 되는 해에 내가 죽을 것이라 하였는
데, 그 사람의 말이 맞다면, 나는 저 아이가 자라서 어른이 되는 것
을 보지 못할 것이오, 훗날 내 말을 저 아이에게 알려주구려' 하셨
다. 그분은 평소 다른 자제들을 가르칠 때에도, 늘 그런 말씀을 하
셔서 익히 들어 상세히 기억할 수 있었다. 그분이 밖에서 하신 일
은 잘 알 수 없었지만, 집에서는 조금도 가식적인 것이 없었고, 하
시는 일마다 다 그러하셨단다. 그것은 가슴속에서 진정으로 우러
나서 그런 것이지. 아! 그분의 마음은 인자함으로 가득하셨단다.
이런 것으로 네 아버지에겐 틀림없이 좋은 후손이 있을 것임을 알
았지. 너도 부지런히 노력하거라! 어른을 봉양하는 데에 꼭 음식이
풍족해야 되는 것은 아니란다. 중요한 것은 효도이지. 그리고 다른
사람들에게 두루 다 이익이 되게 할 수 없더라도, 중요한 것은 인
자함을 마음속에 가득 채우는 것이란다. 내가 너를 가르쳐 이끌어
줄 수는 없지만, 이 말들은 다 네 아버지의 뜻이었단다."라고 하셨
다. 나는 눈물을 흘리며 이 말들을 기억하고 감히 잊지 않았다.
  내 아버지는 어려서 아버지를 여의시고, 열심히 공부하시어 함
평 3년에 진사시험에 합격하셨다. 도주 판관(道州判官)과 사주(泗
州)·면주(綿州) 두 주의 추관(推官)을 지내시고, 또 태주판관(泰
州判官)을 지내셨다. 향년 59세로 사계(沙溪) 상강(瀧江)에다 장례

를 지냈다. 나의 어머니는 정씨이고 그분 아버지의 함자는 덕의(德儀)이셨는데, 대대로 강남의 이름난 명문대족이셨다. 나의 어머니는 공손하시고 검소하셨으며, 자애로우시면서 예의바르셨다. 처음엔 부창현 태군으로 봉해졌다가 뒤에 낙안·안강·팽성 세 군의 태군으로 봉해지셨다. 어머니는 집이 가난했을 때부터 근검절약하여 집을 돌보셨고, 이후에도 늘 분수에 넘지 않으셨다. 그리고는 '내 아들이 세상에 구차히 영합할 줄 모르니 검소하고 절약하여, 장차 환난에 처해질 때를 대비하리라'고 하셨다. 그 후 내가 이릉 현령으로 좌천되자 어머니께서는 태연자약하게 '너의 집은 본래 빈궁하였으니, 나는 살아오면서 이미 습관이 되었다. 만약 너만 편안히 여길 수 있다면, 나 또한 편안하다.'라고 하셨다.

　아버지께서 돌아가신 지 20년이 지나서야 나는 비로소 녹봉을 받아 어머니를 봉양할 수 있었다. 그리고 또 12년이 지나 조정의 제법 높은 관리가 되어서야 비로소 돌아가신 분들이 영전을 받을 수 있게 되었다. 또 10년이 지나 나는 용도각직학사·상서이부낭중·유수남경이 되었다. 어머니께서 관사에서 병으로 돌아가시니, 향년 72세셨다. 또 8년이 지나 나는 능력도 없으면서 추밀원 부사로 진급하였다가 마침내 참지정사가 되었다. 다시 7년이 지나서야 참지정사에서 물러났다. 추밀원과 중서성에 오르고부터 천자께서 은혜를 베푸시어 나의 증조부·조부·아버지 삼대를 포상하셨고, 가우(嘉祐) 이후부터는 국가의 큰 경사가 있을 때마다 빠짐없이 은혜와 포상이 더해졌다. 돌아가신 증조부는 여러 차례 추서되어 금자광록대부·태사·중서령이 되시고, 증조모는 초국태부인에 봉해지셨으며, 조부는 금자광록대부·태사·중서령 겸 상서령이 되시고, 조모는 오국태부인에 봉해지셨으며, 아버지는 금자광록대부·태사·중서령 겸 상서령이 되시고, 어머니는 월국태부인에 봉해지셨다. 지금의 황상께서 즉위하여 처음 하늘에 제사지내시고는 또 아버지께 숭국공(崇國公)이란 작위를 내려주시고 어머니는 위국태부인으로 올려주셨다.

이에 나는 눈물을 흘리며 이렇게 말하였다. "아! 착한 일을 하면 보답이 없을 수 없으니, 다만 시간상의 늦고 빠름만 있을 뿐, 이것은 변하지 않은 이치이다. 나의 선조와 선친은 선행을 쌓아 인덕을 이루었으니, 융성한 보답을 받아야 마땅하다. 비록 그분들이 살아계실 때에는 친히 보답을 누리지 못하셨더라도, 돌아가신 뒤엔 오히려 작위를 받게 되어 영광이 드러나고 큰 덕이 표창됨이 실로 삼조(三朝)에 걸쳐 내리셨다. 이것은 족히 그분들의 덕을 후세에 드러내기에 충분하고, 아울러 자손들을 감싸주기에도 충분하다." 나는 이에 집안 대대의 가보를 열거하여 묘비 위에 새긴다. 그리고 또 돌아가신 내 아버지 숭국공의 유훈과 어머니께서 나를 가르치고 기대하셨던 말을 기록하여 묘지로 통하는 길에 있는 묘표(墓表)에다 새긴다. 내 비록 덕행이 모자라고 재능이 없지만, 좋은 때를 만나 분에 넘치는 관직을 지내면서도 다행히 몸을 온전히 보전하여 조상을 욕되게 하지 않은 것은 다 그만한 이유가 있었던 것임을 알리고자 한다.

희령 3년 4월15일 아들 추성보덕숭인익대공신·관문전학사·특진·행병부상서·지청주군주사 겸 관내권농사·충경동동로안무사·상주국·낙안군개국공·식읍 4천 3백호, 실제 식읍 1천 2백호인 구양수가 이 묘표를 짓다.

〈제자정범공문(祭資政范公文)[1]〉

이 글은 황우(皇祐) 4년(1052) 범중엄(范仲淹)이 병으로 죽은 후에 쓴 제문이다. 범중엄은 구양수의 선배이자 동지이다. 그는 오래 지속되어 온 송나라의 빈약한 국면을 개혁하기 위하여 '경력(慶曆新政)'을 추진하였다. 그러나 보수파 관료들의 온갖 공격과 모함을 받고는 일 년 만에 실패하고 말았다. 구양수는 이러한 그의 죽음에 대해서 매우 비통해하고 있다.

이 글의 주요 취지는 범중엄에 대한 소인배들의 중상모략을 논박하는 것이다. 셋째 단락에서는 여덟 개의 구(句)에 여덟 개의 공(公) 자를 써서 앞 뒤 두 구를 서로 호응시키고 있는데, 앞 구에는 범중엄의 행위나 덕망을 쓰고 바로 뒤 구에는 소인배들의 공격을 써서, '몸이 움직이는 곳마다 비방이 따르는(身動謗隨)' 정경을 아주 선명하게 재현하고 있다. 마지막 단락에서는 갑자기 범중엄을 중상모략 하던 허구에 찬 말들이 그가 죽고 난 후에는 저절로 다

---

1) 자정범공(資政范公): 범중엄(范仲淹: 989-1052)은 자가 희문(希文)이고, 소주 오흥현(蘇州吳興縣) 사람이다. 북송 시기의 유명한 정치가로, 유년 시절에 이미 '천하의 일을 자신의 임무로 삼을(以天下爲己任)' 뜻을 세웠다. 우사간(右司諫), 이부원외랑(吏部員外郎), 추밀부사(樞密副使), 참지정사(參知政事) 등의 관직을 역임하였으며, 사후에 문정(文正)이라는 시호를 받았다. 그가 부재상(副宰相) 격인 참지정사를 맡고 있을 때인 경력 3년(1043)에 시폐개혁(時弊改革)에 관한 10개 항목의 건의안을 제출하고 정치개혁을 시행하였는데, 이것을 역사에서는 '경력신정(慶曆新政)'이라 부른다. 그러나 보수파 관료들의 공격 때문에 '경력신정'은 경력 5년 초에 실패하고 말았다. 그는 서하(西夏)의 침략을 방어하는 데에도 아주 큰 공을 세웠다. '자정(資政)'은 자정전학사(資政殿學士)를 말하며, 범중엄의 관함(官銜)이다.

사라져서 시일이 지날수록 더욱 명백해짐을 묘사하였다. 이것은 망자에 대한 위로이자 살아있는 자들에 대한 격려이다. 전체 문장은 네 글자가 하나의 구를 이루고, 여러 번 환운(換韻)하였다. 음조는 슬프고 리듬은 촉박하며, 강개격앙하다. 비분한 가운데에서도 사람에게 힘을 준다. 제문 중에서도 독특한 풍격을 이룬 뛰어난 작품이다.

原文 月日廬陵歐陽修, 謹以淸酌庶羞之奠[2], 致祭于故資政殿學士·尙書戶部侍郞范文正公之靈, 曰:

嗚呼, 公乎! 學古居今, 持方入圓, 丘軻之艱, 其道則然[3].

公曰“彼惡”, 公爲好訐; 公曰“彼善”, 公爲樹朋[4]; 公所勇爲, 公則躁進; 公有退讓, 公爲近名. 讒人之言, 其何可聽?

先事而斥[5], 群讒衆排; 有事而思, 雖仇謂材[6]. 毁不吾傷, 譽不吾喜; 進退有儀, 夷行險止.

---

2) 청작서수지전(淸酌庶羞之奠):「청작(淸酌)」: 제사에 쓰는 술.「서수(庶羞)」: 여러 가지 맛있는 음식.

3) 지방~즉연(持方~則然):「지방입원(持方入圓)」: 방정한 인품과 덕망으로도 원만히 세속에 맞추다. 《이소(離騷)》에 “어찌 네모와 동그라미가 맞을 수 있으며, 그 누가 길 다른데 상존할 수 있으랴!(何方圓之能周兮, 夫孰異道而相安?)”라고 하였다.「구가(丘軻)」: 공자와 맹자의 이름.

4) 수붕(樹朋): 작당하다, 붕당을 결성하다. 경우(景祐) 3년(1036), 범중엄이 재상 여이간(呂夷簡)을 비판하자 여이간은 결국 “직분을 넘어 간언하고, 임금과 신하를 이간하며, 붕당을 결성한다(越職言事, 離間君臣, 引用朋黨)”는 죄목으로 범중엄을 공격하였다.

5) 선사이척(先事而斥): 일이 발생하기도 전에 그를 배척한다는 뜻으로, 경우 3년(1036)에 범중엄이 요주(饒州)로 좌천된 것을 가리킨다.

嗚呼, 公乎! 擧世之善, 誰非公徒? 讒人豈多? 公志不舒. 善
不勝惡, 豈其然乎? 成難毀易, 理又然歟?

嗚呼, 公乎! 欲壞其棟, 先摧柧棳; 傾巢破彀, 披折傍枝. 害
一損百, 人誰不罹? 誰爲黨論, 是不仁哉[7]!

嗚呼, 公乎! 易名諡行[8], 君子之榮. 生也何毀? 沒也何稱? 好
死惡生, 殆非人情. 豈其生有所嫉, 而死無所爭? 自公云亡[9],
謗不待辨, 愈久愈明, 由今可見. 始屈終伸, 公其無恨! 寫懷平
生, 寓此薄奠.

---

6) 유사이사, 수구위재(有事而思, 雖仇謂材):「유사이사(有事而思)」: 큰 일
이 생기면 그가 필요하여 그를 기용한다는 말이다. 보원(寶元) 원년
(1038)에 서하의 조원호(趙元昊)가 반란을 일으켜 하·은·수·유·정·
영·염·회·승·감·양·과·사·숙(夏銀綏宥靜靈鹽會勝甘凉瓜沙肅)
등의 주(지금의 섬서陝西, 영하寧夏, 감숙甘肅 일대)를 빼앗아 차지하였다. 그러
자 조정에서는 범중엄을 섬서경략안무부사(陝西經略安撫副使)에 임명하
고, 그의 관함을 용도각직학사(龍圖閣直學士)로 올려주었다. 「수구위재
(雖仇謂材)」: 범중엄이 복직되었을 때 그의 정적 여이간이 인종에게 말하
기를 "중엄 어른을 조정에서 이제 기용하고자 하는데, 이전의 관직에만
복직시켜주어서야 되겠사옵니까?(仲淹長者, 朝廷方將用之, 豈可但復舊
職?)"라고 하였다. 이후 두 사람은 화해하였다.

7) 해일~인재(害一~仁哉): 당시 수구파는 범중엄과 이야기만 해도 그의 붕
당이라 하였고, 그들을 모두 외지로 좌천시켰다.

8) 역명시행(易名諡行):「시(諡)」: 봉건시대에 지위가 높은 사람이 죽으면,
생전의 공덕을 칭송하여 추증하던 칭호, 즉 시호(諡號). 시호가 주어진 후
에는 원래의 이름은 사용하지 않고 시호를 사용하기 때문에 '역명(易名)'
이라 하였다.

9) 운망(云亡): 사망.

[直譯] 모월 모일 여릉 구양수 삼가 맑은 술과 온갖 음식을 제수로 갖추어 자정전학사·상서호부시랑 범문정공의 영령께 바치고, 이렇게 아룁니다.

아, 범공이시여! 당신께서는 옛사람들을 배우면서 오히려 지금에 살았습니다. 당신의 인품과 덕망이 방정하셨는데도 세속에서는 오히려 대단히 원만하였습니다. 공자와 맹자도 세상에 계실 때에 또한 온갖 어려움을 겪으셨는데, 그분들의 도가 그렇게 한 것입니다.

당신께서 누구를 나쁘다 하시면 소인배들은 당신께서 사람을 공격하기를 좋아한다고 하고, 당신께서 누구를 좋다 하시면 소인배들은 곧 당신께서 붕당을 짓는다 합니다. 당신께서 과감히 일을 처리하시면 소인배들은 당신께서 너무 조급하게 진행한다 하고, 당신께서 물러나 양보하시면 소인배들은 당신께서 수단방법을 가리지 않고 명예를 가까이 한다 합니다. 당신을 헐뜯는 소인들의 말을 어찌 다 들을 수 있겠습니까?

나라에 일이 없으면 당신을 배척하고자 뭇 사람들이 당신을 비방하여 내쫓고, 나라에 일이 있으면 원수들조차도 당신께서 재목감이라고 합니다. 당신께서는 비방을 받아도 상심하지 않으시고 칭찬을 받아도 기뻐하지도 않으시며, 나아가고 물러남에는 반드시 법도가 있으시고, 정도를 견지하시고 사악한 것은 행하지 않으셨습니다.

아, 범공이시여! 온 나라의 착한 사람이라면 누군들 당신의 벗이 아니겠습니까? 당신을 헐뜯는 사람이 어찌 많았겠습니까? 그러나 오히려 당신의 뜻을 펼 수가 없었습니다. 선이 악을 이길 수 없어서 그렇게 된 것이겠습니까? 아니면 성공은 어렵고 비방은 쉬워서 이치상 그렇게 된 것이겠습니까?

아, 범공이시여! 집 대들보를 헐려면 반드시 먼저 서까래를 헐어야 하고, 새집을 엎어서 새끼를 죽이려면 반드시 나무 가지를 분리시켜 꺾어버려야 합니다. 당신 한 사람을 해치기 위해 수많은 사람을 다치게 하였으니, 사람이라면 누군들 죄에 걸리지 않았겠습니까? 누가 붕당론을 만들었는지 이는 정말 어질지 못한 짓입니다!

아, 범공이시여! 당신 생전의 이름을 바꾸어 아름다운 시호를 추증하게 되었으니, 이것은 군자의 영광입니다. 살아서는 비방을 하다가 죽어서는 어찌 칭찬을 하는 것일까요? 죽은 사람을 좋아하고 살아 있는 사람을 싫어해서라면, 이것은 아마도 인지상정이 아닐 것입니다. 어째서 살아서는 그렇게 싫어하는 것이 있다가 죽어서는 이해를 다투는 것이 없는지요? 당신께서 세상을 떠나면서부터 비방을 분간할 필요가 없어졌고, 시간이 가면 갈수록 진상이 분명하여져 지금에 이르러서는 이미 다 드러났습니다. 처음엔 억울함을 당하였으나 끝내는 다 진상이 드러났으니 당신께서도 아마 여한이 없을 것입니다. 평소의 마음에 두었던 생각을 써서 이 작은 제물과 함께 올립니다.

〈제석만경문(祭石曼卿文)[1]〉

이 글은 치평 4년(1067)에, 작자가 시우(詩友)였던 석만경(石曼卿)이 죽은 지 26년이 지나서 그를 추모하여 쓴 제문이다. 구양수는 석만경의 묘에 사람을 시켜 제물과 제문을 보내어 제사지냈기 때문에 석만경 묘 주위의 경치로부터 묘사하고 있다.

이 글에서 구양수는 석만경의 이름을 세 번씩이나 부르면서 그의 불후한 명성을 칭찬한 동시에, 그가 죽은 후의 처량함을 애도하면서 작자의 깊고 애절한 슬픔과 그리움을 토로하였다. 문장 전체에 감정이 흘러넘치고 진지하며, 음절 또한 비통하다. 특히 묘지에 대한 묘사는 더욱 처량하여 마치 작자가 오열하는 통곡소리가 들리는 듯하다. 앞 서언 부분을 제외하고, 기본적으로 끝까지 같은 운(韻)을 써서, 읽으면 슬픔이 배가된다. 이 해에 구양수 나이 이미 60세로, 참지정사(參知政事)를 그만두고 박주지주(亳州知州)로 나가 있었던 참이라, 정치상으로도 상당히 실의에 빠져있었다. 따라서 옛 친구를 그리워하는 고적(孤寂)한 심정이 더욱 컸을 것이다.

---

1) 제석만경문(祭石曼卿文): 어떤 판본에는 '조석만경문(弔石曼卿文)'으로 되어있다. 「석만경(石曼卿, 994-1041)」: 이름이 연년(延年)이고, 하남성 상구(商丘) 사람으로, 북송의 시인이다. 그는 평생 뜻을 펴지 못하고 불우한 삶을 살았다.

[原文] 維治平四年[2], 七月日, 具官歐陽修[3], 謹遣尙書都省令史
李敭[4], 至于太淸[5], 以淸酌庶羞之奠[6], 致祭于亡友曼卿之墓下,
而弔之以文, 曰:

嗚呼曼卿! 生而爲英, 死而爲靈. 其同乎萬物生死, 而復歸于
無物者, 暫聚之形; 不與萬物共盡, 而卓然其不朽者, 後世之
名. 此自古聖賢, 莫不皆然; 而著在簡冊者, 昭如日星.

嗚呼曼卿! 吾不見子久矣, 猶能仿佛子之平生. 其軒昂磊落[7],
突兀崢嶸[8], 而埋藏于地下者, 意其不化爲朽壤, 而爲金玉之精;
不然, 生長松之千尺, 産靈芝而九莖[9]. 奈何荒煙野蔓, 荊棘縱

---

2) 치평사년(治平四年): 1067년을 말한다. '치평(治平)'은 송 영종(英宗: 李
　曙)이 1064년부터 1067년까지 사용한 연호이다.

3) 구관(具官): 당송 이래로 공문·서찰(公文函牘)이나 기타 응대하는 문장
　(應酬文字)의 초고(草稿)에는, 마땅히 써야 할 관직·작위·품계 등을 간
　단하게 줄여서 '구관'이라고만 하고, 정식으로로 옮겨 적을 때에는 보유
　하고 있는 직함을 모두 적었다. 당시에 구양수는 박주지주를 맡고 있었으
　며, 직함은 관문전학사(觀文殿學士), 형부상서(刑部尙書)였다.

4) 상서도성영사이양(尙書都省令史李敭): 「상서도성(尙書都省)」: 상서성(尙
書省)을 말하며, 전국의 행정을 관리하는 관청이다. 「영사(令史)」: 문서 업
　무를 관리하는 벼슬.

5) 태청(太淸): 석만경의 고향으로, 지금의 하남성 상구시(商丘市) 동남쪽이다.

6) 청작서수지전(淸酌庶羞之奠): '청작(淸酌)'은 술이고, '서수(庶羞)'는 여
　러 가지 맛있는 음식이며, '전(奠)'은 제물을 뜻한다.

7) 헌앙뢰락(軒昂磊落): 「헌앙(軒昂)」: 풍채가 준수하다. 의기가 당당하다.
　원기가 왕성하고 기개가 비범한 모양. 「뢰락(磊落)」: 마음이 솔직 담백하
　고 티 없이 맑다. 마음에 거리낌이 없다.

8) 돌올쟁영(突兀崢嶸): 석만경의 걸출하고 우뚝한 정신기질을 가리킨다.
　「돌올(突兀)」: 높이 불쑥 솟은 모양. 「쟁영(崢嶸)」: 산이 높고 험한 모양.

橫, 風凄露下, 走燐飛螢[10]? 但見牧童樵叟, 歌吟而上下, 與夫驚禽駭獸, 悲鳴躑躅而咿嚶[11]. 今固如此, 更千秋而萬世兮, 安知其不穴藏狐貉與鼯鼪[12]? 此自古聖賢亦皆然兮, 獨不見夫纍纍乎曠野與荒城[13]!

嗚呼曼卿! 盛衰之理, 吾固知其如此; 而感念疇昔, 悲凉凄愴, 不覺臨風而隕涕者, 有愧乎太上之忘情[14]! 尚饗[15]!

---

9) 영지이구경(靈芝而九莖): 약재로 쓰이는 희귀한 버섯의 일종으로, 옛날에는 상서로운 식물로 여겼다. 「구경(九莖)」: 뿌리 하나에 줄기가 아홉 개 달린 영지로, 주황색(紅黃色)을 띠며, 영지 중에서 가장 좋은 품종이다.

10) 주인(走燐): 떠다니는 인화(燐火). 어두운 밤에 무덤이나 축축한 땅 또는 고목이나 낡고 오래된 집에서 인((燐) 따위의 작용으로 저절로 번쩍이는 푸른빛의 불꽃. 옛날에는 그것을 도깨비불이라고 하였다.

11) 척촉이이앵(躑躅而咿嚶):「척촉(躑躅)」: 머뭇거려 앞으로 나아가지 않다. 「이앵(咿嚶)」: 짐승들이 슬피 우는 소리를 가리킨다.

12) 호맥여오생(狐貉與鼯鼪):「호맥(狐貉)」: 여우와 오소리. 「오생(鼯鼪)」: 날다람쥐와 족제비 같은 작은 동물을 두루 가리키는 말이다.

13) 누누호광야여황성(纍纍乎曠野與荒城):「누누(纍纍)」: 겹겹이 이어져 있는 모양. 「황성(荒城)」: 황량한 무덤을 가리킨다.

14) 태상지망정(太上之忘情): 진(晉)나라 사람 왕연(王衍)은 아들이 죽자 산간(山簡)이 가서 위문하였다. 그가 숨이 넘어갈 듯 극히 비통해하는 것을 보고 그에게 너무 지나치게 상심하지 말라고 권하자, 왕연이 다음과 같이 대답하였다. "성인은 감정에 얽매이지 않고, 최하의 사람은 감정에 이르지도 못한다네, 감정에 쏠리는 것은 바로 우리 같은 사람이라네(聖人忘情, 最下不及情, 情之所鐘, 正在我輩.)"《세설신어 · 상서(傷逝)》, 그러므로 '태상((太上)은 성인(聖人)을 가리키는 것이다.

15) 상향(尙饗): 제문의 맨 끝에 쓰며, '적지만 흠향하옵소서'의 뜻을 나타내는 말이다.

直譯 치평(治平)4년 7월 모일 관직에 있는 구양수가 삼가 상서성 영사(令史)인 이양(李敭)을 석만경의 고향 태청(太淸)으로 보내어 맑은 술과 온갖 제수를 석만경의 묘 앞에 차려놓고 제를 지내게 하고, 아울러 제문으로 조문한다네.

오호라! 만경(曼卿)이여! 살아서 영준한 사람이었으니, 죽어서는 신령(神靈)이 되었을 것이네. 만물이 살다가 죽는 것과 마찬가지로, 결국 아무 것도 없는 데로 돌아가는 것은 잠시 응결되었던 형체이고, 만물과 함께 소멸되지 않고 홀로 우뚝 솟아 영원히 썩지 않는 것은 후세까지 전해지는 이름이네. 이것은 옛날부터 성현들도 다 그렇지 않음이 없었고, 그리고 역사책에 기록되어 있는 것이 해나 별처럼 분명하다네.

아아! 만경이여! 내 그대를 본지 오래되었지만, 그래도 평소의 모습을 기억할 수 있을 듯하네. 당당한 풍채에 고결한 마음씨, 출중한 재능에 뛰어난 인격을 지녔었으니, 땅에 묻힌 형체도 썩어 흙으로 변하지 않고 금이나 옥 같은 정영(精英)한 것으로 변했을 것으로 생각하네. 그렇지 않으면 마땅히 천길 높은 소나무로 자라거나 아홉 줄기 달린 영지가 되어야 할 것이네. 그런데 어찌하여 황량한 들판엔 안개 자욱하고, 묘지 위엔 잡초 무성하고 가시나무 어지러우며, 바람소리 처량한데 이슬마저 내리고, 도깨비불 떠다니고 반딧불 날아다닌단 말인가? 다만 보이는 것이라고는, 소치는 아이와 나무하는 늙은이 노래 부르며 오르내리는 것과, 놀란 새와 짐승이 슬피 울며 배회하고 짹짹거리는 것뿐이네. 지금 벌써 이러한데, 다시 천년만년 지나면, 저놈의 여우·오소리·박쥐·족제비가 구멍파고 숨 지 않을 거라고 어찌 알겠는가? 이것은 옛 성현들도 다 그러하였으니, 저 겹겹이 이어져 있는 광야와 황폐한 무덤들이 유독 보이지 않는가?

아아! 만경이여! 생사존망의 이치란 나는 본래 그러함을 알고 있었네. 그러나 지난날의 일을 추념하다가, 다시금 슬픔이 북받쳐 들판의 바람만 쐬어도 나도 몰래 눈물이 쏟아지니, 감정에 얽매이지 않았던 성인에게 부끄러울 뿐이라네! 청컨대 이 제수를 맛보시게.

〈상역전(桑懌傳)〉

이 글은 황우(皇祐) 2년(1050)에 쓴 작품으로, 구양수의 산문 중에서 가장 세밀하고 구체적으로 인물을 묘사한 전기(傳記) 작품이다. 사상적으로는 장단점을 가지고 있지만, 예술적으로는 후세에 많은 영향을 끼친 작품이다.

이 글은 주인공 상역이 도적을 체포하는 일에 중점을 두고 서술하였다. 이른 바 '도(盜)'라는 것은 대체로 두 가지가 있다. 하나는 단순히 재물을 훔치고 약탈하는 불량한 무리들이고, 다른 하나는 봉건정권에 맞서 일어난 농민봉기이다. 상역이 체포한 도적에는 이 두 가지 유형이 다 포함된다. 따라서 그의 행위가 비록 폭도들을 제거하고 양민을 안정시킨 일면도 있기는 하지만, 본질적으로는 봉건정권을 유지하기 위한 것이다. 작자는 이 글에서 상역이 도적을 소탕한 일에만 중점을 두었고, 그가 서하에 항전하다 나라를 위해 목숨을 잃은 사적에 대해서는 언급조차하지 않았다.(상역은 호수천好水川 전투에서 희생되었고, 송의 군대가 참패하였기 때문에 아마도 작자가 의도적으로 회피하였을 것이다) 이것은 곧 작자의 한계를 보여준 것이다. 그러나 작자는 순검(巡檢)이 상역을 기만한 일, 추밀원 관리가 뇌물을 요구한 일, 상역이 포상을 양보한 일과 같은 내용들을 다루어 중앙에서부터 지방에 이르기까지 온통 부패에 빠진 송 왕조의 상황을 폭로하였고, 또 사방에 들끓는 도적들에 대해 묘사함으로써 당시의 사회현실을 비교적 전면적이고 객관적으로 드러내었다.

이 글은 표현상에 있어 인물의 성격과 재능을 잘 나타낼 수 있는 '연속적 사건 전개의 방법(層出不窮)'이라는 특이한 구성을 선택하여 상역이라는 인물을 부각시켰고, 아울러 강렬한 예술흡인력을 갖게 하였다.

정사(正史)와 전기(傳記)의 표현방법의 중간쯤에 해당하는 이러한 서술방식은 후세에 많은 영향을 끼쳤다. 이를테면 명·청대의 유명한 인물전기인 송렴(宋濂)의《진사록(秦士錄)》이나 위희(魏禧)의《대철추전(大鐵椎傳)》등의 문장구성은 의식적으로 이 글을 모방하였다.

原文　桑懌, 開封雍丘人[1]. 其兄慥, 本擧進士有名; 懌亦擧進士, 再不中, 去游汝潁間, 得龍城廢田數頃[2], 退而力耕. 歲凶, 汝旁諸縣多盜. 懌白令:"願爲耆長[3], 往來里中察奸民."因召里中少

---

1) 상역, 개봉옹구인(桑懌, 開封雍丘人): 그의 생평 사적에 대해서는 본문에 잘 나와 있다. 나중에 경원로(涇原路: 경주涇州와 원주原州를 관할하며, 지금의 감숙성 경천涇川과 영하寧夏회족자치구인 고원固原 등지에 해당한다) 병마도감(兵馬都監)을 맡아 진융군(鎭戎軍: 행정소재지는 지금의 고원固原)에 주둔하여 근무하였다. 경력 원년(1041)에 한기(韓琦)가 환경부총관(環慶副總管) 임복(任福)에게 명령하기를, 군대를 통솔하여 적의 후방으로 나가 기회를 엿보되 경솔하게 움직이지 말라고 하였다. 임복은 한기의 의도를 거스르고, 선봉이었던 상역(先鋒) 등과 호수천(好水川)에서 조원호의 매복에 말려들어 군대가 전멸 당하였다. 임복과 상역도 힘써 싸웠지만 다 죽었다. 「옹구(雍丘)」: 현 이름으로, 행정소재지는 지금의 하남성 기현(杞縣)이다. 송대에는 경기로 개봉부(京畿路開封府)에 속했다.
2) 거유~수경(去游~數頃):「여(汝)」: 주(州) 이름으로, 행정소재지는 지금의 하남성 임여현(臨汝縣)이다.「영(潁)」: 주 이름으로, 행정소재지는 지금의 안휘성 부양현(阜陽縣)이다.「용성(龍城)」: 여주에 용흥현(龍興縣)이 있고, 현의 경계에 환룡성(豢龍城)이 있다. 행정소재지는 지금의 하남성 보풍현(寶豊縣)이다.「경(頃)」: 백 묘(畝)를 1경이라 한다.
3) 기장(耆長): 향촌에서 도적을 추적하고 체포하는 일을 담당하며, 그 지방 사람이 맡았다.

年戒曰: "盜不可爲也! 吾在此, 不汝容也!" 少年皆諾. 里老父子死未斂, 盜夜脫其衣; 里老父怯, 無他子, 不敢告縣, 裸其屍, 不能葬. 懌聞而悲之, 然疑少年王生者. 夜入其家, 探其篋, 不使之知覺. 明日遇之, 問曰: "爾諾我不爲盜矣, 今又盜里父子屍者, 非爾耶?" 少年色動; 卽推僕地縛之. 詰共盜者, 王生指某少年. 懌呼壯丁守王生, 又自馳取少年者. 送縣, 皆伏法[4].

又嘗之郟城[5], 遇尉方出捕盜, 招懌飮酒, 遂與俱行. 至賊所藏, 尉怯, 陽爲不知以過[6]. 懌曰: "賊在此, 何之乎?" 下馬獨格殺數人, 因盡縛之. 又聞襄城有盜十許人[7], 獨提一劍以往, 殺數人, 縛其餘. 汝旁縣爲之無盜. 京西轉運使奏其事[8], 授郟城尉.

天聖中, 河南諸縣多盜, 轉運奏移澠池尉; 崤, 古險地, 多涂山[9], 而青灰山尤阻險, 爲盜所恃. 惡盜王伯者藏此山, 時出爲

---

4) 복법(伏法): 법의 처벌을 받다.

5) 겹(郟): 지금의 하남성 겹현으로, 송대에는 여주(汝州)에 속했다.

6) 양(陽): 양(佯) 자와 통하며, '가장하다, 꾸미다'의 뜻이다.

7) 양성(襄城): 지금의 하남성 양성현(襄城縣)으로, 송대에는 여주에 속했다.

8) 전운사(轉運使): 로(路)의 재정과 조세를 주관하며, 관리를 추천하거나 감독할 수도 있다.

9) 전운~도산(轉運~涂山): 「전운(轉運)」: 전운사를 말한다. 「민지(澠池)」: 지금의 하남성 민지현으로, 송대에는 경서북로(京西北路) 하남부(河南府)에 속했다. 「효(崤)」: 산 이름으로, 하북성에 있으며 동쪽으로 민지현에 붙어있고, 산이 매우 험준하다. 「도산(涂山)」: 어떤 판본에는 '심산(深山)'으로 되어 있다.

近縣害. 當此時, 王伯名聞朝廷, 爲巡檢者, 皆授名以捕之[10]. 既懌至, 巡檢者僞爲宣頭以示懌[11], 將謀招出之; 懌信之, 不疑其僞也. 因諜知伯所在, 挺身入賊中招之, 與伯同臥起十餘日, 乃出. 巡檢者反以兵邀於山口, 懌幾不自免. 懌曰: “巡檢授名, 懼無功爾.” 卽以伯與巡檢, 使自爲功, 不復自言. 巡檢俘獻京師; 朝廷知其實, 罪黜巡檢.

懌爲尉歲餘, 改授右班殿直永安縣巡檢[12]. 明道·景祐[13]之交, 天下旱蝗, 盜賊稍稍起. 其間有惡賊二十三人, 不能捕. 樞密院以傳召懌至京[14], 授二十三人名, 使往捕. 懌謀曰: “盜畏吾名, 必已潰, 潰則難得矣. 宜先示之以怯.” 至則閉柵, 戒軍吏無一人得輒出. 居數日, 軍吏不知所爲, 數請出自效, 輒不許. 既而夜與數卒變爲盜服以出, 迹盜所嘗行處. 入民家, 民皆走, 獨有一媼留, 爲作飲食; 饋之如盜, 乃歸. 復閉柵三日, 又往, 則携

---

10) 위순검자, 개수명이포지(爲巡檢者, 皆授名以捕之):「순검(巡檢)」: 도적을 체포하고 치안을 관리하는 벼슬로, 산·계곡·강·바다 등을 끼고 있는 주나 현에 많이 두었다.「수명(授名)」: 조정에서 하급기관에 체포 대상자의 명단을 내려준다는 말이다.

11) 선두(宣頭): 조정에서 발급한 선소문서(宣召文書: 임금이 사람을 불러들이는 문서)로, 여기서는 귀순을 종용하는 귀순문서를 가리킨다.

12) 우반전직영안현순검(右班殿直永安縣巡檢):「전직(殿直)」: 황제의 시종관으로, 좌반(左班)과 우반(右班)으로 나뉜다. 여기서는 단지 직함일 뿐이다.「영안현(永安縣)」: 지금의 사천성 절현(節縣) 동쪽.

13) 명도·경우(明道·景祐): 송 인종의 두 번째와 세 번째의 연호로, 1032년부터 1038년까지이다.

14) 추밀원이전소역지경(樞密院以傳召懌至京):「추밀원(樞密院)」: 송대의 최고 군사기관.「전(傳)」: 역참(驛站)의 수레를 가리킨다.

其具就嫗饌, 而以其餘遺嫗. 嫗待以爲眞盜矣, 乃稍就嫗, 與語, 及群盜輩. 嫗曰: "彼聞桑懌來, 始畏之, 皆遁矣; 又聞懌閉營不出, 知其不足畏, 今皆還也. 某在某處, 某在某所矣." 懌盡鉤得之. 復三日, 又往, 厚遺之, 遂以實告曰: "我, 桑懌也. 煩嫗爲察其實而愼勿泄! 後三日, 我復來矣." 後又三日往, 嫗察其實審矣. 明旦, 部分軍士[15]: 用甲若干人於某所, 取某盜; 卒若干人於某處, 取某盜. 其尤强者在某所, 則自馳馬以往, 士卒不及從, 惟四騎追之, 遂與賊遇, 手殺三人. 凡二十三人者, 一日皆獲. 二十八日, 復命京師.

樞密吏謂曰: "與我銀, 爲君致閣職[16]." 懌曰: "用賂得官, 非我欲, 況貧無銀! 有, 固不可也." 吏怒, 匿其閥, 以免短使送三班, 三班用例, 與兵馬監押[17]. 未行, 會交趾獠叛[18], 殺海上巡檢. 昭化[19]諸州皆警, 往者數輩不能定. 因命懌往, 盡手殺之,

---

15) 부분(部分): 배치하다, 분배하여 내보내다, 안배하다.

16) 각직(閣職): 송대에는 각문통사사인(閣門通事舍人)과 각문지후(閣門祗候)를 통칭하여 '각직'이라 하였고, 무관 중에서 전도유망한 직위로 문관의 관직(館職)에 해당된다.

17) 리노~감압(吏怒~監押):「벌(閥)」: 공을 세운 진상.「면단사(免短使)」: 송대에 무관을 뽑을 때는 활쏘기와 기마 등의 무예로 시험을 치렀고, 시험에서 1,2 등급에 든 사람을 '면단사'라고 불렀다.「삼반(三班)」: 삼반원(三班院)을 말하며, 무관의 임명과 파면을 관리하는 기구이다.「용례(用例)」: 관례에 따라.「병마감압(兵馬監押)」: 로(路)의 치안을 관리하는 관직.

18) 교지료반(交趾獠叛):「교지(交趾)」: 지금의 월남 북부로, 한대에는 군(郡)을 설치하였다.「요(獠)」: 소수민족을 경멸하여 부르는 말이다.

19) 소화(昭化): 소주(昭州: 지금의 광서성 평락현平樂縣)와 화주(化州: 지금의 광동성 화현化縣)를 말하며, 송대에는 광동서로(廣東西路)에 속했다.

還, 乃授閣門祗候[20]. 懌曰: “是行也, 非獨吾功, 位有居吾上者, 吾乃其佐也. 今彼留而我還, 我賞厚而彼輕, 得不疑我蓋其功而自伐乎? 受之徒慚吾心.” 將讓其賞歸己上者, 以奏稿示予. 予謂曰: “讓之必不聽, 徒以好名與詐取譏也.” 懌歎曰: “亦思之, 然士顧其心何如爾. 當自信其心以行, 譏何累也? 若欲避名, 則善皆不可爲也已.” 余慚其言. 卒讓之; 不聽. 懌雖擧進士, 而不甚知書, 然其所爲皆合道理, 多此類.

始居雍丘, 遭大水, 有粟二廩, 將以舟載之; 見民走避溺者, 遂棄其粟, 以舟載之. 見民荒歲, 聚其里人飼之, 粟盡乃止. 懌善劍及鐵簡[21], 力過數人, 而有謀略. 遇人常畏, 若不自足. 其爲人不甚長大, 亦自修爲威儀, 言語如不出其口. 卒然遇人, 不知其健且勇也.

盧陵歐陽修曰: 勇力, 人所有; 而能知用其勇者, 少矣. 若懌, 可謂義勇之士. 其學問不深而能者, 蓋天性也. 余固喜傳人事, 尤愛司馬遷善傳[22], 而其所書皆偉烈奇節士, 喜讀之, 欲學其作, 而怪今人如遷所書者何少也! 乃疑遷特雄文善壯其說, 而古

---

20) 지후(祗候): 관직 이름으로, 동서 각문(閣門)으로 나누어 설치하였다. 원대(元代) 이후로 각 성(省)·로(路)·주(州)·현(縣)에는 모두 지후를 설치하였다.

21) 간(簡): 검(劍)과 비슷하게 생겼지만 날이 없는 네모난 쇠메. ‘간(鐗)’으로도 쓴다.

22) 사마천선전(司馬遷善傳): 사마천이 인물의 전기를 쓰는 데에 뛰어나다. 소식은 일찍이 구양수를 칭찬하여 “사적을 기록하는 수법이 사마천과 비슷하다(記事似司馬遷)”라고 하였다. 구양수는 의식적으로 사마천의 인물묘사 수법을 모방하여 이글을 썼다.

人未必然也. 及得桑懌事, 乃知古之人有然焉, 遷書不誣也, 知
今人固有而但不盡知也. 懌所爲壯矣, 而不知子文能如遷書使
人讀而喜否? 姑次第之.

[直譯] 상역(桑懌)은 개봉부 옹구현 사람이다. 그의 형 상조(桑慥)
는 본래 진사시험에 참가하여 이름이 났었다. 상역 또한 진사시험
에 참가하여 두 번 낙방하고, 곧 여주·영주 일대를 유람하다가
여주 용성의 버려진 밭 몇 경을 얻어 (과거시험을 포기하고) 물러
나 농사일에 힘썼다. 흉년이 들자 여주 인근 각 현에 도적이 들끓
었다. 상현은 현령에게 "원컨대 저에게 순찰대장을 시켜주시면 마
을을 왕래하면서 못된 짓을 하는 사람을 감찰하겠습니다."라고 하
였다. 이에 고을 젊은이를 모아놓고 그들을 경계하여 "도적질을
해서는 안 된다! 내가 여기에 있는 한, 너희들이 이러한 짓을 하면
용납하지 않을 것이다!"라고 하니, 젊은이들이 다 그렇게 하겠노
라고 대답하였다. 그런데 그 고을 어느 노인의 아들이 죽었는데,
시신을 관속에 넣기도 전에 도적이 어둠을 틈타 죽은 이의 옷을
벗겨 달아났다. 이 노인은 겁이 많고 다른 아들도 없는지라 고을
관청에 감히 고발도 하지 못하였고, 죽은 시신 또한 알몸이어서
매장할 수도 없었다. 상역이 이 일을 듣고 슬퍼하면서 마음속으로
젊은 왕모가 한 짓일 거라고 의심하였다. 밤중에 왕가의 집에 들
어가 옷 궤짝을 뒤지어 장물을 찾고 나서 왕모가 눈치 채지 못하
도록 해놓았다. 다음 날 왕모를 만나 그에게 "자네는 내가 도적질
해서는 안 된다는 말에 찬성을 하고서, 지금 마을 늙은이의 죽은
아들 옷을 훔친 사람이 자네가 아닌가?" 하고 물으니, 이 젊은이
는 얼굴색이 바뀌었다. 상역은 곧 그를 땅에 넘어뜨린 뒤 결박하
였다. 함께 도적질한 자를 추궁하니, 왕모는 다른 젊은이 하나를
지목하였다. 상역은 힘센 장정을 불러 왕모를 지키게 하고, 자신

은 또 다른 젊은이를 잡으러 달려갔다. 두 죄인이 현의 관아로 압송되어 법의 재판을 받았다.

그는 또 일찍이 겹성(郟城)을 지나다가, 마침 도적을 체포하러 가는 그 고을 현위를 만났는데, 현위가 상역을 불러 함께 술을 마시고는 마침내 함께 출발하였다. 도적이 숨어있는 곳에 이르자, 현위가 겁을 먹고 마치 모른 듯이 그곳을 지나갔다. 그러자 상역이 "도적이 여기에 있는데 어디를 가오?"라고 하였다. 그러면서 그는 말에서 뛰어내려 혼자 도적과 격투를 하여, 몇 사람은 때려 죽이고 나머지는 모두 체포하였다. 그는 또 양성에 도적이 열 명 남짓 있다는 소리를 듣고, 혼자 칼 한 자루만 차고 가서 몇 사람을 죽이고 그 나머지를 체포하여 왔다. 여주 일대의 현에는 이 때문에 도적이 사라졌다. 경서 전운사가 그의 사적을 올리니, 겹성현위의 벼슬을 내렸다.

천성 연간에 하남부의 각 현에 도적이 들끓자 전운사가 조정에 민지(澠池) 현위를 바꾸어 달라고 주청하였다. 효산은 옛날부터 지세가 험준하고 깊은 산이 많았는데, 그 중에 청회산은 특히 험준하여 도적들이 그 산을 점거하고 있었다. 왕백이라는 흉악한 도적이 이 산에 숨어 있다가 때때로 나와서 인근 현을 괴롭혔다. 당시 왕백의 이름이 조정에까지 들리게 되자 순검에게 그의 이름을 주고 체포하게 하였다. 상역이 이곳에 오니, 순검이 거짓으로 만든 조정의 귀순문서를 상역에게 보여주면서 함께 왕백을 귀순시키자고 의논하였다. 상역은 그것을 믿고 그들이 위조한 것을 의심하지 않았다. 이에 몰래 왕백이 있는 곳을 염탐하여 알아내고, 용감하게 도적의 무리 속으로 들어가 왕백과 함께 10여 일을 생활하다가 함께 산을 나왔다. 그런데 순검은 도리어 군대를 동원하여 산 입구에서 길을 가로막으니, 상역 자신조차도 빠져나오기가 어려웠다. 그래서 상역은 "순검이 조정에서 준 명단을 받고서 아무런 공이 없을까 두려워해서이다"라고 하면서 왕백을 순검에게 넘겨주어 그 자신들의 공으로 삼게 하고, 상역은 더 이상 이 일을 언급하지 않았다. 순검이 포로를 경성으로 보내었는데, 조정에서 그 실상을 알고서 죄를 물어 순검을 파면시켜버렸다.

상역이 현위가 된 지 일 년 남짓 만에, 우반전직의 직함으로 영안현 순검으로 임명되었다. 명도·경우 연간에, 온 나라에 한발과 누리의 재난이 들자 도적이 점차 불어나기 시작하였다. 그 가운데 흉악한 도적만 스물셋이나 되었지만 잡을 수가 없었다. 추밀원에서 역참의 수레를 보내어 상역을 경성으로 소환하여 스물 세 사람의 명단을 주고는 가서 체포하게 하였다. 상역이 꾀를 내어 "도적은 내 이름을 두려워하여 틀림없이 이미 달아났을 것이다. 달아나면 잡기 어려우니, 마땅히 먼저 그들에게 내가 겁쟁이라는 것을 보여주어야 한다."라고 하였다. 상역이 군영에 이른 후, 군영의 문을 굳게 닫고 관병에게 한 사람이라도 함부로 출입해서는 안 된다고 경고하였다. 며칠이 지나자 관병들이 해야 할 바를 몰라서, 출전하여 자신들의 힘을 보여주자고 자주 청하였지만, 그 때마다 허락하지 않았다. 그리고 얼마 뒤 밤중에 병졸 몇 사람과 도적의 복장으로 갈아입고 군영을 나가 도적들이 출몰하던 곳을 찾아 나섰다. 민가에 들어가 보니 백성들은 다 달아나 버리고 오직 할머니 한 사람만 남아 있었는데, 술과 음식을 마련하여 자신들에게 대접하였다. 자신들이 마치 도적인양 할머니에게 물건을 선물로 주고서 돌아왔다. 그들은 또 3일 동안 군영의 문을 닫고 있다가, 다시 나가면서 음식도구를 휴대하여 할머니를 찾아가 음식을 해 먹고 남은 것은 할머니에게 주었다. 할머니도 진짜 도적을 대하듯이 그들을 대하였다. 이에 조금씩 할머니에게 친근하게 접근하여 이야기를 나누다가 도적에 관한 이야기에까지 이르게 되었다. 할머니는 "도적들이 상역이 왔다는 소리를 듣고 처음에는 두려워 다 달아났다가, 나중에 또 상역이 군영의 문을 닫고 나오지 않는다는 소리를 듣고는 족히 두려워할 것이 못된다는 것을 알고, 지금은 다 돌아와 누구는 모처에 있고 또 누구는 어디에 있다”고 하니, 상역은 이렇게 해서 모든 상황을 다 파악하게 되었다. 또 3일이 지나, 다시 찾아가 할머니에게 귀한 선물을 주고 마침내 “자신이 바로 상역인데, 번거롭지만 도적들의 실상을 탐문해주시면, 조심해서 절대로 누설하지 않겠습니다. 3일 뒤 다시 오겠습니다.”라고 사실대로 이야기하였다. 또 3일이 지나 찾아가니, 할머니는 실상을 상세하게 탐문해두었다. 다음날 아침 관병들에게 임무를 분담하여 보내었다. 즉, 갑옷 입은 약간의 병사는 모처로 가서 도적 모를 잡고, 병졸 약간 명은 모처에서 도적 모를 잡게 하였다. 그리고 그 중에 특히 강팍한 도적이 모처에 있는데, 상역 자신이 직접 말을 타고 가는데, 사졸들은 미처 따라오지를 못하고, 오직 기마병 네 명만 그를 따라와, 마침내 도적과 마주쳐 세 놈을 죽이고, 스물 셋의 도적을 하루 만에 다 잡았다. 전후 28일 만에 다 마무리 짓고, 경성으로 돌아와 일체의 전말을 복명하였다.

추밀원의 관리가 그에게 “나에게 은전(銀錢)을 주면, 당신에게 각직(閣職) 하나를 주겠다.”고 하였다. 상역이 “뇌물로 관직을 얻는 것은 내가 바라는 바도 아니며, 게다가 나는 빈곤하여 은전도 없을 뿐더러, 있다 해도 결코 그렇게는 할 수 없소”라고 대답하였다. 그 관리는 성을 내어 상역의 공로를 숨기고, 다만 무예가 뛰어난 사람의 명단에 넣어 삼반원으로 보내니, 삼반원에서는 관례에 따라 치안을 담당하는 병마감압이라는 관직을 주었다. 그가 임지로 미처 가기도 전에, 마침 교지 사람들이 모반을 하여 해상에서 순검을 살해하니, 소주(昭州)·화주(化州) 등 각 주에서 어지럽게 조정에 급보를 올렸다. 조정에서 몇 사람을 파견하였으나 평정하지 못하니 상역에게 명하여 가도록 하였다. 상역이 모반자들을 다 죽이고 돌아오니, 이에 각문지후(閣門祗候)의 관직을 제수하였다. 상역이 "이번의 출정은 나만의 공이 아닙니다. 직위가 나 보다 높은 사람이 있고, 나는 다만 그의 보좌관일 뿐입니다. 지금 그는 아직 거기에 남아 있고 나만 돌아왔는데, 내 상은 무겁고 그는 오히려 가벼우니, 이것은 어쩌면 내가 그의 공을 가리고 내 공을 드러낸 것으로 의심하지 않겠습니까? 이 상을 받으면 다만 제 마음을 부끄럽게 할 따름입니다."라고 하였다. 그는 자신의 상을 양보하여 자신의 상급자에게 돌리고자 하는 상주문의 원고를 나에게 보여주었다. 나는 상역에게 "상을 양보하더라도 조정에서 틀림없이 받아들이지 않을 것이며, 다만 명성을 좋아하여 거짓 행동을 한다고 비웃음만 받게 될 것이다"라고 하였다. 상역은 탄식하며 "저 또한 그렇게 생각하였습니다. 그러나 선비가 자신의 마음만 돌아보아서야 어떻게 하겠습니까? 마땅히 자신의 마음을 믿고서 실행하였다가 비웃음을 받는다 해서 무슨 누가 되겠습니까? 만약 명성을 피하려고 하면, 좋은 일은 다 할 수가 없을 따름입니다."라고 대답하였다. 나는 그의 말을 듣고 부끄러웠다. 끝내 그는 상을 양보하였고 조정에서는 들어주지 않았다. 상역이 비록 진사시험에 참가는 하였으나 학문의 지식은 깊지 않았다. 그러나 그가 하는 행동은 다 도리에 맞아 대부분이 위에서 말한 것과 같은 행동이다.

　이보다 앞서 상역이 옹구(雍丘)에 거주할 때 큰 홍수가 났는데, 그에게 두 창고의 곡식이 있어 배에다 실어 옮기려고 하였다. 그러나 홍수를 피해 달아나는 백성들을 보고, 곧 그 곡식을 버리고 그들을 배에 태워 옮겼다. 그는 백성들의 흉년을 보고서 그 마을 사람들을 모아 밥을 먹여주었는데, 곡식이 다 떨어져서야 그만두었다. 상역은 검과 철간을 잘 썼으며, 그의 힘은 몇 사람의 힘을 능가하였고, 지모도 있었다. 그는 사람을 만나면 늘 부끄러워하여 마치 자신의 능력이 부족한 것처럼 하였다. 그 사람은 키는 크지 않았고 스스로 수양하여 예절 있고 용모가 근엄하였지만, 말을 하면 마치 말을 못하는 우둔한 사람 같았다. 그래서 우연히 그를 만나는 사람들은 그의 강건함과 용감함을 알 지 못한다.

여릉 사람 나 구양수는 이렇게 말한다. 용기와 힘은 사람들이 다 가지고 있는 바이다. 그러나 자신의 용기를 능히 쓸 줄 아는 사람은 적다. 상역과 같은 사람은 정의롭고 용감한 사람이라고 할 수 있다. 그는 학문이 깊지 않은데도 이렇게 할 수 있었던 것은 대개는 천성적인 것이었다. 나는 본래 사람들의 사적을 기록하는 것을 좋아하는데, 특히 사마천이 인물 전기를 잘 쓴 데에 대해서 부러워하였다. 그리고 사마천이 쓴 인물들은 모두 다 위대하고 장렬하며 기특하고 절개를 중시하는 선비들이다. 나는 그의 글을 애독하였고, 그의 작문법을 배우고자 하였다. 그런데 괴이한 것은 지금 사람들 중에는 사마천이 쓴 그런 사람들이 어찌 그리 적은가 하는 점이다. 이에 사마천은 다만 자신의 뛰어난 문필로 자신의 말을 잘 과장하여서 그런 것이지, 옛 사람들이 사마천의 표현처럼 꼭 그렇지만은 않았을 것이라 의심을 하였다. 그런데 상역의 사적을 알게 되면서 비로소 고인들 중에도 그런 인물이 있었으며, 사마천의 글 또한 함부로 지어진 것이 아니라는 것을 알게 되었고, 또 지금 사람들 중에도 근본적으로 그만한 사람이 있지만 다 알려지지 않았을 뿐이라는 것도 알게 되었다. 상역이 한 일은 대단하지만, 그러나 내 글이 사마천의 글처럼 사람들에게 즐겁게 읽혀질지의 여부는 모르겠다. 잠시 시간의 추이에 따라 그의 사적을 기록한다.

〈육일거사전(六一居士傳)〉

이 글은 희령(熙寧) 3년(1070)에 지었다. 이 해 7월, 구양수는 청주지주(靑州知州)에서 채주지주(蔡州知州)로 옮겼고, 채주지주로 부임한 후에 스스로 호를 '육일거사'라고 하였다. 이 글은 한부(漢賦)의 특징인 주객(主客) 간의 문답형식을 모방하여 만년의 생활 정취와 사상을 묘사하였는데, 전기문(傳記文) 중에서 독특한 품격을 이루었다. 풍격이 소담(疏淡)하고 문장의 변화가 풍부하여 도연명(陶淵明)의 〈오류선생전(五柳先生傳)〉과 상당히 비슷하다.

작자는 정치 일선에서 일찍부터 은퇴하고자 하는 생각을 가지고 있은 데다가, 만년에는 왕안석(王安石)과의 정치 견해도 달랐기 때문에 여러 차례 표(表)를 올려 퇴직을 청하였다. 이 글을 쓰고 이듬해(희녕 4년)에 은퇴하여, 영주(潁州)에서 한가한 여생을 보내다가 다음해 세상을 떴다.

[原文] 六一居士初謫滁山, 自號醉翁[1]. 旣老而衰且病. 將退休於潁水之上[2], 則又更號六一居士.

――――――――――

1) 육일~취옹(六一~醉翁):「저산(滁山)」: 저주(滁州)에 산이 많기 때문에 '저산(滁山)'이라 한 것이고, 바로 뒤에 나오는 영주(潁州)에는 '수(水)'자로 물을 부각시켰는데, 그렇다면 저산(滁山)의 산(山)과 영주(潁州)의 수(水)자 둘을 합쳐서 그 의미를 새겨볼 것 같으면, 구양수가 산수(山水)에 마음을 의탁하고자 한 숨은 뜻이 있음을 알 수 있다.「자호취옹(自號醉翁)」: 여기에 대해서는 〈취옹정기(醉翁亭記)〉의 주 참조.

2) 장퇴휴어영수지상(將退休於潁水之上): 희녕 원년, 구양수는 영주(潁州: 지금의 안휘성 고양시阜陽市)에 집을 짓고 퇴직을 준비하였다. 일찍이 황우(皇祐) 원년(1049) 영주지주로 있을 때에, 만년에 관직에서 물러나면 영주 서호(西湖)의 풍경을 구경하면서 이 곳에 살자고 매요신과 약속하였다.「영수(潁水)」: 회하(淮河)의 지류로, 하남(河南: 지금의 낙양시洛陽市)에서 발원하여 영주 동남쪽 경계에서 회하로 흘러 들어간다.

客有問曰: "六一, 何謂也?" 居士曰: "吾家藏書一萬卷, 集錄三代以來金石遺文一千卷[3], 有琴一張, 有棋一局, 而常置酒一壺." 客曰: "是爲五一爾, 奈何?" 居士曰: "以吾一翁, 老於此五物之間, 是豈不爲六一乎?" 客笑曰: "子欲逃名者乎? 而屢易其號. 此莊生所誚畏影而走乎日中者也[4]; 余將見子疾走大喘渴死, 而名不得逃也." 居士曰: "吾固知名之不可逃, 然亦知夫不必逃也; 吾爲此名, 聊以志我之樂爾." 客曰: "其樂如何?" 居士曰: "吾之樂可勝道哉! 方其得意於五物也, 太山在前而不見, 疾雷破柱而不驚[5], 雖響九奏於洞庭之野[6], 閱大戰於涿鹿之

----

3) 금석유문(金石遺文): 《집고록(集古錄)》 중의 금석 탁본(金石拓本)을 말한다. 《집고록목서(集古錄目序)》에 보인다.

4) 차장~자야(此莊~者也): 《장자 · 어부(漁父)》에 "어떤 사람이 그림자가 무섭고 발자국이 싫어서 그것을 피하여 달아났는데, 발걸음을 떼면 뗄수록 발자국은 더욱 늘어났고, 발걸음을 더욱 빨리 뛰어서 달아나도 그림자는 몸에서 떨어지지 않았습니다. 너무 느려서일 거리고 생각한 그는 쉬지 않고 더욱 빠르게 내달렸고, 결국 힘이 다해 죽고 말았습니다. 그늘로 들어가면 그림자가 사라지고, 발걸음을 멈추면 발자국이 없어진다는 것을 몰랐으니 이 또한 참으로 어리석지요(人有畏影惡迹而去之走者, 擧足愈數而迹愈多, 走愈疾而影不離身. 自以爲尙遲, 疾走不休, 絶力而死. 不知處陰以休影, 處靜以息迹, 愚亦甚矣.)"라고 하였다. '장생(莊生)'은 장자(莊子)를 말하며, '초(誚)'는 풍자한다는 뜻이다.

5) 태산~불경(太山~不驚): 유령(劉伶)의 〈주덕송(酒德頌)〉에 "조용히 귀 기울여 들어도 천지를 뒤흔드는 요란한 천둥소리마저 들리지 않고, 자세히 살펴보아도 태산의 형체조차 눈에 보이지 않는다(靜聽不聞雷霆之聲, 熟視不睹泰山之形.)"라고 하였다. 이것은 마음을 어떤 한 가지 일에 집중하면, 그 외의 모든 것은 도외시하게 되어 전혀 느끼지 못하게 된다는 말이다.

原[7], 未足喩其樂且適也. 然常患不得極吾樂於其間者, 世事之
爲吾累者衆也. 其大者有二焉, 軒裳珪組勞吾形於外[8], 憂患思
慮勞吾心於內, 使吾形不病而已悴, 心未老而先衰, 尙何暇於五
物哉? 雖然, 吾自乞其身於朝者三年矣, 一日天子惻然哀之, 賜
其骸骨[9], 使得與此五物偕返於田廬, 庶幾償其夙願焉. 此吾之
所以志也." 客復笑曰: "子知軒裳珪組之累其形, 而不知五物之
累其心乎?" 居士曰: "不然. 累於彼者已勞矣, 又多憂; 累於此
者旣佚矣, 幸無患. 吾其何擇哉?" 於是與客俱起, 握手大笑曰:
"置之, 區區不足較也."

已而嘆曰: "夫士少而仕, 老而休, 蓋有不待七十者矣[10]. 吾素

---

6) 향구주어동정지야(響九奏於洞庭之野): 《장자·지락(至樂)》에 "설령 함지
   (咸池)와 구소(九韶)의 악장을 천지의 광야에서 연주한다 해도[새, 짐승, 물
   고기들이 그것을 들고는 달아날 것입니다](咸池九韶之樂, 張之洞庭之野)"
   라고 하였다. '구주'는 구소(九韶)를 말하며, 순(舜)임금 때의 음악이다.

7) 열대전어탁록지원(閱大戰於涿鹿之原): 《사기·오제본기(五帝本紀)》에 의거
   하면, 황제(黃帝)가 일찍이 치우(蚩尤)와 탁록(涿鹿)의 들판에서 싸웠다고 한
   다. '탁록'은 지명으로, 지금의 하북성에 있으며, 북경 서쪽에 위치한다.

8) 헌상규조(軒裳珪組): 관리의 수레와 말, 옷차림, 인장 등을 가리키는데,
   여기서는 관리의 사무를 나타낸다. 「헌(軒)」: 휘장을 씌운 높은 수레. 「규
   (珪)」: 옥으로 만든 홀. 관리가 조회에 참가할 때 손에 드는 옥으로 만든
   기물이다. 「조(組)」: 도장의 끈(印綬).

9) 사기해골(賜其骸骨): 옛날에 관리가 나이가 들어 사직을 청할 때에, '해골을
   구걸한다(乞骸骨)'고 하였는데, 이것은 고향으로 돌아가서 죽겠다는 뜻이다.

10) 개유부대칠십자의(蓋有不待七十者矣): 《예기·단궁(檀弓)》에 "70세가 되
   도록 조정에서 벼슬하기를 기다리지 않는다.(七十不俟朝.)"라고 하였다.
   구양수는 당시에 아직 70세가 되지 않았기 때문에, 70세가 되기 전에 사
   직을 청원한 사람도 있었다는 예를 들어서 자신을 해명하는 것이다.

慕之, 宜去一也. 吾嘗用於時矣, 而訖無稱焉[11], 宜去二也. 壯
猶如此, 今旣老且病矣, 乃以難强之筋骸, 貪過分之榮祿, 是將
違其素志而自食其言[12], 宜去三也. 吾負三宜去, 雖無五物, 其
去宜矣, 復何道哉!"

熙寧三年九月七日, 六一居士自傳.

[直譯] 육일거사(六一居士)가 저주(滁州) 산골로 막 좌천되어 가서
스스로 취옹(醉翁)이라 하였다. 이미 늙고 몸도 쇠한 데에다 병도
많음에, 장차 관직에서 은퇴하여 영수(潁水) 가에서 쉬고자 하면
서, 또 호를 바꾸어 육일거사라 하였다.

손님이 묻기를 '육일(六一)이란 무엇을 말합니까?' 거사(居士)
가 대답하기를 '우리 집에는 장서(藏書)가 일만 권, 삼대(三代, 하
夏, 은殷, 주周)이래의 금석유문(金石遺文)이 일천 권, 거문고가 일
장(一張), 바둑 일국(一局)이 있고, 그리고 늘 술 한 병(一壺)을 두
고 있지요' 손님이 말하기를 '그러면 오일(五一) 밖에 안 되는데,
어째서 육일(六一)이라 합니까?' 거사가 말하기를 '이 늙은이 하
나가 이 다섯 가지 가운데에서 늙어가고 있으니, 이렇게 되면 육

---

11) 용어시의, 이흘무칭언(用於時矣, 而訖無稱焉):「용어시(用於時)」: 관직
   생활을 한 것을 가리킨다.「흘(訖)」: 끝내, 줄곧.「무칭(無稱)」: 내세울
   만한 업적이 없다는 뜻이다.

12) 위기소지이자식기언(違其素志而自食其言):「소지(素志)」: 평소에 품었던
   뜻. 구양수는 중년 이후에 지은 시문에서 때때로 관직을 사퇴하고 전원
   으로 돌아가고자 한 생각을 드러내었다.「기언(其言)」: 자신이 했던 말
   을 가리킨다. 구양수는 서경유수추관(西京留守推官)으로 있을 때, 이미
   관리는 "나이가 들어도 물러날 줄을 모르면(老不知止)" 안된다고 인식하
   였다.

일이 되지 않습니까?' 손님이 웃으며 말하기를 '그대는 명성을 피하려고 해서입니까? 그렇게 자주 호(號)를 바꾸다니요. 그것은 장자가 말한 그림자를 두려워하여 그것을 피하려고 햇볕 아래에서 질주한 사람을 풍자한 것처럼, 나는 장차 그대가 그 사람처럼 숨을 헐떡거리며 뛰어가다 목말라 죽는 것을 볼 수 있을지 몰라도, 명성은 피할 수가 없을 것이요.' 거사가 말하기를 '나도 진실로 명성을 피할 수 없다는 것은 알고 있습니다만, 그러나 또한 피할 필요가 없다는 것도 알고 있지요. 내가 이런 호를 붙인 것은 잠시 나의 즐거움을 기록하고 싶었을 뿐이지요.' 손님이 말하기를 '그 즐거움이란 어떤 것인지요?' 거사가 말하기를 '나의 즐거움을 말로써는 다할 수 없지요. 내가 이 다섯 가지 물건에 도취되었을 때에는 태산이 앞에 있어도 보이지 않고, 우레가 쳐서 기둥을 부수어도 놀라지 않으며, 동정(洞庭)의 넓은 들에서 구소(九韶, 순舜 임금의 음악)를 연주하고, 탁록(涿鹿)의 들판에서 큰 전투를 본다 하더라도, 이처럼 즐겁고 편안함에는 비하지 못할 것이요. 그러나 나는 늘 이들 물건에서 나의 즐거움을 다하지 못하는 것을 걱정하는데, 그것은 세상일이 나를 구속하는 것이 많아서랍니다. 그 가운데 큰 것이 두 가지가 있는데, 밖으로는 관직의 일이 나의 육신을 괴롭게 얽어매고, 안으로는 우울함과 번뇌가 내 마음을 괴롭혀 내 몸은 병도 없는데도 이미 초췌하고, 마음은 늙지 않았는데 쇠약해졌으니, 어느 틈에 이 다섯 가지를 즐길 수 있겠어요? 하지만 나는 조정에 늙었음을 알려 사퇴를 청한 지가 삼 년이나 되었으니, 어느 날 아침에 임금님께서 저를 가련히 여겨 이 몸을 허락해주시어 이 다섯 가지와 함께 전원으로 돌아갈 수 있으면, 내 숙원을 거의 이룰 수 있겠지요. 이것이 이 호를 짓게 된 까닭이랍니다.' 손님은 또 다시 웃으며 말하기를 '그대는 관리의 일이 당신의 육신을 괴롭힌다는 것은 알지만, 이 다섯 가지 물건이 마음을 수고롭게 한다는 것은 모르시는지요?' 거사가 말하기를 '그렇지 않습니다. 관직에 얽매여서는 수고롭고 또 근심스러웠지만, 이들 물건에 매여서는 편안하고 또 다행히도 근심이 없었습니다. 그러니 내가 어느 것을 선택하겠습니까?' 이에 손님과 함께 일어나 악수를 하며 크게 웃으면서 '그만 두시지요, 이런 자질구레한 일은 비교할 필요조차 없지요.' 라고 하였다.

잠시 뒤 나는 감탄하여 말하였다. '선비는 젊어서 벼슬하여 늙으면 물러나는데, 대개는 나이 칠십이 되기를 기다리지 않는다. 나는 평소 그런 사람들을 흠모했으니, 이것이 마땅히 떠나고자 하는 첫 번째 이유이다. 나는 일찍이 조정에 등용되었지만, 칭찬받을 만한 업적을 이루지 못했으니 이것이 마땅히 떠나야할 두 번째 이유이다. 젊었을 때에도 이러하였는데, 지금은 늙고 병들어 지탱하기 어려운 몸으로 오히려 과분한 영예와 봉록을 탐하니, 이것은 평소의 내 뜻과 스스로 한 말과도 어긋난다. 이것이 마땅히 관직에서 떠나야 할 세 번째 이유이다. 마땅히 떠나야 할 세 가지 이유가 있으니, 가령 이 다섯 가지 물건이 없다 하더라도 마땅히 떠나야 할 것인데, 다시 무엇을 말하겠는가?'

희녕(熙寧) 3년 9월 7일에 육일거사가 스스로의 전기를 쓰다.

〈술몽부(述夢賦)〉

이 작품은 구양수 나이 26세이던 명도(明道)2년(1033)에 그의 첫 번째 부인인 서씨(胥氏)의 죽음을 애도한 것으로, 꿈속을 배경으로 하여 아내에 대한 잊을 수 없는 슬픔을 애절하게 묘사해낸 구양수의 초기 작품 가운데 뛰어난 서정작품이다. 서씨 부인은 자신을 알아주고 이끌어준 서언(胥偃)의 딸로서, 구양수는 서경유수 추관(西京留守推官)이 된 이듬해 그녀와 결혼하였다. 그러나 서씨는 명도2년(1033) 3월에 아들을 낳은 지 한 달도 못되어, 17세의 나이로 세상을 떴다. 서씨 부인은 문학적 소양도 갖춰 남편과 음풍농월(吟風弄月)하기도 하고, 가난한 살림에도 불구하고 시어머니를 잘 모시는 등 가정생활에도 충실한 여자였다. 그런 부인이 죽었으니 구양수에게는 큰 충격이요 슬픔이었을 것이다. 문장구식 또한 변화가 무궁하고, 부(賦)의 문학특징을 살려서 기본적으로 압운을 하였다. 그 압운 방식은, 波·阿·何·他·歌·沱·多〔歌韻〕：無·疎·臾〔魚虞通押〕：聲·惊·燈〔庚蒸通押〕：想·妄〔養漾上去通押〕：白·瘠·惜〔陌韻〕：遲·時·之〔支韻〕이다.

〔原文〕 夫君去我而何之乎？ 時節逝兮如波. 昔共處兮堂上, 忽獨棄兮山阿[1].

嗚呼, 人羨久生, 生不可久, 死其奈何! 死不可復, 惟可以哭；病子喉使不得哭兮, 況欲施乎其他! 憤旣不得與聲而俱發兮, 獨飲恨而悲歌；歌不成兮斷絕, 淚疾下兮滂沱[2]! 行求兮不可過,

---

1) 산아(山阿)：산의 우묵하게 들어간 부분으로, 여기에서는 묘지를 가리킨다.

2) 방타(滂沱)：비가 주룩주룩 내리는 모양으로, 여기서는 눈물이 비 오듯 흘러내린다는 뜻이다.

坐思兮不知處, 可見惟夢兮, 奈寐少而寤多!

或十寐而一見兮, 又若有而若無, 乍若去而若來, 忽若親而若疎. 杳兮, 倏兮, 猶勝於不見兮, 願此夢之須臾.

尺蠖憐子兮爲之不動[3], 飛蠅閔子兮爲之無聲. 冀駐君兮可久, 怳子夢之先驚. 夢一斷兮魂立斷, 空堂耿耿兮華燈!

世之言曰: "死者澌也[4]." 今之來兮, 是也, 非也? 又曰: "覺之所得者爲實, 夢之所得者爲想." 苟一慰乎予心, 又何較乎眞妄?

綠髮兮思君而白, 豊肌兮以君而瘠, 君之意兮不可忘, 何憔悴而云惜? 願日之疾兮, 願月之遲, 夜長于晝兮, 無有四時. 雖音容之遠矣, 于怳惚以求之.

[直譯] 당신은 나를 떠나 어디로 갔소? 시절은 물결처럼 흘러가는구려. 이전에 우리는 한 집에서 살았는데, 갑자기 당신만 홀로 이 세상을 버리고 산골짝에 묻혔구려.

아이고! 사람들은 오래 살기를 선망하지만, 삶이란 영원할 수가 없으니, 죽음을 어찌할 수 있으리! 죽고 나면 다시 살아날 수 없으

---

3) 척확(尺蠖): 자벌레. 자벌레나방의 어린벌레로 몸 색깔은 녹색이다. 《이아의소(爾雅義疏)·석충(釋蟲)》에 "그것이 움직일 때는 먼저 꼬리를 대가리 쪽으로 오그라 붙였다가 몸을 앞으로 펴서 나아가는데, 마치 사람이 손을 폈다 하며 자질하는 모습과 같기 때문에 자벌레라고 하는 것이다(其行先屈後申, 如人布手知尺之狀, 故名尺蠖.)"라고 하였다.

4) 시(澌): 남김 없이 사라지다, 말끔히 없어지다, 깡그리 소실하다. 《예기·곡례(曲禮) 하》의 "일반 사람이 죽는 것은 사(死)라고 한다(庶人曰死)."라는 문장에 대해 정현(鄭玄)이 주를 달기를 "죽는 것을 시(澌)라고 하는데, 정신이 다 소멸되는 것이다.(死之言澌也, 精神澌盡也)."라고 하였다.

니, 통곡이나 할 수밖에 없네. 그런데 목이 쉬어 통곡조차 할 수 없으니, 무슨 다른 방법으로 메울 수 있으리? 이 비분을 통곡소리로는 쏟아낼 수 없으니, 하는 수 없이 비통함을 삼키며 노래를 부르네. 그러나 노래 소리도 끊어져 버리고, 눈물이 비 오듯 쏟아지네. 사방을 돌아다니며 찾아보아도 찾을 수 없고, 집에 앉아서 생각해 보아도 있는 곳 알지 못하겠네. 오로지 꿈속에서나 당신을 볼 수 있을 듯한데, 어찌 자는 시간은 짧고 깨어 있는 시간은 길단 말인가.

어떤 때에는 열 번쯤 꿈을 꾸면 겨우 한 번 정도 나타나는데, 만난 듯하면 사라지고, 갑자기 떠났다가 다시 오는 듯하고, 문득 친근한 듯하다가도 또 다시 생소해지는 것 같다네. 어렴풋하고 순간적이기는 하지만, 보지 못하는 것보다야 나으니, 짧은 꿈속에서라도 좀 더 머물러줬으면 하는 바람이네.

자벌레도 나를 가련히 여기는 듯 움직이지 않고, 파리도 나를 불쌍하게 여긴 듯 소리조차 내지 않네. 당신이 오랫동안 머물러주기 바랐지만, 정신이 어리둥절하여 그만 먼저 깨고 말았네. 꿈에서 깨자마자 넋을 잃어버렸는데, 텅 빈 큰 방안에는 희미한 청사초롱만 걸려있네.

세상 사람들은 '죽으면 소멸된다'고 하는데, 그렇다면 당신이 찾아온 것이 진실인가 환상인가? 사람들은 또 '깨어 있을 때에 만나는 것은 실상이지만, 꿈속에서 보는 것은 허상이다'고 한다. 하기야 내 마음속에 잠시만이라도 안위만 얻을 수 있다면야, 허실(虛實)을 따져서 무엇하겠는가?

까맣던 머리카락은 당신 생각에 백발이 되고, 윤기 나던 몸은 당신 때문에 수척해졌지만, 당신을 그리워하는 마음 잊을 수 없으니, 어찌 초췌하다고 애석해 하리? 바라는 것은 낮은 빨리 가고 밤은 더디 가서, 사계절 가리지 않고 밤이 낮보다 길었으면 하는 마음이네. 당신의 음성과 모습은 멀리 사라졌지만, 어렴풋한 꿈속에서라도 그대를 찾으리.

〈추성부(秋聲賦)〉

이 작품은 가우(嘉祐) 4년(1059)에 지었다. 당시 구양수는 개봉부윤(開封府尹)으로, 나이 53세였다. 경력신정(慶曆新政)의 실패 이후, 그는 정치적인 좌절을 겪으면서 심한 사상적 모순을 느꼈으므로 늘 스스로를 늙고 병들었다고 말하였다.

이 작품은 산문부(散文賦) 중에서 명편(名篇)이다. 작자는 무형의 가을소리(秋聲)를 보고들을 수 있는 것으로 묘사해내었다. 이 글의 첫머리에서는 먼저 형상적인 비유를 통하여 서서히 불기 시작하는 가을밤의 서풍과 이 바람이 사물에 부딪혀 내는 소리를 묘사하고, 다시 맑고 깨끗한 밤하늘의 달과 별, 인기척 하나 들리지 않는 고요함을 부각시켜 묘사함으로써, 소슬하고 적막한 한 폭의 그림을 독자들의 눈앞에 펼쳐 놓은 듯하다. 그리고 문장 끝머리에서 "사방 벽에서 벌레소리 지지거리며 운다(四壁蟲聲唧唧)"라고 끝맺음 한 것 또한 계절의 특색을 잘 나타내고 있다. 중간의 많은 단락에서는 부체(賦體)의 전통적인 포서(鋪敍)의 수법으로, 초목을 말라죽게 하는 가을의 기운과 그것이 사람들에게 끼치는 영향을 부각시키고, 청심과욕한 노장철학을 통해 '경력신정'의 실패 이후 고민하고 소극적인 작자 자신의 정서를 반영해내고 있다.

이 작품은 산문의 구식(句式)으로 이루어져 있지만, 곱고 낭랑한 음운과 변화무쌍한 리듬 그리고 뛰어난 서술 등 부체(賦體)의 특징을 잘 지니고 있을 뿐만 아니라, 독백(獨白)을 통하여 사상 감정의 파란곡절과 자아해탈을 잘 드러내고 있다. 이러한 것들은 다 작자의 독창이다. 이 글은 소식(蘇軾)의 〈적벽부(赤壁賦)〉에 직접적으로 영향을 주었으며, 송대 산문부(散文賦)의 길을 열기도 하였다.

[原文] 歐陽子方夜讀書[1], 聞有聲自西南來者, 悚然而聽之, 曰: "異哉!" 初淅瀝以蕭颯[2], 忽奔騰而砰湃[3], 如波濤夜驚, 風雨驟至. 其觸於物也, 鏦鏦錚錚[4], 金鐵皆鳴; 又如赴敵之兵, 銜枚疾走[5], 不聞號令, 但聞人馬之行聲[6]. 余謂童子: "此何聲也? 汝出視之!" 童子曰: "星月皎潔, 明河在天, 四無人聲, 聲在樹間."

余曰: "噫嘻悲哉! 此秋聲也! 胡爲而來哉? 蓋夫秋之爲狀也: 其色慘淡[7], 烟霏雲斂[8]; 其容淸明, 天高日晶; 其氣慄冽, 砭人肌骨; 其意蕭條, 山川寂寥. 故其爲聲也, 凄凄切切, 呼號奮發. 豊草綠縟而爭茂, 佳木葱蘢而可悅; 草拂之而色變, 木遭之而葉

---

1) 구양자방야독서(歐陽子方夜讀書): 「구양자(歐陽子)」: 작자 자신을 일컫는 말이다. 원간본(元刊本)의 주(注)에는 "[구양수가] 손수 쓴 필적에는 단지 '여(余)'자만 있고, '구양자방(歐陽子方)' 네 글자는 없다(墨迹止作 '余', 無'歐陽子方' 四字.)"라고 되어있다.

2) 석력이소삽(淅瀝以蕭颯): 미세한 비 소리와 바람 소리. 이것은 가을의 소리를 형용한 것이다. '이(以)'는 '이(而)'와 같다.

3) 팽배(砰湃): 물결이 세차게 솟구치는 소리.

4) 창창쟁쟁(鏦鏦錚錚): 쇠붙이가 부딪혀서 울리는 소리.

5) 함매(銜枚): 고대에 행군할 때는 적에게 발각되지 않기 위해 병사들이 말소리를 내지 못하도록 병사들의 입에 재갈을 물렸다. 「함(銜)」: 원래 말의 입에 물리는 쇠로 만든 재갈이지만, 여기서는 동사로 쓰여 입에 문다는 뜻이다. 「매(枚)」: 젓가락 모양의 나무 재갈로, 양쪽에 끈이 있어서 목 뒤로 묶도록 되어 있다.

6) 성(聲): 구양수가 손수 쓴 글에는 이 글자가 없다.

7) 참담(慘淡): 어둡다, 선명하지 않다(暗淡), 어두침침하다.

8) 연비운렴(烟霏雲斂): 「연비(烟霏)」: 연기와 아지랑이, 연기와 같이 흩어짐. 「운렴(雲斂)」: '렴(斂)' 거두다, 모아들이다.

脫; 其所以摧敗零落者[9], 乃其一氣之餘烈. 夫秋, 刑官也[10], 於時爲陰[11]; 又兵象也[12], 於行用金[13]; 是謂天地之義氣[14], 常以肅殺而爲心. 天之於物[15], 春生秋實. 故其在樂也, 商聲主西方之

---

9) 자(者): 구양수가 손수 쓴 글에는 이 글자가 없다.

10) 부추, 형관야(夫秋, 刑官也): '형관(刑官)'은 《주례(周禮)》에 나오는 육관(六官) 가운데 하나로, 형벌을 맡은 벼슬이다. '육관'이란 천관(天官: 총재冢宰), 지관(地官: 대사도大司徒), 춘관(春官: 종백宗伯), 하관(夏官: 대사마大司馬), 추관(秋官: 사구司寇), 동관(冬官: 사공司空)을 말한다. 가을을 '형관'이라 한 것은 가을이 만물을 말려 죽이기 때문이다.

11) 어시위음(於時爲陰): 옛날에는 음양(陰陽)을 네 계절에 배합하였는데, 봄과 여름은 '양(陽)'이고, 가을과 겨울은 '음(陰)'이다.

12) 우병상야(又兵象也): 고대에는 정벌을 주로 가을에 많이 하였기 때문에 한 말이다. 《예기·월령(月令)》에 "초가을 7월(孟秋之月)", "천자는 이에 장수에게 명령하여 선비를 뽑고 병사들을 격려하며, 호걸스럽고 준수한 자를 가려서 훈련하여, 오로지 공이 있는 자에게 맡겨서 불의한 자를 정벌한다.(天子乃命將帥, 選士厲兵, 簡練桀俊, 專任有功, 以征不義.)"라고 하였다.

13) 어행용금(於行用金): 고대에는 오행(五行: 木火土金水)을 네 계절에 배합하고, 네 계절은 오행 '상생(相生)'의 결과라고 생각하였다. 가을은 '금(金)'에 해당한다.

14) 천지지의기(天地之義氣): 《예기·향음주의(鄕飮酒義)》에 이르기를, 초목을 말라 죽게 하는 천지의 쌀쌀한 기운은 서남방에서 시작되며, 서북방에 이른 때에 극히 성하게 되는데, "이것이 천지의 '의기'이다(此天地之義氣也.)"라고 하였다. 서남방에서 서북방까지는 가을의 방위이다. '의(義)'자는 '살(殺)'자의 초기 형태에서 변한 것이다.

15) 천지어물(天之於物): 구양수가 손수 쓴 글에는 앞에 '대재(大哉)'두 자가 더 들어 있다.

音¹⁶⁾; 夷則爲七月之律¹⁷⁾. 商, 傷也, 物旣老而悲傷; 夷, 戮也, 物過盛而當殺.

嗟夫! 草木無情, 有時飄零¹⁸⁾; 人爲動物, 惟物之靈, 百憂感其心, 萬物勞其形, 有動於中, 必搖其精. 而況思其力之所不及, 憂其智之所不能; 宜其渥然丹者爲槁木¹⁹⁾, 黝然黑者爲星星²⁰⁾. 奈

---

16) 상성주서방지음(商聲主西方之音): 고대에는 궁상각치우(宮商角徵羽) 오음을 네 계절에 배합하여, '각(角)'은 봄, '치(徵)'는 여름, '상(商)'은 가을, '우(羽)'는 겨울, '궁(宮)'은 중앙에 해당한다. 동시에 '오음'을 '오행'과도 배합하였으니, '상'은 오행의 '금'에 해당하고, 방위로는 '서쪽'에 해당한다. 따라서 '상성(商聲)'은 서쪽에서 불어오는 추성(秋聲)을 뜻하며, 금성(金聲)이므로 쇠의 맑은 소리를 말한다.

17) 이칙위칠월지율(夷則爲七月之律): '이칙(夷則)'은 12율(律)의 하나로 절후(節候)로는 음력 7월, 곧 맹추(孟秋)에 해당된다. '이(夷)'는 상(傷)을 뜻하고, '칙(則)'은 법(法)을 뜻한다. 곧, 만물이 맹추에 들어 비로소 상(傷)하여 형벌을 받는다는 것을 뜻한다. 12율을 열두 달에 배당하면, 정월(正月)은 태주(太簇), 2월은 협종(夾鐘), 3월은 고선(姑洗), 4월은 중려(仲呂), 5월은 유빈(蕤賓), 6월은 임종(林鐘), 7월은 이칙(夷則), 8월은 남려(南呂), 9월은 무역(無射), 10월은 응종(應鐘), 11월은 황종(黃鐘), 12월은 대려(大呂)이다(《예기·월령》).

18) 초목무정, 유시표령(草木無情, 有時飄零): 어떤 판본에는 '초목지무정, 유시이표령(草木之無情, 有時而飄零)'으로 되어있다.

19) 악연단자위고목(渥然丹者爲槁木): '악연단자(渥然丹者)'는 얼굴이 볼그스름한 모습으로, 여기서는 젊은 사람을 가리킨다. '고목(槁木)'은 앙상하게 마른 나무로, 여기서는 노쇠한 사람을 가리킨다.

20) 유연흑자위성성(黝然黑者爲星星): 「유연(黝然)」: 검은 모양. 어떤 판본에는 '이연(黟然)'으로 되어있다. 「성성(星星)」: 머리카락이 희끗희끗한 모양.

何以非金石之質, 欲與草木而爭榮? 念誰爲之戕賊, 亦何恨乎
秋聲!"

　童子莫對, 垂頭而睡. 但聞四壁蟲聲唧唧, 如助予之歎息.

[直譯] 구양자가 밤중에 책을 읽고 있는데, 서남쪽에서 소리가 들
려왔다. 놀라서 귀를 기울여 듣다가 말하였다. "이상도 하구나!"
처음에는 사락사락 내리는 비 소리가 쏴쏴 부는 바람소리와 섞인
듯하더니, 갑자기 용솟음치고 솟구쳐, 마치 밤중에 파도가 사납게
치는 듯도 하고, 비바람이 몰아치는 듯도 하구나. 그것이 물체에
닿으면 쨍그랑 쨍그랑 나는 소리가 마치 금속이 서로 부딪히는 소
리 같기도 하고, 또 적진으로 가는 병사가 입에 재갈을 물고 달려
가는 듯, 호령 소리는 들리지 않는데 사람과 말의 발자국 소리만
들리는 듯하구나. 나는 서동(書童)에게 말하기를 "이것이 무슨 소
리인가? 네 나가서 한번 살펴보아라." 하니 서동은 돌아와 아뢰기
를 "별과 달은 밝고도 맑고, 은하수는 저 높이 하늘에 걸려 있는
데, 사방에는 사람소리 하나 없고, 다만 나무 가지 사이에서 소리
가 들려옵니다."한다.

　나는 말하였다. "아하! 슬프다! 이것은 가을소리로구나. 그것이
어떻게 왔을까? 무릇 가을의 형상은 이러하다. 그 빛깔은 어둠침
침하고 쓸쓸하며, 안개와 구름 다 걷힌다. 그 용모는 맑고도 밝아
서 하늘은 높고 기운은 상쾌하며 햇빛은 찬란하다. 가을의 기운은
차고 매워 피부와 뼛속까지 파고들고, 가을의 정서는 쓸쓸하여 산
천이 적막하게 된다. 그러기에 가을의 소리는 매우 처량하고 애절
하다가도 때로는 갑자기 노발하여 부르짖는 듯하다. 가을이 오기
전에 풍성한 푸른 풀들이 무성함을 다투고, 아름다운 나무들이 짙
푸르게 우거져 기쁘게 하더니, 풀잎은 가을이 스쳐가자 색이 변하

고, 나무는 가을을 만나자 잎이 떨어진다. 그것들이 꺾이고 시들고 말라 떨어지는 원인이 가을의 기운이 남긴 매서움 때문이다. 대저, 가을은 본래 형관(刑官)인 사구(司寇)가 형벌을 집행하던 계절이고, 사시절로 본다면 음에 속한 때이다. 그것은 또 정벌의 계절이고, 오행으로 따지면 금에 속한다. 이것이 바로 천지의 스산한 기운으로, 항상 냉엄하게 죽게 하는 것을 본성으로 삼는다. 하늘은 만물에 대하여 봄에는 싹트게 하고, 가을에는 열매를 맺게 한다. 음악 방면에서 표현하자면, 오음 가운데 상성(商聲)이 서방음을 대표하며 가을의 소리에 해당되고, 12율 중의 이칙(夷則)이 7월의 음률로 가을 석 달 중에 첫 달인 맹추(孟秋)에 해당된다. 상(商)은 슬픔의 의미이니, 만물이 이미 노쇠해버리면 슬픈 마음이 생긴다. 이(夷)는 죽는다는 의미이니, 만물이 번성함이 지나면 당연히 죽게 된다.

슬프다! 초목은 감정이 없는데도 때가 되면 나부끼어 떨어진다. 사람은 감정을 가진 동물로서 오직 만물의 영장이지만, 온갖 근심이 그 마음을 뒤흔들고, 만 가지 일이 그 몸을 수고롭게 해서, 마음속에 움직이는 것이 있으면, 반드시 그 정신을 소모시킬 것이다. 그런데 하물며 그 힘이 미치지 못하는 바를 생각하고, 그 지혜로 할 수 없는 바를 근심함에랴! 그 윤기 있고 붉은 얼굴은 고목처럼 시들고, 그 칠흑 같이 검은 머리카락은 백발이 성성하게 됨은 당연하리라. 어찌하여 금석의 바탕도 아닌데, 초목과 더불어 번영함을 다투고자 하는고! 생각건대, 누군가가 자신을 손상했을 터인데, 또한 어찌 가을의 소리를 두고 한(恨)하는가!

동자는 대답 없이 머리를 떨군 채 졸고 있고, 다만 사방 벽에서 벌레들 지지거리는 소리만 들리어 나의 탄식을 돕는 듯하다.

《귀전록(歸田錄)》

《귀전록》은 구양수가 쓴 필기문집으로, 모두 2권 115 조목이 있
다. 작가는 《귀전록 · 자서(自序)》에서 "귀전록(歸田錄)이란 조정
의 전해오는 일 가운데 사관들이 기록하지 않은 것이다. 사대부들
과 담소하는 여가에 기록할 만한 이야기들을 기록하여 한가할 때
보고자 하였다.(歸田錄者, 朝廷之遺事, 史官之所不記. 與夫士大夫
談笑之餘而可錄者, 錄之以備閑居之覽也.)"라고 하였다. 따라서 기
록한 것 대부분은 작가가 귀로 듣고 눈으로 본 것들이어서 사료가
치가 비교적 높다.

《귀전록》은 치평 4년(1067년)에 완성되었다. 작가가 벼슬길로
들어선 이후 많은 파란을 겪고 나서, 차츰 용퇴하고자 하는 생각
을 굳히고 있을 무렵이다. 치평 4년 이 해는 또 장자기(蔣子奇) 같
은 사람들에게 모함을 받아 더욱 전원으로 돌아가고 싶은 마음이
강하였던 때이다. 그러므로 《귀전록 · 자서(自序)》중에서 또 "마땅
히 조정에 퇴직을 자청하여 영예와 총애를 피하여 물러나 전원에
서 유유자적하며 천수를 다하고자 한다(宜乞身於朝, 退避榮寵, 而優
遊田畝, 盡其天年)"라고 하였던 것이다.

《귀전록》은 다 수필기록이어서 정해진 순서가 없고 제목도 없
다. 매 조목의 내용은 간단하지만, 다 분명한 핵심이 있으며 필력
또한 생동감이 있다. 여기서는 모두 7조목만 뽑아 임의로 숫자를
붙여 소개한다.

[1]

原文 太祖皇帝初幸相國寺¹⁾, 至佛像前燒香, 問: "當拜與不拜?" 僧錄²⁾贊寧奏曰: "不拜." 問其何故, 對曰: "見在佛不拜過去佛³⁾." 贊寧者, 頗知書, 有口辯. 其語雖類俳優, 然適會上意, 故微笑而頷之⁴⁾. 遂以爲定制, 至今行幸焚香, 皆不拜也. 議者以爲得禮.

[1]

直譯 태조황제가 처음 상국사에 와서 불상 앞에서 향불을 피우고 "짐이 응당 절을 하여야 하는가 하지 말아야 하는가?"하고 물으시니, 승관인 찬녕이 "절을 하지 마십시오"라고 하였다. 그 이유를 물으시니, "현재불은 과거불에 절하지 않습니다."라고 대답하였다. 찬녕이라는 사람은 책을 읽어 지식도 있었고 구변도 좋았다.

---

1) 태조황제초행상국사(太祖皇帝初幸相國寺):「태조(太祖)」: 송 태조 조광윤(趙匡胤)을 말한다. 「행(幸)」: 봉건시대 때 임금의 행차를 일컫는 말이다. 「상국사(相國寺)」: 북송의 수도 변경(汴京: 즉 개봉開封)에 있는 유명한 사찰.

2) 승록(僧錄): 사찰과 승려에 관련된 사무를 관리하는 관직으로, 승려가 맡아보았다.

3) 현재불불배과거불(見在佛不拜過去佛): 불교에서는 과거, 현재, 미래를 삼세(三世)라고 하는데, 여기에서 '현재불(見在佛)'은 태조를 가리키고, '과거불(過去佛)'은 석가모니를 가리킨다. 「현(見)」: 현(現) 자와 통한다.

4) 기어~함지(其語~頷之):「배우(俳優)」: 옛날에는 우스개나 잡기를 공연하는 예인(藝人)을 배우라고 칭하였는데, 그들이 하는 말에는 기지와 해학이 있었다. 「함(頷)」: 턱. 여기서는 동사로 쓰였고, 머리를 끄덕인다는 뜻이다.

그가 한 말이 비록 광대의 말 같기는 하지만, 그러나 황제의 마음
에 딱 들어맞았으므로 황제께서 듣고 미소를 지으며 고개를 끄덕
였다. 이에 곧 황제가 부처에 절하지 않는 규정을 제정하게 되니,
지금에 이르도록 황제는 향불을 피우되 절은 하지 않는다. 논자들
도 이렇게 하는 것이 예의에 합당하다고 여긴다.

　　[2]

原文　開寶寺塔在京師諸塔中最高, 而制度甚精⁵⁾, 都料匠預浩
所造也⁶⁾. 塔初成, 望之不正而勢傾西北. 人怪而問之. 浩曰:
"京師地平無山而多西北風. 吹之不百年當正也." 其用心之精
蓋如此. 國朝以來, 木工一人而已⁷⁾.
　　至今, 木工皆以預都料爲法. 有《木經》三卷行於世⁸⁾. 世傳浩

----

5) 개보~심정(開寶~甚精):「개보사탑(開寶寺塔)」: 당시 개봉에 있었던 목조
　　불탑인데, 지금은 이미 없어졌다.「제도(制度)」: 여기서는 탑의 규모나 구
　　조를 가리킨다.
6) 도료장예호(都料匠預浩):「도료장(都料匠)」: 공사판의 총 우두머리로, 건
　　축의 설계와 지휘를 담당한다.「예호(預浩)」: 심괄(沈括) 의《몽계필담(夢
　　溪筆談)·기예(技藝)》에는 '유호(喩浩)'라고 하였고, 아울러 축조기법을
　　간단히 소개하고 있다. 고층의 목조 건축을 설계하면서 하중에 영향을 주
　　는 풍력까지 주의를 기울인 것은 예호가 처음이다.
7) 국조이래, 목공일인이이(國朝以來, 木工一人而已):「국조(國朝)」: 옛날 사
　　람들이 현존하는 자기 나라의 왕조를 일컫는 말.「일인이이(一人而已)」:
　　첫째로 손꼽힌다는 뜻.
8)《목경》(《木經》): 지금은 이미 전하지 않는다.《몽계필담》에 이미 "근래에
　　는 토목의 기술이 더욱 발달하여 옛날의《목경》은 대부분 사용되지 않는
　　다(近歲土木之工益爲嚴善, 舊《木經》多不用)"라고 하였다.

惟一女, 年十餘歲. 每臥, 則交手於胸爲結構狀, 如此逾年, 撰
成《木經》三卷. 今行於世者是也.

[2]

[直譯] 개보사탑은 경성에 있는 여러 탑 가운데 가장 높고, 만든 규
모와 설계 또한 매우 정밀한데, 도료장인 예호(預浩)가 주관하여
만든 것이다. 탑이 처음 만들어졌을 때, 탑을 쳐다보니 똑 바르지
가 않고 서북으로 약간 기울어져 있었다. 사람들이 괴이하여 물어
보니, 예호는 "경성의 지세가 평탄하고 산도 없는데 서북풍이 많
이 부니, 이렇게 바람이 불면 백년이 안 되어서 똑 바르게 될 것이
오."라고 하였다. 그의 마음 씀이 이렇게 세심하였다. 우리 송 왕
조가 들어선 이후 수준 높은 목공은 이 한 사람뿐이다.

　지금까지도 목공들은 다 예도료의 경험을 법도로 삼는다. 예호
가 지은 《목경(木經)》 세 권이 세상에 유행되고 있다. 세상 사람들
의 말로는, 예호에게는 오직 딸 하나만 있는데, 나이가 10여세라
고 한다. 그리고 예호가 매일 밤에 잠을 자기 위해 누워서 두 손을
교차하여 가슴에 올려놓고 여러 모양의 건물구조를 만들어 보았는
데, 이렇게 몇 년을 연구하여 《목경(木經)》 세 권을 지었다. 지금
세상에 유행되고 있는 것이 이것이다.

[3]

原文 太祖時, 郭進爲西山巡檢[9], 有告其陰通河東劉繼元[10], 將有異志者. 太祖大怒, 以其誣害忠臣, 命縛其人予進, 使自處置. 進得而不殺, 謂曰 "爾能爲我取繼元一城一寨, 不止贖爾死, 當請賞爾一官." 歲餘, 其人誘其一城來降. 進具其事送之於朝, 請賞以官. 太祖曰: "爾誣害我忠良, 此纔可贖死爾, 賞不可得也!" 命以其人還進. 進復請曰: "使臣失信, 則不能用人矣." 太祖於是賞以一官, 君臣之間蓋如此.

---

9) 곽진위산서순검(郭進爲西山巡檢): 「곽진(郭進)」: 심주(深州) 박야(博野: 지금의 하북성 박야) 사람이다. 젊었을 때 집이 가난하였지만, 완력이 있고 호걸들과 사귀기를 좋아하였다. 송 태조 건륭(建隆) 초년에 산서순검에 임명되었다. 후에 송 태조를 따라 여러 차례 정벌 전쟁에 참가하여 깊은 신임을 받았다. 송 태조 때, 호군 전흠조(田欽祚)에게 모욕을 당하자 분함을 참지 못하고 자살하였다. 「순검(巡檢)」: 관직 이름이다. 송 초에는 주로 요충지이나 험요한 지역에 이 직책의 관리를 배치하였는데, 어떤 데에는 여러 주(州)나 현(縣)을 관리하였고, 또 어떤 곳은 하나의 주나 현을 관리하였다. 그들의 주요 임무는 도적이나 백성들의 반란을 진압하는 것이었다.

10) 유계원(劉繼元): 원래 성은 하(何)씨였는데, 북한(北漢)의 임금 유균(劉鈞)의 양자가 되었으므로 성을 유씨로 바꾸었다. 유계은(劉繼恩: 이 사람도 유균의 양자임)이 해를 입자, 북한의 재상 곽무위(郭無爲)가 유계원을 맞아 왕으로 세우고, 당시 하동(河東) 일대를 차지하고, 연호를 바꾸어 '광운(廣運)'이라 하였다. 나중에 송 태조가 친히 정벌에 나서자 유계원은 송나라에 항복하였다.

[3]

[直譯] 송 태조 때 곽진(郭進)이 서산순검으로 임명되었는데, 당시 어떤 사람이 그가 몰래 북한(北漢)의 유계원과 결탁하여 다른 마음을 품을 것이라고 고발하였다. 송 태조는 크게 성을 내며 그가 죄 없는 충신을 음해한다고 여겨, 그를 묶어 곽진에게 보내어 곽진 자신이 직접 처리하라고 명을 내렸다. 곽진은 그를 얻은 뒤 죽이지 않고, 그에게 "네가 나를 위해 유계원의 성채 하나를 취하여 오면, 그것으로 너의 죄를 속해줄 뿐만 아니라 너에게 상으로 관직 하나를 주도록 조정에 청할 것이다"라고 하였다. 일년 뒤 그 사람은 유계원의 성 하나를 꾀어 얻어와 항복하였다. 곽진은 그 일을 상세히 갖추어 조정에 보고하고, 상으로 관직을 청하였다. 송 태조는 "너는 죄 없는 내 충신을 모함하였으니, 이 작은 공로로는 겨우 너의 죄만 속할 수 있을 뿐 상을 내릴 수는 없도다!"라고 하시었다. 그리고는 그 사람을 곽진에게 돌려보내라고 명령하였다. 곽진은 다시 청하여 "가령 신이 신용을 잃으면 사람을 쓸 수가 없나이다."라고 하였다. 태조는 이에 관직 하나를 상으로 내리셨다. 태조와 곽진 간의 군신 사이가 이처럼 서로 믿음이 있었다.

[4]

[原文] 陳康肅公堯咨善射[11], 當世無雙. 公亦以此自矜. 嘗射於家圃[12], 有賣油翁釋擔而立睨之, 久而不去. 見其發矢十中八

---

11) 진강숙공요자(陳康肅公堯咨): 진요자를 말하며, '강숙공'은 사후에 주어진 그의 시호이다. 송 진종(眞宗) 때 용도각직학사(龍圖閣直學士) 상서공부낭중(尙書工部郎中)을 지냈다. 《송사》에 그의 전기가 있다.

12) 가포(家圃): 집의 후원(여기에 활터가 설치되어 있다).

九, 但微頷之.

康肅問曰: "汝亦知射乎? 吾射不亦精乎?" 翁曰: "無他, 但手熟爾." 康肅忿然曰: "爾安敢輕吾射?" 翁曰: "以我酌油知之." 乃取一葫蘆置於地, 以錢覆其口, 徐以杓酌油瀝之, 自錢孔入而錢不濕. 因曰: "我亦無他, 惟手熟爾." 康肅笑而遣之.

此與莊生所謂解牛 · 斫輪者何異[13]?

[4]

直譯 강숙공 진요자(陳堯咨)는 활을 잘 쏘아 당대에 필적할 만한 사람이 없었다. 그 또한 이것으로 자긍심을 가졌다. 한번은 집 마당에서 활을 쏘고 있는데, 기름 파는 늙은이가 어깨 짐을 내려놓고 서서 오랫동안 엿보면서 떠나지를 않았다. 진요자가 쏘는 화살이 열에 여덟아홉이 명중하는 것을 보고도 다만 가볍게 고개만 끄덕였다.

강숙공이 "늙은이도 활을 쏠 줄 아는가? 내 활 쏘는 솜씨가 대단하지 않은가?"하고 물었다. 이에 늙은이가 "다름이 아니라 손에 익숙할 따름이지요."라고 하였다. 그러자 강숙공이 화가 나서 "늙은이가 어찌 감히 내 활 쏘는 솜씨를 가볍게 여긴단 말인가?"라고 하자, 늙은이가 "제가 기름을 따르는 경험으로 그것을 알지요."라고 하면서, 이에 호로병 하나를 꺼내어 땅에 놓고 엽전을 호로병

---

13) 장생소위해우 · 작윤(莊生所謂解牛 · 斫輪): 「장생(莊生)」: 장자(莊子)를 가리킨다. 「해우(解牛) · 작윤(斫輪)」《장자 · 양생주(養生主)》에 나오는 '쇠고기와 뼈를 능숙하게 발라내는 요리사 포정(庖丁解牛)'과 《장자 · 천도(天道)》에 나오는 '나무를 깎아 수레바퀴를 만드는 윤편(輪扁斫輪)' 이라는 두 가지 우화를 가리키는데, 둘 다 한 가지 일에 오랫동안 종사하여 기술이 신의 경지에 도달한 자를 뜻한다.

의 주둥이 위에 올려놓고서, 천천히 기름을 한 국자 떠서 호로병
에 따르니, 기름이 엽전 구멍으로 흘러 들어가는데, 엽전은 조금
도 젖지 않더라. 이에 "저 또한 다름이 아니라, 오직 손에 익숙할
따름입니다."라고 하였다. 진요자는 웃으면서 그를 보내주었다.
이것은 장자가 말한 '쇠고기와 뼈를 능숙하게 발라내는 요리사 포
정(庖丁解牛)'과 '나무를 절묘하게 깎아 수레바퀴를 만드는 윤편
(輪扁斲輪)'과 무엇이 다르겠는가?

[5]

原文 京師諸司庫務, 皆由三司擧官監當[14), 而權貴之家子弟親
戚, 因緣請托, 不可勝數, 爲三司使者常以爲患.
　田元均爲人寬厚長者, 其在三司, 深厭干請者[15). 雖不能從,
然不欲峻拒之, 每溫顔强笑以遺之. 嘗謂人曰: "作三司使數年,
强笑多矣, 直笑得面似靴皮." 士大夫聞者, 傳而爲笑, 然皆服
其德量也.

---

14) 경사~감당(京師~監當): 「삼사(三司)」: 재정을 주관하는 조정의 기구로,
　　그 하급기관으로 '경사제사고무(京師諸司庫務)' 등이 있다. 「고(庫)」:
　　화물을 전매하는 관아의 창고. 「무(務)」: 물품을 전매하고(專賣) 세금을
　　거두어들이는(稅收) 관부의 기구로, 시역무(市易務)·각화무(権貨務) 등
　　이 있다. 「감당(監當)」: 관리하다.
15) 전원균~간청자(田元均~干請者): 「전원균(田元均)」: 전황(田況)을 말하
　　며, 그의 자가 '원균'이다. 인종 경력 연간에 삼사사(三司使)를 지냈다.
　　「간청자(干請者)」: 청탁을 의뢰하는 사람.

[5]

直譯 경성의 전매와 세수를 맡은 각 부서에는 모두 다 삼사에서 추천한 관리가 와서 관리하였다. 그러자 권세 있고 지체 높은 집안의 자제와 친척들이 연줄을 통하여 청탁함이 그 수를 헤아릴 수가 없어, 삼사사에 임명된 사람은 늘 이것 때문에 머리가 아팠다. 전원균의 사람됨이 관대하고 후덕하여 어른다운 풍모가 있었는데, 그가 삼사에 근무할 때에 청탁하러 오는 사람을 매우 싫어하였다. 그는 청탁을 들어줄 수도 없었지만 그렇다고 냉정하게 거절할 수도 없었으므로, 늘 얼굴에 온화한 빛을 띠고 억지로 웃으며 그들을 돌려보냈다. 그는 일찍이 사람들에게 "삼사사(三司使)가 된지 몇 년 동안 억지웃음을 지을 일이 너무 많아서, 그야말로 얼굴이 가죽신의 가죽처럼 주름이 가득할 정도로 웃었다."라고 하였다. 사대부들이 이 말을 듣고 돌아가며 웃음거리로 여겼지만, 그러나 모든 사람들이 다 전원균의 덕망과 도량에 탄복하였다.

[6]

原文 錢思公雖生長富貴[16], 而少所嗜好. 在西洛時, 嘗語僚屬言: "平生惟好讀書, 坐則讀經史[17], 臥則讀小說[18], 上廁則閱小辭, 蓋未嘗頃刻釋卷也." 謝希深[19]亦言: "宋公垂同在史

---

16) 전사공(錢思公): 전유년(錢惟年) : 오대(五代) 오월국(吳越國)의 왕 전숙(錢俶)의 아들로 송조에 귀순한 후 장상(將相)을 지냈다. 그는 또 화려한 문사로 대표되는 '서곤파(西崑派)'의 지도자 가운데 한 사람이다.

17) 경사(經史); 유가의 경전과 역사서.

18) 소설(小說); 잡기(雜記)와 필기(筆記)류.

19) 사희심(謝希深): 이름은 강(絳)이고, 자가 희심(希深)이다. 송 인종(仁宗) 때의 사람으로 문학으로 이름이 알려졌다.

院[20], 每走厠必挾書以往, 諷誦之聲琅然聞於遠近, 其篤學如此." 余因謂希深曰:"余平生所作文章, 多在'三上', 乃馬上·枕上·厠上也." 蓋惟此尤可以屬思[21]爾.

[6]

直譯 전유년(錢惟演)이 비록 부귀한 집안에서 성장했지만, 그러나 특별히 좋아하는 것은 별로 없었다. 서경인 낙양에 있을 때, 그는 일찍이 동료와 부하에게 "나는 평소 오직 독서하는 것만 좋아하여, 앉아 있을 때면 경서나 사서를 읽고, 누워 있을 때는 소설을 읽었으며, 측간에 갈 때면 소사(小詞)를 읽어, 잠시라도 책을 놓은 적이 없다."라고 하였다. 그러자 사희심(謝希深)이 또 이렇게 말하였다. "송공수가 나와 함께 사관으로 근무할 때에, 그는 매번 측간을 갈 때에는 반드시 책을 끼고 갔다. 측간 안에서 시문을 읽는 낭랑한 소리가 먼 곳까지 들리었는데, 그가 배우기를 돈독히 함이 이와 같았다." 나는 이 말을 듣고 사희심에게 이렇게 말하였다. "내가 평소에 지은 문장은 대부분 세 군데에서 지어졌는데, 바로 말 위·침상 위·측간 위에서이다." 대개는 이 때만이 더욱 깊이 구상에 몰두할 수 있었기 때문이다.

---

20) 송공수동재사원(宋公垂同在史院):「송공수(宋公垂)」: 송수(宋綬)로, 자가 공수(公垂)이다. 송 인종 때에 참지정사(參知政事)를 지냈다. 「원(院)」: 사관(史館)을 말하며, 한림원(翰林院)에 속하였다.

21) 속사(屬思) : 구상을 말하며, 속(屬)은 연결하다, 연속하다는 뜻.

22) 여문~권우(呂文~眷遇):「여문목공몽정(呂文穆公蒙正)」: 여몽정(呂蒙正)으로, 문목공(文穆公)은 그의 시호이다. 송 태조 때에 재상을 지냈다. 가난하고 어려운 집안의 출신으로, 공명정대하고 대담하게 말하였다. 「권우(眷遇)」: 신임하다, 중용하다.

[7]

原文 呂文穆公蒙正, 以寬厚爲宰相, 太宗尤所眷遇[22]. 有一朝士, 家藏古鑒, 自言能照二百里, 欲因公弟獻以求知[23]. 其弟伺間從容言之. 公笑曰: "吾面不過楪子大, 安用照二百里?" 其弟遂不復敢言. 聞者歎服, 以謂賢於李衛公遠矣[24]. 蓋寡好而不爲物累者[25], 昔賢之所難也.

[7]

直譯 문목공(文穆公) 여몽정(呂蒙正)은 사람됨이 관대하고 후덕하여 재상으로 발탁되었는데, 태종께서 그를 특히 신임하셨다. 당시 조정의 어떤 관리가 집안에 오래된 거울 하나를 귀중하게 보관하고 있었는데, 자칭 200 리를 비춰볼 수 있다 하였다. 그는 여몽정의 동생을 통하여 이 거울을 여몽정에게 바쳐 그와 관계를 맺고자 하였다. 여몽정의 동생이 틈을 보아 완곡하고 조용히 이 일을 이야기하자, 여몽정이 웃으며 "내 얼굴은 접시 크기에 불과한데, 200 리를 비추는 거울을 어디에 쓴단 말인고?"라고 하였다. 그의 동생은 마침내 감히 더 이상 말을 하지 못하였다. 이 이야기를 전해들은 사람들은 탄복하면서, 여몽정의 어진 품행이 당대(唐代)의 이위공(李衛公) 보다 훨씬 낫다고 여겼다. 대개 특별히 좋아하는

---

23) 구지(求知): 면식을 얻어 추천되기를 바라다.

24) 이위공(李衛公): 이정(李靖)을 말한다. 당나라 초기의 유명한 장군으로, 위국공(衛國公)에 봉해졌다. 그는 생전에 '우전옥대(于闐玉帶: '우전(于闐)'은 신강성에 있는 소수민족 이름)' 같은 진귀한 보물을 많이 수집하였다.

25) 물루(物累): 재물 때문에 번거롭게 되다(결함을 초래하다). 즉 재물을 탐하다가 인품과 덕망을 손상시키는 것을 말한다.

것이 없으면서, 또한 재물에 연루되지 않는 것은 전대의 현명한 사람들도 하기 어려운 일이었다.

《육일시화(六一詩話)》

구양수는 만년에 28칙(則)의 시화(詩話)를 집필함으로써 '시화'라는 문학평론 장르를 처음으로 개척하였다.

시화란 시론에 관한 주장을 펴기도 하고, 좋은 구절을 발췌 인용하여 평하기도 하며, 잘못된 곳을 고증하는 등, 광범한 내용을 비교적 자유로운 형식으로 쓴 중국 고대 시론비평의 일종이다.

물론 그의 '시화'를 '육일시화(六一詩話)'라고 한 것은, 구양수가 만년에 자신의 호를 육일거사(六一居士)라 불렀던 데에서 기인한 것이다. 처음에는 '시화'라 하였다가, 나중에 '육일시화(六一詩話)'·'구공시화(歐公詩話)'·'육일거사시화(六一居士詩話)'·'구양영숙시화(歐陽永叔詩話)'·'구양문충공시화(歐陽文忠公詩話)' 등 다양하게 부르기도 하였다.

'육일시화(六一詩話)'는 구양수가 만년에 벼슬에서 물러나 지은 것으로, 구양수 자신의 말에 의하면 '육일시화'는 "은퇴하여 영주 여음에 거주할 때 모아서 한담의 자료로 삼았다(居士退居汝陰而集, 以資閑談)"[1]라 하였는데, 바로 '한담의 자료로 삼았다(以資閑談)'라는 이 말 때문에 구양수를 연구할 때 '육일시화'에 대해서 그다지 중시하지 않은 경우도 있다. 물론 '육일시화'가 중시 받지 못한 데에는 서술이 지엽적이고 체계적이지 못한 것이 가장 큰 원인이었을 것이다. 그러나 '육일시화'는 구양수가 만년에 지은 작품이기 때문에 한담거리로 지었다 하더라도 자신의 문학사상이 총결되어 있는 것으로 볼 수 있어, 구양수의 문학관을 연구하는데 중요한 자료임에 틀림없다. 그래서 여기서는 문학이론과 직접 관련 있는 두 가지 관점의 내용, 즉 첫째 작가의 현실생활 경력의 중요성을 강조한 내용과 둘째 언어 단련의 중요성을 강조한 내용에 관한 문장 4칙만 골라 소개해본다.

---

1) 歐陽修, 《歐陽修全集 · 詩話》, 臺北, 世界書局, 1983

[제8조]

이 글에서는 '서곤파(西崑派)'에 대한 비판의 문장으로, 문학은 현실을 정확히 반영해야 된다고 제창한 한편, 두보의 시를 예를 들어 언어단련의 중요성을 강조하였다. 즉, 구양수는 두보 시구의 빠진 한 글자에 대해 여러 사람들이 각자 보충해 넣은 '질(疾)'· '락(落)'·'기(起)'·'하(下)'의 글자보다, 두보가 쓴 '과(過)' 자가 훨씬 뛰어남을 보고 진종이(陳從易)가 탄복했다는 내용을 소개하여, 시어를 골라 쓰는 것이 얼마나 어려운가를 설명하면서, 정밀한 시어가 시에 있어 얼마만큼 중요한가를 제시하고 있다.

[原文] 陳舍人當時文方盛之際[2], 獨以醇儒古學見稱. 其詩多類白樂天[3]. 蓋自楊劉唱和, 西崑集行[4], 後世學者爭效之, 風雅一變, 謂之西崑[5]. 由是唐賢諸詩集幾廢而不行. 陳公時偶得杜

---

2) 진사인당시문방성지제(陳舍人當時文方盛之際):「진사인(陳舍人)」: 진종이(陳從易)로, 자가 간부(簡夫)이다. 일찍이 《책부원귀(册府元龜)》편찬에 참여하였고, 인종 때에는 중서사인(中書舍人)·용도각직학사(龍圖閣直學士)를 지냈다. '시문(時文)'이란 당시 유행하던 '내용은 없고 화려한 언사만 추구한 변려문'을 가리킨다.

3) 백락천(白樂天): 당대(唐代)의 시인 백거이(白居易)로, 자가 '락천'이다.

4) 서곤집(西崑集): 바로 양억(楊億)이 편찬한 《서곤수창집(西崑酬唱集)》으로, 양억을 비롯한 유균(劉筠)·전유년(錢惟年) 등 열일곱 사람이 노래하고 화답한 시를 모아 놓았다.

5) 풍아일변, 위지서곤(風雅一變, 謂之西崑): 양억 등이 문장의 화려한 조탁을 제창하여, 철저한 전고(典故)·정교한 대우(對偶)·조화로운 성율(聲律)을 추구하였는데, 세상 사람들은 이것을 서곤체(西崑體)라고 불렀다. 이러한 형식주의 문풍은 통치자들의 제창으로 송나라 초기에 크게 유행하였다. 그래서 '풍아가 일변하였다(風雅一變)'라고 한 것이다.

集舊本⁶⁾, 文多脫誤, 至〈送蔡都尉詩〉云: ‘身輕一鳥’, 其下脫
一字⁷⁾. 陳公因與數客各用一字補之. 或云 ‘疾’, 或云 ‘落’, 或云
‘起’, 或云 ‘下’, 莫能定. 其后得一善本, 乃是 ‘身輕一鳥過⁸⁾’.
陳公歎服, 以爲雖一字, 諸君亦不能到也.

直譯 │ 진종이(陳從易)는 문장이 흥성할 즈음, 홀로 순수하게 옛 학
문을 한 학자로(醇儒古學) 이름이 났다. 그의 시는 백거이와 많이
유사하다. 대개 양억(楊億)·유균(劉筠)이 창화한 《서곤집(西崑
集)》이 유행하였는데, 후세 학자들이 다투어 그것을 본받아 풍아
가 일변하였다. 그것을 서곤체(西崑體)라 하였다. 이로 말미암아
당의 훌륭한 여러 시집들이 거의 없어져 유행되지 않았다. 진공
(陳公)이 당시 우연히 두보의 오래된 시집을 얻었는데, 문장에 탈
자와 오자가 많았다. 예컨대 〈송채도위시(送蔡都尉詩)〉에 ‘신경일
조(身輕一鳥)’라는 구절이 있는데, 그 끝 부분에 한자가 빠져있었
다. 진공은 따라서 여러 손님과 더불어 각자 한자씩 보충해 넣기
로 하였다. 어떤 사람은 빠진 글자가 ‘질(疾)’이라 하고, 어떤 사
람은 ‘낙(落)’이라 하였으며, 어떤 사람은 ‘기(起)’라고 하고, 또
어떤 사람은 ‘하(下)’자라고 하여 결정을 할 수가 없었다. 그 후
선본(善本) 하나를 얻었는데, 바로 ‘경신일조과(身輕一鳥過)’라고
되어 있었다. 진공은 탄복하며, "비록 한 글자이지만 여러 사람들
도 또한 그를 따라갈 수가 없구나."라고 여겼다.

---

6) 두집(杜集): 두보(杜甫)의 시집

7) 신경일조(身輕一鳥): 두보의 오언고시 〈送苤希魯都尉還隴右因寄高三十五
   書記〉에 나오는 구절이다.

8) 신경일조과(身輕一鳥過): ‘과(過)’자는 시인이 채자용(苤子勇)의 무술이
   뛰어나, 도약할 때에 마치 새가 눈앞을 날아가는 것 같은 모습을 표현하
   고자 쓴 글자이다.

[제10조]

맹교(孟郊)와 가도(賈島)의 곤궁한 생활의 모습을 그려놓은 것이다. 행간의 글자 속에서 구양수가 이들 작품에 대해 긍정적인 평가를 내리고 있음을 어렵지 않게 볼 수 있다. 이 시들이 사람을 깊이 감동시킬 수 있었던 것은 바로 진지한 감정이 있기 때문이며, 아울러 훌륭한 시가 될 수 있었던 것도 맹교와 가도가 현실생활 속에서 몸소 체험한 것을 진지한 감정으로 작품 속에 이입할 수 있었기 때문으로 본 것이다. 즉 고통스런 생활체험이 있어야만 사람을 감동시킬 수 있는 감정이 생길 수 있고, 그 진지한 감정이 훌륭한 문학작품으로 표현되어 나온다는 것이다. 이것은 바로 구양수의 문학관 가운데에서도 가장 중요한 "시궁이후공(詩窮而後工)" 설과 밀접한 관련이 있다.

原文 孟郊賈島[9], 皆以詩窮至死. 而平生尤自喜爲窮苦之句. 孟有移居詩云, 借車載家具, 家具少於車. 乃是都無一物耳. 又謝人惠炭云, 暖得曲身成直身[10], 人謂非其身備嘗之. 不能道此句也. 賈云, 鬢邊雖有絲, 不堪織寒衣[11]. 就令織得, 能得幾何. 又

---

9) 맹교가도(孟郊賈島); 맹교(孟郊)와 가도(賈島)는 두 사람 다 당대의 유명한 시인이지만, 일생동안 영락한 생활을 하다가 곤궁하게 죽었다. 이 두 사람은 곤궁한 생활과 근심을 많이 읊은 것으로 유명한데, 그래서 소식(蘇軾)은 그들을 "맹교는 추위에 떨었고, 가도는 야위었다(郊寒島瘦)"라고 하였다.

10) 난득곡신성직신(暖得曲身成直身) : 날이 추워서 몸이 오그려 붙어 펴지지 않았는데, 따뜻한 탄불을 얻고서야 오그려 붙은 몸이 바로 펴졌다는 뜻이다.

11) 빈변수유사, 불감직한의(鬢邊雖有絲, 不堪織寒衣): 이 두 구(句)는 가도(賈島)의 〈객희(客喜)〉 시에 보인다. 이 시는 타향에서 나그네로 살아가는 곤궁한 생활을 반영하여 읊은 것이다.

其朝飢詩云, 坐聞西牀琴, 凍折兩三絃. 人謂其不止忍飢而已.
其寒亦何可忍也.

[直譯] 맹교(孟郊)와 가도(賈島) 두 사람 다 시(詩) 때문에 곤궁하여
죽음에 이르렀지만, 평생 스스로 곤궁한 시구 짓기를 더욱 좋아하
였다. 맹교의 〈이거시(移居詩)〉에서는 '수레를 빌려 가구를 실었
더니, 가구가 수레보다 적더라.'라는 시구가 있는데, 이것은 바로
집안에 변변한 물건 하나도 없었다는 말이다. 또 〈시인혜탄(謝人
惠炭)〉 시에서는 : '따뜻한 탄불을 얻고서야 오그려 붙은 몸이 바
로 펴졌네.'라고 하였으니, 사람들은 자신의 몸으로 직접 체험하
지 못하고서는 이런 구절을 지어낼 수 없다고 말한다. 가도(賈島)
는 '귀밑머리 가에 실(하얀 귀밑머리)이 있기는 하지만, 감히 추위
견딜만한 겨울옷을 짤 수는 없구나.'라고 하였는데, 가령 짤 수 있
다하더라도 얼마를 짤 수 있을 것인가? 또 그의 〈조기시(朝饑詩)〉
에서는 '저절로 들리네, 서쪽 침상의 거문고가 추위에 얼어서, 두
세 개의 줄이 끊어지는 소리가.'라고 하였으니, 사람들은 그가 배
고픔도 참을 수밖에 없었을 뿐만 아니라, 그 추위 또한 얼마나 참
았겠는가라고 하였다.

[제12조]

이 문장에서는 시가의 창작과 감상 두 방면에 대한 견해를 제기
하였다. 첫째는 "시를 짓는 사람은 뜻을 주로 하지만 말을 만드는
것 또한 어렵다.(詩家雖主意而造語亦難)"라고 하여 "뜻이 새롭고
말이 정교하여야 한다(意新語工)"라는 견해이고, 둘째는 생동감
있게 묘사하되, 또한 함축의 의미가 있어야 한다는 견해이다. 즉
묘사해내기 어려운 정경을 눈앞에 있는 것처럼 생동감 있게 묘사

해내고, 끝없는 뜻이 언외(言外)에 함축되어 있어야 한다.(狀難寫
之景如在目前, 含不盡之意見於言外.)는 것이다.

原文 聖俞¹²⁾嘗語余曰: "詩家雖率意而造語亦難¹³⁾. 若意新語
工, 得前人所未道者, 斯爲善也. 必能狀難寫之景, 如在目前;
含不盡之意見于言外, 然後爲至矣. 賈島云: '竹籠拾山果, 瓦
瓶擔石泉¹⁴⁾.' 姚合云: '馬隨山鹿放, 鷄逐野禽棲¹⁵⁾.' 等是山邑
荒僻·官況肖條, 不如'縣古槐根出, 官淸馬骨高¹⁶⁾'爲工也."
　　余曰: "語之工者固如是; 狀難寫之景, 含不盡之意, 何詩爲
然?"
　　聖俞曰: "作者得于心, 覽者會以意, 殆難指陳以言也. 雖然,
亦可略道其彷佛. 若嚴維'柳塘春水漫, 花塢夕陽遲', 則天容時

---

12) 성유(聖俞): 북송의 유명한 시인인 매요신(梅堯臣)의 자(字). 〈매성유시
　　집서(梅聖俞詩集序)〉 참조.
13) 시가수솔의이조어역난(詩家雖率意而造語亦難): 「솔의(率意)」: 자기의 생
　　각대로 써서 자연스럽고 꾸밈이 없다. 「조어(造語)」: 자구를 다듬는 것
　　을 가리킨다.
14) 가도~석천(賈島~石泉): 「가도(賈島)」 중당(中唐) 원화(元和) 연간(806-
　　820) 때의 유명한 시인. 여기에 나온 시 두 구절은 〈제황보순남전청(題
　　皇甫荀藍田廳)〉에 보인다.
15) 요합~금서(姚合~禽棲): 「요합(姚合)」: 가도와 동시대에 활동한 시인.
　　여기에 나오는 시 두 구절은 〈무공현중작(武功縣中作)〉에 보인다.
16) 현고괴근출, 관청마골고(縣古槐根出, 官淸馬骨高): 이 시가 어디에 나오
　　는 지는 불분명하다. 고대에는 관아 앞에 흔히 홰나무를 심었는데, 홰나
　　무의 뿌리가 지면에 돌출했다는 것은 관청이 오래되었고 또한 수리를
　　하지 않아 낡았다는 말이다. 「청(淸)」: 청빈(淸貧)을 뜻한다.

態, 融和駘蕩, 豈不如在目前乎[17]? 又若溫庭筠 '鷄聲茅店月, 人迹板橋霜'[18], 賈島 '怪禽啼曠野, 落日恐行人[19], 則道路辛苦, 羈愁旅思, 豈不見于言外乎?

[直譯] 매요신은 일찍이 나에게 다음과 같이 말하였다. "시를 짓는 사람은 뜻을 주로 하지만, 말을 만드는 것 또한 어렵다. 만약 뜻이 새롭고 말이 정교하여, 전대 사람이 말하지 않은 것을 얻는다면, 참으로 훌륭한 것이다. 반드시 묘사하기 어려운 정경을 마치 눈앞에 있는 것처럼 형상화해내고, 끝없는 뜻을 함축하여 언외로 드러낸 뒤라야, 지극한 경지에 이르렀다 할 것이다. 가도가 '대나무 바구니에 산과일 주어 담고, 질그릇 병에 바위틈에서 솟아나는 샘물

––––––––––

17) 약엄유~목전호(若嚴維~目前乎):「엄유(嚴維)」: 당나라 숙종(肅宗) 때의 시인. 이 시는 〈수류원외견기(酬劉員外見寄)〉에 보인다. 시인은 연못엔 물 가득한데 푸른 버드나무 물가로 드리워져 있고, 꽃 흐드러진 화원엔 석양이 비치어 오랫동안 뉘엿거리고 있는 경물을 묘사하여, 해가 점점 길어지고 만물에 신록이 우거지는 봄의 특징을 표현하였다.「천용시태(天容時態)」: 자연풍물과 계절특징을 말한다.「태탕(駘蕩)」: 봄기운이 만연하여 만물이 소생하는 것을 형용한 말이다.
18) 온정균~판교상(溫庭筠~板橋霜):「온정균(溫庭筠)」: 만당(晚唐)의 시인이자 사인(詞人). 이 시는 〈상산조행(商山早行)〉에 보인다. 닭 울음소리(鷄聲), 초라한 객사(茅店), 달빛(月色), 인적(人迹), 널다리(板橋), 짙은 서리(濃霜) 등 여섯 가지 경물을 통해 아침 일찍 일어나 홀로 길을 재촉하는 고달픈 처지를 묘사하였다.
19) 괴금제광야, 낙일공행인(怪禽啼曠野, 落日恐行人): 이 시는 〈모과산촌(暮過山村)〉에 보인다. 괴상한 새들이 우는 소리를 통하여 어두운 밤길을 재촉하는 두려움을 과장하였다.

담아 짙어진다' 하고, 요합이 '말은 산 사슴 따라 달아나고, 닭은 들새 쫓아가 앉아 있다'고 한 것들은 산중 고을의 거칠고 궁벽함 관가의 쓸쓸함을 말한 것이지만, '고을 관청은 오래되어 홰나무 뿌리 튀어나와 있고, 관가는 썰렁하고 말은 뼈만 앙상히 솟았네.' 라고 한 것만큼은 잘되지 못하였다."

나는 "말이 잘된 것은 그렇다고 하겠지만, 써내기 어려운 경치를 형상화해내고 다하지 않은 뜻을 함축하고 있는 것으로는 어느 시가 그렇다고 하겠는가?"라고 하였더니, 매요신은 이렇게 말하였다. "짓는 사람은 마음으로 체득해야 하고, 보는 사람은 뜻으로 체득해야 할 일이지, 말로 일일이 지적해 서술하기는 거의 어렵다. 그렇기는 하지만, 그 대략은 말할 수 있다. 엄유(嚴維)의 '버드나무 드리워진 연못엔 봄 물 가득하고, 꽃 흐드러진 둔덕엔 석양이 뉘엿거리네.' 같은 구절들은 자연스러움과 당시의 모습이 어우러져 녹아 생동하는 것이 눈앞에 있는 것 같지 않은가? 또 온정균의 '초라한 객사에 닭 울 때 달은 아직 하늘에 걸렸는데, 사람 발자국이 널다리에 내린 짙은 서리에 남네.' 라는 구절과 가도의 '괴상한 새들은 광야에서 울고, 지는 해는 길가는 사람을 두렵게 한다.' 라는 구절에는 길에서의 괴로움과 나그네의 시름 및 객지에서의 생각이 언외(言外)에 나타나 있지 않은가?"

[제13조]

이글은 시의 풍격에 관한 내용이다. 매요신과 소순흠을 예로 들어, 시의 풍격은 예술성취와 동일시되지 않는다는 점을 설명하고 있다. 시인들 마다 풍격이 다른 점을 분석하고 평론할 수는 있지만, 풍격이 다른 것을 가지고 시인의 우열고하를 매길 수는 없다는 것이다.

原文 聖俞子美齊名於一時[20], 而二家詩體特異. 子美筆力豪儁, 以超邁橫絕爲奇[21]. 聖俞覃思精微[22]. 以深遠閑淡爲意. 各極其長, 雖善論者不能優劣也. 余嘗於水谷夜行詩[23], 略道其一二云. "子美氣尤雄, 寓竅號一噫[24]. 有時肆顚狂, 醉墨灑滂霈, 譬如千里馬, 已發不可殺[25]. 盈前盡珠璣, 一一難揀汰[26] 梅翁事淸切, 石齒漱寒瀨[27]. 作詩三十年, 視我猶後輩[28]. 文辭愈精新, 心意雖老大. 有知妖韶女, 老自有餘態. 近詩尤古硬, 咀嚼苦難嘬[29].

---

20) 자미(子美): 소순흠(蘇舜欽)으로, 자가 자미(子美)이다.

21) 초매횡절(超邁橫絕): 구속을 받지 않고 필력이 분방함.

22) 담사정미(覃思精微): 생각이 깊고 세밀하다. 담(覃): 심장(深長)하다.

23) 수곡야행시(水谷夜行詩): 원제목은 〈수곡야행기자미성유(水谷夜行寄子美聖俞)〉이다. 경력4년 당시 작자는 하동으로 사신으로 가다가 수곡구(水谷口: 지금의 하북성 완현完縣 서북쪽)를 지나면서 지었다.

24) 우규호일희(寓竅號一噫): 《장자·재물론(莊子·齊物論)》: "대지가 기운을 내뿜는 것을 바람이라 말한다. 이것이 일어나지 않으면 그 뿐이지만, 일어나기만 하면, 모든 구멍이 성난 듯 울부짖는다.(夫大塊噫氣, 其名爲風. 是唯無作, 作則萬竅怒呺)"라고 하였다. 「규(竅)」: 구멍을 말한다. 「희(噫)」: 기운을 내뿜다.

25) 살(殺): 늦추다, 멈추다.

26) 간태(揀汰): 가려내다. 추려내다.

27) 매옹사청절, 석치수한뢰(梅翁事淸切, 石齒漱寒瀨): 매요신의 맑고 절실함(淸切)이 마치 세차게 흐르는 찬 여울물에 돌을 씻는 소리처럼 멀리 생각하게 한다. 「뢰(瀨)」: 자갈위로 흐르는 세찬 물결.

28) 시아유후배(視我猶後輩): 구양수 자신의 겸손의 말이다. 매유신이 구양수를 후배로 보지는 않았다.

29) 최(嘬): 한 입에 먹다.

初如食橄欖, 眞味久愈在. 蘇豪以氣轢[30], 擧世徒驚駭. 梅窮獨
我知, 古貨今難賣[31]” 語雖非工, 謂粗得其髣髴. 然不能優劣之
也.

[直譯] 매요신(梅堯臣)과 소순흠(蘇舜欽)은 한 때 이름을 나란히 하
였지만, 두 사람의 시체(詩體)는 뚜렷하게 다르다. 소순흠은 필력
이 굳세고 뛰어나서 거침없는 분방함이 독창적이었고, 매요신은
생각이 깊고 세밀하여 심원한담을 의경(意境)으로 삼아 각각 그 장
점을 극도로 하였으니, 논평을 잘 하는 사람이라도 우열을 매길
수가 없다. 나는 일찍이 수곡야행시(水谷夜行詩)에서 그 한두 가
지를 대략 말한 적이 있다. “소순흠은 기개가 특히 웅대하여, 온갖
구멍에서 일제히 소리를 내는 듯하네. 때로는 마구 미친 듯이, 붓
을 휘둘러 좌좍 써내려 간다네. 비유하자면 천리마와 같아서, 한
번 내달리면 늦출 수가 없다네. 앞에 가득 찬 것 모두가 주옥이어
서, 일일이 취사선택할 수가 없네. 매요신은 맑고 절실함을 중시
하여 계곡의 돌들이 세차게 흐르는 찬 여울물에 씻기는 듯하다.
삼십년 동안 시를 지어서, 나를 보기를 후배처럼 본다. 시어는 더
욱 맑고 새로워, 마음과 뜻이 늙어가면서도 크기만 하구나. 비유
하자면 아리따운 여인과 같아서, 늙어도 여전히 그 자태가 남아있
다. 근래의 시는 더욱 고풍스럽고 딱딱하여, 씹어서 한 입에 먹기
가 무척 어렵다. 감람을 씹는 듯이 처음에는 힘들지만, 오래 씹을
수록 참 맛이 입안에 남아 있다. 소순흠은 호방하여 기세로 압도

---

30) 력(轢): 압도하다.

31) 매궁독아지, 고화금난매(梅窮獨我知, 古貨今難賣): 이 두 구절의 의미는
　　매요신의 곤궁함을 알아주는 사람이 없고 오직 나 한 사람만 알아주어
　　서, 마치 진귀하고 질박한 옛 기물을 살 사람이 없는 것 같다는 뜻이다.

하니, 온 세상이 그저 놀랄 뿐이다. 매요신의 곤궁함은 나만이 아노니, 진귀한 옛 물건을 지금 팔기가 어렵다네." 나의 언어가 비록 정교하지는 못하지만, 그러나 대충 그 대강에 대해서는 말할 수 있다. 하지만 그들의 우열에 대해서는 말 할 수가 없다.

색 인(索引)

[ㅌ]

탁주(涿州) …………………………… 360
탕(湯)임금 ………………………… 119
태무제(太武帝) …………………… 128
태상인혁례(太常因革禮) ………… 449
태의잠(太醫箴) …………………… 128
태조 조광윤(趙匡胤) ……………… 117
태종(太宗) ………………………… 125
태주(泰州) …………………………… 11
태청(太淸) ………………………… 474
태평어람(太平御覽) ………… 81, 395
태현(太玄) ………………………… 184

[ㅍ]

파쇄집 ……………………………… 415
패주(貝州) ………………………… 272
팽사영(彭思永) ………………… 45, 46
포증(包拯) ……………………… 41, 42
표(表) ………………………………… 51
표주서계사육집(表奏書啓四六集) … 51
풍락정(豊樂亭) …………………… 27
풍연노(馮延魯) …………………… 339
풍연사(馮延巳) …………………… 339
필설(筆說) ………………………… 51

[ㅎ]

하남성 하양(河陽) ………………… 261
하남집(河南集) …………………… 427
하동봉사주초(河東奉使奏草) ……… 51
하송(夏竦) ……………………… 28, 139
한 무제 ……………………………… 97
한기(韓琦) … 22, 24, 41, 42, 43, 44, 139
　　　　　　　 385, 386, 391, 423, 426, 430
한림학사(翰林學士) ……………… 15
한무(漢武) ………………………… 82
한비자(韓非子) …………………… 81
한비자 · 오두(五蠹) ……………… 117
한서(漢書) ……………………… 218, 387
한서(漢書) · 항우전(項羽傳) …… 385
한서 · 항적전(項籍傳) …………… 389
한양(漢陽) ………………………… 14
한유(韓愈) …… 12, 13, 14, 128, 155, 207
　　　　　　　　 219, 223, 261, 327, 440
한진(韓縝) ………………………… 168
합려(闔廬) ………………………… 114
항우(項羽) ……………………… 311, 313
항주(杭州) ……………………… 377, 381
항척헌지(項脊軒志) ……………… 453
해사(奚斯) ………………………… 179
허목부인(許穆夫人) ……………… 226
허원(許元) ………………………… 368
허창(許昌) ……………………… 101, 227

圖書
明文堂印
出版
版權所有

구양수(歐陽修) 산문선(散文選)

初版 印刷 : 2004年　9月　20日
初版 發行 : 2004年　9月　25日

譯　註 : 魯　長　時
發行者 : 金　東　求

發行處 : 明　文　堂
서울특별시 종로구 안국동 17~8
대체 010041-31-001194
Tel　(영) 733-3039, 734-4798
　　　(편) 733-4748
Fax　734-9209
Homepage　www.myungmundang.net
E-mail　mmdbook1@myungmundang.net
등록 1977.11.19. 제1~148호

• 낙장 및 파본은 교환해 드립니다.
• 불허복제

값 20,000원

ISBN 89-7270-760-0　94150
ISBN 89-7270-052-5 (세트)

中國學 東洋思想文學 代表選集

공자와 맹자의 철학사상 安吉煥 編著 신국판

노자와 장자의 철학사상 金星元 安吉煥 編著 신국판

自然의 흐름에 거역하지 말라 莊子 安吉煥 編譯 신국판

仁과 中庸이 멀리에만 있는 것이드냐 孔子傳 김전원 編著

백성을 섬기기가 그토록 어렵더냐 孟子傳 安吉煥 編著

영원한 신선들의 이야기 神仙傳 葛洪稚川 著 李民樹 譯

中國現代詩硏究 許世旭 著 신국판 양장

白樂天詩硏究 金在乘 著 신국판

中國人이 쓴 文學槪論 王夢鷗 著 李章佑 譯 신국판 양장

中國詩學 劉若愚 著 李章佑 譯 신국판 양장

中國의 文學理論 劉若愚 著 李章佑 譯 신국판 양장

梁啓超 毛以亨 著 宋恒龍 譯 신국판

동양인의 哲學的 思考와 그 삶의 세계 宋恒龍 著 신국판

中國의 茶道 金明培 譯著 신국판

老莊의 哲學思想 金星元 編著 신국판

原文對譯 史記列傳精解 司馬遷 著 成元慶 編譯 신국판

論語新講義 金星元 譯著 신국판 양장

人間孔子 李長之 著 김전원 譯 신국판

東洋古典41選 安吉煥 編著 신국판

東洋古典解說 李民樹 著 신국판 양장

新完譯 近思錄 朱熹·呂祖謙 編著 金學主 譯 신국판 양장

21세기 손자병법 경영학 安吉煥 編著 신국판

유교사상과 도덕정치 張基槿 著 신국판

三皇五帝의 德治 張基槿 著 신국판

經世濟民의 혼신 茶山의 詩文 (上·下) 金智勇 著 신국판 양장

소래 김중건 선생 전기 金智勇 編著 신국판 양장

石北詩集·紫霞詩集 申光洙·申緯 著 申石艸 譯 신국판 양장

西遊見聞 兪吉濬 著 蔡壎 譯 신국판 양장

徐花潭文集 金學主 譯 신국판 양장

新譯 천예록 任埅 編著 金東旭, 崔相殷 共譯 신국판 양장

국역 사례편람 (四禮便覽) 도암 이재 원저 4×6배판

退溪集 張基槿 譯著 신국판 양장

宋名臣言行錄 鄭鉉祐 編著 신국판

국내최초 한글판 완역본 코란 金容善 譯註 신국판 양장

이슬람의 역사와 그 문화 金容善 編著 신국판

코란의 지혜와 신비 金容善 編著 신국판

무함마드 金容善 編著 신국판